ACESSO AO CONHECIMENTO

e os Testes dos Três Passos dos Direitos de Autor, de Marca, de Patente e de Desenho Industrial

Edson Beas Rodrigues Jr.

ACESSO AO CONHECIMENTO

e os Testes dos Três Passos dos Direitos de Autor, de Marca, de Patente e de Desenho Industrial

EDITORA SINGULAR

São Paulo
2013

R696a Rodrigues Júnior, Edson Beas

Acesso ao conhecimento e os testes dos três passos dos direitos de autor, de marca, de patente e de desenho industrial. / Edson Beas Rodrigues Júnior. São Paulo: Singular, 2013.

474 p.

ISBN: 978-85-86626-64-7

1. Direito autoral. 2. Propriedade intelectual. 3. Patente. 4. Desenho industrial. 5. Informação, proteção. 6. Informação, mercado. 7. Domínio público. 8. Acordo sobre Aspectos dos Direitos de Propriedade Intelectual Relacionados ao Comércio (TRIPS). 9. Organização Mundial do Comércio (OMC). I. Título.

CDU: 347.77

Nilcéia Lage de Medeiros
Bibliotecária
CRB6: 1545

Revisão: Paola Morsello
Diagramação: Microart
Capa: Aeroestudio

Editora Singular

Tel/Fax: (11) 3862-1242
www.editorasingular.com.br
singular@editorasingular.com.br

Para minha família,
por sua abnegação
e apoio constantes

Agradecimentos

A presente obra é fruto de um projeto de pesquisa subvencionado pelo Programa "Innovation, Technology and Society" (Inovação, Tecnologia e Sociedade) do International Development Research Centre (IDRC), em Ottawa, Canadá. Sou grato ao IDRC por financiar a realização desta obra; igualmente agradeço ao Instituto de Direito do Comércio Internacional e Desenvolvimento (IDCID), em especial a Fábio Floh, seu Diretor-Executivo, pelo seu excelente trabalho diante desse Instituto e pela confiança e apoio institucionais fornecidos ao longo de todo o projeto.

Agradeço ao Prof. Richard Gold, da Universidade McGill, em Montreal, por encorajar a realização desta obra desde seu início.

Agradeço ao Conselho Britânico pela bolsa "*Researcher Exchange*", que me permitiu realizar investigações no centro de pesquisas Script, da Faculdade de Direito da Universidade de Edimburgo, Escócia. Agradeço às Professoras Abbe Brown e Charlotte Waelde por apoiarem minha visita e por suas valiosas recomendações, que procurei observar tanto quanto possível.

Agradeço a Ashish Fernandes, Christophe Geiger, Henri Choukroun, Gabriel Moreira e Silva, Iddo Porat, John Merz, Lilly Ching-Soto, Meinhard Hilf, Reto Hilty, Roberto Monteiro, Susy Frankel e Tania Bubela por compartilharem materiais e informações que enriqueceram esta obra.

Agradeço aos revisores anônimos por seus comentários e recomendações, que me permitiram aprimorar a qualidade deste trabalho.

Agradeço à Editora Singular pela seriedade e oportunidade de ter esta obra publicada.

Por fim, mas não menos importante, gostaria de expressar minha gratidão a Deus, a Jesus e a minha família por viabilizarem a realização desta obra.

O Autor
São Paulo, 22 de janeiro de 2013.

Hominum causa omne jus constitutum est. (É em função do ser humano que se constituiu o direito.)

Justiniano

O conhecimento isolado é lâmpada sem proveito; contudo, transladando, de cérebro a cérebro, é ciência e cultura.

Emmanuel e Francisco Cândido Xavier

Umas cem vezes ao dia, eu digo para mim mesmo que a minha vida interior e exterior se baseia nos trabalhos de outros homens, vivos e mortos, e que por isso devo me esforçar para ceder na mesma medida daquilo que deles recebi.

Albert Einstein

Sumário

Agradecimentos 7

Lista de Figuras e Quadros 17

Lista de Siglas e Abreviaturas 19

INTRODUÇÃO – Relação entre desenvolvimento sustentável e acesso ao conhecimento 23

Acesso a tecnologias 29

Acesso aos conhecimentos cristalizados em obras literárias e científicas 31

Acesso à forma plástica ornamental de bens duráveis 32

Acesso aos sinais identificadores de empresas e de seus produtos e serviços 33

Papel dos direitos de propriedade intelectual na restrição do acesso ao conhecimento 33

Exceções à propriedade intelectual e os testes dos três passos 38

Abordagem metodológica 54

PARTE I – O CONTEÚDO NORMATIVO DOS TESTES DOS TRÊS PASSOS DA PROPRIEDADE INTELECTUAL

CAPÍTULO 1 – As normas costumeiras de interpretação dos tratados e os testes dos três passos da propriedade intelectual 59

1.1 Introdução 59

1.2 Sentido comum atribuível aos termos do tratado 62

1.3 Princípio da boa-fé 64

1.3.1 Princípio da efetividade na interpretação dos tratados 65

1.3.2 Doutrina do abuso de direito 67

1.4 Objetivos da OMC e do Acordo TRIPS 71

1.4.1 Objetivos gerais do sistema OMC 73

1.4.2 Objetivos do Acordo TRIPS indicados em seu texto 74

1.4.3 Art. 8.º do Acordo TRIPS e os princípios reitores das cláusulas gerais de exceção 76

1.4.3.1 Objetivos perseguidos pelas exceções aos DPIs 77

1.4.3.2 O critério de necessidade 79

1.4.3.2.1 A transformação do critério de necessidade em um teste de proporcionalidade: o papel da jurisprudência do GATT 1994 87

1.4.3.2.1.1 Possível influência da jurisprudência europeia e interamericana de direitos humanos ... 95
1.4.3.2.2 O critério de necessidade no contexto do art. 8.º do Acordo TRIPS ... 99
1.4.3.3 O critério de compatibilidade do art. 8.º do Acordo TRIPS ... 101
1.4.3.3.1 Obrigações adicionais que devem ser observadas pelas exceções aos direitos autorais ... 103
1.4.3.3.2 Obrigações adicionais que devem ser observadas pelas exceções ao direito conferido por marcas comerciais ... 104
1.4.3.3.3 Obrigações adicionais que devem ser observadas pelas exceções aos direitos conferidos por desenhos industriais ... 105
1.4.3.3.4 Obrigações adicionais que devem ser observadas pelas exceções aos direitos conferidos por patentes ... 105
1.4.3.3.4.1 Garantia de proteção a todas as categorias de invenções que devem ser tuteladas por todos os Membros da OMC ... 105
1.4.3.3.4.2 Respeito ao termo de proteção mínima das patentes ... 106
1.4.3.3.4.3 Respeito ao espaço ocupado pelo sistema de licenciamento compulsório ... 106
1.4.3.3.4.4 Princípio da não discriminação com base na origem nacional, no setor tecnológico e no modo de exploração da invenção ... 108
1.5 Contexto das cláusulas gerais de exceção do Acordo TRIPS ... 112
1.5.1 Acordos interpretativos e práticas estatais subsequentes ... 114
1.5.2 Regras do direito internacional aplicáveis às relações entre as partes ... 116
1.5.2.1 Princípio da proporcionalidade ... 121
1.6 Meios suplementares de interpretação ... 127
CAPÍTULO 2 – O conteúdo normativo das cláusulas gerais de exceção das marcas comerciais, dos desenhos industriais e das patentes ... 131
2.1 Introdução ... 131
2.2 O art. 30 do Acordo TRIPS segundo *Canada - Pharmaceutical Patents* ... 131
2.2.1 Primeira etapa do teste do art. 30 ... 133
2.2.2 Segunda etapa do teste do art. 30 ... 135
2.2.3 Terceira etapa do teste do art. 30 ... 137
2.2.4 Obstáculos criados por *Canada - Pharmaceutical Patents* ... 138
2.3 Reconstruindo o sentido do art. 30 a partir das regras da CVDT ... 140

2.3.1 Primeira etapa 140

2.3.2 Segunda etapa 143

2.3.3 Terceira etapa 147

2.3.4 Sumário do conteúdo do art. 30 do Acordo TRIPS quando interpretado a partir das regras da CVDT 149

2.4 Teste de avaliação da legitimidade das exceções aos direitos conferidos por marcas comerciais (art. 17) 151

2.5 Teste de avaliação da legitimidade das exceções aos direitos conferidos por desenhos industriais (art. 26.2) 158

CAPÍTULO 3 – O conteúdo normativo das cláusulas gerais de exceção dos direitos autorais 161

3.1 Introdução 161

3.2 O art. 13 do Acordo TRIPS segundo *US – Section 110(5) Copyright Act* 165

3.2.1 As exceções devem se circunscrever a determinados casos especiais 166

3.2.2 As exceções não devem atentar contra a exploração normal das obras 167

3.2.3 As exceções não devem causar um prejuízo injustificado aos interesses legítimos dos titulares de direitos autorais 169

3.2.4 Por que o *US – Section 110(5) Copyright Act* é legalmente irrelevante para futuros litígios? 170

3.3 Reinterpretando os arts. 13 do Acordo TRIPS e 9(2) da Convenção de Berna em conformidade com as normas costumeiras de interpretação dos tratados 173

3.3.1 Primeira etapa 173

3.3.2 Segunda etapa 176

3.3.3 Terceira etapa 184

3.3.4 Subsídios oferecidos pelos registros da Conferência de Revisão de Estocolmo 188

Comentários conclusivos a respeito da primeira parte 199

PARTE II – COLOCANDO À PROVA A CAPACIDADE DOS TESTES DOS TRÊS PASSOS DE AMPLIAR O ACESSO AO CONHECIMENTO

CAPÍTULO 4 – As patentes e as exceções de P&D e de teste diagnóstico 209

4.1 Introdução 209

4.2 Obstáculos criados pelas patentes do setor biotecnológico para o progresso científico e tecnológico 216

4.2.1 Problemas gerados pelas patentes incidentes sobre invenções genéticas 216

4.2.2 Patentes incidentes sobre genes associados a enfermidades e testes genéticos 222

4.2.3 Genes e recursos únicos 226

4.2.4 Ferramentas de pesquisa 227

4.2.4.1 Definição 227

4.2.4.2 Problemas criados pelo patenteamento de ferramentas de pesquisa ... 228

4.2.5 Tragédia dos anticomuns ... 233

4.2.6 *Royalties* excessivos ... 234

4.3 Papel das exceções de pesquisa na conservação da liberdade científica e tecnológica ... 235

4.4 Exceções de pesquisa adotadas por alguns Membros da comunidade internacional ... 239

4.5 As exceções de P&D e de teste diagnóstico ... 248

4.5.1 Regras gerais aplicáveis às exceções de P&D e de teste diagnóstico ... 251

4.5.1.1 Regra I: caráter cogente das exceções ... 251

4.5.1.2 Regra II: obrigação de informar ... 252

4.5.1.3 Regra III: garantia de acesso aos materiais biológicos ... 252

4.5.1.4 Regra IV: banimento de reivindicações e cláusulas de longo alcance ... 252

4.5.1.5 Regra V: organização de gestão coletiva de patentes ... 254

4.5.1.6 Regra VI: desburocratização do procedimento de concessão de licenças compulsórias ... 257

4.5.1.6.1 Licenciamento compulsório de ferramentas de pesquisa únicas ... 258

4.5.1.6.2 Licenciamento compulsório de patentes dependentes ... 260

4.5.2 Exceção de P&D - 1.ª parte: usos dirigidos à geração de novos conhecimentos e ao desenvolvimento de novas invenções ... 261

4.5.3 Exceção de P&D - 2.ª parte: usos científicos e humanitários ... 264

4.5.4 Exceção de P&D - 3.ª parte: invenções duais, quando utilizadas como ferramentas de pesquisa ... 265

4.5.4.1 Tratamento diferenciado e remuneração escalonada ... 268

4.5.5 Exceção de P&D - 4.ª parte: ferramentas de pesquisa únicas ... 270

4.6 Avaliação da legalidade da exceção de P&D ... 272

4.6.1 Primeira etapa: avaliação do caráter limitado da exceção de P&D ... 272

4.6.2 Segunda etapa: avaliação da razoabilidade da interferência provocada pela exceção de P&D ... 274

4.6.2.1 Propostas de exceções regidas pelo sistema de licenciamento compulsório ... 275

4.6.2.2 Propostas baseadas no teste de *fair use* ... 278

4.6.2.3 Propostas de exceção *sui generis* ... 281

4.6.2.3.1 Proposta de Janice Mueller ... 281

4.6.2.3.2 Proposta de Rochelle Dreyfuss ... 282

4.6.2.3.3 Proposta de Rebecca Eisenberg 285
4.6.2.4 Conclusões sobre as propostas examinadas 286
4.6.3 Terceira etapa: avaliação da razoabilidade dos prejuízos provocados pela exceção de P&D 287
4.7 A exceção de teste diagnóstico e seu funcionamento 289
4.8 Avaliação da legalidade da exceção de teste diagnóstico em face do art. 30 do Acordo TRIPS 293
4.8.1 Primeira etapa: avaliação do caráter limitado da exceção de teste diagnóstico 293
4.8.2 Segunda etapa: avaliação da razoabilidade da interferência provocada pela exceção de teste diagnóstico 296
4.8.2.1 Proposta de Lynn Rivers 296
4.8.2.2 Propostas baseadas em um esquema de licenciamento compulsório 296
4.8.3 Terceira etapa: avaliação da razoabilidade dos prejuízos provocados pela exceção de teste diagnóstico 297
CAPÍTULO 5 – Direito de marcas e a exceção de paródia e crítica 299
5.1 Introdução 299
5.2 Alguns casos envolvendo conflitos entre direitos de marca e a liberdade de expressão 303
5.2.1 Caso South African Breweries 303
5.2.2 Caso Areva 307
5.2.3 Caso Esso França 310
5.2.4 Caso Cigarros Camel 312
5.2.5 Caso Danone 313
5.2.6 Caso Guaraná Power 315
5.2.7 Caso Comitê Olímpico Brasileiro 317
5.2.8 Caso Tata Sons Índia 319
5.2.9 Caso Johnnie Walker/João Andante 322
5.2.10 Lições ensinadas pelos casos 324
5.3 A exceção de paródia e crítica 329
5.3.1 Avaliação da legalidade da exceção de paródia e crítica 332
CAPÍTULO 6 – Desenhos industriais e a exceção de reparação 337
6.1 Introdução 337
6.2 Caso ANFAPE 340
6.2.1 A resposta da SDE 343
6.2.2 Esforços para reverter a decisão da SDE 350

6.3 Proposta europeia de exceção de reparação 359

6.4 Avaliação da legalidade da proposta de exceção de reparação 364

6.4.1 Primeira etapa 364

6.4.2 Segunda etapa 365

6.4.3 Terceira etapa 368

CAPÍTULO 7 – Direitos autorais e a exceção de ensino para estudantes e pesquisadores carentes 371

7.1 Introdução 371

7.2 A LDA de 1998 e a ampliação do escopo dos direitos autorais 377

7.2.1 A ambígua exceção de cópia privada do ordenamento jurídico brasileiro 381

7.2.2 A resposta da sociedade e do governo do Brasil às dificuldades criadas pela exceção de cópia privada 387

7.3 A exceção de ensino para estudantes e pesquisadores carentes 393

7.3.1 Avaliação da legalidade da exceção para fins educacionais 397

7.3.1.1 Aferição do caráter especial da exceção 397

7.3.1.2 Avaliação da capacidade da exceção de conflitar com a exploração normal das obras afetadas 400

7.3.1.3 Aferição do caráter justificável dos prejuízos produzidos pela exceção 401

Comentários conclusivos a respeito da segunda parte 403

CONSIDERAÇÕES FINAIS 415

ANEXO – Declaração para uma Interpretação Equilibrada do "Teste dos Três Passos" do Direito de Autor 421

Bibliografia 429

Relatórios do GATT e da OMC 465

Decisões Judiciais Nacionais e Estrangeiras 467

Decisões e Pareceres de Cortes Internacionais 471

Lista de Figuras e Quadros

Figura 1: Variação de Sequência de DNA Pode Alterar o Formato e a Função da Proteína Transcrita 219

Figura 2: Alteração da Sequência de DNA Pode Levar à Transcrição de Proteínas Causadoras de Enfermidades 220

Quadro 1: As Funções das Cláusulas Gerais de Exceção do Acordo TRIPS. 48

Quadro 2: As Cláusulas Gerais de Exceção do Acordo TRIPS........ 49

Quadro 3: O Conteúdo Normativo do Art. 30 do Acordo TRIPS 150

Quadro 4: Função e Conteúdo Normativo das Cláusulas Gerais de Exceção dos Direitos Autorais........ 196

Lista de Siglas e Abreviaturas

ABDR	Associação Brasileira de Direitos Reprográficos
ANFAPE	Associação Nacional dos Fabricantes de Autopeças
BIRPI	United International Bureaux for the Protection of Intellectual Property
BP	British Petroleum
CADE	Conselho Administrativo de Defesa Econômica
CE	Comunidade Europeia
CEDH	Corte Europeia de Direitos Humanos
CIJ	Corte Internacional de Justiça
CNMRT	Comité National contre les Maladies Respiratoires et la Tuberculose
CPDP	Comitê Permanente sobre Direito das Patentes da OMPI
CQMD	Convenção-Quadro sobre Mudanças do Clima
CVDT	Convenção de Viena sobre o Direito dos Tratados
DNA	Ácido Desoxirribonucleico
DPI	Direito de Propriedade Intelectual
EC	European Communities
ECHR	European Court of Human Rights (CEDH – Corte Europeia de Direitos Humanos)
ESC	Entendimento Relativo às Normas e Procedimentos sobre Solução de Controvérsias na Organização Mundial do Comércio
FGV	Fundação Getulio Vargas
FIAPs	Fabricantes Independentes de Autopeças para Automóveis
GATS	General Agreement on Trade in Services (Acordo Geral sobre Comércio de Serviços)
GATT	General Agreement on Tariffs and Trade (Acordo Geral sobre Tarifas e Comércio)
GPOPAI	Grupo de Pesquisa em Políticas Públicas para o Acesso à Informação da Universidade de São Paulo
ICJ	International Court of Justice
ICSID	International Centre for Settlement of Investment Disputes

ICTSD	International Centre for International Trade and Sustainable Development (Centro Internacional para o Comércio e o Desenvolvimento Sustentável)
IDCID	Instituto de Direito do Comércio Internacional e Desenvolvimento
INPI	Instituto Nacional da Propriedade Industrial do Brasil
LDA	Lei de Direitos Autorais do Brasil (Lei 9.610/1998)
LPI	Lei da Propriedade Industrial do Brasil (Lei 9.279/1996)
MPF	Ministério Público Federal
NIH	United States National Institutes of Health
OCDE	Organização para a Cooperação e Desenvolvimento Econômico
OECD	Organisation for Economic Co-operation and Development
OGCP	Organização de Gestão Coletiva de Patentes
OHCHR	Office of the High Commissioner for Human Rights
OMC	Organização Mundial do Comércio
OMPI	Organização Mundial da Propriedade Intelectual
ONG	Organização Não Governamental
ONU	Organização das Nações Unidas
OSC	Órgão de Solução de Controvérsias da Organização Mundial do Comércio
P&D	Pesquisa & Desenvolvimento
PCR	Polimerase Chain Reaction (Reação em Cadeia da Polimerase)
PIDCP	Pacto Internacional de Direitos Civis e Políticos
PIDESC	Pacto Internacional de Direitos Econômicos, Sociais e Culturais
PNUD	Programa das Nações Unidas para o Desenvolvimento
PROCADE	Procuradoria-Geral do CADE
SACGHS	Secretary's Advisory Committee on Genetics, Health, and Society
SCLP	Standing Committee on the Law of Patents
SDE	Secretaria de Direito Econômico do Ministério da Justiça do Brasil
TGI	Tribunal de Grande Instância de Paris
TRIPS	Agreement on Trade-Related Aspects of Intellectual Property Rights (Acordo sobre Aspectos dos Direitos de Propriedade Intelectual Relacionados ao Comércio)

UNDP	United Nations Development Programme
UNESCO	Organização das Nações Unidas para a Educação, a Ciência e a Cultura
UNGA	United Nations General Assembly
UNICAMP	Universidade Estadual de Campinas
USA	United States of America
USP	Universidade de São Paulo
USPTO	United States Patent and Trademark Office (Escritório de Patentes e Marcas dos EUA)
WCT	WIPO Copyright Treaty (Tratado da OMPI sobre Direito de Autor)
WHO	World Health Organization
WIPO	World Intellectual Property Organization
WPPT	Tratado da OMPI sobre Interpretação ou Execução e Fonogramas
WTO	World Trade Organization

Introdução

Relação entre desenvolvimento sustentável e acesso ao conhecimento

Desenvolvimento sustentável consiste em um tipo de desenvolvimento assentado sobre três pilares interdependentes: o econômico, o social e o ambiental. O *pilar econômico* se refere à necessidade de promover desenvolvimento econômico perene, caracterizado pela ampliação da atividade empresarial e da capacidade desse setor de produzir bens e serviços dirigidos à satisfação das demandas da sociedade.[1] O *pilar social* se refere à efetivação do direito humano ao desenvolvimento,[2] definido como o direito à realização de *todas* as liberdades fundamentais e direitos humanos garantidos a todos os indivíduos pela Carta Magna de Direitos Humanos, a qual compreende a Declaração Universal dos Direitos Humanos, o Pacto Internacional de Direitos Civis e Políticos e o Pacto Internacional de Direitos Econômicos, Sociais e Culturais.[3] Finalmente, o *pilar ambiental* se refere à proteção do meio ambiente e de seus recursos para as presentes e futuras gerações.[4] Ou, nas palavras do relatório Brundtland de 1987, preparado pela Comissão Mundial sobre Meio Ambiente e Desenvolvimento:

---

1. Nesse sentido, ver os princípios 8, 9 e 11 da Declaração da Conferência da ONU sobre Meio Ambiente Humano, de 1972.
2. Cf. princípio 3 da Declaração do Rio sobre Meio Ambiente e Desenvolvimento.
3. A Declaração das Nações Unidas sobre o Direito ao Desenvolvimento (UNGA, Resolution 41/128) define o direito ao desenvolvimento como "un derecho humano inalienable en virtud del cual todo ser humano y todos los pueblos están facultados para participar en un desarrollo económico, social, cultural y político en el que puedan realizarse plenamente todos los derechos humanos y libertades fundamentales, a contribuir a ese desarrollo y a disfrutar del él" (art. 1.1). O art. 6.º da Declaração reconhece a interdependência dos direitos humanos e a necessidade de os Estados se empenharem em efetivar *todas* as liberdades fundamentais e direitos humanos. Isso implica que o direito ao desenvolvimento não é observado se um determinado Estado dá prioridade à realização dos direitos econômicos, sociais e culturais enquanto negligencia a observância dos direitos civis e políticos, ou vice-versa.
4. Cf., e.g., Declaração da Conferência da ONU sobre Meio Ambiente Humano, 1972, princípios 2, 3, 4 e 5.

> "Sustainable development requires meeting the basic needs of *all* and extending to *all* the opportunity to satisfy their aspirations for a better life. [...] In essence, sustainable development is a process of change in which the exploitation of resources, the direction of investments, the orientation of technological development; and institutional change are all in harmony and enhance both current and future potential to meet human needs and aspirations" (grifo nosso).[5]

No mesmo sentido da definição adotada por este estudo, a Convenção para a Cooperação na Proteção e Desenvolvimento Sustentável do Meio Ambiente Marinho e Costeiro do Pacífico Nordeste adota uma definição de desenvolvimento sustentável que explicita seus três pilares interdependentes de sustentação:

> "'Sustainable development' means the process of progressive change in the quality of life of human beings, *which places it as the centre and primordial subject of development*, by means of economic growth with *social equity* and the transformation of methods of production and consumption patterns, and which is *sustained in the ecological balance and vital support of the region*. This process implies respect for regional, national and local *ethnic and cultural diversity*, and the full participation of people in peaceful *coexistence and in harmony with nature*, without prejudice to and ensuring the *quality of life of future generations*" (art. 1(a)) (grifos nossos).

Em um cenário marcado pela ausência de atividade industrial e comercial, não há postos de trabalho; há apenas atividades agrícolas de subsistência e superexploração dos recursos naturais, como forma de amenizar provisoriamente os males da miséria material em que grandes parcelas da população se veem inseridas. O progresso econômico é condição para a erradicação da pobreza e, portanto, para alcançar o desenvolvimento sustentável;[6] no entanto, ele não conduz automaticamente ao bem-estar social. Há casos de países materialmente ricos que ainda conservam grandes parcelas da população vivendo em condições subumanas: o Brasil é um exemplo. É por isso que o desenvolvimento sustentável exige que o progresso econômico seja canalizado para ampliar o bem-estar da humanidade mediante a criação de condições que permitam a realização plena do conjunto de direitos humanos garantidos a todos os indivíduos.

Mas o desenvolvimento sustentável não exige apenas que o progresso econômico ande de mãos dadas com os direitos humanos; a par disso, exige a estrita observância dos limites impostos pelas leis da natureza por um motivo

5. World Commission on Environment and Development, 1987, cap. 2, par. 4 e 15.
6. Declaração do Rio sobre Meio Ambiente e Desenvolvimento, 1992, princípio 5.

clarividente, mas, ainda hoje, não tratado com a seriedade devida: o futuro da humanidade está intimamente ligado ao destino da biosfera. Este é o entendimento condensado no laudo arbitral do caso *Ijzeren Rijn*, envolvendo Bélgica e Holanda, proferido pela Corte Permanente de Arbitragem:

> "Since the Stockholm Conference on the Environment in 1972 there has been a marked development of international law relating to the protection of the environment. Today, both international and EC law require the integration of appropriate environmental measures in the design and implementation of economic development activities. Principle 4 of the Rio Declaration on Environment and Development, adopted in 1992 [...], which reflects this trend, provides that 'environmental protection shall constitute an integral part of the development process and cannot be considered in isolation from it'. Importantly, these emerging principles now integrate environmental protection into the development process. Environmental law and the law on development stand not as alternatives but as mutually reinforcing, integral concepts, which require that where development may cause significant harm to the environment there is a duty to prevent, or at least mitigate, such harm [...]. This duty, in the opinion of the Tribunal, has now become a principle of general international law. This principle applies not only in autonomous activities but also in activities undertaken in implementation of specific treaties between the Parties".[7]

Em outras palavras, a concepção de desenvolvimento sustentável tem por objetivo maior dirigir as políticas de crescimento econômico à realização do conjunto de direitos humanos e liberdades fundamentais, e tem como substrato material a conservação do meio ambiente para as gerações presentes e futuras. Portanto, não conduz ao desenvolvimento sustentável políticas que persigam, de modo estanque e conflitante, qualquer um desses objetivos,[8] e.g., uma política que gere progresso socioeconômico e destruição do meio ambiente, ou uma política que persiga a conservação do meio ambiente de maneira intocada, ignorando as demandas da sociedade e da economia. É nesse sentido que a Declaração do Rio sobre Meio Ambiente e Desenvolvimento Sustentável das Nações Unidas (Declaração do Rio) coloca os seres humanos no "centro das preocupações relacionadas com o desenvolvimento sustentável"; lhes reconhece o "direito a uma vida saudável e produtiva, em harmonia com a natureza" (princípio 1), e sublinha que o "direito ao desenvolvimento deve ser exercido de tal forma que responda equitativa-

7. Permanent Court of Arbitration, award in the arbitration regarding the Iron Rhine ("Ijzeren Rijn") railway between Belgium and the Netherlands, par. 59.
8. Declaração do Rio sobre Meio Ambiente e Desenvolvimento, 1992, princípio 4.

mente às necessidades de desenvolvimento e ambientais das gerações presentes e futuras" (princípio 3).

A meta de desenvolvimento sustentável ganhou espaço na agenda política da comunidade internacional a partir da Conferência das Nações Unidas sobre Meio Ambiente Humano, que tomou lugar em Estocolmo, em 1972; a partir então, a comunidade internacional se empenhou em torná-la realidade. Na década de 1980, a Organização das Nações Unidas (ONU) encomendou a uma comissão independente – Comissão Mundial sobre Meio Ambiente e Desenvolvimento – um estudo minucioso destinado a identificar as causas da rápida deterioração do meio ambiente na segunda metade do século XX e a propor soluções para impedir a instalação de um caos ambiental global, que poderiam ser adotadas sob a direção da ONU. Em 1987, veio à luz o resultado do trabalho da Comissão Mundial, que ficou conhecido por Relatório Brundtland. Em resposta ao relatório, a ONU conferiu ao desenvolvimento sustentável o *status* de princípio diretivo de seus programas e organizações especializadas[9] e organizou, em 1992, no Rio de Janeiro, a Conferência da ONU sobre Meio Ambiente e Desenvolvimento (Rio 92). Durante a conferência, a comunidade internacional assumiu obrigações dirigidas a efetivar a meta de desenvolvimento sustentável, as quais estão cristalizadas, *inter alia,* na Convenção sobre Diversidade Biológica, na Convenção-Quadro sobre Mudanças do Clima, na Declaração do Rio sobre Meio Ambiente e Desenvolvimento e na Agenda 21.

Em 2000, os 192 Membros da ONU se comprometeram a alcançar, até 2015, os Objetivos de Desenvolvimento do Milênio, a saber: erradicar a pobreza extrema e a fome; assegurar acesso universal ao ensino primário; promover a igualdade entre os sexos e fortalecer a mulher; reduzir a mortalidade infantil; melhorar a saúde materna; combater o HIV/AIDS, a malária e outras enfermidades graves; garantir a sustentabilidade do meio ambiente; fomentar uma aliança mundial para o desenvolvimento mediante, entre outras medidas, o desenvolvimento de um sistema comercial e financeiro aberto e não discriminatório, o atendimento das necessidades materiais dos países pobres e a promoção do acesso a medicamentos.[10] Não há dúvidas de que a realização desse conjunto de objetivos promoverá o desenvolvimento sustentável.

Em 2002, na Cúpula de Johannesburgo sobre Desenvolvimento Sustentável, a comunidade internacional reafirmou seu compromisso coletivo "de fazer avançar e fortalecer os pilares interdependentes e que se sustentam mutuamente do desenvolvimento sustentável – desenvolvimento econômico, desenvolvimento social e proteção ambiental – nos âmbitos local, nacional, regional e global"; de "agir juntos, unidos por uma determinação comum de salvar nosso planeta, promover o desenvolvimento humano e alcançar a

9. UNGA, Resolution 42/187 e Resolution 57/253, par. 3.
10. Cf. UNGA, United Nations Millenium Declaration (Resolution A/RES/55/2).

prosperidade e a paz universais"; e de"agir para que o desenvolvimento sustentável se faça realidade, que é nossa aspiração comum".[11]

Desenvolvimento sustentável figura igualmente como um dos objetivos do sistema multilateral de comércio: em 1994, ao final da Rodada Uruguai do GATT, que culminou na criação da Organização Mundial do Comércio (OMC), os Estados participantes das negociações decidiram por incluir desenvolvimento sustentável no elenco dos objetivos perseguidos pela organização nascente.[12] A inclusão desse objetivo no preâmbulo no Acordo de Marrakesh que estabelece a OMC não foi aleatória. O preâmbulo desse acordo foi baseado, substancialmente, no preâmbulo do Acordo Geral de Tarifas e Comércio de 1947 (GATT 1947); contudo, existe uma diferença marcante entre eles e, por conseguinte, em seus objetivos. Enquanto o preâmbulo do GATT 1947 indicava como um de seus objetivos promover o"uso integral dos recursos mundiais", o que poderia conduzir à superexploração desses recursos, o preâmbulo do Acordo de Marrakesh indica como um de seus objetivos promover"o uso ótimo dos recursos mundiais, de conformidade com o objetivo de desenvolvimento sustentável".[13] Essa mudança de abordagem deve refletir-se na lente utilizada para interpretar e aplicar as normas do marco legal da OMC.

A Declaração de Joannesburgo de 2002 reafirmou como requisitos essenciais do desenvolvimento sustentável:"a erradicação da pobreza, a mudança dos padrões de consumo e produção e a proteção e manejo da base de recursos naturais para o desenvolvimento econômico e social"; a redução substancial do abismo socioeconômico que separa os países ricos dos em desenvolvimento e a distribuição equânime dos benefícios e dos custos da globalização econômica.[14] O preenchimento desses requisitos depende, *inter alia,* do acesso facilitado a tecnologias modernas e às diversas formas de conhecimento, do treinamento de recursos humanos e da melhoria da qua-

11. Declaración de Johannesburgo sobre el Desarrollo Sostenible, 2002, par. 5, 35 e 37.
12. WTO, WT/DS58/AB/R, Report of the Appellate Body, par. 129, FN 107: acertadamente, o Órgão de Apelação da OMC definiu desenvolvimento sustentável como um tipo de desenvolvimento que integra "desenvolvimento econômico e social e proteção ambiental".
13. Hu 2004, p. 150. Nesse sentido, a Decisão Ministerial sobre Comércio e Meio Ambiente (Ministerial Declaration on Trade and Environment), adotada ao final da Rodada Uruguai do GATT, considera que"não deve haver, nem é necessário que haja, contradição política entre, de um lado, a defesa e salvaguarda de um sistema multilateral de comércio aberto, não discriminatório e eqüitativo e do outro, as medidas de proteção do meio ambiente e de promoção de um desenvolvimento sustentável" (WTO, Decision on Trade and Environment, 1994, preâmbulo).
14. Declaración de Johannesburgo sobre el Desarrollo Sostenible, 2002, par. 11-14.

lidade da educação.[15] Existe, pois, uma relação direta entre desenvolvimento sustentável e amplo acesso ao conhecimento.[16]

Engana-se quem crê que a geração de progressos científicos, tecnológicos e culturais somente depende do brilhantismo intelectual dos criadores e de investimentos maciços em atividades criativas e inventivas. O desenvolvimento científico, tecnológico e cultural não é um processo autônomo, isolado. Muito pelo contrário. Novos conhecimentos, tecnologias e produtos apenas são gerados a partir da aplicação de tecnologias, conhecimentos e informações anteriores.[17] Resumidamente, a geração de novos conhecimentos é um processo *cumulativo*. E é em sintonia com esse entendimento que Isaac Newton diz, em carta escrita em 1676, endereçada a Robert Hooke, que "se pude ver mais longe, foi por estar sobre os ombros de gigantes".[18] Nesse mesmo diapasão, o Juiz Story, em *Emerson v. Davies*,[19] escreveu:

> "In truth, in literature, in science and in art, there are, and can be, few, if any, things, which, in an abstract sense, are strictly new and original throughout. Every book in literature, science and art, borrows, and must necessarily borrow, and use much which was well known and used before. [...] No man writes exclusively from his own thoughts, unaided and uninstructed by the thoughts of others. The thoughts of every men are, more or less, a combination of what other men have thought and expressed, although they may be modified, exalted, or improved by his own genius. [...] Virgil borrowed much from Homer; Bacon drew from earlier as well as contemporary minds; Coke exhausted all the known learning of his profession; and even Shakespeare and Milton, so justly and proudly our boast as the brightest originals, would be found to have gathered much from the abundant stores of current knowledge and classical studies in their days".

15. Declaración de Johannesburgo sobre el Desarrollo Sostenible, 2002, par. 18 e 28.
16. O termo "conhecimento" abrange dados, informações e conhecimentos em sentido estrito. Os elementos que compõem a noção de conhecimento foram definidos por Elinor Ostrom e Charlotte Hess (2007, p. 8), com esteio em Machlup, da seguinte forma: "Machlup [...] introduced this division of data-information-knowledge, with data being raw bits of information, information being organized data in context, and knowledge being the assimilation of the information and understanding of how to use it. Knowledge [...] refers to all types of understanding gained through experience or study, whether indigenous, scientific, scholarly, or otherwise nonacademic".
17. Cf. Scotchmer 1991.
18. O trecho original da carta em inglês é o seguinte: "If I have seen further it is by standing on the shoulders of Giants". Disponível em: <http://www.scienceandyou.org/articles/ess_14.shtml>.
19. 8 F Cas 615, 618-19, CC.D. Mass. 1845.

Conforme veremos a seguir, o acesso contínuo a um robusto acervo de conhecimentos técnicos e expressões culturais é o combustível para a criação de capacidades endógenas em cada país, as quais liberarão os países em desenvolvimento da necessidade de importar "soluções prontas e acabadas" para seus desafios socioambientais[20] e de aguardar a boa vontade dos países industrializados para transferirem conhecimentos em condições favoráveis.[21]

Acesso a tecnologias

As novas tecnologias constituem ferramentas relevantes para a implementação eficiente, em âmbito doméstico, dos acordos multilaterais de meio ambiente. Inclusive é de se notar que a Convenção das Nações Unidas sobre Diversidade Biológica determina que o cumprimento pelos países em desenvolvimento de suas obrigações dependerá, *inter alia*, do acesso facilitado a tecnologias, notadamente àquelas de titularidade dos países industrializados (art. 20, parágrafos 2.º e 4.º).

O acesso a tecnologias e a insumos tecnológicos é indispensável ao desenvolvimento de novos produtos e processos capazes de: aperfeiçoar os processos produtivos e o reaproveitamento dos resíduos industriais; desenvolver novos produtos e processos menos dependentes de recursos energéticos e de materiais (descarbonização dos processos produtivos); facilitar o diagnóstico de problemas ambientais emergentes; viabilizar a exploração sustentável dos recursos naturais; reabilitar os ecossistemas enfermos da Terra; permitir a conservação dos recursos naturais para as futuras gerações; prevenir que os riscos ao meio ambiente natural, produzidos pelas atividades humanas, se transformem em danos ambientais graves ou irreversíveis;[22] gerar novos medicamentos e terapias em benefício da saúde dos seres humanos e dos ani-

20. Declaração do Rio de 1992, princípio 9.
21. Uma pesquisa recente conduzida pelo Escritório Europeu de Patentes pelo Programa das Nações Unidas para o Meio Ambiente e pelo ICTSD, baseada em dados empíricos, indicou que as patentes incidentes sobre energias limpas ocupam lugar de destaque no portfólio de bens intangíveis de um número crescente de empresas dos EUA, Europa e Japão. Por outro lado, as tecnologias patenteadas são transferidas, muito raramente, a países em desenvolvimento: das 150 empresas participantes da enquete, 58% responderam que nunca transferiram suas tecnologias limpas a países em desenvolvimento; apenas 5% das empresas responderam ter transferido, com frequência, tecnologias limpas aos países em desenvolvimento. As tecnologias licenciadas têm como destino um pequeno número de países em desenvolvimento: Brasil, China, Índia, Rússia e, em menor grau, Malásia, Tailândia e África do Sul (Simmons 2010).
22. O acesso facilitado a tecnologias viabiliza a observância do princípio da precaução, previsto na Declaração do Rio sobre Meio Ambiente e Desenvolvimento (princípio 15), segundo o qual "Quando houver perigo de dano grave ou irreversível, a falta de

mais; ampliar, substancialmente, a produção de alimentos, utilizando menos recursos naturais, notadamente água, terras e insumos químicos;[23] melhorar as qualidades nutricionais dos alimentos; desenvolver defensivos agrícolas que não apresentem toxicidade ao homem e ao seu ambiente; desenvolver meios de transporte menos poluentes; ampliar o acesso à água potável. O acesso a tecnologias é, ainda, indispensável para fortalecer o setor empresarial, para promover a livre concorrência e para libertar o homem de labores braçais, insalubres e mal remunerados.

Há um número substancial de instrumentos internacionais e nacionais que reconhece a relação simbiótica entre acesso a conhecimentos tecnológicos e preservação e recuperação do meio ambiente. A título de exemplo, é possível mencionar: a Declaração da Conferência da ONU sobre Meio Ambiente Humano, de 1972 (princípios 18 e 20); a Declaração do Rio sobre Meio Ambiente e Desenvolvimento (princípio 9); a Convenção sobre Diversidade Biológica (arts. 16 e 17); a Convenção sobre o Direito do Mar das Nações Unidas (arts. 244, 266 et seq.); Agenda 21 (cap. 34); a Convenção-Quadro das Nações Unida sobre Mudanças Climáticas (art. 1.°, alíneas (c) e (h), art. 4(5)); o Protocolo de Quioto relativo às Mudanças Climáticas (art. 10(c)); o Protocolo de Cartagena sobre Biossegurança da Convenção sobre Diversidade Biológica (art. 22); o Tratado Internacional sobre Recursos Fitogenéticos para Alimentação (arts. 5(1)(e), 13(2)(a), (b)); e o Acordo de Copenhague, adotado no contexto da Conferência das Partes da Convenção-Quadro sobre Mudanças Climáticas (par. 4, 5, 8 e 10). Na esfera doméstica brasileira, a Lei 6.938/1981, que estabelece a Política Nacional do Meio Ambiente, a qual "tem por objetivo a preservação, melhoria e recuperação da qualidade ambiental propícia à vida", tem como um de seus princípios basilares o estabelecimento de "incentivos ao estudo e à pesquisa de tecnologias orientadas para o uso racional e a proteção dos recursos ambientais" (art. 1.°, VI). A Política Nacional do Meio Ambiente explicitamente reconhece como um de seus instrumentos de ação o oferecimento de incentivos à criação e absorção de tecnologias, dirigidas à melhoria da qualidade ambiental (art. 9.°, V).

Enfim, o acesso a tecnologias é indispensável para: garantir os direitos à saúde e à alimentação de todos os indivíduos; prevenir o fenômeno da tragédia dos recursos comuns, marcado pela superexploração de recursos naturais, seguida por sua deterioração ou extinção;[24] estimular o desenvolvimento de

certeza científica absoluta não deverá ser utilizada como razão para que seja adiada a adoção de medidas eficazes [...] para impedir a degradação ambiental".

23. De Schutter 2009, p. 15-16.

24. Hardin (1968, p. 1243-1244) esclarece em que consiste a chamada "tragédia dos recursos comuns": "The tragedy of the commons develops in this way. Picture a pasture open to all. It is to be expected that each herdsman will try to keep as many cattle as possible on the commons. [...] As a rational being, each herdsman seeks to maximize

energias limpas; gerar novos postos de trabalho, notadamente nos setores emergentes da economia (biotecnologia, nanotecnologia, agrobiotecnologia e *software*); estimular o desenvolvimento de novos produtos e o surgimento de novas empresas; reduzir os preços dos bens e serviços; ampliar o acesso a bens e serviços pelos setores menos abastados da sociedade. Não é por acaso que o princípio 20 da Declaração de Estocolmo sobre Meio Ambiente Humano dispõe que "devem-se fomentar em todos os países, especialmente nos países em desenvolvimento, a pesquisa e o desenvolvimento científicos referentes aos problemas ambientais, tanto nacionais como multinacionais. Neste caso, o livre intercâmbio de informação científica atualizada e de experiência sobre a transferência deve ser objeto de apoio e de assistência, a fim de facilitar a solução dos problemas ambientais. As tecnologias ambientais devem ser postas à disposição dos países em desenvolvimento de forma a favorecer sua ampla difusão, sem que constituam uma carga econômica para esses países" e que o princípio 9 da Declaração do Rio sobre Meio Ambiente e Desenvolvimento estabelece que "os Estados devem cooperar para reforçar a criação de capacidades endógenas para alcançar o desenvolvimento sustentável, aumentando o saber mediante o intercâmbio de conhecimentos científicos e tecnológicos, e intensificando o desenvolvimento, a adaptação, a difusão e a transferência de tecnologias, notadamente as tecnologias novas e inovadoras".

Acesso aos conhecimentos cristalizados em obras literárias e científicas

Ainda que um Estado tenha a garantia de livre acesso a todas as tecnologias que por ventura possam ser necessárias ao seu desenvolvimento, se seus pesquisadores não estiverem tecnicamente capacitados a dominá-las e a aplicá-las produtivamente, o acesso aos progressos da ciência e da tecnologia será sem sentido.[25] Por essa razão, o acesso facilitado a publicações em geral – obras literárias, artísticas, científicas – desempenha papel central no progresso científico e tecnológico e na formação de mão de obra qualificada, capacitada a: diagnosticar novos desafios ambientais e conceber soluções

his gain. Explicitly or implicitly, more or less consciously, he asks, 'What is the utility *to me* of adding one more animal to my herd?' [...] the rational herdsman concludes that the only sensible course for him to pursue is to add another animal to his herd. And another; and another... But this is the conclusion reached by each and every rational herdsman sharing a commons. Therein is the tragedy. Each man is locked into a system that compels him to increase his herd without limit – in a world that is limited. Ruin is the destination toward which all men rush, each pursuing his own best interest in a society that believes in the freedom of the commons. Freedom in a commons brings ruin to all".

25. Commission on Intellectual Property Rights 2002, p. 103.

para enfrentá-los; gerar novos conhecimentos científicos sobre como extrair maiores benefícios dos recursos naturais sem os extinguir; recuperar os biomas deteriorados; manejar e aplicar os novos conhecimentos científicos e tecnológicos em prol do bem-estar da humanidade.

O acesso a livros e a outras publicações é também fundamental para formar cidadãos pró-ativos, conscientes e responsáveis, capacitados a: atuar politicamente; reivindicar e defender seus direitos; distinguir empresas ambientalmente sustentáveis daquelas que degradam o meio ambiente e fazer opções de consumo consciente. O acesso a obras literárias e científicas é igualmente indispensável para melhorar as condições de vida dos indivíduos. Não restam dúvidas de que maiores as qualificações de um indivíduo, maiores serão suas chances de ocupar um posto bem remunerado. Indivíduos independentes economicamente têm maiores possibilidades de alcançar uma vida satisfatória e feliz.

Por fim, o acesso a obras literárias e científicas oferece combustível ao processo de geração de novas produções intelectuais, recursos estes indispensáveis para a preservação e ampliação contínua da diversidade cultural. É válido destacar que, nos termos do art. 26 da Convenção sobre a Proteção e a Promoção da Diversidade das Expressões Culturais, a diversidade cultural constitui condição para o desenvolvimento sustentável.

Acesso à forma plástica ornamental de bens duráveis

O aumento da longevidade dos bens de consumo é um dos caminhos para reduzir a pegada de carbono da humanidade. O alcance dessa meta depende do acesso do consumidor a, entre outras coisas, peças de reposição "*must-match*", i.e., aquelas dirigidas a recompor a aparência original de bens duráveis, tais como automóveis, motocicletas, aparelhos domésticos e celulares. A livre produção dessas peças fomenta a livre concorrência no mercado de peças de reposição. No contexto de uma sociedade cada vez mais preocupada com a sua sustentabilidade ambiental, a introdução da livre concorrência no mercado de peças de reposição estimula os agentes econômicos a utilizarem novas ferramentas para conquistar o consumidor.[26] Em vez de centrarem sua estratégia mercadológica na comercialização de produtos baratos, sem qualidade e prejudiciais à natureza, é concebível que a indústria procure conquistar o consumidor, especialmente o bem informado, consciente e socialmente responsável, com produtos mais duráveis e sustentáveis sob

26. UNEP 2010, p. 1-2 (o estudo do Programa das Nações Unidas para o Meio Ambiente, baseado em pesquisas empíricas, indica que um número substancial e crescente de consumidores, em todo o mundo, vem optando por adquirir produtos ambientalmente sustentáveis; eles ainda se mostram abertos a rechaçar produtos e serviços providos por empresas que desrespeitam o meio ambiente).

a ótica ambiental. A ampliação da livre concorrência ainda reduz os custos de manutenção dos bens duráveis, a qual, por sua vez, amplia a vida útil desses bens e reduz seu ritmo de substitutibilidade. Menor é esse ritmo, menor é a demanda da indústria por recursos naturais escassos. A redução dos custos de manutenção de bens duráveis permite que o consumidor invista os recursos economizados em sua qualidade de vida, mediante a aquisição de bens ambientalmente sustentáveis, os quais, em regra, ainda são mais caros que os ambientalmente degradantes.

Acesso aos sinais identificadores de empresas e de seus produtos e serviços

As empresas, bem como seus produtos e serviços, são identificados, no comércio, por sinais identificadores conhecidos como marcas comerciais. A comunicação ao público de críticas às ações antissociais praticadas pelo setor empresarial passa, necessariamente, pela apropriação de seus sinais identificadores. As mensagens críticas, disseminadas por organizações da sociedade civil e pela imprensa, são instrumentos hábeis a instigar o público a alterar seus hábitos de consumo. Essa mudança de hábitos exerce, por sua vez, forte pressão sobre o setor empresarial como um todo, para que passe a adotar posturas socioambientais responsáveis, relegando ao passado processos produtivos obsoletos e ambientalmente insustentáveis. Essas mesmas mensagens críticas igualmente servem para instigar os consumidores, as organizações da sociedade civil e os membros do Ministério Público a acionarem o Poder Judiciário, com vistas a reprimir ações antissociais ilícitas, praticadas pelo setor privado.

Em síntese: o consumidor tem uma grande responsabilidade pelas práticas industriais insustentáveis atuais, porquanto suas demandas alimentam a produção industrial e de serviços; cabe, portanto, a ele estimular, por meio de hábitos de consumo sustentável, a reformulação das posturas do setor privado. E para isso é fundamental a garantia à imprensa e às organizações da sociedade civil do direito de se utilizar das marcas comerciais de grandes conglomerados, com o fito específico de informar o público.

Papel dos direitos de propriedade intelectual na restrição do acesso ao conhecimento

O conhecimento é um bem público (*public good*), no sentido econômico do termo, porquanto pode ser utilizado, simultaneamente, por um número infinito de indivíduos e instituições. Ostrom e Hess sustentam que o conhecimento é um bem de consumo não rival, porquanto pode ser consumido por um número infinito de pessoas, e é um bem não excludente, pois o processo de excluir terceiros não autorizados de sua fruição é tecnicamente impossível ou excessivamente custoso.[27] Diferentemente dos bens privados – e.g., alimentos, recursos naturais, ecossistemas, bens tangíveis em geral –, o uso dos conhecimentos por um indivíduo não impõe qualquer restrição sobre a liberdade de terceiros de usufruí-los simultaneamente. Em outras palavras, o conhecimento não está sujeito a uma tragédia dos recursos comuns. Em verdade, o uso simultâneo dos conhecimentos por inúmeros indivíduos impulsiona a geração de novos conhecimentos, uma vez que cada indivíduo é dotado de capacidades intelectuais que lhe são próprias.

Os Direitos de Propriedade Intelectual (DPIs) figuram como o principal mecanismo de proteção dos bens informacionais da atualidade. De modo artificial, os regimes de proteção dos DPIs transformam bens públicos em bens privados, e, portanto, escassos, ao conferir aos seus titulares o direito de impedir terceiros de utilizar os objetos protegidos em diversos contextos.

Nos dias atuais, as diversas formas de conhecimento exigidas para a realização da meta de desenvolvimento sustentável são, muito frequentemente, protegidas por DPIs: um número crescente de tecnologias, produtos e processos socialmente valiosos está sob a proteção de patentes; obras literárias, artísticas e científicas estão sujeitas a direitos autorais, os quais podem durar por até 100 anos após a morte dos autores;[28] a carapaça de produtos complexos, como automóveis e motocicletas, é comumente protegida como desenhos industriais; os signos identificadores, utilizados por estabelecimentos comerciais e indústrias em operações comerciais, são protegidos como marcas comerciais. As patentes, os direitos autorais, os desenhos industriais e as marcas comerciais conferem aos seus titulares um poderoso direito de excluir terceiros não autorizados da fruição dos bens intangíveis protegidos. Os DPIs, ao impedirem a livre circulação do conhecimento, criam potenciais obstáculos à realização do ideal de desenvolvimento sustentável, prejudicando, em especial, os países em desenvolvimento. O problema de garantir aos titulares de DPIs amplos direitos de exclusão é o fato de inexistirem garantias de que os exercerão de maneira a compatibilizar seus interesses individuais com os interesses maiores da sociedade.

No presente, no contexto legal brasileiro, o principal tratado internacional em matéria de propriedade intelectual é o Acordo sobre Aspectos de Direitos de Propriedade Intelectual Relacionados ao Comércio (Acordo TRIPS, na sigla em inglês), da OMC. Esse acordo tem como fundações os principais acordos internacionais de proteção da propriedade intelectual, i.e., a Convenção de Paris para a Proteção da Propriedade Industrial, Ata de 1967 (Convenção de Paris), a Convenção de Berna relativa à Proteção das Obras Literárias e

27. Ostrom e Hess 2003.

28. Esse é o caso do México (art. 29, I, da Ley Federal de Derecho de Autor, reformada em 23 de julho de 2003).

Artísticas, Ata de 1971 (Convenção de Berna), a Convenção Internacional para a Proteção dos Artistas-Intérpretes, Produtores de Fonogramas e Organizações de Radiodifusão de 1961 (Convenção de Roma) e o Tratado sobre a Propriedade Intelectual em Matéria de Circuitos Integrados de 1989. O TRIPS, contudo, vai além desses acordos, ao garantir direitos mais amplos aos titulares de DPIs e, o mais importante, ao se apoiar no mecanismo de solução de controvérsias da OMC.

Isso significa que os direitos garantidos pelo Acordo TRIPS são altamente eficazes, uma vez que, caso um Membro da OMC deixe de garantir qualquer um dos direitos mínimos assegurados pelo TRIPS, o Estado prejudicado sempre poderá requerer a instalação de um Grupo Especial, que nada mais é que uma espécie de tribunal *ad hoc*, composto por especialistas em comércio internacional, encarregado de investigar se o Estado réu, de fato, desrespeitou as regras do Acordo TRIPS. A parte perdedora poderá recorrer ao Órgão de Apelação para tentar reverter a decisão de Primeira Instância (o relatório do Grupo Especial). De qualquer forma, a parte perdedora terá de cumprir com as determinações do Grupo Especial ou do Órgão de Apelação, porquanto os relatórios proferidos por esses órgãos são adotados pelo Órgão de Solução de Controvérsias da OMC (OSC)[29] por consenso negativo, ou seja, os referidos relatórios apenas serão não vinculantes quando *todos* os Membros do OSC decidirem por consenso não adotá-los.[30] Após a adoção do relatório do Grupo Especial ou do Órgão de Apelação pelo OSC, ele deverá ser plenamente observado pela parte perdedora, caso contrário terá de arcar com pesadas sanções comerciais, a serem revertidas em favor da parte ganhadora.

Ao menos formalmente, o Acordo TRIPS não se limita a perseguir objetivos de natureza comercial. O TRIPS, sendo um dos pilares do sistema OMC, igualmente objetiva salvaguardar interesses que se confundem com aqueles tutelados pelos instrumentos internacionais dedicados a proteger os direitos humanos e o meio ambiente, notadamente:[31] desenvolvimento sustentável, proteção do meio ambiente, elevação dos níveis de vida dos indivíduos, pleno emprego, transferência e difusão de conhecimentos técnicos, bem-estar social e econômico e equilíbrio entre DPIs e as obrigações dos titulares desses direitos para com a sociedade. Em outras palavras, ao menos no plano teórico, o Acordo TRIPS procura efetivar, *inter alia*, muitos dos direitos garantidos pela Declaração Universal dos Direitos Humanos, pelo Pacto Internacional de Direitos Civis e Políticos (PIDCP) e pelo Pacto Internacional de Direitos Econômicos, Sociais e Culturais (PIDESC), e os valores centrais dos acordos multilaterais de meio ambiente. A grande dificuldade em se dar guarida a

---

29. No OSC, todos os 153 Membros da OMC estão representados.
30. Art. 17(14) do ESC da OMC.
31. Cf. preâmbulo do Acordo de Marrakesh que estabelece a Organização Mundial do Comércio e art. 7.º do Acordo TRIPS.

todos esses interesses legítimos é que, enquanto os DPIs garantem aos seus titulares o direito de bloquear a disseminação dos objetos intangíveis protegidos, a realização de direitos humanos e a proteção do meio ambiente depende da ampla disseminação do conhecimento, da ciência e da cultura.

A fim de harmonizar esses interesses díspares, o Acordo TRIPS garante aos titulares de DPIs um amplo leque de direitos mínimos, que devem ser respeitados por todos os Membros da OMC, mas oferece a suas Partes Contratantes algumas brechas (as chamadas "flexibilidades" do acordo), que podem ser empregadas para salvaguardar interesses de ordem pública. No entanto, os termos do Acordo TRIPS vêm sendo interpretados e suas disposições aplicadas pelos Membros da OMC e pela própria OMC como se tivesse sido concebido para maximizar, *exclusivamente*, os interesses econômicos dos titulares de DPIs. Consequentemente, os interesses de ordem socioambiental restam negligenciados, e o desenvolvimento sustentável se conserva como uma meta distante de ser atingida. É por essa razão que: os Relatórios de Desenvolvimento Humano de 1999 e de 2000, produzidos pelo Programa das Nações Unidas para o Desenvolvimento (PNUD), caracterizaram o TRIPS como um acordo altamente desequilibrado, que estabelece obstáculos à erradicação da pobreza, à realização de diversos direitos humanos e à preservação do meio ambiente;[32] a Resolução 2000/7 da Subcomissão de Direitos Humanos da ONU assinalou que o Acordo TRIPS, possivelmente, conflita com os regimes de proteção dos direitos humanos; a Comissão de Direitos Humanos da ONU concluiu que o Acordo TRIPS favorece os interesses econômicos dos titulares de DPIs, em detrimento da realização dos direitos à saúde, à alimentação e à educação;[33] o Alto Comissariado da ONU para Direitos Humanos considerou que a proteção dos direitos humanos é, no máximo, um interesse secundário para o TRIPS;[34] e Olivier De Schutter, Relator Especial das Nações Unidas para o Direito à Alimentação, considerou os DPIs como prejudiciais ao direito à alimentação.[35] Em face dos supostos

32. UNDP 1999, p. 35: "Further, the TRIPS agreement is unbalanced: it provides an enabling environment for multinationals, tightening their dominant ownership of technology, impeding and increasing the cost of transfer to developing countries". Ver também: idem, ibidem, p. 6, 7, 10, 35, 68, 72-76 e 108; UNDP 2000, p. 83-85.

33. Commission on Human Rights, E/CN.4/Sub.2/2001/10, par. 20, 21, 29 e 31.

34. OHCHR 2001, par. 38.

35. De Schutter 2009, p. 3: "There exists a growing tension between the strengthening of intellectual property rights, on the one hand, and the rights of farmers to save, re-use, and exchange seeds – and thus to contribute to innovation –, on the other hand. The development of a commercial breeding sector separate from farming and, more recently, of a biotechnological sector, has led to increased demands for the protection of rights of breeders and inventors of biotechnologies, demands which

desequilíbrios intrínsecos do Acordo TRIPS, a harmonização entre os interesses econômicos dos titulares de DPIs e os de natureza socioambiental dependeria da substancial reforma desse acordo.[36]

Estas críticas ao acordo TRIPS são igualmente relevantes ao operador do direito brasileiro, porquanto o regime brasileiro de propriedade intelectual, composto por uma diversidade de normas, tem como coluna vertebral o referido tratado. Ademais, diversas normas presentes no TRIPS apresentam substância suficiente para serem diretamente aplicáveis na solução de conflitos entre partes privadas.

Para que se confirme o entendimento de que o Acordo TRIPS e, por conseguinte, o regime brasileiro de proteção da propriedade intelectual, são, de fato, incapazes de salvaguardar eficazmente interesses socioambientais, é preciso identificar as cláusulas gerais de exceção desse instrumento internacional e investigar se o escopo dessas disposições garante aos órgãos do Brasil

now have penetrated at the global level [...]. The shift from agricultural research as a public good providing farmers with seeds incorporating advanced traits to the granting of temporary monopoly privileges to plant breeders and patent-holders through the tools of intellectual property is essentially defended as a means to reward, and thus incentivize, research and innovation in plant breeding. But it may also produce a number of undesirable consequences. It will necessarily lead to transfers of resources from technology users to technology producers, both within States and between States. It may reinforce the domination of a limited number of Northern firms in the global food system, since they will control access to improved varieties of seeds and biotechnological innovations by farmers – a consequence which may be particularly problematic for cash-poor smallholders in developing countries. It may direct research towards the needs of farmers in industrialized countries, while neglecting those of poor farmers in developing countries. Even more troublesome, the development of a commercial seed sector in which seed providers are protected by strong IP rights may put in jeopardy the farmers' seed systems, on which most farmers in developing countries still rely and which, for these farmers, is a source of economic independence and resilience in the face of threats such as pests, diseases or climate change. Finally, it is sometimes seen as threatening the preservation of agrobiodiversity [...]". No mesmo sentido Then e Tippe (2009, p. 29), os quais criticam a tendência recente e crescente de se conceder patentes para plantas, sementes e animais desenvolvidos com técnicas convencionais (i.e., essencialmente biológicas), porquanto essas patentes estimulam a concentração empresarial, reduzem a concorrência, conduzem ao aumento arbitrário dos preços das sementes, tornam os agricultores cada vez mais dependentes de insumos patenteados, afetam o ritmo de inovação, em função da privatização de técnicas e produtos triviais e estimulam o aumento do preço dos alimentos.

36. UNDP 1999, p. 74, 108; UNDP 2000, p. 85; OHCHR 2001, par. 68; Byström e Einarsson 2002, p. 9-10.

a legitimidade para adotar exceções vigorosas aos DPIs, dirigidas a efetivar os referidos direitos e interesses.

Exceções à propriedade intelectual e os testes dos três passos

No sentido ordinário, o vocábulo "exceção" é definido pelo *Grande dicionário Sacconi da língua portuguesa* como "restrição aos princípios gerais; desvio da regra geral". Contudo, no contexto do direito da propriedade intelectual, o termo "exceção" apresenta um significado específico que não se confunde com o sentido ordinário do termo.

Segundo Klippel e Bastos, "(...) em sentido amplo, exceção designa toda e qualquer forma de *defesa* que o réu pode utilizar, seja de cunho processual, seja relacionada ao mérito".[37] No contexto específico do Direito da Propriedade Intelectual (DPI), as chamadas exceções aos DPIs, mais apropriadamente conhecidas pela designação "limitações aos DPIs", são instrumentos que autorizam terceiros a utilizar bens intangíveis protegidos, em determinadas circunstâncias e para determinados fins socialmente úteis, independentemente de qualquer autorização dos titulares de DPIs e, muitas vezes, mas nem sempre, independentemente do pagamento de qualquer remuneração.[38]

Em palavras mais simples, sob a ótica do direito material, as exceções ou limitações aos DPIs consistem em *direitos dos usuários* de bens intelectuais protegidos, sendo tão importantes quanto os próprios direitos dos titulares de bens intelectuais. Por essa razão, as exceções são oponíveis contra terceiros, inclusive contra os titulares de DPIs.[39] Sob a ótica do direito processual, as exceções aos DPIs são utilizadas como defesas de mérito contra os pedidos formulados pelo autor, infirmando os fundamentos jurídicos do alegado direito subjetivo do autor.[40]

O entendimento de que exceções aos direitos de propriedade intelectual são, em verdade, direitos dos usuários foi adotado pela Suprema Corte do Canadá, em *CCH Canadian Ltd. v. Law Society of Upper Canada*. A consequência desse entendimento não é desprezível: tanto os direitos dos titulares de DPIs quanto os direitos dos usuários de bens intelectuais ocupam a mesma posição hierárquica no ordenamento jurídico. Por conseguinte, *não são admissíveis* interpretações restritivas do escopo das exceções aos DPIs (os direitos

37. Klippel e Bastos 2011, p. 367.
38. Bently 2010, p. 7. Ainda que considere a expressão "limitações aos DPIs" tecnicamente mais adequada que "exceções aos DPIs", nesta obra, as duas expressões serão utilizadas como sinônimas.
39. Geiger 2006a, p. 371.
40. Klippel e Bastos 2011, p. 372.

dos usuários). Nesse sentido, a Suprema Corte do Canadá, no contexto de sua Lei de Direitos Autorais, afirmou:

> "The fair dealing exception, like other exceptions in the *Copyright Act*, is *a user's right*. In order to maintain the proper balance between the rights of a copyright owner and users' interests, it *must not be interpreted restrictively*. As Professor Vaver, *supra*, has explained, at p. 171: 'User rights are not just loopholes. Both owner rights and user rights should therefore be given the fair and balanced reading that befits remedial legislation'".[41]

Nesse mesmo sentido, no contexto nacional, Borges Barbosa sustenta que:

> "As limitações legais em matéria de propriedade intelectual – patentes, registro de cultivares, direitos autorais, etc. – representam uma *conciliação entre interesses constitucionais fundamentais*. De um lado, a esfera moral e patrimonial da criação humana, protegida pelo texto básico; de outros, interesses tais como a tutela à educação, o direito de citação, o direito à informação, o cultivo das artes no ambiente doméstico, etc.
>
> Argumentar-se-ia, talvez, que tais limitações seriam tomadas sempre como exceções, a serem restritamente interpretadas. *Mas exceções não são*, e sim confrontos entre interesses de fundo constitucional. Como já tive também a oportunidade de considerar, citando Canotilho:
>
> 'As idéias de ponderação (*Abwängung*) ou de balanceamento (*balancing*) surge em todo o lado onde haja necessidade de encontrar o Direito' para resolver 'casos de tensão' (*Ossenbühl*) entre bens juridicamente protegidos. (...)
>
> Assim, não é interpretação restrita, mas equilíbrio, balanceamento e racionalidade que se impõe.
>
> Outra ponderação que se poderia fazer é que a interpretação se faria sempre *em favor do* autor. Assim, sempre se restringiriam as limitações ao direito autoral do art. 46 à sua expressão mais angusta. Porém não se argua, de outro lado, o intuito protetor da lei autoral, que faz interpretar em favor do autor as disposições negociais (Lei 9.610/98 – Art. 4.º). No caso, não estamos interpretando negócios jurídicos, mas texto legal, e existem dois objetos de tutela igualmente dignos de proteção – a criatividade e a fruição pública da arte. Assim, a racionalidade e a

---

41. *CCH Canadian Ltd. v. Law Society of Upper Canada*, [2004] 1 S.C.R. 339, 2004 SCC, p. 48.

funcionalidade são os critérios heurísticos relevantes, não o viés *pro autorem*, que se aplica no contexto privado"[42] (grifos nossos).

Em síntese, parafraseando Christophe Geiger,[43] as limitações aos direitos de propriedade intelectual *não* constituem ilhas de liberdade circundadas por um oceano de exclusividade, representado pelos DPIs. Muito pelo contrário. Considerando que, no contexto constitucional nacional e no contexto internacional, a regra é a liberdade de acesso, uso e disseminação do conhecimento e dos produtos que o incorporam, e não a sua restrição,[44] é a proteção conferida aos titulares de direitos de propriedade intelectual que constitui uma ilha de exclusividade temporária inserida em um oceano de liberdade. E essa diretriz deve necessariamente guiar o operador do direito ao interpretar o escopo das exceções/limitações aos direitos de propriedade intelectual, sob pena de, negligenciando-a, ferir outros valores constitucionais de maior estatura.

A função das exceções aos DPIs é harmonizar os interesses econômicos dos titulares de DPIs com o interesse dos diversos setores da sociedade de acessar, com a maior facilidade possível, produções intelectuais protegidas, para a satisfação de interesses individuais e coletivos prementes. As exceções desempenham um papel ímpar na efetivação dos direitos culturais garantidos pelo Pacto Internacional de Direitos Econômicos, Sociais e Culturais – notadamente a liberdade de conduzir pesquisas científicas e de realizar atividades criativas –, mediante a criação de condições que viabilizam a conservação, o desenvolvimento e a difusão da ciência e da cultura (art. 15(2) e (3)). Ainda na esfera dos direitos humanos, as exceções aos DPIs são alavancas de promoção dos direitos à educação, à saúde, à vida, à alimentação, à liberdade de expressão e ao emprego. Na arena empresarial, as exceções configuram uma ferramenta de promoção da livre concorrência, porquanto viabilizam o acesso facilitado a insumos intelectuais por um grande número de instituições produtivas e científicas, públicas e privadas, independentemente de qualquer intervenção do Estado.[45] Na esfera ambiental, as exceções são capazes de promover o uso eficiente dos recursos naturais, a recuperação e a conservação

---

42. Borges Barbosa (1999) apud Borges Barbosa (2012a, p. 56-57). Este entendimento é compartilhado por Ascensão (2008, p. 8-9).

43. Geiger 2004.

44. Nesse sentido, os arts. 5.º, XIV, 170, *caput* e inc. IV, 215, 218 e 220, todos da Constituição Federal de 1988, garantem a livre manifestação do pensamento, a livre expressão da atividade intelectual, artística, científica e de comunicação, o livre acesso à informação e a liberdade de iniciativa e de concorrência.

45. Cf. Max Planck Institute e Queen Mary, University of London, 2008, p. 3: "Limitações e exceções figuram como um mecanismo capaz de eliminar posições exclusivas de mercado, de natureza anticoncorrencial. A esse respeito, limitações e exceções apresentam uma vantagem em face dos remédios disponibilizados pelo direito con-

dos ecossistemas, mediante a disseminação de tecnologias de ponta. Em síntese, as exceções aos DPIs constituem ferramentas de atendimento à função social da propriedade intelectual.

No entanto, as dimensões dos espaços disponíveis para a adoção de medidas restritivas do escopo dos DPIs em prol de interesses públicos não são facilmente aferíveis e, nesse ponto, o Acordo TRIPS cria dificuldades monumentais aos seus Membros, sobretudo aos mais fragilizados, em termos de domínio das complexas regras do sistema multilateral do comércio.

Dentre os espaços oferecidos pelo Acordo TRIPS, merecem especial atenção dos operadores do direito em geral, notadamente dos advogados e dos juízes, os disponibilizados pelas cláusulas gerais de exceção,[46] as quais são conhecidas popularmente como "testes dos três passos".[47] As cláusulas gerais de exceção autorizam o estabelecimento de exceções aos direitos autorais (art. 9.2 da Convenção de Berna[48] e art. 13 do Acordo TRIPS), aos direitos assegurados pelos desenhos industriais (art. 17), pelas marcas comerciais (art. 26.2) e pelas patentes (art. 30). Em palavras mais claras, tais dispositivos podem ser primariamente empregados pelos *legisladores*, no processo de avaliação da legitimidade de projetos de lei que contemplem a criação de exceções a qualquer um dos referidos DPIs. Em acréscimo, as cláusulas gerais de exceção do Acordo TRIPS podem ser utilizadas pelo *Poder Judiciário* – e pelos órgãos governamentais de defesa da concorrência e tribunais administrativos encarregados de examinar casos envolvendo DPIs – para três funções relacionadas à solução de controvérsias *privadas*, a saber:

---

correncial, porquanto estabelecem uma base geral para os remédios (em oposição à abordagem casuística do direito concorrencial".

46. As cláusulas gerais de exceção não determinam os objetivos que devem ser perseguidos pelas exceções adotadas sob o seu amparo, ou indicam um leque de objetivos que podem ser por elas promovidos. As cláusulas especiais de exceção, por sua vez, especificam taxativamente os objetivos que as exceções adotadas sob o seu amparo devem necessariamente promover. Como exemplo de cláusula especial de exceção pode-se mencionar o art. 10(1) da Convenção de Berna para a Proteção das Obras Literárias e Artísticas, que assim dispõe: "São lícitas as citações tiradas de uma obra já licitamente tornada acessível ao público, com a condição de que sejam conformes aos bons usos e na medida justificada pela finalidade a ser atingida, inclusive as citações de artigos de jornais e coleções periódicas sob forma de resumos de imprensa". O escopo do presente estudo enfoca exclusivamente nas cláusulas gerais de exceção do Acordo TRIPS.

47. Nessa obra, utilizo como sinônimas as expressões "teste dos três passos" e "cláusulas gerais de exceção" dos direitos de propriedade intelectual. A primeira é uma expressão mais popular na doutrina nacional e estrangeira, enquanto a segunda apresenta caráter mais técnico.

48. Nos termos do art. 9(1) do Acordo TRIPS, os arts. 1 a 21 e o apêndice da Convenção de Berna relativa à proteção das obras literárias e artísticas (com exceção do art. 6bis) são partes integrantes do Acordo TRIPS.

A primeira função é *aclarar* o escopo das exceções aos DPIs *expressamente* previstas no ordenamento jurídico nacional, especialmente quando estas incorporam termos juridicamente indeterminados.[49] A partir do momento em que o Brasil internalizou o Acordo TRIPS em seu ordenamento jurídico, por meio do Decreto 1.355, de 30 de dezembro de 1994, o TRIPS adquiriu *status* de lei ordinária federal. Consequentemente, as normas locais pertinentes aos DPIs devem, tanto quanto possível, ser interpretadas à luz do disposto no Acordo TRIPS. Isso é o que determina o princípio da interpretação consistente, o qual busca compatibilizar as normas de origem internacional com as de gênese nacional que tratam sobre uma mesma matéria."Segundo esta doutrina [da interpretação consistente], quando uma norma local permitir diferentes interpretações, esta deverá ser interpretada em consonância com as obrigações internacionais pertinentes à matéria, possibilitando-se uma relação harmônica do sistema jurídico nacional com o internacional, bem como a realização concreta do princípo do *pacta sunt servanda* que, necessariamente, deve ser observado por todos os órgãos estatais, inclusive pelo Poder Judiciário."[50] Assim sendo, no contexto brasileiro, as cláusulas gerais de exceção do Acordo TRIPS são aplicáveis para determinar, por exemplo, o escopo das exceções aos direitos autorais previstas no art. 46 da Lei 9.610/1998, e das exceções previstas na Lei da Propriedade Industrial (e.g., art. 43 da Lei 9.279/1996).

A segunda função das cláusulas gerais de exceção do Acordo TRIPS é servir de *cláusulas de salvaguarda* de interesses constitucionais (e.g., direitos fundamentais, livre concorrência), quando da ausência de exceções explícitas dirigidas a tutelá-los, previstas nas leis de proteção da propriedade intelectual.[51] Nessa função, as cláusulas gerais de exceção servem para avaliar a legitimidade de usos de produções intelectuais protegidas por DPIs, *não expressamente amparados pelas exceções positivadas no ordenamento jurídico nacional*. Por conseguinte, as cláusulas gerais de exceção têm aplicação *subsidiária* em relação às exceções expressamente previstas no ordenamento jurídico. Sinteticamente, as claúsulas gerais de exceção do Acordo TRIPS autorizam, portanto, o estabelecimento de exceções, pela via judicial ou administrativa.

---

49. Nesse sentido, ver Tribunal Regional Federal da 2.ª Região, Apelação Cível 2002.51.01.015719-6 (Relatora: Desembargadora Liliane Roriz. Apelante: Soc. Bras. de Autores Teatrais-SBAT. Apelado: Fundação Oswaldo Cruz); apelação julgada em 24 de novembro de 2009. Este parece ser igualmente o entendimento de Eliane Abrão (2002, p. 151-152).
50. Rodrigues Jr. e Basso 2008, p. 180-181.
51. No mesmo sentido, Borges Barbosa (2010, p. 1950 et seq.) prevê o teste dos três passos como parâmetro para a avaliação da legitimidade dos usos não autorizados de bens protegidos por DPIs.

Na esfera administrativa, posso citar, a título de exemplo, a atuação do Conselho Administrativo de Defesa Econômica (CADE) em litígios concorrenciais envolvendo DPIs. Conforme autorizado pelo art. 38, VII, da Lei 12.529/2011, o CADE tem legitimidade, por exemplo, para aplicar medidas restritivas ao exercício de qualquer direito da propriedade intelectual, quando a medida for necessária para "a eliminação dos efeitos nocivos à ordem econômica".[52] Por exemplo, o CADE poderia licenciar compulsoriamente uma obra protegida por direitos autorais, que tenha o *status* de *essential facility*, para beneficiar os concorrentes do titular da obra, com vistas a autorizá-los a desenvolver novos produtos dependentes daquela *essential facility*. Naturalmente, a medida aplicada deverá passar pelo crivo da cláusula geral de exceção pertinente do Acordo TRIPS para ser considerada legítima. Aqui é válido observar que a única medida restritiva do escopo dos DPIs que o CADE não pode adotar diretamente é o licenciamento compulsório de patentes. Quando, no caso concreto, o licenciamento compulsório de patentes for exigido para eliminar os efeitos nocivos à ordem econômica, o CADE deve "recomendar" ao INPI "seja concedida licença compulsória de... [patente], quando a infração estiver relacionada ao uso desse direito" (art. 38, IV, "a", da Lei 12.529/2011, combinado com os arts. 68 a 74 da Lei 9.279/1996). Afora isso, a autoridade nacional de defesa da concorrência tem ampla liberdade para adotar medidas restritivas do exercício dos DPIs, notadamente quando os titulares de DPIs praticarem infração à ordem econômica mediante o exercício abusivo desses direitos (art. 36, XIX, da Lei 12.529/2011), desde que observados os limites fixados pelas cláusulas gerais de exceção do Acordo TRIPS.

A terceira função das cláusulas gerais de exceção do Acordo TRIPS é explicitar o âmbito de proteção (escopo) dos direitos de exclusivo (*jus prohibendi*) conferidos pelas patentes, marcas comerciais, desenhos industriais e direitos autorais. Esses dispositivos indicam, de forma objetiva, as formas de exploração que os titulares dos bens intangíveis protegidos por esses direitos podem legitimamente controlar com exclusividade: as chamadas formas normais de exploração dos objetos protegidos por DPIs. A partir da identificação das formas normais de exploração dos bens protegidos por DPIs, o Poder Judiciário e o CADE poderão identificar as formas *anormais* de exploração dos DPIs, ou seja, os casos em que os titulares de DPIs exercem, de modo abusivo, seus direitos de exclusivo. Isso posto, as cláusulas gerais de exceção do Acordo TRIPS são ferramentas úteis para viabilizar a aplicação do art. 36, XIX, da Lei 12.259/2011 (nova lei do CADE), dispositivo este que define o exercício abusivo dos DPIs como uma infração à ordem econômica.

52. A Lei 12.529/2011 substituiu a Lei 8.884/1994.

Por conseguinte, no contexto do ordenamento jurídico brasileiro, pode-se afirmar que este conta com um rol meramente *exemplificativo* das limitações aos DPIs. Corroborando esse entendimento, destaca-se um acórdão paradigmático do Superior Tribunal de Justiça (STJ), tribunal superior responsável pela guarda da legislação federal infraconstitucional e dos tratados ratificados pelo Brasil e pela uniformização de sua interpretação, em âmbito nacional. Dessa decisão se infere que as cláusulas gerais de exceção do Acordo TRIPS servem para tutelar valores fundamentais insculpidos na Constituição Federal de 1988 – e.g., direitos fundamentais, princípios da livre concorrência e da defesa do consumidor –, especificamente quando a legislação ordinária *não* prevê textualmente exceções aos DPIs dirigidas a tutelá-los.[53] Embora esse acórdão se refira apenas ao art. 13 do Acordo TRIPS, a lógica introduzida por ele estende-se analogicamente às demais cláusulas gerais de exceção do Acordo TRIPS indicadas no Quadro 2. Não faria sentido permitir-se a aplicação das cláusulas gerais de exceção exclusivamente ao campo dos direitos autorais; situações iguais ou similares devem receber o mesmo tratamento do direito.

O entendimento acolhido pelo STJ de garantir a aplicabilidade direta ao art. 13 do Acordo TRIPS – e às demais claúsulas gerais de exceção do Acordo TRIPS – se harmoniza com a letra destes dispositivos, os quais são dirigidos aos *Membros da OMC*. Isso porque os órgãos do Poder Judiciário e do Poder Executivo (ex.: as autoridades antitruste locais) são órgãos dos Estados Membros da OMC tanto quanto os parlamentos nacionais. Sabidamente, o poder estatal se reparte em três funções (a administrativa, a jurisdicional e a legislativa), atribuídas, eminentemente (mas não exclusivamente), aos Poderes Executivo, Judiciário e Legislativo, respectivamente. Segue a ementa do acórdão do STJ, acompanhada de alguns trechos relevantes do brilhante voto do relator do recurso especial, Ministro Paulo de Tarso Sanseverino, bem como o texto do voto

53. O acórdão paradigmático a que me referi é o prolatado em sede do Recurso Especial 964404, de 15 de março de 2011. O entendimento adotado nesse acórdão foi acolhido nos seguintes acórdãos estaduais: TJES, Apelação Civel 24070157714 (apelante: ECAD; apelado: Associação Santa Terezinha do Menino Jesus), prolatada em 2 de junho de 2011; 1.ª Turma Recursal dos Juizados Especiais Cíveis e Criminais do DF, Ação Cível do Juizado Especial: Classe do Processo: 2009071026404-9 ACJ – 0026404-86.2009.807.0007; acórdão 480658; TJSC, Apelação Cível 2010.076442-8, Relator: Des. Guilherme Nunes Born, acórdão de 15 de fevereiro de 2012; TJSC, Apelação Cível 2008.054027-8, Relator: Des. Eládio Torret Rocha, acórdão de 21 de julho de 2011; TJRJ, 5.ª Câmara Cível, Apelação Cível 0225705-28.2011.8.19.0001, Rel. Des. Antônio Saldanha Palheiro, acórdão de 4 de dezembro de 2012 . Existem outros acórdãos recentes do Paraná, Rio Grande do Sul e Rio de Janeiro que acolheram a tese de que a Lei de Direitos Autorais brasileira apenas contempla um rol *exemplificativo* de exceções aos direitos autorais; os referidos acórdãos estão reproduzidos em artigo recente de Borges Barbosa (2012b).

do Ministro Massami Uyeda, o qual confirma a alteração do posicionamento do STJ sobre a matéria"exceções à propriedade intelectual":

"*Ementa:* Recurso Especial. Cobrança de Direitos Autorais. Escritório Central de Arrecadação e Distribuição – ECAD. Execuções musicais e sonorizações ambientais. Evento realizado em escola, sem fins lucrativos, com entrada gratuita e finalidade exclusivamente religiosa.

I – Controvérsia em torno da possibilidade de cobrança de direitos autorais de entidade religiosa pela realização de execuções musicais e sonorizações ambientais em escola, abrindo o Ano Vocacional, evento religioso, sem fins lucrativos e com entrada gratuita.

II – Necessidade de interpretação sistemática e teleológica do enunciado normativo do art. 46 da Lei n. 9610/98 à luz das limitações estabelecidas pela própria lei especial, *assegurando a tutela de direitos fundamentais e princípios constitucionais em colisão com os direitos do autor, como a intimidade, a vida privada, a cultura, a educação e a religião.*

III – O âmbito efetivo de proteção do direito à propriedade autoral (art. 5.º, *XXVII, da CF) surge somente após a consideração das restrições e limitações a ele opostas, devendo ser consideradas, como tais, as resultantes do rol exemplificativo* extraído dos enunciados dos artigos 46, 47 e 48 da Lei 9.610/98, interpretadas e aplicadas de acordo com os direitos fundamentais.

III – Utilização, como critério para a identificação das restrições e limitações, da regra do teste dos três passos (*'three step test'*), disciplinada pela Convenção de Berna e pelo Acordo OMC/TRIPS.

IV – Reconhecimento, no caso dos autos, nos termos das convenções internacionais, que a limitação da incidência dos direitos autorais 'não conflita com a utilização comercial normal de obra' e 'não prejudica injustificadamente os interesses do autor' (grifei) [...].

Voto do Ministro Paulo de Tarso Sanseverino: 'O caso diz respeito à possibilidade de cobrança de direitos autorais por ter a recorrente realizado – segundo o acórdão *a quo* – execuções musicais e sonorizações ambientais quando da celebração da abertura do Ano Vocacional em Escola, evento religioso sem fins lucrativos e com entrada gratuita.

Entendo que o recurso especial deva ser, na sua essência, provido.

A princípio, pela leitura isolada do enunciado normativo do art. 68 da Lei 9.610/98, o evento acima descrito importaria, sim, no pagamento de direitos autorais, pois verificada a realização de execuções musicais e sonorizações ambientais públicas em local de frequência coletiva, embora não expressamente referido pela regra do § 3.º do *caput* do artigo.

Nada obstante, as normas do art. 68 e seus parágrafos fixam apenas o âmbito de proteção *prima facie* da propriedade autoral, surgindo o seu âmbito efetivo de proteção somente após o reconhecimento das restrições e limitações a ela opostas pela própria lei especial. Assim, a Lei 9.610/98, em seus arts. 46, 47 e 48, regula as limitações aos direitos autorais. Discute-se apenas se essas restrições possuem caráter exemplificativo ou taxativo.

Conforme doutrina Leonardo Macedo Poli [...], 'cada uma das limitações previstas na LDA decorre da recepção legal de um ou outro princípio constitucionalmente garantido', relacionados, por exemplo, ao 'direito à intimidade e à vida privada' ao 'desenvolvimento nacional', à 'cultura, educação e ciência'.

Relembro, neste ponto, que os direitos e garantias fundamentais possuem aplicabilidade direta e imediata (art. 5.º, § 1.º, da CF), vinculando o Poder Público como um todo – Executivo, Legislativo e Judiciário – a um dever de otimização, de conferir-lhes, na Doutrina de Paulo Gustavo Gonet Branco [...] 'a máxima eficácia possível'.

Não se encontram eles, pois, salienta Ingo Wolfgang Sarlet [...], 'na esfera de disponibilidade dos poderes públicos', estando estes, ao revés, 'na obrigação de tudo fazer no sentido de realizar os direitos fundamentais'.

Ora, se as limitações de que tratam os arts. 46, 47 e 48 da Lei 9.610/98 representam a valorização, pelo legislador ordinário, de direitos e garantias fundamentais frente ao direito à propriedade autoral, também um direito fundamental (art. 5.º, XXVII, da CF), constituindo elas – as limitações dos arts. 46, 47 e 48 – o resultado da ponderação destes valores em determinadas situações, não se pode considerá-las a totalidade das limitações existentes.

Neste exato sentido, também considerando as limitações da Lei 9.610/98 meramente exemplificativas, Leonardo Macedo Poli, já citado, e Allan Rocha de Souza [...].

Saliento que a adoção de entendimento em sentido contrário conduziria, verificada a omissão do legislador infraconstitucional, à violação de direito ou garantia fundamental que, em determinada hipótese concreta, devesse preponderar sobre o direito de autor. Conduziria ainda ao desrespeito do dever de otimização dos direitos e garantias fundamentais (art. 5.º, § 1.º, da CF), que vinculam não só o Poder Legislativo, mas também o Poder Judiciário.

Portanto, o âmbito de proteção efetiva do direito à propriedade autoral ressai após a consideração das limitações contidas nos arts. 46, 47 e 48 da Lei 9.610/98, interpretadas e aplicadas de acordo com os direitos e garantias fundamentais, e da consideração dos próprios direitos e garantias fundamentais.

Valores como a cultura, a ciência, a intimidade, a privacidade, a família, o desenvolvimento nacional, a liberdade de imprensa, de religião e de culto devem ser considerados quando da conformação do direito à propriedade autoral.

Esta ponderação não pode, contudo, ocorrer de forma arbitrária, devendo observar rígidos critérios.

A Convenção de Berna para a proteção de obras literárias, artísticas e científicas (1886) e o Acordo OMC/TRIPS (Acordo sobre Aspectos de Direitos de Propriedade Intelectual Relacionados ao Comércio), ambos em vigor no território nacional, disciplinam, entre outros aspectos, as limitações aos direitos de autor. O art. 13 do Acordo OMC/TRIPS, reproduzindo em grande parte o art. 9.2 da Convenção de Berna, dispõe o seguinte: *'Os membros restringirão as limitações ou exceções aos direitos exclusivos a determinados casos especiais, que não conflitem com a exploração normal da obra e não prejudiquem injustificavelmente os interesses legítimos do titular do direito'.*

Segundo Maristela Basso (...), estes dispositivos disciplinam a denominada 'regra do teste dos três passos' (...), segundo a qual a reprodução não autorizada de obras de terceiros é admitida nas seguintes hipóteses: '(a) em certos casos especiais; (b) que não conflitem com a exploração comercial normal da obra; (c) não prejudiquem injustificadamente os legítimos interesses do autor'.

É o que se verifica no caso.

O evento de que trata os autos – sem fins lucrativos, com entrada gratuita e finalidade exclusivamente religiosa – não conflita com a exploração comercial normal da obra (música ou sonorização ambiental), assim como, tendo em vista não constituir evento de grandes proporções, não prejudica injustificadamente os legítimos interesses dos autores.

[...]

Também o primeiro dos requisitos se faz presente no caso dos autos, que pode ser considerado, nas palavras da lei, 'especial', já que realizada, em Escola, a celebração de abertura do Ano Vocacional, cerimônia sem fins lucrativos, com entrada gratuita e finalidade exclusivamente religiosa.

Prepondera, pois, neste específico caso, o direito fundamental à liberdade de culto e de religião frente ao direito de autor. Com isto, encaminho voto no sentido de dar parcial provimento ao recurso especial para excluir a cobrança de direitos autorais em relação ao evento religioso narrado na petição inicial (Abertura do Ano Vocacional de 2002)' (grifo nosso; notas internas omitidas).

Voto do Ministro Massami Uyeda: Srs. Ministros, quero cumprimentar a eminente Advogada pela sustentação bem objetiva, e faço minhas as palavras da Sra. Ministra Nancy Andrighi, porque, em casos anteriores, mais ou menos semelhantes a este, eu também havia adotado esse posicionamento. Mas a angulação pela qual o eminente Relator dá o enfoque à matéria, inclusive trazendo a Convenção de Berna, que tem eficácia dentro do território nacional, mostra que essa questão determina a colidência dos princípios constitucionais. É um tema bem atual. Aliás, a evolução da jurisprudência e a própria doutrina está caminhando nesse sentido de que, no final, tudo se trata da ponderação, do equilíbrio na aplicação desses princípios. Tudo se resume a princípios, como naquele caso anterior que fiz do direito fundamental à intimidade e o direito à própria vida, uma colidência de princípios.

Então, neste caso também, saúdo o eminente Ministro Paulo de Tarso Sanseverino, que dá uma nova visão, permite um estudo, um aperfeiçoamento das posições. Tínhamos, até agora, uma posição muito rígida, que vinha da decisão da Corte Especial, e aquilo resistiu por algum tempo. Com essa renovação que se faz, dos quadros dos Ministros, *é* natural essa mudança de observação. Acompanho o voto do Sr. Ministro-relator, dando parcial provimento ao recurso especial".

Quadro 1: As Funções das Cláusulas Gerais de Exceção do Acordo TRIPS

1.ª função	Aclarar o escopo das exceções aos DPIs *expressamente* previstas no ordenamento jurídico nacional (por ex., as exceções previstas no art. 46 da Lei de Direitos Autorais). Por conseguinte, as exceções positivadas devem ser lidas à luz das cláusulas gerais de exceção do Acordo TRIPS.
2.ª função	Funcionar como *cláusulas de salvaguarda* de valores constitucionais (e.g., direitos fundamentais, princípio da livre concorrência), quando da ausência de exceções explicitamente previstas na legislação dirigidas a tutelá-los.
3.ª função	Explicitar o âmbito de proteção (o escopo) dos principais DPIs (patentes, marcas, desenhos industriais e direitos autorais), mediante a identificação das formas normais de exploração dos objetos protegidos por esses direitos e das formas anormais (*abusivas*) de exploração desses objetos protegidos.
4.ª função	As cláusulas gerais de exceção do Acordo TRIPS guiam os legisladores a identificar as propostas de exceções aos direitos de propriedade intelectual que se harmonizam com o Acordo TRIPS da Organização Mundial do Comércio, prevenindo, assim, a aprovação de projetos de lei que possam ensejar futuros litígios interestatais.

O Acordo TRIPS conta com cinco cláusulas gerais de exceção que muito se assemelham em termos de estrutura, substância e função. Tais dispositivos autorizam os Membros da OMC (aí incluído o Brasil, representado por seus Poderes Legislativo, Executivo e Judiciário) a adotarem exceções aos direitos autorais e aos direitos conferidos por marcas, patentes e desenhos industriais, desde que as condições por eles fixadas sejam cumpridas *cumulativamente*[54] (Quadro 2). Aquelas exceções e usos não expressamente autorizados que não passarem pelo crivo desses testes devem ser descartados.

54. No que se refere às condições fixadas pelas cláusulas gerais de exceção do Acordo TRIPS, Kur (2008, p. 41) parece sustentar que elas não são cumulativas.

A origem dos testes indicados no Quadro 2 remonta à Conferência de Revisão da Convenção de Berna para a Proteção das Obras Literárias e Artísticas (Convenção de Berna), que teve lugar em Estocolmo, em 1967. Uma das mais importantes realizações da Conferência foi a introdução do art. 9(2), o qual contém um teste de três passos cuja função é controlar a legalidade das exceções ao direito de reprodução de obras protegidas, adotadas pelas partes contratantes da Convenção de Berna.[55] Sua redação flexível parece capaz de harmonizar interesses públicos e privados e oferecer amplo espaço de ação aos Estados.

Quadro 2: As Cláusulas Gerais de Exceção do Acordo TRIPS

Matéria	1.º Passo	2.º Passo	3.º Passo
Direito Autoral (art. 9(2) da Convenção de Berna)	Os Estados poderão adotar exceções ao direito de reprodução "em certos casos especiais"	contanto que a reprodução não autorizada "não afete a exploração normal da obra"	"nem cause prejuízo injustificado aos interesses legítimos" dos autores.
Direito Autoral (art. 13 do Acordo TRIPS)	"Os Membros restringirão as limitações ou exceções aos direitos exclusivos a determinados casos especiais"	"que não conflitem com a exploração normal da obra" e que	"não prejudiquem injustificavelmente os interesses legítimos do titular do direito."
Marca Comercial (art. 17)	"Os Membros poderão estabelecer exceções limitadas aos direitos conferidos para uma marca."	Não há um passo equivalente ao "2.º *passo*" *presente nos demais testes,*	"desde que tais exceções levem em conta os legítimos interesses do titular da marca e de terceiros".
Desenho Industrial (art. 26(2))	Os Membros poderão estabelecer exceções limitadas à proteção de desenhos industriais,[56]	desde que tais exceções não conflitem de forma não razoável com a exploração normal de desenhos industriais protegidos e	não prejudiquem de forma não razoável os legítimos interesses do titular dos desenhos protegidos, levando em conta os legítimos interesses de terceiros.
Patente (art. 30)	"Os Membros poderão conceder exceções limitadas aos direitos exclusivos conferidos pela patente",	"desde que elas não conflitem de forma não razoável com sua exploração normal" e	"não prejudiquem de forma não razoável os interesses legítimos de seu titular, levando em conta os interesses legítimos de terceiros."

55. Bergström 1967, p. 291 et seq.

56. O texto do teste do art. 26(2) do Acordo TRIPS utilizado neste trabalho é uma tradução livre da versão original em língua inglesa, que dispõe: "Members may provide limited exceptions to the protection of industrial designs, provided that such exceptions do not unreasonably conflict with the normal exploitation of protected industrial designs and do not unreasonably prejudice the legitimate interests of the owner of the

Se, por um lado, a redação ambígua das cláusulas gerais de exceção do Acordo TRIPS dificulta a compreensão de seu conteúdo, por outro lado essa mesma ambiguidade, se explorada corretamente, oferece aos Membros da OMC um amplo espaço legal para a adoção de exceções capazes de neutralizar os malefícios produzidos pelos principais ramos do DPI. Contudo, na prática, a OMC, nas únicas oportunidades que teve, interpretou os termos de três das cláusulas gerais de exceção do Acordo TRIPS (arts. 13, 17 e 30) de maneira a favorecer exclusivamente os interesses privados dos titulares de direitos autorais, de marcas comerciais e de patentes, ainda que em prejuízo de interesses sociais relevantes: em *Canada – Pharmaceutical Patents*, um Grupo Especial do OSC optou por superproteger os interesses dos titulares de patentes de controlar os objetos patenteados, em detrimento de interesses humanos de importância indiscutível, notadamente o direito à saúde e à livre concorrência: no entendimento do Grupo Especial, o art. 30 oferece um espaço excessivamente limitado, que apenas pode ser empregado para a adoção de exceções que afetem, de modo insignificante, os interesses econômicos dos titulares de patentes. Entendimento similar foi adotado nos casos *United States – Section 110(5) of US Copyright Act* e *EC – Trademarks and Geographical Indications*.

Em teoria, os relatórios dos órgãos do OSC (Grupos Especiais e Órgão de Apelação) não vinculam todos os Membros da OMC, mas apenas as partes litigantes,[57] porquanto a competência exclusiva para adotar interpretações vinculantes para os acordos da OMC cabe à Conferência Ministerial e ao Conselho Geral da OMC.[58] No entanto, *na prática*, esses materiais são tratados como precedentes, servindo de diretriz para a solução de casos simi-

protected design, taking account of the legitimate interests of third parties". Assim procedo porque a tradução para o português desrespeitou os termos da versão oficial em língua inglesa:"Os Membros poderão estabelecer algumas exceções à proteção de desenhos industriais, desde que tais exceções não conflitem injustificavelmente com a exploração normal de desenhos industriais protegidos, nem prejudiquem injustificavelmente o legítimo interesse do titular do desenho protegido, levando em conta o legítimo interesse de terceiros". Em caso de conflito, deve-se sempre recorrer à versão oficial (art. 33(2) da Convenção de Viena sobre o Direito dos Tratados).

57. Em *Japan – Alcoholic Beverages*, o Órgão de Apelação entendeu que:"Los informes adoptados de los grupos especiales son una parte importante del acervo del GATT. Los grupos especiales posteriores suelen examinarlos. Estos informes crean expectativas legítimas en los Miembros de la OMC y, por consiguiente, deben tenerse en cuenta cuando son pertinentes para una diferencia. Sin embargo, no son obligatorios sino para solucionar la diferencia específica entre las partes en litigio" (WTO, WT/DS8/AB/R, WT/DS10/AB/R, WT/DS11/AB/R, p. 17).

58. Art. IX(2) do Acordo de Marrakesh, pelo qual se estabeleceu a OMC. No mesmo sentido: Dreier 2005, p. 59; Hilf 2001, p. 116.

lares.[59] Sem embargo, o Órgão de Apelação permite que se ignorem as diretrizes e interpretações apresentadas nos relatórios dos Grupos Especiais e do Órgão de Apelação, quando houver "razões imperativas" para tal.[60]

Sem dúvida alguma, há razões imperativas para os órgãos do sistema de solução de controvérsias da OMC e para os seus Membros ignorarem, em *grande parte*, as interpretações propostas pela OMC em *Canada – Pharmaceutical Patents*, em *US – Section 110(5) Copyright Act* e em *EC – Trademarks and Geographical Indications*. Conforme procurarei demonstrar neste trabalho, em grande medida as interpretações propostas nesses casos feriram o art. 3(2) do Entendimento Relativo às Normas e Procedimentos sobre Solução de Controvérsias na OMC (Entendimento de Solução de Controvérsias ou ESC), o qual determina que a função do Sistema de Solução de Controvérsias da OMC é "preservar os direitos e obrigações dos Membros no marco dos acordos abarcados" e "aclarar as disposições vigentes de tais acordos, de conformidade com as normas costumeiras de interpretação do direito internacional público".[61] Como resultado, as interpretações propostas

59. Em *US – Stainless Steel*, o Órgão de Apelação da OMC assinalou: "La práctica en materia de solución de diferencias demuestra que los Miembros de la OMC atribuyen importancia al razonamiento expuesto en informes anteriores de los grupos especiales y del Órgano de Apelación. Los informes adoptados de los grupos especiales y del Órgano de Apelación son citados con frecuencia en apoyo de sus argumentos jurídicos por las partes en los procedimientos de solución de diferencias, y los grupos especiales y el Órgano de Apelación se basan en ellos en diferencias posteriores. Además, al promulgar o modificar leyes y reglamentos nacionales relativos a cuestiones de comercio internacional, los Miembros de la OMC tienen en cuenta las interpretaciones jurídicas de los acuerdos abarcados formuladas en los informes adoptados de los grupos especiales y del Órgano de Apelación. En consecuencia, las interpretaciones jurídicas incorporadas en dichos informes se convierten en una parte esencial del acervo del sistema de solución de diferencias de la OMC" (WTO, WT/DS344/AB/R, par. 160).

60. Idem, ibidem: "Garantizar la 'seguridad y previsibilidad' en el sistema de solución de diferencias, de conformidad con lo previsto en el párrafo 2 del artículo 3 del ESD, significa que, *a menos que existan razones imperativas*, los órganos jurisdiccionales deben resolver la misma cuestión jurídica de la misma manera en los asuntos posteriores".

61. É entendimento pacífico da OMC que as "normas costumeiras de interpretação do direito internacional público" são aquelas condensadas nos arts. 31 e 32 da CVDT. Nesse sentido, ver, e.g., WTO, WT/DS152/R (*US – Section 301 Trade Act*), Report of the Panel, par. 7.21: "Para juzgar si los artículos 301 a 310 son conformes a las obligaciones impuestas a los Estados Unidos en la OMC hay que interpretar varias disposiciones de los acuerdos abarcados. El párrafo 2 del artículo 3 del ESD dispone que los grupos especiales han de aclarar las disposiciones de la OMC 'de conformidad con las normas usuales de interpretación del derecho internacional público'. Los artículos 31 y 32 de la Convención de Viena sobre el Derecho de los Tratados ('Convención de Viena') han alcanzado el rango de normas de derecho internacional consuetudinario".

para os termos das cláusulas de exceção, insculpidas nos arts. 13, 17 e 30 do Acordo TRIPS, feriram os arts. 3(2)[62] e 19(2)[63] do ESC, ao aumentar, indevidamente, o escopo dos direitos assegurados pelo TRIPS aos titulares de direitos autorais, de marcas comerciais e de patentes, bem como o art. 3(5) também do ESC, porquanto as referidas interpretações impedem a consecução dos objetivos de natureza socioambiental perseguidos pelo sistema OMC. Assim sendo, a aferição do real espaço garantido pelas cláusulas gerais de exceção do Acordo TRIPS para a adoção de exceções aos DPIs *não deve* ser afetado pelos relatórios dos referidos casos julgados pelos órgãos da OMC. Por essas razões, demonstrarei que o Acordo TRIPS *não* engendra conflitos entre, de um lado, DPIs e, do outro, medidas protetoras dos direitos humanos, da livre concorrência e do meio ambiente, calcadas na restrição do escopo dos DPIs, uma vez que as cláusulas gerais de exceção desse acordo, *quando interpretadas adequadamente*, oferecem aos Membros da OMC um amplo espaço para a adoção de exceções robustas aos DPIs.

No que tange ao plano de trabalho, a primeira parte dedica-se a investigar o correto sentido normativo das prescrições contidas nas cláusulas gerais de exceção do Acordo TRIPS, indicadas no Quadro 2, a partir das normas costumeiras de interpretação dos tratados, codificadas pela Convenção de Viena de 1969 (CVDT). A função das regras da CVDT é indicar, entre as várias interpretações possíveis para um dispositivo, a mais adequada.[64] Em função de sua complexidade, preliminarmente, o Capítulo 1 tem a função de aclarar os elementos constitutivos das normas costumeiras de interpretação dos tratados, condensados nos arts. 31 e 32 da CVDT, e de identificar, concretamente, os elementos à luz dos quais as cláusulas gerais de exceção do Acordo TRIPS *devem* ser interpretadas. O Capítulo 2 é dedicado a esclarecer o sentido normativo do art. 30 do Acordo TRIPS (o teste dos três passos do direito das patentes), bem como dos arts. 17 e 26(2) (as cláusulas gerais de exceção das marcas e dos desenhos industriais), uma vez que a redação desses três dispositivos é bastante similar. O Capítulo 3 investiga o correto sentido normativo do art. 9(2) da Convenção de Berna e do art. 13 do Acordo TRIPS, ou seja, das duas cláusulas gerais de exceção dos direitos autorais, uma vez que a redação do último inspirou-se substancialmente no texto do primeiro.

A segunda parte do trabalho dedica-se a demonstrar que as cláusulas gerais de exceção do Acordo TRIPS, quando corretamente interpretadas, podem

62. Art. 3.2, DSU ("Las recomendaciones y resoluciones del OSD no pueden entrañar el aumento o la reducción de los derechos y obligaciones establecidos en los acuerdos abarcados.").

63. "De conformidad con el párrafo 2 del artículo 3, las constataciones y recomendaciones del grupo especial y del Órgano de Apelación no podrán entrañar el aumento o la reducción de los derechos y obligaciones establecidos en los acuerdos abarcados" (art. 19.2 do ESC).

64. Lauterpacht 1949, p. 82.

realmente ser aplicadas, no âmbito nacional, para promover desenvolvimento sustentável mediante a ampliação do acesso ao conhecimento. Para corroborar este entendimento, em capítulos separados, são identificados *alguns* dos problemas reais que afetam o Brasil e outros países, gerados pelos principais ramos do direito da propriedade intelectual. Em seguida, são apresentadas exceções-teste, aptas a superar cada um dos problemas identificados. Por fim, é comprovada a legalidade das exceções-teste *vis-à-vis* as cláusulas gerais de exceção do Acordo TRIPS.[65]

É importante destacar que, a princípio, as exceções-teste examinadas na segunda parte do trabalho podem parecer apenas exceções-modelo, endereçadas aos formuladores de políticas públicas (legisladores), que poderiam incorporá-las ao ordenamento jurídico nacional mediante a emenda da Lei de Direitos Autorais (Lei 9.610) e da Lei da Propriedade Industrial (Lei 9.279). De fato, sustento ao longo da segunda parte do livro que o ideal é que, no futuro, todas as exceções-teste venham a ser *explicitadas* no ordenamento jurídico nacional, por meio da atuação do Congresso Nacional, a fim de trazer maior previsibilidade legal e segurança aos operadores do direito. Por essa razão, os capítulos que integram a segunda parte têm como destinatários primários (*mas não únicos*) os formuladores de políticas públicas.

Contudo, em verdade, as exceções-teste são mais que exceções-modelo. Conforme assinalo detalhadamente na conclusão geral da segunda parte, é válido adiantar que a *grande maioria das exceções-teste* apresentadas na segunda parte deste trabalho *já estão incorporadas tacitamente ao ordenamento jurídico brasileiro, independentemente de qualquer reforma legal*. Isso se deve ao entendimento, defendido neste trabalho com base na jurisprudência do STJ, de que as cláusulas gerais de exceção do Acordo TRIPS devem ser aplicadas diretamente pelos órgãos do Judiciário e pela autoridade antitruste brasileiros na solução de litígios privados, sempre que não houver exceções explícitas aplicáveis ao caso concreto.[66] Em termos mais claros: cada uma das exceções-teste, se aprovadas pelo Congresso Nacional, libera determinados usos dos bens protegidos por DPIs, independentemente de autorização dos titulares desses direitos. Mas no que tange a certas exceções-teste, não é preciso que estas tenham sido positivadas pelo Congresso Nacional para que determinados usos sejam liberados. Os diversos usos excepcionados por grande parte das exceções-teste examinadas na segunda parte estão legalmente liberados pelos diversos testes dos três passos do Acordo TRIPS, os quais são cláusulas gerais de exceção dos direitos de

65. A ideia de realizar este exercício de avaliação da legalidade das exceções-teste inspirou-se em Senftleben (2004), bem como em Dinwoodie e Dreyfuss (2004).

66. As exceções incorporadas tacitamente ao ordenamento pátrio são todas as tratadas nesta obra, com exceção das partes 3 e 4 da exceção de P&D do direito das patentes e a exceção de teste diagnóstico do direito das patentes. Ver a conclusão para a segunda parte da obra. A justificativa para essas duas exceções não estarem incorporadas ao ordenamento nacional está indicada na conclusão geral para a segunda parte da obra.

propriedade intelectual, já positivadas pelo Congresso Nacional. Por isso, são diretamente aplicáveis na solução de litígios privados.

Portanto, examinar as exceções-teste está longe de ser um exercício acadêmico ou político, desprovido de relevância prática aos operadores do direito. O estudo dessas exceções não escritas, já incorporadas ao ordenamento nacional, indica que o escopo dos direitos conferidos aos titulares de direitos de propriedade intelectual é bem mais restrito do que se imaginava até pouco tempo. Ainda que o Congresso Nacional não venha a emendar as leis nacionais para explicitar as exceções-teste tratadas na segunda parte do livro, o que importa é que muitas dessas exceções-teste (e toda e qualquer outra exceção não escrita que passe pelo crivo do teste dos três passos pertinente) constituem exceções não escritas integrantes do ordenamento jurídico brasileiro.

Quanto às exceções tratadas neste trabalho, o Capítulo 4 versa sobre os problemas criados pelos regimes contemporâneos de patentes, notadamente, pelas patentes de biotecnologia, e investigará a legalidade de uma exceção de Pesquisa & Desenvolvimento (P&D) e de uma exceção de teste diagnóstico, que autorizam o desenvolvimento e a introdução no mercado de novas tecnologias (produtos e processos) e de testes diagnósticos genéticos. O Capítulo 5 versa sobre o conflito entre o direito de marcas e o direito à liberdade de expressão e avalia a legalidade de uma exceção de paródia e crítica, voltada a reconciliar o interesse legítimo dos titulares de marcas de conservar o magnetismo comercial de seus signos distintivos com a liberdade de expressão de terceiros. O Capítulo 6 versa sobre os problemas concorrenciais e consumeristas engendrados pelos desenhos industriais registrados, bem como avalia a legalidade da exceção de reparação, originariamente proposta no âmbito da União Europeia, que autoriza a produção e a comercialização de peças de reposição para bens complexos. O Capítulo 7 trata sobre os obstáculos criados pelos direitos autorais para a realização do direito de acesso ao conhecimento, à educação e à cultura, e avalia a legalidade de uma exceção de ensino, voltada a ampliar o acesso a obras literárias e artísticas pelos setores marginalizados do Brasil.

Abordagem metodológica

Ainda que criticada por ser considerada formalista, a abordagem metodológica utilizada neste trabalho é a positivista, porquanto não faria sentido propor uma interpretação para as cláusulas gerais de exceção do Acordo TRIPS que não tivesse validade jurídica no território de todo e qualquer membro da OMC, inclusive no Brasil. Nesse sentido, Simma e Paulus fazem observações interessantes em defesa da abordagem positivista em relação a outras abordagens:

> "Moral and political considerations are not alien to law but part of it. However, formal sources remain the core of international legal discourse. Without them, there is no'law properly so-called'. Only when linked to formal sources recognized as binding by the international community does law serve the decision maker in the search for a balance between idealism and realism, common values and ideological neutrality, apology and utopia".[67]

Disto isto, a interpretação das cláusulas gerais de exceção do Acordo TRIPS será realizada seguindo o roteiro disposto nas regras gerais de interpretação dos tratados internacionais, condensadas nos arts. 31 e 32 da Convenção de Viena sobre Direitos dos Tratados (CVDT), a qual foi internalizada no ordenamento jurídico brasileiro por meio do Decreto 7.030, de 14 de dezembro de 2009. Ainda que o TRIPS tenha o *status* de lei ordinária em virtude de sua internalização, o Brasil está *obrigado* a interpretar os dispositivos do Acordo TRIPS segundo as exigências fixadas pelas regras de interpretação dos tratados da CVDT. Não fazer isso implicará violação às regras do ordenamento jurídico da OMC e às próprias regras da Convenção de Viena sobre Direito dos Tratados, a qual igualmente integra o ordenamento pátrio. É por essa razão que os dispositivos do Acordo TRIPS não foram interpretados neste trabalho à luz do art. 5.º do Decreto-lei 4.657/1942, que dispõe: "Na aplicação da lei, o juiz atenderá aos fins sociais a que ela se dirige e às exigências do bem comum".[68]

Consequentemente, sempre que o Poder Judiciário e a autoridade antitruste locais aplicarem diretamente as cláusulas gerais de exceção do acordo TRIPS para solucionar litígios entre partes privadas, ou o Poder Legislativo aplicar essas cláusulas para examinar a legalidade de uma proposta legislativa de exceção a algum direito de propriedade intelectual, as cláusulas gerais de exceção do Acordo TRIPS deverão ser interpretadas, em âmbito interno, segundo o roteiro fixado pelos arts. 31 e 32 da CVDT.

Resumidamente, a Convenção de Viena de 1969 estabelece que os termos dos tratados internacionais devem ser interpretados segundo o sentido comum que lhes é atribuível em seu contexto. O contexto de um tratado compreende não apenas seu texto (dispositivos, preâmbulo, anexos) mas também: i) "qualquer acordo relativo ao tratado e feito entre todas as partes em conexão com a conclusão do tratado"; ii) "qualquer instrumento estabe-

67. Simma e Paulus 1999, p. 308.

68. É importante assinalar que a regra geral de hermenêutica, incluída na Lei de Introdução às Normas do Direito Brasileiro, está claramente incorporada às regras de interpretação da Convenção de Viena, compiladas pelos arts. 31 e 32 da CVDT. Em verdade, a regra de interpretação da CVDT incorpora a regra do art. 5.º do Decreto-lei 4.657/1942 e ainda outros elementos que favorecem um melhor aclaramento do sentido normativo dos dispositivos legais objeto de interpretação.

lecido por uma ou várias partes em conexão com a conclusão do tratado e aceito pelas outras partes como instrumento relativo ao tratado"; (iii) "qualquer acordo posterior entre as partes relativo à interpretação do tratado ou à aplicação de suas disposições"; (iv) "qualquer prática seguida posteriormente na aplicação do tratado, pela qual se estabeleça o acordo das partes relativo à sua interpretação"; (v) "quaisquer regras pertinentes de Direito Internacional aplicáveis às relações entre as partes" (artigo 31, par. 2.º e 3.º). Caso a aplicação da regra geral de interpretação conduza a um sentido "ambíguo", "obscuro" ou "manifestamente absurdo ou desarrazoado", o intérprete poderá recorrer a meios suplementares de interpretação, e.g., cânones de interpretação, trabalhos preparatórios do tratado, as circunstâncias da conclusão do tratado (artigo 32), a fim de identificar o correto sentido do dispositivo em análise.[69]

69. O funcionamento das regras de interpretação da CVDT será explorado, com detalhamento, no Capítulo 1.

Parte I – O conteúdo normativo dos testes dos três passos da propriedade intelectual

Não sabeis que um pouco de fermento faz levedar toda a massa? Alimpai-vos, pois, do fermento velho, para que sejais uma nova massa (...).

São Paulo, 1.ª Epístola aos Coríntios, 5:6,7

Capítulo 1

As normas costumeiras de interpretação dos tratados e os testes dos três passos da propriedade intelectual

1.1 Introdução

A OMC forma um regime autônomo, no sentido de um regime composto por normas primárias especiais – i.e., normas substantivas, dirigidas a disciplinar especificamente a liberalização do comércio internacional – e normas secundárias especiais – i.e., normas reitoras da solução de controvérsias interestatais –, que se diferenciam das regras e mecanismos vigentes no direito internacional geral.[1]

Ao OSC compete, com exclusividade, a solução de litígios envolvendo infração aos dispositivos que integram o ordenamento jurídico da OMC, não estando autorizado a solucionar disputas a respeito de normas externas à OMC.[2] Como a função central do OSC é "preservar os direitos e obrigações dos Membros no marco dos acordos abarcados", no sentido de não aumentar ou reduzir "os direitos e obrigações estabelecidos pelos acordos abarcados",[3] o artigo 7.° do ESC determina, como regra geral, que os termos de referência das disputas trazidas ao OSC apenas incluam dispositivos que compõem o ordenamento jurídico da OMC.[4]

No entanto, isso *não* significa, tal como reconhecido pelo Órgão de Apelação em *US – Gasoline*, que as normas dos acordos abarcados pela OMC devam ser "lidas em isolamento clínico do direito internacional público".[5] O

1. Koskenniemi 2006, par. 128-135.
2. Arts. 1(1) e 7 do ESC (DSU).
3. Art. 3(2) do ESC.
4. O art. 7(3) do ESC autoriza as partes de um litígio a acrescentarem, aos termos de referência do litígio, normas externas ao ordenamento jurídico da OMC. Isso significa que apenas quando houver anuência das partes litigantes, normas externas ao sistema OMC poderão ser aplicadas para solucioná-lo. *A contrario sensu*, normas da OMC são as normas-padrão a serem aplicadas (Hestermeyer 2007, p. 217).
5. WTO, WT/DS2/AB/R, Report of the Appellate Body, p. 12.

art. 3(2) do ESC, ao investir o OSC na competência de aclarar as disposições dos acordos da OMC de conformidade com as normas costumeiras de interpretação de tratados, abriu as portas para que outras normas do direito internacional sejam consideradas no processo de interpretação e aplicação dos dispositivos da OMC. Conforme indicado anteriormente, essas regras costumeiras estão condensadas nos arts. 31 e 32 da CVDT, as quais dispõem:

"Artigo 31

Regra Geral de Interpretação

1. Um tratado deve ser interpretado de boa fé segundo o sentido comum atribuível aos termos do tratado em seu contexto e à luz de seu objetivo e finalidade.

2. Para os fins de interpretação de um tratado, o contexto compreenderá, além do texto, seu preâmbulo e anexos:

a) qualquer acordo relativo ao tratado e feito entre todas as partes em conexão com a conclusão do tratado;

b) qualquer instrumento estabelecido por uma ou várias partes em conexão com a conclusão do tratado e aceito pelas outras partes como instrumento relativo ao tratado.

3. Serão levados em consideração, juntamente com o contexto:

a) qualquer acordo posterior entre as partes relativo à interpretação do tratado ou à aplicação de suas disposições;

b) qualquer prática seguida posteriormente na aplicação do tratado, pela qual se estabeleça o acordo das partes relativo à sua interpretação;

c) quaisquer regras pertinentes de Direito Internacional aplicáveis às relações entre as partes.

4. Um termo será entendido em sentido especial se estiver estabelecido que essa era a intenção das partes.

Artigo 32

Meios Suplementares de Interpretação

Pode-se recorrer a meios suplementares de interpretação, inclusive aos trabalhos preparatórios do tratado e às circunstâncias de sua conclusão, a fim de confirmar o sentido resultante da aplicação do artigo 31 ou de determinar o sentido quando a interpretação, de conformidade com o artigo 31: a) deixa o sentido ambíguo ou obscuro; ou b) conduz a um resultado que é manifestamente absurdo ou desarrazoado".

As regras costumeiras de interpretação dos tratados servem como ferramenta para a identificação do sentido mais adequado para um dispositivo legal entre os possíveis. Ainda que o sentido de uma regra possa parecer claro, apenas será possível ter segurança a esse respeito após a aplicação das regras de interpretação da CVDT.[6]

O art. 31 da CVDT abrange uma regra única de interpretação cujos múltiplos elementos estão interligados.[7] Essa regra geral sugere uma ordem ao processo de interpretação. O ponto de partida do processo de interpretação dos dispositivos de um tratado é seu próprio texto e o sentido comum atribuível aos seus termos, porquanto o texto expressa a vontade autêntica das partes contratantes.[8] Em um segundo momento, os termos dos dispositivos devem ser interpretados no contexto do tratado ao qual se vinculam (contexto imediato). Em terceiro lugar, os dispositivos devem ser interpretados à luz dos objetivos perseguidos pelo tratado em que estão inseridos, os quais são identificáveis a partir da análise do texto do tratado. Por fim, os dispositivos devem ser interpretados no contexto mediato, formado pelas normas pertinentes de direito internacional. Todas essas fases são regidas pelo princípio da boa-fé. Essa ordem, embora não obrigatória, reflete um processo lógico: o intérprete parte do texto do dispositivo ao seu contexto imediato, do contexto imediato aos objetivos do tratado, dos objetivos às regras do direito internacional pertinentes.[9]

A ordem das fases do processo de interpretação pode ser diversa da indicada, mas é natural que o ponto de partida seja sempre o texto do dispositivo ambíguo ou aparentemente claro.[10] De qualquer maneira, essas quatro fases são obrigatórias no processo de interpretação de tratados, pois servem para descartar aqueles sentidos que não se harmonizam, *simultaneamente*, com o princípio da boa-fé, com o contexto imediato e mediato do dispositivo e com os objetivos perseguidos pelo tratado.[11] Ou seja, o sentido correto de um dispositivo não é necessariamente aquele que reflete o sentido natural, ordinário de seus termos.

O art. 32 da CVDT, por sua vez, apresenta relevância residual ao processo de interpretação, sendo aplicável na hipótese de a aplicação da regra geral de interpretação conduzir a um resultado ambíguo, obscuro, absurdo ou desarrazoado. Nessas circunstâncias, o intérprete poderá recorrer aos meios suplementares de interpretação – e.g., condições da conclusão do tratado, trabalhos preparatórios – para esclarecer o sentido do dispositivo controverso.

---

6. Sinclair 1984, p. 116.
7. International Law Commission 1966, p. 219-220.
8. Idem, ibidem, p. 220.
9. Koskenniemi 2006, par. 463.
10. International Law Commission 1966, p. 220.
11. Nesse sentido, e.g., o relatório do Grupo Especial em *US – Section 301 Trade Act*:"Sin embargo, cualquier duda que se pudiera abrigar entre esas dos posibles interpretaciones queda disipada cuando se consideran los demás elementos de interpretación que figuran en el artículo 31 de la Convención de Viena" (WTO, WT/DS152/R, par. 7.70).

Meios suplementares de interpretação também poderão ser empregados para confirmar o resultado a que se chegou com a aplicação da regra geral de interpretação. Consequentemente, se o intérprete chegar a um sentido razoável para o dispositivo, a partir da aplicação da regra geral de interpretação, ele não estará obrigado a recorrer aos meios suplementares de interpretação para confirmar a interpretação alcançada.

Em síntese, os arts. 31 e 32 da Convenção de Viena compreendem quatro métodos de interpretação: (i) o método textual ou literal: determinação do sentido comum atribuível aos termos do dispositivo; (ii) o método contextual: os termos do dispositivo são interpretados em seu contexto imediato (o tratado) e mediato (as regras pertinentes de direito internacional); (iii) o método teleológico: os termos do tratado são interpretados à luz dos objetivos e finalidades do tratado, indicados em seu texto; e (iv) o método intencional, o qual procura refletir a intenção das partes por detrás do texto.[12]

Nos itens seguintes, cada um dos elementos integrantes das regras contidas nos arts. 31 e 32 da CVDT serão examinados com detalhamento. Em paralelo, serão apresentados os elementos que devem ser considerados pelo OSC e por qualquer Membro da OMC no processo de interpretação das cláusulas gerais de exceção do Acordo TRIPS (arts. 9(2) da Convenção de Berna e 13, 17, 26(2) e 30 do Acordo TRIPS). Esses dados serão importantes para a determinação do correto sentido desses dispositivos nos demais capítulo da Parte I.

1.2 Sentido comum atribuível aos termos do tratado

Em regra, o intérprete inicia o processo de interpretação dos dispositivos de um tratado a partir da investigação do sentido ordinário de seus termos, indicados por dicionários, pela literatura técnica ou mesmo por instrumentos internacionais, sejam eles vinculantes ou não.[13] Embora o texto dos tratados

12. Yambrusic 1987, p. 174-175, 203.

13. Em *EC – Biotech Products*, a OMC aceitou o uso de instrumentos internacionais como um recurso ao qual se pode recorrer para investigar o sentido ordinário dos termos empregados nos acordos abarcados pela OMC: "El sentido corriente de los términos de un tratado se determina a menudo sobre la base de diccionarios. Consideramos que, además de los diccionarios, hay otras normas pertinentes de derecho internacional que pueden, en algunos casos, ayudar al intérprete de un tratado a establecer, o confirmar, el sentido corriente de los términos de un tratado en el contexto específico en el que son utilizados. Esas normas no serían tomadas en consideración porque sean normas jurídicas, sino más bien porque podrían aportar pruebas del sentido corriente de los términos como hacen los diccionarios. Se tomarían en consideración por su carácter informativo" (WTO, WT/DS291/R, WT/DS292/R, WT/DS293/R, par. 7.92). "El mero hecho de que una o más partes en la diferencia no sean partes en un Convenio no significa necesariamente que éste no pueda aclarar el sentido y el al-

deva ter tomado como a expressão autêntica da vontade das partes contratantes, o processo de interpretação não se limita a investigar o significado *abstrato* de seus termos, em dicionários ou em instrumentos internacionais.[14] O intérprete se equivocará se se limitar a elencar os significados comuns atribuíveis aos termos de um dado dispositivo e a optar pelo sentido que lhe parecer, pessoalmente, mais razoável.[15] Tanto é que a regra geral de interpretação não estabelece simplesmente que um "tratado deve ser interpretado de boa-fé segundo o sentido comum atribuível aos termos do tratado".[16] Ainda que o intérprete deseje encerrar sua tarefa na investigação de dicionários, qual sentido tomaria para um termo para o qual os dicionários indicam dois ou mais sentidos?

Por essa razão, a regra geral de interpretação determina que o contexto imediato e mediato do tratado, seus objetivos e o princípio da boa-fé guiarão o intérprete na identificação do significado dos termos empregados em um tratado. Em outras palavras, cabe ao intérprete buscar o significado *relativo* dos termos de um tratado, i.e., o sentido que melhor se harmoniza com a matéria objeto do tratado, com o contexto imediato e mediato em que os termos são empregados e com os objetivos perseguidos pelo tratado.[17] Ainda que um dispositivo contenha termos cujo significado pareça evidente, ele deverá ser submetido ao processo de interpretação, indicado na regra geral de interpretação da CVDT, para que se identifique seu verdadeiro sentido.[18] O que ora se afirma pode ser mais bem apreendido com um exemplo utilizado por McNair para ilustrar a inadequação de se interpretar o sentido de um dispositivo a partir do significado abstrato, descontextualizado, de seus termos:

> "A man, having a wife and children, made a will of conspicuous brevity consisting merely of the words 'All for mother'. No term could be

cance de un término del tratado que haya de interpretarse" (idem, ibidem, par. 7.94). No mesmo sentido, em *US – Shrimp*, o Órgão de Apelação utilizou como subsídios, *inter alia*, a Convenção sobre Diversidade Biológica, a Agenda 21 e a Convenção sobre Direito do Mar (para esclarecer o significado da expressão "exhaustible natural resources") (WTO, WT/DS58/AB/R, par. 128-134).

14. Gardiner 2008, p. 145.
15. Cf., e.g., o entendimento do Órgão de Apelação adotado em *US – Gambling*: "Para determinar el sentido corriente, un grupo especial puede partir de las definiciones dadas por los diccionarios sobre las expresiones que se deben interpretar. Pero los diccionarios no bastan necesariamente para resolver problemas de interpretación complejos, ya que normalmente procuran registrar *todas* las acepciones de las palabras, ya sean corrientes o excepcionales, universales o especializadas" (WTO, WT/DS285/AB/R, par. 164).
16. Yambrusic 1986, p. 186.
17. McNair 1961, p. 380; Gardiner 2008, p. 166; Sinclair 1984, p. 121.
18. Gardiner 2008, p. 169.

'plainer' than 'mother', for a man can only have one mother. His widow claimed the estate. The court, having admitted oral evidence which proved that in the family circle the deceased's wife was always referred to as 'mother', as is common in England, held that she was entitled to apply for administration with the will annexed, which in effect meant that she took the whole estate. 'Mother', is, speaking abstractly, a 'plain term', but, taken in relation to the circumstances surrounding the testator at the time when the will was made, it was anything but a 'plain term'".[19]

1.3 Princípio da boa-fé

O art. 31(1) da CVDT determina que os tratados devem ser interpretados de boa-fé; isso significa que a boa-fé deve permear todo o processo interpretativo. De conformidade com o princípio da boa-fé, o intérprete de um tratado deve cumprir à risca a regra geral de interpretação como meio de assegurar a realização dos objetivos do tratado na maior medida possível.[20] É importante ter presente que o princípio da boa-fé, no contexto da regra geral de interpretação, não funciona como uma fonte autônoma de direitos e obrigações, mas apenas como uma ferramenta para a determinação do sentido dos termos dos tratados.[21]

A viga de sustentação do princípio da boa-fé é a ideia de "solidariedade social" e de honestidade,[22] e seu fim último é viabilizar a cooperação entre os Estados. Sem dúvida, seria impossível a construção de relações internacionais pacíficas e previsíveis se a palavra empenhada pelos Estados, expressa nos tratados, não fosse crível. Kolb identificou várias roupagens ou concretizações do princípio da boa-fé, e.g.: a proibição de privar os acordos de seus objetivos e finalidades; a obrigação de dar primazia ao espírito do tratado sobre sua letra, no processo de interpretação; a responsabilidade pelas aparências criadas (teoria da aparência); a proibição do abuso de direito; a máxima que proíbe que alguém se beneficie de sua própria torpeza.[23] No que respeita à interpretação dos tratados, duas concretizações do princípio da boa-fé são de particular relevância – o princípio da efetividade na interpretação dos tratados e o princípio da proibição do abuso de direito (doutrina do abuso de direito) – e serão examinadas a seguir.

19. McNair 1961, p. 367.
20. Gardiner 2008, p. 152.
21. Zeitler 2005, p. 757.
22. Kolb 2006, p. 18 e 29.
23. Idem, ibidem, p. 19-20.

1.3.1 Princípio da efetividade na interpretação dos tratados

O princípio da interpretação efetiva (*ut res magis valeat quam pereat*), também conhecido por princípio do efeito útil (*principle of effet utile*), figura como um corolário do princípio do *pacta sunt servanda*.[24] Seu objetivo é maximizar a efetividade dos objetivos perseguidos pelos tratados[25] mediante a conservação da integridade dos direitos e obrigações de suas partes contratantes. Nesse contexto, se um dispositivo ou termo ambíguo puder ser interpretado de duas ou mais maneiras distintas, o intérprete deve optar pela interpretação que assegura a observância *harmônica* de *todos* os termos do tratado, incluindo seus objetivos.[26]

O princípio da efetividade tem como limite o espaço oferecido pelo texto do tratado, não autorizando a adoção de uma interpretação que, se por um lado maximiza a efetivação de seus objetivos, por outro lado violenta seu texto.[27] Se fosse autorizada a mutilação do texto de um tratado, o intérprete transformaria o tratado em um conjunto instável de direitos e obrigações. Isso não quer dizer que o texto de um tratado será violado se o intérprete inferir termos não expressos com o propósito de maximizar a efetividade de seus objetivos, desde que os termos inferidos não produzam o efeito de tornar partes do tratado redundantes ou inúteis.[28]

A OMC, em *Canada – Patent Pharmaceuticals*, entendeu que os direitos exclusivos conferidos pela patente se estendem por um período"mais ou menos breve", em acréscimo ao prazo fixado em lei, pois esse termo adicional seria uma decorrência lógica dos direitos de excluir terceiros do uso e da produção da invenção patenteada, durante a validade da patente.[29] No entanto, o Grupo Especial aplicou o princípio da interpretação efetiva equivocadamente, pois feriu abertamente os termos do Acordo TRIPS (o termo de duração da patente é prefixado de maneira inequívoca), incluindo os objetivos da OMC.[30] Em síntese, desde que observados os limites fixados pelos termos do tratado a ser interpretado, o princípio da interpretação efetiva serve para preencher

24. International Law Commission 1966, p. 221. O princípio do *pacta sunt servanda* está insculpido no art. 26 da CVDT, segundo o qual:"Todo tratado em vigor obriga as partes e deve ser cumprido por elas de boa-fé".
25. Bederman 2001, p. 197; McNair 1961, p. 385.
26. Zeitler 2005, p. 729; WTO, WT/DS103/AB/R, WT/DS113/AB/R, Report of the Appellate Body, par. 133.
27. Bederman 2001, p. 197; Waldock 1964, p. 60; International Law Commission 1966, p. 219.
28. Waldock 1964, p. 61.
29. WTO, WT/DS114/R, Report of the Panel, par. 7.35.
30. Conforme será visto nos itens 1.4.1 e 1. 4.2, nem o Acordo TRIPS nem a OMC se limitam a perseguir objetivos de natureza comercial.

lacunas mediante a identificação da vontade das partes contratantes, expressa no texto do tratado.[31]

O fato de os princípios da interpretação efetiva e do *pacta sunt servanda* serem corolários do princípio da boa-fé assinala a íntima relação existente entre interpretar e aplicar um tratado, haja vista que o ato de interpretar antecede necessariamente o ato de aplicação.[32] Em virtude da relação entre a interpretação e a aplicação de um tratado, o intérprete tem a responsabilidade de tomar nota das consequências que advirão de cada opção interpretativa possível e de sempre optar por aquela que, além de ser apropriada ante a letra do tratado, é também a que melhor efetiva os objetivos do tratado.[33]

Os tratados devem ser observados não apenas em sua letra, mas igualmente em seu espírito. Ainda que os termos de um tratado tenham sido redigidos de maneira ambígua para refletir a falta de consenso de suas partes, o intérprete conserva a obrigação de dar-lhes sentido em face dos objetivos do tratado.[34] A interpretação e a aplicação de um tratado de maneira a impedir a efetivação de seus objetivos, ainda que formalmente sua letra tenha sido respeitada, constitui uma infração ao princípio do *pacta sunt servanda*[35] e, por conseguinte, ao princípio da boa-fé.[36] Nesse diapasão, o Grupo Especial em *US – Shrimp* acrescentou que o

> "principio de derecho internacional conforme al cual los acuerdos internacionales deben aplicarse de buena fe, a la luz del principio *pacta sunt servanda* [...] está explicado en el artículo 18 de la Convención de Viena que dice lo siguiente: 'Un Estado deberá abstenerse de actos en virtud de los cuales se frustren el objeto y el fin de un tratado'".[37]

Sinteticamente, o princípio da interpretação efetiva impõe ao intérprete a obrigação de sempre optar pela interpretação: que confere significado e função ao dispositivo interpretado, que garanta a integridade do texto do tra-

31. Lauterpacht 1949, p. 74.
32. Waldock 1964, p. 8; Sinclair 1984, p. 119.
33. Mitchell 2007, p. 811-812.
34. Lauterpacht 1949, p. 78-79.
35. Cf. WTO, WT/DS163/R, Report of the Panel, par. 7.93 e 7.94.
36. Cf., e.g., WTO, WT/DS217/R, WT/DS234/R, Report of the Panel in *US – Offset Act*, par. 7.64 ("La buena fe requiere que una parte en un tratado se abstenga de actuar en forma que frustre el objeto y fin del tratado en su conjunto, o de la disposición respectiva del tratado").
37. WTO, WT/DS58/AB/R, Report of the Panel, par. 7.41.

tado;[38] e que viabilize a efetivação do objeto e finalidade do tratado no maior grau possível.[39]

1.3.2 Doutrina do abuso de direito

A máxima latina *summum jus summa injuria* bem sumariza o entendimento de que não há direitos absolutos. Qualquer direito tem como limites sua função social e os direitos de terceiros; uma vez ultrapassados esses limites, o exercício de um direito válido transmuta-se em um abuso de direito, o qual produzirá efeitos sociais deletérios. Há, portanto, uma *interdependência* entre direitos e obrigações,[40] no sentido de que os direitos conferidos a um Estado devem ser exercidos de maneira harmônica com sua finalidade social, bem como com as obrigações assumidas em face de terceiros, sejam elas decorrentes de tratados ou de normas gerais do direito internacional.[41] Nesse sentido, na seara dos direitos humanos, a Convenção Interamericana de Direitos Humanos reconhece que "los derechos de cada persona están limitados por los derechos de los demás, por la seguridad de todos y por las justas exigencias del bien común, en una sociedad democrática" (art. 32.2).[42] De maneira mais genérica, em *US – Shrimp*, o Órgão de Apelação da OMC

38. Em *US – Gasoline*, o Órgão de Apelação da OMC entendeu que "uno de los corolarios de la 'regla general de interpretación' de la *Convención de Viena* es que la interpretación ha de dar sentido y ha de afectar a todos los términos del tratado. El intérprete no tiene libertad para adoptar una lectura que haga inútiles o redundantes cláusulas o párrafos enteros de un tratado" (WTO, WT/DS2/AB/R, p. 27). No mesmo sentido, em *Korea – Dairy*, o Órgão de Apelação reiterou o entendimento de que "a la luz del principio de efectividad, el intérprete de un tratado está *obligado* a interpretar todas las disposiciones aplicables de un tratado en una forma que dé sentido a todas ellas, *armoniosamente*" (grifo do original) (WTO, WT/DS98/AB/R, par. 81).
39. Gardiner 2008, p. 148.
40. Cheng 1953, p. 125.
41. Idem, ibidem, p. 131-132; Iluyomade 1975, p. 91.
42. Byers (2002) assinala que a doutrina do abuso de direito foi reconhecida em várias convenções internacionais, entre as quais são dignas de nota, *inter alia*: Convention on Rights and Duties of States (art. 3 – "The exercise of these rights has no other limitation than the exercise of the rights of other states according to international law"); Convenção Europeia para a Proteção dos Direitos Humanos e das Liberdades Fundamentais (art. 17 – Prohibition of abuse of rights – "Nothing in this Convention may be interpreted as implying for any State, group or person any right to engage in any activity or perform any act aimed at the destruction of any of the rights and freedoms set forth herein or at their limitation to a greater extent than is provided for in the Convention"). Nos mesmos termos da Convenção Europeia, consulte o Pacto Internacional de Direitos Econômicos, Sociais e Culturais (art. 5.º), o Pacto Internacional de Direitos Civis e Políticos (art. 5.º) e a Declaração Universal dos Direitos Humanos (art. 30).

expressou o mesmo entendimento a respeito do conteúdo da doutrina do abuso de direito:

> "Este principio [da boa-fé], que es a la vez un principio general del derecho y un principio general del derecho internacional, regula el ejercicio de los derechos por los Estados. Una aplicación de este principio general, aplicación que se conoce corrientemente como la doctrina del abuso de derecho, prohíbe el ejercicio abusivo de los derechos de un Estado y requiere que siempre que la afirmación de un derecho interfiera con la esfera abarcada por una obligación dimanante de un tratado, ese derecho debe ser ejercido de buena fe, es decir, en forma razonable. El ejercicio abusivo por parte de un Miembro del derecho que le corresponde en virtud de un tratado da lugar a una violación de los derechos que corresponden a los otros Miembros en virtud de ese tratado y, asimismo, constituye una violación de la obligación que le corresponde a ese Miembro en virtud del tratado".[43]

A doutrina do abuso de direito tem a função de estabelecer limites ao exercício dos direitos. Ela é especialmente útil para determinar os limites daqueles direitos cujo escopo não é determinado com precisão, os quais, quando exercidos, podem afetar a realização de outros direitos.[44] Mesmo quando os limites dos direitos parecem ser claros, há espaço para a aplicação da doutrina do abuso de direito, considerando que as normas do direito internacional são produzidas por organizações que perseguem objetivos diversos e, não raramente, conflitantes. Para assegurar a coerência da ordem jurídica internacional, em termos concretos, a doutrina do abuso proíbe a prática dos seguintes atos:[45]

- exercício arbitrário de um direito, de modo a prejudicar os interesses de terceiros. Todo direito foi concebido para a realização de uma finalidade específica, a qual pode ser chamada de função social, pois ainda que o direito tutele imediatamente interesses privados, seu fim último é social. Nesse diapasão, a Lei de Introdução às Normas do Direito Brasileiro (antiga LICC) determina que "na aplicação da lei, o juiz atenderá aos fins sociais a que ela se dirige e às exigências do bem comum".[46] Os direitos devem ser exercidos com o propósito de realizar *formal* e *materialmente* os interesses legítimos por ele albergados.[47] O exercício arbitrário de um direito se afasta da efetivação de sua finalidade legítima. Os prejuízos sofridos por terceiros

43. WTO, WT/DS58/AB/R, Report of the Appellate Body, par. 158.
44. García Amador 1961, p. 57.
45. D'Amato 1992, p. 600.
46. Art. 5.º do Decreto-lei 4.657/1942.
47. Cheng 1953, p. 122.

em função do exercício arbitrário de um direito decorrem da não efetivação de sua função social;[48]

- exercício de um direito para mascarar um ato ilícito;[49]
- exercício de um poder discricionário para um fim diverso do autorizado (*détournement de pouvoir*).[50] E.g., se o ordenamento jurídico de um dado país apenas autorizar as autoridades locais a desapropriar a propriedade privada para a satisfação de interesses públicos, na hipótese de uma desapropriação ocorrer em virtude de fins comerciais, ainda que tácitos, o Estado terá exercido abusivamente sua discricionariedade;
- exercício por um Estado de um direito, de maneira a interferir negativamente na capacidade de outro Estado de usufruir seus direitos, ou seja, um Estado exercita seus direitos, de maneira a desnaturar suas obrigações;[51] e
- exercício não razoável, desproporcional de um direito, no sentido de que seus efeitos antissociais superam os benefícios alcançáveis.[52] O titular de direitos sempre deve atentar para os efeitos positivos e negativos que decorrem do exercício de seus direitos, devendo abster-se de exercê-los quando os benefícios forem desproporcionais aos malefícios.[53]

A aferição da regularidade do exercício de um direito não envolve apenas o exame dos aspectos formais do ato jurídico, já que, frequentemente, os atos abusivos ostentam a camuflagem da legalidade e seus proponentes são suficientemente perspicazes para evitar declarações públicas que os coloque

48. Kiss 2009, par. 6.
49. Iluyomade 1975, p. 82.
50. Cf., e.g.: Taylor 1972-1973, p. 341-342; Kiss 2009, par. 5.
51. Nesse sentido, Cheng 1953, p. 130: "Every right is subject to such limitations as are necessary to render it compatible both with a party's contractual obligations and with his obligations under the general law".
52. Friedmann (1963, p. 288) classifica o princípio do abuso de direito como um princípio de interpretação do direito: "This [princípio do abuso de direito] does not say anything on the specific content and extent of certain rights, such as ownership of land or territory, the use of waters, fishing and the like; it merely says that whatever these rights are, they must not be used in such a manner that its antisocial effects outweigh the legitimate interests of the owner of the right".
53. International Law Commission 2006, par. 203. Nesse sentido, o art. 3.13 do Código Civil da Holanda: "Instances of abuse of right are the exercise of a right with the sole intention of harming another or for a purpose other than that for which it was granted; *or the exercise of a right where its holder could not reasonably have decided to exercise it, given the disproportion between the interest to exercise the right and the harm caused thereby*" (grifo nosso).

em perigo.[54] A caracterização de um ato como abuso de direito depende da presença de dois elementos: em primeiro lugar, deve-se provar que o exercício de um direito ocorreu em detrimento de sua função social. Em segundo lugar, deve-se provar a existência de prejuízos causados a terceiros, em função da não realização da função social do direito exercido.[55] Considerando as dificuldades em se determinar as intenções do agente de um ato abusivo, é lícito inferir suas *intenções objetivas* a partir, por exemplo, das circunstâncias objetivas em que se dá o exercício do direito e dos efeitos produzidos pelo ato.[56] De acordo com o entendimento do Órgão de Apelação da OMC, adotado em *Japan – Alcoholic Beverages*, um dos meios de se inferir objetivamente a intenção abusiva do agente é a avaliação do "diseño, la arquitectura y la estructura reveladora de la medida [impugnada]".[57]

Originalmente, a doutrina do abuso de direito foi concebida para reger o exercício dos direitos assegurados aos Estados. Mas recordando a indissociável relação existente entre a interpretação e a aplicação de um tratado, é inegável sua aplicação no processo de interpretação dos tratados. Nessa esfera, o intérprete está obrigado a descartar toda interpretação que, embora pareça formalmente adequada, se aplicada:

(i) impedirá a realização dos objetivos do tratado em que se insere a norma objeto da interpretação ou dos objetivos específicos da norma; e/ou

(ii) produzirá efeitos antissociais, que superam os benefícios alcançados pela observância da norma; e/ou

(iii) afetará o exercício dos direitos de terceiros, assegurados pelo mesmo tratado ou por outras fontes do direito internacional. Tanto quanto possível, o intérprete deve construir interpretações que harmonizem regras potencialmente conflitantes, conservando a validade de todas elas. Esse é um meio de se concretizar a presunção contra conflitos do direito internacional público, a qual "repousa no pressuposto de que a nova norma é compatível com o direito internacional que antes vigorava, pois é plausível pensar que os Estados desejam a harmonia entre o velho e o novo direito. [...] Tudo leva a crer que os Estados não consumiriam esforços para produzir regras contraditórias, capazes de comprometer as conquistas diplomáticas duramente obtidas".[58] Se os diferentes

54. Kolb 2006, p. 28.
55. Iluyomade 1975, p. 75-76; D'Amato 1992, p. 509.
56. Ver, e.g.: Weber 2004, p. 52; Kiss 2009, par. 32; Byers 2002, p. 412; Cheng 1953, p. 134; Taylor 1972-1973, p. 337.
57. WTO, WT/DS8/AB/R, WT/DS10/AB/R, WT/DS11/AB/R, p. 34.
58. Amaral Jr. 2011, p. 294-295.

direitos puderem ser observados de maneira que todos eles sejam conservados íntegros, então, não haverá conflitos.[59]

Portanto, somente é possível afirmar com segurança que determinada opção interpretativa é a mais adequada entre as possíveis após atestar que os potenciais *efeitos* que resultarão de sua aplicação viabilizam a consecução dos objetivos do tratado e se harmonizam com o contexto do dispositivo e com as obrigações pertinentes impostas pelo direito internacional.[60]

1.4 Objetivos da OMC e do Acordo TRIPS

A Declaração de Doha sobre o Acordo TRIPS e Saúde Pública reafirma a regra geral de interpretação da CVDT, ao determinar que cada dispositivo do Acordo TRIPS deve ser lido à luz de seus objetivos e princípios: "Al aplicar las normas consuetudinarias de interpretación del derecho internacional público, cada disposición del Acuerdo sobre los ADPIC se leerá a la luz del objeto y fin del Acuerdo tal como se expresa, en particular, en sus objetivos y principios".[61]

No processo de interpretação dos tratados, os objetivos servem tanto para *confirmar* o sentido proposto aos seus dispositivos, por meio da atribuição do sentido comum aos seus termos, quanto para *alterá-lo*, quando o sentido sugerido contrariá-los. Em outras palavras, o sentido dado aos dispositivos de um tratado deve ser delineado de maneira a promover seus objetivos, em vez de impedir sua realização.[62]

Os objetivos atuam nos espaços abertos pela redação ambígua dos dispositivos. Mais ambíguos e indeterminados são os termos de um tratado, maior o espaço para que os objetivos do tratado sejam empregados para alterar o sentido comum atribuível aos seus termos. *A contrario sensu*, mais claro e objetivo é o sentido do dispositivo, menor é o espaço disponível para que os objetivos de um tratado – e os demais elementos indicados na regra geral de interpretação – influenciem na determinação de seu sentido.[63] Assim, na hipótese de um dispositivo apresentar um sentido verdadeiramente inequívoco, um Estado não poderá deixar de observá-lo porque seu cumprimento contraria os objetivos perseguidos pelo tratado que o contém.[64] Se fosse possível esse tipo de conduta, os Estados contratantes de um tratado não mais saberiam, com segurança, quais obrigações são válidas.

59. McBrady 2009, p. 17.
60. Mitchell 2007, p. 811-812.
61. WTO, WT/MIN(01)/DEC/2, par. 5(a).
62. Cf., e.g.: Waldock 1964, p. 53; Gardiner 2008, p. 189.
63. Ruse-Khan 2008, p. 60-61.
64. Mitchell 2007, p. 806.

Os objetivos perseguidos por um tratado devem ser inferidos de seu texto, pois cabe a ele expressar a vontade autêntica das partes contratantes.[65] Geralmente, os objetivos dos tratados estão dispersos em seu preâmbulo,[66] mas é igualmente possível que estejam elencados, de maneira organizada, em algum dispositivo do tratado.

O Acordo de Marrakesh, que estabelece a OMC (Acordo de Marrakesh) dispõe, em seu art. II:2, que "[o]s acordos e os instrumentos jurídicos conexos que figuram nos Anexos 1, 2 e 3 (a seguir designados 'acordos comerciais multilaterais') fazem parte integrante do presente Acordo e são vinculativos para todos os Membros [da OMC]". Isso significa que o Acordo de Marrakesh e *todos* os acordos comerciais multilaterais formam um *acordo único*, i.e., um pacote único e harmônico de direitos e obrigações, que vincula todos os Membros da OMC. Nesse sentido, em *Korea – Dairy*, o Órgão de Apelação da OMC entendeu:

> "A la luz del principio de efectividad, el intérprete de un tratado está *obligado* a interpretar todas las disposiciones aplicables de un tratado en una forma que dé sentido a todas ellas, armoniosamente. Un importante corolario de este principio es que es necesario interpretar al tratado como un todo, y, en particular, que es necesario leer sus artículos y partes como partes de un todo. El párrafo 2 del artículo II del *Acuerdo sobre la OMC* pone de manifiesto la idea de los negociadores de la Ronda Uruguay de que las disposiciones del *Acuerdo sobre la OMC* y de los Acuerdos Comerciales Multilaterales de sus Anexos 1, 2 y 3 *deben leerse como un todo*" (grifos nossos).[67]

Tendo em vista que o Acordo TRIPS figura como o Anexo 1(C) do Acordo de Marrakesh, seus objetivos devem ser inferidos não apenas de seu próprio preâmbulo e texto, mas também do preâmbulo e texto do Acordo de Marrakesh. Neste sentido, o Órgão de Apelação, no caso *US – Shrimp*, reconheceu que os objetivos indicados no preâmbulo do Acordo de Marrakesh informam todos os acordos multilaterais que compõem o ordenamento jurídico da OMC:[68]

> "El preámbulo del *Acuerdo sobre la OMC* – que informa no sólo al GATT de 1994 sino también a todos los demás acuerdos que incluye – reconoce explícitamente 'el objetivo de un *desarrollo sostenible*'. Es oportuno que tengamos en cuenta, como parte del contexto del preámbulo, el lenguaje específico del preámbulo del *Acuerdo sobre la OMC* que, como hemos dicho, da color, consistencia y forma a los derechos y

65. Sinclair 1984, p. 134.
66. Cf., e.g., Sinclair 1984, p. 128.
67. WTO, WT/DS98/AB/R, par. 81.
68. WTO, WT/DS58/AB/R, Report of the Appellate Body, par. 155 e 129.

obligaciones de los Miembros, dimanantes del *Acuerdo sobre la OMC*, en general, y del GATT de 1994, en particular".

1.4.1 Objetivos gerais do sistema OMC

A partir da análise do denso preâmbulo do Acordo de Marrakesh, é possível identificar um número substancial de objetivos perseguidos pelo ordenamento jurídico da OMC (inclusive pelo TRIPS), muitos deles potencialmente conflitantes entre si, a saber:[69]

- elevar os níveis de vida da população de todos os Membros da organização;
- promover o pleno emprego;
- aumentar continuamente a renda real e a demanda;
- incrementar a produção e o comércio de bens e serviços;
- promover a utilização dos recursos naturais, de conformidade com o objetivo de desenvolvimento sustentável;
- proteger e preservar o meio ambiente;
- aperfeiçoar os meios de proteção e preservação do meio ambiente, de maneira compatível com as necessidades e interesses dos Membros da OMC e segundo seus diferentes níveis de desenvolvimento econômico;
- promover "esforços positivos para que os países em desenvolvimento e especialmente os menos desenvolvidos, obtenham uma parte do incremento do comércio internacional, a qual corresponda às suas necessidades de desenvolvimento econômico;"
- reduzir substancialmente as barreiras tarifárias e não tarifárias ao comércio internacional; e
- criar um sistema multilateral de comércio seguro e previsível.

Apesar de criticada como uma organização tendenciosa, dirigida a super-resguardar os interesses comerciais dos países industrializados, a OMC persegue também a proteção de interesses sociais, humanos e ambientais. Esses objetivos não são retóricos, pois o intérprete das normas do ordenamento da OMC terá sempre que optar pela alternativa interpretativa que os efetive mais amplamente. Neste diapasão, o art. III:1 do Acordo de Marrakesh esclarece que a "OMC facilitará a aplicação, gestão e funcionamento do presente Acordo [Acordo de Marrakesh] e dos acordos comerciais multilaterais e promoverá a realização dos seus *objetivos*".

69. Os objetivos listados estão indicados nos primeiros quatro parágrafos preâmbulos do Acordo de Marrakesh.

1.4.2 Objetivos do Acordo TRIPS indicados em seu texto

Além dos objetivos elencados no preâmbulo do Acordo de Marrakesh, o Acordo TRIPS persegue outros objetivos complementares, indicados em seu preâmbulo e nos arts. 7.º e 8.º, os quais estabelecem, respectivamente, seus objetivos e princípios reitores. Do preâmbulo do Acordo TRIPS é possível identificar pelo menos dois objetivos, a saber: a redução de distorções e obstáculos ao comércio internacional;[70] e prevenir que as medidas e procedimentos destinados a proteger os DPIs se tornem obstáculos ao comércio legítimo.[71] O art. 7.º do Acordo TRIPS, por sua vez, estabelece que "a proteção e a aplicação de normas de proteção dos direitos de propriedade intelectual devem":

- contribuir para a promoção da inovação tecnológica;
- contribuir para a transferência e difusão de tecnologias:[72] transferência e disseminação tecnológica não se confundem. Transferência de tecnologia denota uma relação contratual, ou seja, a tecnologia é transferida a indivíduos, instituições específicas, partes de um acordo negociado. Já disseminação de tecnologias denota ampla difusão tecnológica, independentemente de qualquer acordo entre os titulares das tecnologias e seus usuários e do pagamento de qualquer remuneração;[73]
- beneficiar *mutuamente* os produtores e usuários de conhecimentos tecnológicos;
- conduzir ao bem-estar social e econômico: tendo em vista os objetivos estabelecidos no preâmbulo do Acordo de Marrakesh, "bem-estar social e econômico" implica a observância dos direitos humanos garantidos, por exemplo, pelos Pactos Internacionais de Direitos Humanos de 1966, bem como a conservação do meio ambiente;
- estabelecer um *equilíbrio* entre os DPIs e as obrigações dos titulares desses direitos para com a sociedade: Esse objetivo do Acordo TRIPS ampara a plena observância do art. 15 do Pacto Internacional de Direitos Econômicos, Sociais e Culturais, o qual determina a harmonização dos direitos "morais e materiais decorrentes de toda a produção científica, literária ou artística" com: o direito a "participar da vida cultural", o direito a "desfrutar o progresso científico e suas

70. 1.º parágrafo preambular do Acordo TRIPS.

71. 1.º parágrafo preambular do Acordo TRIPS.

72. Correa 2007, p. 99.

73. O dicionário de inglês da Universidade de Cambridge define o substantivo "dissemination" (disseminação) da seguinte forma: "to spread or give out something, especially news, information, ideas, etc., to a lot of people" (disponível em: <http://dictionary.cambridge.org/dictionary/british/disseminate>).

aplicações" e o direito à "liberdade indispensável à pesquisa científica e à atividade criadora". A expressão "equilíbrio entre direitos e obrigações" figura como porta de entrada para a doutrina do abuso de direito[74] e para o princípio da proporcionalidade.[75] Em termos concretos, isso significa que as normas que autorizam os Membros da OMC a instituírem exceções aos DPIs devem ser interpretadas de maneira a criar um espaço adequado para efetivar *todos* os objetivos do Acordo TRIPS e da OMC, inclusive os de natureza socioambiental, na maior medida possível.[76] *A contrario sensu*, fere o art. 7.º do Acordo TRIPS reconhecer direitos de grande amplitude aos titulares de DPIs, mediante a adoção de interpretações que restrinjam ou esvaziem o espaço político disponibilizado aos Membros da OMC para adotarem exceções aos DPIs.

Em grandes linhas, o art. 7.º do Acordo TRIPS incorpora dois grupos de interesses potencialmente conflitantes, que refletem as posições divergentes dos grupos que participaram da elaboração desse acordo: por um lado, o desejo dos países industrializados de verem suas produções intelectuais protegidas, em escala global, sob a justificativa de que os DPIs são uma ferramenta de promoção da inovação e da criatividade; e, por outro, a posição dos países em desenvolvimento de que a livre disseminação do conhecimento e a transferência facilitada de tecnologias são meios eficientes de se promover inovação, bem-estar humano e progresso econômico.[77]

O Acordo TRIPS não indica que seus objetivos potencialmente conflitantes devam ser reconciliados de maneira a alcançar um "jogo de soma ze-

74. Em *US – Section 211 Appropriations Act*, o relatório do Grupo Especial entendeu: "Tenemos plena conciencia de los abusos a que puede dar lugar cualquier legislación nacional que trate de regular arbitrariamente la titularidad de la propiedad intelectual. [...] el artículo 7 del Acuerdo sobre los ADPIC dispone, en relación con los objetivos, que 'La protección y la observancia de los derechos de propiedad intelectual deberán contribuir a [...] el equilibrio de derechos y obligaciones'. Consideramos que esa expresión es una forma del principio de la buena fe. En el asunto *Estados Unidos – Camarones*, el Órgano de Apelación declaró que ese principio 'regula el ejercicio de los derechos por los Estados. Una aplicación de este principio general, aplicación que se conoce corrientemente como la doctrina del abuso de derecho, prohíbe el ejercicio abusivo de los derechos de un Estado y requiere que siempre que la afirmación de un derecho interfiera con la esfera abarcada por una obligación dimanante de un tratado, ese derecho debe ser ejercido de buena fe, es decir, en forma razonable. [...]'. En consecuencia, los Miembros han de cumplir las disposiciones del Acuerdo sobre los ADPIC de manera compatible del principio de la buena fe consagrado en el artículo 7 del Acuerdo sobre los ADPIC" (WTO, WT/DS176/R, par. 8.57).

75. Sobre o princípio da proporcionalidade, consultar itens 1.4.3.2.1 e 1.5.2.1.

76. Ver Borges Barbosa 2006.

77. Cf. Correa 2007, p. 92; Frankel 2005-2006, p. 393.

ro",[78] tampouco coloca interesses comerciais em *status* hierárquico superior aos interesses de natureza pública. Muito pelo contrário. Seu art. 7.º determina que os DPIs devam ser delineados e implementados de maneira *mutuamente* benéfica para os titulares de DPIs e para os usuários de produções intelectuais, como meio de promover o bem-estar geral.[79] Uma vez que nem o Acordo de Marrakesh, nem o Acordo TRIPS estabeleceram uma hierarquia entre os objetivos indicados, os Membros da OMC estão obrigados a delinear seus regimes de proteção da propriedade intelectual, com o propósito de efetivar *todos* eles na maior medida possível.[80] Ainda que os DPIs sejam direitos privados, sua proteção não pode se dar a expensas dos interesses públicos perseguidos pelo Acordo TRIPS e pela OMC. Em poucas palavras, DPIs são direitos privados *dirigidos* à promoção de políticas públicas.

O art. 7.º serve, portanto, para esclarecer que DPIs não devem ser tratados como uma espécie de direito natural dos inventores e criadores, ilimitados em termos de alcance, mas como direitos conferidos pelos Estados para a realização de objetivos sociais, ambientais e econômicos em benefício de todos, e não apenas das sociedades industrializadas.[81] A consequência de interpretar e aplicar as normas do Acordo TRIPS a partir de seus objetivos é a construção de regimes legais legitimados, porquanto equilibrados.[82]

1.4.3 Art. 8.º do Acordo TRIPS e os princípios reitores das cláusulas gerais de exceção

Cabe ao art. 8.º do Acordo TRIPS estabelecer os *princípios* informadores das normas que governam o estabelecimento de exceções aos DPIs, cuja observância é indispensável para tornar realidade os objetivos do Acordo TRIPS e da OMC. Bandeira de Mello define princípio como:

> "mandamento nuclear de um sistema, *verdadeiro alicerce dele*, disposição fundamental que se irradia sobre diferentes normas compondo-lhes o espírito e servindo de critério para sua exata compreensão e inteligência exatamente por definir a lógica e a racionalidade do sistema normativo, no que lhe confere a tônica e lhe dá sentido harmônico. É o conhecimento dos princípios que preside a intelecção das diferentes partes componentes do todo unitário que há por nome sistema jurídico positivo". [Em função de sua importância basilar,] "A desatenção ao princípio implica ofensa não apenas a um específico mandamento obrigatório, mas a todo o sistema de comandos. É a mais grave forma de ilegalidade

78. Taubman 2007, p. 94.
79. Idem, ibidem, p. 107.
80. Frankel 2005-2006, p. 391.
81. The Royal Society 2003, par. 1.7 e 3.4.
82. Taubman 2007, p. 104.

[...] porque representa insurgência contra todo o sistema, subversão de seus valores fundamentais, contumélia irremissível a seu arcabouço lógico e corrosão de sua estrutura mestra".[83]

Em outras palavras, os princípios consistem nas fundações legais da ordem jurídica; deles derivam as regras do ordenamento jurídico, diretamente aplicáveis para solucionar disputas.[84] A função central dos princípios é ordenar as normas que compõem o sistema jurídico, tornando-as um todo coerente.[85]

O art. 8.º reconhece que os DPIs não são absolutos e, o mais importante, que a realização dos diversos objetivos de ordem social, ambiental e econômica do sistema OMC e do Acordo TRIPS pode depender da restrição do escopo dos DPIs. O referido dispositivo reconhece a discricionariedade dos Membros da OMC para adotarem medidas "necessárias" à realização de interesses públicos de importância vital ao seu desenvolvimento, desde que "compatíveis" com as disposições do Acordo TRIPS. Coube, portanto, ao art. 8.º fixar diretrizes gerais que os Membros da OMC devem observar quando adotarem exceções aos DPIs, ou seja, enquanto o art. 8.º estabelece os *princípios gerais das exceções aos DPIs*, os arts. 9(2) da Convenção de Berna e 13, 17, 26(2) e 30 do Acordo TRIPS estabelecem as regras *específicas* que regem o estabelecimento de exceções aos principais ramos do direito da propriedade intelectual. Em outras palavras, as cláusulas gerais de exceção do Acordo TRIPS configuram derivações do art. 8.º; consequentemente, o conteúdo normativo desse dispositivo permeia as diversas cláusulas gerais de exceção do Acordo TRIPS. A interpretação das normas do Acordo TRIPS – notadamente das cláusulas gerais de exceção do acordo – à luz dos princípios do Acordo TRIPS é condição *sine qua non* para a plena efetivação dos diversos objetivos do acordo e do sistema OMC.

O art. 8.º determina: (1) os objetivos que as medidas limitadoras dos DPIs podem perseguir; (2) que as medidas promotoras de objetivos legítimos devem ser "necessárias"; e que (3) tais medidas devem ainda ser "compatíveis" com o disposto no Acordo TRIPS. Nos itens seguintes, esses elementos serão examinados com detalhamento.

1.4.3.1 Objetivos perseguidos pelas exceções aos DPIs

O art. 8.º indica os objetivos que podem ser perseguidos por medidas limitadoras dos DPIs, a saber:

83. Bandeira de Mello 2004, p. 841-842.
84. Cf. Mitchell 2007, p. 797. No mesmo sentido, Virally (2000, p. 173) define princípio como "una norma de carácter general de la cual pueden deducirse reglas secundarias".
85. Andenas e Zleptnig 2007, p. 377-378.

- "proteger a saúde e a nutrição públicas": os Membros da OMC poderão adotar medidas dirigidas à realização do "direito de toda pessoa de desfrutar o mais elevado nível de saúde física e mental" (art. 12.1 do PIDESC) e o direito à alimentação (art. 11.1 do PIDESC);
- "evitar o abuso dos direitos de propriedade intelectual por seus titulares";
- "evitar o recurso a práticas que limitem de maneira injustificável o comércio";
- prevenir práticas "que afetem adversamente a transferência internacional de tecnologia;" e
- "promover o interesse público em setores de importância vital para seu desenvolvimento socioeconômico e tecnológico": os Membros da OMC gozam de ampla autonomia para eleger os objetivos perseguidos pelas exceções aos DPIs, desde que estas sejam concebidas para promover algum "interesse público em setores de importância vital para seu desenvolvimento socioeconômico e tecnológico". Certamente, os objetivos da OMC, indicados no preâmbulo do Acordo de Marrakesh, podem ser promovidos por meio de exceções aos DPIs, não cabendo à OMC avaliar a conveniência de sua adoção.[86] Os Membros da OMC estão, portanto, autorizados a adotar medidas dirigidas a realizar os direitos e obrigações previstos, *inter alia*, na Declaração Universal dos Direitos Humanos, no PIDCP, no PIDESC e em acordos multilaterais de meio ambiente, haja vista que a proteção e a promoção das liberdades fundamentais, dos direitos humanos e a conservação do meio ambiente são condições para o progresso socioeconômico de qualquer Estado.

Os Membros da OMC gozam da prerrogativa de determinar, com exclusividade, o *nível de proteção dos objetivos perseguidos* pelas exceções aos DPIs, de acordo com seus interesses nacionais, não cabendo à OMC opinar a esse respeito,[87] ainda que o nível de proteção escolhido gere efeitos deletérios

86. Em sentido similar, no contexto do art. XX do GATT 1994, o Órgão de Apelação, em *US – Gasoline* confirmou a autonomia dos Membros da OMC para adotar medidas dirigidas a promover quaisquer dos interesses legítimos indicados no art. XX (WTO, WT/DS2/AB/R, p. 30-31).

87. No contexto do GATT 1994, a OMC reconheceu essa prerrogativa em *EC – Asbestos*: "[...] no se discute que los Miembros de la OMC tienen derecho a determinar el nivel de protección sanitaria que consideren apropiado para una situación dada" (WTO, WT/DS135/AB/R, Report of the Appellate Body, par. 168). No mesmo sentido, consultar relatório do Grupo Especial em *Brazil – Retreated Tyres* (WTO, WT/DS332/R, Report of the Panel, par. 7.123, 7.214). Da mesma forma que o GATT, o Acordo TRIPS oferece a mesma prerrogativa aos Membros da OMC.

dramáticos sobre os interesses comerciais dos titulares de DPIs.[88] Por exemplo, o objetivo de promover acesso a testes diagnósticos pode ser tutelado em diversos níveis. Um determinado Estado pode considerar adequado proporcionar acesso facilitado a esses recursos por toda a população ou apenas pelos setores marginalizados. Cabe apenas ao Estado pertinente determinar em qual nível esse objetivo será realizado em seu território.

Na hipótese de um litígio ser instaurado para a avaliação da legalidade de uma determinada exceção a um DPI, o Estado demandado poderá sustentar que a medida impugnada persegue objetivos legítimos. Contudo, para identificar, com segurança, os objetivos perseguidos pela medida, o OSC, possivelmente, examinará os objetivos políticos da medida a partir de documentação oficial do Estado, da arquitetura da medida e de seus efeitos concretos ou potenciais.[89]

1.4.3.2 O critério de necessidade

Conforme observado por diversas obras, o adjetivo "necessária", utilizado para qualificar as medidas promotoras de interesses públicos, possui um sentido próprio no contexto do marco legal da OMC, desenvolvido na esfera do acordo GATT 1994.[90] Considerando que tanto o TRIPS quanto o GATT 1994 são partes integrantes do Acordo de Marrakesh, o sentido atribuído ao referido adjetivo, na esfera do GATT 1994, deve ser considerado no processo de interpretação do critério de necessidade do art. 8.º do Acordo TRIPS, porquanto o GATT 1994 é parte do contexto em que devem ser lidos os dispositivos do Acordo TRIPS, a teor do art. 31(2) da CVDT.[91] Em harmonia com esse entendimento e também com fundamento em *United States – Section 110(5) Copyright Act*, em *US – Sec. 211 Omnibus Appropriations Act* e em *EC – Trademarks and Geographical Indications*, pode-se sustentar que, sempre que a redação de um dispositivo do Acordo TRIPS se assemelhar à redação de um dispositivo de outro acordo da OMC, é possível se recorrer à jurisprudência a respeito do último para esclarecer o sentido do primeiro, desde que se tome nota das diferenças pertinentes.[92] Isso posto, para esclarecer o sentido do cri-

88. No âmbito do GATT 1994, em *EC – Asbestos*, o Órgão de Apelação confirmou a autonomia da Comunidade Europeia para proteger a vida de seus cidadãos no nível mais alto possível, por meio da proibição total do comércio de amianto (WTO, WT/DS135/AB/R, Report of the Appellate Body, par. 174).

89. McGrady 2009, p. 4.

90. Ver, e.g.: McGrady 2009; Neumann e Turk 2003; Ruse-Khan 2008, p. 20-24; WTO, S/WPDR/W/27, par. 27-36; WTO 2005.

91. Ver Kur (2008).

92. O Grupo Especial, em *US – Section 110(5) Copyright Act*, entendeu o seguinte: "Creemos que se debe proceder con cautela en la interpretación de las disposiciones del Acuerdo sobre los ADPIC a la luz de los conceptos que se han desarrollado en la

tério de necessidade incorporado ao art. 8.º do Acordo TRIPS, recorro aos relatórios, adotados sob o amparo dos sistema GATTs e da OMC, dedicados a esclarecer seu sentido, no contexto do art. XX do GATT (1947 e 1994).[93]

O art. XX do GATT 1994 e de seu antecessor, o GATT 1947, se dedica a regular o espaço político disponível aos Estados contratantes para estabelecerem exceções às regras do GATT, fundadas em objetivos não comerciais. As alíneas (a), (b) e (d) do art. XX autorizam os Estados contratantes do GATT a adotar medidas inconsistentes com os termos do GATT e, por isso, limita-

práctica de solución de diferencias seguida en el GATT. Pero recordamos también que, por ejemplo, en la diferencia *CE – Bananos III*, el Grupo Especial y el Órgano de Apelación introdujeron conceptos –que habían sido desarrollados en la práctica de solución de diferencias con arreglo al artículo III del GATT – en la cláusula de trato nacional del artículo XVII del AGCS cuya redacción se basa en la cláusula de trato nacional del GATT, así como en interpretaciones formuladas en la práctica de solución de diferencias del GATT. En vista de que los acuerdos abarcados por la OMC forman un sistema jurídico único e integrado, consideramos apropiado formular interpretaciones sobre la protección jurídica conferida a los titulares de derechos de propiedad intelectual conforme al Acuerdo sobre los ADPIC [Acordo TRIPS] que no sean incompatibles con el trato conferido a los productos en virtud del GATT, o con respecto a servicios y a proveedores de servicios con arreglo al AGCS [GATS], habida cuenta de la práctica de solución de diferencias que sea aplicable" (Cf. WTO, WT/DS160/R, Panel Report, par. 6.185). No mesmo sentido, em *US – Sec. 211 Omnibus Appropriations Act*, o Órgão de Apelação da OMC entendeu: "El Grupo Especial concluyó con acierto que como el texto del párrafo 1 del artículo 3 del *Acuerdo sobre los ADPIC*, en particular, es similar al del artículo III.4 del GATT de 1994, la jurisprudencia sobre esta última disposición puede ser útil para interpretar la obligación del trato nacional en el *Acuerdo sobre los ADPIC*" (WTO, WT/DS176/AB/R, Report of the Appellate Body, par. 242). Por fim, o Grupo Especial, em *EC –Trademarks and Geographical Indications*, considerou útil recorrer ao sentido dado à expressão "no menos favorable", utilizada em outros acordos da OMC, para esclarecer o sentido do art. 3(1) do Acordo TRIPS, o qual utiliza a mesma expressão: "La interpretación del la norma de trato 'no menos favorable' en otros acuerdos abarcados puede ser pertinente para la interpretación del párrafo 1 del artículo 3 del Acuerdo sobre los ADPIC, teniendo en cuenta el contexto de cada acuerdo y, en particular, cualquier diferencia resultante de su aplicación a productos similares o a servicios y proveedores de servicios similares, y no a nacionales" (WTO, WT/DS174/R, Panel Report, par. 7.135). Sobre o tema, consultar também: Frankel 2010.

93. Nos termos do art. II:4 do Acordo de Marrakesh, "el Acuerdo General sobre Aranceles Aduaneros y Comercio de 1994 según se especifica en el Anexo 1A (denominado en adelante 'GATT de 1994') es jurídicamente distinto del Acuerdo General sobre Aranceles Aduaneros y Comercio de fecha 30 de octubre de 1947 [GATT 1947]". Apesar disso, o texto do art. XX do Acordo GATT 1947 tem a mesma redação do art. XX do GATT 1994, e por essa razão a jurisprudência a respeito do sentido dos termos do GATT 1947 é aplicável para compreender o sentido dos termos do art. XX do GATT 1994.

doras do livre comércio, desde que *necessárias* para a realização dos objetivos indicados nas referidas alíneas, e desde que tais medidas sejam aplicadas de maneira não discriminatória (*caput* do art. XX):[94]

> "Artigo XX
> Exceções Gerais
>
> Desde que essas medidas não sejam aplicadas de forma a constituir quer um meio de discriminação arbitrária, ou injustificada, entre os países onde existem as mesmas condições, quer uma restrição disfarçada ao comércio internacional, disposição alguma do presente capítulo será interpretada como impedindo a adoção ou aplicação, por qualquer Parte Contratante, das medidas:
>
> a) *necessárias* à proteção da moralidade pública;
>
> b) *necessárias* à proteção da saúde e da vida das pessoas e dos animais e à preservação dos vegetais; [...]
>
> d) *necessárias* a assegurar a aplicação das leis e regulamentos que não sejam incompatíveis com as disposições do presente acordo, tais como, por exemplo, as leis e regulamentos que dizem respeito à aplicação de medidas alfandegárias, à manutenção em vigor dos monopólios administrados na conformidade do § 4.º do art. II e do art. XVII à proteção das patentes, marcas de fábrica e direitos de autoria e de reprodução, e a medidas próprias a impedir as práticas de natureza a induzir em erro".

Em 1989, ainda na esfera do GATT 1947, o relatório do Grupo Especial para o caso *US – Section 337 of the Tariff Act*, o qual examinou a legalidade de um dispositivo de uma lei norte-americana em face da alínea (d) do art. XX do GATT 1947, propôs que uma medida inconsistente com os termos do GATT 1947 somente será julgada "necessária" se: (i) perseguir algum dos objetivos legítimos autorizados pela alínea referida; (ii) se a medida impugnada for verdadeiramente adequada a realizar os objetivos que levaram à sua adoção; e (iii) se o Estado demandado não tiver *razoavelmente ao seu alcance* uma medida alternativa à impugnada, dirigida a realizar o mesmo objetivo político e no mesmo nível de proteção, mas que seja consistente com os termos do GATT ou que, na hipótese de contrariá-los, seja menos inconsistente que a medida impugnada. É interessante observar que não basta a existência de uma alternativa menos limitadora do comércio que a impugnada, para que a última seja julgada desnecessária. A medida alternativa deve também estar "razoavelmente ao alcance" do Estado proponente, em termos técnicos e econômicos.[95] Isso significa que uma alternativa que, se adotada, gerar custos

94. WTO, WT/CTE/W/203, par. 12 e 21.

95. WTO, WT/DS285/AB/R, Report of the Appellate Body, par. 308; WTO, Report of the Appellate Body, WT/DS332/AB/R, par. 207 (medidas alternativas altamente custosas

excessivos a um Estado empobrecido, que conta com grandes desafios sociais e um orçamento magro ou limitada capacidade tecnológica ou institucional, não pode ser caracterizada como uma alternativa razoavelmente ao seu alcance, pois, em virtude dos custos, o Estado acabaria por desistir de perseguir o interesse público eleito.[96]

Em 2000, já nos domínios do sistema OMC, em *Korea – Beef*, o relatório do Órgão de Apelação introduziu uma substancial alteração no sentido do critério de necessidade.[97] O primeiro esclarecimento trazido foi que uma medida, para ser necessária, não precisa ser indispensável à realização do objetivo perseguido. No contexto do art. XX, será necessária aquela medida que estiver mais próxima de ser indispensável ao atendimento de seus objetivos:

> "La palabra 'necesarias', tal como se utiliza en el apartado d) del artículo XX, se refiere, a nuestro juicio, a una variedad de grados de necesidad. En un extremo de este continuo, 'necesarias' se entiende como 'indispensables'; en el otro extremo, en el sentido de 'que contribuyen a'. Consideramos que una medida 'necesaria' está, en este continuo, situada significativamente más cerca del polo de lo 'indispensable' que del polo opuesto, de lo que simplemente 'contribuye a'."[98]

O Órgão de Apelação confirmou o entendimento de que uma medida inconsistente com o GATT 1994 será "necessária" se o Estado demandado não tiver "razoavelmente ao seu alcance" uma alternativa hábil a produzir menores efeitos deletérios sobre o livre comércio;[99] mas introduziu uma novidade ao determinar que apenas devam ser consideradas medidas alternativas aquelas que, além de técnica e economicamente viáveis à realidade do Estado demandado, interfiram *significativamente* menos no livre comércio.[100] Se a medida alternativa for hábil a promover o mesmo interesse e na mesma medida, mas se, em relação à medida impugnada, produzir uma redução mínima no nível de restrição ao comércio, ela deverá ser desconsiderada. O objetivo dessa mudança é garantir aos Membros da OMC certa margem de apreciação e, por conseguinte, respeitar sua soberania.

---

são desqualificadas, porquanto limitam as possibilidades de os Estados, especialmente os mais pobres, perseguirem seus objetivos de interesse).

96. GATT, L/6439 – 36S/345, Report of the Panel, par. 5.26.
97. Cf. WT/DS161/AB/R e WT/DS169/AB/R.
98. WTO, WT/DS161/AB/R, WT/DS169/AB/R, Report of the Appellate Body, par. 161.
99. Idem, ibidem, par. 163 *in fine*.
100. Cf. Neumann e Turk 2003, p. 214. Em um relatório de 2002, a própria OMC reconheceu essa mudança ao assinalar que: "It may be possible to say that there has been some evolution in the interpretation of the necessity requirement of Article XX (b) and (d). It has evolved from a *least*-trade restrictive approach to a *less*-trade restrictive one [...]" (WTO, WT/CTE/W/203, par. 42 – grifo nosso).

Mas a principal inovação trazida por *Korea – Beef* é a indicação de que o processo de determinação da necessidade de uma medida compreende o "sopesamento e a confrontação de uma série de fatores":

> "En suma, la determinación de si una medida que no es 'indispensable' puede no obstante ser 'necesaria' en el sentido del apartado d) del artículo XX entraña en cada caso *un proceso en el que se sopesa y se confronta una serie de factores* entre los que figuran principalmente la contribución de la medida para lograr la observancia a hacer cumplir la ley o reglamento en cuestión, la importancia de los intereses o valores comunes protegidos por esa ley o reglamento y la repercusión concomitante de la ley o reglamento en las importaciones o exportaciones"[101] (grifos nossos).

Em outras palavras, *antes* de avaliar a disponibilidade de medidas alternativas menos restritivas ao comércio, o julgador deve investigar outros dois aspectos. Primeiramente, deve verificar se a medida impugnada é, de fato, adequada a alcançar os objetivos teoricamente perseguidos, a fim de prevenir a adoção de medidas inconsistentes com o GATT, as quais, sob a desculpa de perseguirem fins legítimos, em verdade criam distorções comerciais:

> "Hay otros aspectos de la medida [impugnada] para lograr la observancia que han de considerarse al evaluar esa medida como 'necesaria'. Uno es el grado en que la medida contribuye a la realización del fin perseguido [...]. Cuanto mayor sea la contribución, más fácil será considerar que la medida es 'necesaria'".[102]

Em segundo lugar, deve-se avaliar a importância social *relativa* dos interesses promovidos pela medida inconsistente, i.e., a importância dos interesses promovidos pela medida em relação aos interesses comerciais prejudicados. Mais relevantes são os interesses promovidos, maior as chances de que a medida seja julgada necessária:

> "Al evaluar la 'necesidad' de una medida en estos términos, es útil tener presente el contexto en que figura la voz 'necesarias' en el apartado d) del artículo XX. Las medidas consideradas tienen que ser 'necesarias para lograr la observancia de las leyes y de los reglamentos [...], *tales como* las leyes y reglamentos relativos a la aplicación de medidas aduaneras, al mantenimiento en vigor de los monopolios [legítimos] [...], a la protección de patentes, marcas de fábrica y derechos de autor y de reproducción, y a la prevención de prácticas que puedan inducir a error' (sin cursivas en el original). Esta claro que el apartado d) del artículo XX es aplicable respecto de una amplia variedad de 'leyes y reglamen-

101. WTO,WT/DS161/AB/R, WT/DS169/AB/R, Report of the Appellate Body, par. 164.
102. Idem, ibidem, par. 163.

tos' cuya observancia se ha de lograr. Nos parece que un intérprete de tratados que evalúe una medida que se alegue necesaria para lograr la observancia de una ley o reglamento compatible con la OMC puede, en casos apropiados, tener en cuenta la importancia *relativa* de los intereses o valores comunes que la ley o el reglamento que se deban hacer cumplir estén destinados a proteger. *Cuanto más vitales o importantes sean esos intereses o valores comunes, más fácil será aceptar como 'necesaria' una medida concebida como instrumento para lograr la observancia*" (grifos nossos).[103]

Apesar das mudanças palpáveis produzidas pelo relatório do caso *Korea – Beef* em relação ao entendimento anterior, o Órgão de Apelação parece sugerir que os novos fatores agregados ao conteúdo do critério de necessidade já estavam implícitos no entendimento introduzido por *US – Section 337 of the Tariff Act*. O papel do Órgão de Apelação teria sido o de trazer à tona esses fatores:

> "El criterio expuesto por el Grupo Especial en *Estados Unidos – Artículo 337* recoge las consideraciones generales que hemos señalado a la atención *supra*. A nuestro juicio, el proceso de sopesar y confrontar factores que hemos esbozado queda comprendido en la determinación de si el Miembro interesado 'tiene razonablemente a su alcance' otra medida posible que sea compatible con la OMC, o si hay una medida menos incompatible con la OMC que esté 'razonablemente a su alcance'".[104]

Em 2001, o Órgão de Apelação, no caso *EC – Asbestos*, em 2005, no caso *Dominican Republic – Cigarettes*, e, em 2007, no caso *Brazil – Retreaded Tyres*, confirmou o entendimento a respeito do novo sentido do critério de necessidade, introduzido por *Korea – Beef*.[105] É digno de nota o relatório do caso *Brazil – Retreated Tyres*, o qual trouxe alguns esclarecimentos interessantes a respeito de como interpretar e aplicar o critério de necessidade.

O caso tratou da legalidade de uma medida legislativa brasileira em face da alínea (b) do art. XX do GATT 1994, impugnada pela Comunidade Europeia. A medida impugnada bania a importação de pneus recauchutados vindos de todas as partes do mundo, exceto do MERCOSUL. Seu objetivo político era reduzir os riscos à saúde humana, vegetal e animal, resultantes do acúmulo de pneus descartados e da incineração desses materiais *mediante* a proibição da importação de pneus recauchutados de várias regiões do mundo.

Em primeira instância, o Grupo Especial, no processo de avaliação da necessidade da medida impugnada, primeiramente examinou a relevância

103. WTO,WT/DS161/AB/R, WT/DS169/AB/R, Report of the Appellate Body, par. 162.

104. Idem, ibidem, par. 166.

105. WTO, WT/DS135/AB/R, Report of the Appellate Body, par. 171-174; WT/DS302/AB/R, par. 70; WTO, WT/DS332/R.

social dos objetivos políticos perseguidos pela medida, não se limitando a investigar se esses interesses se enquadram em alguma das alíneas do art. XX do GATT 1994. Ademais, identificou qual o nível de proteção dos interesses tutelados.[106] O Grupo Especial chegou à conclusão de que os múltiplos objetivos de natureza não comercial perseguidos pela medida – i.e., proteção da saúde e da vida humana e animal e proteção dos recursos vegetais – são de grande importância à sociedade e, portanto, superiores aos interesses comerciais prejudicados:

> "Por consiguiente, el Grupo Especial opina que el objetivo de proteger la salud y la vida de las personas frente a enfermedades que ponen en peligro la vida, como la fiebre hemorrágica dengue y el paludismo, es vital y de la máxima importancia." [...] "Por consiguiente, el Grupo Especial constata que el objetivo de proteger la salud y la vida de los animales y preservar los vegetales también debe considerarse importante".[107]

A relevância social inconteste dos objetivos perseguidos pela medida brasileira é insuficiente para caracterizá-la como necessária.[108] O Grupo Especial prosseguiu em sua análise e examinou se a medida era adequada a alcançar os objetivos propostos e, por fim, se existiam medidas alternativas, razoavelmente ao alcance do Brasil, hábeis a alcançar os mesmos objetivos, mas sem gerar um impacto tão restritivo no livre comércio de pneus.

Quanto à avaliação da adequação da medida escolhida, o Grupo Especial esclareceu que a medida será considerada adequada se houver uma *relação causal* entre a realização dos objetivos perseguidos e a medida impugnada.[109] Por fim, no que respeita à existência de alguma alternativa à medida brasileira, apta a alcançar os mesmos objetivos específicos perseguidos por ela, mas produzindo uma menor restrição do livre comércio, o Grupo Especial chegou à conclusão de que inexistem medidas alternativas à medida impugnada razoavelmente ao alcance do Brasil.[110]

Duas constatações dignas de nota se depreendem do relatório do Grupo Especial:[111] Primeiramente, a conclusão de que uma medida extremamente restritiva ao comércio não deve ser considerada, *a priori*, desnecessária. É igualmente relevante a constatação de que é "necessária" uma medida super-restritiva ao comércio dirigida à perseguição de um objetivo de grande re-

106. WTO, Report of the Panel, WT/DS332/R, Report of the Panel, par. 7.108.
107. Idem, ibidem, par. 7.111-7.112.
108. Idem, ibidem, par. 7.210.
109. Idem, ibidem, par. 7.119.
110. Idem, ibidem, par. 7.212.
111. ICTSD 2010, p. 4-7.

levância social, desde que inexista uma medida alternativa menos restritiva capaz de alcançar o mesmo objetivo.[112]

Insatisfeita com o resultado do litígio, a Comunidade Europeia recorreu ao Órgão de Apelação, o qual confirmou o entendimento do Grupo Especial sobre como apreciar a necessidade de uma medida inconsistente com o GATT 1994 no contexto de seu art. XX.[113] O Órgão de Apelação aproveitou a oportunidade para esclarecer pontos até então nebulosos sobre como aferir a "necessidade" de uma medida inconsistente com os termos do GATT 1994. O Órgão de Apelação esclareceu que o processo de avaliação da necessidade de uma medida passa por duas fases. Na primeira fase, deve-se:

- identificar os objetivos políticos específicos perseguidos pela medida impugnada e verificar se eles são legítimos, no sentido de serem chancelados pelas alíneas (a), (b) ou (d) do art. XX do GATT;
- avaliar se os efeitos provocados pela medida conduzem à realização dos objetivos políticos que motivaram sua adoção, e.g., se a redução no volume de pneus descartados é realmente uma medida hábil a reduzir riscos à saúde e ao meio ambiente;
- avaliar a relevância social dos objetivos perseguidos pela medida e identificar o grau de restrição do comércio provocado pela medida impugnada; e
- comparar os benefícios sociais gerados pela medida com os prejuízos produzidos sobre o comércio, a fim de avaliar se os benefícios sociais superam os efeitos colaterais.

Se a medida for julgada adequada a promover objetivos legítimos e se os benefícios sociais por ela promovidos superarem os prejuízos ao comércio, a medida será julgada *preliminarmente* necessária:

> "[...] Para determinar si una medida es o no 'necesaria' en el sentido del apartado b) del artículo XX del GATT de 1994, un grupo especial *debe* considerar los factores pertinentes, en particular *la importancia de los intereses o valores en juego, el alcance de la contribución de la medida al logro de su objetivo, y el grado de restricción del comercio que implica.*[114]
>
> [...] En este caso, el Grupo Especial determinó que la prohibición de las importaciones tenía por objetivo reducir los riesgos resultantes de la acumulación de neumáticos de desecho. Evaluó la importancia de los intereses correspondientes a este objetivo. Constató que la acumulación de neumáticos de desecho provoca riesgos de dengue y paludismo, y que el objetivo de proteger la vida y la salud de las personas frente a esas

112. WTO, Report of the Panel, WT/DS332/R, Report of the Panel, par. 7.211.
113. Cf. WTO, WT/DS332/AB/R, Report of the Appellate Body.
114. WTO, WT/DS332/AB/R, Report of the Appellate Body, par. 178.

enfermedades 'es vital y de la máxima importancia'. El Grupo Especial observó que el objetivo de la prohibición de las importaciones también se relaciona con la protección del medio ambiente, un valor que – correctamente, a nuestro juicio – consideró importante. A continuación, el Grupo Especial analizó el grado de restricción del comercio que entrañaba la prohibición de las importaciones y su contribución al logro de su objetivo. Del razonamiento del Grupo Especial se desprende que éste consideró, *a la luz de la importancia de los intereses protegidos por el objetivo de la prohibición de las importaciones, que la contribución de ésta al logro de su objetivo tiene mayor importancia que su carácter restrictivo del comercio*. Esta constatación del Grupo Especial no nos parece errónea"[115] (grifos nossos).

Com esse resultado preliminar, a necessidade da medida terá de ser confirmada por um teste final, o qual avaliará a existência de medidas alternativas à medida impugnada, capazes de produzir uma menor restrição ao comércio que aquela provocada pela medida impugnada:

> "Si ese análisis lleva a la conclusión *preliminar* de que la medida es necesaria, ese resultado tiene que confirmarse comparando la medida con las posibles alternativas, que pueden ser menos restrictivas del comercio sin dejar de ofrecer una contribución equivalente al logro del objetivo. Esta comparación debe llevarse a cabo a la luz de la importancia de los intereses o valores en juego".[116]

O Órgão de Apelação julgou plausível que, no processo de avaliação das medidas potencialmente alternativas, elas sejam avaliadas individual ou coletivamente. Portanto, é possível associar duas ou mais medidas complementares e tratá-las como uma medida única, para avaliar sua capacidade de promover um determinado objetivo, mas gerando menores efeitos deletérios sobre o livre comércio.[117] A medida impugnada será julgada "necessária", em definitivo, se inexistir uma medida alternativa menos limitadora do comércio razoavelmente ao alcance do Estado demandado.

1.4.3.2.1 A transformação do critério de necessidade em um teste de proporcionalidade: o papel da jurisprudência do GATT 1994

Inicialmente, o critério de necessidade foi tratado pelo relatório do caso *US – Section 337* como um teste da "medida menos restritiva". Sua função era verificar: (i) Se a medida inconsistente com o GATT 1947 perseguia algum dos objetivos autorizados pelas alíneas (b) ou (d) do art. XX; (ii) se a medida era adequada a realizar os objetivos legítimos que fundamentaram sua ado-

115. WTO, WT/DS332/AB/R, Report of the Appellate Body, par. 179.

116. Idem, ibidem, par. 178.

117. Idem, ibidem, par. 180-181.

ção; e (iii) se a medida era a alternativa menos restritiva do comércio, dentre as razoavelmente à disposição do Estado demandado. A própria OMC reconhece que, a partir de *Korea – Beef*, o critério de necessidade tornou-se mais complexo e transformou-se em um verdadeiro teste de proporcionalidade.[118]

Considerando que não há direitos e interesses ilimitados, bem como diante da impossibilidade de o legislador prever, *a priori*, a solução para todo e qualquer conflito entre princípios ou interesses de *igual hierarquia*, o teste da proporcionalidade tem a função de controlar os limites da autonomia oferecida aos órgãos do Estado, mediante o sopesamento e a confrontação de interesses colidentes.[119] O teste de proporcionalidade constitui um método de solução de conflitos entre princípios de mesmo *status* hierárquico.[120] Ou seja, é uma"metarregra"que rege a aplicação de outras normas.[121]

O teste da proporcionalidade é especificamente aplicável para a avaliação da legalidade de medidas *concretas* ou propostas que engendram a *colisão entre princípios*, mas não para solucionar *conflito entre regras*. Uma vez que a colisão entre princípios apenas surge em circunstâncias concretas, o teste da proporcionalidade não serve para avaliar a relação de precedência *abstrata* entre princípios potencialmente colidentes.[122]

Regras são caracterizadas por impor direitos ou deveres definitivos, devendo ser observadas integralmente quando aplicáveis ao caso concreto.[123] Conflitos entre regras são solucionados no domínio da validade, por meio da aplicação de preceitos hermenêuticos como o *lex superior derogat legi inferiori* e o *lex specialis derogat generali*.[124] Destarte, esse tipo de conflito é resolvido por meio da declaração de invalidade de alguma das regras em conflito.

Já os *princípios*, nas palavras de Robert Alexy, constituem"mandamentos de otimização", ou seja,"normas que ordenam que algo seja realizado na maior medida possível dentro das possibilidades jurídicas e fática existentes".[125] Diferentemente das regras, os princípios são normas gerais e flexíveis,

118. WTO, WT/CTE/W/203, par. 42:"It may be possible to say that there has been some evolution in the interpretation of the necessity requirement of Article XX (b) and (d). It has evolved from a least-trade restrictive approach to a less-trade restrictive one, supplemented with a proportionality test ('a process of weighing and balancing a series of factors')".

119. Andenas e Zleptnig 2007, p. 379.

120. Engle 2009, p. 5.

121. Afonso da Silva 2005a, p. 221-222.

122. Idem, ibidem, p. 236.

123. Segundo Robert Alexy (2009, p. 91),"as *regras* são normas que são sempre ou satisfeitas ou não satisfeitas. Se uma regra vale, então, deve-se fazer exatamente aquilo que ela exige; nem mais, nem menos".

124. Sweet e Mathews 2008, p. 94.

125. Alexy 2009, p. 90.

realizáveis em diferentes graus. Os princípios fixam os objetivos gerais perseguidos pelo ordenamento legal;[126] por essa razão, são aplicáveis em associação com regras que estabelecem direitos e obrigações, guiando sua interpretação.[127] Os princípios igualmente desempenham o importante papel de impulsionar a positivação de regras secundárias destinadas a concretizá-los.

É possível – e recorrente – que no processo de positivação de novas regras voltadas à promoção de um determinado princípio, a realização de outros princípios seja afetada.[128] A colisão entre princípios é resolvida caso a caso, no domínio do peso. Isso significa que os princípios integrantes de um dado ordenamento jurídico sempre permanecerão válidos, ainda que em colisão. Na hipótese de dois princípios colidirem, como resultado da adoção de uma medida dirigida à realização de um deles ao custo da restrição ao outro, a aplicação do teste da proporcionalidade indicará, *nas circunstâncias do caso concreto*, qual dos princípios é dotado de maior peso relativo e, portanto, terá preferência. A partir do resultado da aplicação do teste, será possível concluir a respeito da legalidade da medida controversa. O fato de o princípio P1, em determinadas circunstâncias, ser dotado de maior peso *relativo* que o princípio P2 não significa que ele sempre terá preferência sobre P2. Alteradas as circunstâncias de aplicação desses princípios, é concebível que P2 adquira maior peso em relação a P1 e passe a ter precedência sobre ele. Assim sendo, a aplicação do teste da proporcionalidade não produz uma regra *geral* sobre as relações de precedência entre os princípios colidentes aplicável em qualquer circunstância.[129]

Na esfera nacional, a função primária do teste da proporcionalidade é servir como um mecanismo de revisão da legalidade de legislações, atos administrativos e judiciais, consagrados à promoção de um dado princípio constitucional, ao custo da restrição de um ou mais princípios de mesma hierarquia.[130] Ainda na esfera nacional, o teste da proporcionalidade também é aplicado pelos Poderes Executivo e Legislativo com o propósito de avaliar, previamente à sua adoção, a legalidade de propostas legislativas e de atos administrativos que possam criar uma tensão entre princípios constitucionais.[131]

Na esfera do sistema multilateral do comércio, o teste da proporcionalidade é empregado pelos órgãos do OSC como ferramenta de controle da

126. Mitchell 2007, p. 797.

127. Verschuuren 2003, p. 64. Kolb (2006, p. 11), de modo diverso, entende que, na esfera do direito internacional, os princípios gerais do direito podem servir como fontes autônomas do direito, não servindo apenas no processo de interpretação de regras positivadas.

128. Hilf e Goetz 2003, p. 10.

129. Desmedt 2001, p. 474.

130. Andenas e Zleptnig 2007, p. 375, 379.

131. Sweet e Mathews 2008, p. 161.

legalidade de medidas estatais, dirigidas à realização de algum dos objetivos públicos salvaguardados pela OMC ao custo da restrição da liberdade de comércio,[132] e.g., uma medida estatal proibidora da importação de pneus recauchutados, consagrada à proteção da saúde humana, animal e ambiental, em âmbito nacional. Tanto o livre comércio quanto a proteção do meio ambiente, da saúde humana e animal são objetivos que ocupam a mesma hierarquia na esfera da OMC; todos eles estão elencados no preâmbulo do Acordo da Marrakesh como interesses de igual relevância para os Membros da organização. Esses interesses caracterizam princípios fundamentais ou "constitucionais" da OMC. Em caso de colisão entre eles, ocasionada pela adoção de uma medida dirigida a promover um ou mais desses interesses, ao custo da afetação de outros, o teste da proporcionalidade enseja a verificação da necessidade (legalidade) da medida adotada. Em síntese, na esfera na OMC, o teste da proporcionalidade estabelece limites à autonomia de seus Membros para estabelecerem restrições ao livre comércio.

Ao menos, duas são as contribuições do teste da proporcionalidade à pacificação das relações sociais e internacionais. Em primeiro lugar, sua aplicação enseja o equilíbrio entre princípios conflitantes no contexto concreto, porquanto não prioriza, *prévia e abstratamente*, nenhum deles,[133] e também porque assegura a maximização de todos eles, mesmo aqueles que forem restringidos por uma medida estatal. Em segundo lugar, uma vez que a aplicação do teste da proporcionalidade envolve um método racional de solução de conflitos, cuja premissa é o sopesamento e a confrontação de *todos* os princípios em colisão, as partes interessadas têm a segurança de que a decisão tomada será legítima, ainda que contrária aos seus interesses individuais.[134]

O teste da proporcionalidade compõe-se de três subtestes, aplicáveis cumulativamente: os subtestes da adequação, da necessidade e da proporcionalidade em sentido estrito.

Subteste da adequação

O subteste da adequação tem a função de avaliar se a medida investigada (M1) foi arquitetada para contribuir substancialmente à realização dos objetivos legítimos que motivaram sua adoção. O teste avalia, pois, a existência de uma relação causal entre o meio e os fins perseguidos,[135] bem como a legitimidade dos objetivos perseguidos.[136]

132. Andenas e Zleptnig 2007, p. 385.
133. Sweet e Mathews 2008, p. 91.
134. Cf., e.g.: Franck 2008, p. 217; Kingsbury e Schill 2009, p. 40.
135. Cf., e.g.: Desmedt 2001, p. 444; Afonso da Silva 2004, p. 225.
136. Kingsbury e Schill 2009, p. 29.

O subteste da adequação tem a natureza de um "critério negativo", competente para descartar os meios inadequados à realização dos objetivos perseguidos por M1.[137] Sua finalidade é prevenir a adoção de medidas que, além de não promoverem os objetivos eleitos, também prejudicam outros interesses relevantes.[138] O subteste da adequação não tem por fim indagar se a medida eleita é o meio *mais* adequado para promover os objetivos perseguidos, tampouco questiona a conveniência de se perseguirem os objetivos escolhidos; tais tarefas competem exclusivamente ao Estado proponente.[139] Sua única função é avaliar se M1 é verdadeiramente apropriada a alcançá-los.[140] Na seara do comércio internacional, o teste da adequação serve para prevenir a adoção de medidas que, teoricamente, servem para promover algum objetivo prioritário de natureza pública, mas que, em verdade, têm por objeto criar distorções comerciais veladas.[141]

A aferição da adequação de M1 envolve: (i) a identificação *precisa* dos objetivos perseguidos por M1, incluindo seu nível de proteção e.g., proteção da vida humana no nível mais alto possível; (ii) confirmação da legitimidade desses objetivos, i.e., se eles foram autorizados pelo ordenamento jurídico; (iii) identificação dos efeitos imediatos produzidos por M1 e verificação de se estes efeitos conduzem à realização dos objetivos perseguidos, e.g., o caso *Brazil – Retreaded Tyres* examinou se a medida dirigida a banir a importação de pneus recauchutados, de fato, produzia redução no volume de pneus descartados e se a redução do volume de pneus descartados contribuía à preservação da saúde humana, animal e ambiental.[142]

Subteste da necessidade

Enquanto os Estados gozam de autonomia para fixar os objetivos de suas políticas públicas, não cabendo ao subteste da adequação questionar sua conveniência ou o nível de proteção escolhido para esses objetivos, a autonomia estatal para escolher os *meios* para promovê-los é limitada.[143] O subteste da necessidade envolve uma avaliação *quantitativa* da medida; sua função específica é controlar se a medida estatal investigada (M1) é a opção, dentre as adequadas a promover a realização dos objetivos eleitos, que menos produz efeitos deletérios sobre os interesses prejudicados.

137. Alexy 2009, p. 590.
138. Andenas e Zleptnig 2007, p. 378.
139. WTO, S/WPDR/W/27, par. 12.
140. Ortino 2005, p. 34.
141. Idem, ibidem, p. 388.
142. Cf. WTO, Report of the Panel, WT/DS332/R (*Brazil – Retreaded Tyres*), par. 7.120.
143. Cf. WTO, WT/DS231/R (*EC – Sardines*), Report of the Panel, par. 7.120.

A determinação da necessidade de M1 envolve duas etapas.[144] Em primeiro lugar, a identificação de medidas alternativas à M1, igualmente adequadas a promover o mesmo *objetivo* perseguido por ela, inclusive no *mesmo nível*.[145] Na impossibilidade de identificar uma medida capaz de promover o mesmo objetivo perseguido por M1, é possível se tomar nota de duas ou mais medidas complementares que, em conjunto, se mostram adequadas a promovê-lo em igual medida.[146] É importante reiterar que apenas se deve tomar nota daquelas alternativas razoavelmente ao alcance do Estado proponente de M1. Assim, embora uma determinada medida, em termos teóricos, possa parecer adequada a promover o mesmo objetivo perseguido por M1, se sua implementação envolver custos econômicos, administrativos e tecnológicos que superam a capacidade do proponente de M1, ela não poderá ser incluída no grupo das medidas alternativas. Disso se pode inferir que as medidas razoavelmente ao alcance de um país industrializado não são obrigatoriamente as mesmas ao alcance de um país menos desenvolvido.

Em segundo lugar, o subteste da necessidade exige que se avalie se as medidas alternativas identificadas restringem o interesse prejudicado por M1 em menor grau, ao mesmo tempo em que não afetam a realização de qualquer outro interesse.[147] Por exemplo, se M1, para realizar o direito P1, gerar como efeito a restrição de P2, uma medida será julgada menos restritiva que M1 se afetar P2 em menor medida e, ainda, se não afetar qualquer outro direito, e.g., P3. No contexto do sistema multilateral do comércio, o subteste da necessidade tem a função de investigar a existência de uma medida alternativa a M1, igualmente apta a promover os mesmos objetivos públicos promovidos por M1, mas que cerceie o livre comércio de bens ou serviços ou a proteção de DPIs em nível *significativamente* menor que M1.

Em síntese, M1 passará pelo subteste da necessidade se for indispensável, porquanto inexiste uma alternativa que promova o mesmo objetivo por ela perseguido, ou se M1, dentre as alternativas à disposição do Estado demandado, for a que interfere em menor grau na realização dos direitos por ela

144. Kingsbury e Schill 2009, p. 29.

145. Afonso da Silva 2005, p. 226.

146. Cf. WTO, WT/DS332/AB/R (*Brazil – Retreaded Tyres*), Report of the Appellate Body, par. 179-180; WTO, WT/DS332/, Report of the Panel, par. 7.213-7.214.

147. Alexy sublinha que o subteste de necessidade pode ser mais bem compreendido como o critério de eficiência de Pareto: "De acordo com o esse critério, uma constelação A é preferível a uma constelação B 'se, com a passagem de B para A, nenhum dos envolvidos tem sua situação piorada em relação à situação anterior e ao menos um dos envolvidos tem sua situação melhorada'" (Alexy 2009, p. 170; notas internas omitidas).

afetados.[148] É por essa razão que o subteste da necessidade também é chamado de teste da medida menos restritiva,[149] ou teste do meio menos gravoso.[150]

Normalmente, as medidas examinadas à luz do teste da proporcionalidade envolvem uma colisão entre dois princípios (P1 e P2); contudo, Alexy assinala que é igualmente plausível que uma medida cuja legalidade seja investigada envolva uma colisão entre três ou mais princípios (P1, P2, P3 etc.). Na hipótese de M1 promover P1 e P2 e gerar como efeito colateral a restrição de P3, quando se avaliar a existência de alternativas a M1, deve-se investigar a existência de outras medidas que igualmente promovam P1 e P2 e que restrinjam P3 em menor medida, sem afetar qualquer outro direito ou interesse. Se, por outro lado, M1 for consagrada à realização de P1 e gerar como efeitos colaterais a restrição de P2 e P3, no processo de identificação de alternativas a M1, deve-se buscar medidas que igualmente promovam P1 e que restrinjam P2 e/ou P3 em menor grau que M1, sem que qualquer outro interesse seja afetado. Enfim, os objetivos perseguidos pela medida investigada e os efeitos produzidos por ela devem ser tomados em conjunto.[151]

O subteste da necessidade favorece a harmonização de interesses conflitantes, pois apenas admite a medida que menos obstaculiza a realização dos interesses prejudicados por M1.[152] Quando se elege o meio menos gravoso para a realização de determinado objetivo legítimo, mitigam-se os prejuízos socioeconômicos causados pela medida escolhida[153] ao viabilizar que os interesses afetados sejam realizados na maior medida possível, tendo em vista as possibilidades fáticas ao alcance do Estado pertinente.[154]

Subteste da proporcionalidade em sentido estrito

Não obstante a adequação e a necessidade de uma medida estatal M1, ela não é obrigatoriamente lícita. É ainda indispensável investigá-la em termos *qualitativos*. Em outras palavras, essa etapa avalia se os benefícios sociais gerados por M1 superam seus efeitos colaterais.[155]

Na hipótese de a medida M1 ser dedicada à realização de P1 e gerar como efeitos indesejados a restrição de P2, para avaliar se M1 é proporcional em sentido estrito, há que se sopesar e confrontar P1 e P2. Esse processo

148. Cf., e.g.: Andenas e Zleptnig 2007, p. 412; Franck 2008, p. 729.
149. Sweet e Mathews 2008, p. 143-144.
150. Expressão utilizada pela Suprema Corte de Israel, em *Beit Sourik Village Council v.The Government of Israel*, 2004.
151. Alexy 2009, p. 592-593.
152. Andenas e Zleptnig 2007, p. 378-379.
153. Idem, ibidem, p. 389.
154. Alexy 2009, p. 119.
155. Sweet e Mathews 2008, p. 109; Xiuli 2007, p. 637.

envolve três fases. Nas primeiras duas etapas, é preciso determinar o peso dos interesses em colisão.[156] Em um primeiro momento, nas circunstâncias do caso concreto, determinam-se os benefícios sociais totais resultantes da realização de P1 mediante a adoção de M1.[157] O conjunto de consequências produzidas pela promoção de P1 deve ser qualificado como de importância social leve, mediana ou grande. Em seguida, determina-se o grau de afetação de P2 e os prejuízos resultantes de sua restrição por meio da adoção de M1. O conjunto de prejuízos engendrados pela afetação de P2 deve ser igualmente classificado como de importância social leve, mediana ou grande. Por fim, os benefícios sociais resultantes da promoção de P1 devem ser cotejados com os prejuízos engendrados pela restrição de P2. M1 será considerada proporcional em sentido estrito se os benefícios sociais produzidos pela promoção de P1 superarem os prejuízos ocasionados pela restrição de P2.[158]

Tudo o que foi dito se mantém na hipótese de M1 engatilhar um conflito entre três ou mais princípios. Caso M1, por um lado, promova os interesses P1 e P2 e, pelo outro, restrinja P3, P4, Pn, deve-se avaliar, *em conjunto*, os benefícios sociais resultantes da priorização de P1+ P2 e os prejuízos produzidos pela afetação de P3+P4+Pn. M1 será julgada proporcional em sentido estrito se, em conjunto, os benefícios produzidos pela realização de P1+P2 superarem os prejuízos engendrados pela restrição de P3+P4+Pn.[159]

Se o teste da proporcionalidade compreendesse apenas os subtestes da adequação e da necessidade, seria plausível a adoção de uma medida promotora de um interesse concretamente insignificante, ainda que legítimo, ao custo da restrição de um interesse de grande peso social. A finalidade do subteste da proporcionalidade em sentido estrito é exatamente prevenir a adoção de medidas abusivas, que mais prejudicam do que beneficiam a sociedade,[160] ou, nas palavras de Afonso da Silva, sua função é "evitar que medidas estatais, embora adequadas e necessárias, restrinjam direitos fundamentais além daquilo que a realização do objetivo perseguido seja capaz de justificar".[161] Destarte, mais relevantes à sociedade são os interesses promovidos pela medida investigada, maior o grau em que o princípio afetado poderá ser restringido; reflexamente, se a medida perseguir objetivos supérfluos, o princípio por ela cerceado apenas poderá ser restringido em um nível mínimo.[162]

Em síntese, o teste da proporcionalidade tem como premissa a adoção pelo Estado de uma medida que gera tensão entre dois ou mais princípios de

156. Alexy 2009, p. 174-175.
157. Idem, ibidem, p. 601 et seq.
158. Alexy 2009, p. 594; Ortino 2005, p. 35.
159. Idem, ibidem, p. 592-593.
160. Sweet e Mathews 2008, p. 105-106.
161. Afonso da Silva 2005a, p. 230.
162. Andenas e Zleptnig 2007, p. 392.

mesmo *status* hierárquico. Sua função última é equilibrar princípios em colisão, viabilizando a realização de todos eles na maior medida possível, ainda que um deles ganhe precedência em determinado contexto.[163] A marca principal do teste é a realização de avaliações comparativas, seja entre meios e fins (subteste da adequação), seja entre a medida avaliada e medidas alternativas (subteste da necessidade), seja entre os benefícios auferíveis e os malefícios potenciais (subteste da proporcionalidade em sentido estrito).

1.4.3.2.1.1 Possível influência da jurisprudência europeia e interamericana de direitos humanos

O processo, conduzido pelo Órgão de Apelação da OMC, de transformar o critério de necessidade em um teste de proporcionalidade possivelmente foi influenciado pela práxis da Corte Europeia de Direitos Humanos (CEDH) e da Corte Interamericana de Direitos Humanos.[164]

A Convenção Europeia sobre Direitos Humanos estabelece que os direitos à privacidade,[165] à liberdade de pensamento, consciência e religião,[166] à liberdade de expressão[167] e à liberdade de reunião pacífica e de associação[168] estão sujeitos a restrições "*necessárias* em uma sociedade democrática" para resguardar interesses públicos, como a segurança, a saúde, a ordem pública, a moral e os direitos e liberdades de terceiros. Ao longo dos anos, a jurisprudência da CEDH consolidou-se no sentido de identificar o teste da proporcionalidade como o meio de avaliar a *necessidade* de medidas restritivas a esses direitos.

Nesse sentido, em *The Sunday Times v. The United Kingdom*, a Corte esclareceu que o termo "necessária", empregado no art. 10(2) da Convenção Europeia de Direitos Humanos, não implica indispensabilidade da medida; igualmente indicou que a medida, para ser "necessária", dever ser dirigida a salvaguardar uma "necessidade social imperiosa":

> "The Court has noted that, whilst the adjective 'necessary', within the meaning of Article 10(2) (art. 10-2), is not synonymous with 'indispensable', neither has it the flexibility of such expressions as 'admissible', 'ordinary', 'useful', 'reasonable' or 'desirable' and that it implies the existence of a 'pressing social need' (p. 22, par. 48).

163. Xiuli 2007, p. 644.
164. Ver, e.g., Andenas e Zleptnig 2007.
165. Art. 8(2), European Convention on Human Rights.
166. Art. 9(2), European Convention on Human Rights.
167. Art. 10(2), European Convention on Human Rights.
168. Art. 11(2), European Convention on Human Rights.

> [...] It must now be decided whether the 'interference' complained of corresponded to a 'pressing social need', whether it was 'proportionate to the legitimate aim pursued', whether the reasons given by the national authorities to justify it are 'relevant and sufficient under Article 10(2) (art. 10-2)' [...]"[169]

Em *Affaire Orban et autres c. France*, a CEDH claramente reconheceu que a aferição da necessidade de medidas restritivas do direito à liberdade de expressão, garantido pelo art. 10(2) da Convenção Europeia de Direitos Humanos, depende da aplicação do teste de proporcionalidade. Segundo esse julgado, uma medida que interfere na realização da liberdade de expressão deve ser proporcional ao interesse social promovido:

> "À cet égard, la Cour, qui renvoie par ailleurs aux principes fondamentaux qui se dégagent de sa jurisprudence relative à l'article 10 [...], rappelle que l'adjectif 'nécessaire', au sens de du second paragraphe de cette disposition, implique un 'besoin social impérieux'. Les États contractants jouissent d'une 'certaine marge d'appréciation' pour juger de l'existence d'un tel besoin. Toutefois, d'une part, l'ampleur de cette marge d'appréciation varie en fonction des circonstances de chaque espèce et, d'autre part, la Cour a dans tous les cas compétence pour décider si l'État a outrepassé la marge dont il disposait et pour statuer en dernier lieu sur le point de savoir si une 'restriction' se concilie avec la liberté d'expression que protège l'article 10. Il lui incombe en particulier de déterminer si la mesure incriminée était 'proportionnée' au but légitime poursuivi et d'apprécier si les motifs invoquées par les autorités nationales pour la justifier sont 'pertinents et suffisants' (*Jersild* précité)".[170]

No âmbito do sistema interamericano de direitos humanos, o art. 13 da Convenção Americana de Direitos Humanos assegura o todo indivíduo o direito à liberdade de pensamento e expressão, mas também estabelece limites ao seu exercício. O exercício da liberdade de expressão "não pode estar sujeito à censura prévia, mas a responsabilidades ulteriores". As causas de responsabilidade "devem ser expressamente fixadas pela lei e ser *necessárias* para assegurar: a) o respeito aos direitos ou à reputação das demais pessoas; ou b) a proteção da segurança nacional, da ordem pública, ou da saúde ou da moral públicas".[171]

A Corte Interamericana de Direitos Humanos recorreu à jurisprudência da CEDH pertinente à determinação do sentido do termo "necessária", empregado no art. 10(2) da Convenção Europeia de Direitos Humanos, para

---

169. ECHR, Case of the *Sunday Times v. The United Kingdom*, 1979, respectivamente, par. 59-62.
170. ECHR, *Affaire Orban et autres c. France*, 2009, par. 44.
171. Art. 13(2), Convenção Americana de Direitos Humanos.

esclarecer analogicamente o sentido do mesmo termo utilizado no art. 13(2) da Convenção Americana de Direitos Humanos.[172] Segundo o entendimento construído pela Corte Interamericana, tanto o direito à liberdade de expressão quanto os demais interesses tutelados pelo art. 13(2) da Convenção Americana são relevantes para a construção de uma sociedade democrática. As medidas de imposição de responsabilidade serão "necessárias" para a proteção da reputação e dos direitos de terceiros, da segurança nacional, da ordem pública, da saúde ou moral públicas, se forem proporcionais, no sentido técnico-jurídico do termo, i.e., se forem ajustadas à realização de um objetivo legítimo (um dos autorizados pelo art. 13(2) da Convenção); se o interesse tutelado pela medida mostrar-se, no caso concreto, mais importante para a promoção da democracia que a proteção irrestrita da liberdade de expressão de um indivíduo ou organização e, por fim, se a medida, dentre as alternativas disponíveis, for a menos limitadora da liberdade de expressão de terceiros. Esse entendimento está cristalizado no seguinte excerto da decisão do caso *Herrera Ulloa v. Costa Rica*:

> "Respecto de estos requisitos la Corte señaló que: la 'necesidad' y, por ende, la legalidad de las restricciones a la libertad de expresión fundadas sobre el artículo 13.2 de la Convención Americana, dependerá de que estén orientadas a satisfacer un interés público imperativo. Entre varias opciones para alcanzar ese objetivo debe escogerse aquélla que restrinja en menor escala el derecho protegido. Dado este estándar, no es suficiente que se demuestre, por ejemplo, que la ley cumple un propósito útil u oportuno; para que sean compatibles con la Convención las restricciones deben justificarse según objetivos colectivos que, por su importancia, preponderen claramente sobre la necesidad social del pleno goce del derecho que el artículo 13 garantiza y no limiten más de lo estrictamente necesario el derecho proclamado en dicho artículo. Es decir, la restricción debe ser proporcionada al interés que la justifica y ajustarse estrechamente al logro de ese legítimo objetivo. ... De este modo, la restricción debe ser proporcionada al interés que la justifica y ajustarse estrechamente al logro de ese objetivo, interfiriendo en la menor medida posible en el efectivo ejercicio del derecho a la libertad de expresión".[173]

No contexto do art. 13(2) da Convenção Americana de Direitos Humanos, a determinação da necessidade de uma medida restritiva da liberdade de expressão depende da determinação de qual dos interesses legítimos em colisão é o mais relevante, no caso concreto, para a construção de uma sociedade de-

172. Corte Interamericana de Derechos Humanos, 1985, par. 43-46.
173. Corte Interamericana de Derechos Humanos, *Herrera Ulloa vs. Costa Rica*, 2004, par. 121 e 123.

mocrática. No contexto do GATT 1994, o raciocínio é o mesmo: a necessidade de uma medida restritiva da liberdade de comércio depende da determinação de qual dos interesses em colisão – e.g., o comercial ou o meio ambiente – é, no caso concreto, mais relevante para o bem-estar da sociedade. Os interesses indicados no parágrafo 2.º do art. 13 da Convenção Americana e nas alíneas (a), (b) e (d) do art. XX do GATT são apenas interesses que *podem* justificar a adoção de medidas restritivas, respectivamente, da liberdade de expressão e do livre comércio. Essas medidas apenas serão necessárias se passarem, com sucesso, pelo crivo do teste da proporcionalidade.

Em suma, no âmbito do GATT 1947, quando o critério de necessidade era tratado como um teste da medida menos restritiva, uma medida impugnada seria julgada necessária se ficasse comprovada sua adequação para promover algum dos interesses arrolados nas alíneas (a), (b) e (d) do art. XX do GATT, bem como o fato de o Estado demandado não ter "razoavelmente ao seu alcance" uma alternativa menos restritiva do comércio. Ou seja, os objetivos políticos indicados nas referidas alíneas do art. XX eram automaticamente considerados "objetivos prioritários de ordem pública"[174] em relação aos interesses comerciais restringidos. Já no momento presente, marcado pela caracterização do critério de necessidade como um teste de proporcionalidade, não há mais uma solução fixa sobre qual dos interesses em colisão terá prioridade – e.g., comércio *versus* proteção do meio ambiente. A partir da nova abordagem, as alíneas (a), (b) e (d) do art. XX se limitam a pré-indicar os objetivos que *podem* justificar medidas inconsistentes com o GATT. Apenas após o exame do peso social do objetivo especificamente fomentado pela medida impugnada *vis-à-vis* os interesses comerciais prejudicados será possível determinar, *no caso concreto*, qual dos interesses em conflito terá prioridade. É, portanto, plausível que existam situações em que uma medida dirigida à promoção de algum dos objetivos indicados no art. XX do GATT seja julgada desnecessária, porquanto, sob a ótica do bem-estar geral da sociedade, o interesse perseguido pela medida é de menor relevância social que o interesse comercial afetado.

Se o sistema OMC estivesse dedicado a realizar exclusivamente objetivos comerciais, certamente não haveria justificativa para o Órgão de Apelação da OMC ter transformado o critério de necessidade em um teste de proporcionalidade, pois, em caso de conflito entre interesses comerciais e não comerciais, bastaria decidir que os primeiros sempre têm prioridade. No contexto do art. XX do GATT 1994, os EUA corretamente sustentaram, em sua defesa no caso *US – Shrimp*, que "constituye un error jurídico pasar de la observación de que el GATT de 1994 es un acuerdo comercial a la conclusión de que las preocupaciones comerciales deben prevalecer sobre cualesquiera otras preocupaciones en todas las situaciones que deriven de las normas del

174. GATT, DS10/R – 37S/200 (*Thailand – Cigarettes*), Report of the Panel, par. 74.

GATT".[175] Em face da multiplicidade de objetivos sociais e ambientais perseguidos pela OMC, essa observação pode ser generalizada para os demais acordos cobertos pela OMC.

Dado que a OMC persegue a expansão do livre comércio de bens, serviços e da proteção da propriedade intelectual *como meio* para aprimorar continuamente a qualidade de vida da humanidade como um todo, inclusive de seu meio ambiente natural,[176] a aplicação do teste da proporcionalidade assegura que o livre comércio internacional apenas será restringido quando útil para a promoção de interesses sociais prementes. Sempre que as medidas restritivas não passarem pelo crivo do teste da proporcionalidade, porquanto desnecessárias, isso significará que o livre comércio, no caso concreto, apresenta-se como um meio mais adequado para a promoção do bem-estar social que a medida restritiva rechaçada. Enfim, a transformação do critério de necessidade em um teste de proporcionalidade permite que os interesses maiores da sociedade sejam sempre resguardados.

1.4.3.2.2 O critério de necessidade no contexto do art. 8.° do Acordo TRIPS

Contra o argumento de que o sentido do critério de necessidade, desenvolvido no âmbito do GATT 1994, não seria aplicável em outros contextos, é importante ter presente que o próprio Órgão de Apelação já o aplicou no âmbito de outro acordo. Em *US – Gambling*, Antígua e Barbuda requereram a instauração de um Grupo Especial para examinar a legalidade de leis norte-americanas que reprimiam o acesso de norte-americanos a serviços de apostas e jogos de azar pela internet. Os EUA defenderam a legalidade das legislações atacadas, com fundamento na alínea (a) do art. XIV do Acordo Geral sobre o Comércio de Serviços (GATS). O art. XIV do GATS estabelece o espaço político para os Membros da OMC adotarem medidas excepcionais, restritivas do livre comércio de serviços. Algumas alíneas desse dispositivo, indicativas dos objetivos que podem fundamentar as exceções ao livre comércio de serviços, foram moldadas tendo como parâmetro as alíneas (a), (b) e (d) do art. XX do GATT. A alínea 'a' do art. XIV do GATS, utilizada pelos EUA como defesa para suas medidas impugnadas, assim dispõe:

> "Na condição de essas medidas não serem aplicadas de um modo que constitua um meio de discriminação arbitrária ou injustificável entre países em que existem condições idênticas, ou uma restrição dissimulada ao comércio de serviços, nenhuma disposição do presente Acordo poderá ser interpretada no sentido de impedir a adoção ou a aplicação

175. WTO, WT/DS58/AB/R, par. 16.

176. Cf. Preâmbulo do Acordo de Marrakesh.

por qualquer Membro de medidas: a) *Necessárias* para proteger os bons costumes ou para manter a ordem pública".

O Órgão de Apelação da OMC considerou acertado interpretar o critério de necessidade do art. XIV do GATS em harmonia com o entendimento cristalizado em *Korea – Beef*.[177] O Órgão de Apelação reiterou as etapas pelas quais uma medida deve passar para ser considerada "necessária" e determinou que cabe à parte demandada comprovar a necessidade da medida impugnada por meio da observância do processo de "sopesamento e confrontação" introduzido por *Korea-Beef*.[178]

Em face do entendimento pacífico do OSC a respeito do sentido do critério de necessidade e da total aplicabilidade da interpretação desenvolvida no âmbito do art. XX do GATT 1994 a outros contextos, o critério de necessidade do art. 8.º do Acordo TRIPS deve ser entendido como um teste de proporcionalidade, composto pelos subtestes de adequação, de necessidade e de proporcionalidade em sentido estrito. Em outras palavras, a comprovação da necessidade de uma exceção que interfere no exercício de um dado DPI (M1) envolve, cumulativamente, a prova de sua adequação, necessidade e proporcionalidade em sentido estrito.

A comprovação da adequação da medida envolve:

- identificar os objetivos políticos por ela perseguidos e o nível em que esses objetivos serão protegidos;
- verificar se os objetivos políticos perseguidos estão autorizados pelo art. 8.º do Acordo TRIPS; e
- investigar a aptidão da medida para promover os objetivos que, formalmente, motivaram sua adoção/proposição.

A comprovação da necessidade da medida envolve:

- identificar medidas alternativas, hábeis a promover o mesmo objetivo promovido por M1, mas que interferem em menor grau no exercício do DPI cerceado; e
- investigar os custos técnicos e econômicos das medidas alternativas identificadas, com o objetivo de verificar quais delas estão "razoavelmente ao alcance" do Estado proponente de M1.

Se inexistir uma medida alternativa razoavelmente ao alcance do Estado proponente de M1, o operador do direito deverá investigar se a medida é proporcional em sentido estrito mediante:

- a identificação dos benefícios sociais promovidos por M1 e sua classificação segundo sua relevância à sociedade (leve, mediana ou grande);

177. WTO, WT/DS285/AB/R, Report of the Appellate Body, par. 304-308, 310 e 323.
178. Idem, ibidem, par. 310, 323 e 326.

- a identificação dos prejuízos produzidos por M1 e sua classificação segundo sua relevância à sociedade (leve, mediana ou grande); e
- a comparação entre os benefícios gerados pela adoção de M1 e os efeitos negativos produzidos por MI. Na hipótese dos benefícios superarem os prejuízos, M1 será proporcional.

Nos termos do art. 8.° do Acordo TRIPS, se a medida passar, com sucesso, por essas três etapas, será "necessária"; contudo, ainda que necessária, não será obrigatoriamente lícita. Para ser lícita, a medida terá ainda que se mostrar "compatível" com o disposto no Acordo TRIPS.

1.4.3.3 O critério de compatibilidade do art. 8.° do Acordo TRIPS

Um dos objetivos do Acordo TRIPS é suprimir distorções ao comércio internacional mediante a proibição da comercialização de bens que se apropriem indebitamente de DPIs protegidos nos territórios dos Membros da OMC. Para alcançá-lo, o Acordo TRIPS fixa patamares mínimos de proteção dos DPIs, que devem ser respeitados por todos os Membros da OMC.[179] É para dar efetividade a esses patamares mínimos que o art. 8.° do Acordo TRIPS dispõe que as medidas adotadas pelos Membros da organização com a finalidade de promover interesses legítimos devem ser "compatíveis com o disposto neste Acordo".

O art. 8.°, ao dispor que as medidas promotoras de interesses de ordem pública devem ser, além de necessárias, compatíveis com os termos do Acordo TRIPS, não denota que os direitos de exclusivo por ele garantidos não poderão se sujeitar a exceções que restrinjam seu exercício.[180] Se entendermos que essas medidas não poderão, em hipótese alguma, cercear os direitos dos titulares de direitos autorais, de marcas, de desenhos industriais e de patentes, o critério da "necessidade", integrante do art. 8.° do Acordo TRIPS, e os arts. 9(2) da Convenção de Berna e 13, 17, 26(2) e 30 *in toto* do Acordo TRIPS não terão efeito. Tal opção interpretativa é vetada pelo princípio da efetividade, porquanto impede a efetivação dos objetivos da OMC e do Acordo TRIPS e torna os referidos dispositivos letra morta. No mais, essa interpretação constitui um abuso de direito, porquanto impede os Membros da OMC de exercitarem sua prerrogativa de adotar medidas dedicadas a salvaguardar interesses de ordem pública.

À luz do princípio da boa-fé e dos objetivos da OMC e do Acordo TRIPS, o mais acertado é entender que o critério de compatibilidade determina que as medidas que interferirem no exercício dos direitos de exclusivo garantidos pelo TRIPS, devem respeitar plenamente as obrigações mínimas contidas nesse acordo, a saber: (i) dependendo do direito de exclusivo restringido,

179. Frankel 2005-2006, p. 375-376.

180. Ruse-Khan 2008, p. 36.

as condições fixadas pela cláusula geral de exceção pertinente (arts. 9(2) da Convenção de Berna, 13, 17, 26(2) e 30 do Acordo TRIPS); e (ii) as demais obrigações mínimas relevantes, previstas em outras normas que não os dispositivos que arrolam os direitos de exclusivo garantidos aos titulares de direitos autorais, marcas, desenhos industriais e patentes.

O conjunto de obrigações mínimas a serem observadas pelas exceções aos DPIs varia dependendo da natureza dos direitos afetados (direitos autorais, direitos garantidos por patentes, direitos garantidos por marcas, direitos garantidos por desenhos industriais). Sem embargo, toda e qualquer exceção a um DPI deve respeitar dois princípios básicos do Acordo TRIPS: os princípios do tratamento nacional e da nação mais favorecida.

O *princípio da nação mais favorecida* determina que, salvo nos casos excepcionais indicados expressamente,"com relação à proteção da propriedade intelectual, toda vantagem, favorecimento, privilégio ou imunidade que um Membro conceda aos nacionais de qualquer outro país será outorgado imediata e incondicionalmente aos nacionais de todos os demais Membros".[181] Isso significa que, salvo nos casos excepcionados pelo artigo, os Membros da OMC não poderão criar exceções que afetem a propriedade intelectual dos nacionais de determinados países, enquanto colocam a salvo a propriedade intelectual dos nacionais de outros. Se um Membro da OMC determinar, por exemplo, que as patentes de titularidade dos nacionais de um determinado Estado não serão afetadas por uma exceção de pesquisa, prevista em seu ordenamento jurídico, essa imunidade terá de ser estendida automaticamente a todos os demais Membros da organização.

O *princípio do tratamento nacional*, por sua vez, determina que, salvo nos casos expressamente indicados no art. 3.º do Acordo TRIPS, os estrangeiros deverão receber tratamento não menos favorável que aquele conferido pelo Estado a seus nacionais. O tratamento nacional previne que os Membros da OMC estabeleçam exceções aos DPIs que afetem a propriedade intelectual dos nacionais de outros Membros, enquanto resguarda a propriedade intelectual de seus próprios nacionais. Esse tipo de postura ofereceria às partes favorecidas uma vantagem injusta em face dos titulares estrangeiros de DPIs. O princípio do tratamento nacional nada mais é que a aplicação do princípio da igualdade entre nacionais e estrangeiros, enquanto o princípio da nação mais favorecida configura a aplicação do princípio da igualdade entre estrangeiros.

As demais obrigações que os Membros da OMC terão de observar, ao exercerem as prerrogativas garantidas pelos arts. 9(2) da Convenção de Berna, e 13, 17, 26(2) e 30 do Acordo TRIPS, serão tratadas nos itens seguintes.

181. Cf. art. 4.º do Acordo TRIPS.

1.4.3.3.1 Obrigações adicionais que devem ser observadas pelas exceções aos direitos autorais

As exceções aos direitos autorais, além de terem de observar os princípios do tratamento nacional e da nação mais favorecida, terão de respeitar as seguintes regras:

- proibição da adoção de exceções que produzam o efeito de impedir a proteção legal das categorias de obras literárias e artísticas que, nos termos dos arts. 2.°, parágrafos 1.°, 3.° e 5.°, da Convenção de Berna e art. 10 do TRIPS, devem ser passíveis de receber proteção legal;
- observância das cláusulas do tratamento nacional e da nação mais favorecida (arts. 3.° e 4.° do Acordo TRIPS); e
- garantia de duração mínima dos direitos assegurados (art. 12 do Acordo TRIPS e art. 7.° da Convenção de Berna).

Em virtude do princípio *lex specialis derogat generali*, no que respeita às exceções instauradas ao direito de reprodução sob o amparo do arts. 9(2), 10 e 10bis da Convenção de Berna, elas devem respeitar o espaço ocupado pelo sistema de licenças compulsórias governado pelo apêndice da Convenção de Berna (Ata de Paris), que inclui normas especiais para os países em desenvolvimento facilitarem o acesso a obras literárias para a satisfação de interesses educacionais em seus territórios. De forma muito resumida e sem entrarmos em detalhes, o art. II do apêndice autoriza todo país em desenvolvimento "que tenha declarado que invocará o benefício da faculdade prevista pelo presente artigo [...], relativamente às obras publicadas sob forma impressa ou sob qualquer outra forma análoga de reprodução, a substituir o direito exclusivo de tradução previsto no artigo 8 [da Convenção de Berna] por um regime de licenças não exclusivas e intransferíveis, concedidas pela autoridade competente", a fim de autorizar terceiros a *traduzirem e publicarem*, sob forma impressa ou sob qualquer outra forma análoga de reprodução, exemplares das referidas obras para satisfazer a demanda do público escolar, universitário ou de pesquisa. O art. III do apêndice autoriza os mesmos países a "substituir o direito exclusivo de reprodução previsto no artigo 9 por um regime de licenças não exclusivas e intransferíveis, concedidas pela autoridade competente" com o propósito autorizar a *reprodução e publicação* de "obras publicadas sob forma impressa ou sob qualquer outra forma análoga de reprodução", quando as obras de interesse não tiverem sido postas a venda, no mercado local, em quantidade suficiente para atender às necessidades gerais do público ou do ensino escolar e universitário. Em outras palavras, o objetivo do sistema de licenciamento compulsório instaurado pelo apêndice da Convenção de Berna é autorizar instituições de países em desenvolvimento – e.g., casas editoriais, universidades – a realizarem a tradução *e* a publicação de obras publicadas em línguas estrangeiras ou a reprodução *e* a publicação de obras publicadas no idioma local, mas indisponíveis neste mercado, com o fito *exclusivo* de atender às necessidades educacionais e científicas locais. Não é, pois, qualquer ato de reprodução de uma obra literária, para fins educacionais e científicos, que dependerá de uma licença compulsória, expedida segundo o complexo procedimento descrito no apêndice da Convenção de Berna, mas apenas os atos de reprodução *e* publicação ou de tradução *e* publicação de obras publicadas sob a forma impressa ou sob qualquer outra forma análoga de reprodução. Publicar, nos termos do art. 3(3) da Convenção de Berna, consiste no ato de fabricar exemplares de uma obra e colocá-los "à disposição do público em quantidade suficiente para satisfazer-lhe as necessidades, levando em conta a natureza da obra". Uma obra somente será considerada "publicada" se disponibilizada ao público em geral em quantidades suficientes para atender, de modo razoável, suas necessidades. Obras que apenas são distribuídas para um grupo restrito de indivíduos não são consideradas "publicadas".[182]

1.4.3.3.2 Obrigações adicionais que devem ser observadas pelas exceções ao direito conferido por marcas comerciais

As exceções ao direito de exclusivo garantido aos titulares de marcas comerciais protegidas, além de terem de observar os princípios do tratamento nacional e da nação mais favorecida, terão de respeitar as seguintes regras:

a) proibição de adotar exceções que produzam o efeito prático de impedir a proteção dos sinais distintivos que, nos termos do art. 15 do Acordo TRIPS, devem ser passíveis de receber proteção legal;
b) garantia de que a duração dos registros de marcas comerciais não será inferior a 7 anos (art. 18);
c) garantia do direito de renovar, indefinidamente, o registro de marcas (art. 18);
d) proibição da concessão de licenças compulsórias para a exploração de marcas comerciais (art. 21); e

182. Nesse sentido é o entendimento de Ricketson (1987, p. 187): "The meaning of 'the public': These words have appeared in each of the successive texts of the definition of 'published words'. Giving them their ordinary meaning, there is no warrant for interpreting them as referring to any restricted group of persons or 'sub-publics', even though, as we have seen, the 'public' for any particular work may be very small, or even non-existent, at the time of publication. The essential requirement is that there is no limitation placed on the persons to whom the work is made available, as is the case when an edition of a book is limited to a special class of persons, such as members of a professional organization or a closed group of subscribers, or when a film is exhibited to a limited audience, as at a film festival".

e) respeito ao direito exclusivo do titular da marca registrada de "ceder a marca, com ou sem a transferência do negócio ao qual a marca pertença" (art. 21).

1.4.3.3.3 Obrigações adicionais que devem ser observadas pelas exceções aos direitos conferidos por desenhos industriais

As exceções aos direitos conferidos por desenhos industriais, além de terem de observar os princípios do tratamento nacional e da nação mais favorecida, terão de respeitar as seguintes regras:

a) proibição de adotar exceções que produzam o efeito de impedir a proteção dos desenhos industriais que, nos termos do art. 25(1) do Acordo TRIPS, devem ser passíveis de receber proteção legal;
b) proibição de adotar exceções que produzam o efeito de impedir a proteção de padrões de tecidos (art. 25.2); e
c) garantia de que a duração mínima da proteção outorgada aos desenhos industriais será de 10 anos (art. 26.3).

1.4.3.3.4 Obrigações adicionais que devem ser observadas pelas exceções aos direitos conferidos por patentes

As exceções aos direitos conferidos por patentes, além de terem de observar os princípios do tratamento nacional e da nação mais favorecida, terão de respeitar as seguintes regras: i) obrigação de proteger as invenções de todos os campos da tecnologia e proibição da expropriação das patentes concedidas; ii) garantia do termo de proteção mínima das patentes; iii) respeito ao espaço ocupado pelo sistema de licenciamento compulsório; iv) princípio da não discriminação com base na origem nacional, no setor tecnológico e no modo de exploração da invenção. O conteúdo destas obrigações será detalhado a seguir.

1.4.3.3.4.1 Garantia de proteção a todas as categorias de invenções que devem ser tuteladas por todos os Membros da OMC

Os Membros da OMC estão obrigados a conferir proteção a invenções de todos os campos da tecnologia, sempre que preenchidas as condições de patenteabilidade (i.e., novidade, passo inventivo e aplicação industrial).[183] Os Membros da OMC, contudo, gozam de autonomia para não tutelar algumas matérias controversas: plantas e animais, incluindo material genético de origem humana; processos essencialmente biológicos para a produção de plantas ou animais;[184] "métodos diagnósticos, terapêuticos e cirúrgicos para

183. Art. 27(1) do Acordo TRIPS.

184. Art. 27(3(b) do Acordo TRIPS.

o tratamento de seres humanos ou de animais";[185] e invenções "cuja exploração em seu território seja necessário evitar para proteger a ordem pública ou a moralidade, inclusive para proteger a vida ou a saúde humana, animal ou vegetal ou para evitar sérios prejuízos ao meio ambiente".[186] *Na área da biotecnologia*, as únicas matérias a que os Membros da OMC estão obrigados a conceder proteção são os micro-organismos e os processos não biológicos e microbiológicos.

Em face dessas obrigações, os Membros da OMC não têm legitimidade para criar exceções que produzam o efeito prático de impedir a proteção das categorias de invenções que, nos termos do art. 27 do Acordo TRIPS, devem ser passíveis de receber proteção legal. Isso significa que as exceções aos direitos de patentes jamais poderão despir os titulares de patentes de *todos* os meios de exploração de suas patentes, garantidos pelo art. 28(1) do Acordo TRIPS, a fim de evitar que elas se tornem instrumentos de desapropriação gratuita da propriedade privada. Basta que a exceção preserve, ao menos, um dos meios de exploração das patentes, garantidos pelo art. 28(1), para que não configure um ato de apropriação indébita das patentes afetadas.

1.4.3.3.4.2 Respeito ao termo de proteção mínima das patentes

Nos termos do art. 33 do Acordo TRIPS, "a vigência da patente não será inferior a um prazo de 20 anos, contados a partir da data do depósito". Com fundamento no art. 1(1) do Acordo TRIPS, os Membros da OMC podem estender esse termo de proteção, mas nunca diminuí-lo; e sempre que optarem por estendê-lo, o prazo superior a 20 anos deve estar indicado expressamente.

1.4.3.3.4.3 Respeito ao espaço ocupado pelo sistema de licenciamento compulsório

Em virtude da aplicação do princípio *lex specialis derogat generali*, a cláusula geral do direito das patentes (art. 30) deve ceder lugar às disposições especiais que controlam a concessão de licenças compulsórias (art. 31).[187] Com o objetivo de restringir os direitos conferidos por patentes para salvaguardar interesses públicos prioritários, os Membros da OMC têm a liberdade de conceder licenças compulsórias à revelia da vontade dos titulares de patentes, inclusive de escolher as justificativas para a sua concessão.[188] O art. 31 e a Decisão do Conselho Geral de 30 de agosto de 2003[189] fixam as regras e pro-

185. Art. 27(3)(a) do Acordo TRIPS.

186. Art. 27(2) do Acordo TRIPS.

187. Gervais 1998, p. 159.

188. Art. 5(b), WTO, WT/MIN(01)/DEC/2.

189. WTO, Decision of the General Council of 30 August 2003 (WT/L/540 and Corr. 1), Implementation of paragraph 6 of the Doha Declaration on the TRIPS Agreement and public health. No futuro, essa Decisão do Conselho Geral será substituída por

cedimentos que os Membros da OMC devem observar ao licenciar patentes compulsoriamente. O Acordo TRIPS e a Decisão do Conselho Geral indicam expressamente alguns objetivos que somente poderão ser perseguidos mediante o uso não autorizado de patentes, se o terceiro contar com uma licença compulsória concedida pelo Estado, a saber:

- remediar práticas anticompetitivas, independente do setor tecnológico ao qual pertença a invenção patenteada;[190]
- no caso de patentes que tutelam tecnologias de semicondutores, satisfazer um interesse público não comercial ou remediar práticas anticompetitivas;[191]
- promover a exploração da invenção patenteada pelo Estado ou por terceiro por ele autorizado, em casos de emergência nacional ou de uso público não comercial;[192]
- autorizar a importação de produtos farmacêuticos por um Estado que não conta com capacidade produtiva suficiente para satisfazer as necessidades locais, bem como a exportação de produtos farmacêuticos a um Estado que não disponha de capacidade produtiva suficiente na área farmacêutica;[193] e
- viabilizar a exploração de uma patente dependente, i.e., uma "patente ('a segunda patente') que não pode ser explorada sem violar outra patente ('a primeira patente')".[194]

Dentre os objetivos elencados, um deles merece especial atenção, em virtude de sua relevância ao progresso tecnológico, científico e industrial: o de viabilizar a exploração de patentes dependentes. É cada vez mais comum o desenvolvimento de novos inventos que incorporam tecnologias patenteadas de terceiros. A introdução no mercado dessas invenções complexas pode nunca ocorrer, como resultado das dificuldades em licenciar voluntariamente as patentes "absorvidas" pela nova invenção.

O art. 31(l) autoriza os Membros da OMC a concederem licenças compulsórias quando uma nova invenção patenteada tiver sua exploração comercial impedida por *uma* patente dominante. É fundamental frisar que o

uma emenda ao Acordo TRIPS (art. 31bis), aprovada por uma decisão do Conselho Geral, de 6 de dezembro de 2005 (WTO, WT/L/641). A vigência da Decisão do Conselho Geral de 2005 depende da aceitação de dois terços dos Membros da OMC. Em termos de substância, não há diferenças entre a Decisão do Conselho Geral de 2003 e a emenda aprovada pela Decisão de 2005.

190. Art. 31(k) do Acordo TRIPS.

191. Art. 31(c) do Acordo TRIPS.

192. Art. 31, *caput*, c/c o art. 31(b) do Acordo TRIPS.

193. WTO, Decision of the General Council of 30 August 2003 (WT/L/540 and Corr. 1).

194. Art. 31(l) do Acordo TRIPS.

art. 31(l) limita-se a disciplinar a concessão de licenças compulsórias quando a nova invenção for patenteada e a exploração dessa patente (patente subserviente) for impedida por *uma* única patente.[195] Uma das condições que o requerente da licença compulsória terá de comprovar é que sua invenção patenteada envolve "um avanço técnico importante de considerável significado econômico em relação à invenção identificada na primeira patente [patente dominante]".[196] O propósito dessa exigência é impedir concorrentes desleais, que "desenvolveram" invenções triviais substancialmente derivadas de invenções patenteadas de grande importância socioeconômica, de abocanharem o mercado da patente dominante.

Ante o espaço coberto pelo art. 31(l), os Membros da OMC não têm de obrigar terceiros a recorrer ao sistema de licenciamento compulsório nos seguintes casos: (i) quando a nova invenção incorporar uma única invenção patenteada, desde que seu desenvolvedor opte por conservá-la em domínio público; ou (ii) se a nova invenção for patenteada, desde que sua composição incorpore duas ou mais invenções patenteadas. Sob o amparo do art. 30 do Acordo TRIPS, os Membros da OMC usufruem a liberdade de conceber exceções especificamente dirigidas a permitir a exploração das invenções que se encaixem em uma dessas situações.

1.4.3.3.4.4 Princípio da não discriminação com base na origem nacional, no setor tecnológico e no modo de exploração da invenção

O art. 27(1) do Acordo TRIPS dispõe que "[...] as patentes serão disponíveis e os direitos patentários serão usufruíveis sem discriminação quanto ao local de invenção, quanto a seu setor tecnológico e quanto ao fato de os bens serem importados ou produzidos localmente". Tal dispositivo introduz o princípio da não discriminação, com base na origem nacional, no setor tecnológico e no modo de exploração da patente. Isso significa que os Membros da OMC deverão conceder proteção patentária e assegurar a fruição dos direitos conferidos, independentemente do território onde as invenções tenham sido desenvolvidas, do campo tecnológico ao qual pertença o objeto das patentes e do meio de exploração da invenção, i.e., exploração mediante produção local ou importação. A substância desse princípio merece especial atenção em virtude de seu potencial limitador da autonomia dos Membros da OMC para

195. O art. 31(l) do Acordo TRIPS dispõe: "Quando a legislação de um Membro permite outro uso do objeto da patente sem autorização de seu titular, inclusive o uso pelo Governo ou por terceiros autorizados pelo Governo, as seguintes disposições serão respeitadas: l) quando esse uso é autorizado para permitir a exploração de uma patente (*'a segunda patente'*) que não pode ser explorada sem violar outra patente (*'a primeira patente'*), as seguintes condições adicionais serão aplicadas [...]".

196. Art. 31(l)(i) do Acordo TRIPS.

adotar exceções específicas, dirigidas a superar os problemas técnicos criados pela aplicação do sistema patentário a novos campos tecnológicos.

Para a correta compreensão do conteúdo do princípio da não discriminação, é indispensável explorar o sentido atribuível ao termo "discriminação". O *Compact Oxford English Dictionary* propõe os seguintes sentidos ao verbo "discriminar" (*discriminate*): (1) recognize a distinction; differentiate; (2) make an unjust or prejudicial distinction in the treatment of different categories of people or things, especially on the grounds of race, sex, or age.[197] Em síntese, o termo "discriminação" pode ser entendido como o simples ato de diferenciar ou como um ato de diferenciar com base em justificativas ilegítimas.

Se o termo "discriminação" for entendido como o simples ato de diferenciar categorias, seria vetada qualquer exceção aos direitos conferidos por patentes delineada para fazer frente aos problemas enfrentados por determinados setores da tecnologia. Consequentemente, apenas seriam autorizadas exceções tecnicamente neutras, aplicáveis a todas as categorias de invenções, independentemente do setor tecnológico a que se vinculam.

Em sentido diverso, se "discriminação" for entendido como o ato de diferenciar com base em justificativas ilegítimas, serão lícitas aquelas exceções que afetam exclusivamente um determinado campo tecnológico, quando fundadas em justificativas objetivas e legítimas. Essa opção interpretativa é a que melhor se coaduna com os objetivos da OMC, pois permite que cada Membro da OMC proponha soluções específicas aos desafios enfrentados por cada setor tecnológico.[198] Se as exceções consagradas à superação de um

197. Compact Oxford English Dictionary of Current English 2009.

198. O sentido eleito para o termo "sem discriminação" também se aproxima do entendimento acolhido pela jurisprudência da CEDH. No caso *Relating to Certain Aspects of the Laws on the Use of Languages in Education in Belgium v. Belgium*, a CEDH esclareceu o sentido da expressão "sem discriminação", presente no art. 14 da Convenção Europeia sobre Direitos Humanos, o qual dispõe: "The enjoyment of the rights and freedoms set forth in this Convention shall be secured without discrimination on any ground such as sex, race, colour, language, religion, political or other opinion, national or social origin, association with a national minority, property, birth or other status". A CEDH chegou à conclusão que uma medida estatal que trata categorias de indivíduos de maneira diferenciada não será discriminatória, se for justificável e proporcional: "On this question the Court, following the principles which may be extracted from the legal practice of a large number of democratic States, holds that the principle of equality of treatment is violated if the distinction has *no objective and reasonable justification*. The existence of such a justification must be assessed in relation to the aim and effects of the measure under consideration, regard being had to the principles which normally prevail in democratic societies. A difference of treatment in the exercise of a right laid down in the Convention must not only pursue a legitimate aim: Article 14 (art. 14) is likewise violated when it is clearly established that there is no reasonable relationship of proportionality between the means employed and the aim sought to be realised" (European Court of Human Rights 1968, p. 30-31).

problema específico, enfrentado por determinado setor, tiverem de ser redigidas de maneira tecnicamente neutra, sua aplicação em relação a invenções de outros setores técnicos poderia prejudicá-los, mediante a diluição desnecessária dos direitos dos titulares de patentes. Recordando que a proteção da propriedade intelectual deve promover, entre outras coisas, a inovação tecnológica, interpretar o art. 27(1) de maneira a exigir que as exceções sejam, em qualquer circunstância, tecnologicamente neutras, afronta a letra e o espírito do Acordo TRIPS. Essa posição, aliás, foi sustentada pelo Canadá, no caso *Canada – Pharmaceutical Patents*:

> "[...] El Canadá argumentó que el alcance del artículo 30 sería insignificante si los poderes públicos tuvieran que dar el mismo trato a todos los campos de la tecnología, ya que [...] sería más difícil luchar contra problemas sociales particulares, como se prevé, según el Canadá, en los artículos 7 y 8 del Acuerdo sobre los ADPIC. A la inversa, el Canadá argumentó que si se exigiera que las excepciones se aplicasen a todos los productos se menoscabarían innecesariamente los derechos de patente correspondientes a los productos en relación con los cuales no crea ningún problema la plena imposición coercitiva de los derechos de patente".[199]

Em harmonia com a opção interpretativa eleita em *Canada – Pharmaceutical Patents*, o Grupo Especial esclareceu que discriminação não se confunde com tratamento diferenciado, sendo o último legalmente possível: Tratamento diferenciado envolve a imposição de tratamento diferenciado desvantajoso em detrimento de uma classe ou categoria, fundado em justificações legítimas. Tratamento discriminatório, por sua vez, envolve a imposição de tratamento diferenciado desvantajoso em detrimento de um grupo ou categoria, quando despido de justificações legítimas. Existem duas categorias de tratamento discriminatório: a discriminação *de jure* consiste no tratamento explicitamente diferente de categorias ou classes. A discriminação *de facto* decorre da adoção de um tratamento neutro e igualitário entre categorias ou classes, cujos efeitos prejudicam uma determinada categoria ou classe, sem razão justa que o justifique:

> "[Discriminar] es un término normativo, de connotaciones peyorativas, que se refiere a los resultados de la imposición *injustificada* de un trato diferencialmente desventajoso. La discriminación puede deberse a un trato *explícitamente diferente*, lo que a veces se denomina 'discriminación *de jure*', pero también puede deberse a un trato *ostensiblemente idéntico* pero que, a causa de las diferencias existentes en las circunstancias, surte efectos diferencialmente desventajosos, lo que a veces se denomina 'discriminación *de facto*'. Los criterios con arreglo a los cuales

199. WTO, WT/DS114/R, Report of the Panel, par. 7.89.

se juzga la justificación de un trato diferencial son de una infinita complejidad[200] (grifos nossos).

[...] Como se ha señalado más arriba, la discriminación *de facto* es una expresión general que describe la conclusión jurídica de que una medida ostensiblemente neutra infringe una norma relativa a la no discriminación porque su efecto real es imponer unas consecuencias desventajosas diferentes a ciertas partes y porque se constata que esos efectos diferenciados *son incorrectos o injustificables*. La aplicación de ese concepto general en la mayoría de los ordenamientos jurídicos plantea dos cuestiones principales. Una es la cuestión del *efecto discriminatorio de facto*: si el efecto real de la medida es imponer unas consecuencias desventajosas diferentes a ciertas partes. La otra, concerniente *a la justificación* de los efectos desventajosos, es la cuestión de la finalidad; no se trata de estudiar los fines subjetivos de los funcionarios responsables de la medida, sino de examinar las características objetivas de la medida para inferir la existencia o inexistencia de objetivos discriminatorios"[201] (grifos nossos).

Possivelmente, foi com base na diferença entre tratamento discriminatório e diferenciado que o Grupo Especial, em *Canada – Pharmaceutical Patents*, afirmou que "el artículo 27 [do TRIPS] no prohíbe las auténticas excepciones destinadas a resolver problemas que pueden existir en sólo cierto sectores de productos".[202] Mais adiante, em contradição com esses apontamentos, o Grupo Especial chegou à conclusão de que uma exceção, para não ser julgada discriminatória, deve ser redigida de maneira neutra, com o propósito de estender sua aplicação a todos os campos tecnológicos. Foi esclarecido que, mesmo quando a adoção de uma determinada exceção tenha sido motivada pelos problemas que grassam em um setor tecnológico específico, isso não significa que ela será julgada discriminatória, desde que sua redação seja neutra. [203] A conclusão alcançada pelo Grupo Especial contraria não apenas seus próprios apontamentos, mas também os objetivos do acordo TRIPS. Tratar diferentemente invenções pertencentes a setores tecnológicos diversos pode ser o único meio para garantir que, no balanço geral, todos os titulares de patentes, independentemente do setor tecnológico ao qual pertença suas invenções, e os usuários destas invenções gozarão de um nível mais ou menos próximo de proteção.[204] No mais, é importante ter presente que: diversos

200. WTO, WT/DS114/R, Report of the Panel, par. 7.94.

201. Idem, ibidem, par. 7.101.

202. Idem, ibidem, par. 7.92.

203. Idem, ibidem, par. 7.104.

204. Essa posição foi sustentada por Austrália e EUA, na qualidade de terceiros interessados, no caso *Canada – Pharmaceutical Patents* (WTO, WT/DS114/R, Report of the Panel, p. 104-106).

Escritórios de Patentes de todo o mundo adotam regras especiais de exame dos critérios de patenteabilidade para invenções pertencentes a campos tecnológicos específicos;[205] nos últimos anos, alguns países industrializados de destaque já alteraram, por via judicial ou legislativa, o escopo das exceções de pesquisa, a fim de facilitar o uso produtivo de invenções pertencentes a setores tecnológicos específicos;[206] e que na esfera internacional, o Tratado de Budapeste sobre o Reconhecimento Internacional do Depósito de Micro-organismos,[207] ao determinar que seus Estados Contratantes autorizem o depósito de amostras de micro-organismos como forma de facilitar a descrição de invenções microbiológicas, permitiu a alteração das regras tradicionais dos regimes de patentes, que obrigam o depositante de patentes a descrever sua invenção de maneira a permitir que um técnico da área possa reproduzi-la sem ônus indevido. O fato de nenhum Estado impugnar o caráter não discriminatório dessas legislações atesta que tratar diferenciadamente invenções de setores técnicos diferentes não constitui um ato discriminatório.

Em síntese, nos termos do art. 27(1) do Acordo TRIPS, os Membros da OMC estão autorizados a adotar exceções aos direitos conferidos por patentes, delineadas a superar problemas específicos de determinados setores tecnológicos, desde que contem com justificativas legítimas. As justificativas julgadas legítimas são aquelas indicadas no art. 8.º do Acordo TRIPS e aquelas associadas à promoção dos objetivos do Acordo TRIPS e da OMC.

1.5 Contexto das cláusulas gerais de exceção do Acordo TRIPS

O art. 31(1) da CVDT determina que "um tratado deve ser interpretado de boa-fé segundo o sentido comum atribuível aos termos do tratado *em seu contexto* [...]". O contexto dos tratados compreende seu texto, preâmbulo e anexos, bem como "qualquer acordo relativo ao tratado e feito entre todas as

205. E.g.: em 1997, o Escritório de Patentes do Japão adotou o *Implementing Guidelines for Inventions in Specific Fields*, que estabelece regras específicas para o exame da patenteabilidade de invenções biológicas e invenções relacionadas programas de computador (disponível em: <http://www.jpo.go.jp/tetuzuki_e/t_tokkyo_e/sisine.htm>); o Escritório de Patentes e Marcas dos EUA também adotou regras específicas para a aferição do preenchimento das condições de patenteabilidade pelas invenções do setor biotecnológico (disponível em: <http://www.uspto.gov/web/offices/pac/mpep/documents/2400.htm> e <http://www.uspto.gov/web/offices/pac/mpep/documents/1600.htm>); e em 1998, a Comunidade Europeia adotou a Diretiva 98/44/CE relativa à proteção jurídica das invenções biotecnológicas.

206. São dignas de nota a jurisprudência norte-americana, alemã e japonesa e as novas legislações da Suíça e Bélgica (cf. item 4.4).

207. O Tratado de Budapeste contava, em abril de 2013, com 78 partes contratantes.

partes em conexão com a conclusão do tratado"[208] e "qualquer instrumento estabelecido por uma ou várias partes em conexão com a conclusão do tratado e aceito pelas outras partes como instrumento relativo ao tratado".[209]

Um tratado é muito mais que a soma de suas partes.[210] É por isso que no processo de interpretação de seus dispositivos, o tratado deve ser visto como uma *entidade única e coerente*, cujas partes exercem influência umas sobre as outras.[211] O objetivo de interpretar os termos de um tratado em contexto é impedir a deturpação de seu sentido, permitir que todos os dispositivos do tratado sejam observados plenamente e, por fim, ensejar a realização dos objetivos do tratado.[212] A função do contexto é a mesma dos objetivos do tratado e dos demais fatores integrantes da regra geral de interpretação: guiar o intérprete a eleger o significado mais apropriado, dentre os possíveis, dos termos de um tratado.[213]

Não é, pois, correto buscar a significação dos termos das cláusulas gerais de exceção do Acordo TRIPS como se existissem em um vácuo. O sentido normativo desses dispositivos deve emergir de seu contexto maior,[214] composto pelo Acordo TRIPS, pelos dispositivos dos tratados internacionais de propriedade intelectual incorporados ao seu texto por referência (e.g., dispositivos da Convenção de Berna e de Paris), pelo Acordo de Marrakesh e, sempre que pertinente, pelos demais acordos da OMC, uma vez que todos eles compõem um acordo único. Isso não significa que todos os dispositivos desses acordos ofereçam subsídios à interpretação das cláusulas gerais de exceção do Acordo TRIPS; há que se separar as regras úteis daquelas sem significância.[215]

Quando se interpretam as cláusulas gerais de exceção do Acordo TRIPS à luz de seus objetivos, notadamente à luz dos princípios basilares do acordo,

---

208. Art. 31(2) (a) da CVDT.
209. Art. 31(2) (b) da CVDT.
210. Lauterpacht 1949, p. 76 ("It is the treaty as a whole which is law. The treaty as a whole transcends any of its individual provisions or even the sum total of its provisions").
211. Cf., e.g.: International Law Commission 1966, p. 221; Sinclair 1984, p. 127; McNair 1961, p. 381-382; Brownlie 1998, p. 634 ("A corollary of the principle of ordinary meaning is the principle of integration: the meaning must emerge in the context of the treaty as a whole and in the light of its objects and purposes").
212. O Órgão de Apelação da OMC, em *US – Gasoline*, reconheceu a indispensabilidade de se interpretarem os termos do art. XX(g) do GATT 1994 em seu contexto, como forma de viabilizar a realização dos objetivos maiores do GATT: "[...] es necesario leer el apartado g) del artículo XX y la frase 'relativas a la conservación de los recursos naturales agotables' en su contexto y de forma tal que se dé cumplimiento a los fines y objetivos del *Acuerdo General*" (WTO, WT/DS2/AB/R, Report of the Appellate Body, p. 21).
213. Gardiner 2008, p. 178.
214. Yambrusic 1987, p. 194.
215. Bederman 2001, p. 315.

condensados em seu art. 8.º, o contexto pertinente ao correto esclarecimento de seus termos já é trazido à atenção do intérprete. Conforme visto anteriormente, o art. 8.º – quando interpretado à luz da jurisprudência do OSC relacionada ao art. XX do GATT 1994 – desempenha a função de fixar os princípios reitores das cláusulas gerais de exceção do Acordo TRIPS: O *critério de necessidade* conduz à harmonização dos diversos objetivos comerciais e de ordem pública perseguidos pela OMC, viabilizando sua efetivação no maior grau possível, enquanto o *critério de compatibilidade* assegura o respeito aos patamares mínimos de proteção previstos no TRIPS. Enfim, a associação desses dois critérios torna viável o objetivo do Acordo TRIPS de que "a proteção e a aplicação de normas de proteção dos direitos de propriedade intelectual [...] [conduzam] a um equilíbrio entre direitos e obrigações [para com a sociedade]".[216]

Em acréscimo ao contexto do tratado, o art. 31(3) da CVDT ainda demanda que o intérprete das cláusulas gerais de exceção do Acordo TRIPS leve em consideração "qualquer acordo posterior entre as partes relativo à interpretação do tratado ou à aplicação de suas disposições"; "qualquer prática seguida posteriormente na aplicação do tratado, pela qual se estabeleça o acordo das partes relativo à sua interpretação"; e "quaisquer regras pertinentes de Direito Internacional aplicáveis às relações entre as partes". Nos próximos itens, esses elementos serão examinados separadamente.

1.5.1 Acordos interpretativos e práticas estatais subsequentes

Em *Japan – Alcoholic Beverages*, o Órgão de Apelação da OMC esclareceu o que são práticas estatais subsequentes, na esfera do direito internacional:

> "En derecho internacional, por lo general, se entiende que en esencia la práctica ulteriormente seguida en la interpretación de un tratado radica en una serie 'concordante, común y coherente' de actos o declaraciones que bastan para determinar un modelo discernible que lleve implícito el acuerdo de las partes acerca de su interpretación. Un acto aislado no suele ser suficiente para determinar una práctica ulteriormente seguida, sino que se requiere una serie de datos por los que se establece el acuerdo de las partes acerca de su interpretación".[217]

A finalidade tanto da prática subsequente quanto do acordo interpretativo é determinar a vontade das partes sobre como interpretar determinado(s) dispositivo(s) do tratado ao qual se vincularam. Existe uma diferença mínima entre um acordo interpretativo posterior e uma prática subsequente seguida pelas partes de um tratado: a diferença está no modo de formalização da vontade das partes contratantes; no caso do acordo, essa vontade é cristali-

216. Art. 7.º do Acordo TRIPS.

217. WTO, WT/DS8, 10, 11/AB/R, Appellate Body Report, p. 14.

zada em um documento escrito, o qual não necessariamente configura um tratado.[218]

O intérprete apenas tem autorização de levar em conta os acordos posteriores e as práticas estatais apoiadas pelas mesmas partes ou órgãos investidos na competência de modificar o tratado.[219] Uma vez que um tratado é o resultado do consenso alcançado por suas partes contratantes, nada mais natural que um acordo expresso ou tácito a respeito de como interpretá-lo igualmente reflita o consenso das mesmas partes contratantes.[220] Isso significa que acordos e práticas realizadas por algumas partes do tratado devem ser descartadas, pois não refletem a vontade coletiva de todas as partes contratantes. Se o intérprete pudesse levar em consideração qualquer acordo ou prática apoiada por algumas partes contratantes do tratado, estas poderiam impor unilateralmente sua vontade sobre as demais partes.

Em virtude do amplo número de Membros da OMC – no presente, 153 – e da diversidade cultural e socioeconômica existente, é improvável que, nos últimos anos, tenha surgido e se consolidado um acordo tácito entre todos eles a respeito de como interpretar cada uma das cláusulas gerais de exceção do Acordo TRIPS. Enquanto muitos países industrializados tendem a interpretar esses dispositivos seguindo o entendimento da OMC, apresentado em *Canada – Pharmaceutical Patents*, em *United States – Section 110(5) of US Copyright Act* e em *EC –Trademarks and Geographical Indications*, é de se presumir que os países em desenvolvimento tendam a interpretá-los de maneira mais flexível, a fim de ampliar sua discricionariedade para adotar políticas públicas que possam conflitar com a observância de DPIs. E mesmo entre os países industrializados não há consenso sobre o sentido desses dispositivos: basta lembrar que nesses litígios, as partes litigantes e os terceiros países interessados defenderam interpretações diversas para os termos dos arts. 13, 17 e 30 do Acordo TRIPS, o que já atesta a falta de consenso sobre como eles devem ser interpretados.

Se, por um lado, considero não existir qualquer prática estatal que deva ser considerada no processo de interpretação das cláusulas gerais de exceção do Acordo TRIPS, por outro lado, na categoria de acordos interpretativos escritos, o intérprete deve considerar a Declaração Ministerial de Doha sobre o Acordo TRIPS e Saúde Pública, de 2001 (Declaração de Doha),[221] a título de subsídio para a interpretação do art. 30 do Acordo TRIPS. Sem embargo, a Declaração de Doha, embora muito festejada, não traz novos subsídios que sirvam à interpretação desse dispositivo; ela se limitou a *reafirmar* as ferramentas já oferecidas pelo Acordo TRIPS aos Membros da OMC, as quais, se

218. Gardiner 2008, p. 219.

219. Sinclair 1984, p. 136.

220. Bederman 2001, p. 308; Aust 2000, p. 189.

221. WTO, WT/MIN(01)/DEC/2.

aplicadas corretamente, são capazes de favorecer a disseminação e a transferência de tecnologias patenteadas em seus territórios para a satisfação de interesses públicos, em especial o direito à saúde.[222] Dentre essas ferramentas, a Declaração incluiu as regras consuetudinárias de interpretação do direito internacional público, i.e., as regras de interpretação dos tratados, fixadas pela CVDT.[223] O famoso trecho da Declaração de Doha que assinala que "o Acordo TRIPS não impede e não deve impedir que os Membros adotem medidas de proteção à saúde pública"[224] indica tão somente que, se as ferramentas disponibilizadas pelo Acordo TRIPS forem bem aplicadas, "o Acordo pode e deve ser interpretado e implementado de modo a apoiar o direito dos Membros da OMC de proteger a saúde pública"[225] e outros interesses vitais, como os indicados nos preâmbulo do Acordo de Marrakesh e no art. 8.º do Acordo TRIPS.[226] Apesar de a Declaração de Doha, sob a perspectiva técnica, ter-se limitado a reafirmar as flexibilidades e ferramentas oferecidas pelo Acordo TRIPS, ainda assim ela traz a contribuição de afastar entendimentos equivocados, marcados por confundir a história negocial desequilibrada do Acordo com os espaços oferecidos por ele para a adoção de medidas consagradas à proteção de interesses públicos prementes.[227]

1.5.2 Regras do direito internacional aplicáveis às relações entre as partes

O art. 31(3)(c) da CVDT introduz, na regra geral de interpretação de tratados, o princípio da integração sistêmica,[228] segundo o qual o intérprete de um tratado está obrigado a interpretá-lo no contexto maior do ordenamento jurídico internacional,[229] ou seja, à luz das "regras pertinentes de direito internacional aplicáveis às relações entre as partes". Nesse sentido, é esclarecedor

---

222. Taubman (2007, p. 109) chama a Declaração de Doha de "a tautology, asserting the existing law of TRIPS so as to validate options within that law". Em sentido similar, ver: Ruse-Khan 2008, p. 43.
223. WTO, WT/MIN(01)/DEC/2, par. 5(a). As outras ferramentas indicadas na Declaração são: concessão de licenças compulsórias e a liberdade de determinar as justificativas para sua concessão; adoção do princípio da exaustão internacional de DPIs; liberdade para definir o que seja "emergência nacional". A própria Declaração reconheceu que a lista de ferramentas disponibilizadas pelo Acordo TRIPS é mais ampla e ela certamente inclui o art. 30, quando interpretado à luz dos elementos da regra geral de interpretação da CVDT.
224. WTO, WT/MIN(01)/DEC/2, par. 4.
225. Idem, ibidem.
226. Ruse-Khan 2008, p. 44.
227. Taubman 2007, p. 119.
228. Koskenniemi 2006, par. 413.
229. Yambrusic 1987, p. 182; Sinclair 1984, p. 139.

o seguinte trecho extraído do relatório do Grupo Especial para o caso *EC – Biotech Products*:

> "Es importante señalar que el párrafo 3 c) del artículo 31 *obliga* al intérprete de un tratado a tener en cuenta otras normas de derecho internacional ('habrá[n] de tenerse en cuenta'); *no se limita a dar al intérprete de un tratado la opción de hacerlo*. Es cierto que la obligación consiste en'tener en cuenta'esas normas y que, por consiguiente, no se prescribe un resultado determinado. Sin embargo, el párrafo 1 del artículo 31 deja claro que un tratado ha de interpretarse'de buena fe'. En consecuencia, cuando de la consideración del resto de los elementos interpretativos previstos en el artículo 31 resultara más de una interpretación admisible, el intérprete de un tratado que siguiera de buena fe las instrucciones del párrafo 3 c) del artículo 31 tendría, en nuestra opinión, *que decantarse por la interpretación más acorde con otras normas de derecho internacional aplicables*" (grifos nossos).[230]

A expressão "regras de direito internacional" inclui todas as fontes do direito internacional público indicadas no art. 38 do Estatuto da Corte Internacional de Justiça (CIJ), a saber: os tratados, as normas costumeiras de direito internacional e os princípios gerais do direito reconhecidos pelas nações civilizadas.

Como já mencionado, os tratados não existem em um vácuo legal. Assim sendo, no processo de interpretação das normas de um tratado internacional, devem ser consideradas todas as normas do ordenamento internacional, desde que associadas ao objeto do tratado a ser interpretado e aplicáveis às relações entre as partes. O objetivo perseguido pelo princípio da interpretação sistêmica é construir uma ordem internacional coerente,[231] onde todas as suas normas se harmonizem entre si e se apoiem mutuamente.

Contudo, não se depreende do art. 31(3)(c) da CVDT que as regras de direito internacional terão precedência sobre os dispositivos de um tratado quando surgir um conflito; a Convenção de Viena apenas determina que o intérprete, dentre as opções interpretativas possíveis para um dispositivo controverso, opte pela que melhor se harmonizar com as regras de direito internacional, a fim de evitar tensões desnecessárias. Nesse sentido, o Grupo Especial em *Korea – Government Procurement* reconheceu que:

> "el derecho internacional consuetudinario se aplica en forma general a las relaciones económicas entre los Miembros de la OMC, siempre que los Acuerdos de la OMC no se'aparten'de él. Para decirlo de otra forma, siempre que no exista conflicto o incompatibilidad, o una expresión en un Acuerdo de la OMC abarcado que implique otra cosa, opinamos que

230. WTO, WT/DS291/R, WT/DS292/R, WT/DS293/R, Report of the Panel, par. 7.69.

231. Koskenniemi 2006, par. 414.

las normas consuetudinarias del derecho internacional son aplicables a los Tratados de la OMC y al proceso de elaboración de tratados en el marco de la OMC".[232]

O art. 31(3)(c) não esclarece se as regras de direito internacional teriam que vincular todas as partes do tratado objeto da interpretação ou apenas as partes de um litígio, para que elas sejam admitidas no processo de interpretação. Segundo o entendimento adotado em *EC – Biotech Products*, para que uma regra do direito internacional possa ser legitimamente considerada no processo de interpretação das cláusulas gerais de exceção do Acordo TRIPS, é preciso que vincule *todos* os 153 Membros da OMC.[233] Essa posição certamente impede que a grande maioria dos tratados seja considerada como subsídio interpretativo. Sem embargo, contradizendo sua própria posição, o Grupo Especial fez questão de sublinhar que a posição adotada no caso não o impede (mas tampouco o obriga) de levar em consideração, em futuros litígios, as regras do direito internacional que vinculam exclusivamente as partes litigantes.[234]

O Grupo Especial optou por admitir apenas as regras que vinculam todos os Membros da OMC, com o propósito de impedir, entre outras coisas, a adoção de interpretações variáveis para um mesmo tratado, segundo a identidade das partes litigantes. Tal posição despreza o texto do art. 31(3)(c) da CVDT, o qual não utiliza a expressão "aplicáveis a todas as partes" do tratado,[235] e ainda ignora que a própria CVDT criou espaço para que as partes contratantes de um mesmo tratado possuam direitos e obrigações diferenciados. Conforme bem assinalado por Gardiner, a CVDT autoriza, em determinas circunstâncias, que: (i) as partes de um tratado formulem reservas ao tratado (art. 19); (ii) duas ou mais partes de um tratado celebrem um acordo válido entre elas, que altera suas obrigações e direitos, sem interferir nas obrigações e direitos das demais partes (art. 41); (iii) algumas de suas partes suspendam temporariamente a execução de um tratado entre elas (art. 72).[236]

---

232. WTO, WT/DS163/R, Report of the Panel, par. 7.96. No mesmo sentido: Hestermeyer 2007, p. 220; Mitchell 2007, p. 829.

233. WTO, WT/DS291/R, WT/DS292/R, WT/DS293/R, Report of the Panel, par. 7.71, 7.74, 7.68. No entanto, nesse mesmo caso, o Grupo Especial reafirmou sua faculdade de recorrer a instrumentos internacionais, vinculem eles ou não os Membros da OMC, na qualidade de "dicionários técnicos", úteis para esclarecer o sentido comum atribuível aos termos do dispositivo ambíguo.

234. Idem, ibidem, par. 7.72 (o Grupo Especial fez essa observação, pois nesse caso a Comunidade Europeia defendeu a necessidade de se tomar nota do princípio da precaução, cristalizado no Protocolo de Cartagena, o qual a vincula, mas não aos EUA, a outra parte do litígio).

235. Frankel 2006, p. 421.

236. Gardiner 2008, p. 265.

O Grupo Especial igualmente fundamentou sua posição a respeito do significado do termo "partes", utilizado no art. art. 31(3)(c) da CVDT, com base no imperativo de respeitar o direito soberano dos Estados de contrair obrigações autonomamente. Se uma norma do ordenamento da OMC fosse interpretada à luz de uma regra do direito internacional que vincula apenas alguns dos Membros da organização, a interpretação à qual se chegaria imporia uma obrigação indevida aos Estados que não estão obrigados a respeitá-la.[237] Tal posição é ilógica, pois simultaneamente respeita a soberania de alguns Estados, enquanto desrespeita a soberania daqueles outros que, de boa-fé, assumiram compromissos internacionais que afetam seus direitos e obrigações decorrentes dos tratados da OMC. Se, no processo de interpretação dos acordos da OMC, o OSC não levar em conta os compromissos internacionais assumidos pelas partes em litígio, é possível que muitos Estados deixem de cumprir com obrigações de importância vital assumidas perante a comunidade internacional. Essa postura certamente afetará a realização dos objetivos socioambientais perseguidos pela OMC e o princípio da boa-fé, mais especificamente o princípio do *pacta sunt servanda* e a doutrina do abuso de direito.

Dado que há uma íntima inter-relação entre interpretar e aplicar um tratado e, consequentemente, entre o princípio do *pacta sunt servanda* e a regra geral de interpretação dos tratados, é fundamental reconhecer em que contextos os dispositivos dos tratados internacionais podem ser interpretados: em um contexto genérico, onde o objetivo do intérprete é aclarar os direitos e obrigações genéricos das partes contratantes, e o contexto específico de um litígio interestatal. No contexto genérico, é correta a interpretação adotada em *EC – Biotech Products* de considerar admissíveis apenas as regras do direito internacional aplicáveis a todas as parte do tratado objeto da interpretação. Por outro lado, no contexto de um litígio interestatal, o mais acertado é levar em consideração todas as regras que vinculam *todas* as partes do *litígio*. Essa é a interpretação que melhor se harmoniza com as obrigações decorrentes do princípio do *pacta sunt servanda* (art. 26 da CVDT) e com o fato de que cada Estado é titular de um conjunto único de direitos e obrigações, válido quer atue na esfera da OMC ou fora dela.[238] Essa opção interpretativa igualmente se harmoniza com o princípio *pacta tertiis nec nocent nec prosunt*, disciplinado pelo art. 34 da CVDT, o qual proíbe que um tratado crie obrigações ou direitos "para um terceiro Estado sem o seu consentimento".

Mesmo que se julgue correto o entendimento de que o intérprete do Acordo TRIPS apenas deve considerar as regras do direito internacional que vinculam todos os Membros da OMC, ainda assim ele está obrigado a consi-

237. WTO, WTO, WT/DS291/R, WT/DS292/R, WT/DS293/R, Report of the Panel, par. 7.71.
238. Koskenniemi 2006, par. 447.

derar, *inter alia*, as normas costumeiras internacionais e os princípios gerais do direito reconhecidos pelas nações civilizadas (princípios gerais do direito).[239]

As *normas costumeiras do direito internacional* emergem das práticas concordes e repetitivas dos Estados, realizadas com senso de obrigação legal (regras costumeiras).[240] *Princípios gerais do direito*, por sua vez, abrangem tanto regras vinculantes denominadas e formuladas da mesma maneira em uma ampla diversidade de jurisdições, mas também aquelas *normas gerais* (escritas ou não), que permeiam e fundamentam os ordenamentos nacionais (e.g., o princípio da proibição do enriquecimento sem causa).[241] Em virtude de sua presença maciça nos ordenamentos de um sem-número de Estados, esses princípios são reconhecidos pelo direito internacional, podendo, inclusive, estar incorporados a tratados internacionais de ampla aceitação.[242] Os princípios gerais do direito têm, portanto, caráter universal.[243]

Dentre as normas costumeiras do direito internacional, devem ser consideradas no processo de interpretação do Acordo TRIPS aquelas cristalizadas na Declaração Universal dos Direitos Humanos (1948) – e.g., o direito à saúde, o direito à vida, o direito à alimentação, o direito à liberdade de expressão, o direito a participar da vida cultural da comunidade –, conforme se depreende do parecer do Juiz Cançado Trindade, da Corte Internacional de Justiça, no caso "Accordance with international law of the unilateral declaration of independence in respect of Kosovo":

> "The Universal Declaration is widely recognized as having inspired, and paved the way for, the adoption of more than 70 human rights treaties, and as having served as a model for the enactment of numerous human rights norms in national constitutions and legislations, and helped to ground decisions of national and international courts. The Declaration has been incorporated into the domain of customary international law, much contributing to render human rights the common language of humankind".[244]

As normas costumeiras condensadas na Declaração Universal dos Direitos Humanos são acolhidas pelo Acordo TRIPS por meio de seu art. 8.º, o qual autoriza os Membros da OMC a instaurarem exceções aos DPIs dirigidas a promover qualquer interesse humano legítimo, inclusive aqueles resguardados pela Declaração Universal.[245]

---

239. Koskenniemi 2006, par. 462.
240. Jalet 1962-1963, p. 1053.
241. Cf. Friedmann 1963, p. 284-285; Jalet 1962-1963, p. 1085.
242. Cf. Mitchell 2007, p. 801.
243. Jalet 1962-1963, p. 1044.
244. Cançado Trindade 2010, par. 203.
245. Cf. item 1.4.3.1.

Dentre os princípios gerais do direito reconhecidos pelas nações civilizadas, o princípio da proporcionalidade revela especial importância para a determinação do correto sentido das cláusulas gerais de exceção do Acordo TRIPS, como assinalado sabiamente por Kur e Ruse-Khan.[246] Isto porque, como premissa, qualquer exceção ou limitação a um DPI tem por função resolver ou mitigar um conflito entre, de um lado, determinados direitos de exclusivo e, do outro, outros direitos de igual hierarquia, cuja observância depende do acesso facilitado a produções intelectuais protegidas, e.g., direitos humanos, princípio da livre concorrência. O princípio da proporcionalidade tem exatamente a função de prevenir o exercício abusivo da prerrogativa de reduzir o escopo de DPIs por meio do estabelecimento de exceções.

1.5.2.1 Princípio da proporcionalidade

O princípio da proporcionalidade (também conhecido como princípio da proibição do excesso) consolidou-se ao longo dos séculos XIX e XX, especialmente a partir de seu reconhecimento pela Corte Constitucional da Alemanha, e de lá se difundiu por todo o mundo.[247] O princípio da proporcionalidade determina que nenhum direito de terceiros deve ser restringido, de maneira desproporcional, por uma medida estatal, ainda que consagrada à promoção de algum direito igualmente legítimo.[248] Isso significa que a medida estatal limitadora dos direitos de terceiros deve: (i) ser delineada a realizar o objetivo por ela perseguido; (ii) ser, dentre os meios possíveis para se alcançar o objetivo perseguido, a medida que afeta em menor grau os direitos de terceiros; e (iii) gerar benefícios sociais que superem os prejuízos provocados sobre os direitos de terceiros.[249] Em poucas palavras, o princípio da proporcionalidade tem como conteúdo o teste da proporcionalidade, examinado anteriormente.[250]

O princípio da proporcionalidade é reconhecido universalmente, ainda que nem sempre conscientemente.[251] Sem dúvida alguma tem o *status* de princípio geral do direito internacional.[252]

Nas esferas nacionais, o princípio da proporcionalidade é reconhecido pelos ordenamentos jurídicos e tribunais de países filiados ao sistema romano-germânico (e.g., Alemanha, Brasil e França) e ao sistema da *common*

246. Kur 2008; Ruse-Khan 2008.
247. Hilf e Puth 2002, p. 4.
248. Hilf e Goetz 2003, p. 18.
249. Cf., e.g.: Kolb 2006, p. 8; Hilf e Goetz 2003, p. 20; decisão da Suprema Corte de Israel no caso *Beit Sourik Village Council v.The Government of Israel*, de 30 de junho de 2004, par. 40-41.
250. Cf. item 1.4.3.2.1.
251. Cf., e.g.: Hilf e Puth 2002; Franck 2008.
252. Cf. Cannizzaro 2000.

law (e.g., África do Sul, Canadá e EUA[253]),[254] por exemplo, como ferramenta de solução de conflitos entre direitos fundamentais ou entre outros direitos de igual hierarquia, e também para determinar o tipo e a extensão das sanções penais aplicáveis, dependendo da gravidade dos delitos praticados.[255]

---

253. Os EUA, além de serem parte contratante de acordos internacionais que incorporam o princípio da proporcionalidade, também o aplicam na esfera doméstica. Sobre a aplicação do princípio da proporcionalidade pelas Cortes norte-americanas, consultar Cohen-Eliya e Porat (2009, p. 377-378, 399-405) (os autores citam, entre outras coisas, o voto dissidente do juiz Breyer, no caso *District of Columbia v. Heller*, julgado pela Suprema Corte dos EUA, em 2008. Nesse caso, foi julgada a constitucionalidade de uma legislação de Colúmbia que limitava, substancialmente, os direitos dos cidadãos locais de portarem armas, direito este assegurado pela Constituição dos EUA. Breyer sustentou que para julgar a constitucionalidade dessa norma era preciso pesar fatores, os quais nada mais são que os elementos constitutivos do teste de proporcionalidade: "how the statute seeks to further the governmental interests that it serves, how the statute burdens the interests that the Second Amendment seeks to protect, and whether there are practical less burdensome ways of furthering those interests. The ultimate question is whether the statute imposes burdens that, when viewed in light of the statute's legitimate objectives, are disproportionate" (idem, ibidem, p. 378).

    Ainda sobre o reconhecimento do princípio da proporcionalidade pelas Cortes americanas, é interessante consultar o voto vencedor do Juiz Panelli, da Suprema Corte da Califórnia, no caso *John Moore v. The Regents of the University of California et al.* Nesse litígio, John Moore reivindicava, entre outras coisas, o reconhecimento de seu direito de propriedade sobre seu material biológico e produtos dele derivados, extraídos pelo Dr. Golde, da Universidade da Califórnia em Los Angeles, sem sua autorização expressa para a realização de atividades de caráter científico-comercial. Panelli, ao avaliar a conveniência de reconhecer o direito reivindicado em favor de Moore, aplicou o teste de proporcionalidade. No entendimento de Panelli, o reconhecimento do direito de propriedade sobre materiais biológicos produziria o efeito de afetar a liberdade científica da nascente indústria da biotecnologia em prejuízo da sociedade, enquanto os benefícios reversíveis em favor de Moore seriam incapazes de justificar tamanha interferência na liberdade de iniciativa e científica da indústria. Panelli concluiu que a responsabilização civil do Dr. Golde pela não obtenção de um termo de consentimento prévio e esclarecido, onde Moore expressamente o autorizaria a utilizar os materiais biológicos extraídos em atividades científicas e comerciais, é o suficiente para salvaguardar o interesse de Moore de participar dos lucros derivados dos produtos desenvolvidos a partir de seu material biológico, sem prejudicar o progresso da indústria da biotecnologia. Em outras palavras, entre as medidas reivindicadas por Moore, Panelli optou por aquela: (i) que se mostra capaz de proteger os interesses econômicos de Moore; (ii) que se apresenta como a menos gravosa aos interesses da indústria da biotecnologia; e (iii) que produz benefícios totais superiores aos prejuízos impingidos à sociedade.
254. Cf., e.g.: Sweet e Mathews 2008; Cohen-Eliya e Porat 2009, p. 380-381 (que citam decisões judiciais e referências que atestam o reconhecimento desse princípio pelos tribunais do Brasil, Coreia do Sul, Irlanda, África do Sul, Israel, Austrália e Nova Zelândia).
255. Pereira 2006, p. 148-154.

Na esfera internacional, no presente, o princípio da proporcionalidade foi reconhecido pela Corte Europeia de Justiça,[256] pela Corte Europeia de Direitos Humanos,[257] pelo sistema interamericano de proteção dos direitos humanos[258] e pelo Centro Internacional de Solução de Disputas sobre Investimentos, do Banco Mundial.[259] Ademais, segundo a doutrina, o princípio da proporcionalidade é o princípio que controla a legalidade: das limitações aos direitos conferidos pelo Pacto Internacional de Direitos Civis e Políticos e[260] pelo Pacto Internacional de Direitos Econômicos, Sociais e Culturais;[261] do uso da força

256. O princípio da proporcionalidade é reconhecido como um princípio do direito comunitário europeu. Nesse sentido, ver, e.g.: European Court of Justice, *Internationale Handelsgesellschaft mbH v. Einfuhr- und Vorratsstelle fur Getreide und Futtermittel* (Case 11-70); idem, *United Kingdom of Great Britain and Northern Ireland v. Commission of the European Communities* (Case C-180-96).

257. Ver, e.g.: European Court of Human Rights, Case *"Relating to Certain Aspects of the Laws on the Use of Languages in Education in Belgium" v. Belgium* (Merits), Strasbourg, 23 July 1968.

258. Os dois órgãos que compõem o sistema interamericano de direitos humanos são a Corte Interamericana de Direitos Humanos e a Comissão Interamericana de Direitos Humanos. Sobre o reconhecimento do princípio da proporcionalidade por esses dois órgãos, ver, e.g.: Corte Interamericana de Derechos Humanos, Opinión Consultiva OC-5/85 del 13 de noviembre de 1985, par. 30-45; idem, *Herrera Ulloa vs. Costa Rica*, par. 120-129; idem, *Caso del Pueblo Saramaka vs. Surinam*, Sentencia del 28 de noviembre de 2007, par. 127; Inter-American Commission on Human Rights, Report 98/03, Case 11.204, Statehood Solidarity Committee, United States, par. 93; idem, Report 86/09, Case 12.553, *Jorge, José and Dante Peirano Basso – Eastern Republic of Uruguay*, par. 109; idem, Fifth Report on the Situation of Human Rights in Guatemala, par. 11; idem, Third Report on the Human Rights Situation in Colombia, par. 182; idem, *Ms. X v. Argentina*, Case 10.506, Report 38/96, par. 69-72, 92; idem, Report 4/01, Case 11.625, *María Eugenia Morales de Sierra – Guatemala*, par. 31; idem, Report on Terrorism and Human Rights, 2002, par. 110.

259. A Convenção do ICSID conta com 144 Estados contratantes, incluindo países industrializados e em desenvolvimento e países pertencentes ao sistema romano-germânico e ao sistema de *common law*. Sobre o reconhecimento do princípio da proporcionalidade pela jurisprudência recente do ICSID, ver: Xiuli 2007; Kingsbury e Schill 2009 (o teste da proporcionalidade é utilizado pelo ICSID para solucionar conflitos entre interesses públicos, promovidos por políticas dos Estados contratantes, e os direitos dos investidores a receberem um tratamento "justo e equitativo" e de não terem sua propriedade desapropriada indiretamente).

260. O Comitê de Direitos Civis e Políticos, órgão de monitoramento do cumprimento do PIDCP, já esclareceu que, nos termos do art. 4(1) do PIDCP, seus Estados contratantes apenas poderão adotar medidas restritivas dos direitos humanos lá reconhecidos na medida em que as medidas adotadas forem proporcionais (Committee on Civil and Political Rights 2001, par. 4).

261. Ver art. 4 do PIDESC; Committee on Economic, Social and Cultural Rights 2009, par. 19 (apud Franck 2008).

militar pelos Estados para o exercício de seu direito de autodefesa (*jus ad bellum*);[262] do uso de armas em conflitos armados internacionais (*jus in bello*);[263] do uso de contramedidas de natureza não militar, aplicadas pelos Estados prejudicados em face dos Estados autores de ilícitos.[264]

Na esfera da OMC, o princípio da proporcionalidade já foi reconhecido explícita e tacitamente. O Órgão de Apelação da OMC, em *US – Cotton Yarn* reconheceu *expressamente* o princípio da proporcionalidade no contexto de aplicação de medidas retaliatórias pelos Membros da OMC prejudicados pela ação/omissão de outro Membro da organização, a qual infringe os termos de algum dos acordos abarcados pela OMC.[265]

Ainda na esfera da OMC, os parágrafos 2.°, 3.° e 5.° do art. 2.° do Acordo sobre Obstáculos Técnicos ao Comércio claramente conferem ao teste de proporcionalidade a função de controlar a legalidade das medidas que criam

262. A Carta das Nações Unidas (art. 2.4) proíbe que os Membros da ONU recorram ao uso da força contra os demais Membros da organização. Por outro lado, a Carta assegura aos Membros da ONU o direito de autodefesa, permitindo o uso de força militar para defender-se de ataques ao seu território (art. 51). Para que o uso da força militar seja lícito, o Estado tem de provar, em primeiro lugar, que foi vítima de um ataque *militar* e, em segundo lugar, que sua ação retaliatória (*military countermeasure*) é "necessária" e "proporcional" aos objetivos de autodefesa (Franck 2008, p. 720-721).

263. O *jus in bello* disciplina os meios que podem ser utilizados pelos agentes envolvidos em guerras, independentemente do fato de a guerra ter sido iniciada de modo lícito ou ilícito. Seu objetivo é alcançar o equilíbrio entre os objetivos militares perseguidos pela guerra e a preservação da vida humana. O *jus in bello* aplica o princípio da proporcionalidade em dois sentidos: proibindo o uso de determinadas armas em guerra e disciplinando o uso das demais armas. O *jus in bello* é disciplinado pelas convenções da Haia e de Genebra (Franck 2008).

264. Qualquer Estado que praticar um ilícito internacional – e.g., a quebra de um contrato internacional ou a não observância de uma obrigação prevista em um acordo internacional – está sujeito à aplicação de medidas retaliatórias (*countermeasures*) de natureza não militar por parte dos Estados prejudicados. A medida retaliatória deve visar à compensação do prejuízo causado. As medidas retaliatórias aplicadas pelas partes prejudicadas devem ser proporcionais aos prejuízos sofridos, pois seu objetivo fundamental é restituir o bem apropriado indebitamente ou compensar os prejuízos sofridos (Franck 2008, p. 738; Andenas e Zleptnig 2007, p. 399-400). Nesse sentido é o art. 51 do *Draft articles on Responsibility of States for internationally wrongful acts* (International Law Commission 2001).

265. Cf. WTO, WT/DS192/AB/R, par. 120. Em caso de infração a alguma das obrigações insculpidas nos acordos da OMC, e na hipótese de o Membro responsável pela infração não corrigir sua postura (e.g., alterar sua legislação doméstica, tornando-a compatível com as obrigações contraídas perante a OMC), o Membro prejudicado poderá aplicar medidas retaliatórias em face do Membro recalcitrante, mediante a suspensão de concessões ou o não cumprimento de outras obrigações assumidas perante a OMC, desde que as medidas equivalham ao prejuízo sofrido (art. 22(4), (7), DSU).

obstáculos técnicos ao comércio internacional. Para serem lícitas, essas medidas: (i) devem ser necessárias a alcançar objetivos legítimos, indicados no próprio acordo, e.g., proteção da saúde pública, animal e ambiental; (ii) devem fundamentar-se em informações científicas, que justifiquem sua adoção; (iii) não devem restringir o comércio em grau superior ao necessário para alcançar os objetivos perseguidos; e (iv) devem ser proporcionais, i.e., o Estado proponente deve comparar os riscos que a não adoção da medida causaria com os efeitos deletérios impingidos ao livre comércio.

Finalmente, no âmbito do art. XX do GATT 1994 e do art. XIV do GATS, a OMC reconheceu *tacitamente* a existência do princípio da proporcionalidade, ao construir o sentido do critério de necessidade como um teste de proporcionalidade completo.[266] A transformação do critério de necessidade em um teste de proporcionalidade viabilizou o cumprimento dos princípios da efetividade e da proibição do abuso de direito mediante a realização, no maior grau possível, dos diversos objetivos da OMC e a preservação do espaço oferecido aos Membros da OMC, para exercerem sua prerrogativa de instaurar exceções ao livre comércio, dirigidas a realizar interesses públicos legítimos. Qualquer outra construção interpretativa do termo"necessária"teria por efeito sobrepor, automaticamente, determinados interesses aos demais, interpretação essa não abalizada pela letra e pelo espírito do Acordo de Marrakesh ou pelo princípio da boa-fé.

O princípio da proporcionalidade é uma ferramenta interpretativa essencial para assegurar o fiel cumprimento do princípio da efetividade na interpretação dos tratados, quando o dispositivo a ser interpretado à sua luz for uma cláusula de exceção, a qual viabiliza a realização de um determinado grupo de objetivos do tratado (e.g., saúde, meio ambiente) em detrimento de outros (e.g., interesses comerciais), todos ocupantes de um mesmo grau hierárquico. Na sua ausência, os Membros da OMC poderiam utilizar as cláusulas gerais de exceção do Acordo TRIPS para apoiar exceções excessivamente amplas, que produzem o efeito de esvaziar completamente os DPIs de importância prática; alternativamente, o espaço para a adoção de exceções poderia ser interpretado como de extensão insignificante, a fim de superproteger os interesses comerciais dos titulares de DPIs, ainda que em detrimento de interesses prementes da sociedade. Enfim, seria muito difícil, senão impossível, a elaboração de exceções equilibradas, que viabilizassem a harmonização de todos os fins perseguidos pelo sistema OMC, pois o intérprete poderia, arbitrariamente, dar preferência à realização de certo interesse sobre os demais perseguidos pela organização. O resultado dessa postura é que alguns dos objetivos do acordo tornar-se-iam inefetivos.

O princípio da proporcionalidade mostra-se igualmente essencial para verificar se o exercício de um dado direito, o qual interfere no exercício de

266. Cf. item 1.4.3.2.1.

outro direito de igual hierarquia, caracteriza ou não um abuso de direito. Diferentemente das cláusulas do tratamento nacional e da nação mais favorecida, o princípio da proporcionalidade adentra o domínio dos valores salvaguardados pela medida; mesmo que uma medida confira tratamento igualitário para nacionais e estrangeiros, ainda assim ela poderá ser abusiva.[267]

O exercício regular de um direito pode ocasionar prejuízos a terceiros, na forma de restrição do espaço disponível para o exercício de seus direitos. Tais prejuízos serão aceitáveis se estiverem amparados pelo direito; se os prejuízos forem desproporcionais em relação aos benefícios produzidos, haverá um abuso de direito. Se a aplicação do princípio da proporcionalidade indicar que uma dada exceção salvaguarda um interesse socialmente insignificante, e produz prejuízos sociais que superam os benefícios, o Estado proponente da medida terá abusado de seu direito, em virtude do descumprimento da função social da prerrogativa garantida pelo ordenamento jurídico.[268] O princípio da proporcionalidade serve, pois, para operacionalizar o princípio da proibição do abuso de direito, mediante o equilíbrio entre princípios conflitantes, quando impossível evitar sua colisão. Essa função testemunha que o princípio da proporcionalidade é um corolário da doutrina do abuso de direito. Nesse sentido, Bin Cheng sublinha que a doutrina do abuso de direito tem a função de traçar limites ao exercício de direitos conflitantes, a fim de criar um equilíbrio entre todos eles. Essa, aliás, é exatamente a função do princípio da proporcionalidade:

> "The reasonable and bona fide exercise of a right implies an exercise which is genuinely in pursuit of those interests which the right is destined to protect and which is not calculated to cause any unfair prejudice to the legitimate interests of another State, whether these interests be secured by treaty or by general international law.[269] [...] The exact line dividing the right from the obligation, or, in other words, the line delimiting the rights of both parties is traced at a point where there is a

267. Xiuli 2007, p. 638-639.

268. Segundo Cohen-Eliya e Porat (2009, p. 400-401), nos EUA, o teste de proporcionalidade é utilizado como ferramenta para verificar se o Estado praticou abuso de direito, na modalidade desvio de poder, isto é, para se esclarecer se o Estado adotou certa medida com um propósito não autorizado pela ordem jurídica. Se a aplicação dos subtestes de adequação e de necessidade indicarem, respectivamente, que não há uma relação racional entre a medida impugnada e o objetivo que ela deveria promover, e que a medida adotada é mais onerosa para o direito/interesse afetado do que é exigido para a realização do interesse perseguido pela medida, então há um abuso de direito. Haverá igualmente um abuso de direito na hipótese de a medida adotada perseguir um interesse de valor social mínimo em comparação com o interesse afetado pela medida. Esse resultado indica que a medida estatal é abusiva, porquanto persegue, em verdade, um objetivo não autorizado pela ordem jurídica.

269. Cheng 1953, p. 131-132.

reasonable *balance between the conflicting interests involved*. This becomes the limit between the right and obligation, and constitutes, in effect, the limit between the respective rights of the parties. The protection of the law extends as far as this limit, which is the more often undefined save by the principle of good faith. Any violation of this limit constitutes an abuse of right and a breach of the obligation – an unlawful act. In this way, the principle of good faith, by recognizing their interdependence, harmonises *the rights and obligations of every person, as well as all the rights and obligations within the legal order as a whole*"[270] (grifos nossos).

O fato de o princípio da proporcionalidade ter de ser considerado no processo de determinação do sentido das cláusulas gerais de exceção do Acordo TRIPS confirma o acerto da interpretação proposta para o critério da necessidade do art. 8.° do Acordo TRIPS: ainda que não se queira acatar a jurisprudência relacionada ao art. XX do GATT 1994 como subsídio para aclarar o sentido do critério de necessidade do art. 8.°, o princípio da proporcionalidade – em sua condição de princípio do direito reconhecido pelas nações civilizadas – deve ser considerado para determinar seu sentido e, por conseguinte, o sentido dos termos das cláusulas gerais de exceção do Acordo TRIPS.

1.6 Meios suplementares de interpretação

Ao final do processo de interpretação, realizado de conformidade com a regra geral de interpretação da CVDT, o intérprete terá a *opção* de "recorrer a meios suplementares de interpretação [...], a fim de confirmar o sentido resultante da aplicação do artigo 31 ou de determinar o sentido quando a interpretação, de conformidade com o artigo 31: a) deixa o sentido ambíguo ou obscuro; ou b) conduz a um resultado que é manifestamente absurdo ou desarrazoado". Isso significa que o intérprete não é obrigado a recorrer aos meios suplementares de interpretação, mas ele pode assim proceder para confirmar o acerto da interpretação alcançada mediante a aplicação da regra geral de interpretação da CVDT ou para corrigir a interpretação a que se chegou, quando ela for ambígua, obscura, absurda ou desarrazoada. Se a interpretação a que se chegou resolver possíveis ambiguidades e ainda for razoável, o processo de interpretação está encerrado.[271] Apesar da não obrigatoriedade, a verdade é que os órgãos jurisdicionais internacionais, muito frequentemente, recorrem aos meios suplementares de interpretação (art. 32).

O art. 32 da CVDT não apresenta uma lista exaustiva dos meios suplementares de interpretação, apenas indica os mais comuns, a saber, os trabalhos preparatórios do tratado objeto da interpretação e as circunstâncias de

270. Cheng 1953, p. 132.

271. Gardiner 2008, p. 329.

sua conclusão.[272] Pertencem à categoria de trabalhos preparatórios, as minutas sucessivas do tratado objeto da interpretação, redigidas ao longo de sua negociação, o registro de debates que conduziram à conclusão da negociação, declarações realizadas pelo presidente do comitê de negociação não contestadas pelas partes negociadoras.[273] Não é porque o art. 32 da CVDT autoriza o uso dos trabalhos preparatórios como meio suplementar de interpretação, que eles sempre serão úteis. Esse recurso deve ser utilizado com prudência, pois pode não oferecer subsídios seguros para o esclarecimento do sentido de um termo ou de um dispositivo ambíguo.[274] Os trabalhos preparatórios nem sempre esclarecem a vontade inequívoca e comum das partes negociadoras, que culminou na adoção do tratado objeto da interpretação, pois, com frequência, as negociações ocorrem informalmente, fora das salas de negociação, e também porque os negociadores podem empregar termos ambíguos para camuflar um ponto de discórdia e assegurar o sucesso das negociações.[275] Os trabalhos preparatórios para serem úteis ao processo de interpretação devem ser capazes de indicar, de maneira inequívoca, a vontade *comum* de todas as partes negociadoras, e não simplesmente a vontade de uma ou algumas das partes a respeito do sentido de um determinado dispositivo.

No que se refere às cláusulas gerais de exceção do Acordo TRIPS, por um lado os trabalhos preparatórios relacionados à negociação dos arts. 13, 17, 26(2) e 30, notadamente as minutas do Acordo TRIPS apresentadas ao longo da Rodada Uruguai do GATT, não são úteis para esclarecer o correto sentido de seus termos,[276] mas pelo outro os registros da Conferência de Estocolmo para a Revisão da Convenção de Berna relativa à proteção das obras literárias e artísticas, a princípio, parecem úteis para confirmar ou esclarecer o sentido dos termos do art. 9(2) da Convenção de Berna e do art. 13 do Acordo TRIPS, em função da similaridade dos textos desses dispositivos.

As circunstâncias da conclusão de um tratado denotam o contexto histórico em que se deu a negociação e a motivação para a sua conclusão.[277] Os trabalhos preparatórios, outras evidências históricas, e os objetivos do tratado indicados em seu preâmbulo podem indicar as circunstâncias históricas que conduziram à sua negociação.[278] Dependendo do tratado, pode haver uma sobreposição entre as circunstâncias que marcaram sua negociação e conclusão, os trabalhos preparatórios e os objetivos do tratado.[279] Esse é o caso do

272. Gardiner 2008, p. 302.
273. Bederman 2001, p. 194; Aust 2000, p. 198.
274. International Law Commission 1966, p. 220.
275. Sinclair 1984, p. 142.
276. Cf. Gervais 1998, p. 88-91, 112-113, 141-144 e 158-159.
277. Gardiner 2008, p. 350.
278. Sinclair 1984, p. 141.
279. Gardiner 2008, p. 344.

Acordo TRIPS; as circunstâncias que permearam sua negociação e a motivação para a sua conclusão estão indicadas em seu preâmbulo e em seu art. 7.º – e.g., estimular investimentos em inovação, reprimir distorções comerciais, fortalecer o livre comércio de produções intelectuais legítimas.

Outro meio suplementar frequentemente utilizado são os cânones de interpretação. Entre os cânones de interpretação, o princípio *in dubio mitius* revela especial importância no processo de interpretação das cláusulas gerais de exceção do Acordo TRIPS. Tal princípio, segundo o entendimento do Órgão de Apelação da OMC, expresso em *EC – Hormones*,

> "se aplica para interpretar los tratados, por deferencia a los Estados soberanos. Si el significado de un término es ambiguo, ha de preferirse el significado que sea menos oneroso para la parte que asume una obligación, o que interfiera menos con la supremacía territorial y personal de una parte, o implique restricciones menos generales para las partes".[280]

O princípio *in dubio mitius* tem como objetivo preservar a soberania dos Estados contra obrigações não claramente anuídas, mediante a adoção da alternativa interpretativa menos onerosa para a parte que assume uma obrigação ou, *a contrario sensu*, a interpretação menos vantajosa à parte que recebe benefícios.[281] Naturalmente, os Estados têm a liberdade de limitar sua soberania mediante a celebração de tratados. No entanto, quando os dispositivos de um tratado forem ambíguos, no que respeita à extensão dos direitos e obrigações impostas às partes contratantes, seus termos devem ser interpretados de maneira a afetar, no menor grau possível, a soberania dos Estados que assumem obrigações.[282] Como qualquer princípio interpretativo, seu limite é o texto do tratado; o intérprete não deve violentá-lo. Em outras palavras, nenhum intérprete tem autoridade para presumir"que [los] Estados soberanos tuvieran la intención de imponerse a sí mismos la obligación más onerosa, más bien que la menos pesada", quando o texto do tratado não é claro a esse respeito.[283]

280. WTO, WT/DS26/AB/R, Report of the Appellate Body, par. 165, nota de rodapé 154.

281. Lauterpacht 1949, p. 59.

282. Idem, ibidem, p. 58.

283. WTO, WT/DS26/AB/R, Report of the Appellate Body, par. 165.

Capítulo 2

O conteúdo normativo das cláusulas gerais de exceção das marcas comerciais, dos desenhos industriais e das patentes

2.1 Introdução

O presente capítulo tem por objeto investigar o correto sentido normativo dos arts. 17, 26(2) e 30 do Acordo TRIPS. O art. 30 – teste de três passos que avalia a legalidade das exceções aos direitos de patentes – é o primeiro dispositivo a ter seu sentido normativo investigado à luz das regras de interpretação da CVDT. Uma vez que os termos deste dispositivo já foram interpretados por um Grupo Especial do OSC, em *Canada – Pharmaceutical Patents*, a interpretação proposta nesse litígio pelo órgão da OMC será o ponto de partida da investigação. Em seguida, os termos desse dispositivo serão reinterpretados a partir da estrita aplicação das regras da CVDT, porquanto, em nosso entendimento, o Grupo Especial não aplicou corretamente as normas costumeiras de interpretação de tratados e, por conseguinte, em grande medida, a interpretação proposta para os termos do art. 30 não é legalmente válida. Uma vez esclarecido o correto sentido normativo do art. 30 do Acordo TRIPS, após alguns ajustes, será então identificado o correto sentido dos arts. 17 e 26(2), em função da redação desses dispositivos se assemelhar substancialmente ao texto do teste dos três passos dos direito das patentes.

2.2 O art. 30 do Acordo TRIPS segundo *Canada – Pharmaceutical Patents*

Em *Canada – Pharmaceutical Patents*,[1] a Comunidade Europeia requereu ao OSC da OMC a instauração de um Grupo Especial, com o propósito de investigar a legalidade de duas exceções aos direitos conferidos por patentes, previstas na Lei de Patentes do Canadá.

1. Cf. WTO, WT/DS114/R, Panel Report.

Uma das exceções examinada *vis-à-vis* o Acordo TRIPS é conhecida como "exceção Bolar" ou exceção de revisão regulatória, a qual autoriza, durante o período de validade da patente, empresas produtoras de medicamentos genéricos a realizar todos os arranjos industriais e técnicos indispensáveis para a obtenção da autorização de comercialização desses produtos.[2] Isso significa que empresas farmacêuticas estão autorizadas a: terceirizar a produção dos princípios ativos das drogas que se propõem a comercializar e, com esse material, preparar as formulações das drogas; realizar testes de biodisponibilidade, bioequivalência e segurança, a fim de comprovar que os medicamentos genéricos produzirão os mesmos efeitos terapêuticos que a droga de referência. Esse dossiê é uma condição para a obtenção de autorização de comercialização de drogas genéricas, em muitas jurisdições. Uma vez que o processo de obtenção dessa autorização pode consumir, em média, dois anos e meio, o marco legal canadense permite que empresas de genéricos deem início ao processo, durante o período de validade das patentes que recaem sobre os medicamentos de referência.

A segunda exceção, cuja validade foi impugnada pela Comunidade Europeia, é denominada "exceção de estocagem". Essa exceção autoriza aquelas empresas que obtiveram uma autorização de comercialização de produtos genéricos (i.e., aquelas que lançaram mão da exceção Bolar) a produzirem e estocarem produtos genéricos, nos últimos seis meses de validade da patente que cobre o produto de referência, desde que não sejam introduzidos no mercado antes da expiração da patente. O objetivo de ambas as exceções é o mesmo: impedir a extensão indevida do termo de proteção das patentes de produtos farmacêuticos para além dos 20 anos assegurados em lei, e introduzir concorrência no mercado farmacêutico imediatamente após a expiração dessas patentes.

O relatório do Grupo Especial adotou uma interpretação limitadora do espaço disponível aos Membros da OMC para adotar exceções aos direitos conferidos por patentes, mesmo aquelas dirigidas a promover os objetivos da OMC e do Acordo TRIPS. Segundo o entendimento do Grupo Especial, apenas a exceção Bolar seria lícita, ainda que a supressão da exceção de estocagem produza o efeito de estender o termo de proteção das patentes por um período superior ao expresso em lei.

A seguir veremos como a OMC interpretou cada uma das três condições fixadas pelo art. 30 do Acordo TRIPS, que devem ser cumpridas por qualquer exceção aos direitos conferidos por patentes.

---

2. A Sec. 55.2(1) do *Canada Patent Act* dispõe: "It is not an infringement of a patent for any person to make, construct, use or sell the patented invention solely for uses reasonably related to the development and submission of information required under any law of Canada, a province or a country other than Canada that regulates the manufacture, construction, use or sale of any product".

2.2.1 Primeira etapa do teste do art. 30

A primeira etapa do teste do art. 30 do Acordo TRIPS dispõe que as exceções aos direitos conferidos por patentes devem ser"limitadas". O Canadá defendeu que a expressão"exceções limitadas"deveria ser interpretada como a significar exceções "confinadas dentro de limites definidos"; alternativamente, a expressão poderia ser entendida como exceções "restringidas em escopo, extensão, quantidade".[3] A Comunidade Europeia, por sua vez, defendeu que a expressão deveria denotar exceções com impacto "estreito, pequeno, menor, insignificante ou restrito" sobre os direitos conferidos aos titulares de patentes.[4]

O Grupo Especial reconheceu que as interpretações propostas pelo Canadá e pela Comunidade Europeia (CE) eram plausíveis, mas optou pela interpretação defendida pela última, ao concluir que a expressão "exceções limitadas" deveria ser entendida como exceções que impactam apenas minimamente nos direitos conferidos pela patente, arrolados no art. 28 do Acordo TRIPS:

> "La expresión 'excepción limitada' reflejaba el requisito de que la excepción no tuviera por efecto más que una pequeña disminución de los derechos que el párrafo 1 del artículo 28 exige que se concedan a los titulares de patentes".[5]

Em outras palavras, o relatório do Grupo Especial considerou que o propósito da primeira etapa do teste é avaliar a extensão da restrição dos direitos conferidos pela patente produzida pela exceção.[6] Para isso, em um primeiro momento, o Grupo Especial identificou quais direitos, dentre os conferidos pela patente, seriam afetados pela exceção examinada. Em seguida, procurou identificar qual o nível de restrição/diminuição dos direitos afetados. Se a exceção produzisse mais do que uma"pequena diminuição" no escopo dos direitos afetados, a exceção não seria considerada"limitada". Ou seja, segundo o entendimento do Grupo Especial, não basta a identificação da *quantidade* de direitos afetados pela exceção; é preciso também examinar o *nível* de restrição desses direitos. Seria, portanto,"limitada" uma exceção que afeta todos

3. WTO, WT/DS114/R, Report of the Panel, par. 7.27.
4. Idem, ibidem, par. 7.28.
5. Idem, ibidem, par. 7.44.
6. O art. 28(1) do Acordo TRIPS dispõe:"Uma patente conferirá a seu titular os seguintes direitos exclusivos: a) quando o objeto da patente for um produto, o de evitar que terceiros sem seu consentimento produzam, usem, coloquem à venda, vendam, ou importem com esses propósitos aqueles bens; b) quando o objeto da patente for um processo, o de evitar que terceiros sem seu consentimento usem o processo e usem, coloquem à venda, vendam, ou importem com esses propósitos pelo menos o produto obtido diretamente por aquele processo".

os direitos conferidos pelas patentes, desde que ela restrinja o escopo desses direitos de maneira insignificante.[7] Certamente, raras devem ser as exceções que conseguirão promover algum interesse socialmente relevante por meio de restrições insignificantes dos direitos dos titulares de patentes.

O relatório deixou claro que, na primeira etapa do teste, não se devem avaliar os efeitos econômicos da exceção investigada; esses impactos apenas deveriam ser avaliados nas etapas seguintes.[8] Apesar disso, na prática, o Grupo Especial não observou suas próprias conclusões. Ao examinar se a exceção de estocagem deveria ser considerada uma exceção limitada, o Grupo Especial empenhou-se em adotar uma interpretação que conserva a capacidade dos titulares de patentes de extrair benefícios econômicos de sua invenção na maior extensão possível. Por exemplo, ao examinar se a limitação temporal para o exercício da exceção de estocagem, imposta pela legislação canadense, conferiria caráter limitado à exceção, O Grupo Especial chegou à conclusão de que não, pois a exceção interferiria substancialmente no exercício do direito de excluir terceiros do uso da invenção por um período comercialmente relevante (no caso, seis meses).[9]

No mais, o Grupo Especial chegou ao ponto de defender a inclusão, no rol de direitos conferidos pela patente, do direito de explorar, com exclusividade, o objeto patenteado por um período "mais ou menos curto" que se segue à expiração da patente, i.e., o titular da patente gozaria de um termo de proteção mais longo do que aquele textualmente assegurado em lei:

> "[...] el Grupo Especial consideró también si cabía asimismo estimar que las ventajas comerciales obtenidas por el titular de la patente durante los meses siguientes a la expiración de la patente eran una de las finalidades de los derechos del titular de la patente a impedir la 'fabricación' y el 'uso' durante el plazo de vigencia de la patente. El Grupo Especial llegó a la conclusión de que, tanto en teoría como en la práctica, tales *ventajas comerciales adicionales* estaban comprendidas en la finalidad de esos derechos. [...] En la práctica, hay que reconocer que la aplicación coercitiva del derecho a excluir la 'fabricación' y el 'uso' durante el plazo de vigencia de la patente dará necesariamente a todos los titulares de patentes de toda clase de productos un breve período de continuación de la exclusividad de mercado después de la expiración de la patente. La repetida imposición de tales derechos excluyentes con conocimiento de sus efectos universales sobre el mercado no puede entenderse más que como una afirmación de la finalidad de obtener esos *efectos sobre el mercado*"[10] (grifos nossos).

7. WTO, WT/DS114/R, Report of the Panel, par. 7.32.
8. Idem, ibidem, par. 7.31.
9. Idem, ibidem, par. 7.37.
10. Idem, ibidem, par. 7.35.

A dificuldade para qualquer Membro da OMC trabalhar com a definição de "exceção limitada" proposta pelo Grupo Especial deve-se à falta de um "limite quantitativo absoluto" que as exceções devem observar, para que possam ser caracterizadas como "limitadas".[11]

Recordando que o teste dos três passos é um teste formado por etapas cumulativas, se a exceção examinada não passar, com sucesso, pelo crivo da primeira etapa do teste, ela será automaticamente descartada, sendo desnecessária a aplicação das demais etapas do teste. A adoção de uma definição tão restritiva do que constitua uma "exceção limitada" tem por efeito restringir grandemente a liberdade dos Membros da OMC para adotarem exceções aos direitos conferidos por patentes, ainda que delineadas para tutelar interesses de grande relevância social. Se o entendimento adotado pelo Grupo Especial estiver correto, raramente uma exceção conseguirá passar para a fase seguinte do teste.

2.2.2 Segunda etapa do teste do art. 30

A segunda etapa do teste do art. 30 do Acordo TRIPS determina que as exceções não devam conflitar, de forma não razoável, com a exploração normal das patentes. Ao interpretar o conteúdo dessa etapa do teste, o Grupo Especial dirigiu sua atenção ao esclarecimento da expressão "exploração normal" das patentes, negligenciando o esclarecimento do que constitua um conflito "não razoável com a exploração normal das patentes". Segundo o entendimento do Grupo Especial, a "exploração normal" de uma patente inclui todos os meios de exploração de uma patente usualmente empregados por, pelo menos, grande parte dos titulares de patentes, para que a patente funcione como um incentivo econômico à inovação.[12] O relatório do Grupo Especial assinalou que o entendimento do que constitua "exploração normal" de uma patente é dinâmico, alterando-se com o desenvolvimento de novos mercados e o surgimento de novas tecnologias, que viabilizam a exploração das invenções em contextos imprevistos.[13]

Nem todo ganho econômico auferido a partir do exercício dos direitos conferidos pela patente deve ser caracterizado como resultante de uma "exploração normal" da patente. Apenas os ganhos auferíveis pelas vias normais, costumeiramente utilizadas por *todos* ou por *grande parte* dos titulares de patentes para recuperar seus investimentos em P&D, podem ser julgados "normais".[14]

A partir desse entendimento, o Grupo Especial julgou "normal" o período "mais ou menos curto" de exclusividade de mercado assegurado aos titula-

11. Kur 2008, p. 24.
12. WTO, WT/DS114/R, Report of the Panel, par. 7.55.
13. Idem, ibidem, par. 7.55.
14. Idem, ibidem, par. 7.58.

res de patentes que se segue à expiração da patente, uma vez que os competidores, como regra, precisam de algum tempo para organizar suas linhas de produção antes de introduzir o produto, até então protegido, no mercado.[15] Assim sendo, a patente conferiria ao seu titular direitos exclusivos pelo período textualmente indicado em lei, acrescido de um período adicional "mais ou menos curto". Segundo o Grupo Especial, esse período adicional, não indicado em lei ou em tratados internacionais, deveria ser assegurado aos titulares de patentes, pois é uma decorrência do exercício normal do direito de excluir terceiros da fabricação dos objetos patenteados:[16]

> "Algunos de los derechos básicos concedidos a todos los titulares de patentes y ejercidos corrientemente por todos los titulares de patentes suelen conllevar cierto período de exclusividad en el mercado después de la expiración de la patente. Por ejemplo, el derecho independiente a impedir durante el plazo de vigencia de una patente la 'fabricación' del producto patentado impide frecuentemente que los competidores acumulen las existencias necesarias para entrar en el mercado inmediatamente después de la expiración de la patente. No hay nada anormal en la existencia de un período más o menos breve de exclusividad en el mercado después de la expiración de la patente".

Por sorte, o Grupo Especial julgou anormal o longo período adicional de proteção que se conferiria aos titulares de patentes de produtos farmacêuticos, na ausência da exceção Bolar. Se a exceção Bolar fosse julgada ilícita, os titulares de patentes gozariam de um longo período adicional de proteção para suas invenções, uma vez que seus concorrentes consumiriam em torno de dois anos e meio para obter uma autorização de comercialização junto às autoridades sanitárias. O Grupo Especial julgou anormal tal extensão do termo de proteção das patentes, porquanto decorre da associação entre as regras do direito das patentes e as exigências estabelecidas pelas normas que disciplinam a comercialização de produtos farmacêuticos:[17]

> "Sin embargo, el Grupo Especial consideró que el Canadá pisaba terreno más firme al afirmar que no debía considerarse 'normal' el período adicional de exclusividad *de facto* en el mercado creado por la utilización de los derechos de patentes para impedir que se sometiesen las presentaciones necesarias para obtener la autorización reglamentaria. En esa situación, el período adicional de exclusividad en el mercado no es una consecuencia natural o normal de la imposición de los derechos de patente. Es una consecuencia involuntaria de la conjunción de las leyes de patentes con las leyes que regulan productos, cuando la combinación

15. WTO, WT/DS114/R, Report of the Panel, par. 7.56.
16. Idem, ibidem, par. 7.56.
17. Idem, ibidem, par. 7.57.

de los derechos de patente con los plazos necesarios para el proceso reglamentario lleva a un período de exclusividad en el mercado superior al normal para la imposición de ciertos derechos de patente. Es también una forma de explotación a la que de hecho no recurren la mayoría de los titulares de patentes".

A partir do momento que o art. 33 do Acordo TRIPS se limita a dizer que "a vigência da patente não será inferior a um prazo de 20 anos, contados a partir da data do depósito", não é lícito interpretar que os titulares de patentes gozam de um termo de proteção de 20 anos, acrescido de um termo de proteção adicional "mais ou menos curto". Esse dispositivo autoriza os Membros da OMC a conferir aos titulares de patentes um termo de proteção mais longo que 20 anos; mas, nessa hipótese, o termo de proteção deve ser indicado em lei, de maneira inequívoca. Sem embargo, a teor do entendimento acolhido pelo Grupo Especial, não é possível determinar, com segurança, a duração das patentes. Introduziu-se, assim, um fator de instabilidade no sistema, em benefício dos titulares de patentes. Afinal, como se determina o que é "mais ou menos curto"? Depois de duas décadas, qualquer acréscimo ao termo de proteção de uma patente pode ser um longo período ao mercado e ao consumidor, dependendo da concorrência existente e dos preços praticados pelo titular da patente. Defender a extensão de fato do termo de proteção das patentes é indicativo da postura tendenciosa do Grupo Especial em prol dos interesses econômicos dos titulares de patentes.

2.2.3 Terceira etapa do teste do art. 30

A terceira e última etapa do teste do art. 30 estabelece que as exceções aos direitos conferidos por patentes não devem prejudicar de forma não razoável os interesses legítimos dos titulares de patentes, levando em conta os interesses legítimos de terceiros. Nessa etapa do teste, o Grupo Especial focou no esclarecimento do significado da expressão "interesses legítimos" e deixou de lado a definição do que seja um prejuízo "não razoável". Tanto o Canadá quanto a Comunidade Europeia defenderam que "interesses legítimos" são aqueles tutelados pelo direito.[18] O Grupo Especial discordou desse entendimento e concluiu que a expressão "interesses legítimos"

> "[...] ha de definirse de la forma en que frecuentemente se utiliza en los textos jurídicos, es decir, como concepto normativo que exige la protección de intereses que son 'justificables' en el sentido de que están apoyados por políticas públicas u otras normas sociales pertinentes".[19]

18. WTO, WT/DS114/R, par. 7.66 e 7.67.
19. Idem, ibidem, par. 7.69.

Para determinar se um determinado interesse é "legítimo" é ainda necessário comprovar que o interesse é "irresistível" ou amplamente reconhecido pela comunidade internacional.[20] A comprovação pode se dar por meio de documentos de organizações intergovernamentais, resoluções dos órgãos da Organização das Nações Unidas (ONU), estudos científicos etc. Se a comunidade internacional se mostrar claramente dividida a respeito de sua importância, é possível que o interesse não seja legítimo.

2.2.4 Obstáculos criados por Canada – Pharmaceutical Patents

Sinteticamente, o Grupo Especial entendeu que os termos do art. 30 do Acordo TRIPS devem ser interpretados restritivamente, visando a maximizar a habilidade dos titulares de direitos para capturar os benefícios sociais produzidos pelas invenções protegidas, ainda que em detrimento de interesses sociais de grande peso, como o direito à saúde e a proteção da livre concorrência. O espaço político conservado para a criação de exceções aos direitos exclusivos seria diminuto, pois apenas exceções que interfiram de modo irrelevante nos direitos dos titulares de patentes seriam julgadas lícitas.[21] Interessante notar que o relatório do Grupo Especial reconhece que os termos do art. 30 devem ser interpretados à luz dos objetivos perseguidos pelo Acordo TRIPS, previstos, *inter alia*, em seus arts. 7.º e 8.º;[22] ainda assim, interpretou os termos deste dispositivo como se o TRIPS apenas perseguisse objetivos de natureza comercial.

A adoção de tal abordagem interpretativa parece equivocada, porquanto o preâmbulo do Acordo de Marrakesh que estabelece a OMC (Acordo de Marrakesh) e o art. 7.º do Acordo TRIPS indicam que valores comerciais, sociais e ambientais ocupam o mesmo *ranking* na hierarquia de objetivos perseguidos pela OMC. Logo, privilegiar interesses comerciais sobre interesses socioambientais, no processo de interpretação do Acordo TRIPS, parece contrariar os próprios objetivos do sistema OMC. Apenas seria justificável a abordagem adotada pelo Grupo Especial se as exceções, cuja validade foi impugnada, tutelassem interesses puramente comerciais, ou seja, interesses de valor igual ou semelhante aos restringidos.[23]

A abordagem proposta pelo Grupo Especial inibe países em desenvolvimento e industrializados de adotar exceções mais ambiciosas, dirigidas a catalisar seu desenvolvimento cultural, científico e econômico[24] e a aplacar ou, pelo menos, mitigar os problemas criados pelas patentes para o progresso socioeconômico e para a preservação da natureza. Na falta de uma interpre-

20. WTO, WT/DS114/R, par. 7.82.
21. Kur 2008, p. 31.
22. WTO, WT/DS114/R, par. 7.26.
23. Hilf e Goetz 2003, p. 35-36.
24. Kur e Ruse-Khan 2009, p. 8.

tação alternativa para o conteúdo do art. 30, solidamente assentada sobre as colunas do ordenamento jurídico da OMC, os Membros desta organização não veem alternativa senão seguir as diretrizes traçadas por *Canada – Pharmaceutical Patents*.

As complexidades do texto do art. 30 e a decisão desequilibrada proferida em *Canada – Pharmaceutical Patents* criaram dúvidas sobre quais exceções podem ser legitimamente adotadas. Esse clima de dúvidas tornou ainda mais desafiador o estabelecimento de regimes de proteção de patentes verdadeiramente equilibrados e socialmente responsáveis. Tanto é que, no presente, a Organização Mundial da Propriedade Intelectual (OMPI), instigada pelas demandas ecoadas pelos países em desenvolvimento, está começando a se ocupar, mais concretamente, dessa temática: em 2010, o Comitê Permanente sobre o Direito das Patentes da OMPI (CPDP) publicou os resultados de um projeto coordenado pelo Prof. Lionel Bently, o qual investigou as exclusões e exceções aos direitos de patentes comumente incorporadas aos ordenamentos nacionais para solucionar conflitos entre os direitos dos titulares de patentes e interesses prementes da sociedade.[25] Também em 2010, durante a 14.ª reunião do CPDP, o Brasil expressou preocupação a respeito das dificuldades enfrentadas pelos países em desenvolvimento para empregar o espaço oferecido pelo Acordo TRIPS para instaurar exceções aos direitos conferidos pelas patentes, dirigidas a estimular seu desenvolvimento socioeconômico,[26] e propôs ao Comitê o estabelecimento de um programa de trabalhos sobre limitações e exceções aos direitos de patentes, que teria como um de seus objetivos a organização de um manual de modelos de exceções, que poderão ser incorporadas pelos Membros da organização a seus marcos legais.[27]

Para que haja segurança sobre a obrigatoriedade da interpretação proposta pelo Grupo Especial para os termos do art. 30, é preciso investigar se ela foi construída seguindo à risca as regras de interpretação fixadas pela Convenção de Viena sobre o Direito dos Tratados (CVDT). Os itens seguintes dedicar-se-ão a construir o correto sentido normativo do art. 30 por meio da estrita observância das regras da CVDT. Somente assim será possível fazer qualquer afirmação a respeito do real espaço disponível aos Membros da OMC para estabelecer exceções robustas aos direitos conferidos por patentes.

25. Cf. Bently 2010; Sherman 2010; Borges Barbosa e Grau-Kuntz 2010; Visser 2010; Basheer et al. 2010; Gold e Joly 2010.
26. WIPO, SCP/14/7, par. 21-23.
27. Idem, ibidem, par. 27.

2.3 Reconstruindo o sentido do art. 30 a partir das regras da CVDT

2.3.1 Primeira etapa

A primeira condição estabelecida pelo art. 30 do Acordo TRIPS é que as "exceções" aos direitos exclusivos conferidos pelas patentes sejam "limitadas". O termo "limitada" é passível de gerar dúvidas quanto ao seu significado. Recorro a alguns dicionários em língua inglesa para identificar os sentidos plausíveis.[28]

O *The American Heritage Dictionary of the English Language* define o adjetivo "limitada" (limited)[29] como "confinado ou limitado dentro de certos limites definidos". Já o *Compact Oxford English Dictionary* define este adjetivo como "limitado em tamanho, quantidade ou medida; pouco, pequeno ou curto".[30] Dentre os sentidos comuns atribuíveis ao adjetivo "limitado", "confinado dentre de certos limites definidos" é o que melhor se coaduna com os objetivos da OMC, com os objetivos e princípios do Acordo TRIPS e com os princípios da boa-fé e da proporcionalidade. Os "limites definidos" que restringem as exceções são os objetivos legítimos que as exceções podem perseguir e as normas mínimas do Acordo TRIPS que as exceções devem respeitar. Concretamente, isso significa que uma exceção aos direitos conferidos por patentes, indicados no art. 28(1) do Acordo TRIPS, será "limitada" se cumprir com duas exigências:

(i) se a exceção promover um objetivo legítimo, autorizado pelo art. 8.º do Acordo TRIPS. Para apurar se a exceção, de fato, persegue um objetivo autorizado, é indispensável investigar o "desenho e a estrutura" geral da exceção examinada e seus efeitos.[31] Apenas se a exceção apresentar um alcance adequado à realização do objetivo perseguido, poderá ser considerada preliminarmente limitada. O exame da adequação da exceção para realizar objetivos legítimos serve para evitar a adoção de medidas estruturadas para promover interesses proibidos pelo sistema OMC; e

(ii) se a exceção limitou-se a explorar o espaço oferecido pelo Acordo TRIPS, i.e., a exceção não transgrediu as normas mínimas do

28. Optei por utilizar as definições indicadas por dicionários de língua inglesa, porque o português não é uma língua oficial da OMC, e também porque os relatórios dos órgãos do OSC utilizam como parâmetro as definições indicadas nos dicionários de língua inglesa.

29. "Confined or restricted within certain limits" (The American Heritage Dictionary of the English Language 2004).

30. "Restricted in size, amount, or extent; few, small, or short" (Compact Oxford English Dictionary of Current English 2009).

31. WTO, WT/DS58/AB/R, Report of the Appellate Body, par. 141.

Acordo TRIPS, quais sejam as cláusulas do tratamento nacional e da nação mais favorecida, a proibição de adotar exceções que produzam o efeito de impedir a proteção das categorias de invenções que, nos termos do art. 27 do Acordo TRIPS, devem ser passíveis de proteção legal, o respeito ao espaço ocupado pelo sistema de licenciamento compulsório, o termo mínimo de vigência das patentes e o princípio da não discriminação.

A segunda alternativa de sentido comum atribuível ao adjetivo "limitado" (limitado em tamanho, quantidade ou medida; pouco, pequeno ou curto) vai ao encontro do entendimento adotado pelo Grupo Especial em *Canada – Pharmaceutical Patents*, que interpretou o termo "exceções limitadas" como sinônimo de exceções que produzem uma pequena diminuição dos direitos conferidos por patentes.[32] Embora, abstratamente, o sentido adotado pelo Grupo Especial seja plausível, ele fere frontalmente os objetivos perseguidos pelo sistema OMC, o princípio da efetividade e a doutrina do abuso de direito; portanto, sua adoção é proibida. Se a expressão "exceção limitada" for entendida como sinônimo de exceção que cria restrições mínimas aos direitos conferidos por patentes, os Membros da OMC não contarão com espaço suficiente para perseguir os vários objetivos não comerciais da OMC e do Acordo TRIPS, especialmente porque o Grupo Especial não indicou um "limite quantitativo absoluto" contra o qual deve ser avaliado o caráter "limitado" das exceções.[33] Havendo dúvidas a respeito do que seja uma "exceção limitada", os Membros da OMC evitarão medidas mais ousadas, desaparecendo, reflexamente, o espaço para o exercício da prerrogativa de instaurar exceções aos direitos conferidos por patentes, voltadas à realização de interesses sociais imperativos. Ademais, se depreende da posição interpretativa seguida pelo Grupo Especial que os interesses comerciais – no caso, os direitos conferidos aos titulares de patentes – seriam hierarquicamente superiores aos demais interesses perseguidos pela OMC e pelo Acordo TRIPS. Não há, no preâmbulo do Acordo de Marrakesh e do Acordo TRIPS, nem nos arts. 7.º e 8.º do último, qualquer indicação nesse sentido. Tanto é que a OMC e o Acordo TRIPS perseguem objetivos potencialmente conflitantes, que apenas poderão ser realizados se forem harmonizados; por exemplo, a realização da meta de desenvolvimento sustentável depende da harmonização entre direitos humanos, progresso econômico e proteção do meio ambiente. Indubitavelmente, esses interesses não serão realizados se, *a priori*, os de natureza comercial tiverem preferência automática sobre os demais interesses.

É importante sublinhar que a opção interpretativa do Grupo Especial contraria o próprio entendimento do Órgão de Apelação da OMC do que *não* é uma "exceção limitada". Em *US –Wool Shirts and Blouses*, o Órgão de

32. WTO, WT/DS114/R, Report of the Appellate Body, par. 7.30.

33. Kur 2008, p. 24.

Apelação qualificou as exceções cristalizadas no art. XX do GATT 1994 como "exceções limitadas":

> "El artículo XX y el párrafo 2 c) i) del artículo XI constituyen *excepciones limitadas* respecto de las obligaciones contenidas en algunas otras disposiciones del GATT de 1994, y no normas positivas que establecen obligaciones por sí mismas. Tienen el carácter de defensas afirmativas"[34] (grifos nossos).

Sabidamente, o art. XX do GATT 1994 autoriza os Membros da OMC a adotarem restrições substanciais ao livre comércio de bens – e.g., medidas que vetam totalmente a comercialização de produtos elaborados com amianto; proibição da importação de pneus recauchutados e de camarões pescados usando de tecnologias que coloquem em perigo as tartarugas marinhas –, desde que observadas as condições fixadas no *caput* e nas alíneas desse dispositivo. Nesse diapasão, o impacto diminuto ou substancial nos direitos conferidos por patentes, provocado por uma exceção, não interfere em seu caráter "limitado".

Os registros referentes à negociação do art. 30 do Acordo TRIPS são inaptos a confirmar ou rechaçar a interpretação aqui proposta para os termos desse dispositivo.[35] Na minuta do Acordo TRIPS distribuída em julho de 1990, preparada por Lars Annell, o gérmen do art. 30 apresenta uma estrutura diferente daquela conhecida no presente.[36] A versão de Annell continha uma lista exemplificativa de exceções aos direitos conferidos por patentes que os Membros da OMC poderiam transpor aos seus ordenamentos nacionais, e.g.: atos realizados em âmbito privado, sem caráter comercial; atos realizados para fins de experimentação; preparação de medicamentos prescritos em farmácias de manipulação; e uso governamental de patentes. Além das exceções indicadas expressamente, as partes contratantes do acordo conservavam a prerrogativa de adotar outras exceções "limitadas", desde que os interesses legítimos dos titulares de patentes e de terceiros fossem levados em consideração. Em virtude da falta de consenso a respeito das exceções que poderiam ser adotadas pelos Membros da OMC, os negociadores acabaram por optar

34. WTO, WT/DS33/AB/R, Report of the Appellate Body, p. 18. No mesmo sentido é o o relatório do Órgão de Apelação em *US – Shrimp*: "A nuestro juicio, el lenguaje del preámbulo deja claro que cada una de las excepciones contenidas en los párrafos a) a j) del artículo XX es una excepción *limitada y condicional* de las obligaciones sustantivas contenidas en las demás disposiciones del GATT de 1994, es decir, la disponibilidad en última instancia de la excepción está sujeta a que el Miembro que la invoca cumpla las prescripciones del preámbulo" (WTO, WT/DS58/AB/R, par. 157).

35. Cf., e.g.: Gervais 1998, p. 158-159; Abbott 2002, p. 30-32; UNCTAD-ICTSD 2005, p. 431-432; WTO, WT/DS114/R, Report of the Panel, par. 7.29.

36. Abbott 2002, p. 30-32.

pela fórmula flexível do teste dos três passos, cristalizado no art. 30 do Acordo TRIPS.[37]

Tendo em vista a inutilidade dos trabalhos preparatórios relacionados à negociação do art. 30 do Acordo TRIPS, o Grupo Especial em *Canada – Patent Pharmaceuticals* decidiu recorrer aos trabalhos preparatórios associados à negociação do art. 9(2) da Convenção de Berna relativa à proteção das obras literárias e artísticas (Convenção de Berna).[38] No fim, essa documentação mostrou-se dispensável, em virtude da redação do art. 30 do Acordo TRIPS diferir da letra do art. 9(2) da Convenção de Berna.

2.3.2 Segunda etapa

A segunda condição estabelecida pelo art. 30 é que as exceções aos direitos conferidos por patentes"não conflitem de forma não razoável com sua exploração normal". Recorro, mais uma vez, a alguns dicionários de língua inglesa com o propósito de identificar possíveis sentidos literais para os termos"não razoável","conflitar","exploração"e"normal".

Segundo o *Compact Oxford English Dictionary*, o adjetivo"não razoável" (*unreasonable*)[39] pode ser entendido como sinônimo de irracional, absurdo, excessivo, imoderado, inaceitável, iníquo. O verbo"conflitar"(*to conflict*) pode ser entendido como"ser incompatível ou estar em desacordo com".[40] Por fim, o substantivo"exploração"(exploitation) pode ser tratado como sinônimo de utilizar algo produtivamente.[41] Por fim, o adjetivo"normal"é definido como "conforme uma norma/padrão; usual, típico ou esperado".[42]

Sob a ótica do sentido comum atribuível a seus termos, a expressão"exploração normal da patente"denota o ato de fazer uso produtivo da patente, mediante o exercício dos meios legítimos comumente utilizados pelos titulares de patentes, com o propósito de auferir benefícios econômicos, que servem como incentivos econômicos para a realização de atividades de P&D. Os meios universalmente utilizados pelos titulares de patentes para explorá-las normalmente estão elencados no art. 28 do Acordo TRIPS, a saber:"quando o objeto da patente for um produto, o de evitar que terceiros sem seu consen-

37. UNCTAD-ICTSD 2005, p. 431-432.
38. WTO, WT/DS114/R, Report of the Panel, par. 7.14 e 7.15.
39. "Not guided by or based on good sense";"beyond the limits of acceptability" (Compact Oxford English Dictionary of Current English 2009).
40. "Be incompatible or at variance with"(Compact Oxford English Dictionary of Current English 2009).
41. Cf. Compact Oxford English Dictionary of Current English 2009.
42. "Conforming to a standard; usual, typical, or expected" (Compact Oxford English Dictionary of Current English 2009).

timento produzam, usem, coloquem à venda, vendam, ou importem[43] com esses propósitos aqueles bens"; e"quando o objeto da patente for um processo, o de evitar que terceiros sem seu consentimento usem o processo e usem, coloquem à venda, vendam, ou importem com esses propósitos pelo menos o produto obtido diretamente por aquele processo". Por fim, o titular de uma patente também usufrui"o direito de cedê-la ou transferi-la por sucessão e o de efetuar contratos de licença".

Há limites tácitos para o exercício dos direitos de excluir terceiros não autorizados da fruição dos objetos patenteados; assim sendo, nem todas as formas de exploração das patentes, que a princípio parecem estar resguardadas pelos direitos de exclusividade garantidos pelo art. 28 do Acordo TRIPS, são *legítimas*. O relatório do Grupo Especial em *Canada – Pharmaceutical Patents* excluiu duas formas de exploração das patentes do escopo da noção de exploração normal. Primeiramente, as formas de exploração que não são usualmente empregadas por todos ou por grande parte dos titulares de patentes, para delas extrair benefícios econômicos, não podem ser consideradas meios de exploração normal das patentes.[44]

43. O art. 6.º do Acordo TRIPS oferece aos Membros da OMC a prerrogativa de investir os titulares de DPIs do direito de impedir importações paralelas de produtos *genuínos* que incorporem licitamente objetos protegidos, ainda que tenham sido introduzidos no mercado exterior com a autorização do titular da patente estrangeira ou com o consentimento de um legítimo licenciado (*princípio da exaustão nacional de DPIs*). Nesse caso, uma empresa brasileira, titular da invenção X, a qual está sob proteção patentária no Brasil e no Japão, poderá impedir a importação ao Brasil do produto X, legitimamente manufaturado no Japão, pois seu direito de propriedade apenas se exaurirá quando o objeto da patente válida no Brasil for introduzido neste país com a sua autorização. O referido dispositivo do Acordo TRIPS igualmente autoriza os Membros da OMC a permitir a livre importação paralela de produtos genuínos que incorporem DPIs protegidos localmente (*princípio da exaustão internacional de DPIs*). Em outros termos, no que tange ao princípio da exaustão internacional de direitos, na hipótese de uma produção intelectual estar sob proteção legal em diversas jurisdições, quando seu titular introduz um produto corpóreo que incorpora a produção intelectual protegida, em algum dos mercados onde ela está sob proteção legal, seu direito em relação ao produto corpóreo se exaure em *todas* as jurisdições. O princípio da exaustão internacional oferece ao titular de DPI apenas a oportunidade de receber uma compensação pela divulgação de sua produção intelectual. Retornando ao exemplo apresentado, caso o Brasil adotasse o princípio da exaustão internacional de DPIs, o titular da patente brasileira, incidente sobre X, não teria o direito de impedir as importações de X oriundas do Japão, desde que o referido produto estivesse patenteado no Japão e tivesse sido introduzido no mercado japonês pelo titular da patente japonesa ou por terceiro com o seu consentimento. Assim sendo, a exclusão de terceiros da importação dos objetos das patentes apenas é um meio legítimo de explorá-las nos países que adotam o princípio da exaustão nacional de direitos de patentes.

44. WTO, WT/DS114/R, Report of the Panel, par. 7.55.

Em segundo lugar, apenas devem ser incluídas no rol de formas normais de exploração das patentes aquelas cujo exercício seja "esencial para la consecución de los objetivos de la política en materia de patentes",[45] i.e., promoção da inovação e do progresso científico e tecnológico; ampliação do acervo de conhecimentos técnicos e científicos da humanidade; facilitação da divulgação e disseminação de novos conhecimentos técnicos e científicos. Em outras palavras, se o controle pelos titulares de patentes de uma determinada forma de uso das invenções figurar como um meio *mais* adequado para a promoção dos objetivos essenciais dos regimes de patentes do que a sua liberação gratuita, o controle exclusivo dessa forma de uso das invenções constituirá um meio normal de exploração das patentes. Nesse mesmo sentido, Lionel Bently sutenta:[46]

> "In principle, patents should only be granted where, *and to the extent that*, such monopolies are required to rectify market failure. And they should not be granted where to do so will in fact restrict further invention. [...] Some limitation on patentee's rights can be explained by the fact that extending protection to cover the permitted act would not enhance incentives significantly (or appropriately). This is a common explanation for exceptions relating to private use (or the corollary, the limitation of the patentee's rights to commercial, trade or business uses)".

No mais, é necessário acrescentar à lista de meios anormais (e, portanto, ilegais) de exploração das patentes: i) aquelas formas de exploração das patentes que, se exercidas, afetariam a esfera privada de terceiros, bem como grupos de indivíduos e instituições que não integram o mercado consumidor das invenções patenteadas, e.g., instituições filantrópicas que conduzem pesquisas científicas com viés humanitário; e ii) aquelas formas de exploração prejudicadas pelas falhas de mercado.[47]

Com o propósito de evitar o exercício abusivo – e ilícito – dos direitos conferidos por patentes e recordando a natureza comercial desses direitos, está, portanto, fora do rol de "formas de exploração normal" das patentes o exercício dos direitos de exclusão em face de terceiros que utilizarem invenções patenteadas em contextos privados não comerciais. Em acréscimo, com o propósito de efetivar o objetivo do Acordo TRIPS de que "a proteção e a aplicação de normas de proteção dos direitos de propriedade intelectual [...]

---

45. WTO, WT/DS114/R, Panel Report, par. 7.58.

46. Bently 2010, p. 56.

47. Segundo De Borja (2008, p. 507), Ginsburg (2001, p. 12-13) e Bently (2010, p. 57), quando determinada forma de exploração de um bem intangível protegido for afetada por uma falha de mercado, em função de os custos para monitorar seu exercício excederem os benefícios que os titulares de direitos podem dela extrair, os DPIs em geral não devem garantir a seus titulares o direito de controlá-la.

[contribuam] para a [...] difusão de tecnologia[s]"[48] e recordando, mais uma vez, o caráter comercial dos DPIs, está igualmente fora do escopo da "exploração normal" das patentes o exercício dos direitos de exclusão em face de terceiros que utilizarem invenções patenteadas em projetos *sem fins comerciais*, uma vez que o uso das invenções patenteadas, em contextos não comerciais, *não* afeta a capacidade dos titulares de patentes de recuperarem seus investimentos incorridos em P&D.[49] Se os titulares de patentes pudessem controlar todo e qualquer uso dos objetos protegidos, muitas categorias de usuários – e.g., instituições filantrópicas e universitárias –, que não dispõem de recursos suficientes para pagar as taxas de remuneração fixadas pelos titulares de patentes, se veriam tolhidas de sua liberdade de expressão científica e criativa, em prejuízo do progresso social e da realização dos objetivos maiores do Acordo TRIPS e da OMC.

A exigência de que as exceções não devem "conflitar de forma *não razoável* com a exploração normal da patente", de conformidade com o sentido comum atribuível a seus termos, significa que as exceções não devem interferir, de maneira excessiva, nos meios legítimos de exploração das patentes. À luz do princípio da boa-fé, dos objetivos da OMC, dos objetivos e princípios do Acordo TRIPS e do princípio da proporcionalidade, a determinação da razoabilidade da interferência provocada pelas exceções nos meios de exploração normal das patentes envolve a aplicação de um subteste de necessidade. Em outras palavras, o conflito com a exploração normal das patentes, provocado por uma exceção E1, será razoável se E1 for a medida menos gravosa dentre os meios comumente utilizados pelos titulares de patentes para explorá-las legitimamente. A aferição da razoabilidade do conflito provocado por E1 envolve:

- primeiramente, a identificação do nível de proteção do objetivo legítimo perseguido por E1;
- em segundo lugar, verificar se o uso excepcionado pode ser legitimamente controlado pelos titulares de patentes; sendo este o caso, deve-se identificar o grau de restrição dos direitos de exclusiv conferidos pelas patentes provocado por E1; e
- por fim, deve-se identificar medidas alternativas a E1, adequadas a promover o mesmo objetivo perseguido por E1, inclusive no mes-

48. Art. 7.º do Acordo TRIPS. O termo difusão (*diffusion*) é definido pelo *Compact Oxford English Dictionary* (2009) como sinônimo de propagar algo amplamente: "diffusion [noun]: the spreading of something more widely: *the rapid diffusion of ideas and technology*".

49. Nesse sentido, Bently 2010, p. 57: "Private or non-commercial uses can, in general, be thought of as uses which are unlikely to add much, if anything, to the 'incentive' provided by the patent monopoly. At the same time, allowing patents to cover such activities would impose significant costs: most obviously, there would be the transactions costs of policing and licensing such uses".

mo nível de proteção, mas que afetem em menor grau os direitos conferidos pelas patentes. Não serão consideradas as medidas que não estiverem razoavelmente ao alcance do proponente de E1, em termos técnicos, administrativos e econômicos.

2.3.3 Terceira etapa

A última etapa do teste do art. 30 exige que as exceções aos direitos conferidos por patentes "não prejudiquem de forma não razoável os interesses legítimos de seu titular, levando em conta os interesses legítimos de terceiros". Os termos que demandam esclarecimento são "prejudicar", "legítimo" e "terceiro".

Segundo o *Compact Oxford English Dictionary*, o verbo "prejudicar" (*to prejudice*) pode ser entendido como sinônimo de causar prejuízos mediante a prática de um ato.[50] Esse sentido parece adequado para o contexto do art. 30 do Acordo TRIPS.

O substantivo "terceiro" (*third party*) pode ser entendido como um indivíduo externo a uma relação envolvendo duas partes, ou como qualquer indivíduo ou organização que não participa de uma relação ou situação.[51] No contexto do art. 30, "terceiros" deve ser entendido como o grupo que compreende os usuários de tecnologias patenteadas (inovadores, pesquisadores, cientistas e indústrias) e os consumidores comuns. Esse entendimento se coaduna com os objetivos da OMC e do Acordo TRIPS de fomentar, *inter alia*, interesses prementes da sociedade.

Ainda segundo o *Compact Oxford English Dictionary*, o adjetivo "legítimo" (*legitimate*) pode ser entendido como sinônimo de legal, justificável ou razoável (baseado no bom senso).[52] A expressão "interesses legítimos [dos titulares de patentes e dos terceiros beneficiados pelas exceções]", segundo seu sentido comum, pode denotar *vantagens, necessidades, utilidades* (de ordem pecuniária ou moral), resguardadas pelo direito em favor dos titulares de patentes (interesses legítimos dos titulares de patentes) e em prol dos usuários de invenções (interesses legítimos de terceiros). Alternativamente, a referida expressão pode denotar utilidades que devem ser garantidas aos titulares de patentes ou aos usuários de invenções patenteadas, por serem justificáveis pelo bom senso.

O primeiro sentido parece ser o mais harmônico com o contexto do art. 30 do Acordo TRIPS: conforme ensina François Ost, todo direito supõe, em sua base, um interesse, uma necessidade, uma utilidade por ele resguardada

50. Cf. Compact Oxford English Dictionary of Current English 2009.

51. "A person or group besides the two primarily involved in a situation or dispute" (Compact Oxford English Dictionary of Current English 2009).

52. "Conforming to the law or to rules"; "able to be defended with logic or justification" (Compact Oxford English Dictionary of Current English 2009).

ou promovida. Os interesses salvaguardados por direitos constituem "interesses legítimos".[53] Mas nem toda utilidade constitui um interesse legítimo. Há interesses ilegítimos – os chamados interesses ilícitos – cuja realização é punida pelo direito. E há simples interesses que não são garantidos por direitos, ou seja, a prática de alguma ação prejudicial a esses interesses não garante aos prejudicados o direito de reivindicar uma compensação. Em síntese, todo direito resguarda um interesse (interesse legítimo), mas nem todo interesse é garantido pelo direito.[54] Esse é o entendimento acolhido pela Corte Internacional de Justiça em *Barcelona Traction, Light and Power Company (Belgium v. Spain)*, par. 46:

> "This again is merely a different way of presenting the distinction between injury in respect of a right and injury to a simple interest. But, as the Court has indicated, evidence that damage was suffered does not *ipso facto* justify a diplomatic claim. Persons suffer damage or harm in most varied circumstances. This in itself does not involve the obligation to make reparation. Not a mere interest affected, but solely a right infringed involves responsibility, so that an act directed against and infringing only the company's rights does not involve responsibility towards the shareholders, even if their interests are affected".[55]

O interesse legítimo dos *titulares de patentes*, que deve ser considerado na terceira etapa do teste, é o de preservar os incentivos econômicos à inovação, ou seja, extrair o máximo de benefícios econômicos de suas invenções protegidas mediante o exercício das formas de exploração normal (legítimas), a fim de recuperar os investimentos feitos em seu desenvolvimento e levantar recursos para financiar futuros projetos de inovação. Na categoria dos interesses legítimos de *terceiros*, devem ser incluídos os interesses garantidos, em especial, pelas normas de direitos humanos, pelo princípio da livre concorrência e pelos acordos multilaterais de meio ambiente,[56] e.g., facilitação do acesso ao conhecimento, liberdade de expressão científica e ampliação da livre concorrência, a fim de reduzir os custos dos produtos e ampliar seu acesso pelos setores empobrecidos da sociedade.

O adjetivo "não razoável", o qual serve de qualificador dos prejuízos causados pela exceção aos interesses legítimos dos titulares de patentes, é sinônimo de excessivo, imoderado. O sentido comum atribuível a esse termo não contribui para afastar dúvidas a respeito de seu sentido jurídico. Sem em-

---

53. Ost 1990, p. 36-37.

54. Idem, ibidem, p. 36: "s'il est exact que à tout intérêt ne correspond pas nécessairement un droit subjectif, en revanche il est non moins certain que la reconnaisance de tout droit subjectif suppose, 'à sa base', la présence d'un intérêt".

55. ICJ, Barcelona Traction, Light and Power Company, Limited (Belgium *v.* Spain), par. 46.

56. Max Planck Institute e Queen Mary, University of London 2008, item 6.

bargo, à luz do princípio da boa-fé, dos objetivos do Acordo TRIPS, do critério de necessidade do art. 8.º do Acordo TRIPS e do princípio da proporcionalidade, "não razoável" deve ser interpretado como "desproporcional", conforme o sentido dado pelo subteste de proporcionalidade em sentido estrito. Essa interpretação se confirma pelo fato de a terceira etapa do teste exigir, expressamente, que a aferição da "razoabilidade" dos prejuízos impingidos aos interesses legítimos dos titulares de patentes se dê à luz dos interesses legítimos de terceiros. Em harmonia com esse entendimento, em *Canada – Patent Pharmaceuticals*, o Grupo Especial parece ter reconhecido, ainda que de maneira sutil, que a terceira etapa do teste do art. 30 abrange uma avaliação comparativa entre o peso dos interesses legítimos prejudicados dos titulares de patentes e o peso dos interesses legítimos de terceiros promovidos pela exceção:

> "Del mismo modo, no se puede juzgar plenamente *el peso* de los intereses legítimos de terceros hasta que se definan la legitimidad y *el peso* de los legítimos intereses del titular de la patente, si existen tales legítimos intereses"[57] (grifo nosso).

A aferição dos prejuízos provocados por uma exceção E1 aos interesses legítimos dos titulares de patentes envolve, obrigatoriamente, três fases. Na primeira, o intérprete identificará os interesses legítimos de terceiros promovidos por E1 e classificá-los-á segundo sua relevância à sociedade (leve, mediana ou grande). Em seguida, identificará os prejuízos produzidos sobre os interesses legítimos dos titulares de patentes, resultantes da adoção de E1 e classificá-los-á segundo sua relevância para a sociedade (leve, mediana ou grande). Por fim, o intérprete comparará os benefícios engendrados pela adoção de E1 com os impactos negativos produzidos sobre os interesses legítimos dos titulares de patentes. Caso os benefícios superem os prejuízos criados por E1, os últimos serão julgados "razoáveis" e, portanto, a exceção será lícita.

2.3.4 Sumário do conteúdo do art. 30 do Acordo TRIPS quando interpretado a partir das regras da CVDT

O art. 30 do Acordo TRIPS, quando interpretado à luz do conjunto de fatores que compõem a regra geral de interpretação da CVDT, ganha um novo significado: seus três passos transformam-se nos elementos constitutivos de um teste de proporcionalidade *sui generis*. *Sui generis* porquanto agregam o critério da compatibilidade com o Acordo TRIPS aos três subtestes tradicionalmente presentes no teste da proporcionalidade (Quadro 3). A interpretação do teste dos três passos do direito das patentes como um teste de proporcionalidade *sui generis* amplia o espaço político disponível aos Membros da

57. WTO, WT/DS114/R, Report of the Panel, par. 7.60.

OMC para adotarem exceções aos direitos conferidos por patentes e permite a efetiva realização dos múltiplos objetivos públicos não comerciais da OMC.

Quadro 3: O Conteúdo Normativo do Art. 30 do Acordo TRIPS

<table>
<tr><th>Etapas do teste do art. 30</th><th>Conteúdo de cada etapa do teste</th></tr>
<tr><td>PRIMEIRA ETAPA: Avaliação do caráter limitado da exceção investigada</td><td>O processo de aferição do caráter limitado da exceção investigada compreende as seguintes etapas:
i) identificar se a exceção persegue algum dos objetivos autorizados pelo art. 8.º do Acordo TRIPS, incluindo os objetivos gerais perseguidos pelo sistema OMC;
ii) avaliar se a exceção é adequada a promover os objetivos que motivaram sua adoção; e
iii) investigar se a exceção respeitou os limites fixados pelo Acordo TRIPS:
– cláusulas do tratamento nacional e da nação mais favorecida (arts. 3.º e 4.º);
– proibição de adotar exceções que produzam o efeito de impedir a proteção das categorias de invenções que, nos termos do art. 27 do Acordo TRIPS, devem ser patenteáveis;
– respeito ao espaço ocupado pelo sistema de licenciamento compulsório (art. 31 e Decisão do Conselho Geral de 2003);
– termo de vigência mínimo das patentes (art. 33); e
– princípio da não discriminação, com base na origem nacional, no setor tecnológico e no modo de exploração da invenção (art. 27.1).
Se a exceção perseguir um objetivo legítimo, se ela for adequada a realizá-lo e se ainda respeitar os limites fixados pelo TRIPS, ela terá passado, com sucesso, pela primeira etapa do teste do art. 30.</td></tr>
<tr><td>SEGUNDA ETAPA: Avaliação da razoabilidade da interferência provocada pela exceção na exploração normal das patentes</td><td>O processo de aferição da razoabilidade da interferência na exploração normal das patentes envolve, cumulativamente, as seguintes etapas:
i) identificar o nível de proteção do objetivo legítimo perseguido pela exceção;
ii) verificar se o uso excepcionado pode ser legitimamente controlado pelos titulares de patentes. Sendo este o caso, deve-se identificar o grau de restrição dos direitos de exclusivo provocado pela exceção; e
iii) identificar as medidas alternativas à exceção examinada, capazes de promover os mesmos objetivos perseguidos por ela, inclusive no mesmo nível, mas que afetem em menor grau os direitos conferidos pelas patentes. Serão desconsideradas as medidas alternativas que não estiverem razoavelmente ao alcance do Estado proponente da exceção investigada, em termos técnicos, administrativos e econômicos.
Se não for encontrada uma medida alternativa menos onerosa que a exceção investigada, a exceção investigada terá passado pela segunda etapa do teste do art. 30.</td></tr>
</table>

Etapas do teste do art. 30	Conteúdo de cada etapa do teste
TERCEIRA ETAPA: Avaliação da razoabilidade dos prejuízos provocados pela exceção nos interesses legítimos dos titulares de patentes	A aferição da razoabilidade dos prejuízos provocados pela exceção investigada envolve: i) identificação dos benefícios sociais promovidos pela exceção e sua classificação segundo sua relevância à sociedade (leve, mediana ou grande); ii) identificação dos prejuízos produzidos sobre os interesses legítimos dos titulares de patentes, resultantes da adoção da exceção, e sua classificação segundo sua relevância à sociedade (leve, mediana ou grande); e iii) avaliação comparativa entre os benefícios gerados pela exceção e os impactos negativos produzidos sobre os interesses dos titulares de patentes. Se os benefícios produzidos pela exceção investigada superarem os prejuízos criados, os últimos serão julgados razoáveis e a exceção será lícita.

Em função de os arts. 30, 17 e 26(2), em termos de redação, se assemelharem substancialmente (ver Quadro 2), o sentido normativo do art. 30, sumarizado no Quadro 3, serve de plataforma para o esclarecimento do sentido normativo desses outros dois dispositivos. Nos próximos itens, tendo como referência o sentido normativo do art. 30, será desenvolvido o conteúdo normativo dos arts. 17 e 26(2) do Acordo TRIPS.

2.4 Teste de avaliação da legitimidade das exceções aos direitos conferidos por marcas comerciais (art. 17)

Com o objetivo de impedir a prática de atos de concorrência desleal e a diluição do poder distintivo das marcas comerciais, as marcas protegidas asseguram aos seus titulares o amplo "direito exclusivo de impedir que terceiros, sem seu consentimento, utilizem em operações comerciais sinais idênticos ou similares para bens ou serviços que sejam idênticos ou similares àqueles para os quais a marca está registrada, quando esse uso possa resultar em confusão" (art. 16.1).

Já os titulares de marcas notoriamente conhecidas – i.e., aquelas que adquiriram amplo reconhecimento junto ao público consumidor – gozam de direitos mais amplos que aqueles convencionalmente assegurados pelo registro de marca. Desde que a marca seja notoriamente conhecida no território onde seu titular busca proteção, este gozará dos mesmos direitos de garantidos pelo registro de marca, ainda que sua marca não tenha sido registrada nesse território (art. 16.2). O titular de uma marca notoriamente conhecida ainda goza do direito de impedir o uso de uma marca idêntica ou similar à sua em relação a "bens e serviços que *não* sejam similares àqueles" para os quais sua marca esteja registrada, desde que: (i) o uso de sinal idêntico ou similar possa indicar uma conexão entre os bens e serviços comercializados e a marca notoriamente conhecida; e (ii) o uso do sinal idêntico ou similar gere potenciais prejuízos aos interesses econômicos do titular da marca notoriamente conhecida (art. 16.3).

O art. 17 do Acordo TRIPS autoriza os Membros da OMC a estabelecer exceções ao direito conferido pelas marcas comerciais protegidas, desde que elas sejam "limitadas" e levem "em conta os legítimos interesses do titular da marca e de terceiros". Esse dispositivo foi interpretado por um Grupo Especial da OMC em *EC – Trademarks and Geographical Indications*. Resumidamente, nesse litígio, Austrália e EUA impugnaram a legalidade de uma regulação comunitária europeia (EC Regulation 2081/92, em sua versão emendada, e as medidas conexas de aplicação e observância), que instaurou um regime de coexistência entre marcas comerciais e indicações geográficas similares a marcas comerciais. Em virtude do regime de coexistência, os titulares de determinadas marcas comerciais protegidas não poderiam se opor ao registro e ao uso de indicações geográficas substancialmente similares às suas marcas. A Comunidade Europeia sustentou que o regime de coexistência configura uma exceção legítima ao direito de exclusividade garantido aos titulares de marcas pelo art. 16(1) do Acordo TRIPS, porquanto está amparado pelo art. 17 do Acordo TRIPS.

O art. 17 do Acordo TRIPS, diferentemente das demais cláusulas gerais de exceção do Acordo TRIPS, identifica um exemplo de uso não autorizado lícito – o uso leal de termos descritivos[58] – e fixa apenas duas condições que devem ser observadas pelas exceções aos direitos de marca.

No que tange ao sentido da primeira condição (caráter limitado da exceção), o Grupo Especial seguiu a mesma abordagem adotada em *Canada – Pharmaceutical Patents*, segundo a qual uma exceção será considerada "limitada" se apresentar limites rigorosamente fixados e se "permitir apenas uma pequena redução dos direitos [garantidos aos titulares de marcas prejudicados pela exceção]".[59]

A princípio, o Grupo Especial parece ter entendido que não desempenha qualquer papel na determinação do caráter limitado de uma exceção o número de terceiros que dela poderão beneficiar-se; o número de bens ou serviços que podem vir a utilizar os sinais afetados pela exceção; e o número de marcas comerciais afetadas por ela. O fator central no processo de avaliação do caráter limitado da exceção seria sua capacidade de prejudicar o poder distintivo das marcas afetadas pela exceção:

58. Por exemplo, é lícito o uso da palavra "Apple" (maçã, em português), marca famosa mundialmente na área de produtos de informática, por terceiros para elaborar comentários a respeito do fruto da macieira e de suas aplicações medicinais, nutricionais, industriais.

59. WTO, WT/DS174/R, Panel Report, par. 7.650 (tradução livre).

"Las excepciones limitadas se aplican a 'los derechos conferidos por una marca de fábrica o de comercio'. [...] Por consiguiente, el hecho de que sólo pueda afectar a pocas marcas de fábrica o de comercio o pocos titulares de marcas de fábrica o de comercio no es pertinente a la cuestión de si una excepción es limitada. Lo que hay que decidir es si la excepción de los *derechos conferidos por una marca de fábrica o de comercio* es restringida".[60]

"El uso leal de términos descriptivos está inherentemente limitado en función del signo que puede utilizarse y del grado de probabilidad de confusión a que esa utilización podría dar lugar, ya que un término puramente descriptivo no es por sí distintivo y no puede ser protegido como marca de fábrica o de comercio. *El uso leal de términos descriptivos no está limitado en función del número de terceros que podrían beneficiarse, ni en función de la cantidad de bienes o servicios para los que éstos usan los términos descriptivos,* aunque implícitamente sólo se aplica a los terceros que utilizarían esos términos en el curso de operaciones comerciales y a los bienes o servicios que esos términos describen. *El número de marcas de fábrica o de comercio o titulares de marcas de fábrica o de comercio afectados es irrelevante,* aunque implícitamente sólo afectaría a las marcas que pueden consistir en signos que puedan utilizarse en forma descriptiva, o que incluyan tales signos"[61] (grifos nossos).

Contudo, no caso concreto examinado, o Grupo Especial acolheu a opinião de que uma exceção será "limitada", quando impedir o titular de uma marca de exercitar seu direito de exclusão: (i) em face de um grupo limitado de terceiros não autorizados;[62] *e/ou* (ii) em relação a um grupo limitado de sinais idênticos ou similares à sua marca;[63] *e/ou* (iii) em relação a um grupo limitado de bens ou serviços aos quais possam ser afixados sinais idênticos ou similares ao seu;[64] *e/ou* (iv) em face do uso de sinais idênticos ou similares ao seu, quando este uso possa gerar, no máximo, uma pequena probabilidade de confusão:[65]

"[...] una excepción podría menoscabar el derecho del titular con respecto a los terceros de que se trate, o con respecto a la identidad o la similitud de los signos o los bienes o servicios de que se trate o con respecto al grado de probabilidad de confusión, o una combinación de

60. WTO, WT/DS174/R, Panel Report, par. 7.650.
61. Idem, ibidem, par. 7.654.
62. Idem, ibidem, par. 7.656.
63. Idem, ibidem, par. 7.657.
64. Idem, ibidem, par. 7.655.
65. Idem, ibidem, par. 7.658 e 7.670.

esos elementos. Puede haber también otras posibilidades. La prescripción fundamental es que la excepción sea 'limitada' [...]".[66]

No que respeita à última condição que deva ser preenchida pelas exceções (a exceção deve levar "em conta os interesses do titular da marca e de terceiros"), o Grupo Especial adotou o entendimento apresentado em *Canada – Pharmaceutical Patents* de que interesses legítimos são interesses "apoiado por políticas públicas ou outras normas sociais pertinentes".[67] Segundo o relatório do Grupo Especial, o interesse legítimo dos titulares de marcas é o de proteger o caráter distintivo de suas marcas e, consequentemente, seu valor econômico:

> "Por referencia al párrafo 1 del artículo 15 [do TRIPS] se entiende que las marcas de fábrica o de comercio tienen la función de distinguir los bienes o servicios de las empresas en el curso de operaciones comerciales. Cada titular de una marca de fábrica o de comercio tiene un interés legítimo en preservar ese carácter distintivo, o capacidad para distinguir, de su marca de fábrica o de comercio de modo que pueda cumplir esa función. Esto incluye su interés en usar su propia marca en relación con los bienes y servicios pertinentes de sus empresas propias y autorizadas. Si ese interés legítimo se tiene en cuenta se tendrá también en cuenta el interés del titular de la marca de fábrica o de comercio en el valor económico de su marca derivado del renombre de que disfruta y de la calidad que denota".[68]

Na categoria dos interesses legítimos de terceiros estão incluídos os dos *consumidores* "em poder distinguir os bens e serviços de uma empresa dos de outra", a fim de evitar confusões,[69] e os interesses dos *usuários* de sinais distintivos (e.g.: industriais e comerciantes) de identificar, de modo inequívoco, seus produtos e serviços.[70] Na prática, o Grupo Especial apenas considerou "legítimos" aqueles interesses de natureza eminentemente comercial.

Os interesses legítimos do titular da marca afetada pela exceção e dos consumidores em geral serão devidamente considerados pela exceção investigada quando ela permitir distinguir "os bens que ostentam a marca de fábrica ou de comércio dos que utilizam" um sinal distintivo idêntico ou similar à marca protegida, bem como "as respectivas empresas" que utilizam esses sinais.[71] Em outras palavras, os interesses legítimos dos titulares das marcas e dos consumidores serão devidamente considerados quando os usos em-

66. WTO, WT/DS174/R, Panel Report, par. 7.653.
67. Idem, ibidem, par. 7.663 (tradução livre).
68. Idem, ibidem, par. 7.664.
69. Idem, ibidem, par. 7.675 (tradução livre).
70. Idem, ibidem, par. 7.681.
71. Idem, ibidem, par. 7.672 (tradução livre).

preendidos por terceiros, sob o amparo da exceção examinada, *não* tiverem caráter confusório. Já os interesses legítimos dos beneficiários empresariais da exceção (industriais e comerciantes) serão devidamente considerados pela exceção quando estiverem obrigados a identificar, de maneira honesta, seus produtos e serviços em operações comerciais, isto é, quando os usos empreendidos não comportarem uma probabilidade razoável de levar o público a incorrer em erro sobre a origem dos produtos ou serviços comercializados. Em síntese, segundo o relatório do Grupo Especial, a segunda condição do teste do art. 17 exige que qualquer exceção aos direitos conferidos por marcas leve em conta, simultaneamente: i) o interesse legítimo dos titulares de marcas afetadas de preservar a distintividade desses sinais distintivos; ii) os interesses dos beneficiários da exceção de poder identificar, de modo honesto, a origem de seus produtos e serviços; iii) e o interesse dos consumidores de não serem induzidos a erro.

A interpretação proposta para o art. 17 do Acordo TRIPS, em *EC – Trademarks and Geographical Indications*, apresenta, pelo menos, quatro problemas técnicos importantes. Em primeiro lugar, para interpretar a expressão "exceções limitadas", o Grupo Especial tomou como parâmetro a interpretação apresentada em *Canada – Pharmaceutical Patents* para a mesma expressão. Pelas razões já aduzidas ao longo do presente capítulo,[72] não é legalmente sustentável a interpretação proposta pela OMC para os termos do art. 30; por conseguinte, igualmente deve ser desconsiderada a interpretação proposta em *EC – Trademarks and Geographical Indications* para os termos da primeira etapa do teste do art. 17.

Em segundo lugar, no que respeita à segunda condição fixada pelo art. 17, o relatório do Grupo Especial se equivoca ao levar em consideração apenas os interesses legítimos dos titulares de marcas e de terceiros amparados por normas sociais e/ou por políticas públicas. Conforme já esclarecido anteriormente, o intérprete deve levar em conta tão somente os interesses amparados por normas jurídicas:[73] no caso dos titulares de marcas, seus interesses legítimos são aqueles que fundamentam os direitos garantidos pelo Acordo TRIPS; no caso dos terceiros, seus interesses legítimos são aqueles tutelados, *inter alia*, pelos tratados internacionais de direitos humanos e pelos acordos multilaterais de meio ambiente.

Em terceiro lugar, o Grupo Especial limitou-se a incluir no rol de "terceiros", cujos interesses legítimos devem ser considerados pelas exceções, apenas os consumidores e os agentes econômicos. Considerando que a OMC e o Acordo TRIPS não perseguem apenas interesses de natureza econômica, é acertado também incluir nesse grupo outros indivíduos e instituições que

72. Cf. item 2.2.4.

73. Cf. item 2.3.3.

possam ter um legítimo interesse em utilizar um sinal idêntico ou similar a uma marca protegida, e.g., ONGs e órgãos de imprensa.

Por fim, o Grupo Especial limitou-se a incluir, no rol de interesses legítimos de terceiros a serem considerados – e resguardados – pelas exceções, um número excessivamente limitado de interesses: o interesse dos consumidores de não serem induzidos a erro sobre a origem dos produtos e serviços em circulação no comércio; e o dos agentes econômicos de identificar, de maneira honesta (não confusória), seus bens e serviços no comércio. Em face dos amplos objetivos sociais, ambientais e econômicos perseguidos pela OMC, parece-nos mais acertado incluir nesse rol de interesses legítimos todos aqueles autorizados pelo art. 8.º do Acordo TRIPS.[74]

Em virtude desses equívocos, proponho uma interpretação alternativa para o teste do art. 17 do Acordo TRIPS, parcialmente baseada no correto sentido normativo dos termos do art. 30 do Acordo TRIPS; *parcialmente*, porque embora os textos desses dispositivos apresentem semelhanças, contam também com diferenças importantes que não podem ser ignoradas pelo intérprete: o art. 30 fixa três condições que as exceções aos direitos de patentes devem observar, enquanto o art. 17 fixa apenas duas condições que as exceções ao direito de marca devem observar; enquanto a terceira etapa do teste do art. 30 determina que as exceções aos direitos conferidos por uma patente não devem prejudicar "de forma não razoável os interesses legítimos de seu titular, levando em conta os interesses legítimos de terceiros", a última etapa do teste do art. 17 apenas dispõe que as exceções aos direitos conferidos por uma marca devem levar "em conta os legítimos interesses do titular da marca e de terceiros". Essas diferenças impedem o uso irrestrito da interpretação desenvolvida para o art. 30, com vistas a aclarar o sentido do art. 17.

Para esclarecer o sentido da expressão "exceções limitadas" utilizada no art. 17, recorro ao sentido desenvolvido anteriormente para a mesma expressão, no contexto do art. 30 do TRIPS.[75] Contudo alguns ajustes devem ser efetuados a fim de evitar que a primeira etapa do teste do art. 17 se sobreponha, ainda que parcialmente, à segunda etapa. Diferentemente do que ocorre no teste do art. 30, a primeira etapa do teste do art. 17 não se presta a avaliar se os objetivos perseguidos pela exceção estão ou não chancelados pelo art. 8.º do Acordo TRIPS; tal função é desempenhada pela segunda etapa do teste, como forma de garantir que as exceções investigadas, de fato, levem em conta os legítimos interesses de terceiros. Tomando como diretriz o sentido da referida expressão no contexto do art. 30, uma exceção aos direitos conferidos por uma marca será "limitada" se observar os seguintes limites fixados pelo Acordo TRIPS:

---

74. Cf. item 1.4.3.1.

75. Cf. item 2.3.1.

- respeito às cláusulas do tratamento nacional e da nação mais favorecida (arts. 3.º e 4.º);
- garantia de que a duração do registro de marcas comerciais não será inferior a 7 anos (art. 18);
- garantia do direito de renovar, indefinidamente, o registro de marcas (art. 18);
- proibição da concessão de licenças compulsórias para a exploração de marcas comerciais (art. 21);
- proibição de adotar exceções que produzam o efeito prático de impedir a proteção das categorias de sinais distintivos que, nos termos do art. 15 do Acordo TRIPS, devem ser passíveis de receber proteção legal; e
- respeito ao direito exclusivo do titular da marca registrada de "ceder a marca, com ou sem a transferência do negócio ao qual a marca pertença" (art. 21).

Em relação à *segunda etapa* do teste do art. 17 do Acordo TRIPS, considerando que sua redação se diferencia, em pontos importantes, do texto da terceira etapa do teste do art. 30, a interpretação desenvolvida neste trabalho para a última não é pertinente para a determinação do sentido da primeira. Posto isto, uma exceção aos direitos conferidos por uma marca passará pela segunda etapa do teste do art. 17, se resguardar, *simultaneamente*, dois grandes grupos de interesses: os dos titulares de marcas e os de terceiros.

Os *interesses legítimos dos titulares de marcas* afetadas serão "levados em consideração" pela exceção se o caráter distintivo desses sinais for preservado, i.e., se o seu magnetismo comercial e a sua habilidade de identificar uma única fonte provedora de determinados produtos e serviços forem preservados. Em termos concretos, isso significa que:

(i) se a marca afetada pela exceção for "comum", a exceção não poderá amparar o uso de sinal idêntico ou similar a ela junto a bens ou serviços idênticos ou similares àqueles para os quais a marca está registrada, sempre que o uso possa gerar confusão sobre a origem dos produtos ou serviços;[76]

(ii) (ii) caso a marca afetada pela exceção seja notoriamente conhecida, a exceção não poderá autorizar o uso de sinal idêntico ou similar a ela junto a bens ou serviços em geral, desde que o uso possa gerar confusão sobre a origem dos produtos ou serviços.[77]

Os *interesses legítimos de terceiros* – e.g., agentes econômicos em geral, consumidores, indivíduos em geral, ONGs e órgãos da imprensa – serão "le-

76. Cf. art. 16(1) do Acordo TRIPS.
77. Cf. art. 16, par. 2.º e 3.º, do Acordo TRIPS.

vados em consideração"pela exceção quando os usos amparados pela exceção promoverem, de fato, algum dos interesses legítimos autorizados pelo art. 8.º do Acordo TRIPS. Em outras palavras, os usos excepcionados deverão constituir meios adequados para promover algum dos objetivos públicos autorizados pelo TRIPS. Em síntese, as exceções, por princípio, promovem interesses legítimos de terceiros – e.g., liberdade de expressão, liberdade de iniciativa, livre concorrência –, mas não devem negligenciar o interesse fundamental dos titulares de marcas afetadas de preservar sua distintividade, sobretudo porque isso interessa também aos consumidores e ao bom funcionamento do mercado.

2.5 Teste de avaliação da legitimidade das exceções aos direitos conferidos por desenhos industriais (art. 26.2)

Nos termos do art. 26(1) do Acordo TRIPS,"o titular de um desenho industrial protegido terá o direito de impedir terceiros, sem sua autorização, de fazer, vender ou importar artigos que ostentem ou incorporem um desenho que constitua uma cópia, ou seja substancialmente uma cópia, do desenho protegido, quando esses atos sejam realizados com fins comerciais".

Os Membros da OMC poderão instaurar exceções aos direitos conferidos por desenhos industriais, desde que elas: (1) sejam limitadas; (2) não conflitem de forma não razoável com a exploração normal dos desenhos industriais protegidos; e, por fim, (3) não prejudiquem de forma não razoável os legítimos interesses dos titulares de desenhos protegidos, levando em conta os legítimos interesses de terceiros. Porquanto a redação do teste do art. 26(2) do Acordo TRIPS é extremamente similar ao texto do teste do art. 30, a interpretação proposta para as etapas deste último poderão ser aplicadas com maior liberdade para a determinação do sentido do primeiro.

O processo de aferição do *caráter limitado* de uma exceção aos direitos conferidos aos titulares de desenhos industriais compreende três etapas: primeiramente, verificar se a exceção persegue algum dos objetivos autorizados pelo art. 8.º do Acordo TRIPS, inclusive algum dos objetivos gerais perseguidos pelo sistema OMC, indicados no preâmbulo do Acordo de Marrakesh. Em segundo lugar, avaliar se a exceção é adequada a promover os objetivos que justificaram sua adoção. E por fim, apurar se a exceção observou os limites fixados pelo Acordo TRIPS, a saber:

- respeito às cláusulas do tratamento nacional e da nação mais favorecida (arts. 3.º e 4.º);
- proibição de adotar exceções que produzam o efeito de impedir a efetiva proteção das categorias de desenhos industriais que, nos termos do art. 25(1) do Acordo TRIPS, devem ser passíveis de receber proteção legal;

- garantia de que a duração mínima da proteção outorgada aos desenhos industriais será de 10 anos (art. 26.3); e
- obrigação de assegurar proteção aos padrões de tecidos (art. 25.2).

A *segunda etapa* do teste do art. 26(2) do Acordo TRIPS exige que as exceções aos direitos conferidos aos titulares de desenhos industriais não conflitem, de modo desarrazoado, com a exploração normal dos desenhos industriais afetados.

"Exploração normal" entende-se aqui como os meios usualmente empregados por todos ou grande parte dos titulares de desenhos industriais para deles extrair benefícios econômicos, não podendo serem levados em consideração os meios de exploração pouco usuais, utilizados por um grupo limitado de titulares de desenhos industriais.[78] Igualmente não se deve incluir no rol dos "meios de exploração normal" de desenhos industriais o exercício dos direitos de exclusividade garantidos pelo art. 26(1) em detrimento de terceiros que façam uso de desenhos protegidos para fins não comerciais.[79] Tampouco devem ser considerados "meios de exploração normal" de desenhos industriais as formas de exploração que não se mostram essenciais à consecução dos objetivos dos regimes de proteção dos desenhos industriais,[80] quais sejam agregar valor a produtos funcionais (e.g., automóveis, relógios, aparelhos domésticos e motocicletas), mediante a diferenciação dos produtos e fomentar a criatividade, mediante a recuperação dos investimentos realizados no desenvolvimento de desenhos industriais e a geração de recursos para apoiar novos projetos criativos. O entendimento aqui proposto para o que seja "exploração normal de desenhos industriais" permite reconciliar os interesses econômicos dos titulares de desenhos industriais com os dos demais setores da sociedade, evitando-se, assim, que os primeiros exerçam seus direitos de maneira abusiva.

Tendo como parâmetro a interpretação a que se chegou para a segunda etapa do teste dos três passos do direito das patentes, na segunda etapa do teste do art. 26(2) o intérprete está obrigado a avaliar se a exceção investigada é o meio menos oneroso para alcançar o objetivo perseguido pelo Estado proponente da medida.[81] Em outras palavras, a exceção investigada passará pelo crivo da segunda etapa do teste se inexistirem outras medidas alternativas, razoavelmente à disposição do Estado, hábeis a promover o mesmo objetivo e no mesmo nível.

A *terceira e última etapa* do teste do art. 26(2) determina que as exceções aos direitos garantidos aos titulares de desenhos industriais não devem

78. WTO, WT/DS114/R, Report of the Panel, par. 7.55.
79. Cf. art. 26(1) *in fine*.
80. WTO, WT/DS114/R, Panel Report, par. 7.58.
81. Cf. item 2.3.2.

prejudicar, de modo desarrazoado, os legítimos interesses dos titulares de desenhos protegidos, devendo-se levar em conta os legítimos interesses de terceiros, no processo de aferição da razoabilidade dos prejuízos engendrados. Conforme já havia antecipado, o conteúdo normativo da terceira etapa do teste dos três passos do direito das patentes será tomado como subsídio para esclarecer o sentido da etapa final do teste do art. 26(2).[82]

Dois são os interesses legítimos dos titulares de desenhos industriais resguardados pelo TRIPS. O primeiro é recuperar os investimentos feitos no desenvolvimento de desenhos industriais e gerar recursos que apoiem o desenvolvimento de novos desenhos industriais. Ou seja, os titulares de desenhos têm o legítimo interesse de preservar os incentivos econômicos para inovação. O outro interesse legítimo resguardado pelo TRIPS é preservar a capacidade dos desenhos industriais de desempenhar a função de agregador de valor e de diferenciador de produtos funcionais.

Já os interesses legítimos de terceiros são aqueles salvaguardados por, *inter alia*, instrumentos internacionais de proteção dos direitos humanos, inclusive dos direitos do consumidor, e do meio ambiente. A exceção investigada passará, com sucesso, pela etapa final do teste se os benefícios sociais produzidos pela exceção superarem os prejuízos individuais impingidos nos interesses legítimos dos titulares de desenhos industriais.

---

82. Cf. item 2.3.3.

Capítulo 3

O conteúdo normativo das cláusulas gerais de exceção dos direitos autorais

3.1 Introdução

No âmbito da OMC, o teste dos três passos dos direitos autorais, desenvolvido durante a Conferência de Revisão de Estocolmo da Convenção de Berna (1967), ocupa o papel de regra geral de controle da legalidade de exceções aos direitos autorais, estando incorporada ao art. 9(2) da Convenção de Berna e ao art. 13 do Acordo TRIPS.[1] Cada um destes dispositivos exerce um papel distinto.

O art. 9(2) da Convenção de Berna tem a exclusiva função de controlar a legalidade das exceções ao direito de reprodução; mais especificamente, compete-lhe regular apenas o espaço não ocupado pelos dispositivos da Convenção de Berna que regulam a adoção de exceções especiais ao direito de reprodução – e.g., arts. 10, 10bis, 11bis(3) e 13(1).[2] Embora o texto desse dispositivo não seja explícito a esse respeito, os registros das negociações da Conferência de Revisão de Estocolmo indicam que os Estados usufruem a discricionariedade de incluir, no escopo das exceções ao direito de reprodução, o direito dos beneficiários destas exceções de realizar traduções das obras afetadas pelas exceções,[3] bem como de distribuir as cópias extraídas.[4] Em

1. Fora da esfera da OMC, o teste dos três passos integra o art. 10.° do Tratado da OMPI sobre Direito de Autor (WCT) e o art. 16(2) do Tratado da OMPI sobre Interpretação ou Execução e Fonogramas (WPPT).
2. WIPO 1971b, p. 1145.
3. Cf. WIPO 1971b, p. 884 (cf. as declarações das delegações de Israel e de Portugal); Ricketson 1987, p. 373-375, 389, 400-404 e 537-541.
4. Lipszyc (2001, p. 183) e Ficsor (2003, p. 283) consideram que o direito de distribuição integra o direito de reprodução. Por outro lado, durante a Conferência de Estocolmo de Revisão da Convenção de Berna, Áustria, Itália e Marrocos apresentaram uma proposta de reconhecimento do direito de geral circulação (ou de distribuição de cópias de obras protegidas). Os Estados participantes da Conferência rechaçaram essa proposta (WIPO 1971b, p. 856). Isso significa que os titulares de direitos autorais não contam, genericamente, com um direito de distribuição. Essa deve ser a possível

outras palavras, as exceções legítimas ao direito de reprodução, cumpridoras das exigências fixadas pela Convenção de Berna, autorizam seus beneficiários a realizar traduções de obras protegidas *na medida necessária para fazer uso destas exceções*, assim como a distribuir as cópias extraídas, sob o amparo destas exceções. Se o art. 9(2) da Convenção de Berna impedisse terceiros de traduzir obras escritas em línguas estrangeiras, com o propósito de fazer uso das exceções ao direito de reprodução, o dispositivo criaria uma discriminação com base no idioma em que a obra foi publicada. Por exemplo, na hipótese de o Brasil adotar uma exceção que autoriza instituições educacionais locais a extrair fotocópias para uso em sala de aula, as beneficiárias da exceção, na prática, apenas extrairiam fotocópias de obras publicadas em língua portuguesa. Consequentemente, a exceção prejudicaria muito mais os direitos dos autores brasileiros que os dos de outras nações. Ademais, tal entendimento restritivo não se coaduna com a vocação global da Convenção de Berna, a qual foi concebida para facilitar a difusão internacional de obras literárias e artísticas de todas as origens, nem com o princípio do tratamento nacional, uma vez que as exceções ao direito de reprodução seriam muito mais prejudiciais aos interesses econômicos dos autores nacionais. Nesse mesmo espírito, se o art. 9(2) da Convenção de Berna impedisse terceiros de distribuir as cópias extraídas de obras protegidas, sob o amparo de exceções legítimas, os titulares de direitos autorais teriam a prerrogativa de esvaziar de efeito prático as exceções instauradas ao direito de reprodução.[5]

O art. 13 do Acordo TRIPS determina que "os Membros [da OMC] restringirão as limitações ou exceções aos direitos exclusivos a determinados casos especiais, que não conflitem com a exploração normal da obra e não prejudiquem injustificavelmente os interesses legítimos do titular do direito". O termo "restringirão" denota que esse dispositivo tem como uma de suas funções centrais *controlar, limitar* o escopo das exceções aos direitos autorais, adotadas sob o amparo das cláusulas especiais de exceção da Convenção de Berna, e.g., arts. 10, 10bis, 11bis (2) e (3), 13(1).[6] Em termos concretos, isso implica que, em relação às cláusulas de exceção da Convenção de Berna que incluem termos indeterminados (e.g., "conformes aos bons usos"), o art. 13

justificativa legal para o art. 5(4) da Diretiva 2001/29/CE, relativa à harmonização de certos aspectos do direito de autor e dos direitos conexos na sociedade da informação, autorizar os Membros da União Europeia a incluir, no escopo das exceções ao direito de reprodução, o direito de distribuir as cópias extraídas, independentemente da autorização dos titulares de direitos afetados.

5. Nesse sentido, o art. 5(4) da Diretiva 2001/29/CE, relativa à harmonização de certos aspectos do direito de autor e dos direitos conexos na sociedade da informação, autoriza os Membros da União Europeia a incluir, no escopo das exceções ao direito de reprodução, o direito de distribuir as cópias extraídas, independentemente da autorização dos titulares de direitos afetados.

6. Cf., e.g.: WTO, WT/DS160/R, par. 6.94; Brennan 2002, p. 224.

do Acordo TRIPS desempenha o papel de ferramenta interpretativa do conteúdo normativo desses termos.[7] Esse é o caso das exceções previstas no art. 10, parágrafos 1.º e 2.º, da Convenção de Berna.

Mas quando as cláusulas de exceção da Convenção de Berna estabelecem, de modo claro, as condições que os beneficiários das exceções devem cumprir, a função do art. 13 do Acordo TRIPS é estabelecer condições *adicionais* a serem observadas pelos Estados.[8] Esse é o caso, por exemplo, das exceções previstas nos arts. 10bis, parágrafos 1.º e 2.º; 11bis, parágrafos 2.º e 3.º; e 13, parágrafo 1.º, da Convenção de Berna. Consequentemente, no que se refere aos direitos garantidos pela Convenção de Berna, os Membros da OMC não têm legitimidade para utilizar o art. 13 do Acordo TRIPS para justificar a adoção de exceções não autorizadas expressamente por aquela convenção. Isso porque o art. 20 da Convenção de Berna – dispositivo este que igualmente integra o Acordo TRIPS – dispõe que"os governos dos países da União reservam-se o direito de celebrar entre si acordos particulares, desde que tais acordos concedam aos autores direitos *mais extensos* do que aqueles conferidos pela Convenção ou contenham estipulações diferentes não contrárias à mesma", e o art. 2(2) do Acordo TRIPS determina que"nada nas Partes I a IV deste Acordo derrogará as obrigações existentes que os Membros possam ter entre si, em virtude [...] da Convenção de Berna [...]". Assim sendo, o Acordo TRIPS deve ser interpretado e aplicado de modo a *não* restringir os direitos garantidos pela Convenção de Berna além do que é autorizado pelos arts. 1-21 e apêndice dessa convenção.

A última função desempenhada pelo art. 13 do Acordo TRIPS é controlar a legalidade das exceções ao direito de aluguel, garantido exclusivamente pelo art. 11 do Acordo TRIPS, bem como aos direitos de exclusividade que venham a ser garantidos no futuro por novas emendas a esse acordo. As exceções a esses direitos precisam observar exclusivamente as exigências fixadas pelo art. 13 do Acordo TRIPS.

A princípio, a redação dos arts. 9(2) da Convenção de Berna e 13 do Acordo TRIPS parece indicar que seus únicos destinatários são os legisladores dos Membros da OMC, i.e., o teste dos três passos serviria de guia aos parlamentos nacionais para que se limitem a adotar exceções aos direitos autorais que passem pelo crivo do teste dos três passos. Assim sendo, o Poder Judiciário apenas poderia utilizar o conteúdo do teste dos três passos para dirimir controvérsias quando as normas nacionais indicassem *explicitamente* que o teste deve reger a *aplicação* das exceções aos direitos autorais. Este é o caso da exceção insculpida no art. 46,VII, da Lei de Direitos Autorais do Brasil (Lei 9.609/1998), que dispõe:"não constitui ofensa aos direitos autorais: VII – a reprodução, em quaisquer obras, de pequenos trechos de obras preexisten-

7. Senftleben 2004, p. 124; Geiger 2008b, p. 948.
8. Senftleben 2004, p. 124.

tes, de qualquer natureza, ou de obra integral, quando de artes plásticas, sempre que a reprodução em si não seja o objetivo principal da obra nova e *que não prejudique a exploração normal da obra reproduzida nem cause um prejuízo injustificado aos legítimos interesses dos autores*". Esse é igualmente o caso do art. 5(5) da Diretiva Europeia 2001/29/EC relativa à harmonização de certos aspectos do direito de autor e dos direitos conexos na sociedade da informação, segundo o qual "as excepções e limitações contempladas nos n. 1, 2, 3 e 4 só se *aplicarão* em certos casos especiais que não entrem em conflito com uma exploração normal da obra ou outro material e não prejudiquem irrazoavelmente os legítimos interesses do titular do direito". Nesses casos, o teste dos três passos dos direitos autorais é empregado para determinar o escopo das exceções aos direitos autorais incorporadas aos ordenamentos nacionais.

De modo diverso, no Brasil, o Poder Judiciário atribui ao teste dos três passos dos direitos autorais outras duas funções adicionais: esclarecer o escopo de *toda e qualquer* exceção prevista na Lei de Direitos Autorais, ainda que o texto legal não indique a necessidade da aplicação do teste com este fim;[9] e controlar a criação de exceções pelo Poder Judicíario e pela autoridade antitruste, quando não há previsão legal que imunize certos usos não autorizados de obras protegidas do controle exercido pelos titulares de direitos autorais.[10]

Por conta das importantes funções desempenhadas pelos arts. 9(2) da Convenção de Berna e 13 do Acordo TRIPS, faz-se urgente investigar o correto sentido normativo desses dispositivos. Depende do escopo desses testes a liberdade dos Membros da OMC para adotarem não só em âmbito doméstico mas também na esfera internacional exceções aos direitos autorais capazes de

9. Cf. Apelação Cível 2002.51.01.015719-6 (Relatora: Desembargadora Liliane Roriz. Apelante: Soc. Bras. de Autores Teatrais – SBAT. Apelado: Fundação Oswaldo Cruz), julgada pelo Tribunal Regional Federal da 2.ª Região, em 24 de novembro de 2009.

10. Cf. 3.ª Turma do Superior Tribunal de Justiça, Recurso Especial 964404 (Recorrente: Mitra Arquidiocesana de Vitória. Recorrido: Escritório Central de Arrecadação e Distribuição – ECAD), julgado em 15 de março de 2011. Nesse litígio, o STJ absolveu a Mitra Arquidiocesana de Vitória da cobrança de *royalties*, efetuada pelo ECAD, em virtude da execução de obras musicais durante evento religioso gratuito. Embora a Lei de Direitos Autorais do Brasil não preveja qualquer exceção explícita que isente esse tipo de uso não autorizado do pagamento de *royalties* aos titulares de direitos autorais, o Ministro Paulo de Tarso Sanseverino aplicou o art. 13 do Acordo TRIPS diretamente ao caso, com vistas a examinar se os usos não autorizados de obras de terceiros, empreendidos pela Mitra Arquidiocesana, passam pelo crivo do teste dos três passos. O Ministro Sanseverino entendeu que "o evento de que trata os autos – sem fins lucrativos, com entrada gratuita e finalidade exclusivamente religiosa – não conflita com a exploração comercial normal da obra (música e sonorização ambiental), assim como, tendo em vista não constituir evento de grandes proporções, não prejudica injustificamente os legítimos interesses dos autores. [...] Prepondera, pois, neste específico caso, o direito fundamental à liberdade de culto e de religião frente ao direito do autor".

promover interesses de valor superior, já que o art. 20 da Convenção de Berna proíbe suas partes contratantes – bem como os Membros da OMC, em função dos arts. 2(2) e 9(1) do Acordo TRIPS – de negociarem novos acordos de direitos autorais que contemplem disposições contrárias a ela ou que reduzam os direitos por ela garantidos. A menos que os arts. 9(2) da Convenção de Berna e 13 do Acordo TRIPS garantam aos Membros da OMC ampla liberdade para adotarem exceções socialmente eficientes aos direitos autorais, não terá um futuro promissor o projeto do Comitê Permanente da OMPI de Direitos de Autor e Conexos de negociar, no futuro próximo, um ou mais instrumentos jurídicos internacionais (e.g., leis-modelo, recomendações conjuntas e tratados) sobre limitações e exceções aos direitos autorais, especialmente concebidas para satisfazer as necessidades especiais de portadores de deficiências visuais, bibliotecas, arquivos e de instituições educacionais e de pesquisa.[11]

Nos itens seguintes, primeiramente, será examinada a interpretação proposta pela OMC, em *US – Section 110(5) Copyright Act*, para os termos do teste do art. 13 do Acordo TRIPS. Em seguida, será investigado o correto sentido desse dispositivo e do art. 9(2) da Convenção de Berna, *em sua condição de dispositivo integrante do texto do Acordo TRIPS*,[12] mediante a aplicação das regras da CVDT. Isso significa que a interpretação proposta para o último dispositivo não necessariamente pode ser utilizada por aqueles Estados que *apenas* são partes contratantes da Convenção de Berna.

3.2 O art. 13 do Acordo TRIPS segundo *US – Section 110(5) Copyright Act*

Em 2000, o art. 13 do Acordo TRIPS foi interpretado pela OMC no âmbito do caso *US – Section 110(5) Copyright Act*. Nesse litígio, a Comunidade Europeia impugnou a validade dos subparágrafos (A) e (B) da Section 110(5) do Copyright Act dos EUA, porquanto esses dispositivos introduziriam no marco legal norte-americano duas exceções aos direitos autorais (exceções de uso empresarial e de uso doméstico), supostamente inconsistentes com os arts. 11(1)(ii) e 11bis (1)(iii) da Convenção de Berna. Em breves palavras, as referidas exceções autorizam a amplificação de emissões musicais por pequenos estabelecimentos comerciais (estabelecimentos de comidas e bebidas, pequenos comércios etc.), que preencherem determinadas condições legais, independentemente do pagamento de taxas de *royalties* e da obtenção de autorização dos titulares das obras afetadas. O Grupo Especial entendeu que as exceções impugnadas apenas seriam válidas *vis-à-vis* o Acordo TRIPS se passarem pelo teste dos três passos do art. 13 do Acordo TRIPS.

11. WIPO 2010.
12. Cf. art. 9(1) do Acordo TRIPS.

O art. 13 autoriza os Membros da OMC a adotarem exceções aos direitos autorais, desde que cumpram, cumulativamente, com três condições:[13] (1) as exceções deverão estar circunscritas a determinados casos especiais; (2) não poderão conflitar com a exploração normal das obras protegidas; e (3) não devem causar prejuízo injustificado aos interesses legítimos dos titulares de direitos autorais. Conforme se verá a seguir, essas condições foram interpretadas de maneira exageradamente conservadora e tendenciosa em favor da preservação dos interesses econômicos dos titulares de direitos autorais.

3.2.1 As exceções devem se circunscrever a determinados casos especiais

O Grupo Especial interpretou "determinados casos especiais" como sinônimo de exceções claramente definidas,[14] ou seja, as exceções devem ser arquitetadas de maneira a permitir a segura particularização dos atos excepcionados, das obras afetadas e de seus potenciais beneficiários. Em acréscimo, as exceções devem apresentar campo de aplicação *quantitativa* e *qualitativamente* limitado;[15] isto significa que as exceções devem ser aplicáveis apenas em situações especiais (no sentido de situações limitadas) e beneficiar apenas uma pequena parcela dos potenciais consumidores das obras afetadas pela exceção.[16]

Rechaçando a argumentação apresentada pelos EUA e pela Comunidade Europeia, o Grupo Especial julgou impertinente tratar "determinados casos especiais" como sinônimo de objetivos políticos especiais. Os objetivos perseguidos pela medida investigada apenas seriam úteis para inferir "o alcance da exceção e a claridade de sua definição".[17] Enfim, a preocupação do Grupo Especial não era avaliar a legitimidade dos objetivos que motivaram a adoção das exceções impugnadas, mas tão somente avaliar os reais e potenciais impactos negativos, produzidos por elas sobre a habilidade dos titulares de direitos autorais afetados de auferir benefícios econômicos através da exploração de suas obras, a partir da investigação da extensão do rol de obras afetadas pela exceção e do grupo de beneficiários.

13. WTO, WT/DS160/R, Panel Report, par. 6.97.
14. Idem, ibidem, par. 6.108.
15. Idem, ibidem, par. 6.109: "Este término ['especial'] significa que [...] una excepción o limitación debe ser estricta en sentido cuantitativo y en el cualitativo. Esto sugiere un ámbito reducido así como un objetivo excepcional o característico. Para situar este aspecto de la primera condición en el contexto de la segunda condición ('que no atenten contra la explotación normal'), las excepciones o limitaciones deben ser lo contrario de un caso que no sea especial, es decir de un caso normal".
16. Idem, ibidem, par. 6.113.
17. Idem, ibidem, par. 6.111-6.112 e 6.157.

3.2.2 *As exceções não devem atentar contra a exploração normal das obras*

Segundo o entendimento do Grupo Especial, constituem meios de "exploração normal" das obras todas as formas de exploração comercial, geradoras de "*utilidades comerciais importantes ou apreciáveis*".[18] Os mercados geradores de proventos importantes ou apreciáveis são os únicos cujos titulares de direitos autorais têm legítimas expectativas de controlar.[19] Isso significa que os usos excepcionados, para serem lícitos, devem ser incapazes de competir economicamente com os usos não excepcionados.[20]

O Grupo Especial sublinhou que a "exploração normal" de uma obra protegida não equivale "al pleno uso de los derechos exclusivos conferidos por el derecho de autor", pois, se fosse esse o caso, não haveria espaço para o estabelecimento de qualquer exceção aos direitos autorais, e o art. 13 tornar-se-ia letra morta.[21] É importante reiterar que apenas atenta contra a exploração normal da obra, usos excepcionados que "entran en competencia económica con las formas en que los titulares de derechos consiguen normalmente un valor económico de su derecho de la obra (es decir, el derecho de autor) y por lo tanto los priva de percibir utilidades *comerciales importantes o apreciables*".[22] É, portanto, legalmente concebível a adoção de uma exceção que assegure a terceiros o exercício de formas de exploração de obras protegidas, ainda que elas apresentem valor econômico, desde que os prejuízos econômicos impingidos aos titulares de direitos afetados não sejam *apreciáveis*.[23] Sem embargo, é complexo o estabelecimento de exceções com esse perfil, em função de o Grupo Especial não ter fixado um parâmetro quantitativo absoluto para diferenciar, com segurança, as fontes de "utilidades comerciais importantes ou apreciáveis" das que geram utilidades de importância irrelevante.

A noção de "exploração normal" pressupõe que cada direito de exclusivo associado a uma obra deve ser tratado como um direito independente dos demais (princípio da independência dos direitos de exploração), pois é legalmente plausível – e recorrente – que cada um dos direitos, que compõem o conjunto de direitos autorais associado a uma determinada obra, pertença a indivíduos distintos.[24] Assim, seria ilícita uma exceção que afeta dramatica-

18. WTO, WT/DS160/R, Panel Report, par. 6.183.
19. Idem, ibidem, par. 6.198.
20. Idem, ibidem, par. 6.181 ("[...] se presumiría que las excepciones o limitaciones no atentan contra la explotación normal de las obras si se limitan a un campo o grado de aplicación que no suponga competencia económica con los usos no exentos").
21. Idem, ibidem, par. 6.167.
22. Idem, ibidem, par. 6.183.
23. Idem, ibidem, par. 6.182.
24. Idem, ibidem, par. 6.173. Nesse sentido, o art. 31 da Lei de Direitos Autorais do Brasil (Lei 9.610/1998) dispõe: "As diversas modalidades de utilização de obras literárias,

mente o direito de reproduzir uma determinada obra literária, mas que não afeta em nenhum grau o direito de comunicá-la ao público, pois o titular do primeiro direito poderia ser despido dos meios econômicos de explorá-lo, enquanto o titular do segundo direito conservaria integralmente os meios de explorá-lo comercialmente.[25]

A identificação das formas de "exploração normal" de uma obra, que devem ser asseguradas aos titulares de direitos autorais, passa por uma investigação tanto *empírica* quanto *normativa*. Sob a perspectiva *empírica*, exploração normal de uma determinada categoria de obras compreende todas as esferas de mercado em que os titulares de direitos autorais normalmente as exploram comercialmente. Isso não implica que o intérprete apenas terá de considerar como formas de exploração normal aquelas a que costumam recorrer os titulares de direitos autorais, até o momento da adoção da exceção. Também deverão ser levados em consideração aqueles mercados economicamente importantes mas subexplorados, pois faltam aos titulares de direitos autorais instrumentos acessíveis e eficientes para explorá-los.[26] Seria uma indicação de que o mercado está subexplorado em função da ausência de meios eficientes ou acessíveis, e não em virtude da falta de interesse dos titulares de direitos autorais, o fato de que alguns usuários contam com licença para explorar uma determinada categoria de obras, enquanto outros usuários não contam com qualquer licença, quando ambos os grupos de usuários se encontram em situação semelhante.[27] *A contrario sensu*, quando os titulares de direitos dispõem de mecanismos legais e institucionais que os habilitam a explorar suas obras em um determinado nicho de mercado e, deliberadamente, assim não procedem, essa omissão indica que o mercado negligenciado não apresenta importância econômica real aos titulares de direitos. Assim sendo, o exercício de direitos autorais nesse mercado caracteriza um exercício anormal e ilegítimo dos direitos autorais.[28]

Sob a perspectiva *normativa*, "exploração normal" inclui todas as formas de exploração que já geram, no presente, recursos apreciáveis aos titulares de direitos autorais, bem como aquelas que, *vis-à-vis* os instrumentos tec-

---

artísticas ou científicas ou de fonogramas são independentes entre si, e a autorização concedida pelo autor, ou pelo produtor, respectivamente, não se estende a quaisquer das demais".

25. WTO, WT/DS160/R, Panel Report, par. 6.172: "[...] ponemos de relieve que un posible acto que atente contra la explotación normal de un determinado derecho exclusivo no puede quedar compensado ni justificado por el simple hecho de que no se atenta contra la explotación normal de otro derecho exclusivo (o de que no existe excepción de ninguna clase con respecto a ese derecho), aun si la explotación de este último derecho generaría mayores ingresos".
26. Idem, ibidem, par. 6.188.
27. Idem, ibidem, par. 6.188 e 6.247.
28. Idem, ibidem, par. 6.215-6.216 e 6.218.

nológicos disponíveis e as condições de mercado presentes, *podem* adquirir importância econômica no futuro.[29]

Segundo o entendimento do Grupo Especial, para aferir se determinada exceção atenta ou não contra a exploração normal de uma categoria de obras protegidas, o operador do direito precisa avaliar, individualmente, os impactos *reais e potenciais* produzidos pela exceção sobre cada um dos direitos exclusivos associados às obras afetadas.[30]

3.2.3 As exceções não devem causar um prejuízo injustificado aos interesses legítimos dos titulares de direitos autorais

Segundo o entendimento do Grupo Especial, a terceira e última etapa do teste do art. 13 tem por função avaliar o nível dos prejuízos econômicos provocados pela exceção nos interesses "de los titulares de derechos a ejercer sus derechos para obtener um beneficio económico". Para se avaliar se os prejuízos alcançam um nível justificável ou não, julgou-se necessário o cálculo dos prejuízos econômicos *reais* e *potenciais* impingidos a todos os titulares de direitos afetados pela exceção.[31] Os prejuízos apenas seriam justificáveis se de pequena monta.[32] *A contrario sensu*, o prejuízo ensejado pela exceção seria injustificado se representar uma importante perda de ingressos aos titulares de direitos, ou seja, se uma fonte de utilidades comerciais importantes ou apreciáveis fosse encerrada em virtude da exceção.[33]

---

29. WTO, WT/DS160/R, Panel Report, par. 6.180.
30. Idem, ibidem, par. 6.189.
31. Sobre a indispensabilidade de levar em consideração os prejuízos reais e potenciais provocados pela exceção investigada, o Grupo Especial assinala:"En lo que respecta en particular a la tercera condición, observamos que si sólo se tuvieran en cuenta las pérdidas reales, podría ser posible justificar la creación de una nueva excepción a un derecho exclusivo, cualquiera fuera su alcance, en situaciones en que el derecho en cuestión, se acabara de establecer, en que los titulares de derechos no hubieran dispuesto antes de medios efectivos o accesibles de hacer valer ese derecho, o en que ese derecho no se hubiera debido a que titulares de derechos todavía no habían constituido la estructura colectiva de administración que era necesaria para su ejercicio. Si bien en estas circunstancias la creación de una excepción puede no causar de inmediato una nueva pérdida de ingresos al titular de los derechos, éste no puede tener expectativas de percibir ingresos del ejercicio del derecho en cuestión. Creemos que si esta interpretación se convirtiera en una norma, sería contraria al alcance y al efecto vinculante de las normas mínimas de protección de los derechos de propiedad intelectual consagradas en el Acuerdo sobre los ADPIC" (Idem, ibidem, par. 6.247).
32. Idem, ibidem, par. 6.226-6.227 e 6.231.
33. Idem, ibidem, par. 6.229.

3.2.4 Por que o US - Section 110(5) Copyright Act *é legalmente irrelevante para futuros litígios?*

No que tange à primeira etapa do teste do art. 13, o Grupo Especial considerou que a expressão "determinados casos especiais" seria sinônimo de exceções claramente definidas, com escopo de aplicação limitado, em termos quantitativos e qualitativos. A interpretação proposta para a primeira etapa do teste foi motivada pelo objetivo de impedir a aprovação de qualquer exceção capaz de conflitar com a exploração normal das obras afetadas e de gerar prejuízos apreciáveis (injustificados) aos titulares de direitos autorais, em função de a exceção apresentar um escopo de aplicação amplo, em termos de obras afetadas, de número beneficiados e/ou de usos amparados. É legalmente impertinente a adoção de uma interpretação para a primeira etapa do teste do art. 13 que, de alguma forma, antecipe as análises que devem ser realizadas na segunda e na terceira etapa do teste.[34] A primeira etapa do teste deve, portanto, significar algo diferente do proposto.

Segundo o entendimento da OMC, expresso em *US – Section 110(5) Copyright Act*, na segunda etapa do teste o julgador deve verificar se a exceção cuja legalidade é investigada reserva aos titulares do direito de exclusivo afetado todas as formas de exploração da obra garantidos por esse direito, capazes de gerar no presente, bem como possivelmente no futuro, benefícios econômicos importantes ou tangíveis aos seus titulares. Consequentemente, apenas serão lícitas aquelas exceções que: i) não prejudicarem a exploração de qualquer mercado real ou potencial das obras afetadas; ou ii) prejudicarem a exploração daqueles mercados capazes de produzir benefícios econômicos pífios aos titulares de direitos autorais.

Para compreendermos os efeitos práticos desse entendimento, é preciso ter em mente que, no presente, os desenvolvimentos tecnológicos mais recentes tornaram realidade o desejo antigo dos titulares de direitos autorais de controlarem, de modo quase absoluto e economicamente eficiente, o uso de suas obras em escala mundial.[35] A ampliação da capacidade técnica de controle das obras literárias e artísticas e a redução dos custos de transação viabilizaram a criação de uma multiplicidade de novos mercados lucrativos que podem, com êxito, ser explorados pelos titulares de direitos autorais. Em outros termos, as ferramentas tecnológicas atuais permitem que se trate qualquer forma de uso de uma obra em um meio normal de explorá-la.[36] Portanto, no contexto tecnológico presente, não é exagerado afirmar que o entendimento adotado pela OMC do que constitui "exploração normal de uma obra" reduziu substancialmente – se é que não extinguiu completamente – o espaço para a adoção de exceções aos direitos autorais. Em harmonia com esse en-

34. Senftleben 2004, p. 152.
35. Cf., e.g.: Jehoram 2005, p. 364; Ricketson e Ginsburg 2006, p. 772-773.
36. Heide 1999, p. 107; Ginsburg 2001, p. 14.

tendimento, Heide faz um observação bastante esclarecedora, reproduzida a seguir:

> "Consider the industrious author who decides that he wishes to charge for every conceivable use made of his work. He is convinced that this is feasible and accordingly labels all hard copies of his work with a World Wide Web address where any user can contact him and arrange a particular use for a certain fee. This author has already arranged the hosting of the web site offering a menu of choices, which, among other things, enables the visitor and potential user to click on one button should the user be interested in commenting on or critiquing the work, another button if a parody is desired, and another if the user intends to incorporate the author's work as part of his own. In such an already feasible scenario, every use can be licensed and arguably falls within the realm of 'normal' exploitation. If this reality is combined with current understanding of the hierarchy of Article 9 (2), where if a proposed use threatens the normal exploitation of a work the consideration of the three-step test comes to an end and any contemplated exception permitting the proposed use is therefore not authorised by the test, where does this lead us? In an environment where few, if any, practical problems prevent contracting directly with the end user for the user's desired use of a work and where on-line contracts and technological devices enable an author to monitor the use of his work, such an interpretation potentially transforms the three-step test into a one-step test, and in the process renders it, depending on the perspective taken, either totally effective or completely ineffective".[37]

Se o entendimento da OMC estivesse correto, o art. 13 do Acordo TRIPS, bem como o art. 9(2) da Convenção de Berna, cairiam em desuso, porquanto muito raramente uma exceção aos direitos autorais passaria pelo seu crivo.[38] A interpretação da OMC fere, portanto, o princípio da efetividade na interpretação dos tratados, segundo o qual o intérprete deve sempre optar pela interpretação que confere significado e função ao dispositivo interpretado; que garante a integridade do texto do tratado; e que viabilize a efetivação das finalidades do tratado, no maior grau possível.

Por fim, segundo o entendimento do Grupo Especial, o terceiro passo do teste teria a função de averiguar se os prejuízos econômicos provocados pela exceção são justificáveis; para isso, eles teriam de ser, no máximo, diminutos ou irrelevantes em termos econômicos. Ora, se uma dada exceção passar, com sucesso, pelo segundo passo do teste do art. 13, isso significa que ela não

37. Heide 1999, p. 106. No mesmo sentido, ver: Geiger 2007a, p. 6; Geiger 2006c, p. 692; Sun 2007, p. 297.

38. Cf., e.g.: Senftleben 2004, p. 181; Koelman 2006, p. 408.

interfere na exploração normal das obras afetadas e, portanto, não encerra uma fonte de proventos econômicos importantes ou apreciáveis aos titulares de direitos autorais. Consequentemente, os prejuízos provocados por uma exceção, que corretamente passou pelo crivo do segundo passo do teste, devem ser, no pior dos cenários, irrelevantes e, assim sendo, justificáveis. Assim sendo, uma exceção que passa pela segunda etapa do teste do art. 13 passará, obrigatoriamente, por sua terceira etapa. A transformação do teste dos três passos em um teste de dois passos atesta a total inadequação e ilegitimidade da interpretação proposta pelo Grupo Especial, porquanto fere mais uma vez o princípio da efetividade na interpretação dos tratados, o qual proíbe que o intérprete adote "una lectura que haga inútiles o redundantes cláusulas o párrafos enteros de un tratado".[39]

A ilegitimidade da interpretação adotada em *US – Section 110(5) Copyright Act* é confirmada pela maneira como o Grupo Especial aplicou a regra geral de interpretação da CVDT: os amplos objetivos socioeconômicos da OMC e do Acordo TRIPS não exerceram qualquer papel explícito ou tácito no processo interpretação dos termos do art. 13. O contexto legal dentro do qual esse dispositivo foi interpretado compôs-se exclusivamente de normas protetoras dos interesses dos titulares de direitos autorais, a saber:[40] os arts. 9(2) da Convenção de Berna e 10 do Acordo de Direitos Autorais da OMPI (WIPO Copyright Treaty ou WCT). Em acréscimo, o Grupo Especial negligenciou a necessidade de interpretar o texto do art. 13 em harmonia com os princípios gerais do direito, notadamente com o princípio da proporcionalidade.

O Grupo Especial optou por adotar uma interpretação restritiva do escopo do art. 13, pois, em sua perspectiva, o art. 9(2) da Convenção de Berna "no tenía por objeto establecer excepciones o limitaciones que no tuvieran un carácter limitado".[41] Apesar de o art. 13 do Acordo TRIPS ter como matriz o referido dispositivo da Convenção de Berna, é preciso ter presente que cada dispositivo está inserido em um contexto legal diferente: o fato de a OMC perseguir objetivos socioeconômicos e ambientais tão amplos, enquanto o preâmbulo da Convenção de Berna elege como seu objetivo "proteger de maneira tanto quanto possível eficaz e uniforme os direitos dos autores sobre as respectivas obras literárias e artísticas",[42] é uma indicação de que o sentido normativo do art. 9(2) da Convenção de Berna, *a princípio*, *pode* não ser necessariamente o mesmo do art. 13 do Acordo TRIPS.

39. WTO, WT/DS2/AB/R (*US – Gasoline*), Report of the Appellate Body, p. 27. No mesmo sentido, o Órgão de Apelação da OMC, em *Korea – Dairy*, reiterou o entendimento de que "a la luz del principio de efectividad, el intérprete de un tratado está *obligado* a interpretar todas las disposiciones aplicables de un tratado en una forma que dé sentido a todas ellas, *armoniosamente*" (grifamos) (WTO, WT/DS98/AB/R, par. 81).

40. WTO, WT/DS160/R, Panel Report, par. 6.66 e 6.70.

41. Idem, ibidem, par. 6.97.

42. Preâmbulo, Convenção de Berna.

A interpretação adotada pelo Grupo Especial foi pautada pela "regra de exegese *odiosa restringenda* (as coisas odiosas devem ser restringidas)",[43] cuja premissa é garantir prioridade absoluta aos direitos autorais em relação aos demais direitos mediante a interpretação restritiva do escopo das exceções aos direitos autorais. Uma interpretação que privilegia, de modo absoluto, os interesses econômicos dos titulares de direitos autorais sobre os interesses legítimos de outros setores da sociedade configura uma infração aos princípios da proibição do abuso de direito e da proporcionalidade.

Em síntese, o Grupo Especial não interpretou o art. 13 do Acordo TRIPS de conformidade com a regra geral de interpretação, cristalizada na CVDT, porquanto não procurou selecionar uma interpretação que se harmonize com os objetivos perseguidos pela OMC e com os objetivos específicos do Acordo TRIPS, com o princípio da boa-fé – em sua modalidade doutrina do abuso de direito e princípio da efetividade na interpretação dos tratados –, com os critérios de necessidade e de consistência previstos no art. 8.º do Acordo TRIPS e com o princípio da proporcionalidade. Essas são razões suficientes para que os Membros da OMC e seu OSC descartem a interpretação proposta pelo Grupo Especial e busquem uma interpretação fielmente construída a partir da aplicação da regra da CVDT. Os itens seguintes ocupar-se-ão com essa tarefa.

3.3 Reinterpretando os arts. 13 do Acordo TRIPS e 9(2) da Convenção de Berna em conformidade com as normas costumeiras de interpretação dos tratados

3.3.1 Primeira etapa

A primeira etapa do teste do art. 13 exige que as exceções aos direitos autorais se circunscrevam a "determinados casos especiais" (*certain special cases*). O *Oxford English Dictionary* atribui, *inter alia*, os seguintes sentidos para o termo "caso" (*case*): "an instance of a particular situation; an example of something occurring"; "the situation affecting or relating to a particular person or thing".[44] No contexto do art. 13, o termo "caso" pode ser interpretado como conjunto de circunstâncias; situação; problema; assunto.

Em função da grande semelhança existente entre o texto do art. 9(2) da Convenção de Berna e o art. 13 do Acordo TRIPS, julgo útil recorrer aos trabalhos preparatórios para a negociação do referido dispositivo da Convenção de Berna. Um relatório de 1964 do Grupo de Estudos preparatórios para a Conferência de Estocolmo para a Revisão da Convenção de Berna[45] apre-

43. Soares 2000, p. 873.

44. Compact Oxford English Dictionary of Current English 2009.

45. O Grupo de Estudos era formado por especialistas do Governo da Suécia e do Escritório Internacional Unido para a Proteção da Propriedade Intelectual (United Inter-

sentou uma primeira proposta para o que viria a ser o primeiro teste dos três passos dos direitos autorais – o art. 9(2) da Convenção de Berna –, redigida nos seguintes termos:"However, it shall be a matter for legislation in the countries of the Union, having regard to the provisions of this Convention, to limit the recognition and the exercising of that right, for specified purposes and on the condition that these purposes should not enter into economic competition with these works". À luz dos termos do embrião do art. 9(2) da Convenção de Berna, o termo"casos"deve ser entendido como sinônimo de propósitos, objetivos.[46]

O dicionário já citado atribui diversos sentidos ao termo"determinado" (*certain*), mas os que melhor se coadunam com o texto em análise são os seguintes:"known for sure; established beyond doubt";"specific but not explicitly named or stated".[47] Em outras palavras,"determinado"pode ser interpretado como sinônimo de: definido; fixado de maneira clara.

O adjetivo"especial" (*special*) é definido pelo *Oxford English Dictionary* de diversas maneiras, mas as que fazem algum sentido, *vis-à-vis* o texto do art. 13, são as seguintes:"better, greater, or otherwise different from what is usual";"exceptionally good or precious";"belonging specifically to a particular person or place";"designed or organized for a particular person, purpose, or occasion".[48] O adjetivo especial pode denotar algo fora do comum, ou algo que apresenta uma função, aplicação ou alcance limitado ou específico.

Considerando os sentidos comuns atribuíveis aos termos"caso","determinado" e"especial", o amplo espectro de objetivos da OMC e do Acordo TRIPS,[49] a expressão"determinados casos especiais" pode ser interpretada de duas maneiras distintas: (1) objetivos fora do comum predefinidos com clareza; (2) objetivos limitados, no sentido de que os objetivos que justificam a adoção de uma exceção e os limites que restringem o alcance desta exceção estão pré-assinalados com clareza. A segunda alternativa parece a mais harmônica com o texto e contexto do art. 13.

Isto significa que a primeira etapa do teste do art. 13 demanda que qualquer exceção aos direitos autorais, para ser lícita, deve ser dirigida a promover algum dos objetivos legítimos autorizados pelo art. 8.º do Acordo TRIPS, entre os quais os interesses promovidos pelas cláusulas especiais de exceção da Convenção de Berna, e.g., educação, acesso à informação e liberdade de expressão.[50] Para que uma exceção passe pela primeira etapa do teste do art.

---

national Bureaux for the Protection of Intellectual Property – BIRPI), entidade antecessora da OMPI.

46. BIRPI 1967b, p. 48.
47. Compact Oxford English Dictionary of Current English 2009.
48. Idem, ibidem.
49. Cf. itens 1.4.1 e 1.4.2.
50. Senftleben 2004, p. 157.

13, não é suficiente identificar o objetivo que formalmente justificou sua adoção; é ainda preciso assegurar a existência de uma real conexão entre meios e fins, bem como a necessidade da medida investigada, a fim de evitar que a exceção seja utilizada para a prática de um abuso de direito (*détournement de pouvoir*). Se a exceção não for adequada a promover algum dos objetivos especiais perseguidos pela OMC e TRIPS, certamente haverá abuso de poder, pois ficará claro que o objetivo real da medida é diferente do declarado. E se a exceção afetar os direitos exclusivos de terceiros em um grau maior do que o necessário para promover o objetivo que motivou sua adoção, estará claro que o objetivo declarado da exceção não se coaduna com seu real propósito.

Em *acréscimo*, as exceções aos direitos autorais devem também estar confinadas dentro dos limites fixados pelo TRIPS em prol da salvaguarda dos interesses legítimos dos titulares de direitos autorais, os quais estão indicados a seguir:

- proibição da adoção de exceções que produzam o efeito de impedir a proteção legal de categorias de obras literárias e artísticas que, nos termos dos arts. 2.º, parágrafos 1.º, 3.º e 5.º, da Convenção de Berna e do art. 10 do Acordo TRIPS, devem ser passíveis de proteção no território dos Membros da OMC;
- observância das cláusulas do tratamento nacional e da nação mais favorecida (arts. 3.º e 4.º do Acordo TRIPS);
- garantia da duração mínima dos direitos assegurados (art. 12 do Acordo TRIPS e art. 7.º da Convenção de Berna); e,
- no que respeita especificamente às exceções instauradas ao direito de reprodução, sob o amparo dos artigos 10 e 10bis da Convenção de Berna, tais exceções deverão respeitar o espaço ocupado pelo apêndice desta Convenção (Ata de Paris).

Em síntese, a primeira etapa do art. 13 do Acordo TRIPS compreende, além dos subtestes de adequação e de necessidade, o teste de consistência com as disposições do Acordo TRIPS. E como interpretar a primeira etapa do art. 9(2) da Convenção de Berna? No que se refere aos Membros da OMC, a primeira etapa do teste do art. 9(2) da Convenção de Berna apresenta o mesmo conteúdo normativo do primeiro passo do teste do art. 13 do Acordo TRIPS, inclusive as exceções ao direito de reprodução, adotadas sob o seu amparo, deverão observar o espaço ocupado pelo sistema de licenciamento compulsório, introduzido pelo apêndice especial da Ata de Paris da Convenção de Berna. Isso porque, em função do art. 9(1) do Acordo TRIPS e das exigências fixadas pelo art. 31 da CVDT, o art. 9(2) da Convenção de Berna deve igualmente ser lido no contexto do marco legal da OMC e à luz dos objetivos do Acordo de Marrakesh e dos objetivos e princípios do Acordo TRIPS.

3.3.2 Segunda etapa

A segunda etapa do teste do art. 13 do Acordo TRIPS proíbe que as exceções aos direitos autorais conflitem com a exploração normal das obras afetadas. Segundo o sentido comum atribuível aos termos "exploração"[51] e "normal",[52] a expressão "exploração normal da obra" pode ser entendida como os meios típicos aos quais os titulares de direitos autorais recorrem no presente ou recorrerão, com plausibilidade, no futuro para extrair proveito econômico de suas obras. Segundo esse entendimento, *todas* as formas de exploração capazes de gerar, no presente ou no futuro, utilidades econômicas seriam controladas pelos titulares de direitos autorais. Esse entendimento é social e legalmente insustentável, porquanto previne, em grande medida, a adoção de exceções valiosas aos direitos autorais, inclusive exceções talhadas para apoiar a criação de novas obras literárias e artísticas, mediante a facilitação do acesso a insumos criativos por novos autores.

A princípio, parece mais adequado o entendimento defendido por Senftleben, segundo o qual a segunda etapa do teste proíbe a instauração de exceções que prejudiquem o controle pelos titulares do direito cerceado daquelas formas de exploração das obras afetadas capazes de gerar, no presente ou no futuro, proventos econômicos *importantes* (*major source of income; lion's share of royalty revenue*).[53] A dificuldade dessa interpretação é diferenciar as principais fontes de renda – aquelas que devem ser reservadas aos titulares de direitos autorais – daquelas hábeis a produzir utilidades econômicas mais modestas e, portanto, sujeitas a limitações. Uma vez que a classe dos titulares de direitos autorais é formada por indivíduos e organizações com interesses heterogêneos, o que pode parecer modesto para grandes conglomerados empresariais pode ser considerado extremamente desejável para inúmeros autores, sobretudo para aqueles que lutam para produzir com independência.

Para a determinação do correto sentido normativo da segunda etapa do teste do art. 13, é preciso ter em mente que a noção de "formas de exploração normal" se assenta sobre quatro pressupostos, os quais servem para sublinhar que nem todas as formas de exploração das obras capazes de produzir no pre-

51. O substantivo *Exploitation* (exploração) é definido pelo Oxford English Dictionary (2009) de duas maneiras distintas: "the action of making use of and benefiting from resources"; "the fact of making use of a situation to gain unfair advantage for oneself". No contexto de um tratado internacional, apenas é plausível a primeira definição.

52. O adjetivo *normal* é definido pelo Oxford English Dictionary (2009) da seguinte maneira: "conforming to a standard; usual, typical, or expected".

53. Senftleben 2004, p. 188: "... it can be posited that the prohibition of a conflict with a normal exploitation only protects the economic core of copyright from erosion. It concerns those ways of using an intellectual work from which major royalties accrue".

sente ou no futuro utilidades econômicas importantes em favor dos titulares de direitos autorais são "normais" e, portanto, legítimas.[54]

O *primeiro pressusposto* é a existência de um *mercado* real ou potencial,[55] cujos titulares de direitos autorais contam com *capacidade tecnológica e real interesse econômico* para extrair dele benefícios. Tendo em vista a natureza eminentemente comercial dos direitos autorais,[56] não se deve computar como "exploração normal" o exercício de direitos autorais em esferas composta por indivíduos e/ou instituições despidos de capacidade econômica para adquirir obras literárias e artísticas, simplesmente porque esses indivíduos e instituições não integram o mercado dessas obras, e também porque não é verossímil presumir que indivíduos que permanecerem vivendo nas referidas condições integrarão, no futuro, o mercado dessas obras. Seria, por exemplo, anormal e, portanto, indefensável juridicamente o exercício de direitos autorais associados a materiais didáticos em regiões com baixíssima renda per capita, onde as pessoas têm que optar entre consumir livros ou alimentos. Esse é o caso de inúmeras regiões da África subsaariana e das regiões Norte e Nordeste do Brasil. Consequentemente, no momento de avaliar se determinada exceção afeta a exploração normal de certa categoria de obras em determinado território, não é correto indicar, *abstrata e genericamente*, qual seria o público consumidor dessas obras. O intérprete deve alinhavar dados objetivos e idôneos que justifiquem incluir determinados grupos de indivíduos e instituições no mercado das obras afetadas pela exceção.[57]

Em segundo lugar, apenas se deve incluir na noção de "formas de exploração normal das obras" aqueles meios de exploração usualmente empregados por todos ou por grande parte dos titulares do direito de exclusividade cerceado, com o propósito de extrair benefícios econômicos de suas obras,

54. Ricketson 1987, p. 483.

55. O Oxford English Dictionary (2009) define "mercado" (*market*) como "a regular gathering of people for the purchase and sale of provisions, livestock, and other commodities"; "an area or arena in which commercial dealings are conducted"; "a demand for a particular commodity or service".

56. Gervais (2005, p. 10-11) sustenta que o objetivo central dos regimes de direitos autorais é controlar o uso e o reuso *comercial* de obras protegidas e prevenir a ação de parasitas (*free-riders*), cuja ação afeta a exploração comercial normal dessas produções intelectuais. Assim sendo, os direitos autorais – e os demais ramos do direito da propriedade intelectual – não garantem aos seus titulares um direito absoluto de exclusão, mas um direito de excluir terceiros não autorizados da fruição *comercial* dos bens protegidos. Em outras palavras, "the author has a right in respect of any commercially significant use; use that would normally be the subject of a commercial transaction" (idem, ibidem, p. 30).

57. Geiger 2008, p. 947.

não podendo ser levados em consideração os meios de exploração pouco usuais, utilizados por um grupo limitado de titulares de direitos autorais.[58]

Em terceiro lugar, ainda que exista um mercado que os titulares de direitos autorais têm capacidade e interesse em explorar, sua exploração apenas será considerada "normal" se for *um meio mais adequado para promover os objetivos essenciais do regime de direitos autorais*.[59] Em *Canada – Pharmaceutical Patents*, no contexto do direito das patentes, o Grupo Especial adotou um sentido normativo para a expressão "exploração normal", que inclui todas as formas de exploração das patentes que se mostram "esencial[es] para la consecución de los objetivos de la política en materia de patentes".[60] Esse entendimento deve ser transposto à seara dos direitos autorais. Isso significa que, ao avaliar se uma determinada forma de uso de uma obra deve ser tratada como uma forma de exploração normal (i.e., legítima), deve-se questionar: em face dos objetivos da política de direitos autorais – i.e., promover a contínua criação e a ampla disseminação de novas obras literárias e artísticas, inclusive de obras que se baseiam em obras anteriores; ampliar o estoque de conhecimentos da sociedade em prol de seu progresso material, cultural e espiritual; promover diversidade cultural –, o que é mais relevante para alcançá-los:

(i) garantir aos titulares de direitos autorais a prerrogativa de controlar determinados usos de suas obras ou de receber uma remuneração equitativa por esses usos; ou
(ii) liberar esses usos por terceiros, em determinadas circunstâncias?

Os usos por terceiros não autorizados que forem essenciais para a consecução *mediata ou imediata* dos objetivos da política de direitos autorais não devem ser controlados pelos titulares de direitos autorais, tampouco devem garantir-lhes o direito a receber qualquer remuneração.[61] É por essa razão que o art. 10(1) da Convenção de Berna não autoriza os titulares de direitos autorais a impedir terceiros de retirarem citações de suas obras ou a condicionar a reprodução de citações ao pagamento de uma remuneração equitativa, ainda que, em termos econômicos, exista um mercado para esse tipo de uso e que disponham de meios economicamente eficientes para controlá-lo.

58. WTO, WT/DS114/R, Report of the Panel, par. 7.55.
59. Cf., e.g.: Ginsburg 2001, p. 8; Ricketson e Ginsburg 2006, p. 772-773; Geiger 2006c, p. 692.
60. WTO, WT/DS114/R, Report of the Panel, par. 7.58.
61. Senftleben (2004, p. 230-233) elabora um raciocínio similar na terceira etapa do teste dos três passos para identificar os interesses legítimos dos autores e dos demais titulares de direitos autorais: em seu entendimento, determinados interesses econômicos (e/ou morais) dos titulares de direitos autorais, resguardados pelo direito de exclusividade cerceado por uma dada exceção, serão "legítimos" se a sua preservação for um meio mais adequado para a consecução de algum(ns) dos objetivos fundamentais dos direitos autorais do que a preservação da exceção investigada.

Entender que os titulares de direitos autorais têm legitimidade para se beneficiar economicamente de todas as formas de usos capazes de gerar benefícios econômicos tangíveis conduziria a um potencial conflito entre o art. 10 da Convenção de Berna e o art. 13 do Acordo TRIPS, ao mesmo tempo em que prejudicaria a realização de direitos humanos fundamentais, como os direitos à educação e à liberdade de expressão criativa e científica.

O *quarto e último pressuposto* da noção de "exploração normal" é a colocação das obras protegidas "à disposição do público em quantidade suficiente para satisfazer-lhe as necessidades, levando em conta a natureza da obra".[62] Se o titular de direitos autorais não disponibilizar sua obra no mercado em quantidades adequadas para satisfazer a demanda dos potenciais consumidores, esta obra não estará sendo explorada normalmente. O direito autoral consiste em uma troca: os titulares de direitos autorais recebem um amplo espectro de direitos exclusivos em relação às suas obras; em troca, a sociedade recebe o direito de usufruir dessas obras. Se os titulares de direitos autorais não cumprem com seu compromisso, é natural que o alcance de seus direitos seja restringido, a fim de evitar seu exercício abusivo. O efeito prático deste pressuposto da noção de "exploração normal" de obras é de grande importância para os usuários de obras protegidas, especialmente as de caráter educacional e científico: por exemplo, os titulares de direitos autorais associados a obras literárias não possuem o direito de impedir indivíduos domiciliados no país A de fotocopiá-las para fins educacionais sem sua autorização, caso suas obras estejam indisponíveis neste mercado (e.g., se estiverem esgotadas ou se forem obras estrangeiras, não distribuídas localmente), uma vez que não expressaram verdadeiro interesse em explorá-las nessa jurisdição.[63] Em síntese, se não há exploração da obra por seu titular, os usos não autorizados empreendidos por terceiros não são hábeis a com ela conflitar.

Na hipótese de a exceção afetar alguma forma de exploração legítima de obras ("normal"), garantida aos titulares do direito de exclusividade cerceado, o próximo passo é identificar as formas de interferência na exploração normal das obras que são autorizadas pela segunda etapa do teste do art. 13.

Senftleben adota o entendimento de que o pagamento de uma remuneração equitativa aos titulares de direitos prejudicados pela exceção não seria um meio hábil a "remediar" a interferência engendrada pela exceção na exploração normal das obras afetadas.[64] O pagamento de uma remuneração seria tão somente um meio capaz de prevenir que os prejuízos produzidos pela exceção aos interesses legítimos dos titulares de direitos autorais fossem julgados "injustificados" (terceiro passo).

62. Art. 3(3) da Convenção de Berna (Ata de 1971).
63. Universidade de São Paulo [2005?], p. 12-15.
64. Senftleben 2004, p. 130 e 133.

A interpretação proposta por Senftleben apresenta um problema sério: produz o efeito de tornar ilegais as exceções adotadas sob o amparo do art. 11bis(2) da Convenção de Berna.[65] O referido dispositivo autoriza os Membros da OMC a estabelecerem licenças compulsórias *gerais* para a exploração dos direitos de radiodifusão e conexos. O licenciamento compulsório geral desses direitos produz o efeito de afetar o controle pelos titulares de direitos de *todas* as formas de exploração economicamente relevantes amparadas pelos direitos de radiodifusão e conexos, ao substituí-los por um direito de remuneração. Parece-me equivocada a posição de Senftleben, uma vez que, nos termos do princípio da efetividade, o intérprete deve sempre optar pela interpretação capaz de garantir a observância *harmônica* de *todos* os termos do tratado: a partir do momento em que o Acordo TRIPS incorporou, por referência, o art. 11bis(2) da Convenção de Berna, é natural que este dispositivo coexista harmonicamente com o art. 13 do Acordo TRIPS, caso contrário os negociadores do Acordo TRIPS tê-lo-iam excluído – tal como fizeram com o art. 6bis da Convenção de Berna.

Com o objetivo de harmonizar estas duas disposições legais, Ricketson sustenta que o art. 13 do Acordo TRIPS não seria aplicável para controlar as exceções adotadas sob o amparo dos arts. 11bis(2) e 13(1) da Convenção de Berna, porquanto o art. 13 do Acordo TRIPS autoriza a adoção de exceções gratuitas aos direitos autorais, e aqueles dois dispositivos apenas autorizam a adoção de exceções onerosas (licenças compulsórias). Contudo, a letra do art. 13 claramente indica que esse dispositivo controla a legalidade de *todas* as exceções e limitações adotadas sob o amparo do Acordo TRIPS e, por conseguinte, sob o amparo da Convenção de Berna; se assim não fosse, o art. 13 indicaria claramente as exceções cuja legalidade não é controlada por ele.[66]

Em função da necessidade de garantir a coexistência harmônica entre o art. 13 do Acordo TRIPS e o art. 11bis(2) da Convenção de Berna, e de promover os objetivos do Acordo TRIPS e da OMC, notadamente a "promoção

65. Senftleben 2004, p. 201-202: "The potential incompatibility of compulsory licences based on article 11bis(2) with the three-step test thus results from the great latitude allowed to national legislation. Article 11bis(2) fails to make it a condition that the economic core of copyright is to be left untouched, as required by the second criterion of the three-step test. There is no safeguard preventing national legislation from encroaching step test. There is no safeguard preventing national legislation from encroaching upon the core when determining the conditions under which the rights granted in article 11bis(1) BC may be exercised. That particularly broadcasting, subjected to the authors' control by article 11bis(1)(i), constitutes a major source of income, however, can hardly be denied, for instance, in the field of cinematographic works, The fact that article 11bis(2) obliges national legislation to ensure the payment of equitable remuneration, is irrelevant in the context of the prohibition of a conflict with a normal exploitation. It does not reconcile the two provisions".

66. Ricketson e Ginsburg 2006, p. 862.

da inovação tecnológica", "a transferência e [a] difusão de tecnologia",[67] o "bem-estar social econômico" e o "equilíbrio entre direitos [de propriedade intelectual] e [as] obrigações [dos titulares de DPIs perante a sociedade]", parece ser mais adequado entender que o segundo passo do teste do art. 13 do Acordo TRIPS proíbe as exceções aos direitos de exclusividade de obstruírem a *geração* de utilidades econômicas importantes ou tangíveis, decorrentes da comercialização de obras protegidas, em benefício dos titulares de direitos. É importante advertir que, no processo de avaliação das formas de geração de utilidades econômicas que devem beneficiar os titulares de direitos autorais, devem ser ignoradas as exceções porventura em vigor, pois é natural que tais exceções podem afetar a capacidade dos titulares de direitos autorais de extraírem benefícios de suas obras.[68]

Em face do sentido aqui proposto para o segundo passo, é lícita uma exceção que autorize terceiros a exercer uma ou mais formas *legítimas* ("normais") de exploração de uma determinada categoria de obras, contra o pagamento de uma remuneração equitativa aos titulares de direitos autorais afetados.[69] A compensação será "equitativa" se, por um lado, conservar "incentivos suficientes para a contínua criação e disseminação de obras"[70] e, por outro, for adequada em face da capacidade econômica dos usuários e dos objetivos perseguidos pela exceção. Isso significa que, quando os interesses da sociedade justificarem, a remuneração poderá ser fixada "em patamar abaixo daquele praticado pelo mercado".[71] Logo, uma exceção delineada para promover acesso a bens educacionais por parcelas empobrecidas de um país em desenvolvimento pode estar associada ao pagamento de uma remuneração bastante baixa em relação àquela cobrada de estudantes de países industrializados.

Contudo, tratar "explorar normalmente as obras protegidas" como sinônimo de "extrair delas benefícios econômicos importantes ou tangíveis" permitiria a irrestrita transformação dos direitos de exclusividade em um direito de remuneração, o que vai contra o caráter dos direitos de propriedade intelectual, cujo atributo principal é conferir a seus titulares a prerrogativa de excluir terceiros não autorizados da fruição dos bens protegidos. Assim sendo, é mais adequado entender que, apenas quando expressamente autorizado pelo texto da Convenção de Berna (e.g., art. 11bis(2)) ou do Acordo TRIPS, é lícita uma exceção que subtraia do controle dos titulares de direitos afetados *todas*

67. Conforme já indicado na introdução, o acesso facilitado a obras literárias e artísticas é indispensável para a formação de massa crítica capacitada a dominar o uso de novas técnicas científicas e tecnológicas e a inovar.

68. Von Lewinski 2008, p. 162.

69. Segundo Geiger (2007a, p. 7-8) e Koelman (2006, p. 409), esse é o entendimento da Suprema Corte da Alemanha.

70. Cf. Max Planck Institute e Queen Mary, University of London 2008.

71. Idem, ibidem.

as formas de exploração normal de suas obras, asseguradas pelo direito cerceado, capazes de gerar benefícios econômicos importantes, em troca do pagamento de uma remuneração equitativa. Somente nesses casos específicos o pagamento de uma remuneração aos titulares do direito cerceado garantirá que a exceção não conflita com a exploração normal das obras afetadas. *Nos demais casos*, uma exceção a um determinado direito de exclusividade não conflitará com a exploração normal das obras afetadas:

(i) se não afetar quaisquer das formas de exploração normal das obras relevantes, garantidas pelo direito de exclusividade cerceado, capazes de produzir utilidades econômicas importantes ou apreciáveis aos titulares de direitos; ou

(ii) caso a exceção afete uma ou mais formas de exploração normal das obras relevantes, garantidas pelo direito de exclusividade cerceado, capazes de gerar utilidades econômicas importantes ou apreciáveis, desde que os titulares de direitos prejudicados tenham direito a receber uma remuneração equitativa pelo uso não autorizado de suas obras, *e* a exceção lhes reserve o direito de controlar com exclusividade, *ao menos*, uma das formas de exploração normal capazes de produzir, *no presente*, benefícios econômicos importantes ou apreciáveis.

É importante ter presente que, se a segunda etapa do teste não autorizasse levar em conta o pagamento de uma remuneração equitativa aos titulares de direitos autorais no processo de avaliação do impacto da exceção na exploração normal das obras afetadas, muito raramente qualquer exceção passaria por essa etapa do teste, pois muitas delas produzem efeitos mais do que insignificantes sobre os direitos de exclusividade. Por conseguinte, a realização de objetivos importantes do sistema OMC e do Acordo TRIPS restariam prejudicados: por exemplo, sem acesso facilitado a obras protegidas, notadamente as literárias de caráter educacional e técnico-científico, dificulta-se o desenvolvimento científico e tecnológico de países em desenvolvimento e a absorção de novas tecnologias pelos setores produtivos desses países. Nessas condições, não haveria justificativa legal para incluir no texto do Acordo TRIPS o art. 13 – e o art. 9.2 da Convenção de Berna –, cuja função é controlar a legalidade das exceções aos direitos autorais, uma vez que os usos capazes de produzir apenas impactos insignificantes sobre a exploração normal das obras afetadas já estão tacitamente autorizados pelo princípio *de minimis non curat lex*, segundo o qual o direito não se ocupa com ninharias, insignificâncias.[72] Como esclarecido por Ricketson, qualquer exceção, por

72. Cf. Ricketson 2003, p. 36; Ricketson e Ginsburg 2006, p. 770.

princípio, tem a capacidade de produzir efeitos mais que insignificantes sobre os direitos das partes afetadas.[73]

A interpretação proposta para o segundo passo do teste do art. 13 favorece a disseminação do conhecimento e a liberdade de expressão criativa e científica; salvaguarda os interesses econômicos dos titulares de direitos autorais; promove os objetivos do Acordo TRIPS e do sistema OMC, e harmoniza os arts. 11bis(2) da Convenção de Berna e 13 do Acordo TRIPS.

A interpretação aqui proposta para a segunda condição estabelecida pelo art. 13 do Acordo TRIPS pode ser transposta para o contexto do art. 9(2) da Convenção de Berna – em sua capacidade de dispositivo do Acordo TRIPS – com a ressalva de que esse dispositivo apenas governa as exceções ao direito de reprodução. Tendo em vista que o art. 9(2) da Convenção de Berna não autoriza a concessão de licenças compulsórias gerais,[74] não afetará a exploração normal das obras: (i) a exceção que não afetar quaisquer das formas de exploração das obras relevantes, garantidas pelo direito de reprodução, capazes de produzir utilidades econômicas importantes ou apreciáveis aos titulares de direitos; ou (ii) na hipótese da exceção afetar uma ou mais formas de exploração das obras relevantes, garantidas pelo direito de reprodução, capazes de gerar utilidades econômicas importantes ou apreciáveis, desde que, em primeiro lugar, os titulares de direitos prejudicados tenham direito a receber uma remuneração equitativa em função da reprodução não autorizada de suas obras *e*, em segundo lugar, a exceção lhes reserve o direito de controlar com exclusividade, *ao menos*, uma das formas de exploração capazes de produzir, *no presente*, benefícios econômicos importantes ou apreciáveis.

73. Ricketson 2003, p. 36-37.

74. As licenças compulsórias gerais autorizam a total substituição de um direito de exclusividade (direito de excluir terceiros não autorizados da fruição de um bem) por um mero direito de remuneração aos titulares (ou seja, terceiros poderão fruir de um bem, independentemente de qualquer autorização prévia, desde que paguem uma remuneração prefixada por um órgão neutro). Durante a Conferência de Estocolmo, as delegações da Índia e da Romênia advogaram em favor da emenda da proposta de art. 9(2) em negociação, com o objetivo de permitir a ampla concessão de licenças compulsórias para a reprodução de obras protegidas (*compulsory general license*). As referidas propostas foram rechaçadas (WIPO 1971b, p. 857). Contudo, o Prof. Eugen Ulmer, presidente do Comitê Principal I da Conferência de Revisão de Estocolmo, esclareceu que o art. 9(2) da Convenção de Berna ampara o licenciamento compulsório do direito de reprodução em alguns casos não especificados:"The Chairman said that, as the principle of a compulsory general license, which had been proposed by the Delegation of India (S/86), had been rejected, the Main Committee could not reopen the discussion. The countries of the Union were, however, entitled to introduce a compulsory license in some cases, as was done by the German legislation which the Delegation of India had mentioned" (WIPO 1971b, p. 884).

3.3.3 Terceira etapa

A terceira e última etapa do teste do art. 13 do Acordo TRIPS exige que as exceções aos direitos autorais não causem prejuízos *injustificados* aos interesses legítimos dos titulares de direitos afetados. Para a determinação do correto sentido da etapa final do teste, é preciso, em primeiro lugar, identificar os interesses legítimos dos titulares de direitos autorais e, em segundo lugar, o meio de aferição do caráter injustificável dos prejuízos impingidos a esses interesses.

Em relação aos interesses legítimos dos titulares de direitos autorais, o art. 9(1) do Acordo TRIPS dispõe que os "Membros [da OMC] não terão direitos nem obrigações, neste Acordo, com relação aos direitos conferidos pelo artigo 6bis da citada Convenção [de Berna], ou com relação aos direitos dele derivados". Isso significa que, na terceira etapa do teste, os interesses morais dos indivíduos de resguardarem sua honra e reputação, os quais são tutelados pelos direitos morais de atribuição e de integridade, não estão abrangidos no rol de interesses legítimos dos titulares de direitos que devem ser considerados; apenas os de natureza econômica deverão ser considerados. Essa mesma observação é válida para o art. 9(2) da Convenção de Berna, em sua condição de disposição incorporada ao texto do Acordo TRIPS.

Conforme esclarecido anteriormente, os interesses legítimos dos titulares de direitos autorais são aqueles que fundamentam os direitos de exclusividade garantidos pela Convenção de Berna e pelo Acordo TRIPS.[75] Em nosso entendimento, dois são os interesses legítimos fundamentais, de natureza econômica, dos titulares de direitos autorais. Em primeiro lugar, o interesse de extrair o máximo de utilidades econômicas de suas obras, nos mercados dos quais podem *legitimamente* derivar proventos, durante a vigência de seus direitos, a fim de recuperar os investimentos incorridos no processo de criação das obras exploradas, e alinhavar recursos suficientes para financiar novas atividades criativas. É por isso que, por princípio, os direitos autorais garantem a seus titulares a prerrogativa de excluir terceiros não autorizados da fruição de suas obras: é por meio do exercício desta prerrogativa que os titulares de direitos autorais podem determinar a agenda de aplicação de suas obras e, assim, procurar alocá-las para os fins mais produtivos (em termos econômicos, mas não necessariamente em termos sociais). O segundo é o de ter acesso facilitado às obras de terceiros, porquanto estas constituem insumos essenciais ao seu processo de criação de novas obras e produtos derivados. As exceções aos direitos autorais salvaguardam, portanto, tanto os interesses legítimos dos titulares de direitos autorais quanto os dos usuários das obras protegidas. Por um lado, ao viabilizarem a criação contínua de novas obras a partir das contribuições passadas e a sua ampla disseminação, as exceções impulsionam os interesses econômicos e também morais dos autores e os das

75. Cf. item 2.3.3.

empresas dedicadas à exploração de obras e produtos derivados.[76] Por outro lado, ao facilitar o acesso a obras protegidas para fins socialmente valiosos, as exceções ampliam a livre concorrência e favorecem a observância de diversos direitos humanos, notadamente o direito à liberdade de expressão, o direito à educação, o direito à participação cultural (i.e., o direito de conhecer, consumir obras literárias e artísticas e de se engajar em atividades criativas) e o direito a desfrutar do progresso científico e de suas aplicações.[77]

O art. 13 do Acordo TRIPS não proíbe que as exceções aos direitos autorais impinjam prejuízos aos interesses legítimos dos titulares de direitos autorais, uma vez que, como regra geral, qualquer exceção lhes causará algum tipo de agravo.[78] Mesmo quando a exceção assegura uma remuneração equitativa aos titulares de direitos afetados, seus interesses econômicos legítimos serão afetados, pois é possível que a remuneração fixada por uma organização de gestão coletiva ou pela autoridade estatal competente seja inferior àquela que seria fixada pelos autores ou por seus licenciados. O que o TRIPS proíbe é que os prejuízos gerados alcancem níveis injustificados ou, tal como indicado na versão inglesa do Acordo TRIPS, níveis não razoáveis, imoderados (*unreasonable*).

Para a determinação do caráter justificável dos prejuízos causados pela exceção sobre os interesses legítimos dos titulares de direitos autorais, é pertinente recorrer à interpretação desenvolvida anteriormente para a terceira etapa do teste do art. 30 do Acordo TRIPS.[79] Tendo-a como referência, pode-se afirmar que os prejuízos provocados por uma dada exceção serão justificáveis se esta engendrar benefícios sociais totais que superam os prejuízos totais sofridos pelos titulares de direitos autorais.[80] Em outras palavras, a exceção investigada passará pelo terceiro passo do teste se for proporcional em sentido estrito.[81]

---

76. Nesse sentido, Goldstein 2001, p. 293:"No less than copyright itself, properly calibrated limitations on copyright serve copyright law's basic goal to put copyrighted works to their most beneficial use by enabling new generations of authors to build on the works of authors who preceded them". No mesmo sentido: Geiger 2006a, p. 371.

77. Sun 2007, p. 313-315 e 319.

78. Von Lewinski 2008, p. 163.

79. Cf. item 2.3.3.

80. Cf., e.g.: Geiger 2008b, p. 948-949 (entendimento adotado pela 1.ª Câmara Cível da Suprema Corte da Suíça, em decisão prolatada em 26 de junho de 2007); Geiger 2007a, p. 18; Geiger 2008a, p. 195-196 ("[...] the author should not be in the position to control *all* sorts of use of his work, but he has to tolerate certain interferences as long as they are justified by values that are superior to the copyright owner's interests").

81. Cf. item 1.4.3.2.1. Alguns autores apresentam interpretações para o terceiro passo do teste semelhantes àquela aqui proposta. Entre eles, posso citar, por exemplo: Ginsburg (2001, p. 16), que defende que os prejuízos provocados pela exceção serão jus-

Embora a redação da terceira etapa do art. 13 difira do texto da última etapa do teste do art. 30, na prática a exigência de sopesar e comparar os benefícios sociais produzidos pela exceção com os prejuízos causados por ela aos interesses legítimos dos titulares de direitos autorais está implícita no termo "injustificavelmente" (*unreasonably*). Esse entendimento não representa uma violência contra o texto do art. 13 e é a opção interpretativa que melhor se coaduna com o amplo leque de objetivos comerciais, sociais e ambientais perseguidos pelo marco legal da OMC, com o fato de não existir uma hierarquia entre os diversos objetivos sociais, econômicos e ambientais perseguidos pela OMC, com o critério de necessidade do art. 8.º do Acordo TRIPS, com o princípio da proporcionalidade, com a exigência de identificar um conteúdo *verdadeiramente* diverso para cada etapa do teste do art. 13 (princípio da efetividade) e com a obrigação de descartar opções de interpretação que conduzam à prática de abuso de direito, mediante a excessiva proteção de um interesse, em detrimento de outros interesses igualmente protegidos.

A interpretação aqui desenvolvida para a última etapa do teste dos três passos do art. 13 do Acordo TRIPS pode ser plenamente aplicada no contexto do art. 9(2) da Convenção de Berna – em sua condição de dispositivo do Acordo TRIPS –, apesar de algumas diferenças na redação desses dispositivos. Enquanto a etapa final do teste do art. 9(2) da Convenção de Berna determina que as exceções não devam causar prejuízos injustificados aos interesses legítimos dos *autores*, a terceira etapa do teste do art. 13 do Acordo TRIPS exige que as exceções aos direitos autorais não prejudiquem, de modo injustificado, os interesses legítimos dos *titulares de direitos autorais*.

---

tificáveis se o peso dos interesses dos beneficiários da exceção superarem, de modo significativo, o dos interesses dos titulares de direitos prejudicados, ou na hipótese de haver paridade entre os benefícios e os prejuízos engendrados pela exceção, caso a exceção garanta uma remuneração aos titulares de direitos. Ficsor (2003, p. 60) interpreta o termo *unreasonable* – traduzido por "injustificado" na versão em língua portuguesa –, como a denotar "a balancing tool between the legal interests of the author and some other reasonable, justified interests to be taken into account". Senftleben (2004, p. 236-239) sustenta que os prejuízos serão "justificáveis" se a exceção for, cumulativamente, *adequada* para promover o objetivo por ela perseguido e *necessária* para alcançar o referido objetivo, i.e., se configurar o meio menos restritivo do direito de exclusividade cerceado, dentre as alternativas à disposição do Estado para promover o objetivo citado. De acordo com o autor, no processo de avaliação da "necessidade" da exceção, *não* se deve incluir no rol de medidas alternativas disponíveis ao Estado, capazes de promover o mesmo objetivo perseguido pela medida investigada, as licenças compulsórias onerosas, pois estas sempre seriam o meio menos restritivo dos interesses legítimos dos titulares de direitos autorais. Caso a exceção investigada seja adequada, mas *desnecessária* para alcançar o objetivo por ela perseguido, ela somente será lícita se garantir uma remuneração equitativa aos titulares de direitos prejudicados.

O autor e o titular de direitos não necessariamente são a mesma pessoa: um autor pode – e normalmente o faz – licenciar a multiplicidade de direitos de exclusividade associados à sua obra para diversos indivíduos e empresas contra o pagamento de uma remuneração. Apesar disso, a diferença de redação não produz efeitos práticos palpáveis. Frequentemente, os licenciados de direitos autorais representam, direta ou indiretamente, os próprios interesses dos autores, notadamente os de natureza econômica. Como muitos autores não controlam os meios necessários para explorarem diretamente suas obras e os produtos delas derivados, optam por celebrar acordos de licenciamento com terceiros, cujas operações comerciais beneficiam a si próprios e aos autores da obra exploradas, seja porque difundem suas obras, tornando-as conhecidas, seja porque suas atividades geram *royalties* aos autores.[82] Há, pois, em grande medida, uma convergência entre os interesses econômicos dos titulares de direitos autorais e os dos autores, ainda que essa convergência não seja absoluta.[83] Em sintonia com esse entendimento, tanto na etapa final do teste do art. 9(2) da Convenção de Berna quanto na do teste do art. 13 do Acordo TRIPS, deve-se tomar nota dos prejuízos provocados pela exceção investigada sobre os interesses pessoais dos autores *e* também sobre os interesses econômicos dos responsáveis pela exploração comercial das obras afetadas.[84]

***

A interpretação aqui desenvolvida para os termos dos testes dos arts. 9(2) da Convenção de Berna e 13 do Acordo TRIPS é razoável, especialmente porque não fere a letra desses dispositivos e ainda é suficientemente equilibrada para tornar realidade os diversos objetivos díspares da OMC e do Acordo TRIPS. Por essa razão, não há a obrigação de recorrer aos meios suplementares de interpretação para confirmar ou esclarecer seus termos. Ainda assim, no próximo item, recorro aos trabalhos preparatórios da Conferência de Estocolmo de Revisão da Convenção de Berna, de 1967, em busca de subsídios que sirvam para confirmar ou alterar a interpretação aqui proposta. É válido esclarecer que, no próximo item, não serão utilizados os registros das negociações do Acordo TRIPS relacionados ao art. 13, pois eles não apresentam informações úteis para esclarecer o sentido de seus termos.[85] De qualquer forma, em função da redação do art. 13 do Acordo TRIPS assemelhar-se substancialmente ao texto do art. 9(2) da Convenção de Berna, os registros da

82. Senftleben 2004, p. 218.
83. Geiger 2008b, p. 12.
84. Cf., e.g.: Nordemann et al. 1983, p. 109; Geiger 2008b, p. 947; Senftleben 2004, p. 218. Em harmonia com esse mesmo entendimento, a segunda sentença do art. 2(6) da Convenção de Berna dispõe: "A proteção [garantida pelos direitos autorais] exerce-se em benefício dos autores e de seus legítimos representantes".
85. Gervais 1998, p. 88-91.

Conferência de Estocolmo de Revisão, a princípio, parecem úteis para esclarecer a ambos.

3.3.4 Subsídios oferecidos pelos registros da Conferência de Revisão de Estocolmo

Em 1964, o Grupo de Estudos preparatório para a Conferência de Estocolmo para a Revisão da Convenção de Berna (Grupo de Estudos), formado por representantes do Governo da Suécia e do BIRPI, julgou altamente desejável a incorporação à Convenção de Berna de um dispositivo que reconhecesse o direito geral de reprodução. Contudo, para que esse direito fosse julgado aceitável, foi assinalado que era indispensável reconhecer o direito dos Estados contratantes de Berna de estabelecer exceções ao direito de reprodução, sobretudo porque as legislações de diversos Estados contratantes nacionais já continham, àquela época, exceções aos direito de reprodução, fundadas em objetivos públicos e culturais, sendo improvável que esses Estados pudessem aceitar suprimir, em grande medida, as exceções já incorporadas.[86]

O Grupo de Estudos propôs a seguinte redação para o art. 9(2) da Convenção de Berna:

> "However, it shall be a matter for legislation in the countries of the Union, having regard to the provisions of this Convention, to limit the recognition and the exercising of that right, for specified purposes and on the condition that these purposes should not enter into economic competition with these works".[87]

O relatório do Grupo de Estudos esclarece que a fórmula proposta autoriza tão somente a adoção de exceções ao direito de reprodução que: i) indiquem claramente seus objetivos, ou seja, exceções cujos objetivos não são específicos não seriam aceitáveis; ii) e que não entrem em concorrência econômica com as obras afetadas pelas exceção, ou seja,"todas as formas de exploração de uma obra que tenham, ou possam vir a adquirir, considerável importância econômica ou prática devem ser reservadas aos autores".[88] Essas observações extraídas do relatório de 1964 parecem apoiar o entendimento amplamente aceito pela OMC e por diversos autores de que: i) o segundo passo do teste dos arts. 9(2) da Convenção de Berna e 13 do Acordo TRIPS não autoriza a instauração de exceções que possam afetar o direito dos titulares de direitos autorais de controlar formas de exploração geradoras, no presente ou no futuro, de utilidades econômicas importantes ou consideráveis; e ii)

86. BIRPI 1967b, p. 46.

87. BIRPI 1967b, p. 48.

88. BIRPI 1967b, p. 48-49 (tradução livre): "all the forms of exploiting a work which have, or are likely to acquire, considerable economic or practical importance, must be reserved to the authors".

que o pagamento de uma remuneração equitativa aos titulares de direitos autorais não é hábil a remediar a interferência provocada pela exceção nos meios normais de exploração das obras afetadas pela exceção.[89]

Sem embargo, o Grupo de Estudos assinala que a fórmula proposta para o embrião do art. 9(2) garante um espaço variável para a adoção de exceções ao direito de reprodução: o pagamento de uma remuneração aos autores amplia o espaço disponível para o estabelecimento de exceções ao direito de reprodução.[90] O relatório esclarece, de modo inequívoco, que o pagamento de uma remuneração ao autor prejudicado ampara a instauração de exceções que, em alguma medida, interferem na capacidade dos autores de controlarem "todas as formas de exploração de uma obra que tenham, ou possam vir a adquirir, considerável importância econômica ou prática". Apesar da diferença de redação, o segundo passo do teste proposto pelo Grupo de Estudo *parece* desempenhar a mesma função do segundo passo do teste do art. 9(2) da Convenção de Berna;[91] se for esse o caso, é equivocado afirmar que não passa pelo segundo passo deste último uma exceção que afete uma forma de exploração de obras que tenha, ou possa vir a adquirir, considerável importância econômica, desde que a exceção garanta aos autores uma remuneração equitativa. Logo, a noção de "exploração normal das obras" não é absoluta, pois se assim fosse, a determinação da licitude de uma exceção, que afeta alguma forma de exploração de uma obra que apresenta importância econômica, não seria influenciada pelo pagamento de uma remuneração aos titulares de direitos afetados.

Há dúvidas sobre a aceitabilidade das observações que se pode inferir do relatório de 1964 do Grupo de Estudos. Conforme observações anteriores, os trabalhos preparatórios apenas devem ser considerados como meio suplementar de interpretação quando forem aptos a esclarecer, *de maneira inequívoca*, o entendimento *comum* das partes negociadoras do tratado a respeito do dispositivo controverso.[92] O Grupo de Estudos era composto tão somente por representantes do Governo da Suécia e do BIRPI; os demais Estados Contratantes da Convenção de Berna não tomaram parte em suas discussões e na elaboração de seu relatório. Após sua conclusão, o relatório elaborado pelo Grupo de Estudos foi encaminhado a um Comitê de Expertos

89. Cf., e.g., Senftleben 2004, p. 133: "[...] the payment of equitable remuneration has no influence on the decision whether or not a limitation conflicts with a normal exploitation".

90. Ver BIRPI 1967b, p. 49: "The formula proposed expresses, among other things, the thought that it is advisable to take special precautions before countenancing exceptions that may be applied without giving authors the right to claim remuneration. *If this right is granted, the scope for the power to make exceptions widens to some extent*" (grifo nosso).

91. Essa é a posição, por exemplo, de Ficsor (2003, p. 58).

92. Cf. item 1.6.

Governamentais – este sim aberto à participação de todos os Estados Contratantes da Convenção de Berna[93] – para avaliação. Conforme será visto a seguir, a fórmula proposta pelo relatório de 1964 para o art. 9(2) da Convenção de Berna foi substancialmente alterada pelo Comitê Governamental; portanto, muitas das observações feitas pelo Grupo de Estudos a respeito do escopo desse dispositivo não são necessariamente aceitáveis para esclarecer o sentido dos termos da versão definitiva do art. 9(2).

Em 1965, a fórmula proposta pelo Grupo de Estudos para o art. 9(2) foi apresentada perante um Comitê de Expertos Governamentais. Esse comitê, em reconhecimento à dificuldade de encontrar uma fórmula capaz de amparar as exceções ao direito de reprodução já previstas nos ordenamentos jurídicos dos Estados Contratantes da Convenção de Berna, decidiu por instaurar um Grupo de Trabalho cuja missão era encontrar uma nova redação para a proposta de cláusula geral de exceção ao direito de reprodução.[94] O Grupo de Trabalho propôs uma nova redação para a referida cláusula de exceção, a qual, após discussões acaloradas, foi aprovada pelo Comitê de Expertos Governamentais com o seguinte texto:

> "(2) It shall be a matter for legislation in the countries of the Union to permit the reproduction of such works (a) for private use; (b) for judicial or administrative purposes; (c) in certain particular cases where the reproduction is not contrary to the legitimate interests of the author and does not conflict with a normal exploitation of the work".[95]

A proposta reproduzida foi incorporada ao projeto de reforma da Convenção de Berna, discutido no Comitê Principal I da Conferência de Estocolmo de Revisão da Convenção de Berna, de 1967 (Comitê Principal).[96] Tal proposta não agradou a todos – em especial à delegação do Reino Unido, a qual advogou pela simplificação da redação da proposta de art. 9(2) da Convenção de Berna. O Comitê Principal acolheu a sugestão da delegação do Reino Unido, e decidiu substituir a proposta incorporada ao programa da Conferência de Estocolmo por uma fórmula geral,[97] apta a amparar, *inter alia*, os casos especiais contemplados na proposta original prevista no programa da Conferência de Estocolmo (i.e., exceções para usos pessoais e para propósitos administrativos ou judiciais).[98] O Comitê Principal criou um Grupo de

93. BIRPI 1967b, p. 2.
94. WIPO 1971a, p. 112-113.
95. WIPO 1971a, p. 113.
96. A missão do Comitê Principal I da Conferência de Estocolmo de 1967 era "to revise the substantive copyright provisions (Articles 1 to 20) of the Berne Convention [...]" (WIPO 1971b, p. 837).
97. WIPO 1971b, p. 859.
98. WIPO 1971b, p. 884.

Trabalho investido na missão de desenvolver um novo texto para o proposto art. 9(2). Inspirado em uma proposta da delegação britânica (proposta S/42),[99] o Grupo de Trabalho projetou uma cláusula geral para as exceções ao direito de reprodução.[100] Após uma alteração da ordem dos fatores do teste proposta pelo Grupo de Trabalho, o Comitê Principal aprovou o art. 9(2) tal como conhecido no presente.

Os registros das discussões ocorridas no Comitê Principal I não são nada esclarecedores a respeito do sentido dos termos do art. 9(2) da Convenção.[101] Muito possivelmente, o seguinte trecho do relatório do trabalho do Comitê Principal é o único que traz alguns subsídios para o esclarecimento do escopo do art. 9(2) da Convenção de Berna:

> "Si se considera que la reproducción entra en conflicto con la explotación normal de la obra, no se permite en absoluto la reproducción. Si se considera que la reproducción no entra en conflicto con la explotación normal de la obra, habrá que considerar si no causa un perjuicio injustificado a los intereses legítimos del autor. Sólo si esto no es así será posible, en algunos casos especiales, establecer una licencia obligatoria o prever la utilización sin pago. Un ejemplo práctico podrían ser las fotocopias para diversos propósitos. Si se producen un gran número de copias, éstas pueden no estar permitidas, puesto que entran en conflicto con la explotación normal de la obra. Si se trata de un número relativamente grande de copias para su uso en empresas industriales, es posible que no causen un perjuicio injustificado a los intereses legítimos del autor, siempre que, con arreglo a la legislación nacional, se pague una remuneración equitativa. Si se hace un pequeño número de copias, puede permitirse la fotocopia sin pago, en particular para usos individuales o científicos".[102]

99. WIPO 1971b, p. 687: "(2) It shall be a matter for legislation in the countries of the Union to permit the reproduction of such works or substantial parts thereof in certain special cases where the reproduction does not unreasonably prejudice the legitimate interests of the author and does not conflict with a normal exploitation of the work".

100. "Article 9(2) should read: It shall be a matter for legislation in the countries of the Union to permit the reproduction of such works in certain special cases, provided that such reproduction does not unreasonably prejudice the legitimate interests of the author and does not conflict with a normal exploitation of the work" (WIPO 1971b, p. 883 (proposta S/109)).

101. Ver, por exemplo, as intervenções dos delegados da Suécia (WIPO 1971b, p. 858), da Holanda (idem, ibidem), da França (idem, ibidem), de Israel (WIPO 1971b, p. 884), da Bélgica (WIPO 1971b, p. 885) e um comentário da Convenção de Berna publicado pela OMPI (1978, p. 64-65).

102. Citado em WTO, WT/DS160/R, Panel Report, par. 6.73.

Quando a passagem ressalta que é proibido produzir um "grande número de cópias" de uma obra, denota que, na falta de indicação das condições sob as quais as cópias poderão ser extraídas, terceiros poderiam distribuí-las no mercado com o propósito de concorrer diretamente com os titulares de direitos autorais afetados. Ou seja, uma exceção que ampara, genericamente, a reprodução não autorizada de obras protegidas permite o esvaziamento do valor econômico do direito de reprodução. É por isso que o art. 9(2) da Convenção de Berna apenas autoriza a reprodução de obras protegidas para a promoção de objetivos especiais.

O trecho do relatório que assinala que a extração de um "número relativamente grande de cópias" de obras protegidas para seu uso em empresas não causará prejuízo injustificado aos interesses legítimos dos autores afetados, sempre que os destinatários das cópias pagarem uma remuneração equitativa aos titulares de direitos afetados, é frequentemente utilizado para sustentar que o pagamento de uma remuneração equitativa configura um meio hábil para prevenir que os prejuízos causados aos interesses econômicos legítimos dos autores sejam excessivos e, portanto, injustificados. Contudo, esse trecho nunca é utilizado para sustentar que o pagamento de uma remuneração equitativa serve para prevenir a emergência de um conflito com a exploração normal das obras afetadas pela exceção.[103] De qualquer forma, depreende-se dessa passagem que a extração de um "número relativamente grande de cópias" para uso em organizações empresariais não conflitaria com a exploração normal das obras reproduzidas sem autorização.

Tendo em vista a capacidade econômica das organizações empresariais e industriais para adquirem as obras de que necessitam para realizar suas atividades institucionais – e.g., atividades de P&D –, é indiscutível que esse grupo de usuários integra o mercado consumidor de obras literárias e artísticas, em especial o mercado de obras técnico-científicas. Assim sendo, a extração de diversas cópias de, por exemplo, um determinado capítulo de livro técnico para uso pelo departamento de inovação de uma empresa, sem dúvida alguma afetará a exploração normal do direito de reproduzir esta obra por seu titular. Isto porque as cópias extraídas configuram substitutos para os exemplares introduzidos por ele no mercado.

Posto isto, aquela passagem indica que o pagamento de uma remuneração equitativa aos titulares de direitos autorais, em virtude da reprodução não autorizada de suas obras, é *também* um meio hábil a remediar o possível conflito com a exploração normal das obras provocado pela exceção, sempre que esta apresentar um escopo limitado. Limitado no sentido de que a exceção garante aos titulares do direito de reprodução o controle de uma ou mais formas de exploração das obras, geradoras de utilidades econômicas impor-

103. Cf., e.g.: Senftleben 2004, p. 128, 130 e 133; Ricketson 1987, p. 484; Ricketson e Ginsburg 2006, p. 777.

tantes. Esse entendimento é inferido da expressão "número relativamente grande de cópias" (o qual não se confunde com "grande número de cópias") associada à indicação da destinação das cópias (uso em empresas industriais). Tais elementos limitadores indicam que, ainda que uma dada exceção afete o exercício do direito de reprodução em determinado setor do mercado, o uso excepcionado não será capaz de suprir toda a demanda existente para as obras afetadas. A demanda remanescente apenas poderá ser satisfeita pelos exemplares disponibilizados no mercado pelos titulares do direito de reproduzir tais obras.

Em síntese, o pagamento de uma remuneração pode tornar "justificáveis" os prejuízos impingidos por uma exceção aos interesses econômicos legítimos dos autores – já que a remuneração reduz vertiginosamente o nível de prejuízos, mas não necessariamente os extingue.[104] Ele também pode prevenir que a exceção conflite com a exploração normal das obras afetadas. Essa conclusão parece ser confirmada por um exemplo utilizado pelo Guia da OMPI para a Convenção de Berna para a Proteção das Obras Literárias e Artísticas para ilustrar o sentido do art. 9(2) da Convenção de Berna, de autoria de Claude Masouyé, secretário do Comitê Principal I da Conferência de Estocolmo, em 1967:

> "Otro ejemplo es el de un conferenciante que, para apoyar su argumentación, en lugar de recurrir a una cita prefiere fotocopiar íntegramente un breve artículo aparecido en una revista especializada y leerlo en su conferencia: Es evidente que semejante acto no lesiona la difusión de esa revista. Otra cosa sería si el conferenciante hubiera confeccionado un número muy elevado de ejemplares y los distribuyera a sus auditores, anulando así la propagación de la publicación de que se trata en un medio determinado. En el supuesto de que hubiese para el autor una falta de ingresos, la ley debería atribuirle una compensación".[105]

Do terceiro exemplo incluído no trecho extraído do relatório da Conferência de Estocolmo – aquele que considera lícita, *vis-à-vis* o art. 9(2) da Convenção de Berna, uma exceção que ampara a extração gratuita de um pequeno número de cópias de obras para fins privados ou científicos – pode-se inferir que a extração de um número restrito de cópias de uma obra para fins privados ou científicos não é nem capaz de afetar sua exploração normal, nem de gerar prejuízos econômicos apreciáveis – e injustificáveis – aos interesses econômicos legítimos dos autores. O exemplo reproduzido conflita com o entendimento corrente de que o segundo passo do teste do art. 9(2) garante aos

104. WIPO 1971b, p. 882: "Since any exception to the right of reproduction must inevitably prejudice the author's interests, the Working Group had attempted to limit that prejudice by introducing the term 'inéquitable' to translate the English term 'unreasonable'".

105. Masouyé 1978, p. 63.

titulares do direito de reprodução o controle de todas as formas de exploração de suas obras, resguardadas por esse direito, que tenham ou possam adquirir importância econômica ou prática considerável. É natural presumir que as cópias extraídas de obras literárias e artísticas por estudantes e pesquisadores afetarão, em alguma medida, sua comercialização: o estudante que satisfizer suas necessidades por meio do recurso à reprografia, *possivelmente*, deixará de comprar o exemplar original da obra fotocopiada. Quando se tem presente que, já em 1967, os países industrializados tinham um número expressivo de estudantes e pesquisadores matriculados em suas instituições de ensino e que os países em desenvolvimento já lutavam por democratizar o acesso à educação em seus territórios, é óbvio que a aplicação da exceção hipotética é capaz de provocar impactos econômicos apreciáveis sobre o mercado de obras técnico-científicas, em função de seus efeitos *cumulativos*: a extração de um pequeno número de cópias de obras protegidas por um grande número de estudantes possivelmente afetará, em grande medida, a comercialização das obras afetadas. Apesar disso, segundo os arquivos da Conferência de Revisão de Estocolmo, foi considerada lícita uma exceção que autoriza a reprodução de obras literárias para fins educacionais.

Enfim, dos três exemplos incluídos no relatório final do Comitê Principal I da Conferência de Estocolmo se extrai o princípio geral de que o espaço e as condições para a adoção de exceções ao direito de reprodução variam dependendo dos objetivos perseguidos pela exceção. Se a exceção não tem nenhum objetivo declarado, ela é ilegal, porquanto pode ser utilizada para concorrer diretamente com os titulares das obras afetadas em todos os seus mercados. Se a exceção perseguir algum objetivo autorizado pelo sistema, mas interferir na capacidade dos titulares de direitos autorais de extraírem benefícios econômicos importantes de determinada forma de exploração de suas obras, a legalidade da exceção dependerá do pagamento de uma remuneração equitativa aos titulares de direitos prejudicados e também da garantia de que a exceção conservará, em favor dos titulares de direitos prejudicados, uma ou mais formas de exploração de suas obras, capazes de gerar benefícios econômicos importantes.[106]

Quanto à terceira etapa do teste do art. 9(2) da Convenção de Berna, em nosso entendimento, há possivelmente um único trecho dos registros das discussões realizadas no Comitê Principal I que pode servir para esclarecer seu sentido. Durante as negociações, o Comitê Principal teve dificuldades para traduzir para o francês a expressão "unreasonably prejudice", a qual in-

106. Essa é uma decorrência da não aprovação das propostas da Índia e da Romênia dirigidas a autorizar o amplo licenciamento compulsório do direito de reprodução de obras; logo, como o direito de reprodução não pode ser plenamente substituído por um direito de remuneração, as exceções a esse direito devem sempre garantir aos titulares de direitos o controle exclusivo de alguma forma de exploração geradora de benefícios econômicos importantes.

tegra o texto da condição final do referido teste. Inicialmente, a versão francesa utilizou o termo "inéquitable" para traduzir o termo inglês "unreasonable", mas essa tradução não foi julgada adequada. A delegação da França propôs a substituição do termo "inéquitable", utilizado para qualificar os prejuízos causados aos interesses legítimos dos autores, por "appréciable". A delegação de Portugal opôs-se à proposta francesa, pois considerou que a referida substituição introduziria um "conceito quantitativo" no terceiro passo do teste, e que uma mudança nesse sentido estaria em conflito com a vontade dos Estados participantes da elaboração do texto do art. 9(2).[107] Como nenhuma das delegações participantes das discussões se opôs à declaração de Portugal, esta reflete o entendimento comum dos negociadores do art. 9(2). A intervenção da delegação portuguesa confirma a inadequação da interpretação adotada pelo Grupo Especial da OMC, em *US – Section 110(5) Copyright Act*, segundo a qual o terceiro passo do teste do art. 13 do Acordo TRIPS tem por função avaliar se uma exceção gera uma importante perda de ingressos econômicos aos titulares de direitos.[108] Ademais, com base na intervenção portuguesa, pode-se afirmar que a etapa final do teste do art. 9(2) da Convenção de Berna tem por função avaliar o caráter injustificável dos prejuízos causados por uma exceção em termos *qualitativos*; e para isso, é preciso avaliar os prejuízos produzidos pela exceção em conjunto com os benefícios sociais criados por ela.

É possível que os intérpretes do Acordo TRIPS – notadamente formuladores de políticas públicas de países industrializados, Grupos Especiais e o Órgão de Apelação da OMC – se oponham a algumas ou a várias de nossas observações inferidas dos registros das negociações do art. 9(2) da Convenção de Berna, sustentando que não há segurança de que elas estejam em harmonia com a vontade comum dos Estados negociadores. Contudo, é importante também ter presente que nada no relatório final do Comitê Principal I é indicativo de que o art. 9(2) da Convenção de Berna deva ser interpretado com vistas a promover *exclusivamente* os interesses econômicos dos titulares de direitos autorais, mediante a demasiada restrição do espaço para a adoção de exceções ao direito de reprodução. Nem mesmo os Estados participantes da negociação se mostraram seguros sobre o escopo do novo dispositivo. E ainda que existam, no relatório do Comitê Principal, elementos indicativos de que os termos do art. 9(2) da Convenção de Berna devam ser entendidos de maneira a restringir, substancialmente, o espaço disponível aos Estados para a adoção de exceções ao direito de reprodução, não podem eles ser necessariamente utilizados para interpretar o art. 9(2) da Convenção de Berna, *em sua condição de elemento constitutivo do Acordo TRIPS*, e o art. 13 do Acordo TRIPS. Conforme visto anterior-

107. WIPO 1971b, p. 884-885.

108. WTO, WT/DS160/R, Panel Report, par. 6.229.

mente, nos termos do art. 31(1) da CVDT, os dispositivos de um tratado devem ser interpretados "de boa-fé segundo o sentido comum atribuível aos termos do tratado em seu contexto e à luz de seu objetivo e finalidade". Embora a redação do art. 9(2) da Convenção de Berna não tenha sido alterada por sua incorporação ao TRIPS, e a redação do art. 13 do Acordo TRIPS seja muito semelhante ao texto do art. 9(2) da Convenção de Berna, os amplos objetivos sociais, econômicos e ambientais do Acordo TRIPS e da OMC[109] não se confundem com o objetivo limitado da Convenção de Berna de "proteger de maneira tanto quanto possível eficaz e uniforme os direitos dos autores sobre as respectivas obras literárias e artísticas". No mais, o contexto em que devem ser interpretados o art. 9(2) da Convenção de Berna – em sua condição de dispositivo do Acordo TRIPS – e o art. 13 do Acordo TRIPS é muito mais amplo e complexo que o contexto dentro do qual o art. 9(2) da Convenção de Berna deve ser interpretado. Assim sendo, os registros da Conferência de Estocolmo de 1967 não são necessariamente fontes seguras de subsídios para o esclarecimento do sentido dos arts. 9(2) da Convenção de Berna – *em sua condição de disposição do Acordo TRIPS* – e 13 do Acordo TRIPS. Por essa razão, o sentido atribuído aos termos desses dispositivos, sumarizados no Quadro 4, permanece válido.

Quadro 4: Função e Conteúdo Normativo das Cláusulas Gerais de Exceção dos Direitos Autorais

	Art. 13 do Acordo TRIPS	Art. 9(2) da Convenção de Berna
Função do teste	Controlar a legalidade das exceções (positivadas e judiciais/administrativas) aos diversos direitos garantidos pelo TRIPS e, por conseguinte, pela Convenção de Berna.	Controlar a legalidade das exceções ao direito de *reprodução*, não amparadas pelos arts. 10, 10bis, 11bis(3) e 13(1) da Convenção de Berna.
1.º PASSO: Aferir o caráter especial das exceções	A exceção deve: - ser dirigida a promover algum(ns) dos objetivos autorizados pelo art. 8.º do TRIPS; - configurar um meio adequado para a promoção do objetivo que motivou sua adoção; - ser o meio menos restritivo do direito de exclusividade cerceado, dentre os razoavelmente à disposição do Estado proponente da medida investigada; e	O mesmo sentido atribuído à primeira etapa do teste do art. 13 é aplicável à primeira etapa do teste do art. 9(2).

109. Cf. itens 1.4.1 e 1.4.2.

	Art. 13 do Acordo TRIPS	Art. 9(2) da Convenção de Berna
	- respeitar os seguintes limites legais: i) proibição da adoção de exceções que produzam o efeito de impedir a proteção das categorias de obras literárias e artísticas que, nos termos do art. 2.°, parágrafos 1.°, 3.° e 5.°, da Convenção de Berna e do art. 10 do Acordo TRIPS, devem ser passíveis de proteção no território dos Membros da OMC; ii) observância das cláusulas do tratamento nacional e da nação mais favorecida; iii) garantia da duração mínima dos direitos assegurados; iv) no que respeita especificamente às exceções instauradas ao direito de reprodução, sob o amparo dos arts. 10 e 10bis da Convenção de Berna, tais exceções devem respeitar o espaço ocupado pelo apêndice especial dessa Convenção (Ata de Paris).	
2.° PASSO: Avaliar se a exceção conflita com a exploração normal das obras afetadas pela exceção	A exceção passará pelo crivo da segunda etapa do teste se: a) afetar alguma forma de exploração "anormal" das obras (ilegítima) e, portanto, não sujeita ao controle dos titulares de direitos autorais: e.g., um mercado cujos titulares de direitos não expressaram interesse em explorar – o mercado de obras esgotadas; ou uma esfera formada por indivíduos e instituições despidas de recursos para adquirir, no mercado, as obras afetadas pela exceção; um uso que, se controlado com exclusividade pelos titulares de direitos autorais, prejudicará a realização de objetivos centrais dos regimes de direitos autorais, em comparação com a liberação deste uso; ou b) não afetar quaisquer das formas de exploração normal das obras relevantes, garantidas pelo direito de exclusividade cerceado, capazes de produzir utilidades econômicas importantes ou apreciáveis aos titulares de direitos; ou	O mesmo sentido atribuído à segunda etapa do teste do art. 13 é aplicável à segunda etapa do teste do art. 9(2), com a ressalva de que o último apenas controla a adoção de exceções ao direito de reprodução, e que este dispositivo não autoriza a plena substituição do direito exclusivo de reprodução por um direito de remuneração.

(continua)

(continuação)

	Art. 13 do Acordo TRIPS	Art. 9(2) da Convenção de Berna
	c) afetar uma ou mais formas de exploração normal das obras relevantes, garantidas pelo direito de exclusividade cerceado, capazes de gerar utilidades econômicas importantes ou apreciáveis, desde que os titulares de direitos prejudicados tenham direito a receber uma remuneração equitativa pelo uso não autorizado de suas obras, e a exceção lhes reserve o direito de controlar com exclusividade, *ao menos*, uma das formas de exploração capazes de produzir, *no presente*, benefícios econômicos importantes ou apreciáveis; ou d) na hipótese de a exceção subtrair do controle dos titulares de direitos afetados *todas* as formas de exploração normal de suas obras, asseguradas pelo direito de exclusividade cerceado, capazes de gerar benefícios econômicos importantes, em troca de uma remuneração equitativa, a exceção passará pelo segundo passo do teste se esta substituição do direito de exclusividade pelo de remuneração for autorizada pela Convenção de Berna (e.g. art. 11bis(2)) ou do Acordo TRIPS.	
3.º PASSO: Aferir o caráter justificável dos prejuízos produzidos pela exceção	A exceção passará pela etapa final do teste se o conjunto de benefícios produzidos por ela superarem os prejuízos causados aos interesses legítimos dos titulares de direitos prejudicados.	O mesmo sentido atribuído à terceira etapa do teste do art. 13 é aplicável à terceira etapa do teste do art. 9(2).

Comentários conclusivos a respeito da primeira parte

Vi todas as nações do mundo reunidas, e aprendi a não me envergonhar da minha. Medindo de perto os grandes e os fortes, achei-os menores e mais fracos do que a justiça e o direito.

RUY BARBOSA

Toda verdade passa por três estágios. Primeiro é ridicularizada. Segundo, enfrenta uma violenta oposição. Finalmente, é aceita como evidente.

ARTHUR SCHOPENHAUER

Procurei demonstrar na primeira parte deste trabalho que os testes dos três passos do Acordo TRIPS (ou cláusulas gerais de exceção do Acordo TRIPS) devem ser interpretados como testes de proporcionalidade *sui generis* (*sui generis* no sentido de acoplar um teste de consistência ao tradicional teste de proporcionalidade). Esse resultado decorre do fato de o art. 8.º do Acordo TRIPS autorizar os Membros da OMC a adotarem exceções aos DPIs dirigidas a promover qualquer interesse de ordem socioambiental – notadamente, aqueles tutelados por tratados de direitos humanos e acordos multilaterais de meio ambiente –, e também porque as cláusulas gerais de exceção incorporam termos ambíguos, os quais, em virtude do art. 31 da CVDT, *devem* ser interpretados, *inter alia*, à luz dos múltiplos objetivos sociais, ambientais e econômicos da OMC e do Acordo TRIPS, da jurisprudência do OSC pertinente ao art. XX do GATT 1994 e do princípio da proporcionalidade.

O fato de os objetivos da OMC e do Acordo TRIPS se confundirem com diversos dos valores tutelados pelos principais tratados internacionais de direitos humanos e com os valores centrais promovidos pelos acordos multilaterais de meio ambiente, produz o efeito prático de obrigar os operadores do direito a interpretarem os termos das cláusulas gerais de exceção do Acordo TRIPS de maneira a com eles se harmonizar. Por exemplo: o objetivo do sistema OMC de "proteger e preservar o meio ambiente e incrementar os meios para fazê-lo" tem o efeito prático de obrigar o intérprete a eleger a interpretação para os termos dos dispositivos do Acordo TRIPS que melhor se coaduna com a realização do direito a um meio ambiente sadio, previsto no art. 11 do Protocolo Adicional à Convenção Americana sobre Direitos Humanos em Matéria de Direitos Econômicos, Sociais e Culturais (Protocolo de San Salvador)[1] e no art. 24 da Carta Africana de Direitos Humanos e dos Povos,[2] mesmo que tal direito ainda não seja garantido pelo marco legal da OMC. O objetivo da OMC de "elevar os níveis de vida" dos indivíduos veladamente remete ao art. 11(1) do PIDESC; por conseguinte, os termos do Acordo TRIPS devem ser interpretados de maneira a promover o "direito de toda pessoa a um nível de vida adequado para si própria e sua família, inclusive à alimentação, à vestimenta e à moradia adequadas, assim como a uma melhoria contínua de suas condições de vida". O objetivo do Acordo TRIPS de promover "a transferência e difusão de tecnologia, em benefício mútuo de produtores e usuários de conhecimento tecnológico" (art. 8.º) remete ao dever da comunidade internacional de adotar medidas "necessárias à conservação, ao desenvolvimento e à difusão da ciência e da cultura", com vistas a garantir a realização do direito humano de "participar livremente da vida cultural da comunidade, de fruir as artes e de participar do processo científico e de seus benefícios", garantido pela Declaração Universal dos Direitos Humanos e pelo PIDESC.[3] O objetivo da OMC de "otimizar a utilização dos recursos mundiais em consonância com o objetivo de um desenvolvimento sustentável" exige do intérprete do Acordo TRIPS a construção de seus termos, de modo a promover, *simultaneamente*, inovação e criatividade, os diversos direitos humanos tutelados pela Carta Magna de Direitos Humanos e a preservação/recuperação do meio ambiente, conforme se depreende do princípio 3.º da Declaração do Rio sobre Meio Ambiente e Desenvolvimento.

Por fim, o princípio da proporcionalidade – o qual deve ser considerado no processo de interpretação em função do critério de necessidade do art. 8.º do Acordo TRIPS e por conta de seu *status* de princípio geral do direito –, por um lado, produz o efeito de impedir o intérprete das cláusulas gerais de exceção de conferir automaticamente um *status* superior aos interesses comerciais dos titulares de DPIs em relação aos demais objetivos socioambientais do sistema OMC, e, pelo outro, obriga o intérprete a buscar a opção interpretativa que melhor harmoniza os interesses econômicos dos titulares de DPIs com os interesses socioambientais perseguidos pela OMC e pelo TRIPS.

Em síntese, sutilmente, o TRIPS não só permite, mas *obriga* os Membros da OMC (e por conseguinte o Brasil) a interpretarem seus termos de modo a salvaguardar não apenas interesses de ordem econômica, mas também in-

1. "Art. 11(1). Toda pessoa tem direito a viver em meio ambiente sadio [...] (2). Os Estados Partes promoverão a protecção, preservação e melhoramento do meio ambiente."
2. Art. 24: "All peoples shall have the right to a general satisfactory environment favorable to their development".
3. Cf. art. XXVII da Declaração Universal dos Direitos Humanos e art. 15 do PIDESC.

teresses públicos superiores, como o meio ambiente e a dignidade da pessoa humana, ainda que os tratados de direitos humanos e os acordos multilaterais de meio ambiente não integrem o marco legal da OMC. O Acordo TRIPS mostra-se capaz de promover, de maneira equilibrada, os múltiplos interesses sociais, ambientais e econômicos perseguidos pelo sistema OMC quando o intérprete compreende que, apesar de ele ser fruto de uma estratégia traçada pelos setores empresariais dos países industrializados para promover seus interesses particulares,[4] não se confunde com a vontade das forças que impulsionaram sua adoção.

O art. 3(2) do Entendimento de Solução de Controvérsias da OMC determina que os relatórios e decisões dos órgãos dos OSC não aumentem ou diminuam os direitos e obrigações assegurados aos Membros da OMC em virtude de seus acordos. Alguém poderia sustentar que interpretar os tratados da OMC à luz das regras de interpretação da CVDT tem por efeito infringir essa regra. Contudo, é preciso ter claro que, quando se aplicam corretamente as regras da CVDT, o intérprete não agrega ou diminui os direitos e obrigações conferidos pelos acordos da OMC a seus Membros, uma vez que sua aplicação é obrigatória.[5] As regras da CVDT limitam-se a *explicitar* os direitos e obrigações dos Membros da OMC.[6]

Se os arts. 9(2) da Convenção de Berna e 13, 17, 26(2) e 30 do Acordo TRIPS fossem interpretados de conformidade com as diretrizes traçadas em *Canada – Pharmaceutical Patents*, em *US – Section 110(5) Copyright Act* e em *EC – Trademarks and Geographical Indications*, tais dispositivos sempre teriam de ser interpretados restritivamente, a fim de maximizar a proteção concedida aos interesses econômicos dos titulares de DPIs. Ou seja, os interesses comerciais dos titulares de direitos autorais, desenhos industriais, marcas comerciais e patentes *sempre* teriam preferência sobre os interesses de caráter não comercial da sociedade em geral. Tal abordagem, por certo, impediria a realização de muitos dos objetivos humanos, sociais, tecnológicos e ambientais perseguidos pela OMC, porquanto impede a adoção de exceções robustas aos DPIs. Destarte, a abordagem adotada pelos grupos especiais nesses litígios infringiu a regra geral de interpretação da CVDT ao favorecer, sem qualquer razão legítima, os interesses dos titulares de DPIs em detrimento dos demais interesses tutelados pela OMC. Nesse diapasão, o Órgão de Apelação, em *EC – Computer Equipment* acertadamente afirmou que

> "la finalidad de la interpretación de los tratados con arreglo al artículo 31 de la *Convención de Viena* es determinar la intención *común* de las partes. Esta intención *común* no puede establecerse basándose en las

4. Taubman 2007, p. 110; Barbosa 2006.
5. Koskenniemi 2006, par. 447.
6. Mitchell 2007, p. 809.

'expectativas', subjetivas y determinadas unilateralmente, de *una* de las partes en un tratado".[7]

O fato de as interpretações desenvolvidas para as cláusulas gerais de exceção do Acordo TRIPS, mediante a estrita aplicação da regra geral da CVDT, diferirem substancialmente das diretrizes traçadas nos três casos julgados pela OMC, atesta a existência de duas linhas jurisprudenciais para o Acordo TRIPS: a oral e a legal. A linha jurisprudencial *oral*, difundida pelas forças dominantes que participaram da negociação do acordo durante a Rodada Uruguai do GATT,[8] tem por fim perpetuar a posição de destaque dos países industrializados na economia da informação, por meio da dissociação do sistema multilateral do comércio das regras protetoras dos direitos humanos e do meio ambiente. Já a linha *legal* é construída a partir da observância estrita das regras costumeiras de interpretação dos tratados e, portanto, deveria ser observada pelos órgãos do OSC (grupos especiais e Órgão de Apelação), em todos os litígios trazidos ao seu conhecimento, bem como pelos Membros da OMC (aí incluído o Brasil). A linha jurisprudencial legal traz a vantagem de *não* ter como premissa a limitação do espaço político oferecido aos Membros da OMC para adotarem exceções aos DPIs, tal como reconhecido pelo Órgão de Apelação em *EC – Hormones*:[9]

> "[...] caracterizar simplemente la disposición de un tratado como una 'excepción' no basta para justificar una interpretación 'más estricta' o 'más restringida' de esa disposición que la que se obtendría mediante un examen del sentido corriente de las palabras concretas del tratado, consideradas en el contexto y a la luz del objeto y el fin de ese tratado o, en otras palabras, aplicando las normas corrientes de interpretación de los tratados".

Contudo, o que se observa na prática é que a linha jurisprudencial oral influenciou fortemente a abordagem interpretativa adotada pelos órgãos do OSC. Tais órgãos se deixaram influenciar pela jurisprudência oral da OMC e, por isso, propuseram interpretações equivocadas para os termos dos arts. 13, 17 e 30 do Acordo TRIPS, as quais, diga-se, não devem ser seguidas pelo Brasil. Assim sendo, a abordagem adotada pela OMC nesses casos não reflete as exigências do marco legal da OMC, mas sim um grave equívoco técnico.[10]

7. WTO, WT/DS62/AB/R, WT/DS67/AB/R, WT/DS68/AB/R, Report of the Appellate Body, par. 84.
8. Taubman 2007, p. 111.
9. WTO, WT/DS26/AB/R, Report of the Appellate Body, par. 104.
10. Frankel (2005-2006, p. 369) defende que, apesar de os órgãos do OSC da OMC (Grupos Especiais e Órgão de Apelação) reconhecerem que as regras cristalizadas nos arts. 31 e 32 da CVDT representam as regras costumeiras de interpretação de tratados, eles não as aplicam corretamente nas disputas envolvendo DPIs.

O que resta saber é se as interpretações equilibradas propostas para as cláusulas gerais de exceção do Acordo TRIPS são aplicáveis àqueles Estados que são partes contratantes de acordos bilaterais e regionais de livre comércio de caráter TRIPS-plus.[11]

O art. 1(1) do Acordo TRIPS autoriza – mas não obriga – os Membros da OMC a "prover, em sua legislação, proteção mais ampla que a exigida neste Acordo [TRIPS], *desde que tal proteção não contrarie as disposições" do Acordo* TRIPS. Isso significa que, embora o Acordo TRIPS possibilite o fortalecimento contínuo da proteção conferida aos DPIs,[12] há limites absolutos que devem ser respeitados, os quais foram chamados de "tetos" por Kur e Ruse-Khan.[13] A título de ilustração, pode-se mencionar o art. 9(2) do Acordo TRIPS, o qual proíbe a proteção de "ideias, procedimentos, métodos de operação ou conceitos matemáticos como tais" mediante direitos autorais;[14] as cláusulas do tratamento nacional e da nação mais favorecida; e os dispositivos que explicitam alguns dos objetivos e princípios do acordo (arts.7.º e 8.º). E o que dizer a respeito das cláusulas gerais de exceção do Acordo TRIPS, i.e., os arts. 9(2) da Convenção de Berna e 13, 17, 26(2) e 30 do Acordo TRIPS? Esses dispositivos também configuram "tetos" de observância obrigatória? Em outras palavras, os Membros da OMC, quando desejarem prover proteção mais ampla aos DPIs que a assegurada pelo Acordo TRIPS, estão autorizados a negociar acordos bilaterais, regionais ou multilaterais que proíbam o exercício das prerrogativas oferecidas pelas cláusulas gerais de exceção do Acordo TRIPS ou que fixem exigências adicionais ao seu exercício, a fim de restringir seu escopo?

Tendo em vista os objetivos e princípios do Acordo TRIPS, indicados, essencialmente, nos arts. 7.º e 8.º, a resposta a essa pergunta é no sentido negativo.[15] Por certo, as cláusulas gerais de exceção do Acordo TRIPS oferecem aos Membros da OMC faculdades, que podem ser exercidas, segundo suas necessidades. Por outro lado, a proibição, restrição ou burocratização do exercício dessas faculdades viola os objetivos e princípios do Acordo TRIPS, ao impedir a futura adoção de medidas consagradas a promover e equilibrar os

11. Acordos que contêm normas TRIPS-plus impõem às suas partes contratantes obrigações, em matéria de propriedade intelectual, que vão além das previstas no Acordo TRIPS.
12. Dinwoodie e Dreyfuss 2007, p. 449.
13. Kur e Ruse-Khan 2009, p. 5.
14. Kur e Ruse-Khan (2009) citam como exemplos de "tetos" do Acordo TRIPS os arts. 2(8), 10(1) da Convenção de Berna, o art. 10(2) do Acordo TRIPS e os arts. 5ter, 6bis da Convenção de Paris. Alguns tetos do Acordo TRIPS – como os citados – são explícitos; outros apenas podem ser identificados após a interpretação das diversas disposições do Acordo TRIPS, cujo texto é ambíguo, a partir da regra geral de interpretação dos tratados da CVDT. A regra geral da CVDT é a ferramente que indicará até onde os Estados podem ir no que respeita a estender a proteção dos DPIs.
15. Este parece também ser o entendimento de Borges Barbosa (2006).

múltiplos objetivos comerciais, sociais e ambientais perseguidos pelo sistema OMC. Como resultado da proibição, restrição ou burocratização do exercício das prerrogativas oferecidas pelas cláusulas gerais de exceção, assim que surgirem situações de conflito entre os DPIs e os da sociedade, os Estados não mais terão os meios para efetivar muitos dos objetivos do Acordo TRIPS e da OMC, mediante a adoção de exceções capazes de mitigar os impactos negativos produzidos pelo exercício dos DPIs.

Considerando que os Membros da OMC apenas poderão exercer a faculdade de prover proteção mais ampla aos DPIs que a exigida no Acordo TRIPS *se a proteção adicional não contrariar suas disposições*, a proteção mais extensiva conferida apenas será lícita se for dirigida a promover os objetivos do Acordo TRIPS indicados no art. 7.°, e também se respeitar os princípios gerais do acordo indicados no art. 8.°. Sem dúvida alguma, muitos dos objetivos do Acordo TRIPS serão inalcançáveis se erodir o espaço disponibilizado pelo TRIPS para o estabelecimento de exceções aos DPIs. Por essa razão, o fortalecimento da proteção conferida aos DPIs *não* pode ser realizado mediante a supressão, a restrição do escopo ou a criação de obstáculos ao exercício das prerrogativas asseguradas pelas cláusulas gerais do Acordo TRIPS. Será, portanto, inválido qualquer novo acordo bilateral, regional ou multilateral que imponha aos Membros da OMC a obrigação de adotar uma interpretação restritiva para os termos das cláusulas gerais de exceção do Acordo TRIPS, ou que imponha condições adicionais ao exercício das prerrogativas asseguradas por esses dispositivos, ou que proíba o exercício dessas faculdades. As cláusulas de exceção, apesar da designação, não podem ser encaradas pelos Membros da OMC como aberrações que devem ser reduzidas ou extirpadas do bojo do Acordo TRIPS; elas, em verdade, figuram como instrumentos essenciais para criar um equilíbrio entre interesses públicos e privados, e ainda promovem inovação e criatividade ao fortalecer o domínio público intelectual.

Em síntese, a prerrogativa oferecida pelo art. 1(1) do Acordo TRIPS não pode ser utilizada pura e simplesmente para o fortalecimento dos DPIs; deve ser empregada para efetivar todo o *conjunto* de objetivos perseguidos pelo Acordo TRIPS, indicados fundamentalmente no art. 7.°, e para garantir a observância de seus princípios, condensados no art. 8.°. O exercício da referida faculdade, de modo a promover a realização de alguns objetivos do Acordo TRIPS – interesses de natureza comercial de alguns setores da sociedade – e a dificultar ou impedir a realização de outros – interesses socioambientais –, configura um abuso de direito, na modalidade *détournement de pouvoir* e, ainda, infringe o princípio da interpretação efetiva, ao tornar inúteis os arts. 7.° e 8.° do Acordo TRIPS.

Antes de concluir a primeira parte do estudo, cabe aqui um esclarecimento final: em sentido similar às conclusões alcançadas na primeira parte deste estudo, Annette Kur sustenta que o princípio da proporcionalidade é uma norma não escrita do ordenamento jurídico da OMC e que, nessa condição, poderia ser aplicada *autonomamente*, na esfera do Acordo TRIPS, para controlar *diretamente* a legitimidade das exceções aos DPIs garantidos pelo TRIPS.[16] Segundo seu entendimento, o disposto nos artigos 13, 17, 26(2) e 30 do Acordo TRIPS e 9(2) da Convenção de Berna teriam apenas a função de indicar os elementos que seriam utilizados no processo de aplicação do teste da proporcionalidade. Isso significa que caberia ao teste da proporcionalidade, e não aos testes indicados nas cláusulas gerais de exceção do Acordo TRIPS, a função de controlar a legalidade das exceções aos DPIs. Em termos mais concretos: por exemplo, no processo de investigação da legalidade de uma dada exceção aos direitos conferidos por patentes, o intérprete, guiado pelo art. 30 do Acordo TRIPS, em primeiro lugar, identificaria as situações cobertas pela exceção e sua amplitude. Em segundo lugar, avaliaria os impactos econômicos produzidos pela exceção, incluindo se a exceção conserva incentivos econômicos para terceiros continuarem a investir em inovação. Em terceiro lugar, o intérprete identificaria os interesses promovidos e os prejudicados pela exceção.[17] Tendo esses dados como matéria-prima, o intérprete aplicaria o teste da proporcionalidade, a fim de verificar a legalidade da exceção investigada. A exceção será lícita se passar pelo crivo do teste de proporcionalidade.

Embora a interpretação proposta por Annette Kur se assemelhe, em alguns aspectos, com a interpretação aqui proposta, com ela não se confunde por duas razões. Se, por um lado, estou de acordo que o princípio da proporcionalidade permeia os acordos da OMC, por outro, ele não pode ser aplicado *autonomamente*, sem se apoiar estritamente no texto do dispositivo a ser interpretado. Em outras palavras, o princípio da proporcionalidade – seja ele tratado como parte integrante do art. 8.° do Acordo TRIPS ou como princípio geral do direito – apenas deve ser utilizado no processo de *esclarecimento* dos termos das cláusulas de exceções, não podendo ferir seus termos. Adotar a interpretação de que o princípio da proporcionalidade pode ser aplicado autonomamente, com o fito de controlar a legalidade das exceções adotadas aos DPIs, infringe as normas de interpretação da CVDT.

Em segundo lugar, enquanto defendo que os diversos testes das cláusulas gerais de exceção do Acordo TRIPS são compostos por subtestes, aplicáveis *cumulativamente*, pelos quais qualquer exceção deve passar obrigatoriamente para ser julgada lícita, Kur defende que cada um dos testes introduzidos pelas cláusulas de exceção do Acordo TRIPS constitui um todo indivisível,[18] cujos elementos deveriam ser considerados em conjunto, na realização de uma avaliação geral. Isso implica que, mesmo que, por exemplo, uma exceção aos direitos de patentes não passe por uma das etapas do teste do art. 30, ain-

16. Kur 2008, p. 39.

17. Idem, ibidem, p. 41.

18. Idem, ibidem, p. 41: "instead of constitution three separate units, the three steps are nothing but individual elements informing one overall assessment".

da assim haveria espaço para julgá-la lícita.[19] Esse entendimento fere o texto das cláusulas de exceção do Acordo TRIPS. Afinal, se a redação das cláusulas gerais de exceção indica que as condições lá arroladas são de observância cumulativa e obrigatória, não é possível contrariá-lo. Em verdade, a interpretação proposta por Kur parece transformar os testes dos três passos em uma espécie de teste de "*fair use*".

19. Kur 2008, p. 42 :"Considering that the philosophy underlying TRIPS as a trade-related instrument is in favour of free competition rather than its restriction, it seems logical that the proponents of a limitation should be given the benefit of doubt, if the assessment undertaken on the basis of the three steps should lead to inconclusive results".

Parte II – Colocando à prova a capacidade dos testes dos três passos de ampliar o acesso ao conhecimento

Capítulo 4

As patentes e as exceções de P&D e de teste diagnóstico

That, as we enjoy great advantages from the inventions of others, we should be glad to serve others by any invention of ours; and this we should do freely and generously.[1]

Benjamin Franklin

4.1 Introdução

O progresso da biologia molecular e o surgimento de novas tecnologias da informação capacitaram a humanidade a melhor compreender os genes e seus diversos papéis no funcionamento dos organismos vivos; viabilizaram o sequenciamento rápido do genoma de vários organismos e a identificação da função dos genes, e abriram estradas para o homem interferir no funcionamento dos genes e manipulá-los para propósitos socialmente úteis.[2]

Até não muito tempo atrás, o sistema de patentes limitava-se a estender proteção legal a invenções que se apresentavam como produtos finais ao consumidor comum, excluindo os fenômenos naturais e os recursos preexistentes na natureza do rol de matérias elegíveis para proteção. Eram, portanto, passíveis de proteção apenas os produtos tangíveis, desenvolvidos a partir do uso inovador de informações técnicas e das forças da natureza; técnicas de extração de moléculas bioquímicas de seus meios naturais eram igualmente passíveis de proteção, enquanto as forças e os recursos da natureza eram conservados em domínio público,[3] ou seja, as informações técnicas que permeavam as invenções patenteadas se conservavam livremente acessíveis. Este era o meio utilizado pelo direito das patentes para manter amplos espaços, para

1. Segue a tradução livre para o português desta epígrafe: "Uma vez que usufruímos grandes vantagens das invenções dos outros, deveríamos nos comprazer em servir aos outros com nossas invenções, e deveríamos assim proceder gratuita e generosamente".
2. Walsh et al. 2003, p. 289.
3. Dreyfuss 2004, p. 466.

que o setor empresarial desenvolvesse produtos alternativos aos protegidos. Tal realidade justificava a adoção de exceções aos direitos conferidos por patentes de alcance limitado, já que a liberdade de inovar não era embargada pelas patentes.[4]

A partir da década de 1980, o rápido e surpreendente desenvolvimento científico das ciências biológicas instigou as autoridades judiciais e administrativas dos países industrializados e em desenvolvimento a reinterpretarem e/ou emendarem suas legislações de patentes, com o propósito de permitir a proteção de invenções biotecnológicas, as quais, até então, eram consideradas inelegíveis para proteção. A mola propulsora da tendência internacional de reforma jurisprudencial e legal nesse sentido foi a decisão da Suprema Corte dos EUA no caso *Diamond v. Chakrabarty*, proferida em 16 de junho 1980,[5] a qual autorizou a concessão de patentes para invenções biológicas, desde que resultantes da atividade humana:

> "The question before us in this case is a narrow one of statutory interpretation requiring us to construe 35 U.S.C. 101, which provides: 'Whoever invents or discovers any new and useful process, machine, manufacture, or composition of matter, or any new and useful improvement thereof, may obtain a patent therefor, subject to the conditions and requirements of this title'. Specifically, we must determine whether respondent's micro-organism constitutes a 'manufacture' or 'composition of matter' within the meaning of the statute. [...] In cases of statutory construction we begin, of course, with the language of the statute. [...]. And 'unless otherwise defined, words will be interpreted as taking their ordinary, contemporary, common meaning'. [...]. We have also cautioned that courts 'should not read into the patent laws limitations and conditions which the legislature has not expressed'. [...] Guided by these canons of construction, this Court has read the term 'manufacture' in 101 in accordance with its dictionary definition to mean 'the production of articles for use from raw or prepared materials by giving to these materials new forms, qualities, properties, or combinations, whether by hand-labor or by machinery'. [...] Similarly, 'composition of matter' has been construed consistent with its common usage to include 'all compositions of two or more substances and [...] all composite articles, whether they be the results of chemical union, or of mechanical mixture, or whether they be gases, fluids, powders or solids'. [...] In choosing such expansive terms as 'manufacture' and 'composition of matter', modified by the comprehensive 'any', Congress plainly contemplated that the patent laws would be given wide scope.

4. Dreyfuss 2004, p. 462.
5. *Diamond v. Chakrabarty*, 447 U.S. 303 (1980).

The relevant legislative history also supports a broad construction. The Patent Act of 1793, authored by Thomas Jefferson, defined statutory subject matter as 'any new and useful art, machine, manufacture, or composition of matter, or any new or useful improvement [thereof]'. Act of Feb. 21, 1793, 1, 1 Stat. 319. The Act embodied Jefferson's philosophy that 'ingenuity should receive a liberal encouragement'. [...] In 1952, when the patent laws were recodified, Congress replaced the word 'art' with 'process', but otherwise left Jefferson's language intact. The Committee Reports accompanying the 1952 Act inform us that Congress intended statutory subject matter to *'include anything under the sun that is made by man'*. [...] Judged in this light, respondent's micro-organism plainly qualifies as patentable subject matter. His claim is not to a hitherto unknown natural phenomenon, but to a nonnaturally occurring manufacture or composition of matter – a product of human ingenuity 'having a distinctive name, character [and] [447 U.S. 303, 310] use'" (grifo nosso).

Como resultado, no presente, muitos Estados conferem proteção a, *inter alia*, micro-organismos, proteínas recombinantes, animais e plantas transgênicas e sequências e fragmentos de DNA, incluindo os de origem humana.[6]

Muitas das invenções desenvolvidas pelos setores emergentes da economia, notadamente pela indústria farmacêutica e da biotecnologia, apresentam características especiais: podem servir tanto como produtos finais, prontos a serem utilizados pelo consumidor comum, quanto podem servir como insumos dirigidos à comunidade científica. Desapareceram, portanto, as fronteiras que separam produtos finais ao consumidor dos desenvolvimentos científicos básicos.[7]

Uma das principais consequências decorrentes da concessão de patentes para desenvolvimentos básicos é o estabelecimento de potenciais obstáculos ao progresso científico e tecnológico da sociedade. Isso porque as patentes conferem aos seus titulares não apenas a prerrogativa de controlar o produto efetivamente desenvolvido (mercado de produtos), mas também a liberdade de terceiros de inovar a partir dos insumos patenteados (mercado de inovação).[8]

Em função dos grandes progressos científicos realizados nas últimas décadas, o desenvolvimento de novas invenções, tanto no campo da biotecnologia quanto em outras searas, tornou-se uma tarefa mais simples e menos

6. Hoffman 2003-2004, p. 1018-1019.
7. Dreyfuss 2004, p. 463.
8. Idem, ibidem.

criativa.[9] Em resposta à redução do nível de inventividade envolvido no processo de inovação e satisfazendo as demandas das instituições envolvidas em P&D, as legislações de patentes ao redor do globo facilitaram a satisfação dos critérios substantivos de patenteabilidade, bem como ampliaram a definição do que constitui uma invenção.[10] A associação entre critérios de patenteabilidade mais relaxados, o inchamento da noção de invenção e a ampliação dos conhecimentos técnicos viabilizou o crescimento acelerado do número de patentes concedidas em todo o mundo.

Nesse novo cenário, marcado pelo papel de destaque desempenhado pela ciência no desenvolvimento econômico, as instituições universitárias passaram a ser consideradas os motores do progresso industrial. Em sintonia com essa realidade, o Congresso norte-americano aprovou, em 1980, o Bayh-Dole Act, o qual autoriza universidades e instituições públicas de pesquisa a patentear invenções realizadas com financiamento público e a licenciá-las. Em função dessa lei, entre 1991 e 2000, um grupo de 84 universidades americanas observou um aumento de 238% no volume de pedidos de patentes depositados, de 161% no número de acordos de licenciamento celebrados e de 520% no volume de *royalties* recebidos.[11] Crentes que a reprodução do modelo norte-americano de sobrevalorização da propriedade privada também os conduziria ao sucesso econômico, os legisladores dos demais países da Organização para a Cooperação e Desenvolvimento Econômico (OCDE) e mesmo de países em desenvolvimento adotaram políticas similares ao modelo norte-americano.[12]

Originalmente, essas políticas visavam a facilitar a tradução dos conhecimentos científicos, produzidos no âmbito universitário, em produtos e processos úteis à sociedade. Imaginou-se que as patentes induziriam a indústria a investir na transformação de invenções em tecnologias e produtos.[13] Nesse contexto, invenções, informações e ferramentas de pesquisa, que até então eram conservadas em domínio público, passaram a ser protegidas por DPIs ou, o que é pior, a ser conservadas em sigilo.[14] Na prática, o viés público das políticas tipo Bayh-Dole está em franca decadência, fundamentalmente por

9. The Royal Society 2003, par. 3.29 (o acervo de conhecimentos técnicos da humanidade vem-se ampliando em alta velocidade. Disso resulta que o "salto qualitativo" introduzido pelas novas invenções patenteadas resulta da aplicação de tecnologias que tornam o processo de desenvolvimento tecnológico rotineiro).
10. Hoffman 2003-2004, p. 1012.
11. Thursby e Thursby 2003, p. 1031.
12. Clift 2007, p. 80; Conceição et al. 2004, p. 558.
13. SACGHS 2009, p. 43.
14. Walsh et al. 2003, p. 296.

permitirem o patenteamento de invenções básicas, de pré-mercado, das quais depende o progresso científico e tecnológico.[15]

Embora dependam e reivindiquem, sem cessar, acesso amplo ao conhecimento e a tecnologias produzidos por terceiros, a fim de cumprirem com sua missão, universidades e instituições públicas de pesquisa tendem a optar por políticas de licenciamento que restringem a disseminação dos conhecimentos gerados em seus domínios. Muitas universidades, em vez de priorizarem a disseminação e o aprimoramento do conhecimento, se pautam por uma "mentalidade de corrida do ouro",[16] adotando estratégias dirigidas a maximizar seus lucros, ainda que em detrimento da própria justificativa para sua existência: o bem-estar da sociedade.[17] E, para isso, as universidades não se intimidam em adotar estratégias judiciais brutais e antissociais: nos EUA, um número crescente de universidades vem processando empresas pelo uso não autorizado de suas invenções.[18] Os acordos judiciais alcançados entre entidades acadêmicas e o setor privado podem alcançar cifras astronômicas.[19]

A difusão internacional das práticas universitárias de patentear tanto quanto possível minou as normas sociais da ciência, que regeram por séculos a conduta da comunidade científica. De forma muito sintética, as normas da ciência são calcadas sobre o paradigma da colaboração e da promoção da ampla disseminação e compartilhamento dos frutos das pesquisas científicas. Segundo a norma denominada "comunismo", considerando que o ponto de partida de qualquer pesquisa são os conhecimentos integrantes do acervo compartilhado da humanidade, os membros da comunidade científica teriam a obrigação moral de oferecer os resultados de suas investigações à sociedade;[20] caber-lhes-ia tão somente a estima pública pelo aporte científico oferecido.[21] Sem embargo, à medida que a ciência passou a desempenhar papel cada vez mais importante no progresso econômico, a competição pelo uso de conhecimentos científicos para fins

15. Eisenberg e Rai 2001, p. 158.
16. The Royal Society 2003, par. 2.13. Ver também: National Research Council 2006, p. 45; Dreyfuss 2004, p. 464.
17. National Institutes of Health 1998, p. 3.
18. Eisenberg 2003, p. 1018-1019.
19. Idem, ibidem (cita o acordo entre a University of Minnesota e a Glaxo-Wellcome, que alcançou a cifra de US$ 300 milhões).
20. Merton 1977, p. 365 (segundo Merton, as inovações trazidas a público por um cientista não lhe pertencem, porquanto qualquer avanço científico decorre da colaboração empreendida entre gerações passadas e presentes).
21. Idem, ibidem, p. 363.

produtivos desencadeou a erosão das normas sociais da ciência aberta[22] e a paralela emergência da ciência comercial. Nessa nova realidade, as normas sociais da ciência são julgadas obsoletas e, por isso, vêm sendo substituídas pelas normas de propriedade intelectual.[23] Em outras palavras, instituições científicas, mesmo aquelas financiadas com recursos públicos e que, por isso mesmo, deveriam estar comprometidas em promover a livre difusão do conhecimento e dos progressos científicos, passaram a se pautar por normas que restringem seu acesso e uso, sob a justificativa de estimular o desenvolvimento da humanidade.[24] O método de recompensa dos cientistas e das universidades por seus aportes ao desenvolvimento científico deixou de ser o prestígio social; as patentes e os contratos de repartição de benefícios tornaram-se as novas moedas de ascensão profissional.[25]

Os problemas de ampliar substancialmente o rol de matérias elegíveis para proteção, de facilitar a obtenção de patentes e de estimular universidades e instituições públicas de pesquisa a agirem como empresas privadas decorrem da ampla liberdade assegurada aos titulares de patentes para fixar a agenda de aplicações de suas invenções.[26] Não se pode presumir que os titulares de patentes promoverão automaticamente o interesse público quando defenderem seus interesses particulares.[27] Essencialmente, os titulares de patentes objetivam maximizar seus benefícios e conservar seu *status quo* pelo período mais longo possível. Para isso, podem adotar estratégias dirigidas à restrição da competição e do ritmo de desenvolvimento científico e tecnológico, e.g., mediante a não exploração de suas invenções, a recusa em conceder licenças a terceiros ou a cobrança de taxas de *royalties* abusivas. Essas práticas conflitam com os interesses legítimos da sociedade de acessar tecnologias patenteadas para melhor compreendê-las, aprimorá-las e aplicá-las.[28]

O litígio envolvendo as empresas Tanox, Novartis e Genentech, embora tenha girado em torno da interpretação de uma cláusula de contrato que as vincula, serve para ilustrar que os interesses da iniciativa privada não necessariamente se coadunam com os da sociedade.[29] A Tanox, uma pequena empresa de biotecnologia dos EUA, viu-se obrigada pela Genentech e pela Novartis a desistir do projeto de levar adiante testes clínicos envolven-

22. Stiglitz 1995, p. 8.
23. Merton 1988, p. 623.
24. Eisenberg 1989, p. 1047-1048.
25. Baca 2006, p. 5.
26. Gitter 2001, p. 1680.
27. SACGHS 2009, p. 39-40.
28. De Larena 2005, p. 787-788.
29. O relato sobre o caso baseou-se em Hamilton 2005.

do a droga denominada TNX-901, hábil a aplacar alergias produzidas pelo consumo de amendoim, problema que pode levar à morte nos casos mais graves. Receando que a Tanox introduzisse no mercado um bom produto, o qual poderia interferir no sucesso de uma droga da Genentech *em processo de desenvolvimento,* a Novartis e a Genentech levaram a Tanox aos tribunais americanos, com base em um acordo de parceria firmado entre essas instituições. A ação se assentou sobre uma cláusula contratual ambígua, com base na qual as autoras da ação argumentaram que a Tanox não teria o direito de levar adiante estudos e testes envolvendo uma droga desenvolvida antes da assinatura do acordo de cooperação. Quando o Judiciário estava prestes a proferir uma decisão favorável à Tanox, a Genentech e a Novartis decidiram requerer a suspensão do julgamento e levar o caso para um tribunal arbitral, onde conseguiram impedir a continuidade dos testes clínicos do TNX-901.

Recordando que o desenvolvimento técnico-científico é um processo cumulativo, dependente do acesso contínuo a um rico acervo de informações, conhecimentos e ferramentas técnicas, a ampliação do alcance do domínio privado sobre os progressos científicos e tecnológicos, na falta de normas de calibração (e.g., exceções aos direitos conferidos pelas patentes), coloca em risco o bem-estar de parcelas substanciais da humanidade, sobretudo as com menor poder aquisitivo.

O presente capítulo identificará os problemas específicos criados pela proliferação recente de patentes do setor biotecnológico. Em seguida, o estudo tratará da importância das exceções aos direitos conferidos por patentes – mais especificamente, das exceções de pesquisa – para a promoção do progresso social, científico e tecnológico, e investigará a insuficiência das exceções aos direitos de patentes, incorporadas ao ordenamento jurídico de algumas dezenas de países, para superar os problemas previamente identificados produzidos pelas patentes de biotecnologia.[30] Em face da insuficiência das exceções em vigor em um número substancial de jurisdições, serão propostas duas exceções: uma exceção de P&D, hábil a promover desenvolvimento científico, tecnológico e comercial, e uma exceção de teste diagnóstico, hábil a estimular o desenvolvimento de testes diagnósticos genéticos de boa qua-

30. Conforme já advertido na introdução, este estudo não objetiva identificar, exaustivamente, todos os problemas gerados pelos regimes correntes de proteção da propriedade intelectual. Para uma visão mais abrangente a respeito dos potenciais problemas criados em diversos setores (e.g., *software,* agricultura e alimentação, saúde pública) pelos regimes contemporâneos de proteção patentária de invenções, consultar, e.g., Commission on Intellectual Property Rights 2002. Para uma visão mais completa a respeito das exceções e exclusões comumente utilizadas pelos Estados para superá-los ou mitigá-los, consultar, e.g.: Borges Barbosa e Grau-Kuntz 2010; Sherman 2010; Basheer et al. 2010; Visser 2010; Gold e Joly 2010.

lidade e viabilizar seu amplo acesso a todos os setores da sociedade. Por fim, a legalidade dessas exceções propostas será avaliada em face do art. 30 do Acordo TRIPS.

4.2 Obstáculos criados pelas patentes do setor biotecnológico para o progresso científico e tecnológico

4.2.1 Problemas gerados pelas patentes incidentes sobre invenções genéticas

O direito das patentes autoriza a reivindicação de proteção para produtos, processos e usos/aplicações que preencherem as três condições substantivas de patenteabilidade, a saber: novidade, passo inventivo e aplicação industrial. No que tange às invenções genéticas,[31] há a tendência a reivindicar proteção às seguintes categorias de invenções:[32]

- produtos biotecnológicos recombinantes com apelo industrial – e.g., proteínas terapêuticas como a eritropoietina, a insulina e o hormônio do crescimento – e os genes e sequências de DNA, responsáveis por sua produção. As patentes estendem proteção aos genes e proteínas naturais quando isolados de seu ambiente natural e aplicados em atividades comerciais ou industriais;[33]
- vetores utilizados na transferência de material genético de um organismo para outro, para a formação de organismos transgênicos;
- processos para a produção de organismos geneticamente modificados, bem como o produto desses processos, i.e., células, plantas e animais transgênicos;
- genes, sequências de DNA e proteínas associados a enfermidades. Esses genes e proteínas servem para compreender a etiologia e o processo de desenvolvimento de enfermidades e, também, como alvos de novas terapias. A indústria biofarmacêutica desenvolve terapias que atuam sobre as mutações genéticas ou sobre o produto dos genes mutantes, com o objetivo de suprimir, por exemplo, a produção de proteínas que desencadeiam doenças; e
- genes associados a enfermidades, com o propósito de utilizá-los em testes diagnósticos. Essa categoria de patente reivindica, entre outros elementos, o gene saudável, as mutações genéticas associadas à

31. Segundo o entendimento da OCDE (OECD 2006, p. 4), invenções genéticas compreendem "nucleic acids, nucleotide sequences and their expression products, transformed cell lines, vectors, as well as methods, technologies and materials for making, using or analyzing such nucleic acids, nucleotide sequences, cell lines or vectors".
32. Crespi 2001, p. 6-8; OECD 2002, p. 28.
33. The Danish Council of Ethics 2004, p. 45.

presença de uma enfermidade e a descrição molecular dos genes e de suas mutações genéticas.[34]

As patentes de produto, quando conferidas para invenções biotecnológicas, tendem a conferir privilégios excessivos a seus titulares em nome de pequenas contribuições ao estado da técnica.[35] Patentes de produto que cobrem novos genes (e outras invenções genéticas) e seus produtos (proteínas, enzimas) estendem proteção a esses materiais e para sua descrição molecular, independentemente de onde estejam incorporados e dos fins para os quais sejam aplicados.[36] Um indivíduo pode obter uma patente para um determinado gene, após sequenciá-lo e identificar uma função *plausível* para ele mas não comprovada.[37] O titular da patente terá o direito de controlar *todas* as múltiplas aplicações do gene, mesmo aquelas não previstas por ele.[38] Na hipótese de terceiros descobrirem uma nova função para o gene patenteado, poderão vir a requerer proteção para o novo uso identificado. Contudo, o exercício da patente de uso dependerá da autorização do titular da patente de produto incidente sobre o gene.[39]

Um exemplo real dos problemas causados pelas patentes genéticas é bem ilustrado pela controversa patente conferida, em 2000, pelo Escritório de Patentes e Marcas dos EUA (USPTO) para a Human Genetics Science (HGS), a qual cobre o gene humano responsável pela expressão do receptor CCR5. Em 1995, a HGS reivindicou proteção patentária para o receptor CCR5, com o propósito de desenvolver produtos anti-inflamatórios. No ano seguinte, cientistas de laboratórios independentes descobriram que esse receptor é a porta de entrada do vírus HIV para o interior das células humanas.[40] Apesar do desconhecimento da HGS a respeito do papel do CCR5 no processo de infecção pelo HIV, qualquer instituição interessada no desenvolvimento de novas terapias para o tratamento da AIDS que objetivar pesquisar o receptor

34. Essa matéria será aprofundada no item 4.2.2 infra.
35. Dinwoodie e Dreyfuss 2007, p. 455.
36. Nesse sentido, o art. 9.º da Diretiva Europeia 98/44/EC determina: "A protecção conferida por uma patente a um produto que contenha uma informação genética ou que consista numa informação genética abrange qualquer matéria, sob reserva do disposto no n. 1 do artigo 5.º, em que o produto esteja incorporado e na qual esteja contida e exerça a sua função".
37. É possível se reivindicar proteção a genes, sequências genéticas e proteínas, cuja função é apenas presumida pelo "inventor", porquanto são estruturalmente *similares* a outras moléculas previamente estudadas pela ciência (Eisenberg, Marks e Annas 2002, p. 197).
38. OECD, 2002, p. 30.
39. SACGHS 2009, p. 36.
40. NYU-Poly 2008.

CCR5, tem de obter uma licença da HGS.[41] Dependendo da postura adotada pelo titular da patente, atividades científicas envolvendo esse receptor podem progredir ou perecer.

As invenções genéticas são valorizadas não apenas pelos efeitos técnicos produzidos por moléculas bioquímicas tangíveis, mas também por seu conteúdo informacional.[42] No caso das patentes que tutelam testes genéticos, o elemento de interesse é a descrição molecular do gene saudável e das mutações genéticas que denotam a presença de uma enfermidade. Em relação às proteínas produzidas por genes, o que de fato interessa à indústria é a informação a respeito de sua estrutura tridimensional. A identificação do formato das proteínas é útil à descoberta de sua função. No caso das proteínas envolvidas em processos enfermiços, sua estrutura tridimensional serve como parâmetro ao desenvolvimento de novas drogas que com ela se acoplem perfeitamente, de modo a bloquear sua ação no organismo, sem gerar efeitos colaterais importantes.[43] Invenções genéticas estendem proteção, portanto, a *materiais bioquímicos* e às *informações* que permeiam esses materiais, e.g., descrição molecular de sequências de DNA (sequências de polinucleotídeos) e à descrição molecular das proteínas produzidas por elas (sequências de polipeptídios).[44]

As peculiaridades das invenções genéticas são fonte de grandes obstáculos à inovação. No início do desenvolvimento da indústria da biotecnologia, as patentes para invenções genéticas se comportavam de modo muito similar às patentes para produtos farmoquímicos: reivindicava-se proteção para as sequências genéticas responsáveis pela produção de proteínas de valor terapêutico, para o vetor recombinante que transferiu a sequência genética de interesse ao organismo hospedeiro e para a célula hospedeira modificada pelo vetor.[45] Em outras palavras, o objetivo dessas patentes era assegurar proteção às "fábricas biológicas" e aos produtos terapêuticos tangíveis, dirigidos ao consumidor final. Já no presente, há a tendência a buscar também o controle de *informações* genéticas e proteômicas (proteínas), que podem servir como insumos ao desenvolvimento de uma multiplicidade de novos produtos. É corriqueiro reivindicar proteção para sequências genéticas e de proteínas, descritas, respectivamente, em termos de bases nitrogenadas (A, C, T e G[46]) e aminoácidos, quando apresentadas em um formato legível por computador, e.g., inseridas em bancos de dados eletrô-

41. Gitter 2001, p. 1624-1626.
42. Dreyfuss 2004, p. 466.
43. Eisenberg et al. 2002, p. 205; ver também: <http://www.ncbi.nlm.nih.gov/About/primer/molecularmod.html>.
44. The Danish Council of Ethics 2004, p. 43; Paradise e Janson 2006, p. 148.
45. Eisenberg et al. 2002, p. 191-192.
46. As letras "A", "C", "T" e "G" significam, respectivamente, adenina, citosina, timina e guanina.

nicos.[47] As implicações desse tipo de reivindicação são muito sérias, pois é por meio do uso de computadores que organizações identificam a potencial função de sequências genéticas e de proteínas.[48] Se a liberdade de usar informações genéticas e proteômicas for controlada, fecham-se as portas para a descoberta das funções de genes e proteínas desconhecidas, até que as patentes pertinentes expirem.

As Figuras 1 e 2 a seguir ilustram bem como as alterações em sequências de DNA podem repercutir negativamente na produção de proteínas essenciais ao bom funcionamento do organismo humano, bem como quais são as informações (sequências genéticas normais e anormais) e materiais bioquímicos (estrutura tridimensional das proteínas normais e anormais produzidas pelo organismo e as próprias proteínas transcritas) que interessam à indústria e vêm sendo objeto de pedidos de patentes.

Figura 1: Variação de Sequência de DNA Pode Alterar o Formato e a Função da Proteína Transcrita

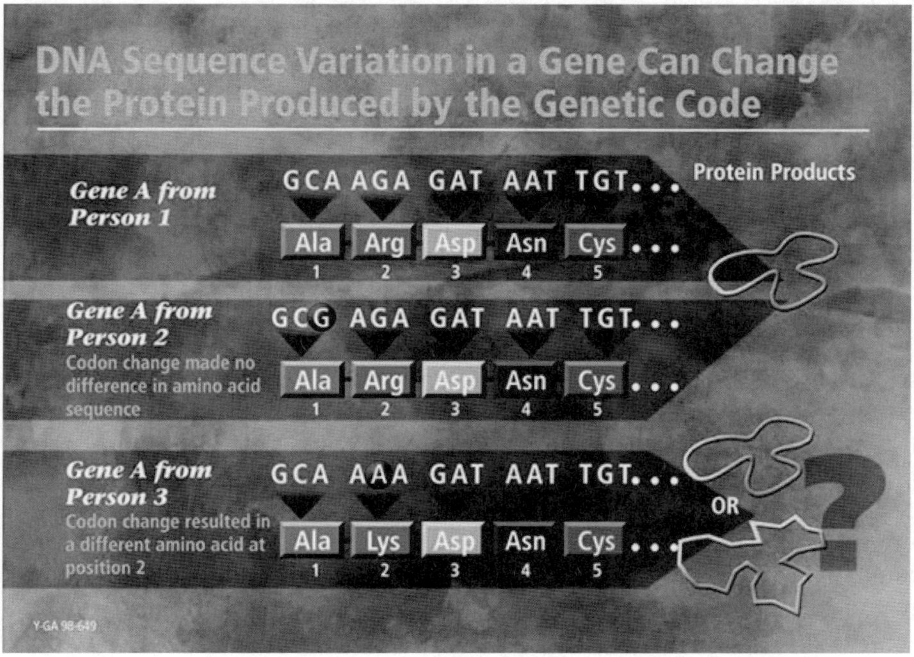

Fonte: Office of Biological and Environmental Research of the U.S. Department of Energy Office of Science.

47. Eisenberg, Marks e Annas 2002, p. 200.
48. Com frequência, pesquisadores comparam a descrição molecular de sequências genéticas desconhecidas com a descrição molecular de sequências genéticas bem conhecidas, presentes em outros organismos vivos, a fim de identificar sequências que se assemelham e, assim, supor sua função.

Figura 2: Alteração da Sequência de DNA Pode Levar à Transcrição de Proteínas Causadoras de Enfermidades

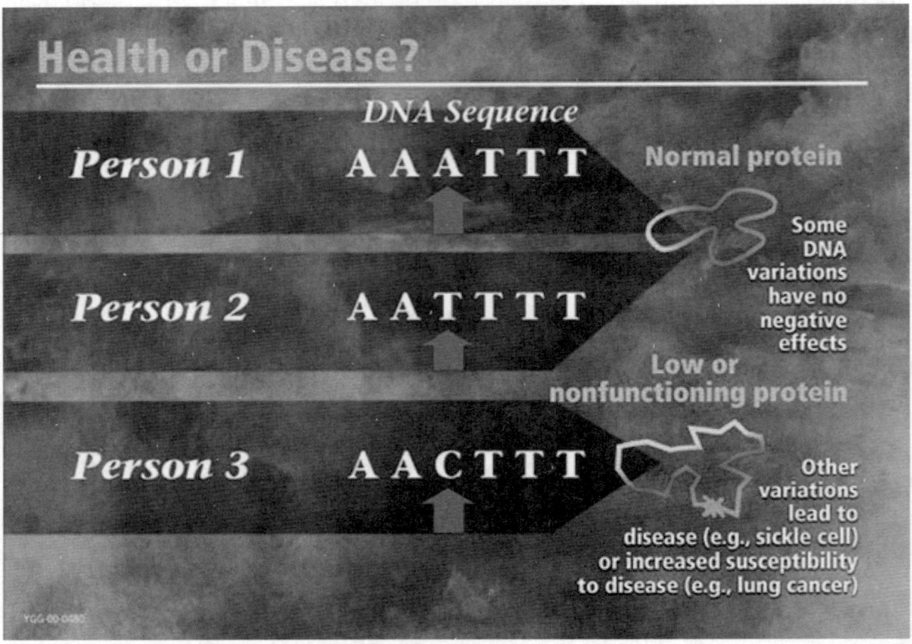

Fonte: Office of Biological and Environmental Research of the U.S. Department of Energy Office of Science.

Com a concessão de patentes tanto para produtos tangíveis quanto para o conteúdo informacional de materiais genéticos e proteômicos, o equilíbrio do regime de patentes se rompeu: até não muito tempo atrás, o titular de uma patente recebia um direito de exclusividade, temporalmente limitado, em troca da divulgação de sua invenção e da liberação do uso dos conceitos inventivos que permeiam sua invenção. Hoje, o titular de uma invenção genética está autorizado a reivindicar direitos sobre produtos tangíveis (moléculas bioquímicas) e sobre o conteúdo informacional das invenções.[49] Logo, o conflito contemporâneo instaurado pelas patentes genéticas contrapõe inovadores a consumidores e a outros inovadores, neste último caso em função da luta pelo acesso aos insumos indispensáveis à pesquisa científica e tecnológica.[50]

Refletindo a importância da genética para a economia da informação, nas últimas décadas testemunhou-se um aumento vertiginoso no número

49. Eisenberg et al. 2002, p. 201.

50. Idem, ibidem, p. 193-194.

de patentes para invenções genéticas.[51] Esse crescimento alucinado produziu evidências, em todo o mundo, de que o espaço para conduzir pesquisas é minado no mesmo ritmo. A título de ilustração, é válido mencionar o resultado de alguns estudos recentes: Em 2001, uma pesquisa conduzida pela Sociedade Americana de Genética Humana indicou que 49% dos 1.229 cientistas pesquisados tiveram alguma pesquisa prejudicada em virtude de patentes conferidas para invenções genéticas.[52] Em 2002, a OCDE publicou um estudo a respeito dos impactos das patentes genéticas sobre o ritmo de desenvolvimento científico e tecnológico da Alemanha e dos EUA. Duas observações são especialmente relevantes para o presente trabalho. A primeira delas é que, embora o estudo não tenha identificado casos de abuso sistemático praticado pelos titulares de patentes, houve o reconhecimento de que, com o aumento do número de patentes genéticas, a cara e morosa tarefa de identificar e licenciar as patentes demandadas pelos projetos de pesquisa passou a constituir uma fase obrigatória do processo de P&D.[53] Em segundo lugar, as organizações alemãs e norte-americanas pesquisadas tendem a optar por desistir de projetos associados a setores afetados por um número excessivo de patentes.[54] Tacitamente, há o reconhecimento de que patentes geram altos custos de transação e obstáculos à inovação. Em 2004, o Instituto Federal Suíço da Propriedade Intelectual publicou um estudo, fundamentado em pesquisas empíricas conduzidas em 2003, que sugere que o número crescente de patentes genéticas retarda o ritmo da inovação.[55] Em 2009, um relatório da Comissão Europeia identificou um número substancial de casos em que patentes poderiam afetar a comercialização de novas inovações e a consecução de projetos de P&D.[56] O relatório indicou ainda que, em 20% dos 99 casos identificados, terceiros não obtiveram licença dos titulares das patentes de interesse.[57]

51. OECD 2002, p. 8 (entre 1990 e 2000, nos EUA e na Europa, houve um aumento do número de patentes concedidas para invenções biotecnológicas da ordem de, respectivamente, 15% e 10,5% ao ano); Freeburg 2005-2006, p. 411 (entre 1977 e 1996, o número de patentes para invenções biotecnológicas concedidas nos EUA aumentou sete vezes, enquanto o patenteamento de invenções dos demais campos da tecnologia cresceu apenas 60%).
52. Paradise e Janson 2006, p. 149.
53. OECD 2002, p. 50-51.
54. Idem, ibidem, p. 51.
55. Thumm [2004?], p. 69.
56. European Commission 2009, p. 16: "In total, the inquiry reveals at least 1,100 instances where the patents held by an originator company potentially overlap with the medicines, R&D programmes and/or patents held by another originator company for their medicine. In these cases originator companies might find their research activities blocked, with detrimental effects on the innovation process".
57. Idem, ibidem, p. 16.

Mesmo que os defensores do sistema de patentes desvalorizem esses e outros indicadores do caráter pernicioso das patentes de biotecnologia, porquanto lhes pareça irrelevante o número de casos em que essas patentes foram responsáveis pelo insucesso de projetos de pesquisa, é importante sublinhar que, em termos *qualitativos*, um único projeto de pesquisa que deixa de ser levado a cabo pode gerar grandes e desconhecidos prejuízos à humanidade: a não concretização de um único projeto pode fechar as portas para a cura de uma grave enfermidade ou para o desenvolvimento de uma tecnologia capaz de catalisar a recuperação da saúde ambiental da Terra. Em síntese, a falta de evidências de que patentes tenham se tornado um real obstáculo ao progresso da ciência e da tecnologia não é evidência de que o problema não exista.

Eisenberg et al. assinalam que os obstáculos à inovação introduzidos pelas patentes genéticas são tão reais que, ao mesmo tempo em que cresce o interesse e a prática de patentear essa categoria de invenções, emerge também a tendência da indústria de apoiar iniciativas dedicadas a introduzir, no domínio público, informações e conhecimentos a respeito do genoma e do proteoma humano,[58] e.g., The International HapMap Project,[59] o Protein Data Bank,[60] o Protein Structure Initiative[61] e o Merck Gene Index Project.[62] Ou seja, até mesmo os grandes defensores do sistema de patentes, tacitamente, reconhecem que a proliferação de patentes genéticas pode esfriar o ritmo de desenvolvimento científico e tecnológico.

4.2.2 Patentes incidentes sobre genes associados a enfermidades e testes genéticos

A longevidade do ser humano e sua qualidade de vida dependem, *inter alia*, do acesso a tratamentos de saúde efetivos. Para isso, é de fundamental importância que todo indivíduo tenha acesso a testes diagnósticos e preditivos (testes diagnósticos), capazes de identificar, com segurança, respectivamente, as enfermidades de que sofre e aquelas para as quais apresenta predisposição. Desde que a comunidade científica internacional concluiu o sequenciamento do genoma humano, em 2003, acelerou-se o processo de identificação de genes associados a enfermidades e, por conseguinte, o ritmo

58. Einseberg et al. 2002, p. 193.
59. Disponível em: <http://snp.cshl.org/thehapmap.html.en>.
60. Disponível em: <http://www.ncbi.nlm.nih.gov/About/primer/molecularmod.html>.
61. Disponível em: <http://www.nigms.nih.gov/Initiatives/PSI.htm>.
62. Banco de dados público, formado pela Merck desde 1994, o qual conta com informações sobre sequências de genes, fragmentos de genes responsáveis pela produção de proteínas e cDNA (moléculas de DNA complementar).

de desenvolvimento de novos testes diagnósticos genéticos,[63] aplicáveis ao diagnóstico e prognóstico de enfermidades de origem genética.[64]

Em janeiro de 2010, estavam disponíveis, no mercado internacional, testes diagnósticos para mais de 1.800 enfermidades de origem genética,[65] e esse número não para de crescer, tampouco o ritmo de patenteamento do genoma humano.[66] Geralmente, as patentes reivindicadas para testes genéticos cobrem: (i) a descrição, em termos moleculares, da versão saudável de um gene, que, quando alterado ou inexistente, desencadeia o aparecimento ou indica a predisposição a uma determinada enfermidade;[67] (ii) a descrição molecular das proteínas produzidas pelo gene; (iii) a descrição molecular de uma ou mais mutações do gene, indicativas da presença da enfermidade ou de predisposição a ela, bem como sua localização, nos cromossomos; (iv) métodos para a realização de análises comparativas entre o gene de referência (material saudável) e o gene do paciente; (v) o uso do gene e/ou das proteínas produzidas por ele, em sua qualidade de"alvos"ao desenvolvimento de novos produtos terapêuticos.[68]

Patentes incidentes sobre genes e proteínas associados a enfermidades geram gargalos ao progresso das ciências biomédicas. No caso das enfermidades causadas por mutações em um único gene (enfermidades monogênicas), o patenteamento desse gene obstaculiza o desenvolvimento de testes diagnósticos concorrentes, pois todos eles têm que adotar, como referência, a versão saudável do gene patenteado.[69] Na falta de testes concorrentes, os

63. Testes diagnósticos genéticos consistem em "an analysis of human chromosomes, deoxyribonucleic acid (DNA), ribonucleic acid (RNA), genes, and/or gene products (e.g., enzymes and other types of proteins), which is predominately used to detect heritable or somatic mutations, genotypes, or phenotypes related to disease and health. Genetic or genomic tests detect inherited and somatic variations in the genome, transcriptome, and proteome. The tests can be used to analyze one or a few genes, many genes, or the entire genome" (SACGHS 2009, p. 9).
64. Idem, ibidem.
65. Disponível em: <http://www.ncbi.nlm.nih.gov/sites/GeneTests/?db=GeneTests>. Acesso em: 8 jan. 2010.
66. Em 2006, 4.382 dos 23.688 genes humanos estavam sob proteção patentária, nos EUA, ou seja, há 4 anos, cerca de 20% do patrimônio genético humano pertencia ao domínio privado (Stix 2006).
67. Genes, em geral, são responsáveis pela produção de uma multiplicidade de proteínas indispensáveis ao bom funcionamento dos organismos vivos. No caso de mutação de um gene associado a certa enfermidade, ele pode passar a produzir proteínas geradoras de enfermidades; quando o gene não está presente, ela deixará de produzir alguma proteína exigida pelo organismo, a fim de funcionar adequadamente.
68. Ver, e.g.; Bostyn 2004, p. 74; OECD 2002, p. 6 e 25; HUGO Intellectual Property Committee 2003, p. 2.
69. SACGHS 2009, p. 2.

pacientes não terão segurança sobre a qualidade do teste disponível no mercado, nem os meios para obter a confirmação dos resultados.[70] É certo que na ausência de concorrência, o titular da patente não tem estímulo para aperfeiçoar continuamente a qualidade de seu produto,[71] ao mesmo tempo em que goza da prerrogativa de fixar seu preço em níveis excessivos. Nas enfermidades cuja origem remonta a mutações de diversos genes (enfermidades poligênicas),[72] o patenteamento desses genes dificulta o desenvolvimento de testes diagnósticos, especialmente quando cada gene pertence a um titular diferente.[73]

Em acréscimo, as patentes afetam a qualidade dos testes diagnósticos. A qualidade desses produtos é proporcional à sua capacidade de identificar o maior número possível de mutações dos genes indicadores da presença da enfermidade ou da suscetibilidade a desenvolvê-la. O patenteamento das diversas mutações de um gene implicado em uma dada enfermidade cria entraves ao desenvolvimento de testes com alta sensibilidade.[74] Digamos, por exemplo, que o conhecimento científico corrente tenha identificado dez mutações para um determinado gene, todas elas indicativas da presença ou predisposição à enfermidade X. Se cada mutação for objeto de uma patente diferente, o desenvolvimento de um teste diagnóstico de ponta para essa enfermidade dependerá da obtenção de dez licenças diferentes. Um laboratório comprometido em desenvolver um teste diagnóstico de qualidade pode não obter todas as licenças necessárias, ou, caso as obtenha, o custo do novo teste pode ser alto, tornando-o inacessível a vários setores da sociedade.

Em síntese, no que tange aos testes genéticos, a concessão de patentes para genes, suas mutações e proteínas *pode* gerar, como efeitos colaterais: (i) o desenvolvimento de testes com baixa qualidade (baixa sensibilidade), porquanto incapazes de identificar a presença de algumas das possíveis mutações do gene associadas à presença/predisposição à enfermidade; (ii) o desenvolvimento de testes com boa sensibilidade mas caros e, portanto, inacessíveis aos setores mais carentes da sociedade; e (iii) a prevenção do desenvolvimento de testes diagnósticos, em virtude da impossibilidade de obter todas as licenças incidentes sobre os diversos genes e mutações genéticas exigidas. Em todos os casos, vidas deixarão de ser salvas por falta de diagnóstico precoce ou apropriado.[75]

---

70. SACGHS 2009, p. 3.
71. Idem, ibidem, p. 105.
72. Raras são as enfermidades causadas por mutações em um único gene. A maior parte das enfermidades estão associadas a mutações em diversos genes, e.g., hipertensão, diabetes, mal de Alzheimer (Paradise e Janson 2006, p. 149).
73. SACGHS 2009, p. 106.
74. Bostyn 2004, p. 74.
75. Aymé et al. 2008, p. 4.

Os problemas criados pelas patentes não param por aí. Há, pelo menos, outros três problemas que merecem atenção: (i) com o propósito de reivindicar proteção para suas descobertas, os responsáveis pela descoberta de genes associados a enfermidades tendem a postergar a publicação dos resultados de suas investigações;[76] (ii) a identificação de mutações genéticas desconhecidas, associadas ao surgimento de enfermidades, depende da ampla realização de testes genéticos; se não houver liberdade para realizar testes, mutações desconhecidas assim permanecerão; (iii) por fim, embora se diga que as patentes que cobrem genes sintéticos não controlam sua versão natural, em verdade, uma vez que há identidade entre a descrição molecular do gene natural e de sua versão sintética, a patente acaba por controlar o gene natural.[77]

Os efeitos positivos ou negativos que podem defluir da concessão de patentes para testes genéticos dependem da postura individual adotada por cada titular de patente. Conforme já indicado, o titular de uma patente pode tanto explorá-la de maneira convergente com os interesses da sociedade, por meio da adoção de uma política facilitadora de seu licenciamento, como também pode abusar de seu privilégio, restringido o acesso à sua invenção, em prejuízo da saúde dos pacientes e do progresso das ciências biomédicas e da indústria.[78]

É por conta da liberdade usufruída pelos titulares de patentes que inexistem dados conclusivos a respeito dos impactos positivos ou negativos produzidos pela concessão de patentes genéticas sobre o desenvolvimento de novos testes genéticos.[79] Sem embargo, há evidências crescentes indicando que as patentes para invenções genéticas são frequentemente empregadas, de maneira a interferir na realização de interesses sociais superiores, como os direitos à saúde, à vida, à liberdade científica e de iniciativa.[80] Com base

76. Merz et al. 2002 (no caso dos genes associados à hemocromatose, os responsáveis por sua descoberta apenas publicaram o estudo a esse respeito um ano depois do depósito de uma patente norte-americana).
77. The Danish Council of Ethics 2004, p. 97.
78. SACGHS 2009, p. 104-106; O'Rourke 2000, p. 1178-1180.
79. Ver, e.g., SACGHS 2009, p. 98 (o estudo, assentado sobre farta revisão de literatura e estudos de casos relacionados aos efeitos das patentes incidentes sobre testes genéticos para oito enfermidades, indicou impactos tanto positivos quanto negativos produzidos pelas patentes que tutelam testes genéticos).
80. Ver, e.g.: OECD 2002, p. 70 (embora o estudo da OCDE adote uma postura neutra, identifica casos em que os titulares de patentes sobre testes diagnósticos exerceram seus direitos de maneira abusiva); Gold e Carbone 2008 (que examinam a postura abusiva e inábil da Myriad Genetics, ao exercer seus direitos de propriedade incidentes sobre os genes associados ao câncer de mama – BRCA 1 e BRCA 2. Em virtude de sua postura, a Myriad atraiu a fúria de acadêmicos, cientistas e órgãos governamentais de diversos países); Merz et al. 2002 (uma pesquisa empírica, realizada nos EUA, indica que 30% dos laboratórios clínicos entrevistados deixaram de oferecer testes

nessas evidências, autoridades nacionais de países industrializados como Itália, Reino Unido e Suécia,[81] e organizações científicas, como a Sociedade Europeia para Genética Humana,[82] o Conselho Dinamarquês de Ética[83] e o Conselho Nuffield de Bioética[84] se opõem à concessão indiscriminada de patentes para genes associados a enfermidades e testes genéticos. Afinal, não há utilidade em decifrar a função dos genes se a comunidade médica não tiver segurança a respeito da qualidade dos testes disponíveis, se apenas as parcelas mais ricas da população puderem usufruir dos progressos da ciência e se testes diagnósticos não puderem ser introduzidos no mercado.

4.2.3 Genes e recursos únicos

As organizações dedicadas a pesquisas científicas e tecnológicas enfrentam desafios para implementar projetos que demandam o uso de múltiplos insumos patenteados, mas também quando dependem do acesso a uma única invenção. Genes, sequências genéticas, moléculas de ácido ribonucleico (RNA) e proteínas codificadas podem ser caracterizados, com frequência, como recursos únicos e finitos, no sentido de que não apresentam substitutos e inexiste a possibilidade técnica de criá-los.[85] O genoma humano compreende em torno de 24.000 genes; uma vez patenteado, por exemplo, o receptor CCR5, qualquer um que perseguir o desenvolvimento de uma vacina para prevenir a infecção pelo HIV terá, necessariamente, que trabalhar com essa proteína, inexistindo substitutos que desempenhem a mesma função no organismo.[86]

Embora as autoridades de patentes aceitem a presunção de que estruturas bioquímicas homólogas desempenham funções similares, tal presunção pode ser equivocada, pois pequenas alterações estruturais podem resultar em funções diferentes.[87] Apenas com a maior geração de conhecimento sobre as funções desempenhadas pelas diversas moléculas genéticas e proteômicas será possível determinar, com segurança, quais delas apresentam substitutos. E a ampliação do conhecimento somente é factível com a facilitação do estudo e uso desses insumos.

---

genéticos para a hemocromatose em virtude da concessão de patentes para as duas mutações genéticas mais comumente relacionadas ao aparecimento dessa enfermidade).

81. OECD 2002.
82. Aymé et al. 2008.
83. The Danish Council of Ethics 2004.
84. Nuffield Council on Bioethics 2002.
85. Dreyfuss 2005, p. 1-2, 6; Aymé et al. 2008, p. 4.
86. Basheer 2005, p. 59.
87. Hiraki 2000, p. 18.

Os benefícios econômicos auferíveis pelos titulares de patentes conferidas sobre invenções únicas são extraordinários. Enquanto o titular de uma patente, cujo objeto é um produto final ao consumidor, apenas goza do direito de controlar sua produção, uso e comercialização, no caso das invenções únicas, seus titulares controlam um sem-número de oportunidades de inovação, onde sua invenção pode desempenhar algum papel construtivo,[88] já que uma única invenção pode dar origem a vários produtos.

Recursos genéticos únicos podem estar protegidos por uma única patente ou por diversas patentes pertencentes a instituições diferentes. Algumas moléculas genéticas de origem humana, em função de sua relevância comercial e científica, estão sob a proteção de diversas patentes; por exemplo, o fator osteogênico BMP7 e o gene CDKN2A, responsável pela supressão de tumores, estão protegidos por 20 patentes diferentes, e o gene BRCA 1, associado ao câncer de mama, está sob a proteção de 14 patentes.[89] O acesso a esses materiais, portanto, não é uma tarefa simples.

Haja vista que nenhum titular de patente conta com recursos econômicos, técnicos e humanos para explorar todo o potencial produtivo das invenções únicas,[90] se os titulares dessas invenções optarem por maximizar seu bem-estar individual mediante a concessão de uma licença exclusiva ou a não concessão de qualquer licença em favor de terceiros, um amplo leque de produtos e processos deixará de ser desenvolvido durante a vigência da patente e, o que é mais grave, novos campos de trabalho deixarão de surgir ou de se consolidar.[91] Consequentemente, patentes que tutelam produtos únicos afetam a livre concorrência ao assegurar aos seus titulares um monopólio econômico, isto é, a capacidade de fixar o preço de suas invenções em um nível excessivo e de excluir potenciais concorrentes e não concorrentes do mercado.[92]

4.2.4 Ferramentas de pesquisa

4.2.4.1 Definição

Uma das razões para a proliferação de patentes no setor biotecnológico é o rápido desenvolvimento de ferramentas de pesquisa, dirigidas a catalisar o desenvolvimento de novos produtos farmacêuticos e biotecnológicos. Ferramentas de pesquisa são informações, produtos e métodos utilizados em pesquisas científicas e no desenvolvimento de novas tecnologias, especialmente no processo de descoberta e desenvolvimento de novas drogas, produtos terapêuticos, métodos de diagnóstico, produtos e insumos agrícolas e produtos

88. Dreyfuss 2005, p. 14-16.
89. Jensen e Murray 2005, p. 239-240.
90. Dreyfuss 2005, p. 4.
91. Walsh et al. 2003, p. 291.
92. O'Rourke 2000, p. 1227.

biotecnológicos em geral.[93] Embora, com frequência, as ferramentas de pesquisa sejam utilizadas no processo de desenvolvimento de novos produtos e processos, sem se incorporar ao produto final da pesquisa, há insumos de pesquisa que servem como"tijolos"na construção de novos inventos, e.g., uma sequência de DNA, responsável pela produção de uma proteína com propriedades farmacológicas, incorporada a uma célula hospedeira. Esses insumos são, portanto, absorvidos pelos novos inventos. Em função de sua importância, é adequado incluir esses insumos de pesquisa na definição de ferramentas de pesquisa.

São exemplos de ferramentas de pesquisa: os anticorpos monoclonais, reagentes, fatores de crescimento, sequências de DNA, clones, linhas celulares, ratos transgênicos, enzimas, receptores e ligantes envolvidos no processo de desenvolvimento de enfermidades, bibliotecas de genes e proteínas, métodos de laboratório (e.g., Reação em Cadeia de Polimerase, PCR, e a técnica de DNA recombinante), aparelhos de laboratório, aparelhos de sequenciamento de DNA, células embrionárias humanas.[94]

O fator determinante para a caracterização de uma invenção como ferramenta de pesquisa é seu valor prático ao público consumidor:[95] quando a invenção puder ser utilizada por investigadores científicos, na condução de projetos de pesquisa científica e tecnológica, será ou uma ferramenta de pesquisa pura ou uma invenção de natureza dual.[96] É indispensável sublinhar que nem todas as ferramentas de pesquisa são "puras",[97] no sentido de que servem tão somente como ferramentas de pesquisa, não apresentando qualquer "valor terapêutico ou diagnóstico imediato".[98] Há também invenções de *natureza dual*, as quais podem ser utilizadas para duas funções distintas e independentes: como um produto dirigido ao consumidor comum e como uma ferramenta de pesquisa.[99] Um exemplo de invenção de natureza dual é um gene associado a uma determinada enfermidade, o qual pode integrar um teste diagnóstico (produto final ao consumidor) e também pode servir como um alvo para o desenvolvimento de novas drogas.

4.2.4.2 Problemas criados pelo patenteamento de ferramentas de pesquisa

As patentes incidentes sobre ferramentas de pesquisa conferem a seus titulares uma grande habilidade para controlar o ritmo de desenvolvimento

93. Mueller 2001, p. 4; Federal Trade Commission 2003, ch. 3, p. 18-19.
94. NIH 1999, p. 28205; NIH 1998, p. 2 e 4-5; Bauer 2005, p. 126-127; OECD 2006, p. 19, par. 33; Walsh et al. 2003, p. 287.
95. Eisenberg 1989, p. 1078.
96. NIH 1998, p. 4; Derzko 2003-2004, p. 355.
97. Prinz zu Waldeck und Pyrmont 2008, p. 381.
98. Bostyn 2004, p. 67.
99. Dreyfuss 2004, p. 468; Prinz zu Waldeck und Pyrmont 2008, p. 381.

científico e tecnológico. Isso porque a patente não apenas assegura ao titular o direito de excluir terceiros da produção, comercialização, importação e exportação do objeto patenteado, mas confere também o direito de impedir o *uso* da invenção patenteada.[100] Assim, toda vez que uma ferramenta de pesquisa patenteada for utilizada sem uma licença válida, haverá uma infração à patente.

Mas o fato de uma ferramenta de pesquisa estar patenteada não significa que surgirão obstáculos à inovação. Quando uma ferramenta de pesquisa patenteada conta com substitutos, o titular da patente estará preocupado em vencer seus competidores. Por essa razão, estabelecerá condições de licenciamento *neutras* e simplificadas, aplicáveis a todo e qualquer usuário interessado, independentemente da natureza de seu projeto de pesquisa e de sua capacidade econômica.[101]

Os problemas surgem quando o objeto da patente é uma ferramenta de pesquisa única – i.e., a qual não conta com substitutos –, especialmente quando é uma ferramenta de pesquisa fundamental, indispensável ao desenvolvimento de novos campos da tecnologia. Para a biotecnologia, são exemplos de ferramentas de pesquisa fundamentais a Reação em Cadeia de Polimerase (PCR) e a Taq polimerase, o sistema Cre-Lox e o método de DNA recombinante desenvolvido por Cohen e Boyer.[102] No campo da nanotecnologia,[103] são exemplos de ferramentas de pesquisa fundamentais a Microscopia de Varredura por Sonda Mecânica, tecnologia indispensável para a manipulação de átomos, e os nanotubos de carbono, estruturas básicas para a criação de novos materiais.[104]

Se a ferramenta de pesquisa for única, o titular da patente poderá maximizar seus benefícios econômicos por meio da fixação de condições de licenciamento abusivas,[105] ou por meio da fixação de condições de licenciamento customizadas.[106] No último caso, durante a negociação, o titular da patente exigirá do potencial licenciado informações a respeito do projeto de pesquisa em que a ferramenta será aplicada, para, então, fixar condições de licenciamento específicas ou declinar de conceder a licença, quando tiver o interesse

100. Mueller 2001, p. 4-5.

101. Strandburg 2004, p. 124.

102. OECD 2006, p. 19, par. 33; Walsh et al. 2003, p. 296.

103. A nanotecnologia, tal qual a biotecnologia, é uma técnica de produção de novos produtos. A diferença mais marcante é que os produtos gerados pela nanotecnologia são produzidos a partir da manipulação de átomos e moléculas, e, por essa razão, esses produtos tendem a apresentar um tamanho muito menor. Enfim, a nanotecnologia constitui uma técnica de produção de produtos em escala menor (Zovko 2006, p. 136).

104. Zovko 2006, p. 156.

105. Strandburg 2004, p. 124-125.

106. Mueller 2001, p. 15.

de desenvolver um projeto similar ou idêntico ao proposto pelo potencial usuário.

Em virtude da indispensabilidade das ferramentas de pesquisa ao desenvolvimento de um largo espectro de novos produtos e processos e ao surgimento e consolidação de novos campos da tecnologia, elas deveriam ser acessíveis ao maior número de instituições e indivíduos.[107] No entanto, não é isso o que necessariamente acontece. Por exemplo, o setor privado tende a prevenir o licenciamento de receptores envolvidos na origem de doenças comercialmente relevantes, ao recear que seus competidores desenvolvam novos medicamentos que atuem sobre eles,[108] pois após o desenvolvimento de uma droga que atue sobre dado receptor, é impossível o desenvolvimento de drogas concorrentes que atuem sobre a mesma molécula.[109] No que tange às moléculas farmacêuticas, seus titulares, frequentemente, se opõem a seu licenciamento com o propósito de prevenir a descoberta de novos usos, os quais são elegíveis para proteção, bem como para prevenir a descoberta e a disseminação de informações a respeito de efeitos colaterais das drogas, as quais podem dificultar a obtenção de autorização de comercialização junto às autoridades sanitárias.[110]

Outro problema associado à privatização das ferramentas de pesquisa deriva da estratégia, adotada pelos titulares de patentes, de reivindicar direitos sobre os produtos desenvolvidos a partir do uso de suas ferramentas. Essa estratégia pode ser levada a cabo por meio da inserção de reivindicações de longo alcance (*reach-through claims*), nos pedidos de patentes,[111] ou por meio de acordos de licenciamento, os quais asseguram ao titular da ferramenta licenciada a participação nos lucros auferidos com a comercialização do produto, resultante da aplicação da ferramenta, ou o direito de comercializar a nova invenção.[112] Esse tipo de prática reduz os incentivos econômicos para que terceiros ponham as ferramentas de pesquisa em ação.[113] Por exemplo, dois provedores de ferramentas de pesquisa podem exigir licenças semiexclusivas[114] para a exploração do produto final do projeto; se os provedores das

107. Walsh et al. 2003, p. 332-333.

108. NIH 1998, p. 18.

109. Walsh et al. 2003, p. 332-333.

110. NIH 1998, p. 17-18.

111. Em algumas jurisdições, é possível se obter proteção não apenas para a invenção especificamente descrita na patente, mas também para outras invenções resultantes da aplicação da invenção protegida, e.g., na hipótese de uma patente de produto cobrir um receptor, o inventor poderia reivindicar proteção para toda e qualquer droga desenvolvida que bloqueia o receptor, ainda que desenvolvida por outrem.

112. Walsh et al. 2003, p. 297.

113. NIH 1998, p. 9.

114. Nas licenças semiexclusivas, o titular da patente concede a terceiro o direito de explorar a invenção, mas também retém o direito de continuar a explorá-la.

ferramentas não chegarem a uma solução para o conflito, o potencial usuário não terá como prosseguir com seu projeto. Mesmo que os provedores de tecnologias exijam licenças gratuitas não exclusivas, os incentivos econômicos para o terceiro prosseguir com seu projeto serão frágeis: se múltiplos licenciados explorarem gratuitamente um mesmo produto, haverá tanta concorrência, que o verdadeiro inventor não terá incentivos para colocar seu produto no mercado. Por fim, o financiador de um projeto de P&D pode desistir da empreitada, se o produto final do projeto tiver sua titularidade compartilhada com outros potenciais concorrentes.

Os problemas decorrentes do patenteamento de ferramentas de pesquisa são majorados com a supressão das exceções de pesquisa[115] ou com a limitação substantiva de seu escopo pelos legisladores ou Cortes nacionais, com o propósito de assegurar aos titulares de patentes maiores prerrogativas para recuperar seus investimentos. Em um contexto de ausência de exceções de pesquisa, as instituições dedicadas à inovação enfrentarão, pelo menos, três grandes problemas. Em primeiro lugar, essas instituições tornar-se-ão reféns dos titulares de patentes, uma vez que estes congregam direitos de vida e morte sobre os projetos que dependerem de suas ferramentas de pesquisa. Em segundo lugar, apenas instituições economicamente fortes terão os meios para realizar projetos de pesquisa científica e tecnológica quando os titulares de patentes demandarem o pagamento de taxas de licenciamento excessivas. Pequenas empresas e instituições, contando com parcos recursos econômicos, não terão outra opção senão desistir de projetos mais ambiciosos, que envolvem o uso de múltiplos insumos patenteados, ou terão de se contentar em conduzir projetos de pesquisa em áreas de menor importância econômica e social, menos afetadas pelas patentes.[116] Por fim, as instituições científicas e tecnológicas gastarão boa parte de seu tempo e recursos em tratativas comerciais, buscando acordos de licenciamento razoáveis. Recursos e tempo, que deveriam ser investidos na produção de ciência e de tecnologia, são drenados por negociações burocráticas e caras.[117]

A literatura sugere que os obstáculos criados pela concessão massiva de patentes para ferramentas de pesquisa não são tão sérios,[118] pois os usuários

115. As exceções de pesquisa, geralmente, autorizam terceiros a realizar experimentos científicos e tecnológicos com invenções protegidas, independentemente do pagamento de qualquer remuneração e da obtenção de qualquer autorização. O tema será aprofundado no item 4.3.

116. Clift 2007, p. 82.

117. Bauer 2005, p. 133; Hoffman 2003-2004, p. 1024.

118. Cf., e.g., Kang et al. 2009 (os autores, com fundamento em dados empíricos colhidos junto a pequenas e médias empresas de biotecnologia, baseadas na Coreia do Sul, sugeriram que as patentes sobre ferramentas de pesquisa biotecnológicas criam obstáculos à inovação gerados pela imposição de altas taxas de remuneração, negociações morosas e recusa em licenciar. Mas, segundo o entendimento dos autores,

dessas tecnologias conseguem, com frequência, contorná-los por meio de um conjunto de medidas:

- obtenção de licenças voluntárias dos titulares das patentes de interesse. Esse caminho, contudo, nem sempre é possível, seja em virtude da cobrança de *royalties* excessivos, seja porque os titulares das patentes optam por conceder licenças exclusivas, em benefício de um único usuário, seja ainda porque o processo de licenciamento é moroso;
- desenvolvimento de invenções alternativas. O lado negativo desta estratégia são os custos e o tempo envolvidos no desenvolvimento de alternativas;
- condução de projetos de pesquisa em jurisdições cujos marcos legais são mais flexíveis, ou em países que não concederam proteção para as invenções de interesse. Com o processo acelerado de harmonização do direito da propriedade intelectual por meio de acordos de livre comércio, é cada vez menos provável o sucesso dessa estratégia;
- impugnação da validade das patentes que afetam a pesquisa. O lado negativo desta estratégia são os custos envolvidos nos processos administrativos ou judiciais, o tempo consumido até alcançar uma decisão definitiva e a falta de segurança quanto ao resultado dos processos instaurados;
- uso de exceções de pesquisa informal ou "de fato", especialmente por universidades e instituições públicas de pesquisa. Essas "exceções" resultam das dificuldades técnicas enfrentadas pelos titulares de patentes para identificar infrações ocorridas no âmbito de projetos não comerciais, do receio alimentado pelos titulares de patentes de arranhar sua reputação, caso adotem uma postura agressiva de perseguição legal de universidades, e da dependência do setor empresarial em relação aos recursos humanos e técnicos fornecidos pelas universidades.[119] O problema das "exceções de pesquisa de fato" é que sua "validade" depende da postura de cada titular de direitos. Ao mesmo tempo em que há instituições mais tolerantes, que não se opõem ao uso de suas tecnologias em meios acadêmicos e não comerciais, há outras que tratam universidades como empresas. Ademais, é preciso sublinhar que não é porque, em um dado momento, o titular de uma invenção valiosa se conduziu de modo razoável, que ele sempre se conduzirá da mesma forma, tampouco

---

esses problemas ainda não são suficientemente sérios a ponto de afetar o progresso científico e tecnológico da Coreia).

119. Weschler 2004, p. 1561-1562.

é viável presumir que todos os titulares de patentes conduzir-se-ão de maneira amigável em relação às demandas das universidades;[120]

- uso de ferramentas de pesquisa alternativas já em domínio público. O problema é que nem sempre o domínio público conta com alternativas às invenções patenteadas; e
- mudança dos planos de investimentos para áreas não tão afetadas por direitos de propriedade intelectual. O principal custo desta estratégia é a desistência de projetos capazes de produzir frutos valiosos para a sociedade.

Em síntese, todas as estratégias identificadas apresentam custos sociais e nenhuma delas representa garantia de sucesso.[121]

4.2.5 Tragédia dos anticomuns

Diferentemente dos problemas gerados pelas patentes incidentes sobre invenções únicas, os quais defluem da capacidade de uma única invenção de impulsionar o desenvolvimento de múltiplas invenções, o efeito denominado tragédia dos anticomuns (*tragedy of the anticommons*) surge sempre que o desenvolvimento de uma única invenção depender do uso de múltiplas invenções e insumos protegidos por direitos de propriedade e o acesso a eles for impedido pelos altos custos de transação associados à obtenção das licenças necessárias.[122] Na falta de uma única autorização, dentre as muitas necessárias para a execução de um projeto de P&D com esse perfil, este não poderá ser levado a cabo.

Considerando que o desenvolvimento de novos produtos – especialmente nas áreas de engenharia genética,[123] tecnologia da informação e nanotecnologia – muitas vezes exige o uso de múltiplos insumos e ferramentas patenteadas, há grandes chances da emergência de tragédias dos anticomuns nesses setores. Para lutar contra esse fenômeno, instituições de pesquisa e

120. A política da Genetic Technologies (GTG) é um exemplo da insegurança das "exceções de pesquisa de fato": a GTG vem contatando cientistas na Europa, EUA, Japão, Nova Zelândia e Austrália, para que obtenham licenças para o uso de suas patentes que recaem sobre sequências genéticas que não codificam proteínas, pois esse material vem sendo investigado como útil para diagnosticar enfermidades. O aspecto surpreendente é que a empresa pressiona mesmo instituições acadêmicas sem fins lucrativos a obterem patentes (Dennis 2003, p. 105). Paradise e Janson (2006, p. 150) indicam que empresas de biotecnologia vêm recorrendo, com frequência cada vez maior, aos tribunais para pressionar universidades e instituições de pesquisa a pagar pelos insumos protegidos que utilizam em suas pesquisas.

121. Walsh et al. 2003, p. 311, 331 et seq.

122. Heller e Eisenberg 1998; Basheer 2005, p. 59-63.

123. Federal Trade Commission 2003, ch. 3, p. 24 e 29.

indústrias vêm adotando uma estratégia que aumenta, ainda mais, as chances de surgirem tragédias dos anticomuns.

Visando a obter alguma liberdade de operação, organizações dedicadas a atividades de P&D não mais se limitam a buscar proteção para os resultados de suas pesquisas que apresentem apelo comercial. Com frequência, adotam a estratégia de patenteamento defensivo, caracterizado pela reivindicação de patentes para o maior número possível de invenções, ainda que incrementais e sem grande valor comercial.[124] Titulares de portfólios robustos presumem que seus concorrentes, mais cedo ou mais tarde, virão a infringir alguma de suas patentes. Nesse caso, em troca do compromisso de não instaurar um processo judicial, o titular da patente infringida pode demandar e obter do infrator uma licença não exclusiva para explorar uma patente de interesse. Em sentido reflexo, os titulares de grandes portfólios de patentes, quando infringem alguma patente de terceiros, congregam maior poder de barganha para prevenir a instauração de processos judiciais por meio da concessão de licenças para alguma de suas invenções. Enfim, considerando que todo agente do setor da inovação é um potencial infrator dos direitos de terceiros, maior seu portfólio de patentes, maior sua segurança para conduzir suas atividades corriqueiras.[125] Com o dilúvio de patentes, há, sem dúvida alguma, maior possibilidade de surgir uma tragédia dos anticomuns.[126]

4.2.6 Royalties *excessivos*

Mesmo que os titulares de patentes não se recusem a licenciar suas invenções, ainda assim podem surgir obstáculos à inovação, na hipótese de demandarem o pagamento de taxas de remuneração excessivas, prevenindo seu uso, especialmente por pequenas e médias empresas e instituições públicas de pesquisa, cujos orçamentos são magros.[127] Mesmo que os titulares de patentes não cobrem taxas de remuneração excessivas, se a realização de um projeto científico ou tecnológico depender do uso de múltiplas tecnologias, surgirá o problema denominado "acúmulo de *royalties*" (*royalty stacking*), quando a combinação das taxas de *royalties* individualmente cobradas torná-lo excessivamente oneroso.[128]

O "acúmulo de *royalties*" pode surgir em qualquer área; contudo, ao menos no presente, o problema é mais comum nos setores farmacêutico, agrícola e biotecnológico, pois o desenvolvimento de novas invenções nessas áreas envolve o uso de um número substancial de insumos patenteados.[129]

124. Walsh et al. 2003, p. 295.
125. Eisenberg et al. 2001, p. 212-213.
126. Walsh et al. 2003, p. 296.
127. OECD 2006, p. 15, par. 13.
128. Gitter 2001, p. 1681; Adhikari 2005, p. 25.
129. OECD 2002, p. 63.

À medida que novos insumos de pesquisa são patenteados, multiplicam-se as chances de que os produtos, cujo desenvolvimento envolve a aplicação de várias tecnologias, não sejam comercialmente viáveis.

Segundo estudo elaborado por Walsh, Arora e Cohen, baseado em entrevistas realizadas com profissionais atuantes no setor farmacêutico, biotecnológico e universitário norte-americano, não há indícios de que o acúmulo de *royalties* figure como uma ameaça ao progresso da indústria e da ciência.[130] O problema não surge, pois o valor total pago pelo desenvolvedor de invenções complexas não costuma ser exagerado, e quando a taxa de remuneração total ultrapassa os limites da razoabilidade, os titulares das patentes licenciadas costumam se mostrar abertos a renegociar as taxas de remuneração inicialmente cobradas. Por fim, a indústria e as universidades tendem a avaliar as chances de o problema surgir antes mesmo de iniciar qualquer projeto de pesquisa.[131]

Já um estudo da OCDE, que teve por foco organizações da Alemanha, embora tenha indicado que o acúmulo de *royalties*, isoladamente, seja uma causa rara para o insucesso de projetos de inovação, reconheceu que esse problema gera dificuldades econômicas, que apenas podem ser superadas por meio de acordos com os titulares de patentes,[132] os quais podem não ser alcançados quando estes impuserem condições excessivas.

Para concluir, é importante reiterar que, mesmo que se aceite a tese de que inexistem dados conclusivos sobre os efeitos perversos das patentes sobre o progresso científico e tecnológico, é preciso recordar que a humanidade ainda está no amanhecer das revoluções da biotecnologia e da nanotecnologia. À medida que mais patentes forem concedidas para invenções e descobertas associadas a esses e outros setores, os obstáculos que, no presente, parecem teóricos, tornar-se-ão concretos e intransponíveis.[133] Não se deve, portanto, desprezar as previsões negativas; elas tornar-se-ão realidade caso nada seja feito para garantir a liberdade científica e tecnológica. A adoção de exceções robustas e equilibradas aos direitos conferidos por patentes pode servir para prevenir a concretização das catástrofes intuídas.

4.3 Papel das exceções de pesquisa na conservação da liberdade científica e tecnológica

As patentes estimulam a inovação ao oferecer aos investidores em P&D o direito de excluir terceiros do uso, da produção, da comercialização e da importação das matérias patenteadas. Esse conjunto de direitos de exclusão, ao

130. Walsh et al. 2003, p. 299.
131. Idem, ibidem, p. 300.
132. OECD 2002, p. 48 e 62.
133. Clift 2007, p. 82.

criar uma escassez artificial temporária, oferece incentivos para a realização de investimentos em P&D e/ou para a transformação de invenções, concebidas em universidades e em instituições públicas, em produtos aptos a serem introduzidos no mercado.[134]

Outro mecanismo utilizado pelo direito das patentes para promover a inovação é a divulgação pública dos conhecimentos técnicos introduzidos pelas patentes por meio da descrição detalhada, nos pedidos de patentes, do melhor modo de executar as invenções protegidas e aplicá-las. A partir desses ensinamentos e conhecimentos, terceiros podem construir novos conhecimentos e invenções e, assim, expandir continuamente a base científica e tecnológica da sociedade. Por fim, o direito das patentes contribui ao progresso científico ao autorizar o livre uso das matérias patenteadas após a expiração das patentes, bem como durante sua vigência, quando os ordenamentos jurídicos oferecem exceções aos direitos de patente.

As exceções criam limites aos direitos conferidos;[135] elas têm por objetivo resguardar interesses públicos por meio da restrição do alcance dos direitos de exclusão conferidos e, consequentemente, por meio da ampliação dos direitos de uso de terceiros não autorizados.[136] A necessidade de adotar exceções aos direitos conferidos por patentes se justifica pelo alcance desses direitos e pelo fato de os titulares de patentes não estarem obrigados a exercer seus direitos de maneira socialmente responsável.

As exceções configuram mecanismos de ajuste *ex post* do escopo das patentes,[137] contrapondo-se aos mecanismos de ajuste *ex ante*, caracterizados por tornar mais complexo o processo de obtenção de novos direitos, e.g., por meio da exclusão de determinadas matérias do rol de matérias elegíveis para proteção. Em relação aos mecanismos de ajuste *ex ante*, as exceções são tidas como um meio mais apropriado de estabelecer um equilíbrio entre, de um lado, os interesses econômicos dos titulares de patentes e, do outro, os dos usuários e da sociedade por pelo menos duas razões. Em primeiro lugar, porque as exceções – quando bem calibradas – não interferem grandemente nos incentivos para a alocação de investimentos em atividades de P&D.[138] Sobre esse ponto, Lionel Bently faz uma interessante observação:

> "It is easy to see that an exclusion, if effective, operates like an 'on/off' switch, whereas exceptions are more like 'dimmer switches', than can be turned down (to reduce costs), without necessarily turning off the light. The prior use defence, the experimental use defence, the private

134. Cf., e.g.: SACGHS 2009, p. 18-19; Dreyfuss 2003, p. 7.

135. Kur 2008, p. 7.

136. Dreyfuss 2005, p. 8.

137. Idem, ibidem, p. 8-9.

138. Idem, ibidem.

use defence, exhaustion of rights reduce incentives, they do not remove them altogether. Exceptions can be conditioned, for example by requiring some remuneration, and this highlights the much more nuanced way in which they might operate to reconcile conflicting interests".[139]

Em segundo lugar, porque é difícil controlar a eficácia de mecanismos de ajuste *ex ante*, uma vez que os escritórios de marcas e patentes tendem a ter ampla discricionariedade para interpretar e aplicar as normas de proteção às invenções. Logo, ainda que determinadas matérias estejam, a princípio, excluídas do rol de matérias elegíveis para proteção, sempre é possível que as autoridades de patentes venham a interpretar os termos ambíguos da lei de patentes com vistas a ampliar substancialmente o rol de matérias patenteáveis.

Dentre as exceções aos direitos de patentes comumente adotadas pela comunidade internacional, uma das mais populares é a chamada"exceção de pesquisa". Apesar de seu escopo variar em cada jurisdição, geralmente autoriza terceiros a realizar experimentos científicos com a invenção protegida, sem a necessidade de autorização prévia do titular da patente. A presença massiva de exceções de pesquisa em diversos ordenamentos nacionais reflete o entendimento de que o desenvolvimento científico e tecnológico não deve ficar nas mãos dos titulares de patentes.[140]

Independentemente das peculiaridades de cada legislação nacional, as exceções de pesquisa são concebidas com o propósito de abrir caminho para a sociedade gerar novos conhecimentos sobre as tecnologias patenteadas e para desenvolver continuamente novas tecnologias, a partir dos aportes introduzidos pelas patentes.[141] Uma vez que todos os inventos e desenvolvimentos científicos e tecnológicos são construídos tendo por base as contribuições passadas, os inventores do presente conservam uma dívida para com a sociedade; oferecer à sociedade uma exceção de pesquisa é uma maneira de recompensá-la por suas contribuições.[142]

Especificamente, as exceções de pesquisa *podem* promover, pelo menos, três interesses distintos mas interconectados: permitir o escrutínio das invenções patenteadas, gerar novos conhecimentos a respeito das invenções protegidas e viabilizar o desenvolvimento de invenções subsequentes.

As organizações que buscam proteção para suas invenções procuram, tanto quanto possível, não divulgar detalhes importantes sobre seu funcionamento, a fim de impedir terceiros de reproduzi-las com êxito. Se o propósito da patente é trocar acesso público aos conhecimentos patenteados por um

139. Bently 2010, p. 65.
140. Gitter 2001, p. 1686; WTO, WT/DS114/R, p. 55-56.
141. Strandburg 2004, p. 99-100.
142. Eisenberg 1989, p. 1057.

conjunto de direitos de exclusividade temporalmente limitados, apenas haverá segurança de que o acordo está sendo observado pelos titulares de patentes se terceiros puderem reproduzir a invenção protegida durante a vigência da patente.[143] Caso contrário, é possível que, ao final do termo de proteção, quando terceiros tentarem reproduzir a invenção, seguindo as especificações técnicas indicadas na carta-patente, cheguem à conclusão de que ela foi divulgada de maneira insatisfatória, sendo impossível reproduzi-la.[144] Nesse sentido, vale reproduzir um trecho do relatório do caso *Canada – Pharmaceutical Patents*, o qual reconhece a importância das exceções de pesquisa para promover inclusive os interesses legítimos dos titulares de patentes:

> "Frecuentemente se afirma que esa excepción [exceção de pesquisa] se basa en la idea de que una de las principales finalidades de la política pública en la que se basa la legislación en materia de patentes es facilitar la difusión y el progreso de los conocimientos técnicos, y que si se autoriza al titular de la patente a impedir que se utilice experimentalmente ésta durante el plazo de vigencia de la patente se frustraría parte de la finalidad de la prescripción de que se revele al público la naturaleza de la invención. [...] con arreglo a la política en que se basan las legislaciones en materia de patentes, tanto la sociedad como los científicos tienen un 'legítimo interés' en que se revelen las patentes para contribuir al progreso de la ciencia y de la técnica".[145]

Muitas vezes, para se compreender adequadamente o funcionamento de uma invenção, não basta a leitura da descrição contida na carta-patente; é indispensável reproduzi-la.[146] No processo de reprodução da invenção, com o propósito de compreender seu funcionamento, é possível que terceiros também obtenham novas ideias a respeito de como aplicá-la na solução de problemas imprevistos pelo titular da patente. Com a descoberta de novas características e aplicações para as invenções patenteadas, é possível a realocação de investimentos para fins mais produtivos.[147]

Se a patente conferisse a seu titular o direito ilimitado de excluir terceiros não autorizados da fruição da invenção patenteada, não faria sentido divulgar publicamente os conhecimentos técnicos protegidos antes da expiração da patente.[148] A ideia tácita por detrás da exceção de pesquisa é que a sociedade goza da liberdade de conduzir investigações científicas e tecnológicas, utilizando os conhecimentos técnicos patenteados, in-

143. WTO, WT/DS114/R, Report of the Panel, par. 7.69.
144. Eisenberg 1989, p. 1022.
145. WTO, WT/DS114/R, Report of the Panel, par. 7.69.
146. Hagelin 2006, p. 556.
147. Strandburg 2004, p. 112.
148. Eisenberg 1989, p. 1022.

dependentemente da vontade dos titulares de patentes e, portanto, sem a necessidade de compartilhar com potenciais concorrentes informações confidenciais sobre futuros projetos.[149] A divulgação desse tipo de informação abriria as portas para atividades de concorrência desleal e retiraria os incentivos para a realização de P&D.

Apesar do papel estratégico dessa categoria de exceções, veremos no próximo item que as legislações de um número substancial de Estados oferecem exceções de pesquisa com escopo bastante limitado. Parece que esses Estados ignoram que o equilíbrio perseguido pelo direito das patentes não é realizável com exceções de pesquisa fracas e disfuncionais.[150] Quando se asseguram direitos excessivos (ilimitados ou quase ilimitados) aos titulares de patentes, nenhum terceiro está autorizado a utilizar os objetos patenteados até que as patentes expirem. Nessas circunstâncias, apenas o inventor se beneficia, enquanto a sociedade tem que aguardar a expiração das patentes, para então aplicar os conhecimentos agregados ao estado da técnica.

4.4 Exceções de pesquisa adotadas por alguns Membros da comunidade internacional[151]

Identifiquei três grupos de exceções de pesquisa. O primeiro grupo é formado pelas legislações dos seguintes países: Alemanha,[152] Antígua e Barbuda,[153] Belize,[154] Botswana,[155] Camboja,[156] China,[157] Comunidade Andina (Bolívia, Colômbia, Equador e Peru),[158] Dinamarca,[159] Espanha,[160] Estônia,[161]

149. Eisenberg 1989, p. 1061-1063.
150. Freeburg 2005-2006, p. 399.
151. Para uma visão aprofundada a respeito do escopo de muitas das exceções de pesquisa superficialmente identificadas neste item, cf., e.g.: Cook 2006; Gold e Joly 2010.
152. § 11, Patentgesetz in der Fassung der Bekanntmachung vom 16. Dezember 1980 (BGBl. 1981 I S. 1), das zuletzt durch Artikel 1 des Gesetzes vom 31. Juli 2009 (BGBl. I S. 2521) geändert worden ist.
153. Art. 11(4)(1)(c), Patents Act 2003.
154. Art. 33 (4)(c), Patents Act (Ch. 253), de 21 de junho de 2000.
155. Art. 24(3)(a)(iii), Industrial Property Act, de 21 de agosto de 1996.
156. Art. 44(iii), Law on the Patents, Utility Model Certificates and Industrial Designs.
157. Art. 63(4), Lei de Patentes da China, adotada em 25 de agosto de 2000.
158. Art. 53(b), Decisión 486 (Régimen Común sobre Propiedad Industrial).
159. Sec. 3(3)(iii), Act (Consolidation), 09/06/1998 (31/05/2000), No. 366 (No. 412).
160. Art. 52(b), Ley 11/1986 de 20 de Marzo de 1986.
161. Art. 16(3), Patents Act (Consolidation), 16.03.1994 (27.10.1999).

Filipinas,[162] Finlândia,[163] França,[164] Granada,[165] Holanda e Antilhas Holandesas,[166] Hong Kong,[167] Hungria,[168] Ilhas Maurício,[169] Irlanda,[170] Islândia,[171] Luxemburgo,[172] Marrocos,[173] Noruega,[174] Papua-Nova Guiné,[175] Polônia,[176] Reino Unido,[177] República Dominicana,[178] Santa Lúcia,[179] Cingapura,[180] Suazilândia,[181] Suécia,[182] Trinidad e Tobago,[183] Tunísia[184] e dos Estados contratantes do Acordo de Bangui[185] (Benin, Burkina Faso, Camarões, República Central Africana, Chade, Congo, Costa do Marfim, Gabão, Guiné, Guiné-Bissau, Guiné Equatorial, Mali, Mauritânia, Níger, Senegal e Togo), as quais adotam exceções de pesquisa fortemente influenciadas pela exceção de pesquisa incluída na proposta de criação da patente comunitária europeia, a qual dispõe:

162. Art. 72(3), Republic Act n. 8293.
163. Sec.3(3), Patents Act (Consolidation), 15.12.1967 (21.03.1997), n. 550 (n. 243).
164. L. 613-5(b), Law n. 92-597 of July 1, 1992, on the Intellectual Property Code (Legislative Part) as last amended by Law n. 94-102 of February 5, 1994.
165. Sec.12 (4)(a)(iii), Industrial Property Act 2002.
166. Art. 53(3), Patents Act of the Kingdom 1995.
167. Sec. 75(b), Patents (Registration), Ordinance (Cap. 514 Consolidation), 1997 (1998), n. 52 (n. 341).
168. Art. 19(6)(b), Law n. XXXIII of 1995 on the Protection of Inventions by Patents.
169. Art. 21(4)(d), Act n. 25 of 2002.
170. Sec. 42(b), Patents Act, 1992.
171. Section 3(3.3), Patent Act n. 17/1991 with amendments n. 67/1993.
172. Art. 47(b), Loi du 20 juillet 1992 portant modification du régime des brevets d'invention.
173. Art. 55(b), Dahir n. 1-00-91 du 9 Kaada 1420 (15 février 2000) portant promulgation de la loi n. 17-97 relative à la protection de la propriété industrielle.
174. Sec. 3(3)(3), Patents Act (as last amended by Act n. 20 of May 2004).
175. Art. 29(4)(c), Patents and Industrial Designs Act 2000.
176. Art. 69(1)(iii), Act of June 30, 2000 on Industrial Property Law.
177. Art. 60(5)(b), Patents Act of 1977 (as amended).
178. Art. 30(b), Ley n. 20-00 sobre Propiedad Industrial.
179. Art. 2(b), Patents Act n. 16 2001 Repealing the Patents, Designs and Trademarks.
180. Art. 66(2)(b), Patents Act (n. 21 of 1994) Revised Edition 1995 (n. 40).
181. Art. 4(c), Patents, Designs and Trade Marks Act n. 72 of 1936, as amended by Law 5/1969.
182. Sec. 3(3), The Swedish Patents Act (Act n. 837 of 1967, as amended by Acts n. 149 of 1978, 433 of 1983, 937 of 1984, 233, 1156 of 1986, 1330 of 1987, 296 of 1991, 1688 of 1992 and 1406 of 1993).
183. Art. 42(b), Patents Act, 1996 (n. 21 of 1996, as amended by Act n. 18 of 2000).
184. Art. 47(b), Law n. 2000-84 of August 2000, on Patents.
185. Art. 8(c), annex I, Agreement Revising the Bangui Agreement of March 2, 1977, on the Creation of an African Intellectual Property Organization.

"Art. 9 – The rights conferred by the Community patent shall not extend to:

[...] (b) acts done for experimental purposes relating to the subject--matter of the patented invention".[186]

Albânia,[187] Itália,[188] Letônia,[189] Lituânia,[190] Macau,[191] Mongólia,[192] Panamá,[193] Portugal,[194] República Eslovaca,[195] Romênia,[196] Turquia,[197] Ucrânia[198] adotam exceções de pesquisa cuja redação difere do modelo europeu, mas que, de qualquer forma, parecem compartilhar a mesma substância.

O segundo grupo é formado pelas legislações de patentes da Arábia Saudita,[199] Bahrein,[200] Barbados,[201] Canadá,[202] Cuba,[203] Chipre,[204] El Salvador,[205] Emirados Árabes Unidos,[206] Equador,[207] Gana,[208] Gré-

186. Art. 9(b), Council of the European Union, 2009.
187. Art. 27(3)(c), Law on Industrial Property n. 7819 of April 27, 1994.
188. Art. 1(a), Law on Patents for Inventions, Royal Decree n. 1127 of June 29, 1939 (as last amended by Legislative Decree n. 198 of March 19, 1996).
189. Art. 32(2), Republic of Latvia Patent Law 1995.
190. Art. 26(2), Patent Law 18 January 1994 n. I-372 (as amended by 21 December 2000 n. IX-118).
191. Art. 105(b), Industrial Property Code Decree-Law n. 97/99/M of December 13, 1999.
192. Art. 18(2) Patent Law of Mongolia, 25.06.1993.
193. Art. 19(2), Ley n. 35, de 10 de mayo de 1995.
194. Art. 102(c), Decreto-lei 36, de 5 de março de 2003.
195. Art. 18(1), Act n. 435/2001, Coll. on Patents, Supplementary Protection Certificates, amended by Act n. 402/2002.
196. Art. 37(c), Patent Law (n. 64 of October 11, 1991).
197. Art. 75(b), Decree-Law n. 551 on the Protection of Patent Rights in Force as from June 27, 1995.
198. Art. 31(2), Law n. 3687-XII of December 15, 1993 on the Protection of Rights to Inventions and Utility Models.
199. Art. 47, Law of Patents, Layout Designs of Integrated Circuits, Plant Varieties, and Industrial Designs.
200. Art. 13(a), Law n. (14) for the year 2006 amending some provisions of Law n. (1) of the year 2004.
201. Art. 6(1)(a), Patents Act n. 18, 26.07.2001.
202. Sec. 55(2)(6), Canadian Patent Act R.S.C. 1985; *Micro Chemicals Ltd v. Smith Kline & French Inter-American Corporation* (1971) 25 DLR (3d) 79, 89.
203. Art. 54(3), Decreto-Ley n. 68, de 14 de mayo de 1983.
204. Art. 27(3)(iii), Patents Law, 01.04.1998, n. 16(1).
205. Art. 61(c), Decreto Legislativo n. 912, del 14 de diciembre de 2005.
206. Art. 17, Federal Law n. 44 of 1992 for Organizing and Protection of Industrial Property for Patents, Designs and Industrial Models.
207. Art. 150(b), Ley de Propiedad Intelectual, promulgada el 8 de mayo de 1998.
208. Art. 30(a), Patents Law, 30.12.1992, n. 305A.

cia,[209] Índia,[210] Malásia,[211] Malta,[212] Moçambique,[213] Namíbia,[214] Nigéria,[215] Nova Zelândia,[216] Quênia,[217] Quirguistão,[218] Sri Lanka,[219] Tailândia[220] e Tanzânia,[221] as quais incluem exceções de pesquisa que reproduzem ou se assemelham, em termos substantivos, ao modelo introduzido pela Lei Modelo de Patentes da OMPI para Países em Desenvolvimento.[222] Segundo nosso entendimento, essas legislações proíbem o uso de invenções patenteadas em projetos dirigidos ao desenvolvimento de produtos e processos com valor industrial ou comercial imediato.

Há um terceiro grupo, formado por Estados que adotaram, pela via legislativa e/ou judicial, exceções de pesquisa cujo escopo destoa dos modelos mais comuns.

209. Art. 10(2)(a), Law n. 1733/1987.
210. Art. 47, India Patent Act.
211. Art. 37(1), Patents Act 1983 (Act 291, as last amended by the Patents (Amendment) Act 1993).
212. Art. 27(3)(c), Patents Act, 2000.
213. Art. 68(a), Industrial Property Code of Mozambique (approved by Decree n. 18/99 of May 4).
214. Art. 17(3)(c), Unified Bill on Intellectual Property Rights, 1999.
215. Art. 6(3)(a), Industrial Property Act (Ch. 344), 1970, n. 60.
216. A Lei de Patentes da Nova Zelândia (1953) não oferece qualquer exceção de pesquisa, mas a jurisprudência local consolidou-se no sentido de autorizar o uso de invenções protegidas em projetos de pesquisa não comercial (Office of the Associate Minister of Commerce 2006). Em 2006, o governo da Nova Zelândia publicou uma proposta de exceção de pesquisa que, possivelmente, será adotada no futuro próximo. A proposta, se adotada, autorizará terceiros a utilizarem invenções patenteadas para: investigar o modo de funcionamento das invenções; determinar o escopo das invenções protegidas; determinar a validade das reivindicações contidas nas patentes; aprimorar as invenções protegidas (e.g., descobrir novas aplicações para a invenção), desde que os atos de pesquisa não conflitem com a exploração normal da invenção.
217. Art. 58(1), The Industrial Property Act n. 3 of 2001.
218. Art. 13(ii), Patent Law of December 16, 1997.
219. Art. 82(1), Code of Intellectual Property Act n. 52 of 1979 (as amended by Act n. 30 of 1980, n. 2 of 1983, n. 17 of 1990, n. 13 of 1997 and n. 40 of 2000).
220. Art. 36(16)(1), Patent Act B.E. 2522 (1979) as amended by the Patent Act (n. 2) B.E 2535 (1992) and the Patent Act (n. 3) B.E. 2542 (1999).
221. Art. 37(1), The Patents Act n. 1 of 1987.
222. Art. 136(1) da Lei Modelo dispõe: "Rights under the patent shall extend to acts done for industrial or commercial purposes and in particular not to acts done only for scientific research". Dispositivo citado em: Bruzzone 1993, p. 64.

Argentina,[223] Costa Rica,[224] Guatemala,[225] Honduras,[226] Indonésia,[227] México,[228] Nicarágua,[229] Paraguai,[230] Polônia,[231] República Dominicana[232] e Uruguai[233] permitem o uso de invenções patenteadas para fins de ensino e pesquisa científica e acadêmica (i.e., sem propósitos comerciais).

A Bélgica reformou sua lei de patentes em 2005. Uma das novidades introduzidas é uma exceção de pesquisa mais robusta que a anterior, a qual reproduzia basicamente o modelo europeu já indicado. A nova exceção autoriza a realização de investigações *a respeito de* e *com* invenções patenteadas.[234] Em outras palavras, a exceção permite tanto a realização de estudos científicos destinados a gerar maiores conhecimentos sobre as características e aplicações das invenções protegidas, quanto a realização de estudos científicos em que a invenção patenteada é utilizada diretamente, em sua capacidade de ferramenta de pesquisa. A exceção apenas autoriza o uso de invenções patenteadas em projetos *eminentemente* científicos; consequentemente, é possível a utilização de invenções patenteadas em projetos que perseguem, simultaneamente, objetivos científicos e tecnológicos. Contudo, organizações comerciais não podem se beneficiar da exceção, pois seus objetivos são puramente comerciais.[235] A exceção não é clara sobre se atividades de pesquisa básica conduzidas por entidades comerciais e atividades conduzidas pelos braços comerciais das universidades estariam amparadas pela exceção. [236]

As legislações de Brasil e Ruanda parecem autorizar o uso de invenções patenteadas para a condução de investigações científicas sem fins comerciais e tecnológicas de natureza comercial.[237]

---

223. Art. 36(a), Ley de Patentes de Invención y Modelos de Utilidad (Ley 24.481, modificada por la Ley 24.572).
224. Art. 16(2), Reformas de la Ley de Derechos de Autor y Derechos Conexos, Ley de Patentes Modelos de Utilidad y Código Procesal Civil.
225. Art. 130(b), Ley de Propiedad Industrial (Decreto n. 57-2000).
226. Art. 18, Decreto n. 12-99-E.
227. Art. 16(3), Law n. 14, 2001.
228. Art. 22(1), Ley de Propiedad Industrial, 25.06.1991 (17.05.1999).
229. Art. 46(b), Industrial Property, Law n. 354, 19.09.2000.
230. Art. 34, Ley n. 1630 de Patentes de Invenciones.
231. Art. 69(1)(iii), Act of June 30, 2000 on Industrial Property Law.
232. Art. 30(c), Ley n. 20-00 sobre Propiedad Industrial.
233. Art 39(d), (e), Ley n. 17.164 de Patentes de Inversión, Modelos de Utilidad y Diseños Industriales.
234. Van Overwalle 2006, p. 906-907.
235. Idem, ibidem, p. 907.
236. Idem, ibidem, p. 908.
237. Art. 43(II), da Lei 9.279/1996 (Brasil); art. 41(2), Law 31/2009 of 26.10.2009 (Ruanda).

A Bulgária permite o uso de invenções patenteadas para a realização de investigações científicas (sem fins lucrativos) e de projetos de P&D (com fins comerciais), desde que destinados à produção de maiores informações a respeito das invenções patenteadas.[238]

Os Estados Unidos adotam pelos menos duas exceções de pesquisa. A decisão proferida pela Corte de Apelações do Federal Circuit, em *Madey v. Duke University*, confirmou o entendimento de que o ordenamento jurídico americano conta com uma exceção de pesquisa que se limita a autorizar o uso de invenções patenteadas em atividades dirigidas à diversão, à satisfação da curiosidade e a inquirições filosóficas.[239] Em termos mais claros, é proibido o uso de qualquer invenção patenteada na realização de atividades que promovam, direta ou indiretamente, os interesses institucionais dos usuários. Por exemplo, uma universidade não está autorizada a utilizar uma invenção protegida em atividades de ensino, capacitação e em pesquisas acadêmicas, ainda que não visem ao desenvolvimento de produtos e processos comerciais, pois todas elas promovem, de alguma forma, sua missão institucional. Em verdade, o Federal Circuit suprimiu qualquer espaço para o exercício da exceção de pesquisa, pois qualquer pesquisa, ainda que sem fins comerciais, promoverá os objetivos institucionais legítimos do usuário. A segunda exceção oferecida pelo ordenamento jurídico norte-americano está prevista no 35 U.S.C. § 271(e)(1).[240] Segundo o entendimento da Suprema Corte dos EUA, expresso em *Merck v. Integra*, o referido dispositivo autoriza: (i) o uso de invenções patenteadas para a geração de informações necessárias ao registro de medicamentos genéricos; (ii) terceiros a conduzir experimentos com invenções patenteadas destinados ao desenvolvimento de novos produtos comerciais, cuja comercialização depende de alguma autorização governamental, desde que a concessão da autorização dependa da apresentação de informações técnicas, produzidas com o uso das invenções utilizadas.[241] Logo, ao

238. Arts. 20(2) e 20(4), Patents Act (Consolidation), of 18.03.1993 (1999).

239. United States Court of Appeals for the Federal Circuit, *Madey v. Duke University*, 2002 ("regardless of whether a particular institution or entity is engaged in an endeavor for commercial gain, so long as the act is in furtherance of the alleged infringer's legitimate business and is not solely for amusement, to satisfy idle curiosity, or for strictly philosophical inquiry, the act does not qualify for the very narrow and strictly limited experimental use defense. Moreover, the profit or non-profit status of the user is not determinative").

240. Esse dispositivo determina: "It shall not be an act of infringement to make, use, offer to sell, or sell within the United States or import into the United States a patented invention (other than a new animal drug or veterinary biological product [...] solely for uses reasonably related to the development and submission of information under a Federal law which regulates the manufacture, use, or sale of drugs [...]".

241. Supreme Court of the United States of America, Merck KGAA, *Petitioner v. Integra Lifesciences I., LTD., et al.*, June 13, 2005.

mesmo tempo em que *Madey v. Duke University* limitou o espaço para o uso de invenções patenteadas em pesquisas sem fito comercial, *Merck v. Integra* ofereceu um largo campo para a realização de pesquisas comerciais, dirigidas ao desenvolvimento de novos produtos. Importante destacar que essa segunda exceção de pesquisa salvaguarda mesmo atividades de pesquisa e desenvolvimento tecnológico que não alcancem o sucesso esperado.[242]

Eslovênia[243] e Japão[244] permitem a realização de pesquisas associadas à geração de maiores informações a respeito das invenções patenteadas, independentemente do caráter do produto final do projeto (comercial ou puramente científico).

Israel autoriza a realização de pesquisas de caráter científico e tecnológico a partir da invenção patenteada, incluindo o desenvolvimento de versões aprimoradas das invenções protegidas ou de novas invenções em geral.[245]

A Jordânia[246] permite o uso de invenções patenteadas para a realização de qualquer tipo de projeto de pesquisa científica ou tecnológica.

A Suíça reformou, em 2009, sua legislação de patentes, a qual passou a contar com uma exceção de pesquisa bastante ampla, a qual autoriza: (i) o uso de invenções patenteadas com o objetivo de obter novos conhecimentos sobre os objetos das patentes, inclusive a descoberta de novas aplicações para as invenções protegidas; (ii) o uso de invenções protegidas em atividades de ensino; e (iii) o uso de material biológico protegido em atividades de seleção e descoberta e, também, em atividades de desenvolvimento de novas variedades vegetais.[247] Visando a facilitar o acesso a ferramentas de pesquisa, a legislação suíça determina que as Cortes locais concedam licenças não ex-

---

242. "Properly construed, § 271(e)(1) leaves adequate space for experimentation and failure on the road to regulatory approval: At least where a drugmaker has a reasonable basis for believing that a patented compound may work, through a particular biological process, to produce a particular physiological effect, and uses the compound in research that, if successful, would be appropriate to include in a submission to the FDA, that use is 'reasonably related' to the 'development and submission of information under [...] Federal law'. § 271(e)(1)" (Suprema Corte dos EUA, Merck KGAA, *Petitioner v. Integra Lifesciences I., LTD., et al.*).
243. Art. 19(b), Industrial Property Act of May 23, 2001.
244. Art. 69(1), Patent Act (Act n. 121 of 1959). Ver a sentença proferida pela Corte distrital de Tóquio, na esfera do caso *Monsanto v. Stoffer Japan K.K.*, e a proferida pela Suprema Corte do Japão, no caso *Ono Pharmaceuticals Co., Ltd. v. Kyoto Pharmaceutical*. Sobre esses casos: Johnson 2003, p. 515 et seq.
245. Art. 1, Patents Law 5727 (1967).
246. Art. 21(c), Patents of Invention Law, Law n. 32 for the Year 1999 (and its amendment by: Temporary Law n. 71 for the Year 2001).
247. Art. 9 (G)(I), Loi fédérale sur les brevets d'invention du 25 juin 1954 (État le 1er juillet 2009).

clusivas a terceiros que tentarem, sem sucesso, obter uma licença voluntária, com termos razoáveis.[248]

O Vietnã permite a realização de atividades não comerciais, experimentos tecnológicos com propósitos comerciais e atividades de ensino envolvendo invenções patenteadas.[249]

A maior parte das normas indicadas é redigida de maneira ambígua, não sendo possível identificar, com segurança, quais atividades estão salvaguardadas. Na falta de segurança jurídica, os potenciais usuários podem optar por obter licenças voluntárias junto dos titulares de patentes, o que nem sempre é viável, ou podem assumir o risco de serem processados, ou, o que é pior, podem simplesmente optar por reduzir ao máximo suas atividades de pesquisa. As legislações mais claras a respeito do escopo das exceções de pesquisa também não estão livres de problemas, porquanto tendem a obstaculizar a realização de pesquisas com viés comercial, sujeitando sua realização à autorização dos titulares de patentes. No contexto presente, em que um número crescente de universidades e instituições públicas de pesquisa, em todo o mundo, está canalizando seus recursos para projetos com viés comercial, esse tipo de exceção não faz sentido e, além disso, limita as oportunidades de desenvolvimento de invenções comerciais socialmente relevantes.

A maioria esmagadora das exceções de pesquisa examinadas autoriza a condução de atividades voltadas à geração de maiores informações *sobre* as invenções protegidas, não estando autorizadas atividades envolvendo o *uso* da invenção no processo de desenvolvimento de novas tecnologias. Em outras palavras, como regra, as exceções de pesquisa parecem proibir a realização de pesquisas que apliquem ferramentas de pesquisa patenteadas para os fins para os quais foram criadas, mesmo em projetos sem fins comerciais. Considerando que a função primária das ferramentas de pesquisa é facilitar a condução de pesquisas científicas e comerciais, o entendimento majoritário é que não há problemas em permitir que terceiros realizem atividades de pesquisa destinadas a investigar as características das ferramentas de pesquisa; contudo, não seria econômica e socialmente adequado autorizar terceiros a empregá-las para os fins para os quais foram criadas.[250] Embora esse entendimento seja razoável, sem embargo é inequívoco que a concessão de direitos

248. Art. 40(b)(F), Loi fédérale sur les brevets d'invention du 25 juin 1954.

249. Art 125(2)(a), Law on Intellectual Property n. 50/2005/QH11 of November 29, 2005.

250. Eisenberg 1989, p. 1035; Cook 2006, p. 156-157; Federal Trade Commission 2003, ch. 4, p. 34 (não seria desejável a adoção de exceções de pesquisa para essa categoria de invenções, pois elas retirariam todos os incentivos econômicos para se realizar investimentos no desenvolvimento de novas ferramentas de pesquisa); Prinz zu Waldeck und Pyrmont 2008, p. 427 (considera exceções de pesquisa, que permitem o uso de ferramentas de pesquisa para seu fim normal, uma espécie de expropriação da propriedade privada).

de propriedade absolutos sobre esses insumos de pesquisa pode gerar grandes prejuízos à ciência, à indústria e à sociedade.

Por fim, alguns Estados parecem ter adotado exceções de pesquisa que permitem o uso amplo de invenções patenteadas, incluindo ferramentas de pesquisa, em atividades científicas (não comerciais) e tecnológicas (comerciais), independentemente do pagamento de qualquer remuneração aos titulares de patentes. Esse parece ser o caso das exceções adotadas por EUA,[251] Israel e Vietnã. Se, por um lado, exceções com esse perfil livram o caminho dos cientistas das teias da burocracia, por outro lado, especialmente quando as invenções protegidas são utilizadas em projetos comerciais, elas atentam contra os incentivos econômicos oferecidos pelas patentes a seus titulares. Há, portanto, urgência em desenvolver exceções bem equilibradas, capazes de enfrentar o difícil desafio de facilitar o uso de ferramentas de pesquisa e de outros insumos patenteados em contextos não comerciais e comerciais, sem interferir de modo desarrazoado nos interesses econômicos dos titulares de patentes.

Embora a indústria biomédica e a agrobiotecnológica tenham se desenvolvido sob o amparo de normas que favoreciam o livre acesso a novos conhecimentos, tais normas estão cedendo lugar às normas de proteção da propriedade intelectual,[252] delineadas com o objetivo de maximizar a proteção dos interesses econômicos dos titulares de patentes, ao custo da restrição da disseminação do conhecimento. A adoção de regimes legais que superprotegem os interesses dos titulares de patentes é movida pelo interesse de incrementar os incentivos para a realização de investimentos em P&D. Contudo, a história indica que o desenvolvimento científico e tecnológico depende não apenas de regimes de proteção da propriedade intelectual, mas também de investimentos maciços em ciência e em tecnologia[253] e da preservação do domínio público científico.

Ao mesmo tempo em que as patentes são reconhecidas como instrumentos de importância ímpar para estimular investimentos em inovação, notadamente, nos setores biomédico e agrícola,[254] esses mesmos instrumentos se transformaram em potenciais obstáculos à inovação, como resultado da ampliação desequilibrada dos direitos assegurados aos titulares de patentes e do rol de matérias elegíveis para proteção, seguida da restrição do escopo das exceções aos direitos conferidos.[255] Consequentemente, o domínio público científico foi empobrecido dramaticamente nos últimos anos, afetando a capacidade de qualquer sociedade inovar.

251. Aqui nos referimos à exceção introduzida por 35 U.S.C. § 271(e)(1).

252. Rai e Eisenberg 2003, p. 157.

253. Conceição et al. 2004, p. 568-569.

254. Walsh et al. 2003, p. 352.

255. The Royal Society 2003, par. 6.10.

A análise das exceções de pesquisa adotadas por um número expressivo de Estados indica a urgência de adotar novas exceções concebidas para harmonizar os interesses dos titulares de patentes de recuperar seus investimentos em P&D[256] e os interesses de terceiros e da sociedade de terem mais liberdade para desenvolver novos conhecimentos científicos, produtos e processos comerciais a partir das contribuições providas por invenções patenteadas,[257] haja vista que a ciência e a tecnologia progridem de maneira cumulativa e não por meio de saltos.[258]

O caráter urgente dessas demandas se depreende do fato de três países industrializados – Austrália,[259] Nova Zelândia[260] e Reino Unido[261] – estarem discutindo, nos últimos anos, a conveniência de reformar suas legislações, a fim de introduzirem exceções de pesquisa amplas e inequívocas, capazes de desentravar a estrada da inovação,[262] e do fato de Bélgica e Suíça terem adotado, recentemente, exceções de pesquisa robustas em comparação aos modelos comumente adotados, e pelo número impressionante de artigos científicos sobre a matéria publicados nos últimos anos, essencialmente nos países industrializados, que indicam os perigos do encolhimento do escopo das exceções de pesquisa.

Um dos objetivos centrais do presente capítulo é identificar exceções-modelo aos direitos conferidos por patentes, que os Membros da OMC (aí incluído o Brasil) podem adotar, com o fim último de promover seu desenvolvimento científico, tecnológico e social. Tendo esses objetivos em vista, nos próximos itens serão apresentadas duas propostas de exceções, aptas a superar os problemas identificados na primeira parte deste capítulo, decorrentes da proliferação de patentes do setor biotecnológico: uma exceção de Pesquisa e Desenvolvimento (P&D) e uma exceção de teste diagnóstico. Em seguida, será investigada a licitude das exceções propostas *vis-à-vis* o art. 30 do Acordo TRIPS.

4.5 As exceções de P&D e de teste diagnóstico

A primeira exceção, denominada exceção de P&D, é formada por quatro elementos inter-relacionados. Ela é assim denominada porque não se ocupa

256. Mueller 2001, p. 41.
257. Cf., e.g., The Royal Society 2003, par. 1.3; Derzko 2003-2004, p. 388-389.
258. O'Rourke 2000, p. 1183.
259. O ordenamento jurídico da Austrália ainda não conta com uma exceção de pesquisa (IP Australia 2009).
260. A Nova Zelândia, no momento, não conta com uma exceção de pesquisa (Office of the Associate Minister of Commerce 2006).
261. United Kingdom Intellectual Property Office 2009, par. 23.
262. A legislação de patentes do Reino Unido já conta com uma exceção de pesquisa; contudo, sua ambiguidade traz insegurança aos usuários.

apenas em liberar espaços para que os cientistas continuem a levar a cabo projetos de ciência básica; ela, igualmente, visa a facilitar a realização de projetos de ciência aplicada, bem como a introdução de novas tecnologias e produtos no mercado. A segunda exceção proposta é denominada exceção de teste diagnóstico, a qual afeta exclusivamente as patentes incidentes sobre material genético de origem humana.

Vistas em conjunto, as exceções propostas criam um ambiente verdadeiramente favorável ao progresso científico, tecnológico e social ao preservar os incentivos econômicos oferecidos pelas patentes, ao mesmo tempo em que oferecem um amplo espaço para que os inovadores subsequentes enriqueçam continuamente o acervo científico e tecnológico da humanidade. Enfim, as exceções propostas atacam o discurso conservador, que julga impraticável criar incentivos para a inovação e promover o amplo uso das invenções protegidas.

Tendo como parâmetro as recomendações de melhores práticas de licenciamento de invenções genéticas, propostas por organizações de peso no cenário econômico e científico internacional, como os Institutos Nacionais de Saúde dos EUA (National Institutes of Health – NIH),[263] a Organização para a Cooperação e Desenvolvimento Econômico,[264] a Sociedade Europeia

263. O NIH (National Institutes of Health 2005) recomenda às instituições financiadas com seus recursos que sigam a prática de: conceder licenças não exclusivas, sobretudo para invenções genômicas; adotar políticas de licenciamento que maximizem o uso das invenções patenteadas, mesmo em projetos com objetivos comerciais; adotar políticas que facilitem o uso de ferramentas de pesquisa.

264. Em 2006, a OCDE (OECD 2006) reconheceu que, embora o sistema de patentes se proponha a estimular inovação e bem-estar social, há situações em que os titulares de patentes utilizam mal suas prerrogativas, prejudicando a sociedade (idem, ibidem, p. 13). A OCDE recomendou a seus Membros a adoção de certos princípios e diretrizes reitoras do licenciamento de invenções genéticas. As diretrizes da OCDE foram delineadas com o propósito de estimular a inovação mediante a recuperação de investimentos realizados em P&D e a ampliação do acesso às invenções patenteadas (idem, ibidem, par. 10). Dentre os princípios recomendados, destaco os seguintes, porquanto influenciaram substancialmente as exceções propostas nesse trabalho: as práticas de licenciamento devem promover a rápida disseminação de informações técnicas associadas a invenções genéticas (princípio 1.B); as invenções patenteadas devem ser oferecidas expeditamente e em bases razoáveis (princípio 1.A); as invenções patenteadas devem ser utilizadas amplamente para promover o bem-estar das populações de países industrializados e de países em desenvolvimento (princípio 2.D); os titulares de patentes devem adotar políticas de licenciamento que favoreçam a liberdade de pesquisa de instituições científicas, ainda que persigam objetivos comerciais (princípios 3.A, 3.B e 3.D); as invenções de pré-mercado (ferramentas de pesquisa) devem ser amplamente acessíveis (princípios 4.A); os titulares de patentes devem evitar fixar taxas excessivas pelo uso de suas invenções e incluir cláusulas de longo alcance (*reach-through clauses*) nos acordos de licenciamento (princípio 4.C); as

de Genética Humana,[265] o Conselho Dinamarquês de Ética,[266] a Organização para o Genoma Humano,[267] o Colégio Americano de Genética Médica[268] e a Associação dos Gestores de Tecnologias Universitárias,[269] bem como as recomendações apresentadas pela Sociedade Real do Reino Unido, dirigidas a criar um ambiente propício ao progresso da educação, da ciência e da tecnologia,[270] as exceções propostas foram delineadas com o propósito de fomentar o uso mais amplo possível dos objetos patenteados, tanto para fins puramente científicos, quanto humanitários ou comerciais. Em termos mais específicos, as exceções propostas impedem a emergência de tragédias dos anticomuns; afastam os obstáculos à inovação sequencial que poderiam surgir do acúmulo de *royalties* e mitigam os efeitos anticoncorrenciais que poderiam defluir da concessão de patentes para ferramentas de pesquisa únicas.

As exceções propostas se harmonizam com o cenário de inovação contemporâneo, marcado pela construção de sinergias entre instituições universitárias e empresas. Na prática, isso significa que elas viabilizam não apenas a realização de investigações científicas sem fins comerciais, mas também aquelas com viés comercial. Se as exceções apenas autorizassem o uso não comercial dos objetos patenteados, possivelmente seus benefícios seriam limitados. Ainda com o intuito de promover o desenvolvimento da ciência comercial, as exceções propostas abrem caminho para a exploração tanto comercial quanto não comercial das invenções desenvolvidas a partir do uso de invenções de terceiros. Tradicionalmente, as exceções de pesquisa são delineadas com o propósito de abrir caminho para a realização de pesquisas, mas

práticas de licenciamento devem promover a inovação e a livre concorrência (princípio 5).

265. Aymé, Matthijs e Soini 2008, p. 8 (a Sociedade demanda que os titulares de patentes incidentes sobre material genético humano adotem a prática de conceder licenças não exclusivas, fixar remunerações razoáveis e seguir outras práticas que reduzam os custos de transação, a fim de ampliar o uso dessas invenções).

266. The Danish Council of Ethics 2004, p. 99 et seq.

267. HUGO Intellectual Property Committee 2003.

268. American College of Medical Genetics 2009.

269. A AUTM (Association of University Technology Managers 2007) apresentou nove recomendações que os escritórios de transferência de tecnologias de universidades deveriam observar com o fito de ampliar o uso das invenções desenvolvidas no âmbito universitário. Dentre elas, quatro merecem destaque:"Universities should reserve the right to practice licensed inventions, and to allow other nonprofit and governmental organizations to do so; Exclusive licenses should be structured in a manner that encourages technology development and use; Ensure broad access to research tools; Consider including provisions that address unmet needs, such as those of neglected patient populations or geographic areas, giving particular attention to improved therapeutics, diagnostics, and agricultural technologies for the developing world".

270. The Royal Society 2003, par. 1(1), 2(1), 2(9), 3(19), 3(23) e 3(35).

ignoram as dificuldades de introduzir os resultados das pesquisas no mercado. Após a realização de investimentos vultosos, é possível que invenções úteis não cheguem ao mercado em virtude da impossibilidade de obter as licenças dos titulares das patentes pertinentes, ou, o que é pior, investimentos deixarão de ser realizados em projetos úteis. Em palavras mais simples, as exceções de pesquisa tradicionais apenas postergam o momento em que as patentes intervirão no progresso científico e tecnológico.

Em associação, as exceções propostas autorizam: (i) a realização de investigações a respeito das invenções patenteadas, com o intuito de confirmar sua funcionalidade e *modus operandi*, assegurando, assim, que os titulares de patentes cumpriram fielmente com seu compromisso de divulgar, adequadamente, os objetos das patentes;[271] (ii) a geração de novos conhecimentos a respeito dos objetos das patentes; (iii) o desenvolvimento de invenções alternativas às anteriores, bem como versões aprimoradas de invenções anteriores; (iv) usos transformativos das invenções patenteadas, i.e., o desenvolvimento de novas invenções, inclusive de novos testes genéticos.

4.5.1 Regras gerais aplicáveis às exceções de P&D e de teste diagnóstico

O bom funcionamento das exceções de P&D e de teste diagnóstico depende: (i) da adoção de algumas regras cogentes; (ii) da instituição de uma organização de gestão coletiva de patentes; e (iii) da utilização dos espaços oferecidos pelo sistema de licenciamento compulsório do Acordo TRIPS, com o fito de tornar mais expedito e menos inseguro o processo de obtenção de licenças compulsórias. Essas condições ao estabelecimento das exceções propostas são examinadas a seguir.

4.5.1.1 Regra I: caráter cogente das exceções

Inspirada na emenda à lei de patentes da Suíça, aprovada em julho de 2009, o texto legal que institui as exceções propostas deveria determinar a nulidade de qualquer acordo contratual que afete o exercício das exceções aos direitos conferidos por patentes.[272] Isso significa que as exceções gozam do *status* de direito, assegurado a terceiros e oponível em face dos titulares de patentes. Esse é um meio eficaz de afirmar que os direitos dos usuários e os dos titulares de patentes gozam do mesmo grau de importância, e que as exceções aos direitos exclusivos não configuram "uma aberração que precisa ser estritamente controlada".[273]

271. Eisenberg 1989, p. 1075.

272. "Art. 9(G)(I) – Exceptions aux effets du brevet: Les accords qui limitent ou annulent les exceptions visées à l'al. 1 sont nuls" (Loi fédérale sur les brevets d'invention du 25 juin 1954, état le ler juillet 2009).

273. Story, Darch e Halbert 2006, p. 136.

4.5.1.2 Regra II: obrigação de informar

Com o propósito de facilitar a negociação de licenças voluntárias, a concessão de licenças compulsórias e o exercício das exceções aos direitos conferidos por patentes, todos os titulares de patentes teriam de suportar o ônus de indicar, em seus *sites* na internet e/ou na embalagem de seus produtos, os números das patentes que recaem sobre suas invenções.[274]

4.5.1.3 Regra III: garantia de acesso aos materiais biológicos

No caso de invenções biotecnológicas, a realização das atividades excepcionadas pode ser restringida se os materiais biológicos que lhes servem de matéria-prima não estiverem publicamente acessíveis. Por essa razão, o depósito de pedidos de patentes envolvendo invenções biotecnológicas deve depender do depósito simultâneo da invenção e do material biológico que lhe deu origem perante autoridades depositárias públicas. Terceiros terão o direito a acessar amostras dos materiais biológicos imediatamente após o depósito dos pedidos de patentes perante o escritório de patentes. Terceiros terão de suportar os custos operacionais associados à multiplicação e à transferência do material.[275] O material recebido poderá ser multiplicado tão somente para viabilizar a realização das atividades excepcionadas.

4.5.1.4 Regra IV: banimento de reivindicações e cláusulas de longo alcance

O objetivo de qualquer titular de patente é maximizar seus benefícios econômicos. Para isso, tanto quanto possível, os inventores inserem reivindicações de longo alcance nos pedidos de patentes depositados, os quais, se aprovados pelo escritório de patentes, conferem-lhes um direito de propriedade que se estende sobre todos os produtos e processos derivados da aplicação das invenções protegidas.[276] Esse tipo de reivindicação é inserido, fundamentalmente, em pedidos que recaem sobre ferramentas de pesquisa, pois assegura aos titulares de patentes participação nos frutos do trabalho de outrem. Recordando que, com frequência, as ferramentas de pesquisa desempenham papel vital no desenvolvimento de uma infinidade de produtos e processos, sem que se incorporem ao resultado final das pesquisas, na falta de reivindicações de longo alcance, os titulares das ferramentas de pesquisa não teriam direito a receber qualquer remuneração especial além daquela devida pelo uso da ferramenta.

Muitos titulares de ferramentas de pesquisa patenteadas cujas patentes não incluem reivindicações de longo alcance, incluem nos contratos de

274. SACGHS 2009, p. 115.

275. Baseado no art. 13, Directive 98/44/EC of the European Parliament and of the Council of 6 July 1998 on the legal protection of biotechnological inventions.

276. Hindle 2005.

licenciamento cláusulas de longo alcance que lhes asseguram: ou direitos de copropriedade sobre os resultados das pesquisas realizadas graças à aplicação de suas ferramentas de pesquisa; ou participação nos lucros gerados com a comercialização das tecnologias desenvolvidas; ou ainda uma licença gratuita, exclusiva ou não exclusiva, para a exploração das invenções desenvolvidas.[277]

Vistas isoladamente, as reivindicações e cláusulas de longo alcance parecem aceitáveis e parecem até mesmo criar um incentivo para os titulares de ferramentas de pesquisa facilitarem o licenciamento de suas invenções.[278] Contudo, o problema surge quando são vistas no contexto do cotidiano do setor da inovação. No presente, instituições dedicadas à pesquisa científica e tecnológica utilizam uma multiplicidade de ferramentas de pesquisa para viabilizar a realização de um único projeto.[279] Se as ferramentas utilizadas estiverem sujeitas a reivindicações ou cláusulas de longo alcance, possivelmente o produto final da investigação não chegará ao mercado, seja porque copertencerá a vários indivíduos e instituições, os quais não necessariamente compartilham os mesmos interesses,[280] seja porque uma parcela leonina dos lucros gerados pertencerá aos titulares das ferramentas utilizadas, e a parte remanescente não será suficiente para justificar a produção e a comercialização do novo produto.[281]

É um princípio basilar do direito das patentes que aquele que reivindica proteção para uma invenção deve divulgar seu objeto, de maneira suficientemente detalhada, a ponto de técnicos da área a que pertence a invenção lograrem reproduzi-la, sem ônus indevido.[282] Se as reivindicações de longo alcance forem amparadas pelo direito das patentes, o titular da referida patente obterá

277. NIH 1998, p. 9 e 19.
278. Dreyfuss 2005, p. 17.
279. Eisenberg et al. 2002, p. 206.
280. Se os provedores de ferramentas de pesquisa tecnologias exigirem licenças gratuitas não exclusivas, é possível que o titular do novo produto desenvolvido não tenha interesse em explorá-lo. Se os múltiplos titulares de licenças gratuitas explorarem um mesmo produto, haverá tanta concorrência no mercado, que o verdadeiro inventor não conseguirá recuperar seus investimentos.
281. Derzko 2003-2004 p. 399; National Institutes of Health 1998, p. 9-21.
282. No mesmo sentido, ver o voto do Juiz Arbour no caso *Monsanto Canada Inc. v. Schmeiser*, julgado pela Suprema Corte do Canadá em 2004: "The scope of the patent protection should be both 'fair' and 'reasonably predictable': [...] The inventor may not get exclusive rights to an invention that was not part of the public disclosure of the invention. The public must be able to predict the activities that will infringe on the exclusive rights granted to the patentee: [...] So long as the claims are interpreted fairly and knowledgeably, if the patentee has limited the claims, then the public is entitled to rely on that limitation: [...]. An inventor cannot enlarge the scope of the grant of exclusive rights beyond that which has been specified: [...]. The claims are invalid if they are broader than the disclosure" (par. 123-124).

proteção para algo que não foi divulgado nela – i.e., para uma invenção que ele não realizou –, a qual pode muito bem não preencher as três condições substantivas de patenteabilidade. Permitir a ampliação do escopo dos direitos conferidos aos titulares de ferramentas de pesquisa implica conferir-lhes tratamento diferenciado, sem qualquer justificativa legítima, uma vez que a ferramenta de pesquisa de per si não indica quais invenções podem ser realizadas com a sua aplicação, nem o caminho que deve ser percorrido para alcançá-las. Por mais relevante uma ferramenta de pesquisa possa ser à realização de pesquisas científicas e tecnológicas, os resultados desses projetos dependem de outros insumos e, o mais importante, do trabalho ingente e da engenhosidade dos pesquisadores envolvidos. Permitir que os titulares de ferramentas de pesquisa reivindiquem direitos sobre o fruto do trabalho de outrem viabiliza a prática de um abuso de direito, pois, com a expansão indevida do escopo das patentes, seus titulares se enriqueceriam injustamente às expensas dos verdadeiros desenvolvedores de novos inventos,[283] sem contar que tal prática interfere no ritmo de desenvolvimento e introdução de novos produtos no mercado.

Assim sendo, apenas é lícito reivindicar proteção para a invenção, de fato, desenvolvida e caracterizada na patente;[284] caso contrário, o titular da patente receberá mais direitos do que sua contribuição à sociedade justificaria.[285] Se não é lícito reivindicar direitos sobre as invenções decorrentes da aplicação de uma ferramenta de pesquisa, tampouco é lícito reivindicar participação na renda gerada a partir de sua comercialização. Com fundamento no art. 29(1) do Acordo TRIPS, os Membros da OMC têm a obrigação de impedir a concessão de reivindicações de longo alcance, como forma de assegurar a proporcionalidade entre os direitos conferidos pela patente e a contribuição realizada ao estado da técnica. E, em função de seus efeitos anticoncorrenciais, o art. 40(2) do Acordo TRIPS autoriza os Membros da OMC a proibirem os titulares de patentes de incluir, nos contratos de licenciamento, cláusulas de longo alcance.[286]

4.5.1.5 Regra V: organização de gestão coletiva de patentes[287]

Uma Organização de Gestão Coletiva de Patentes (OGCP ou organização de gestão) é uma agência governamental cuja missão institucional é re-

283. Federal Trade Commission 2003, ch. 3, p. 27.

284. Bostyn 2004, p. 68.

285. The Royal Society 2003, par. 3.35.

286. O art. 40(2) do Acordo TRIPS dispõe: "Nenhuma disposição deste Acordo impedirá que os Membros especifiquem em suas legislações condições ou práticas de licenciamento que possam, em determinados casos, constituir um abuso dos direitos de propriedade intelectual que tenha efeitos adversos sobre a concorrência no mercado relevante".

287. Este elemento foi incluído na proposta de exceção tendo por base as sugestões apresentadas pela OCDE (OECD 2002, p. 82; idem, 2006, p. 20), Organização para o Ge-

duzir, ao menor nível possível, os custos de transação envolvidos no processo de transferência de tecnologias patenteadas.[288] Seu fim último é catalisar a transferência de novas tecnologias para fins científicos e produtivos, sem com isso afetar os incentivos econômicos oferecidos aos indivíduos e instituições para se engajarem em atividades de P&D.[289] No caso específico das propostas aqui apresentadas, recomenda-se a criação de uma OGCP por meio de lei e a participação obrigatória de todos os titulares de patentes. Sem a participação maciça dos titulares de patentes, a OGCP seria insustentável.[290]

A OGCP proposta teria a competência de, entre outras coisas:[291]

a) dar publicidade às patentes válidas no território sob jurisdição da agência;
b) preparar e celebrar acordos-padrão com os potenciais usuários das invenções protegidas. Uma vez que as cláusulas desses acordos seriam padrão, os usuários de tecnologias protegidas não sofreriam qualquer tipo de discriminação por parte dos titulares de patentes; o acesso às tecnologias patenteadas seria, portanto, expedito;
c) coletar os *royalties* pagos pelos usuários das tecnologias patenteadas e repassá-los aos titulares das patentes ou a quem de direito;
d) monitorar infrações aos contratos firmados e aos direitos assegurados aos titulares de patentes pelas disposições que instauram exceções aos direitos conferidos pelas patentes. Em caso de infração, cabe à OGCP acionar sua corte administrativa para emitir títulos executivos, assim que comprovado o não pagamento da remuneração devida pelo usuário da tecnologia protegida. Essa competência permite evitar que as cortes comuns sejam sobrecarregadas com novas demandas, ao mesmo tempo em que torna eficiente o processo de cobrança dos *royalties* devidos;
e) receber e examinar requerimentos de concessão de licenças compulsórias e concedê-las, sempre que preenchidas as condições legais;
f) receber e julgar recursos interpostos pelos titulares de patentes licenciadas compulsoriamente, com o propósito de impugnar a validade das licenças concedidas ou a remuneração fixada pela agência;
g) receber e divulgar publicamente informações recebidas dos titulares de patentes incidentes sobre material genético humano e dos

---

noma Humano (HUGO Intellectual Property Committee 2003, p. 3) e Sociedade Europeia para a Genética Humana (Aymé et al. 2008, p. 8).

288. OECD 2002, p. 73-74 (a OCDE mostrou-se favorável à criação de organizações de gestão coletiva de patentes como meio de facilitar o acesso a tecnologias genéticas patenteadas e mitigar os efeitos negativos produzidos pelo amplo leque de direitos investido nos titulares de patentes).

289. Cf. Sheremeta e Gold 2003, p. 18-19.

290. Cf. Van Overwalle et al. 2006, p. 146.

291. Idem, ibidem, p. 145-146.

usuários dessas invenções a respeito da descoberta de novas mutações genéticas associadas à predisposição a enfermidades. Essas informações seriam incluídas em um banco de dados público. As instituições envolvidas na realização de testes diagnósticos genéticos, em suas tarefas diárias, costumam descobrir novas informações sobre genes e outras moléculas bioquímicas, presentes no corpo humano, que podem indicar relações com enfermidades, viabilizando diagnósticos mais precisos. Como essas informações são vitais para a saúde humana, os titulares de patentes e usuários das tecnologias patenteadas teriam a obrigação de divulgar publicamente todas as descobertas realizadas, e caberia à OGCP, por sua vez, divulgar amplamente as informações recebidas;

h) prefixar, de maneira neutra, a remuneração devida pelos usuários aos titulares das patentes utilizadas. Mais especificamente, cabe à OGCP fixar taxas de *royalties* diferenciadas que variam dependendo das características especiais da invenção, do setor industrial onde a invenção será aplicada, do papel desempenhado pela invenção no desenvolvimento do novo invento e dos objetivos perseguidos pelo projeto de P&D em que será aplicada a invenção patenteada.[292] Para a boa realização dessa tarefa, a OGCP contaria com um órgão coletivo composto por especialistas em avaliação de ativos intelectuais pertencentes aos diversos setores industriais;

i) visando a prevenir que o acúmulo de *royalties* torne comercialmente inviáveis produtos complexos, que incorporam múltiplas invenções patenteadas, a organização de gestão ainda teria a responsabilidade de fixar um teto máximo que as taxas de *royalties* combinadas poderiam consumir da renda produzida pela comercialização da nova invenção. Na hipótese de um produto complexo incorporar dez invenções patenteadas, se a combinação das taxas de *royalties* devidas ultrapassar um determinado teto, todas as taxas de *royalties* seriam reduzidas em uma mesma proporção até alcançar o teto.[293] O teto variaria para cada tipo de tecnologia. Por exemplo, no setor farmacêutico, Phillip Grubb, da Novartis International, com base em sua experiência na área, julga que o máximo que as taxas de *royalties*

292. Existem muitas técnicas que podem ser utilizadas para calcular as taxas de *royalties* devidas aos titulares de invenções utilizadas no desenvolvimento de novos produtos e processos. Extrapola o objeto do presente estudo avaliar essas técnicas. Sobre as diversas técnicas que podem ser utilizadas pela OGCP, consultar Razgaitis 2007; sobre a "regra dos 25%", ver Goldscheider 1995-1996 (essa regra, baseada nas práticas de licenciamento das indústrias de países industrializados, determina que o licenciado pague ao licenciador de uma tecnologia 25% do lucro auferido antes da tributação com a comercialização da invenção patenteada).

293. Jones et al. 2007, p. 1125.

combinadas podem consumir da renda total de um produto farmacêutico é 20%; taxas superiores a esse patamar tornam-no inviável;[294] e

j) a OGCP, além de fixar um teto, ainda teria a competência de fixar um piso para as taxas de *royalties* a serem cobradas dos usuários das tecnologias patenteadas, ou seja, um limite intransponível para a redução das taxas de *royalties*.[295] Esse piso seria fixado especificamente para cada tipo de tecnologia. Por exemplo, em virtude de sua importância vital para o desenvolvimento de um sem-número de produtos, as invenções únicas, sem substitutos no mercado, estariam sujeitas a um piso mais alto que aquele aplicável a uma invenção comum, que conta com substitutos no mercado. Mais importante é o papel desempenhado pela invenção no desenvolvimento de uma nova tecnologia, maiores serão os *royalties* devidos ao seu titular. A adoção de um mecanismo de redução das taxas de *royalties* devidas aos titulares de invenções beneficia a todas as partes envolvidas, inclusive a sociedade; na sua falta, possivelmente, nem o desenvolvedor de uma nova tecnologia, nem os titulares das tecnologias utilizadas se beneficiariam. É mais sábio ganhar menos do que nada ganhar.

4.5.1.6 Regra VI: desburocratização do procedimento de concessão de licenças compulsórias

Sem adentrar nas especificidades das regras do Acordo TRIPS, um terceiro que desejar obter uma licença compulsória terá de proceder da seguinte maneira:[296] inicialmente, deverá procurar obter uma licença voluntária junto ao titular da patente ou do pedido de patente depositado, caso ainda não tenha sido concedida. Se em um "prazo razoável", não tiver obtido uma licença "em condições comerciais razoáveis", o terceiro poderá requerer, perante as autoridades competentes, a concessão de uma licença compulsória. Comprovada uma causa que enseje o licenciamento compulsório – e.g.: exercício de práticas anticompetitivas por meio do abuso dos direitos conferidos por patentes; existência de uma patente cuja exploração não pode ocorrer sem infringir outra anterior; desabastecimento do mercado pelo titular da patente ou seu licenciado –, a autoridade concederá a licença, a qual indicará seu caráter não exclusivo, a remuneração devida ao titular da patente, o escopo

294. Grubb 2002, p. 3.

295. Jones et al. 2007, p. 1125.

296. Art. 31 do Acordo TRIPS. O procedimento indicado sofre exceções em casos emergenciais (art. 31, alínea "b") e caso o requerente não conte com capacidade industrial no setor farmacêutico, precisando recorrer à indústria de outro país para abastecer seu mercado (WTO, Decision of the General Council of 30 August 2003 – WT/L/540 and Corr. 1).

da licença e sua duração. Ao titular da patente licenciada compulsoriamente é assegurado o direito de impugnar a validade da licença, em virtude do não cumprimento das exigências legais ou da remuneração fixada.

É fato que, historicamente, as regras da Convenção de Paris para a Proteção da Propriedade Industrial (art. 5.º) e do Acordo TRIPS referentes à concessão de licenças compulsórias (art. 31) foram delineadas com o propósito de dificultar, ao máximo, a obtenção de licenças compulsórias. Mas sua obtenção pode se tornar *impossível* se os Membros da OMC, em seus ordenamentos domésticos, não determinarem, de modo inequívoco: a partir de qual momento um terceiro poderá requerer uma licença compulsória; o que constitui "prazo razoável" para a obtenção de uma licença voluntária; quais condições de licenciamento são abusivas; em que prazo deve a autoridade competente decidir o pedido de concessão da licença compulsória; quais diretrizes devem ser observadas pelas autoridades competentes, no processo de fixação da remuneração devida ao titular da patente licenciada; os efeitos do recurso interposto pelo titular de patentes contra a concessão da licença compulsória. Sem essas especificações, o mecanismo de licenciamento compulsório continuará a ser subutilizado.[297]

Com o objetivo de minimizar os obstáculos que prejudicam a concessão de licenças compulsórias, é recomendado aos Membros da OMC que o licenciamento compulsório de patentes referentes a ferramentas de pesquisa únicas e de patentes dominantes seja regido pelos procedimentos especificados a seguir. É importante frisar que esses procedimentos respeitam o espaço oferecido pelo Acordo TRIPS.[298]

4.5.1.6.1 Licenciamento compulsório de ferramentas de pesquisa únicas

Conforme será visto mais adiante, nos termos da exceção proposta, os titulares de patentes incidentes sobre ferramentas de pesquisa únicas têm a obrigação de oferecê-las no mercado, mas conservam o direito de fixar a remuneração que bem entenderem.[299] Caso a taxa de licenciamento seja fixada em patamar excessivo, o terceiro interessado poderá tentar negociar uma redução do valor fixado. A fim de prevenir negociações intermináveis, que não conduzem a lugar algum, o titular da patente ou seu licenciado terá o prazo de 30 dias para responder à solicitação do interessado. Expirado esse

297. Por exemplo, a Decisão do Conselho Geral da OMC de 2003, que permite o uso do sistema de licenciamento compulsório para viabilizar a importação de medicamentos patenteados por um Estado sem capacidade produtiva, foi utilizada, em 6 anos, uma única vez por Ruanda. No presente, países em desenvolvimento procuram se articular na OMC para tentar reformular a solução alcançada em 2003, tornando-a menos burocrática e eficiente (Mara 2010).

298. Cf. item 1.4.3.3.4.3.

299. Cf. item 4.5.4.1.

prazo sem uma redução da remuneração, o interessado poderá requerer à OGCP a concessão de uma licença compulsória. Considerando que o termo de proteção de uma patente é contado a partir da data de depósito do pedido, terceiros poderão requerer uma licença compulsória a partir desse mesmo momento, isto é, antes mesmo da concessão da patente.[300]

Uma vez apresentado o requerimento, caberá à OGCP, em primeiro lugar, cotejar a taxa fixada pelo titular da patente para o uso comercial de sua ferramenta de pesquisa com as taxas habituais, aplicáveis em situações comparáveis. Ademais, para avaliar o caráter excessivo da remuneração proposta, a OGCP terá de considerar a categoria institucional à qual pertence o requerente da licença compulsória, ou seja, se o requerente é uma (i) pequena ou média empresa, (ii) uma universidade, (iii) uma instituição governamental ou (iv) uma grande empresa. A fixação da remuneração devida é sempre um desafio para qualquer instituição. No entanto, considerando que uma das competências centrais da OGCP é fixar as taxas de remuneração para diferentes categorias de invenções, o procedimento de avaliação do caráter excessivo da remuneração fixada pelo titular da patente seria realizável sem grandes dificuldades e demora.

Se confirmado o caráter excessivo da taxa exigida pelo titular da patente, a OGCP terá a obrigação de conceder em favor do requerente a licença compulsória, a qual indicará, além da remuneração devida, o objeto da licença e sua duração. Em outras palavras, a organização de gestão não tem legitimidade para indagar a conveniência de se conceder a licença compulsória requerida; uma vez comprovado o caráter excessivo da taxa de remuneração fixada, o terceiro fará jus à licença.[301] A OGCP terá 60 dias para concluir o procedimento a contar do recebimento do requerimento.

300. Na esfera da OMC, o art. 5(A)(4) da Convenção de Paris é o único dispositivo que cria uma limitação temporal para a apresentação de solicitações de concessão de licença compulsória quando o fundamento da concessão for falta de exploração ou exploração insuficiente de uma patente por parte de seu titular ou licenciado. Segundo seus termos, "una licencia obligatoria no podrá ser solicitada por causa de falta o de insuficiencia de explotación antes de la expiración de *un plazo de cuatro años a partir del depósito de la solicitud de patente, o de tres años a partir de la concesión de la patente,* aplicándose el plazo que expire más tarde [...]" (grifei).

301. A ideia de conceder a terceiros o direito a uma licença compulsória para o uso de ferramentas de pesquisa baseia-se no art. 40b da Lei de Patentes da Suíça, emendada em 2009 (Loi fédérale su les brevets d'invention du 25 juin 1954, état le 1er juillet 2009): Art. 40*b* – Instruments de recherche – "Quiconque entend utiliser une invention biotechnologique brevetée comme instrument ou comme accessoire de recherche a droit à une licence non exclusive". O Acordo TRIPS oferece aos Membros da OMC a liberdade para fixar as justificativas para a concessão de licenças compulsórias (Declaração de Doha , par. 5.b) ; consequentemente, eles têm a liberdade de conceder licenças compulsórias para patentes referentes a ferramentas de pesquisa.

Em harmonia com as exigências do Acordo TRIPS,[302] o titular da patente objeto da licença compulsória terá o direito de impugnar sua concessão e/ou a remuneração fixada. O recurso apenas poderá ser interposto perante o órgão de cúpula da OGCP, o qual terá o prazo de 180 dias para responder à apelação. O recurso interposto pelo titular da patente não terá efeito suspensivo, i.e., a licença continuará válida durante a tramitação do recurso.

4.5.1.6.2 Licenciamento compulsório de patentes dependentes

Conforme já visto, nos termos do art. 31(l) do Acordo TRIPS, na hipótese de uma nova invenção patenteada não poder ser explorada sem infringir uma patente anterior, o titular da patente incidente sobre a nova invenção terá de obter uma licença voluntária do titular da patente dominante e, em caso de insucesso, uma licença compulsória.[303] A fim de impedir a burocratização excessiva do processo de obtenção de licenças compulsórias para patentes dependentes, o procedimento que regerá seu requerimento e concessão será quase o mesmo que rege a concessão de licenças compulsórias para patentes referentes a ferramentas de pesquisa únicas. Ou seja, o terceiro que desenvolver uma nova invenção patenteada deve tentar negociar uma licença voluntária com o titular da patente dominante ou com o titular do pedido depositado quando a patente ainda não tiver sido conferida. Caso o titular da patente ou do pedido depositado não responda à solicitação no prazo de 30 dias, ou decline de conceder a licença desejada, ou ainda imponha termos não razoáveis, o titular da patente subserviente poderá requerer, perante a OGCP, uma licença compulsória.

Caberá à OGCP determinar se a nova invenção envolve "um avanço técnico importante de considerável significado econômico". A nova invenção representará um avanço técnico importante, digno de ser salvaguardado, se satisfizer alguma demanda ou superar algum problema enfrentado pela sociedade e/ou indústria; ou se permitir o uso mais eficiente dos recursos naturais, energéticos ou informacionais. Caso a invenção envolva um avanço técnico importante, caberá à OGCP fixar a taxa de remuneração a ser paga pelo terceiro, devendo utilizar como parâmetro as taxas habituais aplicáveis em situações comparáveis. O prazo para a conclusão do processo é de 60 dias, a contar da data da apresentação do requerimento. As observações já realizadas a respeito do direito do titular da patente licenciada de impugnar a decisão da OGCP se mantêm, sem qualquer alteração.

A fixação de prazos rigorosos para que o titular da patente responda às solicitações de terceiros e para a conclusão do processo de avaliação do requerimento de concessão da licença compulsória, a delegação da competência de fixar a remuneração a um órgão formado por expertos em licenciamento e em

302. Art. 31, alíneas (i) e (j), do Acordo TRIPS.

303. Cf. item 1.4.3.3.4.3.

avaliação de bens intelectuais e a criação de uma corte arbitral exclusivamente competente para receber os recursos interpostos pelos titulares de patentes, a princípio, torna mais manejável o mecanismo de licenciamento compulsório do Acordo TRIPS. Mas a verdade é que, mesmo com a especificação de prazos e a redução do espaço para a autoridade competente denegar a concessão das licenças requeridas, no dia a dia o acúmulo de trabalho, a complexidade técnica da matéria e a possível interferência política dos titulares de patentes no processo de avaliação das solicitações podem criar embaraços para a obtenção de licenças compulsórias. É por essa razão que as exceções propostas neste estudo procuram evitar, tanto quanto possível, o uso do sistema de licenciamento compulsório.

Nos itens seguintes, será examinada a proposta propriamente dita de exceção de P&D, a qual é subdividida em quatro partes para facilitar a análise de suas características; em um segundo momento, sua legalidade será investigada à luz do art. 30 do Acordo TRIPS.

4.5.2 Exceção de P&D - 1.ª parte: usos dirigidos à geração de novos conhecimentos e ao desenvolvimento de novas invenções

A primeira parte da exceção afeta todas as categorias de invenções – e.g., ferramentas de pesquisa, invenções de caráter dual (i.e., invenções que servem como produtos finais ao consumidor comum e como ferramentas de pesquisa) –, oriundas de todos os setores tecnológicos. Em função de sua neutralidade tecnológica, a primeira parte da exceção não cria qualquer tipo de discriminação. Ela beneficia todos os tipos de instituições – organizações comerciais, sem fins lucrativos e também científicas –, que conduzirem projetos com fins comerciais, científicos ou sem fins comerciais.

A primeira parte da exceção autoriza a realização de atividades voltadas à geração de conhecimentos a respeito do objeto da patente, mas não seu uso propriamente dito para o fim para o qual foi desenvolvido. As atividades excepcionadas são de difícil monitoramento pelos titulares de patentes e, por isso mesmo, ocorrem com frequência em laboratórios de instituições públicas e privadas.[304] Além de ser complexo e frequentemente impossível controlar sua realização, assegurar a terceiros o direito de investigar o objeto das patentes é um corolário da obrigação dos titulares de patentes de divulgar, detalhadamente, informações sobre o funcionamento e aplicação de suas invenções. A menos que terceiros tenham a prerrogativa de experimentar as invenções patenteadas, os titulares de patentes poderiam divulgar informações de importância secundária e, ao final do termo da patente, a sociedade poderia ver-se lesada, pois as informações providas não seriam suficientes para reproduzir, com êxito, o objeto protegido.[305] Enfim, o reconhecimento

304. Caruso 2003-2004, p. 240.

305. Strandburg 2004, p. 94 e 102.

do direito de terceiros de investigar os objetos das patentes favorece a criação de regimes de patentes equilibrados. As atividades autorizadas então pela primeira parte da exceção são as seguintes:[306]

(i) investigar o modo de funcionamento da invenção protegida, inclusive no âmbito de instituições educacionais, em atividades de ensino;[307]
(ii) desenvolver uma invenção alternativa, ainda que com fins comerciais, desde que a nova invenção *não* absorva a invenção patenteada objeto da investigação. Em outras palavras, o objeto da patente é investigado com o propósito de evitar que o novo invento infrinja a patente de outrem;
(iii) confirmar que a invenção funciona tal como indicado na patente – esse tipo de uso é benéfico aos potenciais licenciados de uma patente, que apenas decidirão licenciá-la quando estiverem seguros a respeito dos reais benefícios providos pelo objeto da patente, e para assegurar que a invenção foi descrita de maneira suficientemente completa na carta-patente. A importância de excepcionar esse uso se depreende dos problemas enfrentados pelo Brasil, após a concessão da licença compulsória para o medicamento Efavirenz: a indústria beneficiada pela licença compulsória levou ao redor de 2 anos para produzir o medicamento, pois o objeto da patente não havia sido divulgado de maneira suficientemente completa;[308]
(iv) confirmar a validade das reivindicações incluídas na patente e determinar seu escopo – a exceção é útil para esclarecer o escopo de invenções complexas, cujo escopo não pode ser inferido da leitura das reivindicações incluídas na carta-patente, e também para comprovar a nulidade de reivindicações patentárias no âmbito de processos administrativos ou judiciais;
(v) investigar as propriedades das invenções protegidas, inclusive novas aplicações desconhecidas pela ciência e não divulgadas na patente,

306. O escopo da primeira parte da exceção de P&D foi delineado tendo como referência o projeto de lei norte-americano apresentado em 1990, mas nunca aprovado, intitulado *Patent Competitiveness and Technological Act* (citado em Johnson 2003, p. 529), a proposta de exceção de pesquisa apresentada pela American Intellectual Property Association (2004, p. 25), a proposta de exceção de pesquisa desenvolvida pelo Canadian Biotechnology Advisory Committee (Advisory Council of Intellectual Property 2005, p. 25) e o projeto apresentado para consulta pública pelo governo da Austrália, em 2009 (IP Australia 2009).

307. Elemento inspirado no art. 9(I)(d) da Lei de Patentes da Suíça (Loi fédérale sur les brevets d'invention du 25 juin 1954), a qual dispõe:"Les effets du brevet ne s'étendent pas: à l'utilisation de l'invention à des fins d'enseignement dans des établissements d'enseignement".

308. WIPO, SCP/14/7, par. 16.

e.g., identificação de um segundo uso para um produto farmacêutico.[309] Na hipótese de uma nova aplicação para a invenção protegida ser identificada, sua exploração comercial dependerá de uma licença voluntária concedida pelo titular da patente investigada ou de uma licença compulsória concedida pelo Estado. Este elemento da exceção foi inspirado na prática adotada por Alemanha, Itália e França e em uma recomendação do Parlamento Europeu dirigida ao Escritório Europeu de Patentes, segundo as quais patentes de produtos que cobrem recursos genéticos de origem humana devem tutelar apenas as aplicações explicitamente divulgadas na patente, a fim de abrir caminho para a realização de investigações a respeito de novas funções e aplicações desses recursos e impedir a proteção de reivindicações especulativas.[310] Em comparação com essa política, a exceção de P&D oferece maiores vantagens. Primeiramente, porque não há riscos da exceção de P&D ser julgada discriminatória.[311] Em segundo lugar, porque o escopo da exceção de P&D é muito mais amplo, afetando invenções de todos os setores tecnológicos. Nesse ponto, a abordagem seguida pelos países europeus não compete com a proposta apresenta neste estudo; e

(vi) desenvolver uma versão aprimorada de uma invenção anterior – terceiro poderá produzir e usar *o objeto patenteado* a ser aprimorado, na medida necessária para a realização do projeto. Esse tipo de projeto pode perseguir tanto fins comerciais quanto não comerciais; ambos estão liberados, ainda que exista a possibilidade de o resultado final do projeto incorporar a invenção investigada. Nesse caso, a exploração comercial da versão aprimorada da invenção não estará liberada, e dependerá da observância das exigências indicadas no item 4.5.4 infra.

O exercício das atividades excepcionadas pela primeira parte da exceção de P&D independe do pagamento de qualquer remuneração aos titulares de

309. A inclusão dessa atividade no escopo da exceção de P&D foi motivada pelos resultados da pesquisa empírica conduzida, em 2008, pelo Escritório de Propriedade Intelectual do Reino Unido. Segundo os resultados divulgados, o setor biomédico demanda a liberdade de investigar se invenções farmacêuticas e biotecnológicas desenvolvidas por seus concorrentes podem ser aplicadas para fins diferentes daqueles para os quais foram desenvolvidas (United Kingdom Intellectual Property Office 2009, par. 13 e 15).

310. Aymé et al. 2008, p. 6; European Parliament 2005, par. 5.

311. Uma patente de produto confere ao seu titular o direito de controlar todas as aplicações da invenção e não apenas as indicadas na patente; por isso, os titulares de patentes genéticas podem considerar a prática de restringir o escopo dessa categoria de invenções infratora do art. 27(1) do Acordo TRIPS. No entanto, em nossa perspectiva, recursos genéticos de natureza humana apresentam peculiaridades que justificam a adoção de uma abordagem diferenciada (cf. item 4.8.1).

patentes, porquanto não interfere em sua capacidade de explorar comercialmente suas invenções. Se a realização das atividades amparadas pela exceção dependesse do pagamento de uma remuneração, interesses de relevo social inconteste seriam colocados em perigo. O mesmo raciocínio se aplica quando terceiro objetivar desenvolver uma versão aprimorada de uma invenção patenteada, pois o mero projeto de aprimorar uma invenção protegida não configura um ato de exploração comercial.

4.5.3 Exceção de P&D – 2.ª parte: usos científicos e humanitários

Todas as categorias de invenções oriundas de todos os setores tecnológicos estão sujeitas à segunda parte da exceção de P&D. Em função de sua neutralidade tecnológica, essa ramificação da exceção proposta não cria qualquer tipo de discriminação.

São beneficiados pela exceção todos os tipos de organizações – sem fins lucrativos, comerciais e científicas – que conduzirem projetos científicos sem fins comerciais e projetos humanitários, i.e., projetos dedicados ao desenvolvimento de novos produtos e processos, voltados à satisfação das necessidades das populações marginalizadas de países em desenvolvimento.

Os titulares de patentes não poderão impedir terceiros de realizar as seguintes atividades, as quais envolvem o uso de suas invenções para os fins para os quais foram desenvolvidas:

(i) conduzir pesquisas utilizando diretamente invenções patenteadas, desde que o usuário seja uma instituição *sem fins lucrativos* e se comprometa a não restringir a disseminação dos resultados das pesquisas, seja por meio da reivindicação de DPIs, seja por meio da introdução dos resultados em bancos de dados inacessíveis publicamente, seja ainda por meio do condicionamento da transferência dos resultados das pesquisas à assinatura de acordos de licenciamento;[312] e

(ii) independentemente de a instituição ser uma organização comercial, científica ou filantrópica, está excepcionado o desenvolvimento e a distribuição de produtos e processos com *fins humanitários*, desde que os produtos sejam oferecidos gratuitamente às populações de países em desenvolvimento, e os desenvolvedores se comprometam a não reivindicar DPIs sobre os resultados de suas pesquisas. As atividades realizadas por instituições filantrópicas, como a Fundação Bill & Melinda Gates, dedicadas ao desenvolvimento de novas te-

312. Baseado em Dreyfuss 2003 e 2004 (cf. item 4.6.2.3). A obrigação de introduzir no domínio público o resultado das pesquisas realizadas é uma garantia de que as universidades não auferirão uma vantagem injusta quando se conduzirem como instituições comerciais.

rapias, vacinas e variedades agrícolas para a satisfação das necessidades básicas das populações marginalizadas do globo, bem como os projetos filantrópicos conduzidos por indústrias farmacêuticas e instituições de pesquisa estatais estariam, portanto, excepcionados.

O exercício da segunda parte da exceção de P&D independe do pagamento de qualquer remuneração aos titulares de patentes, porquanto a exploração das invenções patenteadas em projetos científicos sem viés comercial e em projetos humanitários não interfere na exploração normal das patentes afetadas. Possivelmente, se os titulares das patentes cobrassem *royalties* pelo uso de suas invenções no domínio de projetos puramente científicos e filantrópicos, as instituições responsáveis deixariam de utilizá-las, em virtude de limitações orçamentárias.

É importante assinalar que a primeira e a segunda parte da exceção de P&D refletem o escopo das exceções previstas nos incisos I, II, V e VII do art. 43 da Lei 9.279/1996, cujo texto legal é reproduzido a seguir:

> "Art. 43. O disposto no artigo anterior não se aplica:
>
> I – aos atos praticados por terceiros não autorizados, em caráter privado e sem finalidade comercial, desde que não acarretem prejuízo ao interesse econômico do titular da patente;
>
> II – aos atos praticados por terceiros não autorizados, com finalidade experimental, relacionados a estudos ou pesquisas científicas ou tecnológicas; [...]
>
> V – a terceiros que, no caso de patentes relacionadas com matéria viva, utilizem, sem finalidade econômica, o produto patenteado como fonte inicial de variação ou propagação para obter outros produtos; e
>
> VII – aos atos praticados por terceiros não autorizados, relacionados à invenção protegida por patente, destinados exclusivamente à produção de informações, dados e resultados de testes, visando à obtenção do registro de comercialização, no Brasil ou em outro país, para a exploração e comercialização do produto objeto da patente, após a expiração dos prazos estipulados no art. 40".

4.5.4 Exceção de P&D – 3.ª parte: invenções duais, quando utilizadas como ferramentas de pesquisa

São afetadas pela terceira parte da exceção as invenções de natureza dual, que podem ser utilizadas como ferramentas de pesquisa e produtos finais ao consumidor,[313] oriundas de todos os setores tecnológicos. A terceira parte da exceção igualmente não é discriminatória, porquanto afeta as pa-

313. Cf. item 4.2.4.1.

tentes de todos os setores tecnológicos, cujo objeto seja uma invenção dual. Podem se beneficiar da exceção tanto organizações comerciais quanto científicas que conduzirem projetos comerciais com o propósito de desenvolver novos produtos e processos.

Terceiros poderão utilizar invenções patenteadas que apresentem caráter dual, *em sua qualidade de ferramenta de pesquisa*, no processo de desenvolvimento de invenções dotadas de apelo comercial. O uso dessas invenções depende do pagamento de uma taxa única, prefixada pela organização de gestão coletiva de patentes (OGCP). A exceção proposta mantém intactos os direitos conferidos ao titular da patente afetada, quando seu objeto for explorado como produto *final ao consumidor comum*. O titular da patente poderá, portanto: explorar diretamente sua invenção; conceder uma licença exclusiva, não exclusiva ou semiexclusiva; impedir terceiros de usá-la, produzi-la, comercializá-la e importá-la *em sua condição de produto final ao consumidor*. Os abusos praticados pelo titular da patente – e.g., desabastecimento do mercado, uso anticoncorrencial da patente –, quando este a explorar em sua condição de produto final ao consumidor final, poderão ser superados ou mitigados mediante o uso do sistema de licenciamento compulsório.

Antes de esclarecermos o *modus operandi* da exceção de P&D quando o usuário de uma invenção dual desenvolve um novo produto, é útil recordar que a terceira parte da exceção de P&D é estruturada dentro do espaço não ocupado pelo sistema de licenciamento compulsório do Acordo TRIPS:[314] nos termos do Acordo TRIPS, os Membros da OMC estão obrigados a empregar o regime de licenciamento compulsório para disciplinar o acesso a invenções patenteadas por um terceiro, quando a exploração de sua invenção patenteada for bloqueada por uma patente anterior, ou seja, quando a nova invenção estiver patenteada e sua composição incorporar exclusivamente uma única invenção patenteada. Com exceção deste caso, os Membros da OMC poderão disciplinar o acesso às invenções incorporadas à nova invenção – esteja ela patenteada ou não – por outros mecanismos, por exemplo, por uma regra de responsabilidade (*liability rule*).

Na hipótese de o usuário de uma invenção dual desenvolver uma nova invenção, inclusive uma versão aprimorada de uma invenção anterior, ele terá de se conduzir da seguinte maneira:[315]

314. Cf. item 1.4.3.3.4.3.

315. Para compreender o complexo funcionamento da exceção, cf. item 1.4.3.3.4.3, o qual trata do espaço ocupado pelo sistema de licenciamento compulsório. Brevemente, nos termos do Acordo TRIPS, os Membros da OMC apenas estão obrigados a disciplinar o acesso por um terceiro não autorizado a invenções patenteadas pelo regime de licenciamento compulsório caso a exploração de uma invenção patenteada seja bloqueada por uma patente anterior, ou seja, desde que a nova invenção esteja patenteada e sua composição incorpore tão somente uma única invenção patenteada. Excetuando este caso, os Membros da organização poderão disciplinar o acesso a

(i) se a nova tecnologia *não* estiver patenteada, e *incorporar uma* ou mais invenções patenteadas – não importando a categoria técnica a que pertençam essas invenções[316] –, seu lançamento no mercado dependerá do pagamento aos titulares de patentes de uma taxa de *royalties*, fixada pela OGCP de maneira neutra, a qual incidirá sobre a renda do novo produto;
(ii) se a nova tecnologia estiver patenteada e *incorporar duas* ou mais invenções patenteadas, poderá ser lançada no mercado, desde que seu titular pague aos titulares das patentes pertinentes as taxas de *royalties* fixadas, de maneira neutra, pela OGCP;
(iii) na hipótese de a nova tecnologia estar patenteada e *incorporar* tão somente *uma* única invenção patenteada, o usuário da invenção deve tentar obter uma licença voluntária junto do titular da patente pertinente e, em caso de insucesso, poderá requerer o licenciamento compulsório da patente dominante perante a OGCP; e
(iv) caso a nova tecnologia tenha sido desenvolvida graças ao uso de uma invenção com caráter dual, mas sem a absorver, o titular da invenção utilizada não terá direito a receber uma nova remuneração, além daquela já paga, no momento do acesso à ferramenta de pesquisa.

Em síntese, nos casos 1, 2 e 4, o uso de invenções duais para fins de P&D e a exploração comercial das novas invenções desenvolvidas são regidos por uma regra de responsabilidade.[317] Em outras palavras, os beneficiários da exceção têm direito a uma licença *automática* de uso das invenções afetadas pela exceção, enquanto os titulares das patentes têm direito a uma remuneração fixada de forma neutra por um órgão que não mantém qualquer vínculo com os titulares de patentes (OGCP). Diferentemente das licenças compulsórias, o exercício da licença automática, garantida por uma regra de responsabilidade, independe de qualquer intervenção governamental.

O funcionamento da exceção proposta pode ser mais bem apreendido com um exemplo: o objeto de certa patente é uma proteína X, comercializada como produto farmacêutico. Essa proteína, igualmente, pode ser utilizada como uma ferramenta de pesquisa, a qual viabiliza a descoberta de novos produtos farmacêuticos que não a incorporam, ou no desenvolvimento de novos produtos que a incorporam. Nos termos da exceção proposta, nenhum indivíduo ou organização estará autorizado a utilizar, produzir, comercializar,

---

invenções incorporadas a uma nova invenção patenteada por outros mecanismos, por exemplo, por uma regra de responsabilidade.

316. Essa observação a respeito da categoria a que pertencem as invenções vale para todos os casos em que a nova invenção incorpore alguma invenção patenteada.

317. Essa proposta se baseia substancialmente na *compensatory liabilty rule*, desenvolvida por Reichmann (2000).

importar a proteína X, em sua capacidade de produto final ao consumidor comum. Quando a proteína X for utilizada como uma ferramenta de pesquisa, o titular da patente não poderá se opor ao seu uso em projetos de P&D, desde que o usuário pague a remuneração fixada pela OGCP. Na hipótese do projeto de P&D ser exitoso, e o usuário desenvolver e patentear um novo produto, que incorpora apenas a proteína X, ele terá de recorrer ao sistema de licenciamento compulsório, caso o titular da patente se oponha a conceder uma licença voluntária. Se a nova invenção estiver patenteada e *incorporar duas ou mais* invenções patenteadas, o titular do novo invento terá o direito de introduzi-la no mercado, independentemente da vontade dos titulares das patentes pertinentes, desde que pague a taxa de *royalties* fixada pela OGCP. Se a nova invenção não for protegida por patentes, independentemente do número de patentes incorporadas à sua composição, o desenvolvedor do novo invento poderá explorá-la, desde que pague as taxas de *royalties* fixadas pela OGCP. Por fim, se a invenção final não incorporar qualquer invenção patenteada, o usuário *não* terá de pagar nenhuma outra remuneração ao titular da patente cujo objeto foi utilizado além daquela paga previamente ao início do projeto.

A restrição dos direitos de exclusão dos titulares de invenções de caráter dual, quando empregadas como ferramentas de pesquisa, recupera, de alguma forma, o regime de patentes que existia no período pré-indústria da biotecnologia, uma vez que a exceção de P&D autoriza o livre uso – mas remunerado – de invenções de pré-mercado (ferramentas de pesquisa), a fim de estimular o progresso contínuo da indústria e das ciências.

4.5.4.1 Tratamento diferenciado e remuneração escalonada

O sistema de remuneração que rege as partes III e IV da exceção de P&D foi delineado de maneira a permitir que os titulares das invenções utilizadas recuperem seus investimentos, ao mesmo tempo em que fomenta a ampla aplicação das invenções protegidas para fins produtivos. Por essa razão, todo e qualquer terceiro que pretender *utilizar* uma invenção dual, em sua qualidade de ferramenta de pesquisa, em projetos com viés comercial, estará obrigado a pagar, *antecipadamente*, a remuneração fixada pela OGCP. A fim de promover a concorrência e o desenvolvimento comercial de pequenas organizações e universidades, a OGCP estará obrigada a estabelecer taxas diferenciadas, dependendo da categoria à qual pertença o usuário: (i) pequenas e médias empresas; (ii) universidades; (iii) grandes empresas; ou (iv) instituições governamentais. A política de remunerações diferenciadas democratiza a ciência e a tecnologia, pois permite que os diferentes atores do cenário da inovação acessem os insumos necessários às suas atividades.[318] A ampliação do acesso promove bem-estar social, já que invenções que uma

318. Walsh et al. 2003, p. 333.

determinada instituição não teria interesse ou capacidade para desenvolver podem ser desenvolvidas por outrem. A cobrança de preços diferenciados de pequenas e médias empresas, universidades e instituições governamentais também beneficia os titulares de patentes, porquanto cria desincentivos para a reprodução não autorizada de ferramentas de pesquisa em laboratório.[319]

Na hipótese de o usuário da invenção dual *desenvolver uma nova tecnologia*, que incorpora uma ou mais invenções patenteadas de terceiros, a OGCP igualmente fixará as taxas de remuneração de maneira neutra e escalonada, as quais variarão dependendo do tipo de tecnologia desenvolvida – i.e., produto final ao consumidor, produtos comercializados a granel, ferramentas de pesquisa, aprimoramentos técnicos de invenções anteriores – e do mercado em que as novas invenções serão exploradas – i.e., países industrializados, países em desenvolvimento e países com menor desenvolvimento relativo.

O sistema de remuneração proposto inspirou-se no esquema de remuneração adotado pela Universidade de Stanford para reger o licenciamento da técnica de DNA recombinante de Cohen e Boyer, sem a qual, possivelmente, a indústria da biotecnologia não existiria. A política de licenciamento adotada tinha por objetivo compatibilizar sua necessidade de auferir ganhos econômicos, úteis ao financiamento de suas atividades de pesquisa, com as necessidades de pequenas, médias e grandes corporações e de centros de pesquisa. Para harmonizar esses dois interesses, Stanford ofereceu uma licença gratuita às organizações sem fins lucrativos dedicadas à pesquisa científica e, reconhecendo a importância da técnica de DNA recombinante para o desenvolvimento de uma infinidade de novos produtos e processos biotecnológicos, optou por somente conceder licenças não exclusivas.[320]

Em conjunto com os representantes de diversos segmentos industriais, a universidade estabeleceu taxas de remuneração não discriminatórias, a fim de que elas fossem razoáveis e atreladas à realidade do setor produtivo. Nos termos da política de Stanford, todos os usuários da técnica de Cohen e Boyer tinham de pagar uma taxa previamente ao seu uso. Essa taxa tinha por fim permitir que a universidade recuperasse os investimentos realizados, porquanto seu pagamento independia do sucesso dos projetos em que a técnica seria aplicada. Sempre que um novo produto fosse desenvolvido, os licenciados tinham de pagar uma taxa de *royalty* incidente sobre suas vendas. Com o propósito de facilitar o uso da técnica, a universidade estabeleceu taxas escalonadas: a remuneração paga no momento do acesso à invenção era variável, dependendo do tamanho da empresa. A taxa de *royalty* incidente sobre a renda dos produtos desenvolvidos também era variável, dependendo da categoria a que pertencia o produto: produtos finais ao consumidor, produtos

319. Walsh et al. 2003, p. 302.
320. Feldman et al. 2007, p. 1799.

a granel, produtos genéticos básicos (i.e., ferramentas de pesquisa) e versões aprimoradas de processos.[321]

À medida que o termo de proteção da patente se aproximava de seu fim, a universidade alterou os termos da política de licenciamento, tornando menos oneroso o acesso à técnica patenteada. Os *royalties* mais baixos incentivaram empresas e instituições de pesquisa a acessar a tecnologia, em vez de esperar a expiração da patente.[322]

Em função do sucesso da política de licenciamento adotada, a técnica foi amplamente utilizada pelos setores produtivos, gerando recursos que permitiram a criação de um fundo, cujos recursos foram canalizados para financiar litígios contra os infratores das patentes da Universidade de Stanford.[323] Esse fundo tornou efetivos os direitos conferidos pelas patentes; e terceiros, cientes de que a universidade tinha os meios para acionar o Judiciário, tenderam a firmar acordos de licenciamento.

4.5.5 Exceção de P&D – 4.ª parte: ferramentas de pesquisa únicas

São afetadas pela quarta parte da exceção de P&D as patentes referentes a ferramentas de pesquisa únicas, i.e., invenções que *apenas* servem como ferramentas de pesquisa e não contam com substitutos disponíveis no mercado, e.g., a técnica de DNA recombinante de Cohen e Boyer e a reação em cadeia de polimerase (PCR). A exceção afeta todas as patentes cujo objeto constitua uma ferramenta de pesquisa, independentemente do setor tecnológico a que se vincule. Podem beneficiar-se da exceção todos os tipos de organizações – comerciais, científicas e universitárias – que conduzirem projetos de P&D com fins comerciais.

Os direitos exclusivos conferidos pelas patentes a seus titulares são plenamente preservados, mas sofrem algumas limitações. A fim de assegurar o contínuo desenvolvimento de novas tecnologias e prevenir efeitos anticoncorrenciais associados à recusa em licenciar ferramentas de pesquisa únicas, os titulares de ferramentas de pesquisa únicas estarão obrigados a oferecê-las no mercado, em condições não discriminatórias, a qualquer um que desejar utilizá-las em projetos de natureza comercial, ou seja, os titulares de patentes estarão obrigados a licenciar, em caráter não exclusivo, suas ferramentas de pesquisa, não podendo fixar individualmente as condições de licenciamento de acordo com o poder econômico dos interessados e dos objetivos perseguidos pelos projetos em que suas invenções serão aplicadas. Quando os titulares de patentes optarem por explorá-las por meio de seus licenciados, a referida obrigação acompanhará as licenças e vinculará os licenciados. O titular da patente apenas poderá cobrar do usuário uma única remuneração, previa-

321. Feldman et al. 2007, p. 1800-1803.
322. Idem, ibidem, p. 1803.
323. Idem, ibidem, p. 1799.

mente ao uso da invenção. Embora o titular da patente tenha a liberdade de fixar a remuneração de conformidade com seus interesses, estará obrigado a fixar taxas de remuneração diferenciadas, segundo a categoria à qual pertence o potencial usuário: (i) pequenas e médias empresas; (ii) universidades; (iii) instituições governamentais; e (iv) grandes empresas.

Na hipótese de o projeto de P&D culminar no desenvolvimento de uma nova invenção, a qual pode inclusive configurar uma versão aprimorada de uma invenção anterior, o responsável por ela terá de se conduzir da seguinte maneira:

(i) caso opte por patentear a nova invenção desenvolvida, se ela *incorporar*, pelo menos, *duas* invenções patenteadas – não importando a categoria técnica a que pertençam essas invenções –, o novo produto poderá ser introduzido no mercado, independentemente da vontade dos titulares das patentes, mas incidirá sobre os frutos de sua comercialização uma taxa de royalties, fixada pela OGCP. Esta será exigível até a expiração das patentes utilizadas;[324]

(ii) caso opte por *não* patentear a nova invenção, se ela incorporar *uma* ou mais invenções patenteadas, o desenvolvedor poderá explorá-la comercialmente, desde que aceite pagar a taxa de *royalties* fixada pela OGCP, a qual incidirá sobre a renda da comercialização da invenção e será devida enquanto durarem as patentes associadas às invenções utilizadas;

(iii) caso opte por patentear a nova invenção, se ela incorporar *uma* única invenção patenteada, sua comercialização dependerá da obtenção de uma licença voluntária, concedida pelo titular da patente pertinente, ou, em sua falta, da obtenção de uma licença compulsória;

(iv) finalmente, se a composição da nova invenção não incorporar qualquer invenção patenteada, o titular da ferramenta de pesquisa aplicada apenas terá direito à remuneração paga previamente ao início do projeto de P&D.[325]

Para evitar discussões judiciais longas, caras e improdutivas, caberá à OGCP, por meio de um comitê formado por representantes da comunidade científica e industrial, elaborar uma lista com ferramentas de pesquisa únicas. Tal lista será revista semestralmente, podendo a indústria e instituições de pesquisa apresentar sugestões de invenções que devem ser nela incluídas.

324. Em *Brulotte v. Thys*, 379 U.S. 29 (1964), a Suprema Corte dos EUA julgou ilegal a imposição da obrigação de pagar taxas de *royalties* no período que sucede a expiração da patente utilizada, pois essa obrigação teria o efeito de criar uma extensão de fato do termo de proteção da patente.

325. Em todos os casos, as taxas de remuneração serão fixadas pela organização de gestão de maneira escalonada, conforme indicado no item 4.5.4.1 supra.

Em síntese, o acesso e uso de uma ferramenta de pesquisa única depende da autorização do titular da patente, o qual conservará o direito de excluir terceiros do uso, da produção, da comercialização e da importação da invenção, pois caberá tão somente a ele a fixação das taxas de remuneração – ainda que tenha que conferir tratamento diferenciado às diferentes categorias de usuários. O Estado ou qualquer instituição não terá autoridade para interferir na fixação da remuneração exigida de cada categoria de usuário. Se o usuário potencial não concordar com a taxa fixada, não poderá acessar a invenção. Na hipótese de um terceiro lograr desenvolver uma nova invenção a partir do uso de uma ferramenta de pesquisa única: nos casos (1) e (2) supraindicados, sua comercialização dependerá do pagamento de uma taxa de remuneração, fixada, de maneira neutra, pela OGCP, a qual incidirá sobre o fruto da comercialização da nova invenção. No caso (3), a exploração da nova invenção dependerá da obtenção de uma licença voluntária ou, em sua falta, de uma licença compulsória. E no caso (4) o usuário poderá explorar livremente sua invenção.

***

Uma vez apresentado o conteúdo da proposta de exceção de P&D, a seguir será avaliada sua legalidade em face do teste do art. 30 do Acordo TRIPS.

4.6 Avaliação da legalidade da exceção de P&D

4.6.1 Primeira etapa: avaliação do caráter limitado da exceção de P&D

A exceção de P&D objetiva: 1) assegurar que o escopo das patentes seja proporcional à contribuição oferecida ao estado da técnica; 2) satisfazer as necessidades medicinais e nutricionais negligenciadas das populações dos países em desenvolvimento, no nível mais alto possível; 3) tornar expedito o processo de inovação *sequencial*, em todos os setores tecnológicos, inclusive a partir do uso direto de insumos de pesquisa patenteados; 4) promover a liberdade científica e tecnológica, no grau mais alto; 5) estimular o desenvolvimento de atividades industriais, no setor da inovação e fortalecer a concorrência, ambos no nível mais alto; e 6) salvaguardar atividades educativas de qualquer interferência realizada pelos titulares de patentes.

Esses objetivos são promovidos mediante: 1) o estabelecimento de uma organização de gestão coletiva de patentes (OGCP); 2) a prevenção de tragédias dos anticomuns e a neutralização dos obstáculos criados pelo acúmulo de *royalties*, sempre que as novas invenções desenvolvidas abrangerem múltiplos insumos protegidos; 3) a facilitação do acesso a invenções únicas; 4) o oferecimento às instituições que realizam P&D de uma grande liberdade para comercializar o fruto de suas pesquisas, ainda que incorporem invenções de outrem; 5) a proibição de reivindicações patentárias e cláusulas contratuais de longo alcance; 6) a maximização do uso de invenções patenteadas, para fins educacionais, científicos e comerciais; e 7) a redução da burocracia associada à concessão de licenças compulsórias.

Em termos mais objetivos, a exceção de P&D realiza seus objetivos mediante a garantia do direito de acesso facilitado de invenções patenteadas para fins educacionais, científicos e tecnológicos. O direito de acesso às invenções patenteadas enseja: a capacitação dos futuros cientistas e docentes; a geração de novos conhecimentos científicos e técnicos e o desenvolvimento de novas tecnologias – e.g., terapias, cultivares, insumos químicos, maquinários e processos – aptas a satisfazer as necessidades de todos os setores da humanidade. O contínuo enriquecimento do acervo técnico da humanidade catalisa o progresso da ciência e da tecnologia, fortalecendo suas habilidades para superar desafios em diversas áreas. O desenvolvimento e a introdução no mercado de novas tecnologias sana as necessidades médicas, alimentícias e ambientais da humanidade e as demandas técnicas da indústria. O desenvolvimento acelerado de novos produtos e tecnologias, por sua vez, incrementa a concorrência, tornando-os acessíveis, inclusive pelos setores marginalizados da sociedade.

Os objetivos perseguidos pela exceção de P&D são legítimos, e os meios empregados para realizá-los – garantia de acesso e uso facilitado de invenções patenteadas – são adequados. No sentido de corroborar esse entendimento, um dos tópicos incluídos na Agenda do Desenvolvimento da Organização Mundial da Propriedade Intelectual, adotada por sua Assembleia Geral em 2007, é consagrado à investigação de meios capazes de facilitar o acesso à informação e a tecnologias pelos países em desenvolvimento, como forma de "fomentar la creatividad y la innovación".[326] No mesmo sentido, a comunidade internacional reafirmou, em várias oportunidades, o papel central do livre acesso ao conhecimento no desenvolvimento científico e tecnológico.[327]

A exceção de P&D é igualmente compatível com os limites estabelecidos pelo disposto no Acordo TRIPS, porquanto: foi redigida de maneira a afetar as patentes tanto de nacionais quanto de estrangeiros (arts. 3.º e 4.º); afeta patentes que recaem sobre invenções oriundas de todos os setores tecnológicos e não produz o efeito de impedir a proteção de qualquer uma das categorias de invenções que, nos termos do art. 27 do Acordo TRIPS, devem ser passíveis de receber proteção patentária; observa estritamente o espaço ocupado pelo sistema de licenciamento compulsório (art. 31); e não reduz o termo de proteção mínima que os Membros da OMC devem assegurar às patentes (art. 33). A exceção de P&D é, portanto, "limitada".

326. OMPI 2007, par. 19.

327. Ver, e.g.: art. 27(1) da Declaração Universal dos Direitos Humanos; art. 15(3) do PIDESC; UNGA, Resolution 62/201, par. 1(b), 2 e 8; UNGA, Resolution A/RES/60/209, par. 22; UNGA, Resolution A/RES/35/56, par. 117, 118 e 121; UNGA, Resolution 62/194, par. 4; UNGA, Resolution A/RES/44/14; Resolution 62/98, par. 7 (k) e (o); WIPO 2007, recomendações 23, 25, 28 e 45.

4.6.2 Segunda etapa: avaliação da razoabilidade da interferência provocada pela exceção de P&D

A primeira parte da exceção de P&D autoriza a realização de atividades voltadas à geração de conhecimentos a respeito dos objetos patenteados, mas não seu uso propriamente dito para os fins para os quais foram desenvolvidos. A liberação gratuita dos usos amparados pela primeira parte da exceção é mais "esencial para la consecución de los objetivos de la política en materia de patentes"[328] – promoção da inovação e do progresso científico e tecnológico; ampliação do acervo de conhecimentos técnicos e científicos; ampla disseminação dos novos conhecimentos gerados – que o seu controle exclusivo pelos titulares de patentes. A segunda parte da exceção de P&D autoriza terceiros a aplicar invenções patenteadas para os fins para os quais foram desenvolvidas, com o propósito *exclusivo* de realizar pesquisas sem fins lucrativos ou de desenvolver novos produtos e processos com fins humanitários, ou seja, voltados a atender gratuitamente às necessidades prementes dos povos marginalizados dos países em desenvolvimento. As formas de exploração das patentes amparadas pela segunda parte da exceção, por um lado, não interferem na capacidade dos titulares de patentes de recuperar seus investimentos incorridos em P&D, porquanto, como regra, as instituições beneficiadas não contam com recursos econômicos suficientes para licenciá-las, em função de seus projetos não gerarem qualquer lucro; por outro lado, promovem o progresso científico e tecnológico em áreas usualmente negligenciadas pelo setor empresarial e ampliam a disseminação do conhecimento. Assim sendo, a liberação gratuita dessas formas de exploração das invenções mostra-se mais "esencial[es] para la consecución de los objetivos de la política en materia de patentes" que o seu controle exclusivo pelos titulares de patentes, ao mesmo tempo em que não prejudica qualquer interesse econômico legítimo dos titulares de patentes afetados. Portanto, a primeira e a segunda partes da exceção de P&D passam automaticamente pelo crivo do segundo passo do teste do art. 30, porquanto afetam formas *anormais* de exploração das patentes e, portanto, fora da esfera de controle garantida aos titulares de patentes pelo art. 28(1) do Acordo TRIPS.

As partes 3 e 4 da exceção de P&D autorizam, respectivamente, o uso de invenções duais como ferramentas de pesquisa, e o uso de ferramentas de pesquisa únicas no processo de desenvolvimento de novas tecnologias, com viés comercial. As referidas formas de exploração, amparadas pela exceção, estão abrangidas pela esfera de controle dos titulares de patentes. Resta saber se esses dois elementos da exceção investigada, vistos em associação, conflitam ou não, de forma não razoável, com a exploração normal das patentes afetadas.

328. WTO, WT/DS114/R, Panel Report, par. 7.58.

A avaliação da razoabilidade da interferência provocada pelas partes 3 e 4 da exceção de P&D na exploração normal das patentes afetadas envolve a investigação de medidas alternativas, capazes de efetivar o mesmo conjunto de objetivos perseguidos por esses elementos constitutivos da exceção de P&D – tornar expedito o processo de inovação *sequencial*, em todos os setores tecnológico; promover a liberdade científica e tecnológica, no grau mais alto; estimular o desenvolvimento de atividades industriais e fortalecer a concorrência, ambos no nível mais alto – mas afetando, em menor grau, os direitos conferidos pelas patentes prejudicadas. A partir da revisão da literatura, foi possível identificar três categorias de potenciais medidas alternativas às partes 3 e 4 da exceção de P&D: 1) propostas calcadas no mecanismo de licenciamento compulsório, disciplinado pelo art. 31 do Acordo TRIPS; 2) propostas inspiradas no teste de *fair use* da Lei de Direitos Autorais dos EUA; 3) e a última categoria é formada por propostas *sui generis*, que não se encaixam nas outras duas categorias. Somente será possível constatar se alguma das medidas identificadas figura como real alternativa às partes 3 e 4 da exceção de P&D após a avaliação de sua aptidão para realizar os objetivos promovidos por esses elementos da exceção investigada, mas afetando, em menor medida, os direitos conferidos pelas patentes.

4.6.2.1 Propostas de exceções regidas pelo sistema de licenciamento compulsório

Nos últimos anos, diversas propostas de exceção de pesquisa, assentadas sobre o mecanismo de licenças compulsórias do art. 31 do Acordo TRIPS, foram apresentadas.[329] O escopo dessas propostas varia: algumas são voltadas a facilitar o acesso a ferramentas de pesquisa em geral, outras a facilitar o acesso a ferramentas de pesquisa biotecnológicas, outras ainda a facilitar o acesso a qualquer categoria de invenção. Independentemente de suas diferenças, todas foram concebidas com o propósito de harmonizar o interesse econômico dos titulares de patentes de maximizar seus lucros com o da sociedade, notadamente das organizações dedicadas a atividades de inovação, de acessar expeditamente insumos tecnológicos patenteados. Independentemente das diferenças existentes entre as propostas apresentadas, qualquer proposta de exceção que tenha como eixo gravitacional o sistema de licenciamento compulsório do Acordo TRIPS engendrará obstáculos reais ao progresso da sociedade, da ciência, da tecnologia, da economia e da livre concorrência.

A obtenção de uma licença compulsória depende da instauração de um processo administrativo ou judicial caro e moroso, cujas regras básicas estão arroladas no art. 31 do Acordo TRIPS, o qual pode nunca alcançar o êxito es-

329. Cf, e.g.: Strandburg 2004; Hoffman 2003-2004; Schmieder 2004-2005; Freeburg 2005-2006; Gitter 2001; Derzko 2003-2004.

perado.[330] Em regra, os órgãos governamentais responsáveis pela concessão de licenças compulsórias podem levar um período de tempo indeterminado para decidir as solicitações apresentadas, podendo, inclusive, decidir por não concedê-las. Ainda que a parte requerente da licença apresente evidências sólidas em favor de sua pronta concessão, ela pode não obtê-la, já que as autoridades competentes costumam gozar de ampla discricionariedade para avaliar as circunstâncias do caso,[331] e o discurso político superficial, frequentemente utilizado pelos titulares de patentes e seus defensores, que caracterizam a licença compulsória como um ato de expropriação da propriedade privada e como um ataque frontal aos incentivos para a inovação, é bastante sedutor.[332] Mesmo que os órgãos competentes se convençam da necessidade de conceder as licenças requeridas, se não dominarem as práticas de licenciamento vigentes no mercado sofrerão dificuldades para fixar a remuneração devida aos titulares das patentes licenciadas. Essas dificuldades aumentam a demora para a concessão de licenças compulsórias[333] e as chances de que as remunerações sejam fixadas em patamar excessivo, o que certamente prevenirá diversas instituições de acessar as invenções licenciadas. A concessão das licenças demandadas não se encerra com as dificuldades enfrentadas pelos potenciais usuários, pois o Acordo TRIPS determina que os Membros da OMC ofereçam aos titulares das patentes licenciadas compulsoriamente o direito de impugnar sua validade e a remuneração fixada. Se couber ao Judiciário a competência de receber os pedidos de impugnação, muitos anos podem ser

330. Kratiger 2007, p. 1324.

331. No contexto brasileiro, é digno de nota o caso Nortox S.A. Em outubro de 2003, a Nortox requereu ao Instituto Nacional da Propriedade Industrial do Brasil (INPI) o licenciamento compulsório de uma patente de titularidade da empresa Ishihara Sangyo Kaisha, com fundamento em sua não exploração local. Após mais de 3 anos desde a instauração do procedimento, em janeiro de 2007, o INPI decidiu por não conceder a licença compulsória, pois aceitou como evidência de exploração da patente um contrato de licenciamento celebrado entre a titular da patente e a Hokko do Brasil Indústria Química e Agropecuária (Advocacia Geral da União 2007). O INPI consumiu tempo demais no exame do requerimento da Nortox e adotou uma interpretação ampliativa do que constitui exploração local de uma patente.

332. Em 2007, o governo do Brasil concedeu uma licença compulsória que autorizou os laboratórios governamentais locais a produzirem o antirretroviral denominado Efavirenz. Em resposta, o Brasil foi vítima de uma campanha internacional dirigida a caracterizá-lo como um país desrespeitador das regras internacionais de proteção da propriedade intelectual (WIPO, SCP/14/7, par. 15). Esse tipo de campanha desestimula países em desenvolvimento e com menor desenvolvimento relativo a utilizarem esse mecanismo com o propósito de evitar retaliações unilaterais e "sociais". Nesse sentido, é interessante assinalar que, em 2007, o Brasil foi incluído no Watch List do United States Trade Representative, em função de seu interesse em conceder licenças compulsórias (USTR 2007, p. 2).

333. Hagelin 2006, p. 544.

consumidos até o trânsito em julgado da decisão favorável à concessão da licença. Em síntese, o tempo total despendido no processo de obtenção de uma licença compulsória é incompatível com as exigências do setor da inovação; no mais, uma exceção cujo exercício depende da instauração de um processo caro e burocrático apresenta caráter discriminatório, pois apenas instituições comerciais e científicas abastadas terão os meios para fazer uso dela.

Há quem defenda que a mera possibilidade de as autoridades governamentais concederem licenças compulsórias instiga os titulares de patentes a concederem licenças voluntárias em termos razoáveis.[334] Os ordenamentos jurídicos da grande maioria dos Membros da OMC, inclusive de países altamente industrializados como Alemanha, EUA e Japão, autorizam a concessão de licenças compulsórias e nem por isso os agentes do setor da inovação deixam de enfrentar problemas para acessar insumos patenteados. Nesse sentido, é ilustrativo o caso CellPro. Nos EUA, o *Bayh-Dole Act* autoriza o governo norte-americano a licenciar compulsoriamente patentes que protegem invenções desenvolvidas com recursos governamentais quando essas invenções não estiverem sendo disponibilizadas ao público em condições razoáveis. Com fundamento nessa legislação, a CellPro requereu aos Institutos Nacionais de Saúde dos EUA (NIH) a concessão de uma licença compulsória para explorar quatro patentes de titularidade da Universidade John Hopkins, cujos objetos foram desenvolvidos com recursos públicos. Lamentavelmente, embora a CellPro tenha preenchido as exigências legais, o pedido foi negado, e a CellPro viu-se obrigada a sair do mercado.[335]

Em suma, exceções aos direitos de patentes, cujo eixo central é representado pelo mecanismo de licenças compulsórias, criam regimes burocráticos, caros e inseguros para disciplinar o acesso a invenções socialmente valiosas, essencialmente porque nenhum terceiro pode contar, *a priori*, com uma licença compulsória; a decisão de conceder uma licença compulsória é sempre precedida de uma análise das circunstâncias do caso concreto, a qual pode consumir um longo espaço de tempo até que o órgão competente forme seu parecer a respeito do preenchimento das condições legais. Qualquer proposta de exceção com esse perfil se mostra incapaz de efetivar, no mesmo nível, qualquer um dos objetivos perseguidos pelas partes 3 e 4 da exceção de P&D, porquanto são inaptas a facilitar o desenvolvimento e a introdução no mercado, sem demora, de novas invenções cujo desenvolvimento depende da aplicação de ferramentas de pesquisa ou de invenções cuja composição incorpora algum insumo patenteado. É em reconhecimento às dificuldades associadas à obtenção de uma licença compulsória que a proposta de exceção de P&D recorre a essa ferramenta apenas quando não há alternativa disponível para superar os obstáculos criados pelas patentes. Afinal, o progresso científico,

334. Schmieder 2004-2005, p. 230.
335. Freeburg 2005-2006, p. 409.

tecnológico e social não pode ficar refém da sorte. Portanto, exceções assentadas sobre o mecanismo de licenciamento compulsório não figuram como alternativas às partes 3 e 4 da exceção de P&D.

4.6.2.2 Propostas baseadas no teste de *fair use*

O teste de *fair use*, presente na Lei de Direitos Autorais dos EUA (1976 Copyright Act Revisions, 17 U.S.C. § 107), desempenha a função de controlar a legalidade de usos não autorizados de obras protegidas por direitos autorais. O marco legal norte-americano não adota uma lista exaustiva com os tipos de usos de obras protegidas que podem ser empreendidos por terceiros, independentemente da vontade dos titulares de direitos. Os usos excepcionados são determinados caso a caso pelo Judiciário, no contexto de litígios instaurados pelos titulares de direitos autorais infringidos.

No processo de determinação da legalidade de um uso impugnado, o juiz levará em consideração quatro fatores. O *primeiro fator* do teste determina que o julgador avalie o objetivo perseguido pelo usuário não autorizado da obra. O julgador tenderá a pesar esse fator em favor do usuário, na hipótese de o uso controvertido se dirigir a efetivar algum interesse de ordem pública, em vez de um de natureza comercial. O *segundo fator* envolve a análise das características da obra infringida, isto é, o nível de criatividade e os investimentos humanos, temporais e econômicos envolvidos em seu processo de criação. Mais criativa é uma obra ou mais substanciais os investimentos associados à sua criação, mais robusta será a proteção assegurada pelo Judiciário. Nessas circunstâncias, o Judiciário estará menos propício a julgar esse fator em favor da parte demandada quando o uso por ela empreendido interferir nos meios de recuperação dos investimentos feitos na criação da obra. O *terceiro fator* determina que se avalie a natureza do uso empreendido pelo terceiro não autorizado. Caso o uso seja pouco ou nada transformativo, no sentido de que o usuário limitou-se a reproduzir partes substanciais de uma obra, agregando-lhe muito pouco ou mesmo nada, o juiz do caso tenderá a pesar esse fator contra o uso empreendido. O *fator final* do teste compreende a comparação entre os benefícios sociais promovidos pelo uso não autorizado e os prejuízos individuais sofridos pelo titular de direitos autorais afetado. Esse exame leva em consideração a natureza da obra utilizada e os custos associados à sua realização. Se o uso não autorizado produzir benefícios que superam os prejuízos individuais, maiores as chances de que o Judiciário leve em conta esse fator em favor do usuário demandado. Os quatro fatores do teste de *fair use* constituem um teste único e indivisível, cujas partes são indissociáveis; para que um uso não autorizado seja julgado lícito, não é preciso que os quatro fatores pesem em seu favor. Se os fatores indicados, *em sua maioria*, pesarem em favor da legitimidade do uso empreendido, o Judiciário considerá-lo-á lícito. Portanto, a aplicação do teste de *fair use* pode chegar a resultados inconclusivos.

Inspirada pelo teste de *fair use*, Maureen O'Rourke propôs um teste de *fair use* para o direito das patentes, a ser utilizado pelo Judiciário para solucionar litígios instaurados por titulares de patentes em face de terceiros que utilizaram suas invenções sem sua autorização.[336] O teste de *fair use* proposto por O'Rourke compõe-se de cinco fatores, sendo que nenhum deles é determinante. O que indicará se um determinado uso não autorizado é ou não lícito é o balanço final dos fatores.[337]

Na *primeira etapa* do teste, o Judiciário avalia se o uso não autorizado da invenção é mais ou menos transformativo; maior o avanço científico e tecnológico promovido pelo uso, maior a possibilidade de que esse fator pese em favor do reconhecimento da legalidade do uso realizado.[338] Na *segunda etapa* de avaliação, investiga-se se o uso persegue objetivos comerciais, não comerciais ou indiretamente comerciais. A natureza comercial do uso pesa contra o reconhecimento de sua legalidade.[339] Na *terceira etapa*, examina-se a razão para o usuário não ter obtido uma licença voluntária do titular da patente infringida, e.g., custos de transação elevados, recusa em licenciar a patente, imposição de condições de licenciamento abusivas.[340] A fixação de condições de licenciamento abusivas ou a recusa em licenciar pesam em favor da legalidade do uso impugnado. A *quarta etapa* da avaliação envolve um subteste de proporcionalidade em sentido estrito, onde são avaliados e comparados os benefícios sociais totais promovidos pelo uso não autorizado e os prejuízos produzidos por ele, incluindo a perda de incentivos para inovar.[341] Se os benefícios sociais superarem os prejuízos individuais sofridos pelo titular de patente prejudicado, esse fator pesará em favor do reconhecimento da legalidade do uso empreendido. Na *quinta e última etapa* investiga-se a natureza do objeto da patente infringida; mais inovadora é a invenção, maior a proteção que lhe é conferida. Portanto, maior o grau de inovação ostentado pelo objeto da patente infringida, menor o espaço para o uso ser considerado lícito.[342]

Diferentemente do que ocorre com o teste de *fair use* do regime de direitos autorais, a proposta de O'Rourke oferece ao Judiciário a discricionariedade para impor ao usuário a obrigação de pagar uma remuneração ao titular da patente infringida quando o pagamento de uma retribuição pecuniária criar um equilíbrio entre os interesses do titular da patente e os do usuá-

336. No mesmo sentido, cf. De Larena 2005 (igualmente apresentou uma proposta de teste de *fair use* complementada por um mecanismo de licenciamento compulsório).
337. O'Rourke 2000, p. 1191.
338. Idem, ibidem, p. 1206.
339. Idem, ibidem, p. 1206.
340. Idem, ibidem, p. 1206-1207.
341. Idem, ibidem, p. 1207-1208.
342. Idem, ibidem, p. 1208.

rio.[343] Para incentivar os titulares de patentes a licenciá-las voluntariamente em condições razoáveis, o Judiciário estaria obrigado a fixar a remuneração em patamar inferior ao praticado pelo mercado.[344]

O aspecto interessante das propostas inspiradas pelo teste de *fair use* é a não proibição, *a priori*, do uso de invenções patenteadas em projetos comerciais e em projetos de inovação subsequente. Por outro lado, esse tipo de exceção sofre de muitas fraquezas. A principal delas é a falta de clareza e previsibilidade a respeito das atividades excepcionadas; é impossível prever, com segurança, quais atividades podem ou não ser realizadas por terceiros não autorizados.[345] É por essa razão que, na seara dos direitos autorais, a exceção de *fair use* é conhecida pela designação irônica de "direito de consultar um advogado".[346] Até que se consolide uma jurisprudência sobre a aplicação do teste de *fair use* – o que pode muito bem levar décadas –, os usuários de tecnologias patenteadas terão dúvidas sobre os limites dos direitos conferidos pelas patentes. Enquanto as dúvidas persistirem, possivelmente os atores do setor da inovação evitarão projetos que possam afetar as patentes de terceiros.

De mais a mais, em jurisdições cujos tribunais enfrentam sobrecarga de trabalho, o tempo para obter uma sentença favorável à realização de atividades científicas e tecnológicas, sem a autorização dos titulares de patentes, pode ser demasiadamente longo. Em jurisdições cujo Judiciário é conservador, é previsível que o teste venha a ser interpretado e aplicado com vistas a resguardar os interesses dos titulares de patentes de maneira excessiva. Por fim, como consequência de sua flexibilidade, os termos do teste de *fair use* podem ser interpretados de maneira a infringir obrigações internacionais contraídas pelo Estado, sujeitando-o a sanções econômicas.[347] Em todo caso, os prejudicados são a liberdade científica e tecnológica e o bem-estar da sociedade.

Em função da burocracia e da insegurança jurídica associadas ao processo de determinação da legalidade dos usos não autorizados, é possível afirmar, com um alto grau de segurança, que os objetivos indicados a seguir, cuja realização depende da garantia de acesso facilitado a invenções patenteadas, não seriam realizáveis – pelo menos não no mesmo nível alcançável pela exceção de P&D: tornar expedito o processo de inovação *sequencial*, em todos os setores tecnológicos, inclusive a partir do uso direto de invenções patenteadas; promover, no grau mais alto, a liberdade científica e tecnológica;

343. O'Rourke 2000, p. 1210-1211.

344. Idem, ibidem, p. 1235.

345. Advisory Council of Intellectual Property 2005, p. 48-55.

346. Consumers International 2010, p. 5. No mesmo sentido: Okediji 2000, p. 118 ("The historical development and application of the fair use doctrine demonstrates that the only certainty involved in construing fair use is uncertainty in how a court will ultimately rule").

347. Advisory Council of Intellectual Property 2005, p. 55.

estimular, no nível mais alto, o desenvolvimento de atividades industriais, no setor da inovação; e fortalecer a concorrência no nível mais alto. Pelo exposto, propostas tipo teste de *fair use* não configuram alternativas às partes 3 e 4 da exceção de P&D.

4.6.2.3 Propostas de exceção *sui generis*

Nesta categoria, incluímos três propostas: uma apresentada por Janice Mueller, outra por Rochelle Dreyfuss, e a última por Rebecca Eisenberg. A seguir, será apresentado um sumário dessas propostas e investigado se alguma delas configura uma real alternativa às partes 3 e 4 da exceção de P&D, em função de sua capacidade de promover os mesmos interesses salvaguardados pelos referidos elementos da exceção de P&D, inclusive no mesmo patamar.

4.6.2.3.1 Proposta de Janice Mueller

Mueller propõe a adoção de uma exceção que disciplina o uso daquelas ferramentas de pesquisa cujo acesso depende de uma negociação prévia com os titulares de patentes, ou seja, ferramentas de pesquisa cujas condições de licenciamento são fixadas individualmente.[348] Uma vez que nenhum usuário racional optaria por uma ferramenta de pesquisa cujo acesso depende de uma negociação prévia com o titular direitos, sempre que o mercado oferecer substitutos à ferramenta de interesse, a proposta de Mueller possivelmente tem como foco as ferramentas de pesquisa únicas. Nos termos da proposta, qualquer terceiro usufrui a liberdade de acessar qualquer ferramenta de pesquisa que preencher a condição indicada, desde que informe seu titular por escrito sobre sua intenção de aplicá-la em um projeto de natureza comercial, e a respeito das invenções desenvolvidas a partir de sua aplicação.[349] O titular da ferramenta de pesquisa utilizada apenas terá direito a uma remuneração quando o usuário desenvolver e comercializar um novo produto.

Para assegurar benefícios econômicos suficientes para cobrir os gastos incorridos com o desenvolvimento da ferramenta de pesquisa, o titular da patente teria direito a uma participação na renda gerada pela comercialização

348. Mueller 2001, p. 14 e 54. Donna Gitter (2001, p. 1679-1683) propõe uma exceção com dois elementos, sendo que um deles se assemelha substancialmente à proposta de Mueller. A exceção proposta por Gitter, tal qual a apresentada por Mueller, é regida por uma regra de responsabilidade (i.e., assegura um direito de remuneração ao titular da patente afetada, em vez de um direito de exclusão). A única diferença entre elas é o escopo; a proposta de Gitter afeta somente as patentes que protegem sequências de DNA de origem humana. Como resultado da semelhança, a proposta de Gitter sofre basicamente dos mesmos problemas que afetam a proposta de Mueller, com o agravante de que um universo menor de invenções seria afetado.

349. Mueller 2001, p. 58-59.

dos novos produtos criados por meio de sua aplicação.[350] Consequentemente, quando o usuário perseguir objetivos puramente científicos ou filantrópicos ou se o projeto de caráter comercial não alcançar os objetivos perseguidos, o titular da ferramenta de pesquisa não terá direito a receber qualquer remuneração. O direito de remuneração se extingue com a expiração da patente que protege a ferramenta de pesquisa, e a competência de fixar a remuneração devida ao titular de patente caberia a um órgão neutro, o qual não mantém vínculos com os titulares das patentes afetadas pela exceção.[351]

Se deixarmos de lado o fato de que a proposta de Mueller apenas se aplica às ferramentas de pesquisa únicas, ela se mostra equilibrada, no sentido de harmonizar os interesses dos usuários com os interesses dos inovadores de recuperarem seus investimentos; contudo, apresenta uma falha grave, decorrente da substituição de *todos* os direitos de exclusividade conferidos pela patente por um direito de remuneração. A característica fundamental das patentes é assegurar aos seus titulares um direito de propriedade, i.e., o direito de excluir terceiros não autorizados da produção, uso, comercialização e importação dos objetos das patentes em contextos comerciais. Ao substituir todos os direitos de exclusão conferidos pelas patentes afetadas por um direito de remuneração, a exceção proposta desnatura-as, uma vez que as patentes afetadas pela exceção passariam a ser regidas por uma regra de responsabilidade (*liability rule*), cuja marca principal é assegurar um direito de remuneração aos titulares de bens intangíveis. A proposta de Mueller, bem como qualquer proposta que apresente o mesmo perfil, não é admissível, porquanto infringe o art. 27(1) do Acordo TRIPS; sua adoção produziria o impacto de proibir o patenteamento de ferramentas de pesquisa não oferecidas de maneira neutra por seus titulares ou licenciados. Assim sendo, não há razão para examinar a capacidade da proposta de Mueller de efetivar os objetivos promovidos pela exceção de P&D.

4.6.2.3.2 Proposta de Rochelle Dreyfuss

Dreyfuss propõe uma exceção que garante a instituições universitárias e outras instituições sem fins lucrativos a liberdade de utilizar invenções patenteadas para a condução de projetos de pesquisa científica e tecnológica, desde que os titulares das invenções de interesse se recusem a licenciá-las, em termos comercialmente razoáveis. Nessas circunstâncias, os beneficiários da exceção teriam a obrigação de assinar uma declaração mediante a qual renunciariam ao direito de reivindicar patentes sobre os resultados de suas pesquisas e assumiriam a obrigação de publicar todos os resultados da pesquisa realizada com a invenção patenteada.[352] Caso algum beneficiário da ex-

350. Mueller 2001, p. 61.
351. Idem, ibidem, p. 66-65.
352. Dreyfuss 2004, p. 471.

ceção venha a desenvolver uma invenção com apelo comercial, terá a opção de rescindir a declaração de renúncia de direitos e, então, reivindicar patentes, desde que aceite pagar *royalties* aos titulares das patentes exploradas e se comprometa a conceder licenças não exclusivas a terceiros.[353] Em outras palavras, os beneficiários da exceção serão contemplados com uma espécie de "licença compulsória retroativa".[354]

A "licença compulsória retroativa" não configura uma licença compulsória no sentido utilizado no âmbito do Acordo TRIPS, pois é assegurada automaticamente aos beneficiários da exceção, a partir do momento em que expressarem seu desejo de patentear o fruto de suas investigações. Logo, sua concessão não envolve a observância das pesadas condições fixadas pelo art. 31 do Acordo TRIPS. A exceção, quando exercida por uma instituição desejosa de patentear os resultados de sua investigação, é regida por uma regra de responsabilidade, pois assegura aos usuários das patentes uma licença automática e aos titulares das patentes exploradas um direito de remuneração.

A exceção proposta por Dreyfuss traz vantagens incontestes ao setor científico: autoriza o uso de qualquer categoria de invenção patenteada, inclusive ferramentas de pesquisa e invenções duais; expande o domínio público científico, seja porque amplia o leque de invenções que poderão ser utilizadas no processo de pesquisa científica, seja porque os resultados das pesquisas conduzidas sob o amparo da exceção serão oferecidos ao domínio publico.[355]

A proposta de Dreyfuss igualmente apresenta problemas, ainda que se ampliem seus termos. O primeiro deles é a dúvida a respeito de como julgar a razoabilidade dos termos das licenças oferecidas pelos titulares de patentes a instituições sem fins lucrativos. Na falta de um parâmetro absoluto do que constituam termos razoáveis, a exceção proposta abre caminho para a frequente intervenção do Judiciário, o que certamente é indesejável, pelas razões já expostas.[356] Como o exercício da exceção proposta depende de uma chancela judicial, ela acaba por se assemelhar a um esquema de licenciamento compulsório não oneroso, administrado pelo Judiciário.

Nos termos do art. 31(l) do Acordo TRIPS, se a exploração da patente que protege a nova invenção (A) infringir uma única patente (B), a exploração de A apenas poderá se dar após a concessão de uma licença voluntária pelo titular de B ou, em sua falta, quando o titular de A contar com uma licença compulsória para explorar B. Como a observância desse esquema é uma obrigação mínima que todos os Membros da OMC têm de observar, não é

353. Dreyfuss 2004, p. 471-472.

354. Idem, ibidem, p. 472.

355. Idem, ibidem, p. 471-472.

356. Cf. item 4.6.2.2.

possível a adoção de uma exceção dirigida a resolver o problema das patentes dependentes, regida por uma regra de responsabilidade.[357]

A proposta trata discriminatoriamente o setor empresarial: quando as universidades e instituições sem fins lucrativos alcançam um produto com potencial comercial, elas conservam a prerrogativa de patenteá-lo, para auferir lucro. Se as instituições beneficiadas também podem se conduzir com objetivos comerciais, o correto é que uma exceção complementar fosse oferecida ao setor empresarial, com o intuito de facilitar o uso de invenções protegidas. Caso contrário, as instituições de pesquisa e universitárias ganhariam uma vantagem injusta em face dos demais atores do setor da inovação comercial.

Finalmente, a proposta não esclarece a quem competiria fixar a remuneração devida aos titulares das patentes afetadas, caso as instituições beneficiadas optem por patentear os resultados de suas investigações. Se as taxas de *royalties* não forem estandardizadas, seu processo de fixação será moroso, e as taxas fixadas podem ser excessivas.

A exceção proposta por Dreyfuss não promove, na mesma intensidade, os mesmos objetivos perseguidos pelas partes 3 e 4 da exceção de P&D e, por isso, não pode ser considerada uma alternativa viável. No que tange aos objetivos de *tornar expedito o processo de inovação sequencial, em todos os setores tecnológicos, e de promover, no grau mais alto, a liberdade científica e tecnológica,* a proposta investigada não beneficia o setor privado; portanto, instituições comerciais ainda se sujeitariam aos abusos que podem ser cometidos pelos titulares de patentes e seus licenciados. Em segundo lugar, a exceção proposta não enfrenta o desafio de tornar mais expedita a concessão de licenças compulsórias para patentes dependentes. Em terceiro lugar, a proposta não determina a instituição competente para fixar a remuneração devida pelas instituições beneficiadas aos titulares das patentes afetadas. Dependendo da estrutura da instituição escolhida, é possível que o processo de fixação das taxas de remuneração seja muito moroso e sujeito à influência dos titulares de patentes, o que produzirá o efeito de manter em suspenso a comercialização das novas invenções até que seus desenvolvedores estejam seguros sobre sua viabilidade econômica. Após a realização de investimentos – muitas vezes vultosos – no desenvolvimento de uma nova invenção, seu titular se torna refém do bom senso da autoridade responsável pela fixação da remuneração. Se a taxa for abusiva, todos os gastos feitos serão perdidos e, certamente, outras instituições perderão o estímulo de conduzir projetos capazes de produzir novas invenções com potencial comercial.

Em relação aos objetivos de *estimular o desenvolvimento de atividades industriais, no setor da inovação, e fortalecer a concorrência, ambos no nível mais alto possível,* a exceção investigada promove esses objetivos de maneira apenas residual, já que não é sua finalidade fomentar projetos com viés comer-

357. Cf. item 1.4.3.3.4.3.

cial. Ela apenas assegura a liberdade de comercialização de novas invenções patenteadas quando instituições sem fins lucrativos vierem a desenvolver, de modo não planejado, alguma invenção com apelo comercial.

4.6.2.3.3 Proposta de Rebecca Eisenberg

Eisenberg recomendou a adoção de uma exceção de pesquisa assentada sobre três elementos.[358] O primeiro autoriza o uso da invenção patenteada para confirmar se as especificações técnicas da patente foram descritas de maneira clara e completa e para confirmar se a invenção funciona tal como indicado na patente.[359] O segundo proíbe o uso de ferramentas de pesquisa para os fins para os quais foram desenvolvidas;[360] na falta de uma licença em termos razoáveis, terceiros não poderiam utilizar, licitamente, as ferramentas de interesse. O terceiro elemento autoriza a realização de atividades de inovação subsequente, inclusive o desenvolvimento de versões aprimoradas e substitutas de invenções anteriores. Se o projeto de pesquisa culminar no desenvolvimento de uma nova invenção, cuja exploração comercial não seja possível sem infringir uma patente anterior, sua exploração comercial dependerá de uma licença voluntária, conferida pelo titular da patente afetada.[361] Nesse ponto, a exceção proposta apenas posterga o momento em que as patentes criarão problemas; elas não obstaculizarão a consecução de projetos dependentes de invenções patenteadas, mas certamente afetarão a comercialização de seu resultado. Para entidades comerciais, essa possibilidade é suficiente para desestimulá-las a investir em P&D.

Caso um terceiro desenvolva uma versão aprimorada de uma invenção anterior ou uma invenção substituta – uma invenção pertencente *ao mesmo setor técnico* a que pertence a invenção anterior –, se ela *não* infringir a patente que protege a invenção anterior, o titular da nova invenção será obrigado a pagar uma remuneração ao titular da invenção utilizada como referência em seu processo de pesquisa tecnológica. Ou seja, a nova invenção poderá ser comercializada livremente, desde que a remuneração devida seja paga. A fixação da remuneração é de competência do Judiciário, o qual teria de fixá-la de maneira a remunerar adequadamente (e não excessivamente) o titular da patente que ofereceu a ideia inventiva utilizada.

O propósito de Eisenberg é garantir uma remuneração equitativa aos titulares de patentes, cujos objetos serviram de inspiração intelectual ao desenvolvimento de tecnologias substitutas ou superiores, pois, uma vez que

358. Caruso (2003-2004) apresentou uma proposta de exceção de pesquisa que se assemelha substancialmente à proposta de Eisenberg. Logo, as críticas aqui apresentadas se estendem à proposta de Caruso.

359. Eisenberg 1989, p. 1078.

360. Idem, ibidem.

361. Idem, ibidem, p. 1076.

estas forem introduzidas no mercado, as invenções anteriores, possivelmente, perderão mercado. Para a autora, o problema não é exclusão de concorrentes do mercado, mas o não recebimento de uma contribuição adequada pela contribuição realizada ao estado da técnica; se os inovadores não receberem uma remuneração justa por sua contribuição, deixarão de se envolver em atividades de P&D.[362]

A grande dificuldade associada à proposta de Eisenberg é a comprovação de que uma invenção superior ou alternativa à de um concorrente, cuja exploração *não* infringe a patente do concorrente, foi desenvolvida a partir do aporte técnico oferecido por uma patente que não é infringida. A dificuldade é ainda maior na hipótese de a nova invenção concorrer com uma ampla variedade de invenções similares. Nesse caso, a invenção possivelmente foi desenvolvida tendo como parâmetro as diversas invenções com as quais competirá; então, a quem caberia a remuneração assegurada pela exceção? Conferir, automaticamente, ao titular de uma invenção X o direito a receber uma remuneração dos titulares de quaisquer versões alternativas ou superiores a X é o mesmo que conferir o direito de controlar, indiretamente, o mercado para as tecnologias que concorram com X. Essa prerrogativa, certamente, tem o potencial de restringir a livre concorrência.

Vis-à-vis o escopo das partes 3 e 4 da exceção de P&D, apenas o terceiro elemento da proposta de Eisenberg nos interessa. Esse elemento da proposta de Eisenberg não pode ser tratado como uma alternativa às partes 3 e 4 da exceção de P&D pelo seguinte. No que tange ao objetivo de *tornar expedito o processo de inovação sequencial, em todos os setores tecnológicos,* a proposta de Eisenberg não impede a emergência de problemas como a tragédia dos anticomuns e acumulação excessiva de *royalties* e, ainda, cria dificuldades para a comercialização de invenções que, embora não infrinjam nenhuma patente, foram inspiradas em invenções de terceiros. E, no que se refere aos objetivos de *promover, no grau mais alto, a liberdade científica e tecnológica, o desenvolvimento de atividades industriais no setor da inovação e a livre concorrência,* a proposta examinada cria dificuldades para a comercialização de versões aprimoradas de invenções anteriores, pois seu objetivo central é facilitar o uso inovador de invenções patenteadas que não configurem ferramentas de pesquisa, mas não se ocupa em facilitar a introdução dos frutos desses projetos no mercado.

4.6.2.4 Conclusões sobre as propostas examinadas

As propostas examinadas, seja em isolamento ou em associação, não são capazes de promover os mesmos objetivos realizáveis pelas partes 3 e 4 da exceção de P&D, pelo menos não no mesmo nível. Para que as propostas investigadas pudessem, em associação, configurar uma medida alternativa à

362. Eisenberg 1989, p. 1075.

exceção de P&D, cada uma delas teria de ser capaz de promover, no mesmo nível, um ou mais dos objetivos fomentados pelas partes 3 e 4 da exceção de P&D, de maneira que, em conjunto, todos os objetivos fossem realizados. Isso não ocorre basicamente porque, em regra, as propostas examinadas não se ocupam em desburocratizar o desenvolvimento e a distribuição, no mercado, de novos produtos e tecnologias, ao mesmo tempo em que criam incertezas aos potenciais beneficiários das exceções.

Nenhuma das propostas examinadas é capaz de superar, em termos de segurança jurídica e dinamismo, as vantagens trazidas pelas partes 3 e 4 da exceção de P&D, porquanto elas se assentam sobre uma OGCP, estruturada para fixar, sem demora e de modo imparcial, a remuneração a ser paga aos titulares das patentes afetadas, e sobre uma regra de responsabilidade que garante uma licença automática aos beneficiários da exceção, independentemente da vontade dos titulares das patentes afetadas e de qualquer intervenção estatal. O funcionamento dinâmico da exceção de P&D traz vantagens ao progresso científico, tecnológico e social que nenhuma das exceções examinadas, vistas em isolamento ou em associação, é capaz de alcançar: ao assegurar aos inovadores o acesso rápido e não discriminatório a todos os insumos requisitados por seus projetos, novas tecnologias são desenvolvidas mais rapidamente. O tempo e os recursos poupados, como consequência da desburocratização do processo de P&D, se refletem em vidas, recursos naturais, energéticos e humanos salvos.

Não tendo sido identificada qualquer medida capaz de realizar, no mesmo nível, todos os objetivos promovidos pelas partes 3 e 4 da exceção de P&D, não há a necessidade de avaliar se as propostas examinadas afetam, em menor grau, os direitos conferidos por patentes. Passo, então, à fase final da avaliação.

4.6.3 Terceira etapa: avaliação da razoabilidade dos prejuízos provocados pela exceção de P&D

O objetivo central da exceção de P&D é facilitar o acesso e o uso produtivo – científico, educacional, industrial e humanitário – de invenções patenteadas, pertencentes a todos os setores tecnológicos, bem como a introdução no mercado, sem demora, de novas tecnologias, produtos finais ao consumidor comum e ferramentas de pesquisa. Enfim, a exceção de P&D visa a maximizar o uso produtivo das invenções patenteadas em prol do bem-estar de todos os setores da sociedade.

A garantia do acesso rápido e em termos justos ao conhecimento e a tecnologias protegidas promove, *inter alia*: a criação das condições ideais ao surgimento e/ou à expansão de empresas e instituições científicas e, com elas, a criação de novos postos de trabalho, diretos e indiretos; a democratização da ciência e da tecnologia, porquanto instituições frágeis, em termos econômicos, também podem aplicar tecnologias patenteadas para a perseguição de suas missões institucionais; a geração de novos conhecimentos científicos e tecnológicos, os quais habilitam a humanidade a superar, com mais rapidez e eficiência, os problemas que afetam seu progresso e bem-estar, inclusive desafios de natureza ambiental, engendrados pela superexploração dos recursos naturais, pelo aquecimento global, pela desertificação e erosão dos solos, pela poluição do ar, pela contaminação das águas e do solo, pelo uso intensivo de combustíveis fósseis e pela perda acelerada da biodiversidade. A desburocratização da introdução de novas tecnologias e produtos no mercado enriquece a concorrência, a qual achata os preços dos produtos e tecnologias, o que, certamente, facilita seu acesso pelos consumidores menos abastados. A promoção do desenvolvimento de tecnologias e produtos consagrados à satisfação das necessidades negligenciadas das populações materialmente carentes melhora suas condições de vida e lhes oferece a perspectiva de um futuro digno. A exceção de P&D promove, pois, a liberdade de expressão científica e tecnológica, garante a liberdade de iniciativa comercial, estimula a geração de empregos, a preservação do meio ambiente e a livre concorrência. Todos esses interesses são de importância suprema para qualquer sociedade.

Por outro lado, sob a ótica do titular de patente, a patente lhe possibilita receber uma remuneração econômica, obtida graças ao exercício do direito de excluir terceiros não autorizados do uso, da produção, da comercialização e da importação do objeto da patente por um período de tempo limitado. O exercício desses direitos de exclusão viabiliza a recuperação dos investimentos realizados no desenvolvimento e na comercialização da invenção patenteada. Em geral, exceções aos direitos conferidos pela patente despem, de maneira limitada, o titular de patente do direito de excluir terceiros não autorizados da fruição do objeto protegido e, por conseguinte, interferem, de alguma forma, em sua capacidade de recuperar os investimentos realizados. Contudo, a exceção de P&D foi delineada para fomentar o uso ótimo dos conhecimentos e tecnologias patenteados, sem interferir na capacidade dos titulares das patentes afetadas de recuperar seus investimentos. Nesse sentido, muitos dos usos excepcionados apenas podem ser empreendidos por terceiros após o pagamento de uma remuneração fixada pela OGCP de conformidade com as práticas vigentes no mercado. O uso de invenções protegidas por terceiros não autorizados independe do pagamento de uma remuneração somente: i) quando objetiva gerar novos conhecimentos sobre o objeto da patente (investigar o modo de funcionamento da invenção; desenvolver uma versão alternativa ou um substituto à invenção protegida; confirmar seu modo de funcionamento; confirmar a validade da patente; investigar novas propriedades da invenção); ii) quando o uso persegue fins humanitários e puramente científicos; iii) ou quando o uso visa ao *desenvolvimento* de uma nova invenção, a qual pode incorporar uma ou mais invenções protegidas. No último caso, a *exploração comercial* da nova invenção, caso esta venha a incorporar algum insumo patenteado, dependerá do pagamento de uma remuneração equitativa ao titular da patente.

Uma vez que as patentes afetadas continuam a servir à sua função socioeconômica, os interesses dos titulares de patentes afetados pela exceção de P&D têm importância diminuta para a sociedade, se é que os prejuízos causados têm algum peso social, sobretudo porque a exceção favorece o interesse dos titulares de patentes ao assegurar-lhes a liberdade de usar todos os insumos requisitados por suas atividades. Em outras palavras, a exceção de P&D é uma mão de via dupla, pois beneficia a todos os setores, inclusive os titulares de patentes. Na falta de uma exceção de P&D, seriam letra morta os objetivos perseguidos pelo Acordo TRIPS de promover o progresso científico e tecnológico e de ampliar a disseminação dos conhecimentos tecnológicos em prol do bem-estar da sociedade.

A exceção de P&D, vista como um todo único e indivisível, é, portanto, lícita em face do marco legal da OMC, ao produzir benefícios sociais que superam, de longe, os prejuízos provocados sobre os interesses legítimos dos titulares de patentes.

Os itens seguintes tratarão da exceção de teste diagnóstico, inclusive de sua legalidade em face do Acordo TRIPS.

4.7 A exceção de teste diagnóstico e seu funcionamento

O meio mais adequado de ampliar a aplicação de materiais genéticos e proteômicos de origem humana no desenvolvimento de testes diagnósticos[363] é excluir invenções que incorporem esses insumos do rol das matérias patenteáveis. Tal política é amparada pelo art. 27(3)(b) do Acordo TRIPS, o qual autoriza os Membros da OMC a proibir o patenteamento de material de origem animal.[364] Mas a exclusão pura e simples dessas invenções do rol de invenções patenteáveis pode desestimular a iniciativa privada a investir em pesquisas na área genética em geral. Para prevenir esse efeito danoso e considerando que nem todos os Estados desejam ou podem – em virtude das obrigações contraídas por meio de acordos de caráter TRIPS-plus – adotar essa sugestão, proponho a adoção de uma exceção de teste diagnóstico, a qual autoriza terceiros (organizações públicas e privadas, comerciais e científicas) a investigar e a empregar materiais genéticos e proteômicos de origem humana (e.g., sequências de DNA, proteínas por eles codificadas) e dados genéticos e pro-

363. Neste trabalho, teste diagnóstico é entendido como "any test, designed to detect disease, to predict the potential for a medical disorder, or to predict the effectiveness of therapeutics, which uses either an ordered listing of nucleotides comprising a portion of a human or human pathogen genetic code or the proteins encoded by such nucleotides" (Rivers 2002).

364. É importante não esquecer que o homem é um animal mamífero.

teômicos humanos,[365] sob proteção patentária, no desenvolvimento de testes genéticos preditivos e diagnósticos (testes diagnósticos). Uma vez desenvolvido o teste, caso ele incorpore algum material genético e/ou proteômico patenteado e/ou sua descrição molecular, caberá ao desenvolvedor do teste pagar uma remuneração aos titulares das patentes cujos objetos foram utilizados. O gatilho para o pagamento dos *royalties* é a comercialização do teste ou sua aplicação comercial em laboratório. Consequentemente, se o teste for oferecido gratuitamente à população por, por exemplo, uma organização não governamental filantrópica, nenhuma remuneração será devida, porquanto o uso não comercial de invenções patenteadas em benefício de indivíduos materialmente desprivilegiados está fora da esfera de controle dos titulares de patentes.[366] A remuneração devida será fixada, de maneira não discriminatória, pela OGCP, a qual variará dependendo do grau de importância do material/informação utilizado para o desenvolvimento do novo produto. Em termos mais objetivos, o uso de materiais genéticos e proteômicos e de sua descrição molecular seria disciplinado por uma regra de responsabilidade.

O efeito prático da exceção proposta é banir o patenteamento de testes diagnósticos que incorporarem recursos genéticos e proteômicos de origem humana, isolados sem modificações de seu meio ambiente natural, bem como sua descrição molecular. Como resultado da liberdade oferecida aos Membros da OMC para definir o que seja uma "invenção" e para determinar o conteúdo das três condições substantivas de patenteabilidade – novidade, passo inventivo e aplicação industrial –, não há qualquer obstáculo legal que impeça a adoção da medida proposta pelas seguintes razões.

Primeiramente, conforme a nova posição defendida pelo governo dos EUA, materiais genômicos e proteômicos isolados tecnicamente de seu meio natural, sua descrição molecular, e a determinação da correlação entre, de um lado, uma determinada sequência genética ou proteína e, do outro, a presença ou predisposição a uma dada enfermidade, *não* caracterizam invenções. O sumário da posição acolhida pelo governo dos EUA está reproduzida nos seguintes excertos, extraídos do *amicus curiae* apresentado perante a Corte de Apelações do Circuito Federal, para subsidiar a sentença de apelação do caso *The Association for Molecular Pathology et al. v. USPTO and Myriad Genetics*, o qual envolve a impugnação da validade das patentes relacionadas a dois genes associados ao câncer de mama e de ovário (BRCA 1 e BRCA 2), concedidas pelo Escritório de Marcas e Patentes dos EUA: [367]

365. A Declaração Universal sobre os Dados Genéticos Humanos define dados genéticos humanos como "información sobre las características hereditarias de las personas, obtenida por análisis de ácidos nucleicos u otros análisis científicos", e dados proteômicos humanos como "información relativa a las proteínas de una persona, lo cual incluye su expresión, modificación e interacción" (art. 2.º).

366. Cf. item 2.3.2.

367. Cf. U.S. Department of Justice 2010.

"In attempting to apply that principle here, the district court erroneously cast doubt on the patent-eligibility of a broad range of manmade compositions of matter whose value derives from the information encoding capacity of DNA. Such compositions – e.g., cDNAs, vectors, recombinant plasmids, and chimeric proteins, as well as countless industrial products, such as vaccines and genetically modified crops, created with the aid of such molecules – are in every meaningful sense the fruits of human ingenuity and thus qualify as 'human-made inventions' eligible for patent protection under section 101 [35 U.S.C. § 101]. The district court correctly held, however, that genomic DNA that has merely been isolated from the human body, without further alteration or manipulation, is not patent-eligible. Unlike the genetically engineered microorganism in Chakrabarty, the unique chain of chemical base pairs that induces a human cell to express a BRCA protein is not a 'human-made invention'. Nor is the fact that particular natural mutations in that unique chain increase a woman's chance of contracting breast or ovarian cancer. Indeed, the relationship between a naturally occurring nucleotide sequence and the molecule it expresses in a human cell – that is, the relationship between genotype and phenotype – is simply a law of nature. The chemical structure of phenotype – is simply a law of nature. The chemical structure of native human genes is a product of nature, and it is no less a product of nature when that structure is 'isolated' from its natural environment than are cotton fibers that have been separated from cotton seeds or coal that has been extracted from the earth. The scope of Section 101 is purposefully wide and its threshold is not difficult to cross. See Bilski, 130 S.Ct. at 3225. New and useful methods of identifying, isolating, extracting, or using genes and genetic information may be patented (subject to the prohibition against atenting abstract ideas), as may nearly any man-made transformation or manipulation of the raw materials of the genome, such as cDNAs. Thus, the patent laws embrace gene replacement therapies, engineered biologic drugs, methods of modifying the properties of plants or generating biofuels, and similar advanced applications of biotechnology. Crossing the threshold of section 101, however, requires something more than identifying and isolating what has always existed in nature, no matter how difficult or useful that discovery may be.[368]

[...]

No one doubts that the native BRCA genes *in situ* are products of nature. The unique nucleotide sequence that induces human cells to express the BRCA1 protein was not invented by appellants or, for that

368. U.S. Department of Justice 2010, p. 9-10.

matter, by scientists at NIH. Nor was the fact that certain mutations in those sequences and not others (see, e.g., claim 7 of the'282 patent) are associated with an increased risk of breast and ovarian cancer. The BRCA genes, their deleterious alleles, and their relationship to breast cancer are the products of evolution, not human invention. Like the mutually non--inhibitive qualities of the bacterial strains in Funk Brothers, the cancer--inhibitive qualities of the BRCA gene products are 'manifestations of laws of nature, free to all men and reserved exclusively to none'. Indeed, the relationship between a naturally occurring nucleotide sequence and the molecule it induces a human cell to express – that is, the relationship between genotype and phenotype – is simply a *law of nature. The fact that a particular segment of the human genome codes for the BRCA1 protein in a human cell, for example, rather than for adrenaline or insulin or nothing at all, is not within the power of science to alter*. Such basic natural relationships may not be the subject of a patent"[369] (grifos nossos).

Em segundo lugar, ainda que os referidos materiais e informações sejam considerados invenções elegíveis para proteção patentária, é preciso ter presente que, uma vez esclarecido o que indica a presença de certa sequência genética e/ou proteína no organismo humano – em termos de presença, predisposição ou ausência de enfermidades –, o desenvolvimento de um teste diagnóstico é uma tarefa simples: basta a descrição molecular do gene ou da proteína de referência, a qual representa o perfil genético ou proteômico de um indivíduo saudável ou de indivíduo um enfermo ou de um indivíduo predisposto ao desenvolvimento de certa enfermidade; a coleta e a caracterização molecular do material biológico do paciente; e a comparação deste material com o material de referência.[370] É possível rechaçar o patenteamento de testes diagnósticos e preditivos genéticos, porquanto seu desenvolvimento não envolve reais habilidades inventivas (inventividade).

Nos termos da exceção proposta, os desenvolvedores de testes diagnósticos e todos aqueles que os utilizarem suportarão o dever de publicar todas as informações desconhecidas levantadas a respeito de relações entre mutações genéticas e predisposição a enfermidades, identificadas em função da realização de testes laboratoriais. Essas informações seriam incluídas em um banco de dados público de alcance nacional, administrado pela OGCP.[371] Essa obrigação é um meio de efetivar os compromissos políticos assumidos pela comunidade internacional, incorporados à Declaração Internacional sobre os Dados Genéticos Humanos e à Declaração Universal sobre o Genoma Humano e os Direitos Humanos, de facilitar a disseminação e a aplicação de

369. U.S. Department of Justice 2010, p. 18-19.
370. Advisory Council on Intellectual Property 2005, p. 53.
371. Baseado em OECD 2006, par. 25.

informações científicas a respeito de material genético e proteômico humano em prol do bem-estar da humanidade.[372]

Um possível argumento contrário à adoção da exceção proposta é a falta de incentivos econômicos para instituições privadas investirem no desenvolvimento de testes diagnósticos. Dados empíricos recentes sugerem, contudo, que a proteção patentária não é uma condição *sine qua non* para o desenvolvimento de novos testes diagnósticos, pois os membros da comunidade científica são motivados a inovar em benefício do interesse público, e não apenas pelo desejo de receber *royalties*, tanto é que testes diagnósticos não patenteados são introduzidos, rotineiramente, no mercado norte-americano.[373]

4.8 Avaliação da legalidade da exceção de teste diagnóstico em face do art. 30 do Acordo TRIPS

4.8.1 Primeira etapa: avaliação do caráter limitado da exceção de teste diagnóstico

A exceção de teste diagnóstico afasta as barreiras que impedem o livre desenvolvimento e a distribuição de novos testes diagnósticos, estimulando, portanto, a produção de conhecimentos científicos e tecnológicos na área genética; fomentando o rápido desenvolvimento e introdução de novos testes no mercado, inclusive testes desenvolvidos por instituições públicas de pesquisa para distribuição gratuita; fortalecendo a concorrência no setor de testes genéticos e aprimorando a qualidade dos testes oferecidos; capacitando um maior número de cientistas e de profissionais da saúde a, respectivamente, desenvolver e aplicar testes genéticos; reduzindo os preços dos testes genéticos, aumentando sua acessibilidade e ampliando as chances de os indivíduos obterem um diagnóstico precoce para enfermidades graves, o que conduz a um aumento das chances de cura e tratamento. Todos esses interesses são salvaguardados pelo Acordo TRIPS, porquanto constituem interesses públicos

372. Arts. 18, alíneas (b) e (c), e 19 da Declaração Internacional sobre os Dados Genéticos Humanos; arts. 12, alíneas (a) e (b), e 18 da Declaração Universal sobre o Genoma Humano e os Direitos Humanos ("Art. 12 – (a) Toda persona debe tener acceso a los progresos de la biología, la genética y la medicina en materia de genoma humano, respetándose su dignidad y derechos. b) La libertad de investigación, que es necesaria para el progreso del saber, procede de la libertad de pensamiento. Las aplicaciones de la investigación sobre el genoma humano, sobre todo en el campo de la biología, la genética y la medicina, deben orientarse a aliviar el sufrimiento y mejorar la salud del individuo y de toda la humanidad. [...] Art. 18 – Los Estados deberán hacer todo lo posible, teniendo debidamente en cuenta los principios establecidos en la presente Declaración, para seguir fomentando la difusión internacional de los conocimientos científicos sobre el genoma humano, la diversidad humana y la investigación genética [...]").

373. SACGHS 2009, p. 99-100 e 111.

"em setores de importância vital" para o "desenvolvimento socioeconômico e tecnológico" de qualquer sociedade.

Tais objetivos são promovidos mediante: a garantia do direito de acesso e uso facilitado de materiais genéticos, proteômicos e das descrições moleculares desses materiais para desenvolver testes diagnósticos; e a obrigação, imposta aos beneficiários da exceção, de divulgar publicamente os conhecimentos obtidos a respeito de relações existentes entre mutações genéticas, presença de proteínas e predisposição a enfermidades. Os meios utilizados para efetivar os objetivos perseguidos pela exceção de teste diagnóstico são adequados.[374]

A exceção investigada observa igualmente os limites fixados pelo Acordo TRIPS.[375] Em primeiro lugar, porque afeta as patentes tanto de nacionais quanto de estrangeiros (arts. 3.º e 4.º). Em segundo lugar, porque não impede a proteção de qualquer uma das categorias de invenções que, nos termos do art. 27 do Acordo TRIPS, devem ser passíveis de receber proteção patentária. Em terceiro lugar, porque não produz o efeito de afetar o termo de proteção mínimo que os Membros da OMC devem assegurar às patentes (art. 33). Em quarto lugar, porque observa estritamente o espaço ocupado pelo sistema de licenciamento compulsório (art. 31): tendo em vista que a exceção proposta produz o efeito de impedir o patenteamento de testes diagnósticos elaborados com material genético e proteômico de origem humana, a limitação estabelecida pelo art. 31(l) do Acordo TRIPS não é aplicável, não havendo, pois, qualquer impedimento para a adoção de um esquema assentado em uma regra de responsabilidade, ainda que o teste desenvolvido incorpore tão somente uma única invenção patenteada.[376] Por fim, a exceção proposta observa o princípio da não discriminação (art. 27.1), apesar de ela afetar somente as patentes associadas a material genético e proteômico de origem humana. Instaurar uma exceção que afeta, com exclusividade, essas patentes não configura um ato discriminatório, porquanto esses insumos gozam de *status* especial, o qual justifica uma exceção concebida para tratar dos problemas específicos criados por essas patentes.

O *status* especial do genoma e do proteoma humano decorre, *inter alia*, do fato de "serem preditivos de predisposições genéticas dos indivíduos"; de "poderem conter informações cuja importância não é necessariamente conhecida no momento em que são recolhidas as amostras biológicas";[377] do número limitado de genes e proteínas humanas;[378] de constituírem um mate-

374. American College of Medical Genetics 1999.

375. Cf. itens 1.4.3.3, 1.4.3.3.4.1 a 1.4.3.3.4.4.

376. Cf. item 1.4.3.3.4.3.

377. Art. 4(a)(i) e (iii) da Declaração Internacional sobre os Dados Genéticos Humanos.

378. OECD 2002, p. 11.

rial natural, não produzido pelo homem;[379] e, o mais importante, do fato de o genoma humano ser "a base da unidade fundamental de todos os membros da família humana e do reconhecimento de sua dignidade intrínseca e diversidade", constituindo, portanto, um patrimônio comum da humanidade.[380] Uma característica aparentemente especial, presente no genoma de certo indivíduo, será compartilhada por um sem-número de indivíduos. Portanto, nenhuma instituição ou indivíduo tem legitimidade para requerer direitos de propriedade sobre um recurso e/ou informações compartilhadas pela família humana, sem uma autorização prévia de cada cotitular de direitos;[381] fazê-lo caracteriza um ato de apropriação indébita de recursos de terceiros (enriquecimento sem causa). Outrossim, apesar de os titulares de patentes argumentarem, com frequência, que as patentes que protegem genes e proteínas humanas não estendem a proteção sobre o material natural conservado pelos indivíduos, um exemplo singelo revela a falta de base desse argumento. Na hipótese de o gene do câncer de próstata estar patenteado no Brasil, se um paciente doar a uma instituição de pesquisa local uma amostra de seu material genético associado ao câncer de próstata, para que ele sirva de subsídio a projetos dedicados ao desenvolvimento de testes diagnósticos ou novas terapias para o tratamento desta enfermidade, esse material não poderá ser utilizado sem a autorização do titular da patente concedida pelo INPI.[382] Não há dúvida, portanto, que as patentes interferem na privacidade e no direito dos indivíduos de disporem de seu próprio material genético.

Apesar dos argumentos contrários à sua privatização, um número substancial de Estados julga ordinárias as "invenções" que incorporam material genético e proteômico de origem humana. Tendo essa realidade como pano de fundo, a missão da exceção proposta é mitigar os efeitos socialmente deletérios produzidos *especificamente* pelas patentes incidentes sobre os referidos materiais, mediante o oferecimento de um amplo espaço ao desenvolvimento de testes diagnósticos. Em outras palavras, a exceção proposta tem como premissa o entendimento de que as patentes conferidas a invenções genéticas e proteômicas serão ainda mais reprováveis se os objetos protegidos não beneficiarem amplamente todos os setores da humanidade. Em virtude do *status* especial desses materiais e informações e dos objetivos vitais perseguidos pela exceção – e.g., promover o direito à saúde e à vida de um sem-número de indivíduos –, a exceção de teste diagnóstico não pode ser julgada discriminatória.

379. American College of Medical Genetics 1999.

380. Art. 1.º da Declaração Universal sobre o Genoma Humano e Direitos Humanos.

381. The Danish Council of Ethics 2004, p. 63-78.

382. Paradise e Jason 2006, p. 152; Rivers 2002.

4.8.2 *Segunda etapa: avaliação da razoabilidade da interferência provocada pela exceção de teste diagnóstico*

A razoabilidade da interferência provocada pela exceção de teste diagnóstico na exploração normal das patentes afetadas depende da inexistência de uma medida alternativa, capaz de promover os mesmos objetivos efetivados pela exceção investigada, mas restringindo em menor grau os direitos assegurados aos titulares de patentes. A seguir, avaliar-se-á a capacidade de três medidas indicadas pela literatura de figurar como alternativa à exceção proposta.

4.8.2.1 Proposta de Lynn Rivers

Em 2002, Lynn Rivers, então congressista norte-americana, propôs um projeto de lei denominado *Genomic Research and Diagnostic Accessibility Act*, que, se aprovado, teria introduzido uma exceção para uso diagnóstico no ordenamento jurídico norte-americano, a qual libera laboratórios, universidades e organizações privadas de utilizarem material genético e proteômico patenteado para desenvolverem e realizarem testes diagnósticos,[383] independentemente do pagamento de qualquer remuneração aos titulares de patentes prejudicados. O projeto de lei de Rivers é hábil a efetivar os mesmos interesses salvaguardados pela exceção de teste diagnóstico proposta, inclusive no mesmo nível. Contudo, sob a ótica dos titulares das patentes afetadas, a proposta de Rivers é mais gravosa que a exceção propugnada, pois não garante aos titulares de patentes o direito a receber uma remuneração justa quando terceiros desenvolverem e comercializarem testes diagnósticos.

4.8.2.2 Propostas baseadas em um esquema de licenciamento compulsório

A Lei de Patentes da Suíça, emendada em julho de 2009, autoriza o Poder Público local a licenciar compulsoriamente patentes cujos objetos são testes diagnósticos, desde que comprovado, por meio de um processo judicial ou administrativo, que os titulares das patentes utilizaram-nas para fins anticoncorrenciais.[384] O modelo suíço é incapaz de realizar os mesmos objetivos da proposta de exceção de teste diagnóstico, não só porque a obtenção de uma licença compulsória depende da difícil e custosa comprovação de que o titular da patente de interesse praticou atos anticoncorrenciais, mas, sobretudo, porque não autoriza o desenvolvimento de novos testes nem obriga os titulares de testes diagnósticos a divulgar, publicamente, suas descobertas a respeito de relações causais entre mutações genéticas e proteômicas e enfer-

383. Rivers 2002, p. E 354.

384. Art. 40c (G), Loi fédérale sur les brevets d'invention du 25 juin 1954 ("Dans le cas d'une invention portant sur un produit ou un procédé de diagnostic dans le domaine humain, une licence non exclusive est octroyée pour remédier à une pratique déclarée anticoncurrentielle à l'issue d'une procédure judiciaire ou administrative").

midades. O único objetivo que a norma suíça é capaz de realizar, mas em grau muito inferior ao alcançado pela exceção de teste diagnóstico proposta neste estudo, é o direito à saúde, pois, com a emissão de uma licença compulsória, possivelmente, diminuirão os preços praticados para o teste objeto da patente licenciada.

A princípio, parece uma alternativa superior ao modelo suíço autorizar a concessão de licenças compulsórias não apenas para remediar práticas anticoncorrenciais, mas também para autorizar terceiros a empregar material genético e proteômico de origem humana, para fins de desenvolvimento de testes diagnósticos, sempre que os titulares de patentes se recusarem a conceder licenças voluntárias não exclusivas em termos comercialmente razoáveis.[385] Ainda assim, uma medida com esse perfil não parece apta a promover os mesmos interesses salvaguardados pela exceção de teste diagnóstico, pelo menos não no mesmo nível. Como já visto exaustivamente, a obtenção de uma licença compulsória é uma cara loteria; e, mesmo que os requerentes obtenham, com sucesso, as licenças desejadas, o tempo consumido para isso é certamente longo.[386] A demora, nesse caso, tem um preço que nenhuma sociedade civilizada deve estar aberta a pagar: vidas humanas perdidas.

Como resultado da inexistência de uma medida alternativa verdadeiramente capaz de promover os mesmos interesses fomentados pela exceção de teste diagnóstico, e que restringe, em menor grau, os direitos dos titulares de patentes genéticas e proteômicas, a exceção de teste diagnóstico proposta passou, com sucesso, pela segunda etapa do teste do art. 30 do Acordo TRIPS.

4.8.3 *Terceira etapa: avaliação da razoabilidade dos prejuízos provocados pela exceção de teste diagnóstico*

Os prejuízos provocados pela exceção de teste diagnóstico nos interesses legítimos dos titulares serão razoáveis, na medida em que os benefícios sociais totais promovidos por ela superarem os prejuízos impingidos aos interesses legítimos dos titulares de patentes.

A exceção de teste diagnóstico promove interesses de importância vital a qualquer sociedade: salvaguarda os direitos à saúde e à vida dos seres humanos; catalisa o progresso científico e tecnológico no setor de diagnósticos; e estimula a criação de postos de trabalho na academia, na indústria de inovação e em laboratórios clínicos, em função da maior variedade de testes diagnósticos disponíveis no mercado. Por outro lado, apesar da exceção interferir no exercício dos direitos dos titulares de patentes de impedir terceiros de produzir, usar e comercializar os objetos das patentes sujeitas à exceção, quando terceiros objetivarem desenvolver e distribuir testes genéticos com fins comerciais, isso não implica que os legítimos interesses econômicos dos

385. Nesse sentido, cf. Cook 2006, p. 163-164 e 168.

386. Cf. item 4.6.2.1.

titulares de patentes estejam descobertos: a exceção lhes assegura uma remuneração equitativa toda vez que novos testes diagnósticos forem comercializados. Considerando que as patentes devem servir como mola propulsora da inovação em benefício da sociedade, os prejuízos sofridos pelos titulares das patentes afetadas são desprezíveis, especialmente quando se tem presente que a exceção de teste diagnóstico é igualmente benéfica ao setor da inovação, ao garantir-lhe uma ampla liberdade para desenvolver e distribuir, comercial ou gratuitamente, testes diagnósticos.

Uma vez que os benefícios sociais gerados pela exceção examinada são de grande importância, enquanto os prejuízos aos interesses legítimos dos titulares de patentes são irrelevantes, sem dúvida alguma, a exceção proposta passa pelo crivo da etapa final do teste do art. 30 do Acordo TRIPS, sendo, portanto, lícita.

Capítulo 5

Direito de marcas e a exceção de paródia e crítica

O que a segurança do Estado exige, antes de mais nada, é certamente que cada qual submeta sua ação às leis do soberano (do povo, portanto, numa democracia), mas também que quanto ao resto seja permitido a cada qual pensar o que quiser e dizer o que pensa.

BARUCH SPINOZA

5.1 Introdução

Os titulares de marcas comerciais protegidas gozam do amplo "direito exclusivo de impedir que terceiros, sem seu consentimento, utilizem em *operações comerciais* sinais idênticos ou similares para bens ou serviços que sejam idênticos ou similares àqueles para os quais a marca está registrada, quando esse uso possa resultar em confusão" (art. 16.1 do Acordo TRIPS). Os direitos de exclusividade conferidos ao titulares de uma marca têm por objeto resguardar sua distintividade, isto é, sua aptidão de identificar a origem de produtos e serviços que a ostentam e de diferenciar esses produtos e serviços de outros idênticos ou similares providos pela concorrência.[1] Quando

1. Ver Ghidini 2006, p.79-80: "The trademark's distinctive function [...] has acquired a special, stronger significance with the expansion of markets and the increased physical distance between firms and consumers, who no longer come into close, or even personal contact, as was the case in the cottage industry-based economy. This distance can only be bridged by a distinguishing sign, used on an exclusive, permanent basis which enables consumers to recognize a given source of business and products, and therefore to make or repeat preferential choices when purchasing certain goods and services. It must be stressed that firms and consumers share an interest in the distinctive function of the sign: consumer choices may be diverted as a result of mistake about the origin of the products. This diversion, not only directly prejudices consumers (whose desire to purchase from X instead of Y will be thwarted by the misunderstanding) but it will also prejudice the trademark owners, who will lose current and potential customers to their competitors. [...] the right to a trademark used with

uma marca B dilui a distintividade da marca bem-afamada A, A deixa de ser reconhecida pelo consumidor como o único sinal identificador dos produtos manufaturados por seu titular ou legítimo licenciado; o consumidor poderá igualmente reconhecer B como identificador desses mesmos produtos. Em função dessa confusão, B acaba por captar injustamente os consumidores de A. Nesse sentido, o Tribunal de Justiça da União Europeia, em *The Gillette Company, Gillette Group Finland Oy v. LA-Laboratories*, afirmou que:

> "a função essencial da marca é garantir ao consumidor ou ao utilizador final a identidade de origem do produto ou do serviço designado pela marca, permitindo-lhe distinguir, sem confusão possível, este produto ou serviço de outros que tenham proveniência diversa. Com efeito, para que a marca possa desempenhar o seu papel de elemento essencial do sistema de concorrência leal [...], ela deve constituir a garantia de que todos os produtos ou serviços que a ostentam foram fabricados ou prestados sob o controlo de uma única empresa à qual possa ser atribuída a responsabilidade pela qualidade daqueles".[2]

Enfim, as marcas são um instrumento de promoção do livre comércio leal e dos interesses do consumidor, mediante a individualização de produtos e serviços.

Marcas comerciais famosas vêm sendo utilizadas por ONGs em ações que adotam a tática do *naming and shaming* (nomear e envergonhar).[3] Nessas ações, diversas ONGs utilizam marcas comerciais de grandes empresas como matéria-prima de campanhas de conscientização pública a respeito de ações prejudiciais aos interesses da sociedade empreendidas pelas empresas titu-

a purely distinguishing function [...] does not express any exclusivity over industrial or commercial activity, but merely reserves the right to use a tool tha ensures distinction on the market; one which is more fully (effectively) distinctive *precisely because it is exclusive*. In the last analysis, this feature performs a genuine pro-competitive function".

2. Tribunal de Justiça da União Europeia, *The Gillette Company, Gillette Group Finland Oy contra LA-Laboratories Ltd Ou* (C228/03), 17 de março de 2005, par. 26. No mesmo sentido, Tribunal de Justiça da União Europeia, Google France SARL, *Google Inc. contra Louis Vuitton Malletier SA et al.* (C236/08 a C238/08), par. 82: "A função essencial da marca é garantir ao consumidor ou ao utilizador final a identidade da origem do produto ou do serviço designado pela marca, permitindolhe distinguir esse produto ou serviço de outros que tenham proveniência diversa". O Tribunal de Justiça da União Europeia também identifica outras funções desempenhadas pelas marcas comerciais: "Entre essas funções figuram não apenas a função essencial da marca, que consiste em garantir aos consumidores a proveniência do produto ou do serviço (a seguir'função de indicação de origem'), mas igualmente as suas outras funções, como, designadamente, garantir a qualidade desse produto ou desse serviço, ou as funções de comunicação, de investimento ou de publicidade [...]" (idem, ibidem, par. 77).
3. Abramovay 2010, p. 100.

lares dessas marcas. Muitas dessas campanhas, em especial as patrocinadas por organizações ambientalistas, têm por fim último garantir a efetividade do princípio 08 da Declaração do Rio sobre Meio Ambiente e Desenvolvimento (Declaração do Rio), segundo o qual, "para alcançar o desenvolvimento sustentável e uma melhor qualidade de vida para todas as pessoas, os Estados devem reduzir e eliminar os sistemas de produção e consumo não sustentados [...]", e o princípio 10, também da Declaração do Rio, o qual impõe aos Estados o dever de "facilitar e fomentar a sensibilização e a participação do público, colocando a informação à disposição de todos". Cabe aos consumidores pressionar o setor produtivo a reformar suas políticas por meio da mudança de seus hábitos de consumo. As campanhas de conscientização promovidas por ONGs – que envolvem, entre outras coisas, a elaboração de paródias das marcas comerciais de grandes conglomerados empresariais – são meios eficientes de informar e instigar o consumidor a adquirir produtos e serviços providos por empresas comprometidas com a sustentabilidade do meio ambiente.

A título de ilustração, é interessante mencionar a recente campanha intitulada "Tar Sands" ("areia betuminosa"[4]), lançada em 2009 pela organização ambientalista Greenpeace contra a British Petroleum (BP).[5] Em 2000, a BP adotou o slogan "Beyond Petroleum" ("Além do Petróleo") e uma nova marca, composta por uma flor em tons de verde e amarelo, que muito se assemelha a uma vitória-régia. A campanha de renovação da imagem da BP tinha por fim expressar o compromisso desta empresa de explorar fontes de energia limpa, mais adequadas a um contexto de mudanças climáticas.

No presente, a BP se organiza para explorar, em Alberta, Canadá, depósitos de areia betuminosa por meio de uma técnica de extração agressiva, que envolve a produção de maiores quantidades de gases de efeito estufa e que consome quantidades gigantescas de água, bem mais do que as técnicas convencionais. Os depósitos de areia betuminosa da região de Alberta estão localizados sob a floresta boreal do Canadá. Para extraí-la, as empresas petroleiras que atuam na região derrubam a floresta e abrem grandes crateras de terra para viabilizar a retirada dos depósitos de betume.[6] Todo esse processo é prejudicial ao meio ambiente, sendo responsável pela recente onda de destruição das florestas do Canadá, pela produção de rejeitos tóxicos que estão envenenando e destruindo as fontes de águas e os ecossistemas de Alberta[7] e pelo

4. "Tar sands" é uma mistura formada por água, areia e uma forma muito densa de petróleo conhecida por betume.
5. Todas as informações sobre a campanha do Greenpeace foram extraídas da página: <http://www.greenpeace.org.uk/files/tarsands/index.html> (Acesso em: 24 jun. 2010).
6. Greenpeace UK 2010.
7. A produção de um único barril de petróleo depende da extração de três toneladas de terra.

aumento da produção de gases de efeito estufa.[8] Em função dos planos da BP, o Greenpeace lançou uma campanha internacional, em que trata, ironicamente, a BP pelas denominações"British Polluters" ("Poluidores Britânicos") e"Bad People" ("Gente Má"). Além de apresentar denúncias contra a BP, a organização ambiental lançou uma competição internacional, a qual convocou indivíduos de todo o mundo a redesenhar o logo da empresa britânica, pois, segundo seu entendimento, o logo atual da BP seria incoerente com sua política ambientalmente nociva. O Greenpeace recebeu inúmeras propostas de logos para a BP, todas elas postadas em seu site internacional na internet. A maioria esmagadora das criações postadas são paródias[9] da marca figurativa da BP (a flor já referida), que associam a BP à destruição do meio ambiente, da fauna, da flora e do homem.[10] Com receio de que a reputação da BP possa ser danificada de maneira definitiva, seus acionistas requereram ao comitê de administração da empresa a reavaliação dos custos ambientais e de imagem do projeto"Tar Sands".[11]

Embora os direitos de exclusividade conferidos pelas marcas comerciais apenas possam ser exercidos na esfera do comércio, os titulares de marcas podem eventualmente exercer seus direitos de exclusividade nos tribunais, para tentar restringir a divulgação de mensagens que possam prejudicar seus negócios e imagem, conforme se verá a seguir.[12]

A primeira parte do presente capítulo examina alguns casos ocorridos na África do Sul, Brasil, Índia e França, marcados por conflitos entre o direi-

8. Na esfera do projeto"Tar Sands", a produção de sete barris de petróleo consome um barril de petróleo, enquanto a extração de 35 barris de petróleo cru comum consome, geralmente, um único barril de petróleo.

9. Uma paródia associa a apropriação de elementos de marcas comerciais famosas a elementos novos, com o fim de transmitir mensagens críticas, satíricas ou jocosas. Logo, uma paródia remete à marca criticada ou satirizada e comunica ao público que ela não é a marca famosa parodiada. Nesse sentido é a decisão do United States Court of Appeals for the Fourth Circuit, no caso *Louis Vuitton Malletier S.A. v. Haute Diggity Dog, LLC et al.*:"But that is the essence of a parody – the invocation of a famous mark in the consumer's mind, so long as the distinction between the marks is also readily recognized. While a trademark parody necessarily copies enough of the original design to bring it to mind as a target, a successful parody also distinguishes itself and, because of the implicit message communicated by the parody, allows the consumer to appreciate it".

10. Todos os logotipos enviados estão disponíveis em: <http://www.flickr.com/photos/greenpeaceuk/sets/72157623796911855/>. Acesso em: 15 jul. 2011.

11. Cf. Pals 2010.

12. A seleção de casos franceses examinados neste capítulo inspirou-se em Geiger (2004 e 2007b).

to à liberdade de expressão e os direitos de marca. Em seguida, é proposta uma "exceção de paródia e crítica", concebida para prevenir que os direitos conferidos por marcas comerciais sejam exercidos de maneira a afetar a liberdade de expressão de terceiros. Por fim, a legalidade da exceção proposta é avaliada mediante a aplicação do teste do art. 17 do Acordo TRIPS.

5.2 Alguns casos envolvendo conflitos entre direitos de marca e a liberdade de expressão

5.2.1 Caso South African Breweries

A *Laugh it Off Promotions* (*Laugh it Off*) é uma pequena empresa sul-africana dedicada à confecção e à comercialização de camisetas que reproduzem sátiras de marcas famosas na África do Sul como forma de comunicar ao público, entre outras coisas, críticas às práticas adotadas pelas empresas titulares das marcas parodiadas. A estratégia utilizada pela *Laugh it Off* foi batizada de "jiu-jitsu ideológico", caracterizada por utilizar o peso e força de marcas famosas contra elas mesmas, porquanto as paródias de suas marcas são facilmente reconhecíveis pela maioria esmagadora dos indivíduos. Um dos objetos de crítica da *Laugh it Off* é a marca de cervejas "Carling Black Label".

A empresa South African Breweries International é titular de três marcas sul-africanas: (a) a marca nominativa "Carling Black Label"; (b) a marca semifigurativa que contém as seguintes inscrições: "Carling – Enjoyed by Men Around the World"; (c) e a marca semifigurativa que contém as inscrições "Carling Beer Black Label: America's lusty, lively beer. Brewed in South Africa". As referidas marcas são utilizadas na África do Sul pela South African Breweries (SAB), sob licença de seu titular, para a comercialização de suas cervejas.

Ao final de 2001, veio ao conhecimento da SAB que a *Laugh it Off* passou a comercializar camisetas que ostentavam uma paródia das marcas "Carling Black Label". Na marca semifigurativa "Carling Black Label", a inscrição "Black Label" foi substituída por "Black Labour" (trabalho negro) e "Carling Beer" por "White Guilt" (culpa branca). As inscrições "America's lusty lively beer" (Cerveja robusta e vigorosa da América) e "enjoyed by men around the world" (apreciada por homens em todo o mundo) foram substituídas, respectivamente, por "Africa's lusty lively exploitation since 1652" (exploração robusta e vigorosa da África desde 1652) e por "no regard given worldwide" (nenhuma consideração dada no mundo inteiro).

A SAB ajuizou uma ação perante o Poder Judiciário da África do Sul, na qual requereu a proibição da comercialização das referidas camisetas, com fundamento no art. 34(1)(c) do Trade Marks Act 194 of 1993, o qual confere ao titular de uma marca comercial famosa o direito de impedir terceiros de praticar atos capazes de diluir seu poder distintivo, quando o uso empreendido for hábil a trazer vantagens injustas ao agente (diluição por ofuscamento[13]) ou prejudicar a reputação da marca famosa (diluição por deslustre[14]).

A *Laugh it Off* centrou sua defesa no art. 16(1) da Constituição Sul-africana, que garante o direito à liberdade de expressão. A Corte de primeira instância (Cape High Court) julgou em favor da SAB e considerou que as atividades da *Laugh it Off* não estavam amparadas pelo direito à liberdade de expressão, pois apresentavam viés comercial. No mais, a Corte assinalou que a paródia ecoava uma mensagem racista, o que é proibido pela Carta Constitucional sul-africana (art. 16(2)(c)).[15]

A decisão de primeira instância foi mantida pela Suprema Corte de Apelação (Supreme Court of Appeal), que entendeu que a empresa de confecções abusou de sua liberdade de expressão. Segundo a Corte, a paródia transmitia ao público a mensagem de que a empresa cervejeira SAB explora, desde tempos imemoriais, mão de obra negra e que, por essa razão, deveria alimentar um sentimento de culpa; a paródia ainda veicularia a mensagem de que a SAB, em âmbito internacional, não dá importância à exploração do ser humano.[16] A Corte entendeu que tais mensagens guardam a *capacidade* de macular a reputação da marca "Carling Black Label", ao criar na mente do consumidor uma associação degradante. O fato de os negócios da *Laugh it Off* girarem em torno da comercialização de camisetas que ostentam paródias de marcas famosas seria indicativo da "intenção predatória" da empresa de confecção.[17] A Corte, por outro lado, aclarou que o ordenamento jurídico da África do Sul não impede a elaboração de paródias de marcas comerciais protegidas, desde que elas não sejam utilizadas no comércio. Ou seja, as paródias não podem ser apostas em produtos e serviços distribuídos comercialmente.[18]

A *Laugh it Off* recorreu à Corte Constitucional da África do Sul (Corte Constitucional), a qual, em 27 de maio de 2005, decidiu por reverter a decisão da Corte de Apelação e autorizar a comercialização das camisetas controver-

13. Diluição de uma marca por ofuscamento (*dilution by blurring*) consiste no enfraquecimento desleal do caráter único de uma marca, por exemplo, mediante o uso de uma marca similar a uma marca famosa, com o intuito de parasitar seu poder de atração do público consumidor.
14. Diluição de uma marca por deslustre (*dilution by tarnishment*) consiste na fragilização de sua reputação, como resultado de sua associação a uma marca semelhante, desde que esta última, de alguma forma, prejudique a reputação da marca famosa, por exemplo, mediante a comunicação de uma mensagem repugnante a respeito da primeira ou dos produtos que a ostentam.
15. Constitutional Court of South Africa, *Laugh it Off Promotions CC v. South African Breweries International* (Finance), par. 15.
16. Idem, ibidem, par. 20.
17. Idem, ibidem, par. 24.
18. Idem, ibidem, par. 23.

sas. O voto do Juiz Moseneke, o qual foi seguido pelos nove juízes da Corte Constitucional, examinou se a paródia da famosa marca de cervejas tem ou não a capacidade de diluir seu poder distintivo (i.e., seu caráter único junto ao público consumidor), seja mediante seu ofuscamento (*blurring*) ou deslustre (*tarnishment*).[19]

Moseneke acentuou a indispensabilidade de se interpretarem os termos do art. 34(1)(c) da Lei de Marcas em harmonia com o direito constitucional à liberdade de expressão. Em seu entendimento, ao interpretar o sentido da cláusula de antidiluição da lei de marcas, as Cortes devem sempre optar pela alternativa interpretativa menos restritiva da liberdade de expressão, dentre as alternativas à disposição, capazes de prevenir a diluição do poder distintivo de marcas famosas:[20]

> "A finding of unfair use or likelihood of detriment to the repute of the marks hinges on whether the offending expression is protected under section 16(1) of the Constitution or not. If the expression is constitutionally protected, what is unfair or detrimental, or not, in the context of section 34(1)(c) must then be mediated against the competing claim for free expression. [...] The injunction to construe statutes consistent with the Constitution means that, where reasonably possible, the court is obliged to promote the rights entrenched by it. [...] That in turn impels us to a construction of section 34(1)(c) most compatible with the right to free expression. The anti-dilution provision must bear a meaning which is the least destructive of other entrenched rights and in this case free expression rights. The reach of the statutory prohibition must be curtailed to the least intrusive means necessary to achieve the purpose of the section. Courts must be astute not to convert the anti-dilution safeguard of renowned trade marks usually controlled by powerful financial interests into a monopoly adverse to other claims of expressive conduct of at least equal cogency and worth in our broader society".

A partir dessa premissa, Moseneke construiu o entendimento de que, sob os auspícios do art. 34(1)(c) da Lei de Marcas, o titular de uma marca famosa apenas terá o direito de impedir a divulgação de uma paródia de sua marca se comprovar que a paródia encerra uma probabilidade real de engendrar danos econômicos *substanciais* a seus negócios.[21] O juiz concluiu que inexistem provas de que as camisetas comercializadas pela *Laugh it Off* seriam capazes de provocar danos econômicos substanciais à marca de cerveja. O fato de a paródia transmitir mensagens desagradáveis a respeito da

19. Constitutional Court of South Africa, *Laugh it Off Promotions CC v. South African Breweries International* (Finance), par. 41.
20. Idem, ibidem, par. 44 e 49.
21. Idem, ibidem, par. 50.

"dignidade" da marca "Carling Black Label" não é suficiente para impedir a comercialização das camisetas.[22]

O Juiz Sachs concordou com o voto de Moseneke, mas fez observações adicionais para fundamentar sua posição. Sachs acentuou que uma boa paródia tem como pressuposto a apropriação, em grande medida, do trabalho de outrem; por essa razão, a simples apropriação não autorizada da marca de terceiro não é razão suficiente para impedir a divulgação de uma paródia.[23] Segundo Sachs, é preciso, nas circunstâncias do caso concreto, realizar uma operação de balanceamento entre os direitos de marca e o direito à liberdade de expressão de terceiros. Para avaliar a legitimidade de uma paródia, Sachs propôs uma espécie de teste de *fair use*, composto por uma lista não exaustiva de fatores, que devem ser pesados pelo julgador.

Em primeiro lugar, Sachs sublinhou que, no processo de balanceamento, a natureza comercial das atividades conduzidas pelo autor da paródia não é suficiente para caracterizá-la como abusiva; o que importa é investigar se a atividade impugnada é primariamente comunicativa ou comercial.[24] Em segundo lugar, para a avaliação da suposta abusividade da paródia, Sachs julgou irrelevante o fato de a mensagem associada à paródia poder ser transmitida por outros meios mais diretos, que não envolvem a deturpação da marca de cerveja. Se a inexistência de meios alternativos fosse determinante no processo de avaliação da legalidade da paródia, as paródias de marcas comerciais seriam banidas.[25] Em terceiro lugar, Sachs indicou que o meio utilizado para a divulgação da paródia e o contexto de seu uso são fatores que devem ser considerados na avaliação da legitimidade da paródia. No caso concreto, o juiz considerou que a reprodução da paródia em camisetas, cujo público consumidor-alvo é formado por jovens irreverentes e críticos, é sugestiva da adequação do meio utilizado para a divulgação.[26] Por fim, Sachs esclareceu que o fato de a paródia ser repugnante ou desagradável não pesa contra sua legitimidade; se apenas paródias de "bom gosto" ou "engraçadas" fossem legítimas, a sociedade apenas ouviria uma única voz, possivelmente a dos poderosos.[27] No mais, a quem seria dado o direito de avaliar se uma determinada paródia é ou não de "bom gosto"?

Sachs considerou a paródia legítima, porquanto, em uma sociedade onde as marcas alcançaram o *status* de ícones culturais, paródias configuram meios eficazes e únicos de transmitir críticas sociais. Sachs sublinhou que a paródia

22. Constitutional Court of South Africa, *Laugh it Off Promotions CC v. South African Breweries International* (Finance), par. 55-56.
23. Idem, ibidem, par. 77.
24. Idem, ibidem, par. 85-86.
25. Idem, ibidem, par. 87.
26. Idem, ibidem, par. 89.
27. Idem, ibidem.

elaborada pela *Laugh it Off* não critica a qualidade dos produtos comercializados sob a marca "Carling Black Label", e tampouco é utilizada para a promoção de um produto concorrente. A comercialização das camisetas é apenas um meio para tornar sustentáveis as atividades "políticas" da *Laugh it Off*. A paródia serviu para instigar debates públicos sobre temas controversos.[28] A paródia examinada seria, portanto, incapaz de destruir ou enfraquecer o magnetismo comercial da marca de cerveja.[29] Sachs, acertadamente, reconhece que a função do direito da propriedade intelectual é impedir a apropriação indébita de bens intangíveis, não lhe cabendo a função de impedir críticas aos titulares de marcas, ainda que julgadas injustas.[30]

5.2.2 Caso Areva

A Société des Participations du Commissariat à l'Énergie Atomique (SPCEA), mais conhecida por seu nome comercial Areva, é a líder mundial na produção de equipamentos e na provisão de serviços dirigidos à geração de energia nuclear. O Grupo Areva é titular de duas marcas comerciais semifigurativas: uma delas é constituída por um A estilizado, e a outra é constituída pelo mesmo A estilizado, sublinhado pela palavra Areva. Ambas as marcas comerciais foram registradas para diversas classes de produtos e serviços, inclusive para a classe referente a serviços de telecomunicações; serviços de comunicação via internet; comunicações por rádio nos campos da energia nuclear; transmissão de informações nos domínios da energia nuclear; distribuição eletrônica e transmissão de mensagens e informações através de extranets, internet ou intranet nos domínios da energia nuclear.

Em abril de 2002, o Greenpeace lançou uma campanha contra a indústria nuclear, acessível pelos *sites* do Greenpeace da França e da Nova Zelândia. A campanha tinha como objetivo: alertar o público francês e neozelandês a respeito dos perigos à saúde humana e ambiental associados à energia nuclear; informar o público a respeito dos níveis alarmantes de poluição radioativa supostamente gerados pelas atividades do Grupo Areva; e estimular o público a assinar um abaixo-assinado contra a liberação de dejetos nucleares no meio ambiente. No âmbito da internet, o Greenpeace promoveu sua campanha por meio da divulgação de três paródias das marcas da Areva: uma delas associa uma caveira, o símbolo radioativo e o slogan "Stop Plutonium" à marca Areva. Outra reproduz um peixe morto, cujo corpo ostenta a marca Areva escrita em letras de sangue. Uma terceira compreende um barco – cuja vela ostenta a marca Areva e caveiras –, o qual se apoia sobre uma bomba atômica.

28. Constitutional Court of South Africa, *Laugh it Off Promotions CC v. South African Breweries International* (Finance), par. 102.
29. Idem, ibidem, par. 109.
30. Idem, ibidem, par. 102.

No mesmo ano, a Areva ajuizou perante o Poder Judiciário francês uma ação em face da Associação Greenpeace França, da Associação Greenpeace Nova Zelândia (Greenpeace) e da Société Internet FR, empresa de hospedagem de páginas na internet, pela suposta infração dos direitos de exclusividade conferidos pelos registros das duas marcas referidas e pelo suposto denegrimento da reputação da Areva. A Areva requereu que o Judiciário determinasse, *inter alia*: (i) a retirada imediata dos *sites* do Greenpeace de todas as reproduções e imitações das marcas de titularidade da Areva, bem como quaisquer referências "ilícitas, implícitas ou explícitas a essas marcas"; (ii) a suspensão do acesso às páginas eletrônicas do Greenpeace que porventura fizessem referência explícita ou implícita às marcas da Areva; e (iii) o pagamento pelo Greenpeace de multa de 4.500 Euros.

Em 2 agosto de 2002, liminarmente, o Tribunal de Grande Instância de Paris (Tribunal de Grande Instance – TGI), proferiu decisão contrária às pretensões da Areva.[31] A principal fundamentação legal utilizada pelo Tribunal foi o fato de o Greenpeace ter empreendido grandes modificações nas marcas de titularidade da Areva e pelo fato de as paródias das marcas terem sido utilizadas no contexto de uma campanha de conscientização pública sobre os perigos associados à energia nuclear. Ou seja, as paródias das marcas não promoveram atividades comerciais potencialmente concorrentes com as empreendidas pela Areva.

Pouco tempo depois, em 2 de outubro de 2002, a Areva apelou à Corte de Apelações de Paris (Cour d'Appel de Paris). Em 26 de fevereiro de 2003, a Corte de Apelações confirmou a decisão liminar,[32] reconhecendo o direito à liberdade de expressão da Associação Greenpeace, que lhe autoriza a promover campanhas e a divulgar artigos e denúncias relacionadas aos seus objetivos sociais, da maneira que julgar mais adequada, e sublinhou que a alteração das marcas da Areva, por meio de sua associação a outras imagens e mensagens, é suficiente para evitar a indução do consumidor a erro a respeito da origem das paródias.

Em 4 de julho de 2004, o TGI finalmente decidiu o caso.[33] Em seu entendimento, o Greenpeace não infringiu qualquer direito de exclusividade conferido pelas marcas comerciais do Grupo Areva, mas as ações informativas patrocinadas pela organização ambientalista transmitiriam ao público a men-

31. Tribunal de Grande Instance de Paris, *SA Société des Participations du CEA c. Association Greenpeace France, Internet FR*. Paris, 02 Août 2002.

32. Cour d'Appel de Paris 14ème chambre, section A, *SA SPCEA Société des participations du Commissariat à l'Energie Atomique c. Association Greenpeace, Sa société Internet FR*. Arrêt du 26 Février 2003.

33. Tribunal de Grande Instance de Paris 3ème chamber, 2ème section, *SPCEA c. Greenpeace France, Greenpeace New Zealand, Internet FR*. Arrêt du 09 Juillet 2004.

sagem de que a Areva é uma fonte de mortandade. A associação das operações da Areva à morte seria hábil a produzir efeitos deletérios sobre a reputação da empresa, não amparados pelo direito à liberdade de expressão, porquanto o Greenpeace disporia de outros meios para divulgar a mesma mensagem sem depreciar a reputação da Areva. O TGI condenou o Greenpeace a, entre outras coisas, suspender qualquer forma de uso das marcas da Areva, inclusive o uso das paródias já referidas, e a pagar uma indenização no valor de 10.000 Euros.

Ambas as partes do caso recorreram à Corte de Apelações de Paris. Em 17 de novembro de 2006, a 4.ª Câmara da Corte de Apelações de Paris confirmou a decisão proferida pelo Tribunal de Grande Instância; o único ponto de relevo alterado foi o valor da condenação do Greenpeace: a organização foi condenada ao pagamento de uma indenização simbólica no valor de um Euro. A Corte de Apelações confirmou o entendimento de que o Greenpeace teria abusado de seu direito à liberdade de expressão ao associar à morte, de maneira genérica, os produtos e serviços providos pelo Grupo Areva, uma vez que o Grupo produz produtos e serviços dissociados do setor nuclear e, portanto, não necessariamente perigosos à saúde humana e ao meio ambiente.[34]

A Associação Greenpeace recorreu à Corte de Cassação (Cour de Cassation). Em abril de 2008, a Corte de Cassação, com esteio no direito à liberdade de expressão, tutelado pelo art. 10 da Convenção Europeia sobre Direitos do Homem, cassou a decisão da Corte de Apelações, decidindo que as ações do Greenpeace, notadamente a publicação de paródias envolvendo as marcas comerciais do Grupo Areva, com o propósito de promover uma campanha contra os dejetos radioativos, constituem exercício regular do direito à liberdade de expressão.[35]

---

34. Cour d'Appel de Paris, 4ème chambre, section B. *Greenpeace France, Greenpeace New Zealand c. SPCEA*, Arrêt du 17 novembre 2006: "Considérant qu'en l'espèce, la présentation des marques, de la société SPCEA, associées à une tête de mort et à un poisson au caractère maladif, symboles que les associations Greenpeace admettent avoir choisis pour 'frapper immédiatement' l'esprit du public sur le danger du nucléaire, en ce qu'elle associe les marques 'A' et 'A Areva' déposées pour divers produits et services (et non seulement le nucléaire) à la mort, conduit à penser que tout produit ou service diffusé sous ce sigle est mortel; que de ce fait, les associations Greenpeace vont, en raison de la généralisation qu'elles induisent sur l'ensemble des activités de la société intimée, au-delà de la liberté d'expression permise, puisqu'elles incluent des activités qui ne sont pas concernées par le but que les associations Greenpeace poursuivent en l'espèce, c'est-à-dire la lutte contre les déchets nucléaires; qu'elles ont par cette généralisation, abusé du droit à la liberté d'expression, portant un discrédit sur l'ensemble des produits et services de la société SPCEA et ont ainsi commis des actes fautifs dont elles doivent réparation; que le jugement sera en conséquence confirmé".
35. Cour de Cassation, 1ère chambre civile. *Greenpeace France et New-Zealand c. SPCEA*. Arrêt du 08 avril 2008: "Qu'en statuant ainsi, alors que ces associations agissant con-

5.2.3 Caso Esso França

Na França, a Société Esso SA Française (Esso) é titular da marca nominativa ESSO e da marca semifigurativa formada por um caractere oval com borda azul, fundo branco e a inscrição ESSO em vermelho. Na primavera de 2002, a Associação Greenpeace França (Greenpeace) lançou, em seu *site* na internet, uma campanha contra a Esso intitulada "Stop Esso", em função das ações supostamente patrocinadas pela empresa petrolífera, canalizadas a frustrar as iniciativas internacionais de enfrentamento das mudanças climáticas, marcadas pela substituição de combustíveis fósseis por energias renováveis, notadamente, o Protocolo de Quioto de 1997. No âmbito da referida campanha, o Greenpeace divulgou uma paródia de uma das marcas da Esso, caracterizada pela substituição dos SS de ESSO por $$, com o fim de destacar o suposto objetivo por detrás das ações desta empresa. A expressão "Stop Esso" e a paródia foram utilizadas em imagens com os dizeres: "Suas ações sobem, e o termômetro também" ("Leurs actions montent, le thermomètre aussi"); "inimigo climático número 1" ("ennemi climatique numéro 1"); "o planeta é nosso e os lucros são deles" ("notre planète, leurs profits").

Com base em seus registros de marcas, em 2002, a Esso ajuizou, na França, uma ação com pedido liminar em face do Greenpeace e da Société Internet FR. Nessa ação, a empresa petrolífera requereu, entre outras coisas: (i) a exclusão de qualquer reprodução não autorizada de suas marcas comerciais, inclusive das paródias de suas marcas, das páginas na internet do Greenpeace; (ii) a supressão da marca nominativa ESSO do código-fonte dos *sites* do Greenpeace;[36] (iii) a proibição de qualquer forma de uso de suas marcas pelo Greenpeace e pela Internet FR. Sob a perspectiva da Esso, as paródias de suas marcas teriam o potencial de induzir o consumidor a erro sobre a origem das mensagens veiculadas, e, o pior, poderiam, de alguma forma, associar indevidamente a Esso à *Waffen Schutz Staffel* do regime nazista (SS).

Em 8 de julho de 2002, liminarmente, o Tribunal de Grande Instância de Paris (TGI), com fundamento nos arts. L 713-3 (b) e 716-6 do Código de Propriedade Intelectual da França, decidiu por proibir o Greenpeace de utilizar, em sua página francesa, as marcas da Esso, sob a forma E$$O.[37] O Tribunal não acolheu o pedido da Esso de proibir o Greenpeace de fazer uso

---

formément à leur objet, dans un but d'intérêt général et de santé publique par des moyens proportionnés à cette fin, n'avaient pas abusé de leur droit de libre expression, la Cour d'Appel a violé les textes susvisés; [...]".

36. De acordo com informações indicadas no processo, a inclusão da marca ESSO no código fonte da página do Greenpeace França produziu o efeito de alçar a página da campanha "Stop Esso" à terceira posição na página de resultados da busca realizada com a expressão "Esso France" no buscador do Google.

37. Tribunal de Grande Instance de Paris. *Société Esso c. Association Greenpeace France, Société Internet FR*. Ordonnance de référé du 8 Juillet 2002.

das marcas da Esso, tal qual registradas, em suas páginas na internet, pois seu uso está amparado pelo direito à liberdade de expressão, assegurado pela Constituição francesa e pela Convenção Europeia sobre Direitos Humanos.

O Greenpeace apelou à Corte de Apelação de Paris, a qual, em 26 de fevereiro de 2003, reverteu a decisão liminar do TGI, em nome da preservação do direito à liberdade de expressão.[38]

Em 30 de janeiro de 2004, o TGI julgou o caso.[39] No entendimento do tribunal, não havia fundamento para julgar o Greenpeace culpado pela infração aos direitos de marca da Esso, pois a organização ambientalista utilizou as paródias das marcas da Esso para informar o público francês a respeito da suposta política adotada pela Esso, e não para promover produtos similares e concorrentes aos produzidos e comercializados pela empresa petrolífera. No mais, a campanha da Esso não tinha por fim criticar ou denegrir os produtos e serviços da Esso. Assim, as atividades do Greenpeace, segundo a Corte, estão totalmente resguardadas pelo direito à liberdade de expressão.

Em 22 de abril de 2004, a Esso apelou à Corte de Apelação de Paris, tentando, debalde, reverter o caso em seu favor. Em 16 de novembro de 2005, a Corte de Apelação confirmou a decisão do Tribunal de Grande Instância favorável ao Greenpeace.[40] A Esso recorreu, então, à Corte de Cassação, a qual, em 8 de abril de 2008, cassou parcialmente a decisão anterior: por um lado, confirmou o entendimento de que as paródias das marcas da Esso utilizadas pelo Greenpeace constituem um meio proporcional e, portanto, legítimo de promoção da missão institucional da organização ambientalista.[41] Por outro lado, a Corte de Cassação reenviou o caso à Corte de Apelação, para que esta

38. Cour d'Appel de Paris, 14ème chambre, section A. *Association Greenpeace France c. SA Société Esso*. Arrêt du 25 Février 2003.

39. Tribunal de Grande Instance de Paris, 3ème chambre, 2ème section. *Esso c. Greenpeace, Internet FR*. Judgement du 30 Janvier 2004.

40. Cour d'Appel de Paris, 4ème chambre, section A. *Esso c. Greenpeace France*. Arrêt du 16 Novembre 2005.

41. Cour de Cassation, Chambre Commerciale, Financière et Économique, *La société ESSO Société Anonyme Française c. Association Greenpeace France*, Audience publique du 8 Avril 2008: "Mais attendu que l'arrêt constate, d'abord, que l'association Greenpeace France a pour objet la protection de l'environnement et la lutte contre toutes les formes de pollution et de nuisances; qu'il relève ensuite que les signes incriminés ont été utilisés dans le cadre d'une campagne destinée à informer les citoyens sur les moyens employés, selon l'association Greenpeace, pour faire échec à la mise en oeuvre du protocole de Kyoto sur les changements climatiques, et à dénoncer les atteintes à l'environnement et les risques causés à la santé humaine par certaines activités industrielles; qu'en l'état de ces constatations, dont il résultait que l'usage d'éléments des marques renommées distinguant les produits et services de la société Esso, sous une forme modifiée résumant ces critiques dans un contexte polémique, constituait un moyen proportionné à l'expression de telles critiques, la cour d'appel a légalement justifié sa décision".

julgue se a inclusão, pelo Greenpeace, da marca nominativa "Esso" no código fonte da página <www.greenpeace.fr> constitui um ato ilícito ou não. A decisão final do caso permanece pendente.[42]

5.2.4 Caso Cigarros Camel

Em 2001, a associação Comité National contre les Maladies Respiratoires et la Tuberculose (CNMRT) promoveu, em território francês, uma campanha contra o consumo do tabaco cujo *slogan* era "não se deixe enrolar pelo cigarro" ("te laisse pas rouler par la cigarette"), dirigida a adolescentes e jovens em geral, pois, segundo pesquisas realizadas, este é supostamente o público-alvo preferencial da indústria do tabaco. Para alcançar sua meta, o CNMRT divulgou cartazes e adesivos que reproduziam uma paródia composta pelos elementos decorativos apostos nos maços de cigarros da marca "Camel": a paródia compreendia um camelo fumando, descansando sobre seus membros dobrados, de cuja boca sai uma nuvem de fumaça em forma de caveira; o camelo ainda está ligado a um balão de pensamento com o seguinte dizer: o "cigarro é pior que a travessia do deserto" ("La clope c'est pire que la traversée du désert"). A seleção de cores e os demais caracteres utilizados na paródia (pirâmides, deserto) remete aos elementos decorativos reproduzidos nas embalagens do cigarro "Camel". A controvérsia surgiu em função dos referidos elementos decorativos estarem sob proteção marcária na França.

No mesmo ano, a JT International Gmbh, produtora dos cigarros "Camel" na França, e a Japan Tobacco Inc., titular das marcas comerciais utilizadas sem autorização pelo CNMRT, ajuizaram uma ação judicial em face do CNMRT, em que sustentavam que a associação francesa infringiu seus direitos de marca e, com base nisso, requereram a suspensão da circulação das paródias. Em 28 de março de 2003, em primeira instância, o Tribunal de Grande Instância de Paris (TGI) acolheu parcialmente o pedido das autoras. Por um lado, o TGI não entendeu que o CNMRT infringiu os direitos de marca das autoras da ação, mas, pelo outro, considerou que as paródias realizadas pela associação constituem um ato ilícito, porquanto teriam por fim denegrir os produtos comercializados sob a marca "Camel"; por essa razão, sua circulação foi proibida. Em 2 de novembro de 2004, o CNMRT, sem sucesso, recorreu da decisão de primeira instância, a qual foi confirmada em 14 de janeiro de 2005 pela 4.ª Câmara da Corte de Apelações de Paris.[43] Em 16 de outubro de 2006, a

42. Segundo a Esso, a Corte de Apelações teria descartado, sem fundamentar, o pedido da Esso de condenar a Associação Greenpeace ao pagamento de uma indenização em virtude da inclusão não autorizada de sua marca figurativa no código fonte do site da organização ambientalista.

43. Cour d'Appel de Paris, 4ème chambre, section B. *Comité National contre les Maladies Respiratoires et la Tuberculose c. Société JT International Gmbh, Société Japan Tobacco Inc.* Arrêt du Janvier 2005.

Corte de Cassação reverteu a decisão anterior em favor do CNMRT, julgando que a associação não abusou de seu direito à liberdade de expressão, pois os meios utilizados para promover a campanha voltada ao público jovem seriam proporcionais.[44]

5.2.5 Caso Danone

Em 2001, a Société Compagnie Gervais Danone (Danone) decidiu reestruturar seu setor de biscoitos mediante o fechamento de duas plantas industriais e a demissões de seus funcionários. A decisão da empresa instigou funcionários, representantes da classe política e organizações sindicais a conclamarem os consumidores franceses a boicotarem os produtos da Danone, como forma de persuadi-la a reconsiderar suas decisões. Nesse mesmo diapasão, em 11 de abril de 2001, a Société Le Réseau Voltaire pour la Liberté d'Expression (Réseau Voltaire) lançou, na internet, uma campanha contra a política interna da Danone. A campanha incluiu a colocação em rede de *sites* cujos nomes de domínio eram <jeboycottedanone.net> e <jeboycottedanone.com>. Nesses *sites*, o Réseau Voltaire instigou os consumidores franceses a boicotarem os produtos da Danone, enquanto o problema das demissões de funcionários persistisse; o *site* ainda serviu de fórum de discussões entre consumidores e organizações sindicais. Ademais, a campanha envolveu a ampla divulgação de uma paródia da famosa marca semifigurativa da Danone, formada por um polígono azul com a palavra Danone escrita em letras brancas sublinhada por uma barra vermelha inclinada. A paródia incluiu os dizeres "je boycotte Danone.net" ou "je boycotte Danone" no polígono azul, e substituiu a barra em vermelho por uma barra em preto.

Em 2001, a Danone ajuizou perante o Judiciário francês uma ação com pedido liminar contra o Réseau Voltaire, assim como contra a Société Gandi, empresa de hospedagem de *sites* na internet, em que requereu: (a) que o Réseau Voltaire fosse proibido de usar as marcas da Danone, sob qualquer forma e em qualquer meio, ou seja, registrar nomes de domínio que contivessem a palavra "Danone" e divulgar paródias envolvendo as marcas "Danone"; (b) que a Société Gandi fosse proibida de hospedar e de fornecer acesso ao site <jeboycottedanone.net>, bem como a qualquer outro *site* que pudesse infringir as marcas da Danone. A ação proposta fundamentou-se na suposta infração aos seus direitos de exclusividade, conferidos pelos registros das marcas comerciais de titularidade da Danone.

Em 14 de maio de 2001, liminarmente, o Tribunal de Grande Instância de Paris (TGI) considerou que o registro do nome de domínio <jeboycottedanone.net> não constituiu uma infração aos direitos de marca da Danone,

44. Cour de Cassation, 2ème chambre civile. Demandeur(s) à la cassation: Comité National contre les Maladies Respiratoires et la Tuberculose CNMTR; défendeur(s) à la cassation: Société JT International GmbH et autre. Arrêt 1601 du 19 Octobre 2006.

pois o Réseau Voltaire não promove produtos concorrentes aos da Danone, e também porque a associação da marca nominativa "Danone" com a expressão "je boycotte" ("eu boicoto") esclarece ao consumidor que a empresa Danone não é a fonte do *site* e das mensagens lá divulgadas. De mais a mais, a inclusão da marca "Danone" no referido nome de domínio seria indispensável para o sucesso da campanha. Por outro lado, a Corte francesa acentuou que "à toda liberdade corresponde uma responsabilidade" e que, portanto, existem limites ao direito à liberdade de expressão do Réseau Voltaire. No entendimento do TGI, o Réseau Voltaire abusou de sua liberdade de expressão, porquanto a reprodução da marca semifigurativa da Danone, no referido *site*, não constitui medida necessária para a promoção de sua campanha contra a política da empresa alimentícia, e concluiu que "reprodução sem necessidade e sem autorização constitui uma contrafação". Por essas razões, o TGI proibiu o Réseau Voltaire de continuar a utilizar as marcas semifigurativas da Danone, sob qualquer forma, e em qualquer meio.[45]

Em 4 de julho de 2001, a 3.ª Câmara do TGI proferiu a sentença de primeira instância, uma vez mais em favor da Danone. O TGI entendeu que: os nomes de domínio registrados pelo Réseau Voltaire não infringem a marca nominativa DANONE; a paródia da marca semifigurativa "Danone", produzida pelo Réseau Voltaire, infringe os direitos de marca da empresa alimentícia, constituindo uma contrafação de marca; que o direito de marcas francês não conta com uma exceção de caricatura, a qual é típica dos regimes de direitos autorais; e que o direito à liberdade de expressão não ampara as ações empreendidas pelo Réseau Voltaire, especialmente porque o uso de paródias gráficas não é indispensável para a divulgação de críticas contra a política social da Danone.[46]

---

45. Tribunal de Grande Instance de Paris. *Société Compagnie Gervais Danone c. Société Le Réseau Voltaire, Société Gandi, Valentin L.* (exerçant sous l'enseigne "Altern B"). Ordonnance de référé du 14 Mai 2001.

46. Tribunal de Grande Instance de Paris, 3ème chambre, *Sté Compagnie Gervais Danone et Sté Groupe Danone c. Olivier M., SA 7 Ways, Sté ELB Multimédia, Association "Le Réseau Voltaire Pour la Liberté d'expression", Sté Gandi et Valentin L.*: "Attendu que les défendeurs se retranchent ici à tort derrière une prétendue atteinte à des libertés fondamentales les exonérant, selon eux, de toutes poursuites en contrefaçon de marques"; "Que ni le droit à l'information, ni le droit à la liberté d'expression ne peuvent justifier l'imitation illicite incriminée et l'atteinte portée ainsi au droit de propriété de la Société Compagnie Gervais Danone sur ses marques complexes alors même que l'imitation de la marque, si elle accompagne des propos par ailleurs librement tenus au fil des pages du site internet, n'est pas nécessaire à l'expression de cette opinion et ne sert qu'à illustrer des pages d'écran qu'il est possible d'illustrer autrement"; "Attendu que l'exception de parodie, de pastiche ou de caricature, propre à la législation des droits d'auteur, n'existe pas en droit des marques"; "Que l'usage non autorisé qu'ils ont fait des marques imitées pour les produits qu'elles visent, n'a eu lieu ni dans

O Réseau Voltaire recorreu da decisão de primeira instância. Em 30 de abril de 2003, a Corte de Apelações de Paris proferiu decisão favorável à apelante, sublinhando que o Réseau Voltaire exerceu, dentro dos limites legais, seu direito à liberdade de expressão; que a associação das marcas da Danone à frase "Je boycotte" é suficiente para indicar que o Grupo Danone não é o titular dos *sites*, nem o autor das mensagens lá divulgadas; que as paródias das marcas da Danone não são utilizadas para promover a comercialização de produtos concorrentes aos produzidos por ela; e, por fim, que a campanha promovida pelo Réseau Voltaire não tem por fim denegrir os produtos da Danone, mas apenas chamar a atenção do público a respeito da política social dessa empresa. Pelas razões indicadas, a Corte de Apelações reverteu a decisão anterior e concluiu que o Réseau Voltaire não infringiu qualquer direito de exclusividade de titularidade da Danone.[47]

5.2.6 Caso Guaraná Power

Em 2003, a convite do Instituto Nórdico de Arte Contemporânea (NIFCA), da fundação brasileira Extra Arte e do governo do Estado do Amazonas, o grupo dinamarquês Superflex, formado por três artistas da área de artes visuais, organizou um *workshop*, no município de Maués, Amazonas, cujo objetivo era identificar, junto aos pequenos agricultores locais, representados pela cooperativa COIAMA, estratégias de exploração comercial sustentável de suas riquezas naturais, em prol da melhoria de vida de seus membros.[48]

Maués é um importante centro produtor de sementes de guaraná (*Paullinia cupana*). Grande parte da produção local é adquirida por grandes fabricantes de refrigerantes. Segundo relatos dos participantes do *workshop*,

---

un cadre privé, ni dans le domaine des Beaux-Arts mais bien dans la vie des affaires sur laquelle la tribune d'opinion offerte sur le site internet considéré entend influer".

47. Cf. Cour d'Appel de Paris, 4ème chambre, section A, *Olivier M., Réseau Voltaire c. Compagnie Gervais Danone*: "Mais considérant que le principe à valeur constitutionnel de la liberté d'expression, par ailleurs reconnu tant par les traités et conventions internationales rappelées par l'association le Réseau Voltaire, implique que cette association et Olivier M. puissent, sur les sites internet litigieux, dénoncer sous la forme qu'ils estiment appropriée les conséquences sociales des plans de restructuration mis en place par les intimées"; "Que, en effet, même s'il est fait, pour partie, référence aux marques verbales et à la reproduction des marques semi figuratives appartenant à la Société Compagnie Gervais Danone, à la seule différence tenant à la substitution d'un trait noir dans la partie inférieure du cartouche au trait rouge de l'original, les signes 'jeboycottedanone.net' et 'jeboycottedanone.com' ne visent manifestement pas à promouvoir la commercialisation de produits ou de services, concurrents de ceux des sociétés intimées, en faveur de l'association Réseau Voltaire et de Olivier M. mais relève au contraire d'un usage purement polémique étranger à la vie des affaires".

48. Bradley 2003.

em um período de apenas 4 anos, o preço das sementes de guaraná teria passado de R$ 25,00/kg para R$ 4,00/kg.[49]

Durante o workshop, os artistas do Superflex e os membros da COIAMA identificaram produtos que poderiam ser manufaturados com matérias-primas típicas da Amazônia e que, possivelmente, seriam potenciais competidores de produtos similares, distribuídos por empresas multinacionais: por exemplo, foi cogitado o desenvolvimento e o lançamento de uma barra de cupulate (chocolate de cupuaçu), denominada "Maués Barsin", para concorrer com a barra de chocolate Mars Bars; foi cogitado também o lançamento do "Mauéscafé", um café solúvel enriquecido com pó de guaraná, o qual competiria com o "Nescafé", da Nestlé.[50]

Em 2004, após um período de maturação que envolveu pesquisa de mercado e a identificação de parceiros industriais no exterior, o Superflex chegou a um produto supostamente capaz de reduzir a dependência econômica dos agricultores locais das compras efetuadas pelas empresas de refrigerantes: o refrigerante "Guaraná Power", cuja formulação inclui pó de guaraná, suco de maçã e limão. No presente, o "Guaraná Power" é fabricado pela empresa dinamarquesa NaturFrisk A/S – Cervejaria Bryggeri.[51] A NaturFrisk alegadamente adquire as sementes de guaraná dos pequenos agricultores de Maués por preços preferenciais.[52] A negociação do preço das sementes é intermediada pela Power Foundation, fundação estabelecida na Dinamarca, com o objetivo específico de melhorar a qualidade de vida dos agricultores de Maués. Uma parte dos lucros auferidos com a comercialização do "Guaraná Power", na Dinamarca, seriam revertidos aos pequenos agricultores brasileiros.

Como identidade visual do "Guaraná Power", o Superflex propôs um logo formado por uma faixa verde, a qual reproduz imagens de pequenos agricultores da Amazônia. Sobre essa faixa verde foi adicionada a famosa marca semifigurativa do "Guaraná Antarctica", coberta parcialmente por uma faixa preta, em diagonal.[53] Embora a faixa cubra boa parte do conteúdo visual da marca "Guaraná Antarctica", um consumidor médio, conhecedor da famosa marca de refrigerante, é capaz de identificar, com facilidade, o logotipo por detrás da faixa. Aparentemente, a marca desenvolvida pelo Superflex tinha por intuito tanto identificar o novo refrigerante quanto transmitir ao consumidor uma mensagem contra as práticas supostamente empreendidas pelas

49. Bradley 2003.

50. Idem, ibidem.

51. Cf. <http://thepowerfoundation.org/>. Acesso em: 1.º jul. 2010.

52. Em 2006, enquanto as multinacionais pagavam R$ 7,00 por kilo de sementes de guaraná, a empresa dinamarquesa pagava R$ 15,00 pela mesma quantidade de matéria-prima (Creative Commons Brasil 2006).

53. O primeiro rótulo desenvolvido está disponível em: <http://www.superflex.net/tools/supercopy/guarana.shtml>. Acesso em: 2 jul. 2010.

multinacionais de bebidas em prejuízo das pequenas comunidades agrícolas da Amazônia.

O grupo dinamarquês expôs em diversas galerias de arte estrangeiras o logotipo desenvolvido para a iniciativa "Guaraná Power". Em 2006, debalde, tentaram divulgar seu trabalho na Bienal de São Paulo. Os curadores da Bienal de São Paulo selecionaram a obra do Superflex para ser exposta na sua 27.ª edição. Às vésperas da abertura da mostra, a presidência da Bienal impediu a exposição da obra do Superflex, pois, no entendimento da assessoria jurídica da Bienal, o logotipo do "Guaraná Power" infringiria os direitos de exclusividade garantidos pela legislação brasileira ao titular da marca "Guaraná Antarctica".[54]

Possivelmente com o fito de evitar a instauração de um processo judicial pela titular da marca, fundamentado na diluição da marca "Guaraná Antarctica", o Superflex decidiu por alterar o logo do "Guaraná Power": o logo atual é formado por duas tarjas pretas colocadas sobre o que *parece* ser a marca semifigurativa do "Guaraná Antarctica". Com a adição da segunda tarja, não é mais possível identificar o rótulo escondido. Apenas um conhecedor da história das polêmicas que permearam o lançamento do "Guaraná Power" é capaz de imaginar o que está coberto pelas tarjas. Além de alterar o rótulo, em sua página na internet dedicada a narrar a gênese do projeto "Guaraná Power", o Superflex optou por exercitar autocensura, mediante a cobertura, com tarjas pretas, dos nomes das empresas produtoras de refrigerantes de guaraná.[55]

5.2.7 Caso Comitê Olímpico Brasileiro

Em 2009, Katia Rubio, docente na Escola de Educação Física e Esporte da Universidade de São Paulo, publicou, no Brasil o livro intitulado "Esporte, Educação e Valores Olímpicos", cuja capa reproduz uma versão estilizada do famoso símbolo olímpico constituído por cinco aros entrelaçados. Dentro dos aros foram incluídas imagens que remetem aos jogos olímpicos.

Em 15 de janeiro de 2010, o Comitê Olímpico Brasileiro (COB) enviou uma notificação à Profa. Rubio pelo suposto "uso indevido do símbolo olímpico constituído pelos 5 (cinco) aros entrelaçados, do termo 'OLÍMPICO' no plural, além da reprodução de fotografias".[56] Nessa notificação, o COB sustenta que a Lei Pelé (art. 15, § 2.°, Lei 9.615/1998) lhe assegura o direito de uso exclusivo "das bandeiras, lemas, hinos e símbolos olímpicos e paraolímpicos, assim como das denominações 'jogos olímpicos', 'olimpíadas',

54. Cipriano 2006; Creative Commons Brasil 2006.

55. Cf. <http://www.superflex.net/tools/supercopy/guarana.shtml>. Acesso em: 2 jul. 2010.

56. Richer 2010. A suposta infração aos direitos autorais associada às fotos reproduzidas no livro não será aqui tratada.

'jogos paraolímpicos' e 'paraolimpíadas'", e que a Lei 9.279/1996 (Lei da Propriedade Industrial ou LPI) também lhe garante o direito de uso exclusivo das expressões derivadas da palavra"olímpico", em função dos inúmeros registros de marcas depositados no INPI, que contém a expressão"jogos olímpicos". Segundo o COB, o uso do símbolo olímpico e do termo"Olímpicos" empreendido pela Profa. Rubio extravasa o escopo da exceção disciplinada pelo art. 132, IV, da LPI, a qual proíbe o titular de marca registrada de"impedir a citação da marca em discurso, obra científica ou literária ou qualquer outra publicação, desde que sem conotação comercial e sem prejuízo para seu caráter distintivo". Considerando que a alteração do símbolo olímpico foi realizada sem a autorização prévia do COB, Rubio estaria sujeita a uma pena de detenção de até um ano ou multa (art. 189, II, da LPI). Com base nos fundamentos legais indicados, o COB requereu a cessação imediata do uso do termo"Olímpicos"e do símbolo olímpico estilizado, mediante o recolhimento de todos os exemplares dos livros de Katia Rubio colocados à venda.

Com o intuito de angariar o apoio da comunidade acadêmica e do público em geral em prol da liberdade de expressão, em 29 de janeiro do mesmo ano, Rubio publicou uma carta aberta em resposta à notificação do COB, em que manifesta sua indignação pelo que considera um ato de censura, que lhe impede de escrever e publicar, no Brasil, obras a respeito de temas olímpicos.[57] Rubio esclareceu que, desde muitos anos, se dedica a temas olímpicos, já tendo publicado mais de uma dezena de livros sobre essa matéria. Em seu entendimento, a escolha do Rio de Janeiro para sediar os Jogos Olímpicos de 2016 deveria ser razão suficiente para estimular a ampla disseminação do ideário olímpico no Brasil.

Em 2 de fevereiro, os advogados de Rubio enviaram ao COB uma contranotificação extrajudicial, onde sustentaram que o uso empreendido do símbolo olímpico e do termo "Olímpicos" não infringe qualquer direito de exclusividade do COB, pois não tem escopo comercial, mas apenas educacional; e que o uso do referido símbolo e termo está respaldado pelo direito à liberdade de expressão, garantido pelo art. 5.º, IV e IX, da Constitução Federal, e pelo direito à liberdade de ensinar, aprender, pesquisar e divulgar, garantido pelo art. 206, II e III, também da Constituição Federal.[58]

Desde então, o COB silenciou, não tendo enviado qualquer notificação à Profa. Rubio ou ajuizado qualquer ação judicial. Um possível sinal de que a controvérsia se encerrou sem maiores danos à liberdade de expressão é o fato de o então Presidente do Brasil Luís Inácio Lula da Silva ter agraciado a Profa. Rubio em 4 de junho de 2010 com a medalha da Ordem do Mérito

57. Rubio 2010: "Voltamos ao tempo da Inquisição onde apenas os iniciados poderiam fazer parte dos mistérios e os livros e publicações indexados deveriam ser expurgados, impingindo aos descuidados o calor das chamas das fogueiras?"

58. Murray Neto et al. 2010.

Desportivo, que é considerada a maior comenda do Governo Brasileiro no âmbito esportivo.

Apesar de o caso ter-se encerrado sem prejuízos palpáveis à professora e pesquisadora da USP, parece que o COB continua a utilizar a mesma estratégia contra terceiros. Em 17 de janeiro de 2013, o jornal *Folha de S. Paulo* publicou artigo entitulado "Comitê olímpico quer barrar termo 'olimpíada' em torneio educacional", onde trata das diveras medidas legais utilizadas pelo COB para tentar impedir o uso do termo 'olimpíada' por entidades científicas e educacionais e até mesmo na publicidade. Sabidamente, é recorrente o uso do termo 'olimpíadas' para designar competições estudantis, universitárias, esportivas, ainda que totalmente dissociadas do Comitê Olímpico Internacional. O COB está tentando banir esse tipo de uso. Em resposta, a Sociedade Brasileira para Progresso da Ciência (SBPC) publicou, em 12 de janeiro de 2013, carta de repúdio às iniciativas tomadas pelo COB para controlar, com exclusividade, o uso da expressão 'olimpíada' e termos correlatos. A carta foi endereçada ao presidente do COB e está disponível na internet.[59]

5.2.8 Caso Tata Sons Índia

Em maio de 2010, a organização não governamental Greenpeace Índia (Greenpeace), sucursal do Greenpeace International, lançou, na internet, o jogo de videogame *Turtle v. Tata* (Tartaruga *versus* Tata), inspirado no Pac-Man da Atari, famoso jogo dos anos 1980. Naquele jogo, uma tartaruga tem a missão de comer tantos pontos brancos quanto possível, procurando se desviar de seus algozes, os "demônios Tata" ("*Tata demons*"), cuja roupagem incorpora um "T" estilizado, o qual consiste em uma famosa marca figurativa, protegida em diversas jurisdições, de titularidade do maior conglomerado empresarial da Índia: o *Tata Group* ou *The House of Tata*.

O objetivo do jogo é chamar a atenção do público a respeito dos supostos efeitos ambientalmente perversos que decorrerão da construção de um porto ao norte da foz do rio Dhamra, costa leste da Índia, pela empresa Dhamra Port Company Limited (DPCL), uma *joint venture* formada pela construtora Larsen & Toubro Limited e pela siderúrgica Tata Steel Limited. A organização ambientalista alega que a operação do referido porto poderá colocar em risco santuários naturais da Índia, mais especificamente a praia de Gahirmatha, hábitat natural das tartarugas marinhas "Olive Ridley", espécie protegida pela Lei Indiana de Proteção da Vida Selvagem de 1972, pela Convenção de Espécies Migratórias e também pela Convenção sobre o Comércio Internacional das Espécies da Fauna e Flora Selvagens Ameaçadas de Extinção. Embora a DPCL conte com as licenças ambientais exigidas para a construção do porto, o Greenpeace alega que o projeto infringe diversas normas ambientais indianas, não devendo, portanto, ser levado a cabo na região

59. Disponível em: <http://www.sbpcnet.org.br/site/noticias/mostra.php?id=1828>.

proposta.[60] No *website* do Greenpeace Índia fica claro o objetivo ambiental perseguido pela campanha assentada sobre o videogame *Turtle v. Tata*:

> "TATAs Dhamra port could be the beginning of the end for Gahirmatha's turtles. Your objective is simple – get the turtles to eat as many of the white dots – jellyfish and other sea creatures – while dodging the TATA demons! If you eat a power pill, you will be gifted with super-turtle powers to vanquish the demons of development that are threatening your coastal home! Of course, real life isn't quite so rosy for the turtles, and they need your help to keep fighting for a safer future".[61]

Em resposta à campanha lançada pelo Greenpeace, ainda em 2010, o Grupo Tata (Tata Sons Limited) ajuizou uma ação perante a Corte Superior de Delhi, em que requereu: i) a proibição permanente do uso de suas marcas comerciais por parte do Greenpeace; e ii) o pagamento de indenização pela difamação das empresas do Grupo Tata. Dos dois pedidos aduzidos, aquele que interessa para o presente capítulo é o primeiro. Sinteticamente, o primeiro pedido fundou-se no art. 29(4) da Lei de Marcas da Índia (*Trade Marks Act 1999*), o qual dispõe:

> "(4) A registered trade mark is infringed by a person who, not being a registered proprietor or a person using by way of permitted use, uses in the course of trade, a mark which:
>
> (a) is identical with or similar to the registered trade mark; and
>
> (b) is used in relation to goods or services which are not similar to those for which the trade mark is registered; and
>
> (c) the registered trade mark has a reputation in India and the use of the mark *without due cause* takes unfair advantage of or *is detrimental to*, the distinctive character or *repute of the registered trade mark*" (grifo nosso).

O autor sustentou que o uso difamatório das marcas pertencentes ao Grupo Tata (i.e., o "T" estilizado e o próprio nome "Tata", empregado para denominar os "inimigos" das tartarugas), empreendido pelo Greenpeace, configura um ato de infração dessas marcas por meio de seu deslustre.[62] Para o autor da ação, não há justificativa legítima para o uso não autorizado das referidas marcas por parte do Greenpeace, em virtude de o projeto de porto contar com as licenças ambientais

---

60. *Tata Sons Limited v. Greenpeace International & Greenpeace India*. High Court of Delhi at New Delhi (Judgment pronounced on 28.01.2011 by Mr. Justice S. Ravindra Bhat), par. 17.

61. Disponível em: <http://www.greenpeace.org/india/en/Get-Involved/Turtle-vs--TATA/>. Acesso em: 13 jul. 2011.

62. *Tata Sons Limited v. Greenpeace International & Greenpeace India*. High Court of Delhi at New Delhi, par. 15.

exigidas pelo ordenamento jurídico indiano. Tais licenças operariam como um impedimento para o Greenpeace disseminar a ideia de que a realização do referido projeto afetará o futuro das tartarugas marinhas que habitam a foz do rio Dhamra.[63] Outro aspecto que, no entendimento do autor da ação, confirmaria o caráter difamatório da campanha do Greenpeace, é o fato de a siderúrgica Tata Steel ser titular de apenas 50% do empreendimento portuário e o outro sócio do empreendimento (a construtora Larsen & Toubro) não ser nem mesmo mencionada no jogo *Turtle v. Tata*.

Em decisão liminar, a Corte Superior de Delhi não acolheu os pedidos aduzidos pelo Grupo Tata. Inspirado pelos acórdãos dos casos *Laugh it Off* e *Esso*, já tratados neste capítulo, e consciente da importância da liberdade de expressão para a preservação da democracia, o Juiz Ravindra Bhat considerou que o uso de uma marca comercial como objeto de um comentário crítico ou mesmo de um ataque não necessariamente constitui uma infração aos direitos de exclusividade do titular da marca, sendo legítimo seu uso com o propósito de chamar a atenção do público para alguma das atividades realizadas pelo titular da marca objeto da crítica ou da paródia:

> "The above analysis would show that the use of a trademark, as the object of a critical comment, or even attack, does not necessarily result in infringement. Sometimes the same mark may be used, as in *Esso*; sometimes it may be a parody (like in *Laugh it Off* and *Louis Vuitton*). If the user's intention is to focus on some activity of the trademark owners, and is 'denominative', drawing attention of the reader or viewer to the activity, such use can *prima facie* constitute 'due cause' under Section 29 (4), which would disentitle the plaintiff to a temporary injunction, as in this case. The use of TATA, and the 'T' device or logo, is clearly denominative. Similarly, describing the Tatas as having demonic attributes is hyperbolic and parodic. Through the medium of the game, the defendants seek to convey their concern and criticism of the project and its perceived impact on the turtles habitat. The Court cannot annoit itself as a literary critic, to judge the efficacy of use of such medium, nor can it don the robes of a censor. It merely patrols the boundaries of free speech, and in exceptional cases, issues injunctions by applying *Bonnard* principle. So far as the argument by the plaintiff that it is being 'targeted' is concerned the Court notes that the defendants submit that the major gains through the port accrue to the Tatas".[64]

É válido esclarecer que esta decisão ainda não é definitiva, podendo ser revertida em grau de apelação.

63. *Tata Sons Limited v. Greenpeace International & Greenpeace India*. High Court of Delhi at New Delhi, par. 12.
64. Idem, ibidem, par. 42.

5.2.9 Caso Johnnie Walker/João Andante

Ao final de 2011, vieram a público informações a respeito do procedimento administrativo de nulidade instaurado, no Instituto Nacional da Propriedade Industrial (INPI), pela Diageo Brands B.V. (Diageo), titular da famosa marca de uísque "Johnnie Walker", em face do titular da marca mista "João Andante" (marca n. 900713690), utilizada na identificação de uma cachaça originária de Minas Gerais.

Ambas as marcas estão registradas no Brasil para a classe 33 (bebidas alcoólicas). O logo da marca "Johnnie Walker", em função de sua presença internacional, dispensa qualquer descrição detalhada: o logo remete à imagem de um homem elegante caminhando, possivelmente pertencente à alta sociedade europeia do século XIX. Quanto à marca "João Andante", o design da marca remete ao personagem "Jeca Tatu" de Monteiro Lobato, bem com aos retirantes do semiárido brasileiro, que saem do interior do Brasil em busca de melhores oportunidades de vida. Em termos de *design*, as duas marcas retratam personagens inconfundíveis: o homem cosmopolita de origem europeia e o agricultor humilde de origem brasileira. Os próprios nomes das marcas são inconfundíveis: "Johnnie Walker" poderia ser traduzido para o português como "Joãozinho Andador" ou "Joãozinho Pedestre". No mais, Walker é o sobrenome do fundador da destilaria (John Walker), enquanto "andante" é um adjetivo. Por fim, a denominação "Johnnie Walker" está associada ao uísque, bebida típica da Escócia, enquanto "João Andante" está associada à cachaça, bebida típica do Brasil; essas bebidas não são, portanto, produtos substitutos.

Este, contudo, não é o entendimento da titular da marca "Johnnie Walker". A Diageo, na peça inaugural do procedimento administrativo de nulidade instaurado no INPI, sustenta que a marca "João Andante" não passa de mera imitação da marca mista "Johnnie Walker", devendo, portanto, ser cancelado seu registro, com fundamento nos arts. 2.º, V, 189, I, 195, III, 124, XIX e XXIII, e 126 da Lei de Propriedade Industrial. Reproduzo a seguir alguns trechos da petição apresentada pela Diageo que indicam esse entendimento:

> "Lógico, portanto, que ela não pode tolerar a convivência de marcas virtualmente idênticas no mesmo segmento, pois além de se configurar concorrência desleal, incorrer-se-ia sério prejuízo ao público consumidor.
>
> Com o presente procedimento administrativo de nulidade, a Suplicante pretende chamar a atenção para o fato de a marca da Suplicada constituir uma flagrante *IMITAÇÃO* da sua e ainda se destinar a *assinalar produtos idênticos, da mesmíssima classe 33 (bebidas alcoólicas)*. Estas circunstâncias agravam a possibilidade de confusão ou falsa associação por parte do público-consumidor, além de ocasionar sérios prejuízos aos legítimos direitos de propriedade de marca da Suplicante.

[...]

Como se pode notar, diversos traços do emblema da Suplicante foram copiados pela Suplicada: ali está a mesma figura do andarilho, com o elemento nominativo da marca ao centro. Apesar de ambos os personagens mostrarem algumas distinções, o uso da expressão 'JOÃO ANDANTE', que é a tradução literal de 'JOHNNIE WALKER', evidencia a intenção da Suplicada de criar uma 'versão local' da marca da Suplicante.

[...]

Resta evidente o intuito da Suplicada de ficar à sombra da marca da Suplicante, tentando usurpar para si a clientela conquistada com base na criação pela última de um sinal distintivo, original e capaz de criar identidade com os produtos que visa a identificar. Trata-se de se locupletar com base numa servil imitação, como fazem todos os mal intencionados.

[...]

Sobre a tradução de marcas em idioma estrangeiro, também ensina, taxativamente, Gama Cerqueira: 'A tradução da denominação em língua estrangeira ou *vice-versa* constitui imitação (nota interna omitida)".[65]

O titular da marca "João Andante", em sua defesa administrativa, arrolou diversos argumentos em sua defesa; na opinião deste autor, o mais interessante é o que caracteriza a marca "João Andante" como uma paródia de "Johnnie Walker", tutelada pelo direito à liberdade de expressão:

> "[...] a natureza paródica de João Andante comunica satisfatoriamente ao público, justamente em função de seu humor, que não é a marca *Johnnie Walker* ou que seria proveniente da mesma fonte de *Johnnie Walker.* O caráter satírico afasta essa hipótese: trata-se de um jeca da roça, anti-herói, com uma trouxinha de roupas nas costas. O jeca da roça, embora não seja tão sofisticado como *Johnnie Walker*, um *lord* de bengala, caminha à brasileira do mesmo modo porque bebe cachaça e não whisky. Esse valor artístico, por meio da paródia, é protegido pelo direito à liberdade de expressão e pelo direito de autor.
>
> [...] não há a menor possibilidade de os consumidores da marca *Johnnie Walker* vir a pensar que a marca João Andante é proveniente do mesmo centro produtivo, pois todos os (des)valores da marca João Andante não seriam aprovados pelos consumidores de *Johnnie Walker*, e, consequentemente, não iria haver confusão, pois referidos consumidores retornariam a busca do whisky e ficariam divertidos pela sátira do jeca da roça. Somente um consumidor fantasioso e irrealista iria confundir as marcas por meio de uma indulgência desconexa à realidade.

65. Oliveira do Amaral 2011, p. 8-10.

A única associação, se é que pode existir, é no sentido da linguagem paródica e não do mesmo centro produtor".[66]

Até o momento (janeiro de 2013), o caso permanece pendente de julgamento no INPI.

5.2.10 Lições ensinadas pelos casos

Nos casos examinados, grupos empresariais recorreram aos direitos de exclusividade, conferidos pelas marcas comerciais, para tentar restringir a disseminação de mensagens capazes de prejudicar seus interesses comerciais. Os tribunais da França, Índia e África do Sul se empenharam em utilizar – explícita ou tacitamente – o direito à liberdade de expressão como um substituto a uma"exceção de paródia e crítica", não prevista textualmente no ordenamento jurídico desses países. Já o Código de Propriedade Industrial do Brasil, embora não inclua textualmente uma"exceção de paródia e crítica", pelo menos autoriza terceiros a citar marcas protegidas "em discurso, obra científica ou literária ou qualquer outra publicação, desde que sem conotação comercial e sem prejuízo para seu caráter distintivo" (art. 132, III). Sem embargo, de acordo com as informações obtidas, o escopo dessa exceção não se mostrou suficientemente amplo para amparar a livre divulgação da obra do grupo dinamarquês Superflex na Bienal de São Paulo.

Os precedentes judiciais apresentados neste capítulo são valiosos, porquanto confirmam que os direitos humanos podem, de fato, desempenhar o papel de limites extrínsecos aos direitos de propriedade intelectual. Contudo, não se pode ignorar que a falta de uma exceção de paródia e crítica, incluída explicitamente no texto legal que disciplina a proteção das marcas comerciais, gera insegurança à sociedade.

O caso Hertel, julgado pela Corte Europeia de Direitos Humanos, embora não envolva um conflito entre direito de marcas e liberdade de expressão, mas um conflito entre liberdade de expressão e normas de repressão da concorrência desleal, corrobora a importância de os Estados incluírem, em seus ordenamentos jurídicos, uma exceção de paródia e crítica. O cientista suíço Hans Ulrich Hertel (Hertel) publicou, no início de 1992, em um jornal popular da Suíça (Franz Webber Journal), um artigo a respeito dos efeitos deletérios produzidos na saúde humana pelo consumo de alimentos preparados em fornos de micro-ondas. Baseado em investigações privadas, o estudo sugeriu que o consumo de alimentos cozidos em micro-ondas é potencialmente prejudicial à saúde humana, podendo conduzir à anemia, enfraquecer o sistema imunológico e desencadear o surgimento de enfermidades graves, como o câncer. O jornal responsável pela publicação do artigo lançou mão de ferramentas gráficas, que associaram o uso do micro-ondas à morte, bem

66. Pontes Neto et al. 2001, par. 13(7) e 13(13).

como de um texto incisivo e duro, o qual tratou as sugestões do artigo de Hertel como verdades categóricas, não sujeitas à revisão.

Com receio de ver as vendas de micro-ondas caírem como resultado da publicação do artigo de Hertel, a Associação Suíça de Produtores e Provedores de Aparelhos Elétricos Domésticos (Associação) ajuizou uma ação judicial em face da empresa jornalística, com fundamento na Lei de Concorrência Desleal da Suíça, de 1986. Nessa ação, a Associação requereu que o jornal Franz Webber fosse proibido de: (i) utilizar a imagem de um esqueleto humano ou qualquer outra imagem sugestiva da morte, em associação com a representação gráfica de um forno de micro-ondas; (ii) incitar o banimento do uso de fornos de micro-ondas; e (iii) fazer afirmações de que a ciência teria provado que o consumo de alimentos preparados em micro-ondas é altamente prejudicial à saúde. Em 7 de abril de 1992, o juiz da Corte distrital de Vevey limitou-se a proibir Franz Webber de utilizar a imagem de um esqueleto, de uma cruz ou de um túmulo em associação com a representação gráfica de um forno de micro-ondas.[67]

Em 7 de agosto de 1992, a Associação ajuizou uma ação em face de Hertel perante o Tribunal Comercial do Cantão de Berna. Também com fundamento na Lei de Concorrência Desleal da Suíça, requereu que Hertel fosse proibido de afirmar publicamente que o consumo de alimentos preparados em fornos de micro-ondas representa um dano à saúde, e de associar, em publicações e em manifestações públicas, imagens que remetam o uso do micro-ondas à morte.[68] Em 19 de março de 1993, o tribunal acolheu todos os pedidos da Associação, mas conservou o direito de Hertel de continuar a conduzir pesquisas científicas sobre os efeitos deletérios produzidos pelo uso do forno de micro-ondas, e a publicar os resultados de suas pesquisas *tão somente em meios acadêmicos*.[69] No entendimento da Corte, a Lei de Concorrência Desleal da Suíça (LDC) reprime quaisquer atos que possam afetar, adversamente, o funcionamento adequado da concorrência, prejudicando injustamente a posição dos concorrentes leais, mediante a diminuição de sua presença no mercado. A Corte julgou que Hertel, ao publicar um artigo que chega a conclusões polêmicas e não aceitas pela ciência, teria praticado um ato de concorrência desleal, ainda que: não tenha se beneficiado economicamente da publicação; seu artigo não tenha promovido qualquer produto concorrente do forno de micro-ondas; e não haja provas de que o artigo afetou as vendas de fornos de micro-ondas na Suíça.[70] A publicação teria sido caracterizada como um ato

67. ECHR, *Case of Hertel v. Switzerland*, p. 14-15.

68. Idem, ibidem, p. 16.

69. Idem, ibidem, p. 31.

70. Idem, ibidem, p. 19: "Since the scope of the UCA [Unfair Competititon Act] is determined by the mere potential aptitude to affect competition, acts performed in the exercise of fundamental rights in the field of ideas are covered by it, even when they

de concorrência desleal, pois Hertel omitiu a existência de outras posições a respeito dos riscos associados ao consumo de alimentos cozidos em fornos de micro-ondas e não reconheceu a falta de certeza científica sobre os resultados sugeridos por suas investigações. Outro agravante da conduta "desleal" de Hertel seria a divulgação do artigo em um jornal popular, amplamente acessível por pessoas leigas e, portanto, suscetíveis de serem induzidas a erro.[71] Ou seja, a preocupação da Corte suíça era proteger o potencial mercado consumidor de fornos de micro-ondas da influência da linha científica não majoritária, representada por Hertel.

Hertel apelou da decisão de primeira instância. Em 25 de fevereiro de 1994, a Corte Federal confirmou a decisão apelada. Em seu entendimento, o fato de o artigo de Hertel instigar os consumidores a deixarem de adquirir fornos de micro-ondas com base em dados não comprovados de modo definitivo pela ciência é suficiente para caracterizar sua publicação como um ato de concorrência desleal.[72]

Em 13 de setembro de 1994, Hertel peticionou à Comissão Europeia de Direitos Humanos, onde alegou que as decisões das Cortes suíças teriam infringido os arts. 6.°, 8.° e 10 da Convenção Europeia de Direitos Humanos. A petição foi acolhida com base no alegado cerceamento do direito à liberdade de expressão de Hertel (art. 10.°). O caso foi, finalmente, julgado pela Corte Europeia de Direitos Humanos (CEDH), em 25 de agosto de 1998.

---

have only a remote link with economic activity; only acts that are no more than ideas fall outside the scope of the statute, provided that they are confined to a strictly personal sphere of activity; [...]".

71. ECHR, *Case of Hertel v. Switzerland*, p. 20.

72. Idem, ibidem, p. 24: "Positive or negative advertising containing scientific data must, accordingly, in the public interest and in order to ensure effective competition, only be accepted if the data reflect established scientific knowledge or at least if the advertising clearly states that there are differing opinions. If there is no absolute guarantee that the scientific data are correct, the uncritical publication of them is at least deceptive and is accordingly misleading within the meaning of section 3(a) UCA [...]. That was so in the instant case. According to the Commercial Court there is absolutely no scientific confirmation of the applicant's argument; on the contrary, it has been mostly rejected. To hold it out as accurate in the context of competition is unacceptable under section 3(a) UCA [Unfair Competition Act], and accordingly the injunction issued by the Commercial Court does not infringe any provision of federal law. [...] Anyone claiming scientific freedom is therefore wholly free to expound his knowledge in the academic sphere but, where competition is concerned, he may not claim to have the truth on his side where the opinion he is putting forward is disputed. An opinion which has not been confirmed scientifically must in particular not be misused as a disguised form of positive or negative advertising of one's own work or the work of others. In the present case, that is all the more true as the Commercial Court expressly left the applicant free to base his proposition on new scientific findings".

A CEDH examinou se a restrição à liberdade de expressão de Hertel, imposta pelas Cortes suíças, se coadunava com as exigências impostas pelo art. 10(2) da Convenção Europeia de Direitos Humanos, a saber: (i) se a restrição está prescrita em lei; (ii) se sua imposição foi motivada por algum dos objetivos legítimos autorizados ("a segurança nacional, a integridade territorial ou a segurança pública, a defesa da ordem e a prevenção do crime, a proteção da saúde ou da moral, a proteção da honra ou dos direitos de outrem, para impedir a divulgação de informações confidenciais, ou para garantir a autoridade e a imparcialidade do poder judicial"); (iii) e se a restrição era "necessária em uma sociedade democrática," isto é, a restrição seria legítima se estivesse dirigida a tutelar um "interesse social premente".

A CEDH chegou à conclusão de que a exceção preenche as duas primeiras condições: ela está prevista em lei, pois o cerceamento da liberdade de expressão de Hertel se estribou no art. 3(a) da Lei de Concorrência Desleal da Suíça,[73] e a restrição teve por fim proteger os direitos dos fabricantes de micro-ondas e lojas de eletrodomésticos ("direitos de outrem").[74] Contudo, a CEDH entendeu que a restrição não preenche a terceira condição. A Corte sublinhou que a margem de apreciação disponível para os Estados decidirem se há um "interesse social premente" que justifique a restrição da liberdade de expressão de terceiros, é muito reduzida quando o discurso, objeto da restrição, persegue objetivos de natureza pública.[75] Consequentemente, maior é o espaço disponível para a CEDH investigar se os Estados utilizaram, corretamente, sua discricionariedade. No entendimento da Corte, as medidas judiciais adotadas pelas Cortes suíças foram desproporcionais, no sentido de que os interesses por elas promovidos apresentam menor relevância para a preservação da democracia que o interesse afetado (liberdade de expressão). Para a conservação da democracia, foi julgado mais importante preservar a liberdade dos indivíduos de disseminar opiniões minoritárias, especialmente

73. A Section 3, Swiss Unfair Competition Act, dispõe: "A person acts unfairly if, in particular, (a) he denigrates others or the goods, work, services, prices or business of others by making inaccurate, misleading or unnecessarily wounding statements; [...]".

74. ECHR, *Case of Hertel v. Switzerland*, p. 28-30.

75. Se o discurso afetado pela medida impugnada perseguisse interesses puramente comerciais, a margem de apreciação da Suíça seria mais ampla, e, portanto, suas medidas judiciais estariam menos sujeitas ao escrutínio da CEDH. Segundo essa perspectiva, instituições comerciais têm menor espaço para recorrer ao direito à liberdade de expressão para salvaguardar mensagens comerciais, capazes de prejudicar seus concorrentes: "Such a margin of appreciation is particularly essential in commercial matters, especially in an area as complex and fluctuating as that of unfair competition [...]. It is however necessary to reduce the extent of the margin of appreciation when what is at stake is not a given individual's purely 'commercial' statements, but his participation in a debate affecting the general interest, for example, over public health; in the instant case, it cannot be denied that such a debate existed" (idem, ibidem, p. 33).

quando não há certeza científica a respeito dos reais riscos representados pelo uso do forno de micro-ondas para a saúde humana.[76]

Embora Hertel não perseguisse qualquer objetivo de natureza comercial, pode-se inferir dos esforços argumentativos empreendidos pela CEDH que as decisões das Cortes suíças apenas foram julgadas ilegais, porquanto o trabalho de Hertel não seria dotado de elementos e mensagens, de fato, capazes de afetar as vendas de fornos micro-ondas:[77]

> "As regards the content of issue n. 19 relating to microwave ovens, [...] the only parts that can be attributed to him are, with the exception of the titles and sub-titles appearing on them, pages 5 to 10, which contain an extract of the research paper [...]. The Court notes that nowhere is it expressly proposed that microwave ovens be destroyed or boycotted or their use banned and that the applicant did not repeat the statements he made in 1989 and which had been published in issue n. 8 (April/May/June 1989) of the *Journal Franz Weber* [a decisão faz referência a uma declaração anterior de Hertel, em que afirma que os fornos de micro-ondas são piores que as câmaras de gás de Dachau]. In addition and above all, the applicant's views on the harmful effects on human health of the consumption of food prepared in microwave ovens are expressed in far less categorical terms than the Government intimated; that is to be seen in particular from the repeated use of the conditional mood and the choice of non-affirmative expressions. In that regard, the last lines from the extract, in which the applicant's conclusions from his experiments are summarised, are particularly striking. Thus, although it is stated that the results obtained 'show changes which bear witness to pathogenic disorders', as regards any cancerous effects it is explained that the results present a pattern which 'might' correspond to the beginning of a cancerous development and which 'deserves attention'; likewise, there is no assertion that the consumption of irradiated food is harmful for man as a result of the induction of indirect radiation through food, but merely a suggestion that it 'might' be [...]".

A dúvida que fica é: se o artigo de Hertel fosse mais duro e utilizasse afirmações categóricas em detrimento do uso do forno de micro-ondas, seria aceitável a restrição imposta pelas Cortes suíças? Dito isto, é possível que, em outros litígios envolvendo paródias e críticas a marcas comerciais, se entenda que as críticas e paródias impugnadas não estão amparadas pelo direito à liberdade de expressão, caso haja indícios de que elas têm o potencial de prejudicar os negócios, a reputação dos titulares das marcas objeto de críticas e paródias, mesmo que as mensagens veiculadas pelas paródias e críticas

76. ECHR, *Case of Hertel v. Switzerland*, p. 35.
77. Idem, ibidem, p. 33-34.

promovam interesses relevantes para a sociedade, e.g., proteção da saúde pública, do mercado de trabalho e do meio ambiente.

5.3 A exceção de paródia e crítica

Em termos técnico-jurídicos, uma exceção positivada de paródia e crítica é *desnecessária*, porquanto os direitos de exclusividade conferidos por uma marca comercial apenas podem ser opostos contra terceiros que utilizarem sinais idênticos ou similares à marca protegida, em "operações comerciais",[78] "quando esse uso possa resultar em confusão" (art. 16.1 do Acordo TRIPS) com a marca protegida.[79] Mas persiste a dúvida sobre como definir "uso em operações comerciais" e "uso gerador de confusão". A paródia de uma marca, que produza o efeito de afetar a comercialização dos produtos e serviços providos pelo titular da marca parodiada, caracteriza uso comercial?[80] É lícito o uso de uma paródia na qualidade de sinal identificador de origem de produtos e serviços?

A adoção de uma exceção positivada de paródia e crítica serve exatamente para prevenir interpretações da lei que prejudiquem o direito à liberdade de expressão[81] e à liberdade de iniciativa e para evitar que indivíduos e ONGs se autocensurem. A mera possibilidade de que o direito de marcas possa ser utilizado, com sucesso, pelos titulares de marcas para silenciar opiniões contrárias aos seus interesses, produz um efeito geral de arrefecimento. Nesse sentido, o Juiz Sachs, em seu voto no caso *Laugh it Off Promotions v. South African Breweries International* fez uma observação interessante:

> "Yet when applied against non-competitor parody artists, the tarnishment theory of trademark dilution may in protecting the reputation of a mark's owner, effectively act as a defamation statute. As such it, could serve as an over-deterrent. It could chill public discourse because trademark law could be used to encourage prospective speakers to engage in undue self-censorship to avoid the negative consequence of speaking – namely, being involved in a ruinous lawsuit. The cost could be inordinately high for an individual faced with a lawsuit aimed at silencing a critic, not only in terms of general litigation expenses, but also through the disruption of families and emotional upheaval. Such

78. O Tribunal de Justiça da União Europeia entende por uso de um sinal idêntico na vida comercial o uso que "se situe no contexto de uma actividade comercial que tenha em vista um proveito económico" (Tribunal de Justiça da União Europeia, Google France SARL, *Google Inc. contra Louis Vuitton Malletier SA et al.*, par. 50).

79. Geiger 2007b, p. 323-324.

80. Idem, ibidem.

81. Para decisões francesas, em que os titulares de marcas conseguiram impedir a divulgação de paródias de suas marcas, cf. Geiger 2007b, p. 319 e 324.

protracted vexation can have the effect of discouraging even the hardiest of souls from exercising their free speech rights".[82]

Na falta de uma exceção expressa de paródia e crítica, indivíduos e organizações da sociedade civil, especialmente os que dispõem de parcos recursos para embates judiciais e midiáticos, podem optar por exercitar autocensura, optando por transmitir mensagens neutras e, muitas vezes, ineficazes sob o prisma social. Esse parece ter sido o caso do "Guaraná Power". Possivelmente com o objetivo de evitar litígios judiciais, o Superflex preferiu suprimir do logotipo do "Guaraná Power" qualquer referência explícita ao "Guaraná Antarctica". Com isso, sua mensagem crítica foi substancialmente empobrecida, tanto é que, no Brasil, o "Guaraná Power" e os alegados desafios enfrentados pelas comunidades agrícolas da Amazônia permanecem amplamente ignorados.

Em face do risco de que o direito à liberdade de expressão seja erodido pelo exercício dos direitos conferidos por marcas registradas, parece plenamente justificada a inclusão expressa, no ordenamento brasileiro, de uma exceção de paródia e crítica nos seguintes termos:

> "Art. ___: O titular da marca não poderá:
>
> (i) Impedir a citação de sua marca em discurso, obra científica ou literária ou em qualquer outra publicação, para comentar ou criticar a empresa que utiliza a marca ou os produtos e serviços que utilizam a marca no comércio;
>
> (ii) Impedir a realização de paródias de sua marca, a disseminação pública de paródias e sua aposição em produtos e serviços comerciais, desde que:
>
> a) A paródia não se confunda com a marca objeto da paródia;
>
> b) A paródia, quando aposta em produtos, seja utilizada com o objetivo primário de disseminar mensagens críticas e/ou satíricas;
>
> c) A paródia não transmita informações falsas a respeito da empresa que utiliza a marca objeto da paródia ou a respeito dos produtos e serviços comercializados sob o amparo da marca objeto da paródia; e
>
> d) A paródia não seja utilizada para instigar ódio, incitar a violência, ou para fazer propaganda de guerra.
>
> (iii) Impedir a utilização de paródias de sua marca como uma marca comercial, desde que:
>
> a) A paródia não se confunda com a marca objeto da paródia;
>
> b) As embalagens dos produtos que ostentam a paródia não se confundam com as embalagens dos produtos que ostentam a marca objeto da paródia;

82. *Laugh it Off Promotions CC v. South African Breweries International*, par. 106.

c) A paródia não transmita informações falsas a respeito da empresa que utiliza a marca objeto da paródia ou a respeito dos produtos comercializados sob o amparo da marca objeto da paródia; e

d) A paródia não seja utilizada para instigar ódio, incitar a violência, ou para fazer propaganda de guerra.

A primeira parte da exceção foi delineada tendo como parâmetro o art. 132, IV, da Lei de Propriedade Industrial do Brasil e o § 1125(c)(3)(A)(ii), do United States Code. Ela não estabelece qualquer condição para que a citação, comentário ou crítica seja considerada legítima, enquanto a legislação brasileira exige que a citação não apresente "conotação comercial" nem prejudique o "caráter distintivo" da marca citada. Se as marcas protegidas não pudessem ser incluídas em obras e em discursos com viés comercial, a publicidade comparativa seria banida. E se marcas protegidas não estivessem sujeitas a críticas capazes de afetar seu prestígio, indivíduos, empresas jornalísticas e ONGs não mais poderiam criticar as práticas iníquas adotadas pelos titulares de marcas protegidas. Se a exceção proposta não oferecesse uma ampla liberdade de uso das marcas comerciais em discursos e em meios de comunicação em geral, o direito à liberdade de expressão – o qual inclui o direito "de procurar, receber e difundir informações e ideias de qualquer natureza, [...], verbalmente ou por escrito, de forma impressa ou artística, ou por qualquer meio de sua escolha"[83] – seria frontalmente desrespeitado. Isso não significa que a exceção proposta expõe os titulares de marcas a acusações infundadas: caso um indivíduo ou instituição malbarateie sua liberdade de expressão, mediante a divulgação de mensagens infamantes contra o titular de uma marca bem conceituada no mercado, o prejudicado sempre poderá recorrer ao Judiciário, a fim de punir o autor da difamação nas esferas civil e penal.

As partes 2 e 3 da exceção proposta foram concebidas tendo como parâmetro o teste de *fair use*, proposto pelo Juiz Sachs, na decisão da Corte Constitucional da África do Sul, no caso *Laugh it Off* e a proposta de emenda do art. 17 do Acordo TRIPS, apresentada por Annette Kur e Marianne Levin.[84] O objetivo desses dois componentes da exceção de paródia e crítica é prevenir a diluição da distintitividade das marcas parodiadas, seja por meio do estabelecimento de confusão indevida entre a paródia e a marca parodiada, seja por meio do deslustre da marca objeto da paródia, como resultado da divulgação de informações *falsas* a respeito da empresa que a utiliza no comércio ou a respeito dos produtos e serviços que a ostentam.

A exceção de paródia e crítica não impede a utilização das paródias em operações comerciais. As paródias poderão ser apostas em produtos que sirvam, fundamentalmente, como meios de divulgação das mensagens críticas e/ou satíricas cristalizadas nas paródias. Em termos concretos, isso implica

83. Art. 19(2) do Pacto Internacional de Direitos Civis e Políticos de 1966.

84. Levin e Kur 2006.

que paródias de marcas poderão ser apostas, por exemplo, em peças de vestuário, botons, canetas, canecas, bonés, cartazes e adesivos.

As paródias de marcas poderão, igualmente, ser utilizadas como sinal identificador de origem dos produtos e serviços que a utilizarem no comércio; em palavras mais simples, poderão ser utilizadas como marcas comerciais. A organização que utilizar uma paródia como marca comercial terá de observar duas exigências, cujo objetivo é prevenir a utilização das paródias como ferramentas de concorrência desleal:[85] em primeiro lugar, a paródia não pode confundir-se com a marca objeto da paródia, a fim de evitar que o consumidor seja induzido a erro. Em segundo lugar, as embalagens dos produtos que ostentarem a paródia não devem confundir-se com as embalagens dos produtos que ostentarem a marca parodiada. É natural que a paródia estabeleça uma associação com a marca parodiada em benefício do autor da paródia; no entanto, apenas será legítima se for capaz de comunicar ao público, de maneira inequívoca, que não é a marca objeto da paródia. Nesse sentido, a Corte de Apelação do 4.º Circuito dos EUA, em *Louis Vuitton Malletier S.A. v. Haute Diggity Dog, LLC*, entendeu:

> "While a parody intentionally creates an association with the famous mark in order to be a parody, it also intentionally communicates, if it is successful, that it is *not* the famous mark, but rather a satire of the famous mark. [...] It is important to note, however, that this might not be true if the parody is so similar to the famous mark that it likely could be construed as actual use of the famous mark itself".

Para encerrar, faz-se necessário esclarecer a aparente contradição de introduzir uma exceção dedicada a salvaguardar o direito à liberdade de expressão, que proíbe a elaboração de paródias que transmitam certas mensagens (e.g., instigar o ódio racial). Em verdade, essa restrição ao exercício do direito à liberdade de expressão não é aleatória ou abusiva, mas reflete uma exigência do Pacto Internacional de Direitos Civis e Políticos, que determina que o direito à liberdade de expressão deve ser restringido na medida necessária para "assegurar o respeito dos direitos e da reputação das demais pessoas" e para "proteger a segurança nacional, a ordem, a saúde ou a moral públicas" (art. 19(3)).

5.3.1. Avaliação da legalidade da exceção de paródia e crítica

A exceção de paródia e crítica será lícita se apresentar caráter "limitado" e se restar comprovado que ela leva "em conta os legítimos interesses do titular da marca e de terceiros" (art. 17 do Acordo TRIPS).

85. Essas duas exigências foram inferidas da decisão da Corte de Apelações do 4.º Circuito dos EUA, proferida no caso *Louis Vuitton Malletier v. Haute Diggity Dog et al.*

Conforme visto anteriormente,[86] uma exceção aos direitos de marcas será limitada se respeitar os limites impostos pelo Acordo TRIPS (arts. 3.°, 4.°, 18 e 21). No que respeita à observância dos limites fixados pelo Acordo TRIPS, a exceção investigada observa plenamente as cláusulas de tratamento nacional e da nação mais favorecida (arts. 3.° e 4.°) ao tratar, de maneira igualitária, as marcas de nacionais e de estrangeiros. A exceção de paródia e crítica respeita o disposto nos artigos 18 e 21 do Acordo TRIPS, porquanto não produz qualquer tipo de interferência na duração da proteção conferida aos titulares de marcas protegidas, não interfere no direito dos titulares de marcas comerciais de licenciá-las, nem estabelece um esquema sub-reptício de licenciamento compulsório de marcas comerciais. Por fim, a exceção investigada é incapaz de produzir o efeito de impedir a proteção dos sinais distintivos que, nos termos do art. 15 do Acordo TRIPS, devem ser passíveis de receber proteção. A exceção de paródia e de crítica é, portanto,"limitada".

A exceção de paródia e crítica passará pela última etapa do teste do art. 17 do Acordo TRIPS se salvaguardar, simultaneamente, o interesse legítimo dos titulares de marcas de resguardar a distintividade de suas marcas e os interesses legítimos de terceiros (interesses de caráter social, econômico e ambiental, chancelados pelo art. 8.° do Acordo TRIPS).[87]

A exceção investigada salvaguarda a distintividade das marcas afetadas pelas seguintes razões. Em primeiro lugar, a citação de marcas em discursos e em qualquer tipo de publicação é uma atividade que os titulares de marcas não podem controlar, pois se dá fora da esfera puramente comercial. Em segundo lugar, a exceção apenas autoriza a divulgação e o uso comercial de paródias de marcas comerciais inaptas a se confundirem com as marcas parodiadas. Em terceiro lugar, a exceção proíbe a divulgação de paródias que transmitam informações inverídicas a respeito dos titulares e dos licenciados das marcas parodiadas, bem como a respeito de seus produtos e serviços. Consequentemente, a exceção não prejudica, injustamente, o prestígio das marcas parodiadas. Por fim, a exceção impede a divulgação de paródias transmissoras de mensagens odiosas, capazes de deteriorar a reputação das marcas parodiadas. Enfim, a exceção é estruturada de maneira a prevenir: a prática de atos de concorrência desleal; a injusta destruição da reputação de marcas, de produtos e serviços; e o uso de sinais distintivos que podem induzir o consumidor a erro sobre a fonte dos produtos, serviços e mensagens disseminados.

A exceção de paródia e crítica visa a prevenir que os titulares de marcas comerciais exerçam seus direitos de exclusivo, com o propósito de calar vozes potencialmente prejudiciais aos seus interesses individuais. Em outras palavras, a exceção proposta objetiva garantir o direito de terceiros à liberdade de

86. Cf. item 2.4.

87. Cf. item 2.4.

expressão, o qual compreende o direito de livremente receber e transmitir críticas e opiniões a respeito das condutas praticadas pelo setor empresarial. Esse direito, além de ser reconhecido universalmente,[88] é tratado pela Organização das Nações Unidas,[89] pela UNESCO,[90] pela Corte Europeia de Direitos Humanos[91] e pela Corte Interamericana de Direitos Humanos[92] como uma das pedras angulares da democracia. A liberdade de expressão é igualmente tutelada pela CF/1988 em seus arts. 5.º, IX, e 220: a Constituição brasileira expressamente rechaça qualquer forma de controle prévio, censura, seja por parte do Poder Público, seja por parte da iniciativa privada.

88. Cf.: art. 19 da Declaração Universal dos Direitos Humanos; art. 19(1) do Pacto Internacional de Direitos Civis e Políticos; art. 13 da Convenção Americana sobre Direitos Humanos; e art. 9.º da Carta Africana dos Direitos Humanos e dos Povos.

89. Cf., e.g.: UNGA, Resolution 59(1), 14 December 1946 ("Freedom of information implies the right to gather, transmit and publish news anywhere and everywhere without fetters. As such it is an essential factor in any serious effort to promote the peace and progress of the world;""Freedom of information is a fundamental human right and is the touchstone of all the freedoms to which the United Nations is consecrated").

90. UNESCO, Resolución 4/9.3/2, de 1978:"El fortalecimiento de la paz y de la comprensión internacional, la promoción de los derechos humanos, la lucha contra el racismo, el apartheid y la incitación a la guerra exigen una circulación libre y una difusión más amplia y equilibrada de la información" (art. I);"El ejercicio de la libertad de opinión, de la libertad de expresión y de la libertad de información, reconocido como parte integrante de los derechos humanos y de las libertades fundamentales,constituye un factor esencial del fortalecimiento de la paz y de la comprensión internacional" (art. II.1).

91. Cf., e.g., ECHR, *Case of Barthold v. Germany* (Application n. 8734/79). Strasbourg, 25 March 1985, par. 58:"As the Court has already had the occasion to point out, freedom of expression holds a prominent place in a democratic society. Freedom of expression constitutes one of the essential foundations of a democratic society and one of the basic conditions for its progress and for the development of every man and woman [...]."

92. Cf., e.g., Corte Interamericana de Derechos Humanos, *Caso Perozo y otros vs. Venezuela,* 28 de enero de 2009, par. 116: "La libertad de expresión, particularmente en asuntos de interés público,'es una piedra angular en la existencia misma de una sociedad democrática'. No sólo debe garantizarse en lo que respecta a la difusión de información o ideas que son recibidas favorablemente o consideradas como inofensivas o indiferentes, sino también en lo que toca a las que resultan ingratas para el Estado o cualquier sector de la población. Tales son las demandas del pluralismo, que implica tolerancia y espíritu de apertura, sin los cuales no existe una sociedad democrática. Cualquier condición, restricción o sanción en esta materia deben ser proporcionadas al fin legítimo que se persigue. Sin una efectiva garantía de la libertad de expresión, se debilita el sistema democrático y sufren quebranto el pluralismo y la tolerancia; los mecanismos de control y denuncia ciudadana pueden volverse inoperantes y, en definitiva, se crea un campo fértil para que arraiguen sistemas autoritarios".

O valor inconteste da liberdade de expressão para a democracia é bem sumarizado pelo seguinte trecho, extraído do relatório de 2009 da relatoria especial para a liberdade de expressão, da Comissão Interamericana de Direitos Humanos:

> "[...] La CIDH y la Corte Interamericana han subrayado en su jurisprudencia que la importancia de la libertad de expresión dentro del catálogo de los derechos humanos se deriva también de su relación estructural con la democracia. Esta relación, que ha sido calificada por los órganos del sistema interamericano de derechos humanos como 'estrecha', 'indisoluble', 'esencial' y 'fundamental', entre otras, explica gran parte de los desarrollos interpretativos que se han otorgado a la libertad de expresión por parte de la CIDH y la Corte Interamericana en sus distintas decisiones sobre el particular. Es tan importante el vínculo entre la libertad de expresión y la democracia que, según ha explicado la CIDH, el objetivo mismo del artículo 13 de la Convención Americana es el de fortalecer el funcionamiento de sistemas democráticos pluralistas y deliberativos mediante la protección y el fomento de la libre circulación de información, ideas y expresiones de toda índole. El artículo 4 de la Carta Democrática Interamericana, por su parte, caracteriza la libertad de expresión y la libertad de prensa como 'componentes fundamentales del ejercicio de la democracia'. En este mismo sentido, los relatores para la libertad de expresión de la ONU, la OSCE y la OEA, en su primera Declaración Conjunta en 1999, recordaron que 'la libertad de expresión es un derecho humano internacional fundamental y componente básico de la sociedad civil basada en los principios democráticos'. En efecto, el ejercicio pleno del derecho a expresar las propias ideas y opiniones y a circular la información disponible y la posibilidad de deliberar de manera abierta y desinhibida sobre los asuntos que nos conciernen a todos, es condición indispensable para la consolidación, el funcionamiento y la preservación de los regímenes democráticos. La formación de una opinión pública informada y consciente de sus derechos, el control ciudadano sobre la gestión pública y la exigencia de responsabilidad de los funcionarios estatales, no sería posible si este derecho no fuera garantizado. En este mismo sentido, la jurisprudencia ha enfatizado que la función democrática de la libertad de expresión la convierte en una condición necesaria para prevenir el arraigo de sistemas autoritarios, para facilitar la autodeterminación personal y colectiva y para hacer operativos los 'mecanismos de control y denuncia ciudadana'".[93]

O objetivo perseguido pela exceção investigada está amparado pelo art. 8(1) do Acordo TRIPS, pois a liberdade de expressão é um interesse público de

93. Botero 2009, p. 224, par. 8.

importância vital para o progresso de qualquer país democrático, bem como pelo parágrafo 2.º do mesmo dispositivo, que autoriza os Membros da OMC a adotarem medidas dirigidas a reprimir abusos de direitos de propriedade intelectual.

A exceção examinada mostra-se adequada a alcançar o objetivo que impulsionou sua propositura, pois autoriza terceiros: a tecerem comentários a respeito das atividades praticadas pelos titulares de marcas comerciais e a respeito dos produtos e serviços que utilizarem suas marcas no comércio; a divulgarem mensagens críticas por meio de paródias; e a utilizarem paródias em operações comerciais, independentemente de qualquer autorização. Haja vista que a exceção investigada salvaguarda tanto os interesses legítimos dos titulares de marcas afetados quanto os de terceiros, ela deve ser considerada legítima.

Capítulo 6

Desenhos industriais e a exceção de reparação

6.1 Introdução

Os Membros da OMC estão obrigados a conceder "proteção para desenhos industriais criados independentemente", desde "que sejam novos ou originais" (art. 25.1 do Acordo TRIPS). Uma boa definição de desenho industrial é a adotada pela Lei de Propriedade Industrial do Brasil (art. 95 da Lei 9.279/1996), qual seja: "a forma plástica ornamental de um objeto ou o conjunto ornamental de linhas e cores que possa ser aplicado a um produto, proporcionando resultado visual novo e original na sua configuração externa e que possa servir de tipo de fabricação industrial".

A função do registro de desenho industrial é conferir ao seu titular um monopólio da forma, ou seja, da aparência exterior de um produto, mas não um monopólio de produto.[1] O registro de desenho industrial funciona como um estímulo à inovação por duas razões. Em primeiro lugar, por agregar valor a produtos funcionais, auxiliando-os a diferenciarem-se uns dos outros e a colocar os produtos que ostentam os desenhos mais valorizados pelos consumidores em uma melhor posição competitiva. Os titulares dos produtos mais bem colocados no mercado terão maiores *chances* de recuperar seus investimentos e levantar recursos para futuros projetos.[2] Em segundo lugar, porque a proteção legal garantida pelos registros estimula a indústria a desenvolver continuamente novos desenhos, a fim de tornar seus produtos mais atraentes ao consumidor e, portanto, mais competitivos.

Um dos objetivos centrais do direito do desenho industrial é salvaguardar a livre concorrência de produtos.[3] É por isso que, por exemplo, o titular de um desenho industrial aplicado a um relógio tem o direito de impedir terceiros de produzir e comercializar relógios que incorporem seu desenho,[4] mas

1. ECAR 2006-2007, p. 7: "Put in a pithy formula: The essential purpose of design protection is to foster competition of forms and to maintain competition of products".
2. Idem, ibidem, p. 10.
3. Idem, ibidem, p. 7.
4. Cf. art. 26(1) do Acordo TRIPS ("O titular de um desenho industrial protegido terá o direito de impedir terceiros, sem sua autorização, de fazer, vender ou importar artigos

não o de embargar o desenvolvimento de relógios que incorporem outros desenhos.[5] A proteção do produto funcional por detrás do desenho é uma preocupação do direito das patentes, não do direito do desenho industrial.[6] Enfim, o direito do desenho industrial é uma ferramenta de promoção da inovação por meio da concorrência; quando este ramo do direito da propriedade intelectual funciona corretamente, um produto que incorpora um desenho industrial protegido representa tão somente uma parcela do mercado relevante, havendo, portanto, outras opções de produtos semelhantes.

Existem duas categorias de produtos cuja aparência exterior está sujeita à proteção legal: os produtos unitários (*one-unit products*) e os produtos complexos. À primeira categoria pertencem aqueles produtos que, se danificados, não podem ser reparados, bem como os produtos cujos preços não justificam seu reparo. Em caso de dano a um produto unitário, a única alternativa disponível ao consumidor é adquirir um novo bem, idêntico ao danificado, ou adquirir outro bem pertencente à mesma categoria do bem danificado. Vaso é um bom exemplo de produto unitário. À categoria dos produtos complexos pertencem aqueles produtos cujo exterior é formado por diversos componentes; em caso de dano, as partes prejudicadas desses bens podem ser facilmente substituídas por outras idênticas, de maneira a recuperar sua aparência original. Automóveis, motocicletas, relógios, aparelhos domésticos são exemplos de produtos complexos.[7]

O direito do desenho industrial torna-se uma fonte de problemas de natureza concorrencial e consumerista naqueles países cujo marco legal assegura aos titulares de desenhos industriais aplicáveis a produtos complexos tanto o controle do mercado primário desses bens – o mercado de produtos novos que incorporam os desenhos protegidos – quanto do mercado secundário – o mercado de peças sobressalentes. Peças sobressalentes ou *must-match* são peças de reposição visualmente idênticas àquelas que compõem o exterior de produtos complexos, e.g., para-lamas, para-choques, retrovisor, portas, capô. Por exemplo, em caso de ocorrência de um acidente automobilístico, para recuperar seu exterior, o proprietário do carro danificado terá de adquirir peças sobressalentes idênticas às afetadas, pois são as únicas capazes de substituí-las, seja por conta do encaixe perfeito, seja por serem as únicas capazes de recuperar a aparência original do veículo. Assim sendo, as peças *must-match* não contam com substitutos no mercado.

---

que ostentem ou incorporem um desenho que constitua uma cópia, ou seja substancialmente uma cópia, do desenho protegido, quando esses atos sejam realizados com fins comerciais").

5. Sigmund 2005, par. 1.6.1.2: "A protecção do desenho ou modelo incorporado num relógio não [...] [deve impedir] a concorrência no mercado dos relógios".
6. ECAR 2006-2007, p. 6.
7. Commission of the European Communities 2004b, p. 5.

Haja vista que o reparo de produtos complexos apenas pode ser realizado com peças *must-match*, o titular de um desenho industrial aplicável a um produto complexo, em algumas jurisdições, possui um monopólio de produto, tornando-se a única fonte provedora de peças sobressalentes para o produto que incorpora seu desenho, podendo, então, aproveitar sua posição monopolista para fixar seus preços em níveis abusivos. Até o momento, esses problemas afetam fundamentalmente o setor automobilístico. Mas é possível que outros setores, onde exista demanda por peças de reposição *must-match*, venham a ser afetados no futuro.

Estender proteção legal às peças sobressalentes fere a função do direito do desenho industrial, ao"estabelecer um monopólio de produto no mercado secundário, contraditório com a natureza mesma da protecção jurídica de desenhos":[8] o registro de desenho industrial, quando estende proteção às peças sobressalentes, é incapaz de fomentar o desenvolvimento de novos desenhos industriais e garantir a livre concorrência, haja vista que os consumidores de peças sobressalentes não procuram diversidade, buscam apenas peças idênticas àquelas que compõem o produto complexo danificado. Assim sendo, como não há espaço para a concorrência desenvolver produtos substitutos, o titular do desenho industrial torna-se um verdadeiro monopolista no mercado secundário.[9] Em outras palavras, nas circunstâncias indicadas, o titular de desenho industrial passa a deter um monopólio de produto, que lhe garante o controle total de comercialização das peças sobressalentes para os produtos que incorporarem seu desenho industrial, e, por conseguinte, o direito de impor preços excessivos para seus produtos. Nesse caso, o titular do desenho industrial receberá mais benefícios do que seu título de propriedade é capaz de justificar: em vez de receber uma justa retribuição pelo desenho, receberá uma retribuição excessiva, em função do monopólio recebido.[10]

Nos países cujas legislações não indicam, de forma inequívoca, se os titulares de desenhos industriais aplicáveis a produtos complexos têm o direito de controlar o mercado secundário de peças de reposição, os titulares de direitos, em especial a indústria automobilística, tendem a aproveitar essa omissão para patrocinar uma interpretação maximalista do escopo de seus direitos, em detrimento das empresas que operam no mercado de reposição e dos consumidores. Nessas circunstâncias, cabe, *inter alia*, ao direito concor-

8. Sigmund 2005, par. 5.3.

9. ECAR 2006-2007, p. 7-8.

10. Idem, ibidem, p. 10: "[...] one can speak of a true and legitímate design premium only if there is product competition or at least the possibility of product competition in the relevant market and the buyer of a certain product is actually or potentially in a position to choose between competition designs. [...] Thus, as regards the designs of a car body and its component parts, only the new cars market can yield a design premium, the spare parts market can not (since here it would inevitably result in a monopoly premium)".

rencial impedir a prática de abusos de direito. O direito concorrencial torna dispensável a adoção de exceções aos direitos conferidos aos titulares de desenhos industriais registrados?

O presente capítulo tenta responder a essa pergunta por meio da análise do caso ANFAPE, que opõe três gigantes da indústria automobilística mundial a centenas de pequenas e médias indústrias brasileiras, fabricantes de autopeças sobressalentes. O caso escolhido sugere que o direito concorrencial pode não ser capaz de prevenir, *com a rapidez necessárias*, a prática de supostos abusos pelos titulares de desenhos industriais. Partindo dessa constatação, a segunda parte do capítulo examina uma proposta de exceção de reparação, em debate no âmbito da União Europeia, a qual se mostra hábil a harmonizar os interesses dos titulares de desenhos industriais com os interesses dos consumidores e dos demais agentes do mercado; em seguida, sua legalidade será investigará *vis-à-vis* o art. 26(2) do Acordo TRIPS.

6.2 Caso ANFAPE

Em 4 de abril de 2007, a Associação Nacional dos Fabricantes de Autopeças (ANFAPE ou Associação), associação brasileira sem fins lucrativos, representante de uma parcela crescente dos fabricantes independentes de autopeças para automóveis (FIAPs), protocolou, perante a Secretaria de Direito Econômico (SDE) do Ministério da Justiça da República Federativa do Brasil, uma representação em face das montadoras Volkswagen do Brasil Indústria de Veículos Ltda. (Volkswagen), FIAT Automóveis S/A (Fiat) e Ford Motors Company Brasil (Ford), pela suposta prática de ações infratoras da ordem econômica brasileira, no mercado de autopeças de reposição, mais especificamente no mercado de peças tipo *must-match*.

Segundo os dados indicados na representação, as três montadoras, com fundamento nos direitos de exclusividade conferidos pelos desenhos industriais registrados perante o Instituto Nacional da Propriedade Industrial (INPI), há alguns anos vêm promovendo, com sucesso, medidas judiciais e extrajudiciais contra FIAPs e empresas varejistas do setor de autopeças, onde demandam a cessação imediata da fabricação e comercialização de peças de reposição para veículos automotivos que ostentem seus desenhos industriais registrados, bem como a cessação do uso das marcas das montadoras e de seus desenhos industriais em materiais promocionais e embalagens.[11] Em palavras mais simples, as montadoras indicadas vêm logrando exercer seus direitos de exclusividade tanto no mercado primário (mercado de veículos novos, onde concorrem as montadoras) quanto no mercado secundário (mercado de autopeças de reposição, "no qual concor-

11. Farina e Tormin 2007, p. 4-5.

reriam as montadoras, com as peças 'originais', e as fabricantes independentes, com as peças 'paralelas"').[12]

A ANFAPE argumentou que o exercício dos direitos conferidos por desenhos industriais no mercado secundário constituiria um abuso de direito, pois os desenhos registrados têm a única função de impedir as concorrentes das montadoras de produzir carros que ostentem desenhos idênticos ou substancialmente similares aos registrados:

> "[...] o mercado das montadoras é o da industrialização e venda de veículos (e, ressalte-se, veículos novos). É neste mercado que elas atuam e é para este mercado que todos os seus esforços e pesquisas e investimentos são direcionados. Com o que, então, os desenhos industriais das montadoras não podem voltar contra os fabricantes ou varejistas do *aftermarket*, dado que essa não é nem a função nem o interesse social destes desenhos industriais ou, mesmo, da concessão de tais *designs*".[13]

Em sua representação, a ANFAPE sublinhou que, por décadas, as montadoras, as indústrias e empresas varejistas que atuam no mercado de autopeças de reposição, conviveram harmonicamente; estas empresas só começaram a ser alvo de medidas judiciais e ameaças extrajudiciais a partir de 2006/2007.[14] Esses fatos seriam uma indicação segura de que o exercício dos direitos de exclusividade, conferidos pelos desenhos de automóveis, no mercado secundário, não deve ser tratado como um meio de exploração normal desses títulos de propriedade. Igualmente corrobora esse entendimento o fato de que apenas três montadoras – dentre as muitas que atuam no mercado brasileiro – veem empreendendo ações legais contra as FIAPs e empresas varejistas de autopeças.

A ANFAPE argumentou que o exercício dos direitos conferidos pelos desenhos industriais no mercado secundário prejudica o consumidor e a livre concorrência, pois os proprietários de veículos automotivos passam a ser obrigados a adquirir as autopeças providas pelas montadoras.[15] E, considerando que no mercado secundário as montadoras podem "exercer de forma irrestrita seu poder monopolista", elas gozam da prerrogativa de fixar preços excessivos para as autopeças de reposição.[16]

A Associação acentuou que, caso fique entendido que as montadoras gozam do direito de controlar tanto o mercado primário de automóveis novos quanto o mercado secundário de autopeças sobressalentes, elas passarão a controlar a velocidade da renovação da frota de veículos, pois se os custos de

12. SDE 2008, p. 3.
13. Farina e Tormin 2007, p. 12.
14. Idem, ibidem, p. 6.
15. Araújo Jr. 2006, p. 2.
16. Idem, ibidem, p. 6.

manutenção dos automóveis forem excessivamente onerosos, os consumidores serão levados a trocar de automóvel com frequência.[17] Uma vez que, no presente, mesmo com concorrência, as montadoras tendem a praticar preços muito superiores para as autopeças originais em relação aos praticados pelas FIAPs, é razoável esperar que os custos de manutenção dos automóveis cresçam ainda mais com a proibição da concorrência no mercado secundário.[18]

Residualmente, a ANFAPE aduziu que, possivelmente, vários dos registros de titularidade das empresas montadoras são inválidos – notadamente, os registros dos desenhos de para-choques, para-lamas, retrovisores, faróis –, pois, em seu entendimento, as formas dessas peças são determinadas essencialmente por considerações funcionais e, por conseguinte, não preenchem a exigência legal de constituírem uma "forma plástica ornamental" ou um "conjunto ornamental de linhas e cores que possa ser aplicado a um produto" (art. 95 da Lei 9.279/1996).[19]

Por fim, a Associação também fundamentou seu entendimento de que as ações praticadas pelas montadoras são ilegais com base no art. 21 do Código de Defesa do Consumidor, o qual reconhece a possibilidade de as empresas provedoras de serviços de reparos de empregar peças de reposição originais ou peças paralelas que "mantenham as especificações técnicas do fabricante", desde que autorizadas pelo consumidor. No entendimento da ANFAPE, esse dispositivo atesta o reconhecimento da liberdade dos consumidores de optar entre peças de reposição originais e paralelas para efetuar a reparação de seus produtos e, por conseguinte, confirma a legalidade das operações das FIAPs, já que se as indústrias independentes não puderem atuar no mercado secundário de peças de reposição, os consumidores não poderão exercer seu direito de escolha.[20]

Com base nos argumentos indicados, a ANFAPE concluiu que as estratégias conduzidas pelas montadoras constituiriam restrições horizontais à concorrência, bem como uma infração contra a ordem econômica, porquanto criam "dificuldades à constituição, ao funcionamento ou ao desenvolvimen-

17. Farina e Tormin 2007, p. 7.

18. Araújo Jr. (2006, p. 7) menciona "um estudo realizado pela *Alliance of American Insurers* em 1999 [que] revelou que o preço médio das autopeças originais era cerca de 60% mais elevado do que as congêneres produzidas pelos FIAPs"; e "um levantamento divulgado pelo *Ohio Insurance Institute* [que] mostrou que uma minivan *Dodge Grand Caravan Sport*, cujo preço de mercado em 2002 era de U$ 24.815 custaria U$ 71.631, sem incluir mão de obra, se fosse reconstruída a partir das autopeças originais disponíveis nas distribuidoras da Chrysler".

19. Farina e Tormin 2007, p. 13-14.

20. Idem, ibidem, p. 14; Oliveira et al. 2009, p. 24. Esse entendimento está também amparado pelo art. 6.°, II, do Código de Defesa do Consumidor: "São direitos básicos do consumidor: II – a educação e divulgação sobre o consumo adequado dos produtos e serviços, asseguradas a *liberdade de escolha* e a igualdade nas contratações".

to de empresa concorrente" (as FIAPS), com vistas a dominar o mercado de autopeças de reposição e"exercer de forma abusiva posição dominante".[21] A fim de apurar e reprimir as ações lesivas da ordem econômica, supostamente praticadas pelas montadoras, a ANFAPE requereu à SDE a imediata instauração de processo administrativo e a aplicação, pelo Conselho Administrativo de Defesa Econômica (CADE), de diversas sanções, entre as quais a aplicação de"multa de um a trinta por cento do valor do faturamento bruto [das montadoras] no seu último exercício"(art. 23, I, da Lei 8.884/1994) e o licenciamento compulsório dos registros de desenhos industriais abusivamente utilizados pelas montadoras.

6.2.1 A resposta da SDE

Em resposta à representação da ANFAPE, a SDE abriu uma averiguação preliminar, com o intuito de avaliar a existência de indícios de conduta anticoncorrencial que justifiquem a instauração de um processo administrativo e a aplicação de sanções contra as montadoras.[22] A SDE, por um lado, valorizou os argumentos aduzidos pelas montadoras, associados à necessidade de blindar os DPIs como meio de proteger seus investimentos em P&D e, pelo outro, parece ter negligenciado os impactos socioeconômicos de sua decisão. Nesse sentido, é digno de nota que a SDE indeferiu os pedidos feitos pela Força Sindical, pelo Sindicato dos Trabalhadores nas Indústrias Metalúrgicas e de Material Elétrico de São Paulo, Mogi das Cruzes e Regiões e pela Associação do Mercado de Autopeças do Rio de Janeiro, que desejavam integrar os autos na qualidade de terceiros interessados.[23] Essas associações tinham o intuito de trazer à discussão os prejuízos ocasionados aos consumidores, à indústria nacional e aos trabalhadores da indústria metalúrgica caso se entenda que as montadoras têm o direito de controlar o mercado de peças de reposição.

A SDE julgou inexistir qualquer justificativa para uma intervenção antitruste pelas razões a seguir apresentadas.

Preliminarmente, a SDE esclareceu que"a *jurisprudência* do CADE, no que se refere à indústria automobilística, tradicionalmente divide o mercado relevante sob o ponto de vista do produto da seguinte forma: 1) mercado de fabricantes de veículos novos; 2) mercado varejista de veículos novos; 3) mercado atacadista de autopeças de reposição [onde atuam as empresas fabricantes de autopeças]; e 4) mercado varejista de autopeças de reposição".[24] No contexto da representação da ANFAPE, a SDE tomou o mercado varejista de autopeças (mercado de reposição), onde atuam as concessionárias de

21. Art. 20, II e IV, c/c o art. 21, V, Lei 8.884/1994; art. 4.º, I,"f", da Lei 8.137/1990.
22. Cf. SDE 2008 (PA 08012.002673/2007-51).
23. SDE 2008, p. 30.
24. Idem, ibidem, p. 31.

veículos e as lojas independentes de autopeças, como o mercado relevante pertinente para o caso.[25]

O relatório da SDE não investigou qual a participação das montadoras e das FIAPs no mercado varejista de autopeças de reposição.[26] A princípio, seria pertinente investigar qual a participação das montadoras nesse mercado a fim de esclarecer se elas detêm uma posição dominante nesse nicho.[27] Isso porque a jurisprudência do CADE é no sentido de tratar essa condição como fundamental para a caracterização de uma determinada conduta, tendente a prejudicar a livre concorrência, como uma infração da ordem econômica.[28] O entendimento atual do CADE se afasta da letra da Lei 8.884/1994: nos termos de seu art. 20, *além* do exercício abusivo de posição dominante, *também* é proibida a prática de *quaisquer* "atos sob qualquer forma manifestados, que *tenham por objeto ou possam produzir* os seguintes efeitos, ainda que não sejam alcançados: I – limitar, falsear ou de qualquer forma prejudicar a livre concorrência ou a livre iniciativa; II – dominar mercado relevante de bens ou serviços; III – aumentar arbitrariamente os lucros" (art. 20). Se a lei não estabelece como condição geral para a prática das condutas indicadas nos incisos I, II e III do art. 20 que o agente econômico detenha posição dominante em um dado mercado relevante, não caberia ao intérprete incluí-la.

Respaldando-se em decisões de órgãos dos EUA e Europa, a SDE defendeu que os mercados primário e secundário são interdependentes e, por isso, a livre concorrência no mercado de veículos novos configura um meio hábil a neutralizar o poder de mercado das montadoras no mercado secundário.[29]

25. SDE 2008, p. 32-33.
26. O relatório da SDE limitou-se a indicar que, em 2006, as aquisições realizadas pelas montadoras para a produção de veículos novos responderam por 61,5% do faturamento do setor de autopeças, enquanto o mercado de autopeças de reposição (mercado secundário) foi responsável por 12,5% do faturamento do setor (SDE 2008, p. 38-39).
27. Nos termos do art. 20, § 3.º, da Lei 8.884/1994, "a posição dominante [...] é presumida quando a empresa ou grupo de empresas controla 20% (vinte por cento) de mercado relevante, podendo este percentual ser alterado pelo CADE para setores específicos da economia".
28. Maciel Neto 2009, par. 81.
29. SDE 2008, p. 40: "Essa tem sido a linha da jurisprudência norte-americana, que não tem aceito [sic] o argumento de monopolização de peças no mercado secundário na presença de concorrência no mercado primário. Esse entendimento ficou conhecido como *Kodak's theory*, pois ganhou difusão na doutrina mundial a partir do julgamento do caso *Eastman Kodak Co. v. Image Technical Services, Inc., et al.*, pela Suprema Corte dos Estados Unidos. A Comissão Europeia também tem seguido essa mesma linha de que um ambiente concorrencial no mercado primário mitigaria o poder de mercado (proveniente ou não de direitos de propriedade) no *aftermarket*. Nos casos Pelikan/Kyocera e Digital, havia comprovadamente um mercado primário fortemente competitivo (no primeiro caso, no mercado de impressoras e, no segundo caso, no

Em acréscimo, a SDE entendeu que a contínua expansão da rede de estabelecimentos comerciais especializados na comercialização de autopeças de reposição seria uma garantia de concorrência no mercado secundário, ainda que os fornecedores de todos esses estabelecimentos ocupem uma posição monopolista no mercado.[30] No processo de construção de sua posição, a SDE parece ter ignorado uma investigação conduzida pela Comissão Europeia que concluiu que as montadoras praticam, nos países europeus que garantem proteção intelectual para as autopeças de reposição, preços entre 6,4% e 10,3% maiores que os fixados para as mesmas peças originais comercializadas nos países que não oferecem essa proteção.[31]

Quanto ao argumento de que o reconhecimento do direito das montadoras de controlar os mercados primário e secundário levaria ao fechamento das FIAPs, a SDE julgou-o irrelevante pois:[32] os direitos de exclusividade conferidos pelo registro têm validade temporalmente limitada (até 25 anos). Assim sendo, as FIAPs podem produzir livremente aquelas autopeças que estiverem em domínio público. No mais, essas empresas ainda poderiam se

mercado de sistemas informáticos do tipo Vax e Alpha) em detrimento de uma grande concentração de mercado no *aftermarket* (no primeiro caso, no mercado de cartuchos para impressora e, no segundo caso, no mercado de serviços de manutenção de computadores e de *softwares*), no qual essas empresas possuíam posição dominante. A conclusão da Comissão, em ambos os casos, foi de que a *existência de uma posição dominante não pode ser analisada apenas considerando as condições de qualquer um dos mercados separadamente, mas também à luz de determinados comportamentos da empresa no foremarket que possam causar restrições no mercado secundário*".

30. SDE 2008, p. 40-41.

31. Commission of the European Communities 2004b, p.4: "The analysis of prices for 11 spare parts for 20 car models in 9 Member States and Norway, 6 of these countries grant design protection for these parts and 4 do not, revealed that prices for 10 of these parts are significantly h igher in Member States with design protection than in Member States without. The only part for which the price is not significantly higher is the radiator – the only part in the sample that does not benefit from design protection as it is not part of the outer skin of a car. For the other parts, bumpers, doors, wings, lamps, lids and bonnets, prices were between 6.4% and 10.3% higher in Member States granting design protection. The results of the regressions are quite robust. [...] They show that vehicle manufacturers as the right holders exercise considerable market power in these Member States to the detriment of consumers. The result is the more important as it is the outcome of a fairly low level of competition. [...] the results only reflect the price differences between parts in different Member States. *They do not show the difference between the prices of spare parts from independent suppliers and original equipment*". Mais adiante, o mesmo estudo avalia as diferenças de preços entre as peças originais e as paralelas vigentes na Alemanha e nos EUA: as peças originais chegam a ser 223% mais caras que as providas pelas FIAPs (idem, ibidem, p. 25-27).

32. SDE 2008, p. 42.

dedicar à produção de peças *tunning*.[33] Tal entendimento conflita com o fato de que o ciclo de vida dos modelos de automóveis é de aproximadamente 5 anos e que a vida útil média dos automóveis de passeio é de 13 anos;[34] por conseguinte, quando os desenhos industriais passarem ao domínio público, o mercado para as autopeças paralelas será pouco significante. Ademais, as autopeças *tunning* não devem ser tratadas como substitutos das autopeças registradas, pois cada tipo de peça atende a"interesses e expectativas diversos dos consumidores".[35] Uma vez que o consumidor é motivado a adquirir um veículo por sua aparência, é natural que, no momento de repará-lo, opte, em regra, por recuperar sua aparência original.

Sob a ótica econômica, a SDE julgou que o controle exclusivo do mercado secundário pelas montadoras figura como um meio legítimo de assegurar-lhes a recuperação dos investimentos em P&D.[36] Para surpresa geral, as montadoras investem o correspondente a 4,2% de seu faturamento na pesquisa e no desenvolvimento de um novo modelo de veículo (mecânica e *design*), mas o desenvolvimento do exterior de um novo modelo consome apenas 0,7% de seu faturamento.[37] Em termos pecuniários, isso significa que entre 50 e 60 Euros do preço pago pelo consumidor final de um automóvel novo de *luxo* são suficientes para cobrir os investimentos realizados pelas montadoras no desenvolvimento de seu exterior (carroceria, vidros, lanternas etc.).[38] Não é preciso, portanto, assegurar tantos direitos às montadoras para que recuperem seus investimentos em P&D.[39]

33. Oliveira et al. 2009, p. 39: "Peças *tunning* são aquelas que têm como característica fundamental a diferenciação com relação à peça original do carro. Dessa maneira, o consumidor interessado em peças *tunning* tem por objetivo personalizar o carro com alterações nas lanternas, para-choques, rodas, pneus, retrovisores, e diversas outras peças do carro".
34. Commission of the European Communities 2004b, p. 21.
35. Oliveira et al. 2009, p. 39.
36. SDE 2008, p. 43.
37. Commission of the European Communities 2004b, p. 30.
38. idem, ibidem.
39. European Union 2004: "The rewards from exclusive rights in the primary market are quite sufficient to encourage investment in design. The appearance of a new car is an important factor in customers' decisions on which models to purchase and that provides enough incentive for manufacturers to innovate. The reward achieved by a protected design, for the right holder, will depend on to what extent consumers believe that design to be an added value and to what extent they are willing to buy, or pay a higher price for, the product using the protected design, compared to similar products that do not use it. [...] It is disproportionate that manufacturers should continue to reap the reward of design protection, without competition, throughout the life of a car".

Sob a ótica do consumidor, a SDE considerou justificável a exclusão das FIAPs do mercado secundário e os altos preços praticados pelas montadoras para as peças originais, pois, no seu entendimento, as autopeças produzidas pelas montadoras contam com qualidade superior em relação àquelas produzidas pelas FIAPs; além disso, o consumidor médio e os técnicos de manutenção enfrentariam dificuldades para diferenciar as peças originais das paralelas.[40] As afirmativas da SDE parecem partir da premissa de que as autopeças de reposição, produzidas pelas FIAPs, apresentam não apenas qualidade inferior, mas também representam um perigo à segurança do consumidor; e que os consumidores de autopeças adquirem peças paralelas acreditando estarem comprando peças originais. Mas, ainda que as autopeças produzidas pelas FIAPs apresentem qualidade inferior, é preciso ter presente que o tema da qualidade das peças produzidas é irrelevante para o caso, porquanto "a protecção de desenhos ou modelos se destina a recompensar o esforço intelectual dos seus criadores, mas não as suas funções técnicas ou qualidade [...]. É, pois, justo dizer que, do ponto de vista conceptual, protecção do desenho e segurança se situam em planos diferentes [...]".[41] Na esfera da propriedade intelectual, cabe às marcas o controle da qualidade dos produtos que as ostentam e às patentes assegurar proteção às características técnicas dos produtos patenteados.[42] O uso dos registros de desenhos industriais para fins não autorizados por lei – por exemplo, garantir a qualidade das peças sobressalentes e subsidiar a compra de produtos no mercado primário – constitui um abuso de direito.[43]

Ainda sob a ótica consumerista, a SDE sublinhou que as montadoras, após cessarem a produção de qualquer modelo de automóvel, estão obrigadas pelo Código de Defesa do Consumidor (art. 32, parágrafo único) a continuar a abastecer o mercado de peças de reposição por um período razoável, enquanto as FIAPs não estão vinculadas a esse dispositivo. O reconhecimento do direito das montadoras de controlar o mercado secundário seria um

40. SDE 2008, p. 46.

41. Sigmund 2005, par. 4.6.

42. Commission of the European Communities 2004b, p. 33:"However, design protection is meant to reward the intellectual effort of the creator of a design and to protect the appearance of the product, but not its technical functions or quality. These characteristics could be subject respectively to patent or trademark protection, but cannot be the subject of design protection. Moreover, if the design of e.g. a bumper is not protected because it does not fulfil the requirement of novelty, it does not necessarily mean that it is less safe or of lower quality than a protected bumper. The structure of the product is not taken into account when granting design protection since it is not visible as part of the outward appearance of the product. [...] To say that a design protected part is 'automatically' safe is similarly not possible to justify because no safety test has been carried out before granting the design protection".

43. Comissão Europeia 2004b, p. 35.

meio justo de recuperar os investimentos realizados para a satisfação de uma exigência legal.[44]

Sob a ótica da Lei da Propriedade Intelectual, a SDE entendeu que nada no texto dessa lei indica que os direitos conferidos pelos desenhos industriais registrados devem se estender apenas ao mercado primário de produtos novos. Por conseguinte, as montadoras teriam o direito de controlar o uso de seus desenhos registrados em *todos* os mercados. Em outras palavras,"o legislador pátrio não diferenciou entre mercado primário (*foremarket*) e secundário (*aftermarket*) de peças automotivas. Assim, uma vez conferido o registro de desenho industrial a uma determinada peça pelo INPI, a proteção estende-se a ambos os mercados, o que é reconhecido pelo Poder Judiciário".[45]

No que tange ao argumento levantado pela ANFAPE de que as montadoras exercitam seus direitos de exclusividade em dissonância com sua função social, a SDE entendeu que"o cumprimento da função social da propriedade se dá pela sua utilização econômica plena, independentemente de qualquer outro critério que não seja econômico".[46] Não há dúvida de que esse entendimento é insustentável, seja porque a função social da propriedade vai além de sua função econômica, seja porque o intérprete de qualquer norma que integra o ordenamento jurídico pátrio deve sempre optar pela alternativa interpretativa que atenda"aos fins sociais a que ela [a norma] se dirige e às exigências do bem comum",[47] seja ainda porque as normas protetoras da ordem econômica e da propriedade intelectual devem ser lidas em harmonia com a Constituição Federal, notadamente com os princípios que disciplinam a ordem econômica, notadamente a soberania nacional, a função social da propriedade, a livre concorrência, a defesa do consumidor, a defesa do meio ambiente e o pleno emprego (art. 170). Considerando que esses princípios, em regra, apenas podem ser realizados mediante a ampliação do acesso às diversas categorias de conhecimentos, os DPIs devem ter seu escopo limitado, sempre que essa medida seja necessária para realizá-los.[48]

Respeitar a função social dos DPIs é aplicá-los para a realização de sua finalidade social – ou seja, a razão que motivou seu reconhecimento –, desde que respeitados os limites colocados pelos direitos de terceiros (e.g., dos consumidores) e pelo ordenamento jurídico em geral. Os registros de desenhos industriais têm"o único objectivo [...] [de] conceder direitos exclusivos sobre a *aparência de um produto*, mas não um monopólio relativo ao produto em si; [...] a protecção de desenhos ou modelos em relação *aos quais não haja alternativa prática* conduz a uma situação de monopólio de facto; [...] se a protecção

44. SDE 2008, p. 46.
45. Idem, ibidem, p. 2.
46. Idem, ibidem, p. 53.
47. Art. 5.º do Decreto-lei 4.657/1942.
48. Drexl et al. 2005, p. 453-454.

de desenhos ou modelos se estender também às peças sobresselentes, aqueles terceiros [as montadoras titulares dos registros] violariam estes direitos, a concorrência seria eliminada e os titulares dos direitos sobre desenhos ou modelos deteriam um monopólio de facto sobre os produtos".[49] Em outras palavras, tal como afirmado pelo Comitê Econômico e Social Europeu, "o pressuposto indispensável de uma retribuição [justa] por utilização de 'design' – que é a existência de um mercado e a possibilidade de *livre* escolha do consumidor – seria posto em causa por um alargamento da protecção jurídica dos desenhos e modelos às peças sobresselentes [...]".[50]

Quando o consumidor adquire um automóvel novo, o desenho industrial já desempenhou plenamente sua função, ao servir como uma ferramenta poderosa de marketing, cuja função é seduzir o consumidor a escolher um determinado veículo entre os disponíveis no mercado.[51] No momento da aquisição do automóvel, o consumidor já remunerou satisfatoriamente as montadoras pelos investimentos realizados no desenvolvimento do desenho industrial que o automóvel incorpora. Se o mercado de autopeças de reposição for controlado, com exclusividade, pelas montadoras, o consumidor pagará uma nova compensação pelo desenho industrial toda vez que adquirir uma autopeça de reposição.[52] O reconhecimento do direito das montadoras de controlar a exploração de seus desenhos industriais nos mercados primário e secundário permite que as montadoras se enriqueçam injustamente no mercado secundário, pois não há justificativa legal para receberem duas ou mais vezes por um único trabalho, especialmente quando os gastos feitos na concepção do exterior dos automóveis são baixos.[53] Consequentemente, a interpretação defendida pelas montadoras e apoiada pela SDE infringe o

49. Comissão da Comunidade Europeia 2004, 1.º parágrafo preambular da Proposta de Directiva do Parlamento Europeu e do Conselho que altera a Directiva 98/71/CE, relativa à protecção legal de desenhos e modelos.

50. Sigmund 2005, par. 1.6.1.7. No mesmo sentido, Commission of the European Communities 2004b, p. 30: "[...] the true purpose of creating car designs is to sell cars; here design has an impact on consumer behavior, in the spare parts sector it does not. Thus, vehicle manufacturers will certainly continue to use design as a marketing instrument for their core business irrespective of whether or not there is protection in the aftermarket".

51. Commission of the European Communities 2004b, p. 45: "The reward concept under industrial design law is, in principle, linked with the appraisal of the final consumer as to the added value the design confers on the functional product. In other words, the reward achieved will be dependent on whether, and to what extent, the consumer is willing to buy, or even pay a higher price for, the product embodying the protected design as compared to similar products that do not embody the design".

52. Commission of the European Communities 2004a, p. 7.

53. ECAR 2009, p. 3.

princípio do enriquecimento sem causa, acolhido pelo novo Código Civil brasileiro.[54] Portanto, tal interpretação deve ser descartada.

Resumidamente, a SDE decidiu pelo arquivamento do processo de averiguação preliminar, ao considerar que as montadoras exercem seus DPIs de maneira regular, não havendo qualquer razão legítima para uma intervenção antitruste. Somente haveria espaço para uma intervenção antitruste se as montadoras houvessem abusado"dos procedimentos de registro dos direitos [...]. Em outras palavras, quando um agente econômico tenta registrar ou estender seu registro quando sabidamente não tem direito para tanto, o que não ocorre no presente caso [...]".[55] No mais, refletindo seu entendimento de que as FIAPs são empresas parasitárias,[56] a SDE decidiu enviar os autos do processo administrativo ao Conselho Nacional de Combate à Pirataria e Delitos contra a Propriedade Intelectual e ao Departamento de Proteção e Defesa do Consumidor para que esses órgãos tomem as medidas que julgarem cabíveis contras as FIAPs. Da decisão proferida pela SDE coube um recurso *ex officio* ao CADE.

6.2.2 Esforços para reverter a decisão da SDE

Desde que a SDE, em 10 de março de 2008, decidiu por arquivar a representação da ANFAPE, esta associação envidou esforços para persuadir o plenário do CADE a decidir pela instauração de um processo administrativo contra as montadoras representadas.[57] Em sede recursal, a ANFAPE procurou esclarecer das premissas supostamente equivocadas utilizadas pela SDE em seu parecer. Cinco são os pontos de maior peso arguidos pela ANFAPE.

Primeiramente, a ANFAPE sustentou que"os desenhos industriais [são] criações de forma bidimensionais ou tridimensionais [que] têm por finalidade conferir um aspecto novo ao objeto a que se aplicam".[58] O direito do desenho industrial apenas contempla proteção para a forma completa de uma

54. O art. 884 da Lei 10.406/2002 (Código Civil) determina que:"Aquele que, sem justa causa, se enriquecer à custa de outrem, será obrigado a restituir o indevidamente auferido, feita a atualização dos valores monetários".

55. SDE 2008, p. 2.

56. Idem, ibidem, p. 47:"Assim parece clara a existência de uma concorrência assimétrica em favor das fabricantes independentes desautorizadas pela prática oportunista do *cream skimming*, que não pode ser chancelada pelo Sistema Brasileiro de Defesa da Concorrência com a negativa, às montadoras, do exercício regular do seu direito de propriedade no *aftermarket*, como quer a ANFAPE".

57. Nos termos do art. 7.°, IV, da Lei 8.884/1994, compete ao plenário do Conselho Administrativo de Defesa Econômica (CADE)"decidir os recursos de ofício do Secretário da SDE". O plenário é composto por um presidente, seis conselheiros, um procurador--geral e um representante do Ministério Público Federal.

58. Silveira 2009, p. 19.

criação, mas não para as sua partes isoladas. No que respeita aos automóveis, as montadoras apenas têm o direito de reivindicar proteção para o desenho da carroceria completa dos veículos automotores, mas não para as partes que compõem o desenho da carroceria. Reivindicar proteção para as partes componentes da carroceria consiste em um ato abusivo, não chancelado pelo direito.[59] Consequentemente, os registros de desenhos industriais que cobrem apenas as partes de um todo são legalmente inválidos:

> "Onde o desvio de função? Está no fato de que as montadoras não solicitam registro de desenho industrial para o 'design' de seus carros completos, o que demonstra que não estão preocupadas com o estímulo às criações de 'design' [...]. Solicitam, sim, registro *das partes de reposição*, o que demonstra que pretendem, na verdade, monopolizar o mercado secundário.
>
> A finalidade precípua da proteção ao *design* industrial é estimular o desenvolvimento da criatividade no campo dos produtos industriais. O *produto*, no caso, é a carroceria como um todo, e não as partes isoladas que não passam de *consequência* do projeto, 'consequência' essa utilizada pelas montadoras para o exercício abusivo de controlar o mercado de reposição.
>
> Assim fazendo, em lugar de exercerem a função social da propriedade industrial (Constituição, art. 5.º, XXIX), praticam evidente *disfunção* social.[60]
>
> [...] Em suma, a justa medida interpretativa aplicável às partes de veículos é que elas por si não constituem Desenho Industrial Autônomo. Mesmo que registrados tais desenhos, só podem ser interpretados em relação ao todo e não em relação às partes fabricadas independentemente. Em relação a estas, os registros, além de nulos, por força do disposto no art. 100, inciso II, da Lei de Propriedade Industrial (forma necessária, comum ou vulgar do objeto ou ainda, aquela determinada essencialmente por considerações técnicas ou funcionais), serão necessariamente ineficazes em relação à fabricação independente".[61]

59. Esse entendimento foi recentemente acolhido pela 25.ª Vara Federal do Rio de Janeiro, na sentença proferida em 14 de maio de 2012, no Processo 0809326-30.2010.4.02.5101 (*Orgus Ind. Com. Ltda v. Ford Motor Company e INPI*).

60. Silveira 2009, p. 25.

61. Idem, ibidem, p. 33. No mesmo sentido, Serrano e Tojal 2009, p. 7: "A rigor, a forma da autopeça considerada isoladamente é determinada essencialmente por suas características técnicas e funcionais". Em outras palavras, as autopeças de reposição *must-match* têm seu formato e aparência definido de modo a permitir a recuperação da aparência do produto complexo danificado. Assim sendo, o art. 100, II, da Lei de Propriedade Industrial brasileira, que dispõe não ser "registrável como desenho industrial: a forma necessária comum ou vulgar do objeto ou, ainda, aquela deter-

Em segundo lugar, reiterou-se que os registros de desenhos industriais conferem às montadoras o direito de controlar o mercado primário de veículos novos, mas não o mercado secundário de autopeças de reposição, porquanto a extensão da proteção para esse mercado"restringe as alternativas de compra do consumidor, gera aumento arbitrário de lucros e reforça a posição dominante das montadoras".[62]

A ANFAPE sublinhou que, no ordenamento jurídico brasileiro, a livre concorrência e a propriedade intelectual são interesses legítimos que ocupam um mesmo *status* hierárquico. Nesse contexto, caberia às autoridades de defesa da concorrência verificar, no caso concreto, qual desses interesses deve prevalecer em função de sua maior relevância para a sociedade. Uma vez que, no caso específico das autopeças, a proteção da livre concorrência gera maior bem-estar social que o controle do mercado secundário de autopeças pelas montadoras, as autoridades de defesa da concorrência teriam o poder-dever de estabelecer limites aos direitos de exclusividade assegurados pelos registros dos desenhos de autopeças:

> "O reconhecimento dessa complementariedade implica a impossibilidade de se considerar *a priori* e em abstrato a prevalência do direito de propriedade intelectual sobre a livre concorrência. Não havendo uma preferência legal pré-estabelecida em favor da proteção dos direitos de propriedade intelectual, cabe às autoridades de defesa da concorrência verificar no caso concreto os efeitos desses direitos nos mercados relevantes envolvidos. A existência de um direito de propriedade intelectual legalmente constituído não pode servir de pretexto para, por si só, constranger a concorrência. As defesas da propriedade intelectual e da livre concorrência têm em comum o objetivo de favorecer o bem-estar social. A opção por uma ou por outra no caso concreto, portanto, depende de saber qual delas, no longo prazo, será mais favorável ao bem-estar social. Não raramente a resposta a essa questão implicará a limitação dos efeitos de um dado direito de propriedade intelectual em mercados relevantes específicos.[63]
>
> [...] a extensão de direitos de propriedade industrial ao mercado secundário só faria sentido se ficasse comprovado que o monopólio no mercado secundário é condição necessária para a ocorrência de inovações no mercado primário e ainda que esta inovação [...] traz benefícios em termos de bem-estar social para os consumidores. Se não for possível afirmar que a restrição no mercado secundário é condição para a inovação, então a restrição teria um efeito líquido negativo para os con-

minada essencialmente por considerações técnicas ou funcionais", é uma espécie de exceção de reparação.

62. Oliveira et al. 2009, p. 8.
63. Idem, ibidem, p. 11.

sumidores, que enfrentariam um mercado monopolista em momento de necessidade de reposição de peça. De fato, ainda que se comprove que as restrições no mercado secundário favorecem a inovação, o ideal seria comprovar que o efeito positivo para o consumidor derivado da inovação mais do que compensa o efeito negativo da restrição no mercado de peças de reposição".[64]

Em terceiro lugar, a ANFAPE refutou o entendimento de que as indústrias independentes seriam fabricantes de peças "piratas" de baixa qualidade.[65] As FIAPs pagam tributos, "provêem empregos formais e atuam, não raramente, por meio de processos certificados no padrão ISO".[66] Muitas dessas empresas operam no Brasil há mais de quatro décadas, tendo se estabelecido antes mesmo de muitas montadoras multinacionais aportarem no mercado brasileiro.[67] A ANFAPE procurou ainda provar, com dados empíricos, que as indústrias independentes não promovem seus negócios por meio da prática de atos de concorrência desleal, capazes de induzir o consumidor a erro – notadamente, por meio do uso não autorizado das marcas comerciais das montadoras –, mas sim por meio do uso ostentivo de suas próprias marcas nas embalagens e mesmo nas próprias autopeças de reposição.[68]

Em quarto lugar, a ANFAPE julgou incorreto o mercado relevante considerado pela análise da SDE. Segundo a associação, seria equivocado incluir em um mesmo mercado relevante "as concessionárias, as lojas independentes de autopeças e as associadas da ANFAPE [as indústrias independentes]", pois produzir e distribuir autopeças são coisas diferentes,[69] e porque a abordagem adotada pela SDE "mascara a posição dominante das montadoras em diversos mercados de peças de reposição, ocultando o efeito concorrencial negativo da extensão para os mercados secundários dos registros de desenho industrial [...]".[70] O consumidor, ao adquirir um determinado modelo de automóvel, passa a estar obrigado a adquirir tão somente as autopeças compatíveis com o automóvel adquirido. Uma vez que os automóveis são altamente diferenciados, as peças de reposição, em geral, não contam com substitutos. E, por conta das características específicas de cada autopeça e dos altos custos para montar linhas de produção, cada indústria independente tende a se especializar na produção de uma determinada categoria de autopeça – e.g., maçanetas, fechaduras, capôs, portas. Assim sendo, as indústrias independentes não produzem indistintamente todas as categorias de autopeças de

64. Oliveira et al. 2009, p. 60-61.
65. Idem, ibidem, p. 11.
66. Idem, ibidem, p. 15.
67. Idem, ibidem, p. 17-18.
68. Idem, ibidem, p. 30-31.
69. Idem, ibidem, p. 33.
70. Idem, ibidem, p. 64.

reposição. Consequentemente, existem diversos mercados relevantes para as autopeças, que devem ser considerados pela autoridade de defesa da concorrência, para avaliar se as montadoras detêm posição dominante em cada um desses mercados e se praticam atos infratores da ordem econômica. Não existe, pois, um mercado relevante único, que abarque todas as categorias de autopeças:

> "[...] imagine-se, por exemplo, um consumidor que pretenda adquirir um carro popular. Poderá optar por um Fiat Uno, um Chevrolet Celta, um Volkswagen Gol, um Ford KA, entre outros. Todavia, após a aquisição de qualquer um desses veículos, apenas poderá utilizar peças compatíveis. Por conta da extrema diferenciação adotada pelas montadoras, cada peça acaba por ser única. Um farol de um Celta jamais pode ser considerado substituto de um farol de um Uno. E, mesmo no âmbito de um único veículo, um farol esquerdo não costuma ser substituto de um farol direito" Isso equivale a dizer que a limitada substitutibilidade na demanda obriga a considerar não um único, mas vários mercados relevantes.[71]
>
> [...] Considerando as características das autopeças de reposição, dada a extrema diferenciação adotada pelas montadoras, o mercado relevante do ponto de vista da demanda deve ser definido por tipo de veículo e peça. Apenas dessa forma torna-se possível aplicar corretamente o conceito de mercado relevante que corresponde ao espaço no qual é plausível supor o exercício de poder de mercado. Assim, como regra geral, teremos o mercado relevante de faróis esquerdo de Chevrolet Celtas; o mercado relevante de capôs de Ford K; entre outros".[72]

Por fim, a ANFAPE sustentou que a interpretação adotada pela SDE é prejudicial aos interesses dos consumidores, pois a supressão total da concorrência no mercado secundário de autopeças garante às montadoras a liberdade de fixar preços em condições monopolistas; reduz a disponibilidade de autopeças nas localidades mais afastadas dos grandes centros, que são os mercados para os quais as montadoras voltam sua atenção; e prejudica fortemente as oficinas independentes de manutenção de veículos, as quais, na falta das FIAPs, terão de recorrer às concessionárias e distribuidoras autorizadas de autopeças.[73]

Em 6 de janeiro de 2009, a Procuradoria-Geral do Conselho Administrativo de Defesa Econômica (PROCADE) emitiu parecer contrário à instauração de processo administrativo, no CADE, contra as montadoras representadas. Se, por um lado, a PROCADE julgou legítima a participação

71. Oliveira et al. 2009, p. 34.
72. Idem, ibidem, p. 34-35.
73. Idem, ibidem, p. 58-59.

dos sindicatos na representação protocolada pela ANFAPE, na condição de terceiros interessados,[74] por outro lado, acolheu, basicamente, a mesma linha argumentativa seguida pela SDE. Para a PROCADE, não há dados na averiguação preliminar que comprovem que as montadoras detêm posição dominante no mercado de autopeças de reposição, garantida por seus registros de desenhos industriais.[75]

Ainda assim, a PROCADE adotou a presunção de que as montadoras detêm posição dominante no mercado de autopeças de reposição apenas para comprovar que não haveria justificativa para instaurar um processo administrativo contra elas. A PROCADE considerou faltar justa causa para a instauração de um processo administrativo, pois: i) a Lei da Propriedade Industrial brasileira não inclui, entre as atividades excepcionadas, a fabricação e a comercialização de peças de reposição para a recuperação da aparência original de um produto complexo;[76] ii) o CADE já instaurou três processos administrativos, os quais investigam se as montadoras praticam preços abusivos para as autopeças fornecidas às suas concessionárias; logo, não haveria razão para se instaurar um novo processo com o mesmo objeto;[77] e iii) as ações judiciais e extrajudiciais movidas pelas montadoras não são abusivas, pois estão calcadas em um justo título de propriedade, concedido pelo INPI.[78]

A PROCADE julgou impertinente os argumentos aduzidos pela ANFAPE a respeito da prática de abuso de direito pelas montadoras e do desrespeito à função social dos desenhos industriais registrados, ainda que a Lei 8.884/1994 seja "orientada pelos ditames constitucionais de liberdade de iniciativa, livre concorrência, função social da propriedade, defesa dos consumidores e repressão ao abuso do poder econômico" (art. 1.º).[79] *Vis-à-vis* os objetivos perseguidos pela Lei 8.884/1994, a PROCADE parece ter dado pouca atenção aos supostos impactos socioeconômicos indicados pela ANFAPE decorrentes do reconhecimento da legalidade das condutas das montadoras representadas: a garantia às montadoras do controle de um mercado de R$ 46 bilhões/ano, que emprega quase 1,5 milhões de pessoas; o possível fechamento de 2.000 pequenas indústrias independentes que atuam no Brasil

74. Maciel Neto 2009, par. 17.
75. Idem, ibidem, par. 34, 38, 44 e 73.
76. Idem, ibidem, par. 86.
77. Idem, ibidem, par. 88.
78. Idem, ibidem, par. 90.
79. Idem, ibidem, par. 76: "[...] o foro adequado para se questionar a função social da propriedade intelectual e seus limites objetivos (abuso de direito) é o procedimento administrativo previsto na LPI [Lei de Propriedade Industrial] ou em sede do Poder Judiciário, no âmbito das ações já propostas [pelas montadoras], onde haverá amplo espaço para se avaliar tais indagações. O que não se entende pertinente é querer fazer das autoridades antitrustes uma instância revisora da agência reguladora de determinado setor específico".

e que, além de abastecer o mercado brasileiro, exportam sua produção para EUA, América do Sul, Europa, Oriente Médio e Ásia; o possível fechamento de milhares de postos de trabalho nas indústrias independentes e em toda a cadeia de estabelecimentos comerciais independentes (mais de 120.000 oficinas de reparação; cerca de 500 distribuidoras de autopeças independentes e 30.000 lojas de varejo); o potencial aumento dos preços das autopeças e dos custos de manutenção de veículos; o aumento nos preços dos seguros; o estímulo à criação de um mercado informal de autopeças; a supressão da liberdade de escolha dos consumidores.[80]

No início de 2010, o representante do Ministério Público Federal (MPF) que atua junto ao CADE opiniou em favor da instauração de processo administrativo contra as montadoras por julgar que o relatório da SDE e o parecer do representante da Procuradoria do CADE: negligenciaram os impactos futuros sobre os interesses dos consumidores resultantes do reconhecimento do direito das montadoras de controlar o mercado de autopeças de reposição; não investigaram se as montadoras, de fato, precisariam controlar o mercado secundário para lograr recuperar os investimentos incorridos em P&D; e porque adotaram a premissa não comprovada de que as autopeças não originais apresentam má qualidade e são fonte de insegurança ao consumidor.[81]

Em dezembro de 2010, o CADE determinou, por unanimidade, que a Secretaria de Direito Econômico instaure, imediatamente, um processo administrativo, a fim de apurar se as indústrias Representadas (Volkswagen, Fiat e Ford) praticaram uma"infração à ordem econômica, qual seja abuso de posição dominante com vistas a dificultar ou impedir a atuação de concorrentes (art. 20, incisos I, II e IV, e 21, incisos IV e V)", no setor de autopeças de reposição.[82] O relator do caso, Conselheiro Carlos Emmanuel J. Ragazzo, entendeu não haver justificativas jurídicas, econômicas e consumeristas para as indústrias automobilísticas exercerem os direitos de exclusividade, garantidos pelos registros de desenhos industriais conferidos pelo INPI, no mercado secundário de peças de reposição, impedindo a atuação das indústrias independentes de autopeças:

80. Cf. ANFAPE 2008.

81. Cf. Aras 2010, p. 6-8. Sobre a questão da qualidade, o Procurador da República fez uma observação interessante, que merece ser reproduzida: "Dados coletados pela Andap/Sindipeças e apresentados pela representante (fls. 2710/2711), apontam que cerca de 70% das empresas que atuam no setor secundário de reposição de autopeças surgiram antes da década de 80, bem assim que, apesar de serem, em média, empresas de pequeno porte, são em número significativo – cerca de 2.000. Assim, em princípio, é pouco crível que um segmento consolidado, com tanto tempo de atividade e disseminado por todo o país, tenha a sua produção sujeita aos defeitos de qualidade que o parecer da SDE sugere".

82. Ragazzo 2010, par. 225 e 260.

> "[...] A exclusividade das Representadas diante dos FIAPs não parece se justificar: (a) pela necessidade de recuperar investimentos de P&D sobre as peças objetos do processo, já que tais custos aparentam ser baixos, são mais do que recuperados no momento da venda do veículo e, mesmo diante de uma abertura do mercado aos FIAPs, os lucros das montadoras no mercado de reposição permaneceriam significativos; (b) pela necessidade de se manter incentivos à inovação, pois, além de haver plena recuperação dos gastos de P&D, o lançamento de novos produtos nesse setor está voltado ao mercado primário de venda de veículos, e não ao mercado secundário de peças de reposição; (c) pela necessidade de garantir qualidade e segurança das peças, pois [...] registros de desenho industrial não têm por objeto nem garantem qualidade e segurança de produtos, havendo meios mais adequados de perquirir esses objetivos; (d) pela necessidade de impedir que peças independentes sejam falsamente comercializadas como originais, pois tal objetivo pode ser alcançado por meio de outras normas [...]; e (e) pela necessidade de se evitar práticas de '*cream skimming*', já que não há evidências de que a manutenção de estoque se autopeças pelas Representadas gere custos extras em relação aos FIAPs, nem de que não seja lucrativa; [...]".[83]

Em função dos efeitos deletérios de natureza social, consumerista e econômica produzidos pelo exercício dos direitos de exclusividade no mercado secundário por parte das indústrias representadas,

> "a imposição dos registros de desenho industrial das Representadas diante dos FIAPs revela-se: (a) um exercício abusivo do direito de propriedade industrial em questão, na medida em que se desvirtua dos fins socioeconômicos estabelecidos pela própria norma constitucional que ampara esse direito, que tem por objetivo 'o interesse social e o desenvolvimento tecnológico e econômico do País' (art. 5.º, XXIX); (b) juridicamente desproporcional, pois compromete severamente o direito à livre concorrência, o direito dos consumidores e a repressão ao abuso de poder econômico, sem contrapartidas em termos de benefícios visados pelos direitos de propriedade industrial; e (c) uma potencial infração à Lei n. 8.884/94, pois consubstancia abuso de posição dominante com o fim de impedir ou dificultar a atuação de concorrentes, com potenciais efeitos danosos à ordem econômica".[84]

Caso as investigações da SDE confirmem que as indústrias representadas, de fato, praticaram a referida infração à ordem econômica, o CADE já adiantou que "a providência adequada e necessária [a ser adotada] [...] para eliminar os efeitos nocivos à ordem econômica seria, além da multa cabível,

83. Ragazzo 2010, par. 259, item (vi).
84. Idem, ibidem, par. 259, item (viii).

determinar às Representadas a não imposição aos FIAPs dos registros de desenho industrial em questão, nos termos dos arts. 23 e 24, V, da Lei de Defesa da Concorrência".[85]

Em face das dificuldades encontradas para utilizar o direito concorrencial como um limite externo aos direitos de exclusividade das montadoras, em 2009, a ANFAPE protocolou uma representação perante a Procuradoria do Consumidor e da Ordem Econômica do Ministério Público Federal do Rio Grande do Sul, a qual foi posteriormente encaminhada ao Ministério Público Federal do Rio de Janeiro, uma vez que os registros de desenhos industriais das montadoras são expedidos pelo INPI, cuja sede é no Rio de Janeiro. Nessa representação, a ANFAPE reiterou os pontos já arguidos em sua representação e acentua os prejuízos ao consumidor supostamente engendrados pelo exercício dos direitos de exclusividade das montadoras no mercado secundário de peças de reposição.[86] Com fundamento nisso, solicitou ao Ministério Público Federal a instauração de um inquérito civil público, para investigar as ações abusivas supostamente praticadas pelas montadoras, e a tomada imediata das medidas legais necessárias para assegurar a liberdade de operação das indústrias independentes e das demais empresas que atuam no mercado secundário de autopeças. Em 2010, o Ministério Público decidiu instaurar um inquérito civil público, a fim de investigar as práticas supostamente ilícitas praticadas por Volkswagen, Fiat e Ford em detrimento dos interesses legítimos dos consumidores.[87]

Em síntese: embora, o direito da concorrência possa funcionar como um limite extrínseco aos DPIs, as dificuldades enfrentadas pela ANFAPE para utilizá-lo com essa função indica que as exceções legais incorporadas ao texto das legislações de propriedade intelectual, quando claras a respeito de seu escopo, são ferramentas mais apropriadas de proteção dos interesses de ordem socioeconômica, dado que seu uso independe de intervenções casuísticas por parte do Estado. É importante frisar que as dificuldades observadas no Brasil, relacionadas à aplicação do direito da concorrência como ferramenta de limitação dos DPIs, não são uma exclusividade brasileira. No que tange ao

85. Ragazzo 2010, par. 259, item (x).

86. Fonseca e Monteiro 2009, p. 11-12. Segundo a ANFAPE, as práticas das montadoras geram os seguintes prejuízos aos consumidores: "(i) a perda da poupança e consequente diminuição da qualidade de vida das famílias, uma vez que devido ao elevado preço das peças para manutenção de seus veículos não terão condições de mantê-los e, ademais, esses bens perderão considerável valor de mercado; (ii) o aumento do desemprego, devido ao fechamento ou à drástica diminuição de empresas do mercado independente; (iii) o incremento da violência devido à elevação do número de furtos e roubos de veículos, incentivado por uma demanda de peças mais baratas, mas não atendida pelas montadoras; (iv) a elevação acentuada do valor dos seguros diante do virtual aumento dos riscos" (idem, ibidem).

87. Fontes 2010.

problema das autopeças de reposição, a jurisprudência da Corte de Justiça da União Europeia é no sentido de apenas permitir o licenciamento compulsório de registros de desenhos industriais em favor de produtoras independentes de autopeças, na hipótese de as montadoras deixarem de abastecer o mercado relevante, ou caso se recusem a abastecer as distribuidoras independentes, ou se fixarem os preços de seus produtos em um patamar abusivo; a primeira e a segunda hipóteses são de difícil ocorrência e a terceira de difícil comprovação.[88]

Tendo em vista que os problemas enfrentados no Brasil pela ANFAPE para garantir o direito das indústrias independentes de continuarem a operar no mercado secundário de autopeças de reposição podem emergir em qualquer um dos Membros da OMC, na seção seguinte será apresentada uma exceção de reparação, proposta pela Comissão Europeia em 2004, a qual se mostra hábil a superar os problemas de natureza concorrencial e consumerista identificados neste capítulo, produzidos pelos limites pouco claros dos direitos de exclusividade outorgados aos titulares de desenhos industriais. Em seguida, investigar-se-á se a proposta europeia passa pelo crivo do teste do art. 26(2) do Acordo TRIPS.

6.3 Proposta europeia de exceção de reparação

Em 13 de outubro de 1998, a Comunidade Europeia (CE) adotou a Diretiva 98/71/CE relativa à proteção legal de desenhos industriais. No período de elaboração da Diretiva, sem sucesso, tentou-se incluir uma exceção de reposição, cujo objeto era excluir a fabricação, a comercialização e o uso de peças de reposição *must-match* do escopo dos direitos dos titulares de desenhos industriais, após 3 anos da "primeira colocação no mercado de um produto 'complexo'", que incorporasse um desenho industrial protegido.[89] Essa proposta foi rejeitada pelas montadoras, que desejavam mais do que 3 anos de exclusividade no mercado secundário.

Apresentou-se então, uma proposta que autorizaria as indústrias independentes a produzir e a comercializar peças de reposição imediatamente após a concessão dos registros de desenhos industriais, desde que pagassem

88. Cf., e.g., a decisão da CEJ em *AB Volvo v. Erik Veng* (UK) Ltd. (Case 238/87): "9. It must however be noted that the exercise of an exclusive right by the proprietor of a registered design in respect of car body panels may be prohibited by Article 86 if it involves, on the part of an undertaking holding a dominant position, certain abusive conduct such as the arbitrary refusal to supply spare parts to independent repairers, the fixing of prices for spare parts at an unfair level or a decision no longer to produce spare parts for a particular model even though many cars of that model are still in circulation, provided that such conduct is liable to affect trade between Member States".

89. Sigmund 2005, par. 1.6.

uma "remuneração equitativa e razoável" aos titulares de direitos.[90] Essa proposta, por sua vez, foi rechaçada pelos produtores independentes de peças de reposição em virtude de seus custos operacionais.

Em função da falta de consenso, os Membros da CE transigiram em introduzir, no texto da proposta do que viria a ser a Diretiva 98/71/CE, uma disposição transitória (art. 14), segundo a qual os Estados Membros das CE, cujos marcos domésticos já incluiam naquele momento uma exceção de reposição, não têm autorização para revogá-la; as reformas legislativas apenas poderiam ser no sentido de liberalizar o mercado de peças de reposição.[91] A disposição transitória produziu o efeito indesejado de dividir o mercado europeu entre dois grupos: o de países que contam com uma exceção de reparação (Bélgica, Espanha, Holanda, Hungria, Irlanda, Itália, Letônia, Luxemburgo e Reino Unido) e o de países que estendem proteção legal às peças de reposição (os demais 16 Estados Membros da União Europeia).[92]

Com o firme propósito de corrigir essa fonte de distorções comerciais e de restringir a participação das montadoras de automóveis no mercado de peças sobressalentes – que, em 2004, chegou a aproximadamente 85% do mercado europeu[93] –, a Diretiva 98/71/CE obriga a Comissão Europeia a apresentar, em 2004, um estudo a respeito dos efeitos produzidos pela Diretiva sobre a indústria comunitária, sobre os consumidores, sobre a livre concorrência e sobre o funcionamento do mercado europeu, e a apresentar ao Parlamento Europeu e ao Conselho da União Europeia, o mais tardar em 2005, uma proposta de emenda da Diretiva, com vistas a adotar uma solução unificada para os problemas criados pela divisão do mercado europeu (art. 19).

Em 2004, a Comissão Europeia encomendou um estudo de impactos à consultoria francesa Technopolis, que investigou os prós e contras de quatro propostas de reforma do art. 14 da Diretiva 98/71/CE,[94] a princípio hábeis a superar os problemas gerados pela proteção legal das partes que compõem o *design* de produtos complexos. As quatro alternativas examinadas pelo estudo serão brevemente apresentadas a seguir, bem como suas fraquezas e fortalezas.

Alternativa 1: proteção exclusiva por um breve período

A primeira alternativa identificada pela Technopolis garante aos titulares de desenhos industriais o controle exclusivo do mercado secundário por um breve período de tempo, e.g., por 3 anos. Uma vez expirado esse termo de

90. Sigmund 2005, par. 1.8-1.9.
91. Commission of the European Communities 2004b, p. 3.
92. Sigmund 2005, par. 2.4.2.
93. Commission of the European Communities 2004b, p. 13.
94. Idem, ibidem.

proteção, os titulares de desenhos industriais aplicáveis a produtos complexos conservariam a prerrogativa de controlar o uso de seus desenhos apenas no mercado primário, enquanto as empresas independentes poderiam produzir e comercializar, sem qualquer ônus, peças sobressalentes para abastecer o mercado secundário.[95]

Recordando que o ciclo de vida de um modelo de automóvel é, em média, de 5 anos e que os veículos de passeio têm uma vida útil de, aproximadamente, 13 anos, essa alternativa foi julgada pela Technopolis incapaz de promover os objetivos específicos visados pela União Europeia, a saber: afastar os obstáculos que impedem a criação de um mercado interno europeu; gerar novos postos de trabalho no âmbito da União Europeia; fortalecer as pequenas e médias empresas locais; incrementar as exportações europeias de autopeças de reposição para mercados que não concedem proteção às partes visíveis de produtos complexos; reduzir os custos de manutenção dos automóveis e aumentar o bem-estar do consumidor. Isso porque, dependendo da duração do direito de exclusividade assegurado aos titulares de desenhos registrados, pode ser economicamente inviável para uma indústria independente investir na produção de peças sobressalentes, pois não disporá de tempo suficiente para recuperar os investimentos feitos na organização de novas linhas de produção. Por essas razões, os titulares acabam conservando o controle de fato do mercado secundário.[96]

Alternativa 2: sistema de remuneração

A segunda alternativa analisada assegura às indústrias independentes, imediatamente após o registro de desenhos industriais, o direito de produzir peças sobressalentes para abastecer o mercado secundário contra o pagamento de uma remuneração "equitativa" aos titulares dos desenhos utilizados, cuja base de cálculo é o resultado das vendas das peças sobressalentes.[97] Se o sistema de remuneração estiver associado a um mecanismo eficiente de precificação, capaz de fixar uma remuneração razoável, sem burocracia, essa opção, a princípio, parece ser capaz de promover os objetivos concorrenciais e consumeristas perseguidos pela União Europeia.

Sem embargo, essa opção pode envolver problemas não desprezíveis: primeiramente, a criação de uma estrutura administrativa para gerir o sistema de remuneração e policiar o pagamento dos *royalties* envolve custos; se esses custos forem suportados pelas indústrias independentes, eles refletirão nos preços de seus produtos, o que impactará em sua competitividade e em seu

95. Commission of the European Communities 2004b, p. 17.
96. Idem, ibidem, p. 21.
97. Idem, ibidem, p. 17.

interesse em atuar o mercado secundário.[98] Se os custos forem suportados pelos titulares de desenhos industriais protegidos, é previsível que uma parte importante dos *royalties* pagos seja drenada para custear a estrutura de gestão de seus direitos. Nesse caso, não haveria justificativa para a adoção de uma exceção onerosa. Em segundo lugar, sabidamente, a fixação de *royalties* em níveis razoáveis não é uma tarefa fácil; se for estabelecido um sistema de precificação que envolva a participação das partes interessadas, a negociação de *royalties* aceitáveis por todas elas pode consumir tempo demais, o que posterga a introdução de concorrência no mercado secundário. Em terceiro lugar, os titulares de desenhos industriais sempre podem recorrer aos tribunais para tornar o sistema ineficiente e desinteressante para as indústrias independentes, seja para alegar que os *royalties* devidos não estão sendo pagos, seja para pleitear um aumento nos *royalties* devidos. Essas ameaças produzem efeitos inibitórios sobre as empresas que atuam no mercado secundário.[99]

Alternativa 3: combinação das opções 1 e 2

A terceira alternativa garante aos titulares de desenhos industriais o direito de explorá-los, com exclusividade, no mercado secundário por um breve período de tempo. Uma vez expirado esse período de exclusividade, as empresas independentes poderiam produzir e comercializar peças sobressalentes para abastecer o mercado secundário contra o pagamento de uma remuneração equitativa aos titulares dos desenhos utilizados.[100]

Os problemas criados pela terceira opção são o resultado da associação dos problemas próprios das outras duas alternativas anteriormente examinadas: se as indústrias independentes, além de gozarem de um tempo curto para recuperar os investimentos feitos na organização de novas linhas de produção, ainda tiverem de pagar *royalties* aos titulares de desenhos industriais, poucas empresas terão a disposição para atuar no mercado secundário. Em síntese, essa alternativa igualmente produz o impacto de conservar o controle do mercado de peças sobressalentes nas mãos dos titulares de desenhos industriais.[101]

Alternativa 4: exceção de reparação gratuita

A quarta alternativa investigada tem por objeto uma exceção não onerosa, que autorizaria as indústrias independentes, independentemente do

98. Commission of the European Communities 2004b, p. 40.
99. Idem, ibidem, p. 21.
100. Idem, ibidem, p. 17.
101. Idem, ibidem, p. 22.

pagamento de qualquer retribuição aos titulares de desenhos registrados, a produzir e comercializar peças de reposição *must-match* para abastecer tão somente o mercado secundário. A única obrigação que incidiria sobre as indústrias independentes seria informar seus consumidores a respeito da origem das peças sobressalentes, a fim de evitar enganos e, portanto, práticas concorrenciais desleais. O objetivo da emenda não é restringir os direitos assegurados aos titulares de desenhos industriais registrados, mas tão somente impedir que o exercício desses direitos produza efeitos anticoncorrenciais e prejudiciais aos consumidores.

Dentre as diferentes alternativas investigadas, a quarta alternativa foi julgada a mais adequada para promover os interesses concorrenciais e sociais visados pela União Europeia. Em 2004, a Comissão Europeia, com base nos resultados do estudo da Technopolis, elaborou uma proposta de reforma do art. 14.° da Diretiva 98/71/CE, que introduz uma exceção não onerosa de reparação. Em 12 de dezembro de 2007, o Parlamento Europeu aprovou com alterações a proposta da Comissão Europeia.[102] A emenda da Diretiva 98/71/CE ainda depende da aprovação do Conselho Europeu. Após as modificações introduzidas pelo Parlamento Europeu, a proposta de exceção de reposição passou a contar com a seguinte redação:

"Artigo 14.º

Desenhos e modelos incorporados em componentes utilizados para reparação

1. Não existe protecção a título de desenho ou modelo para os desenhos ou modelos incorporados num produto ou aplicados ao mesmo que constituam componentes de produtos complexos e que sejam utilizados, na acepção do n. 1 do artigo 12.º, apenas para efeitos de reparação destes produtos complexos de modo a lhes restituir a aparência original. Esta disposição não é aplicável caso o objectivo primário da comercialização do componente referido seja diferente da reparação do produto complexo.

2. O n. 1 é aplicável desde que os consumidores sejam devidamente informados acerca da origem do produto usado para fins de reparação, através da utilização de uma marcação, tal como uma marca ou uma designação comercial, ou de outra forma adequada, de modo a poderem escolher de forma esclarecida entre produtos concorrentes propostos para efectuar a reparação.

3. O n. 1 aplica-se apenas aos componentes visíveis disponíveis no mercado secundário depois de o produto complexo ter sido colocado no mercado primário pelo titular do direito sobre o desenho ou modelo ou com a autorização deste".

102. Cf. Parlamento Europeu 2007.

Não há dúvida de que a introdução de uma exceção de reparação não onerosa, que impeça os titulares de desenhos industriais de controlar a produção e a comercialização de peças sobressalentes, dirigidas a abastecer o mercado de reposição, é uma medida bastante satisfatória para promover a livre concorrência, estimular o crescimento de pequenas e médias empresas, reduzir os custos de manutenção de produtos complexos e restringir o espaço para a prática de abusos econômicos pelos titulares de desenhos industriais. Mas também não há dúvida de que, dentre as alternativas investigadas, essa é a mais ousada e a que interfere em maior medida nos interesses econômicos dos titulares de desenhos industriais – mais especificamente nos interesses da indústria automobilística. Resta saber se a opção eleita pela Comissão Europeia – a qual parece adequada a ser transplantada aos ordenamentos jurídicos de países industrializados e em desenvolvimento – observa as exigências impostas pelo teste do art. 26(2) do Acordo TRIPS.

6.4 Avaliação da legalidade da proposta de exceção de reparação

6.4.1 Primeira etapa

A exceção investigada passará pela primeira etapa do teste do art. 26(2) se apresentar caráter limitado. Conforme visto anteriormente,[103] a aferição do caráter limitado de uma exceção aos direitos conferidos por desenhos industriais passa por um processo de três fases: primeiramente, o operador do direito verifica se a exceção persegue algum dos objetivos autorizados pelo art. 8.º do Acordo TRIPS, inclusive algum dos objetivos gerais perseguidos pelo sistema OMC, indicados no preâmbulo do Acordo de Marrakesh. Em seguida, deverá perquirir a adequação da exceção para realizar os objetivos que justificaram sua adoção. Por fim, avaliará se a exceção observou os direitos mínimos previstos no Acordo TRIPS.

A exceção de reparação tem como objetivos principais:

- fortalecer a concorrência no mercado de peças de reposição;
- fortaler as empresas terceirizadas que produzem autopeças para as montadoras: as tercerizadas poderão satisfazer a demanda das montadoras e ainda abastecer o mercado secundário com os mesmos produtos. Com a expansão do mercado de atuação dessas empresas, sua sobrevivência deixará de depender das encomendas feitas pelas montadoras;[104]
- intensificar a concorrência no mercado de prestação de serviços de reparos: uma vez que as assistências técnicas independentes terão

103. Cf. item 2.5.

104. Commission of the European Communities 2004b, p. 20.

acesso a um maior leque de fontes provedoras de peças sobressalentes, poderão concorrer com maiores chances de êxito com as assistências técnicas autorizadas, que, em regra, trabalham apenas com peças originais;[105]

- estimular pequenas e médias empresas nacionais, haja vista que os estabelecimentos industriais que produzem e comercializam peças sobressalentes são, em geral, de pequeno e médio porte; e
- reduzir substancialmente os custos de manutenção de produtos complexos, notadamente dos automóveis[106] e, por conseguinte, ampliar sua vida útil.

Os objetivos perseguidos pela exceção têm natureza concorrencial, consumerista e ambiental. Não há nada no sistema TRIPS/OMC que impeça a adoção de exceções dirigidas a realizá-los. Proibir os titulares de desenhos industriais aplicáveis a produtos complexos de exercer seus direitos no mercado secundário de peças de reposição, conforme já visto, é um meio adequado de efetivar os objetivos perseguidos pela exceção de reparação.

No que concerne às obrigações mínimas previstas no Acordo TRIPS, a exceção de reparação observa-as plenamente: a aplicação da exceção de reparação não é hábil a produzir o efeito de impedir a proteção das categorias de desenhos industriais que, nos termos do art. 25, parágrafos 1.º e 3.º, do Acordo TRIPS, devem ser passíveis de receber proteção legal, porquanto se limita a proibir os titulares de desenhos industriais de exercerem seus direitos de exclusividade no mercado secundário de peças de reposição; a exceção de reparação impacta da mesma forma os desenhos industriais de titularidade de nacionais e de estrangeiros, não criando, portanto, qualquer espécie de discriminação (arts. 3.º e 4.º); tampouco afeta o termo de proteção dos registros de desenhos industriais (art. 26(3)). À vista do exposto, a exceção de reparação é"limitada".

6.4.2 Segunda etapa

A segunda etapa do teste do art. 26(2) do Acordo TRIPS tem a função de avaliar se a exceção proposta interfere, de modo desarrazoado, na exploração normal dos desenhos industriais protegidos. A exceção de reparação passará pelo crivo da segunda etapa se for a medida que afeta em menor grau os

105. Commission of the European Communities 2004b, p. 20.

106. ECAR 2009, p. 4 ("Many official investigations amply demonstrate that car manufacturers had to decrease their spare parts prices by at least 30-40% whenever competition arose or was admitted"). A redução dos custos de manutenção igualmente leva à redução dos seguros de automóveis. De qualquer forma, os consumidores passam a dispor de mais recursos para investir em outras prioridades.

direitos dos titulares de desenhos industriais, entre as razoavelmente à disposição do Estado proponente.

Nessa fase, o ponto de partida é investigar se a exceção afeta algum mercado que os titulares de desenhos industriais têm *legitimidade* para explorar, ou seja, se a exceção investigada, de fato, afeta a exploração normal de desenhos industriais. Em harmonia com o entendimento do Grupo Especial cristalizado em *Canada – Pharmaceutical Patents*, apenas devem ser considerados meios normais de exploração de um desenho industrial aqueles empregados por *todos* ou por *grande parte* dos titulares de direitos, a fim de realizar a função socioeconômica dos desenhos industriais de agregar valor a produtos funcionais, com vistas a diferenciá-los e torná-los mais competitivos e, assim, promover a recuperação dos investimentos realizados em P&D.[107]

Apesar do indiscutível valor econômico do mercado secundário, os titulares de desenhos industriais não têm legitimidade para exercer seus direitos de exclusividade nesse mercado por diversas razões. Primeiramente, a exploração do mercado de peças de reposição não deve ser considerada um meio normal de exploração dos desenhos industriais, pois caso fosse reconhecida a legitimidade dos titulares de desenhos industriais de controlar o mercado secundário, a indústria automobilística seria o único setor a ganhar o controle monopolista do mercado de peças de reposição. Não é adequada a interpretação que produz o efeito de assegurar tratamento discriminatório em favor de um setor. E, mesmo no setor automobilístico, nem todas as montadoras reivindicam o direito de controlar a fabricação e a comercialização de autopeças de reposição. Por exemplo, no Brasil, das muitas montadoras que atuam nesse mercado, apenas três (Fiat, Ford e Volkswagen) reivindicam atualmente o direito de controlar o mercado secundário de autopeças.

Em segundo lugar, a função dos desenhos industriais é plenamente cumprida por meio do exercício dos direitos de exclusividade no mercado primário de produtos novos, não havendo qualquer justificativa plausível para incluir em seu escopo o controle do mercado secundário.[108]

Em terceiro lugar, não é legalmente sustentável definir "exploração normal de desenhos industriais" de forma a garantir à indústria automobilística uma posição dominante no mercado secundário, abrindo amplos espaços

107. WTO, WT/DS114/R, Report of the Panel, par. 7.55 e 7.58.

108. Esse é o entendimento da Comissão Europeia (Commission of the European Communities 2004b, p. 47): "[...] the design protection in a component part of a complex product is already exploited in the manufacture and sale of the original part to become or as part of an original complex product (i.e. the original car). To allow such protection to extend to a monopoly on the upkeep and repair of the complex product would seem to go beyond the normal exploitation available in respect of the first sale. Moreover such a monopoly as noted above applies only to the automotive sector, and would not be considered normal exploitation in other sectors where design protection applies".

para abusos, especialmente porque o Acordo TRIPS não é complementado por um acordo de defesa da concorrência.

Em quarto lugar, nos países que asseguram aos titulares de desenhos industriais o controle do mercado secundário, as montadoras utilizam os ganhos exorbitantes auferidos com a venda de autopeças de reposição para subsidiar os preços das autopeças não protegidas por DPIs (peças mecânicas, por exemplo) e, por isso, sujeitas à livre concorrência. Enfim, os lucros obtidos são utilizados para prejudicar a livre concorrência, uma vez que as indústrias independentes não dispõem da mesma ferramenta para manter seus produtos competitivos.[109]

Em quinto lugar, considerando que a vida média de um modelo de automóvel é de 5 anos e que a vida útil dos veículos de passeio é de até 13 anos, se a duração da proteção outorgada aos desenhos industriais de peças de reposição for de, pelo menos, 10 anos – tal como exigido pelo art. 26(3) do Acordo TRIPS –, quando os desenhos dessas peças caírem em domínio público, as indústrias independentes não terão incentivos econômicos para produzi-las, pois a demanda será muito limitada. Nesse contexto, em termos práticos, os direitos de exclusividade das montadoras não serão temporalmente limitados, mas eternos, no sentido de que os desenhos industriais serão conservados em domínio privado enquanto perdurar sua relevância econômica. Transformar um direito temporalmente limitado em um direito de fato de duração ilimitada ataca as fundações do direito da propriedade intelectual.

Por fim, o exercício dos direitos de exclusividade no mercado secundário configura um abuso de direito, pois chancela o enriquecimento ilícito dos titulares de desenhos às expensas dos consumidores, os quais pagam duas ou mais vezes por um mesmo desenho.

Resumidamente, não é correta a interpretação que produz, *inter alia*, discriminação entre os titulares de direitos, que transforma os registros de desenhos industriais em uma poderosa patente de fato, hábil a suprimir completamente a concorrência no mercado de produtos sobressalentes, que confere à indústria automobilística o "direito" de enriquecer ilicitamente às expensas dos consumidores e de restringir as opções de fontes provedoras de peças sobressalentes.

Pelas razões expostas, a exceção proposta *não* interfere na exploração normal dos desenhos industriais registrados, haja vista que os titulares de di-

109. ECAR 2009, p. 8. A associação cita, entre outros dados, um estudo francês que atesta o uso abusivo dos subsídios auferidos com o monopólio das autopeças: "Likewise, based on a market investigation the French distributors association FEDA found that Renault and PSA between February 2005 and until May 2007 increased their prices for body spare parts in France – where there is rigid design and copyright protection – between 29.9% and 119.5%(!) whereas their prices of non-captive competitive parts remained stable or were even decreased" (idem, ibidem).

reitos não têm qualquer respaldo legal para controlar o uso de seus desenhos no mercado de peças sobressalentes.[110] Consequentemente, não é necessário avaliar a existência de medidas alternativas à exceção investigada.

6.4.3 Terceira etapa

A fase final do teste do art. 26(2) do Acordo TRIPS visa a avaliar a razoabilidade dos prejuízos provocados pela exceção investigada nos interesses *legítimos* dos titulares de desenhos industriais, ou seja, se os benefícios sociais totais engendrados pela exceção superam os prejuízos individuais impingidos aos interesses legítimos dos titulares de desenhos industriais.

Os titulares de desenhos industriais – em verdade, as montadoras de veículos – podem argumentar que a adoção de uma exceção não onerosa de reparação impede a amortização dos gastos feitos em P&D, mediante a exploração, com exclusividade, do mercado secundário de peças sobressalentes. Em resposta à perda do controle exclusivo do mercado secundário, as montadoras se veriam obrigadas a aumentar os preços dos veículos novos; consequentemente, suas vendas seriam prejudicadas. Esse raciocínio, contudo, está repleto de problemas. Em primeiro lugar, como já visto, os investimentos realizados no desenvolvimento da parte exterior dos automóveis são diminutos, sendo facilmente recuperáveis *vis-à-vis* os altos preços dos automóveis novos. Uma vez que os investimentos realizados no desenvolvimento de novos modelos de automóvel são plenamente recuperáveis com as vendas empreendidas no mercado primário, não há qualquer razão legal e econômica para garantir aos titulares de desenhos industriais o controle monopolista do mercado secundário.[111] Em segundo lugar, não é função do direito do desenho industrial transformar o mercado secundário em uma fonte de subsídios para a aquisição de automóveis novos, sem contar que é legalmente indefensável que o proprietário de um veículo usado, ao adquirir uma autopeça original, subsidie a compra de veículos novos por terceiros. Em terceiro lugar, a ampla concorrência existente no mercado primário garante que os preços dos automóveis novos não subirão em função da aprovação da exceção analisada.[112] Em quarto lugar, a introdução de concorrência no mercado secundário não significa que as montadoras serão excluídas desse mercado; a prática indica que, nos países europeus que não conferem proteção intelectual às peças sobressalentes, as montadoras continuam a controlar entre 85% e 95% do mer-

110. Commission of the European Communities 2004b, p. 28: "The car industry has repeatedly tried to associate the denial of design protection for spare parts with counterfeiting. Counterfeiting presupposes the infringement of an intellectual property right. The marketing of '*must-match*' spare parts does not infringe existing design rights [...]".

111. Cf. Drexl et al. 2005.

112. Commission of the European Communities 2004b, p. 18.

cado secundário.[113] À vista disso, em face da adoção da exceção de reparação, o único prejuízo sofrido pelos titulares de desenhos industriais é a perda do direito de cobrar preços monopolistas pelas peças de reposição.[114]

Ainda que a liberalização do mercado de peças de reposição provoque os prejuízos econômicos reclamados pelas montadoras, a exceção de reparação passará, com sucesso, pela terceira etapa do teste. Não apenas porque os benefícios sociais totais engendrados – consolidar a livre concorrência, incrementar o bem-estar dos consumidores, criar novos postos de trabalho, fortalecer pequenas e médias empresas locais, reduzir os custos de manutenção dos produtos complexos e aumentar a longevidade de bens duráveis – superam de longe os prejuízos sofridos pelas montadoras, mas, acima de tudo, porque a exceção examinada atinge exclusivamente um mercado que os titulares de desenhos industriais *não* têm legitimidade para controlar; e conserva intacto o direito dos titulares de desenhos industriais de controlar o uso de seus desenhos no mercado primário de produtos novos, em sua qualidade de ferramenta de marketing. Por conseguinte, a exceção não lesa qualquer interesse *legítimo* dos titulares de desenhos industriais.

A exceção de reparação, proposta pela Comissão Europeia, cumpre, portanto, com todas as exigências indicadas no art. 26(2) do Acordo TRIPS, podendo realmente ser adotada por qualquer um dos Membros da OMC. O fato de Austrália, Bélgica, Cingapura, Espanha, Holanda, Hong Kong, Hungria, Irlanda, Itália, Letônia, Luxemburgo, Malásia, Polônia e Reino Unido já terem adotado exceções não onerosas de reparação é sugestivo do acerto da análise aqui realizada.[115]

Rigorosamente falando, a adoção legislativa de uma exceção de reparação gratuita não é uma condição para que as indústrias independentes possam produzir e comercializar livremente peças sobressalentes no mercado secundário desde já, *simplesmente porque está fora do escopo dos direitos de exclusividade garantidos aos titulares de desenhos industriais registrados seu controle no mercado secundário de peças de reposição*. A exceção de reparação somente se faz necessária por questões políticas, a saber: para trazer segurança jurídica aos agentes econômicos; para prevenir a instauração de litígios judiciais custosos e desnecessários que sobrecarregam o Judiciário; e para impedir a aplicação errônea da Lei de Propriedade Industrial, de maneira a prejudicar a livre concorrência e os interesses do consumidor.

113. Commission of the European Communities 2004b, p. 21.
114. Cf. Drexl et al. 2005.
115. Aoki 2009, p. 301-302.

Capítulo 7

Direitos autorais e a exceção de ensino para estudantes e pesquisadores carentes

Everyone has the right to read.

ART. 1, CHARTER OF THE BOOK

7.1 Introdução

A Convenção de Berna relativa à proteção das obras literárias e artísticas (Convenção de Berna) é um dos pilares de sustentação do Acordo TRIPS, que incorporou, por referência, seus arts. 1-21 e anexo (art. 9.1 do Acordo TRIPS). Em relação ao regime de Berna, o TRIPS fez algumas pequenas, mas importantes atualizações, sendo as principais a obrigação de proteger programas de computador e compilações de dados ou outros materiais como obras literárias e artísticas (art. 10) e a assegurar, pelo menos aos titulares de programas de computador e obras cinematográficas, "o direito de autorizar ou proibir o aluguel público comercial dos originais ou das cópias de suas obras protegidas pelo direito do autor" (direito de aluguel – art. 11).

Embora, em teoria, a justificativa de garantir direitos autorais vigorosos seja estimular a atividade criativa e ampliar a disseminação de obras literárias e artísticas em prol do progresso cultural das sociedades, na prática, os regimes contemporâneos de direitos autorais, calcados na Convenção de Berna, superprotegem os interesses econômicos dos titulares de direitos autorais, ao conferir-lhes o direito de impedir a disseminação, a transformação, a adaptação, a tradução e a importação paralela de obras protegidas por um tempo absurdamente longo, sem lhes impor a obrigação de disseminar suas obras e o conhecimento que elas encerram. Os regimes contemporâneos de proteção dos direitos autorais chegam ao ponto de impedir a extração de fotocópias de obras protegidas, mesmo quando esgotadas, bem como sua tradução para o abastecimento de mercados ignorados pelos titulares de direitos. Nesses casos, o público apenas poderá utilizá-las quando adentrarem o domínio público; até lá, os potenciais usuários podem não mais estar vivos ou as obras podem estar desatualizadas.

Em resposta aos problemas engendrados pela Convenção de Berna, na década de 1960, os países em desenvolvimento mobilizaram esforços para reformá-la, com vistas a facilitar a disseminação de obras literárias e artísticas em seus países e, assim, fomentar o desenvolvimento sociocultural de seus povos. Esses países conseguiram muito pouco dos industrializados, se é que conseguiram alguma coisa: apenas o anexo à Convenção de Berna (Ata de Paris, de 1971), que autoriza os países em desenvolvimento a concederem licenças compulsórias para a tradução e/ou a reprodução de obras literárias para fins educativos. O procedimento que regula a concessão de licenças compulsórias é tão complexo e intrincado que faz parecer o mecanismo instaurado pelo Acordo TRIPS, que regula a concessão de licenças compulsórias para patentes (art. 31) um paradigma de eficiência. Sem surpresas, o procedimento introduzido pelo anexo da Convenção de Berna está basicamente em desuso.

Em face dos obstáculos criados pela Convenção de Berna ao progresso sociocultural dos países em desenvolvimento, seria de se esperar que esses países procurassem fazer o melhor uso possível das flexibilidades por ela oferecidas. Contudo, desde que o eixo da Convenção de Berna foi transplantado ao Acordo TRIPS, o que se testemunha nos países que ocupam a retaguarda do desenvolvimento é a "atualização" de seus regimes de direitos autorais, com vistas a salvaguardar exclusivamente os interesses econômicos dos titulares de direitos autorais. Como resultado dessa política antissocial, segundo uma pesquisa recente elaborada pela *Consumers International*, de um grupo de 34 legislações nacionais de direitos autorais, as oito mais restritivas do acesso ao conhecimento pertencem a países em desenvolvimento (Egito, Zâmbia, Brasil, Argentina, Tailândia, Quênia, Jordânia e Chile).[1]

O dossiê Copy/South, dedicado a investigar os problemas econômicos, políticos e ideológicos provocados pelos direitos de autor nos países em desenvolvimento, identificou como as principais atualizações introduzidas pelos países em desenvolvimento em suas legislações de direitos autorais, com o propósito de restringir excessivamente o acesso ao conhecimento pelos setores mais carentes: a extensão do termo de proteção dos direitos autorais; a ampliação do rol de direitos autorais; a retração do rol e do escopo de exceções aos direitos autorais; e a proteção legal das medidas tecnológicas.

1. Cf. Consumers International 2010. Para preparar o ranking, a Consumers International avaliou a legislação de 34 países industrializados e em desenvolvimento a partir da seguinte lista de critérios: duração dos direitos autorais; liberdade de transferir e compartilhar obras protegidas; sistema de administração e observância de direitos autorais; liberdade de acesso e uso de obras protegidas para fins educacionais; no âmbito on-line; pelos criadores de conteúdo; pela imprensa; por bibliotecas; por portadores de deficiência; e na esfera pública.

Os países em desenvolvimento, com frequência, ampliam o termo de proteção dos direitos autorais para além do prazo exigido pelo o art. 7(1) da Convenção de Berna, o qual "compreende a vida do autor e cinquenta anos depois da sua morte". Uma vez que a duração dos direitos autorais é excessiva, quando as obras finalmente caem no domínio público, elas podem estar desatualizadas. Essa observação é especialmente aplicável às obras de caráter educacional e científico.

Os países em desenvolvimento igualmente tendem a ampliar o rol de direitos assegurados aos titulares de direitos autorais, ainda que não estejam obrigados a assim proceder. Há, por exemplo, um número crescente de países em desenvolvimento, que não são partes contratantes do WCT, que garante aos titulares de direitos autorais o direito de comunicação ao público, tal como definido pelo art. 8.º do WCT,[2] o qual foi concebido para que os titulares de direitos autorais possam supercontrolar o uso de suas obras na internet.

Em paralelo à ampliação desnecessária do rol de direitos garantidos aos titulares de direitos autorais, as legislações modernas dos países em desenvolvimento restringem substancialmente o escopo das exceções a esses direitos. Uma das ironias dos regimes internacionais de direitos autorais – e dos regimes de propriedade intelectual em geral – é que os titulares de direitos autorais gozam de uma proteção mínima em escala global (i.e., no território de todos os Estados partes do Acordo TRIPS), enquanto os usuários, cujos interesses são tutelados pelas cláusulas de exceções, gozam de uma proteção estritamente nacional, pois, dentro dos limites permitidos pelo direito internacional da propriedade intelectual, cada Estado tem a liberdade de adotar as exceções que julga conveniente.[3] Dentro da liberdade que lhes é oferecida, os países em desenvolvimento tendem a adotar poucas exceções aos direitos autorais, as quais, não raramente, apresentam pouca relevância prática aos usuários de obras protegidas.

Se já não fosse suficientemente problemático o escopo restritivo das exceções aos direitos autorais incorporadas às legislações presentes dos países em desenvolvimento, elas podem ser plenamente esvaziadas pela ação dos titulares de direitos autorais. No que respeita às obras em formato digital, os titulares de direitos autorais tendem a protegê-las mediante a adoção de medidas tecnológicas, concebidas para impedir ou dificultar o acesso ou a reprodução não autorizada das obras protegidas, e.g., bancos de dados prote-

2. Art. 8.º do WCT assim dispõe: "Sin perjuicio de lo previsto en los Artículos 11.1) ii), 11*bis*.1)i) y ii), 11*ter*,1)ii), 14.1)ii) y 14*bis*.1) del Convenio de Berna, los autores de obras literarias y artísticas gozarán del derecho exclusivo de autorizar cualquier comunicación al público de sus obras por medios alámbricos o inalámbricos, comprendida la puesta a disposición del público de sus obras, de tal forma que los miembros del público puedan acceder a estas obras desde el lugar y en el momento que cada uno de ellos elija".
3. Cf. Story et al. 2006, p. 133.

gidos por senhas; obras literárias protegidas por dispositivos que impedem a realização de cópias e a modificação de seu formato pelos consumidores (por exemplo, transferir uma trilha sonora de um CD para o formato MP3); dispositivos tecnológicos que impedem a realização de cópias de CDs e DVDs; dispositivos que impedem que um CD ou DVD produzido em uma determinada região do globo seja utilizado em outra região. O WCT e o WPPT[4] obrigam seus Estados contratantes a adotarem medidas legais (civis e/ou penais), a fim de dissuadir os usuários a burlar as medidas tecnológicas agregadas às obras protegidas.[5] Essas medidas não apenas servem para proteger os direitos legítimos dos titulares de direitos autorais, mas igualmente interferem nos direitos dos usuários de fazer usos das exceções oferecidas pelo ordenamento jurídico e, assim, acabam por constituir uma ferramenta de prática de abuso de direito. Isso porque os Estados que optam por garantir proteção jurídica às medidas tecnológicas tendem a negligenciar seu dever legal de obrigar os titulares de direitos autorais a oferecer aos usuários meios eficazes de fazer valer as exceções garantidas pelo direito, quando suas obras estiverem protegidas por medidas tecnológicas.[6]

As medidas legais indicadas, adotadas frequentemente pelos legisladores de países em desenvolvimento, produzem efeitos retroativos, beneficiando obras preexistentes. É difícil de acreditar que essas alterações legislativas possam criar incentivos para a criatividade, quando muitas das obras beneficiadas já existem. É igualmente pouco crível que as alterações legislativas relatadas tragam algum benefício aos autores, uma vez que, em regra, os direitos patrimoniais pertinentes às obras em circulação no mercado são controlados por conglomerados empresariais, e os contratos que disciplinam a transferência de direitos dos autores ao setor empresarial apresentam, não raramente, feições leoninas.[7]

Embora os benefícios sociais resultantes dessas reformas legislativas sejam pouco palpáveis, seus malefícios são concretos. Segundo o dossiê Copy/South e o relatório da Comissão Britânica sobre Direitos de Propriedade Intelectual, os regimes contemporâneos de direitos autorais impõem diversos obstáculos ao progresso dos países em desenvolvimento, dentre os quais seis merecem destaque.

Em primeiro lugar, os regimes de direitos autorais obstaculizam o bom funcionamento de programas de ensino (à distância e presenciais) concebidos para satisfazer as necessidades de estudantes carentes. A reprodução e a distribuição de obras protegidas (livros-texto, artigos científicos, ilustrações, gravuras etc.) é condição *sine qua non* para o sucesso de programas de ensi-

4. Art. 11, WCT; art. 18, WPPT.
5. Cf. Story et al. 2006, p. 104 e 118.
6. Ricketson 2003, p. 83-84.
7. Story et al. 2006, p. 93-94.

no;[8] se o acesso a esses materiais depender da autorização dos titulares das obras requisitadas e, por conseguinte, do pagamento de taxas de *royalties*, apenas uma pequena parcela de estudantes terão os meios de participar desses cursos, uma vez os custos associados aos direitos autorais são, em regra, suportados pelos estudantes.[9]

Em segundo lugar, os direitos autorais obstaculizam a tradução de obras estrangeiras para as línguas dos países em desenvolvimento, empobrecendo a diversidade cultural. Os titulares de direitos autorais, ao se oporem à tradução de suas obras para os idiomas falados nos países em desenvolvimento, estimulam a perpetuação do caráter iníquo das sociedades desses países, pois sua decisão produz o efeito indesejável de garantir o acesso a essas obras apenas aos indivíduos que dominam as línguas dos países industrializados.[10] Em virtude dos obstáculos criados pelos direitos autorais, as obras protegidas deixam de circular em escala global.[11] Se a circulação das obras é limitada em virtude de barreiras linguísticas, os preconceitos culturais se perpetuarão.

Em terceiro lugar, os direitos autorais dificultam o acesso a obras literárias e artísticas por deficientes visuais e portadores de outras deficiências. Em diversos países, a conversão de obras protegidas para o Braille ou para outros formatos acessíveis pelos portadores de alguma deficiência física depende da autorização dos titulares de direitos autorais e, por conseguinte, do pagamente de alguma remuneração.[12] Como o processo de conversão das obras para outros formatos é bastante caro, qualquer custo adicional impacta dramaticamente na sua acessibilidade pelos portadores de deficiências, os quais, em sua maioria, contam com parcos recursos para viver.[13] Ademais, a opção pelo princípio da exaustão nacional de direitos impede a importação de obras lícitas produzidas em outros mercados, sob o amparo de uma exceção ou sob o amparo de uma licença concedida pelos titulares de direitos. Isso significa, por exemplo, que os gastos já feitos no país A para converter uma determinada obra ao Braille terão que ser novamente feitos no país B, se este adotar o princípio da exaustão nacional de direitos.[14]

8. Story et al. 2006, p. 95.
9. Commission on Intellectual Property Rights 2002, p. 102-103.
10. Story et al. 2006, p. 99.
11. Idem, ibidem, p. 136.
12. Idem, ibidem, p. 106.
13. Segundo a Organização Mundial da Saúde, em 2009 existiam cerca de 314 milhões de deficientes visuais em todo o mundo, sendo que 87% desse grupo vivem em países em desenvolvimento e 85% dos casos de deficiência visual e 75% dos casos de cegueira poderiam ser evitados se fosse garantido a essas pessoas o direito de acesso à saúde (WHO 2009).
14. Story et al. 2006, p. 130.

Em quarto lugar, os direitos autorais prejudicam a conservação do patrimônio cultural. As bibliotecas, sejam elas públicas ou privadas, enfrentam problemas para digitalizar as obras de seu acervo, a fim de perpetuá-las em benefício das futuras gerações. Isso porque qualquer tipo de reprodução de obras protegidas, ainda que para fins não comerciais, depende da autorização dos titulares de direitos autorais.[15] Ademais, hoje em dia, é comum que as bibliotecas adquiram assinaturas de acesso a bibliotecas digitais. As licenças que regem o acesso a esses bancos de dados, em regra, proíbem os assinantes de realizar cópias das obras de seu acervo. Uma vez expirada a assinatura, os usuários da biblioteca não mais poderão acessar as obras integrantes do acervo da biblioteca digital.[16]

Em quinto lugar, os direitos autorais prejudicam a qualidade do ensino. Com os altos preços das obras protegidas, escolas e bibliotecas públicas enfrentam dificuldades para adquirir muitos dos recursos requisitados pelos estudantes, professores e pesquisadores, e quando logram adquirir os materiais demandados, não possuem exemplares em número suficiente para atender às necessidades do público.[17] Os professores tentam compensar a falta de materiais por meio da organização de"pastas de professor",[18] as quais são disponibilizadas nas bibliotecas ou nos centros de serviços reprográficos localizados nas proximidades das instituições de ensino. Contudo, como a possibilidade de recorrer à reprografia, em muitos países pobres, vem sendo restringida dia a dia pelas modernas leis de direitos autorais, a demanda por livros e outros materiais educacionais permanece insatisfeita.[19] Ainda que as instituições de ensino concordem em obter licenças onerosas, que as autorize a fotocopiar obras protegidas para a satisfação das necessidades de seu corpo docente e discente, essa tarefa pode não ser de fácil realização. Quando o país contar com uma organização de gestão coletiva de direitos reprográficos, responsável pela concessão de licenças reprográficas em nome de seus associados, essa organização pode representar um pequeno espectro de titulares de direitos autorais. Caso a organização não represente os titulares das obras de interesse, a parte interessada terá de realizar o trabalho hercúleo de identificar e localizar os titulares de cada obra de interesse e tentar negociar licenças individuais; quando os titulares das obras de interesse forem indivíduos ou empresas estrangeiras, o trabalho torna-se ainda mais árido. Após a

15. Commission on Intellectual Property Rights 2002, p. 103-104.

16. Story et al. 2006, p. 108.

17. Idem, ibidem, p. 110; Commission on Intellectual Property Rights 2002, p. 103-104.

18. "Pasta de professor"é uma compilação organizada pelo professor responsável por determinado curso, a qual compreende todos os materiais de leitura (e.g., capítulos de livros, artigos jornalísticos e científicos, estudos de casos) que deverão ser estudados pelos estudantes matriculados no curso. Normalmente, essas pastas são disponibilizadas pelos professores em centros de fotocópia que operam no interior de instituições educacionais ou em suas redondezas.

19. Story et al. 2006.

identificação e a localização dos titulares de direitos, as dificuldades persistem, pois os titulares de direitos sempre podem exigir o pagamento de taxas de remuneração exageradas. Enfim, o processo de obtenção de licenças em termos razoáveis pode ser demasiadamente moroso e caro, prejudicando as atividades de instituições educacionais e de pesquisa.[20]

Por fim, os direitos autorais podem restringir a liberdade de expressão. Como resultado da expansão contínua do escopo dos direitos autorais, associada à paralela decadência da diversidade e do escopo das exceções, as bibliotecas, instituições educacionais e cidadãos dos países em desenvolvimento enfrentam dificuldades para adquirir obras atualizadas em quantidade e variedade satisfatórias. Esse estado de coisas restringe a habilidade dos indivíduos de acessar, gerar e difundir novos conhecimentos e ideias e de aprimorar suas habilidades intelectuais e capacidade crítica. Até mesmo os direitos morais dos autores (art. 6*bis* da Convenção de Berna), que lhes são assegurados para proteger sua reputação e honra, podem ser exercidos pelos autores, nas jurisdições onde são reconhecidos, de maneira a restringir a liberdade de expressão de terceiros. Os titulares de direitos morais podem impedir a circulação da tradução de uma obra, ou a modificação de seu formato de apresentação ou a separação de um capítulo de livro do todo, sob a desculpa de que essas atividades prejudicam sua honra e reputação.[21]

O presente capítulo ilustrará as transformações recentes sofridas pelas legislações de direitos autorais dos países em desenvolvimento e seus efeitos antissociais com um estudo de caso sobre o Brasil.[22] Será visto que o legislador brasileiro, tal como aconteceu em outros países em desenvolvimento, optou por privilegiar os interesses econômicos dos titulares de direitos autorais, em detrimento dos direitos à educação e à liberdade de expressão científica e criativa de outros setores da sociedade. Na segunda parte deste capítulo, propõe-se uma exceção de ensino, especificamente arquitetada para superar os obstáculos criados pelos regimes contemporâneos de direitos autorais para a realização dos direitos à educação e à liberdade de expressão de estudantes e pesquisadores carentes de países em desenvolvimento. Por fim, a legalidade da exceção proposta em face do Acordo TRIPS é investigada.

7.2 A LDA de 1998 e a ampliação do escopo dos direitos autorais

Apesar dos progressos recentes, o Brasil ainda tem diversos desafios sociais pela frente: 35% da população não têm acesso a alimentos em quanti-

20. Story et al. 2006, p. 112-113.
21. Idem, ibidem, p. 134.
22. Para um estudo similar a respeito da situação político-legal na África do Sul, Gana, Senegal, Marrocos, Egito, Uganda, Quênia e Moçambique, ver Armstrong et al. 2010.

dade suficiente para satisfazer suas necessidades;[23] os 10% mais ricos detêm 75,4% da riqueza total do País e apenas 5.000 famílias controlam 45% de todas as riquezas nacionais.[24] Esse desequilíbrio na distribuição de renda se reflete no campo da educação: se, por um lado, o Brasil já é a 7.ª economia do mundo, por outro, em 2006, entre 129 países avaliados, ocupou a inexpressiva 80.ª colocação no Índice de Educação da Organização das Nações Unidas para a Educação, a Ciência e a Cultura (UNESCO);[25] e, em 2010, ocupou a 53.ª posição no Programa Internacional de Avaliação de Estudantes (Programme for International Student Assessment), de um total de 65 países avaliados. No campo da cultura, a situação não é diferente: uma pesquisa recente do Ministério da Cultura sobre acesso a bens culturais no Brasil apontou que "apenas 14% dos brasileiros vão ao cinema uma vez por mês, 92% nunca frequentaram museus, 93% nunca foram a uma exposição de arte e 78% nunca assistiram a um espetáculo de dança".[26]

Sob a perspectiva das necessidades dos setores marginalizados, a Lei de Direitos Autorais do Brasil vigente no período pré-OMC (Lei 5.988, de 14 de dezembro de 1973) era bastante favorável aos interesses dos estudantes, pesquisadores, docentes e instituições educacionais, porquanto liberava"a reprodução, em um só exemplar, de qualquer obra", desde que não destinada à utilização com intuito de lucro (art. 49, II). Ou seja, sob o amparo da antiga lei, quaisquer obras poderiam ser fotocopiadas integralmente por qualquer indivíduo para uso próprio, independentemente da obtenção de qualquer autorização ou do pagamento de qualquer remuneração aos titulares de direitos autorais. O cenário legal se alterou substancialmente com a aprovação da Lei 9.610, de 19 de fevereiro de 1998, a nova Lei de Direitos Autorais do Brasil (LDA), aprovada com o propósito de dar cumprimento às obrigações assumidas pelo Brasil perante a OMC.

A nova LDA vai muito além do que o Acordo TRIPS exige do Brasil, garantindo aos titulares de direitos autorais muito mais direitos do que os previstos na Convenção de Berna e no Acordo TRIPS. No que concerne ao termo de duração dos direitos patrimoniais, a nova lei assegura aos sucessores dos autores 20 anos a mais de proteção do que a Convenção de Berna exige – i.e., os direitos perduram pela vida do autor mais 70 anos, contados a partir de seu falecimento (art. 41, *caput*).

Em relação ao rol de direitos patrimoniais, apesar de o Brasil não ser parte contratante do WCT e do WPPT, comportou-se como se fosse ao ga-

23. Cf. Farid 2010.

24. Pochmann 2007, p. 16-18.

25. UNESCO 2009, p. 249. O Índice de Educação da UNESCO avalia a situação de um país em relação ao cumprimento de quatro metas: garantir acesso universal à educação primária; alfabetização da população adulta; boa qualidade da educação oferecida; e igualdade de gênero.

26. Ministério da Cultura 2010c, p. 3.

rantir aos titulares de direitos autorais o direito de comunicação ao público, tal como definido pelos arts. 8.º do WCT e 10.º do WPPT.[27]

Apesar de o Acordo TRIPS não obrigar,[28] o marco legal brasileiro ainda garante aos titulares de direitos autorais o direito residual de controlar "quaisquer outras modalidades de utilização existentes ou que venham a ser inventadas" (art. 29, X), e o direito de impedir a importação paralela de obras *originais*, licitamente introduzidas no exterior pelos titulares de direitos autorais. Assim, caso um determinado livro publicado no Brasil custe 2X, e o mesmo livro custe 1/2X em Portugal, uma livraria brasileira não poderá importar essa obra de Portugal, a fim de incrementar a concorrência local. E, se o responsável pela livraria tentar burlar a proibição, estará sujeito a sanções civis[29] e criminais[30] e os exemplares importados poderão ser apreendidos e destruídos.

A ampliação substancial do alcance e da duração dos direitos autorais veio acompanhada da restrição do escopo das exceções de acesso ao conhecimento para fins de pesquisa e educação. A LDA não oferece qualquer exceção em benefício de bibliotecas, a fim de viabilizar a conservação de seu acervo para as presentes e futuras gerações. Muito pelo contrário. O dirigente de biblioteca que ordenar a reprodução das obras de seu acervo, em qualquer meio ou formato, sem a autorização dos titulares de direitos pertinentes, estará sujeito a penas restritivas de liberdade de até 4 anos de prisão,[31] ao pagamento de multa, e ao pagamento de indenização aos titulares de direitos prejudicados. No mais, as cópias produzidas com o fito de perpetuar o acervo da instituição poderão ser apreendidas e destruídas.[32]

A lei brasileira tampouco oferece uma exceção que permita o uso de obras protegidas na esfera de programas educacionais à distância *on-line*, ainda que promovidos em benefício de estudantes carentes. O ordenamento jurídico brasileiro sujeita o responsável pela gestão de um curso com esse

27. O art. 29, VII, da LDA dispõe: "Depende de autorização prévia e expressa do autor a utilização da obra, por quaisquer modalidades, tais como: VII – a distribuição para oferta de obras ou produções mediante cabo, fibra ótica, satélite, ondas ou qualquer outro sistema que permita ao usuário realizar a seleção da obra ou produção para percebê-la em um tempo e lugar previamente determinados por quem formula a demanda, e nos casos em que o acesso às obras ou produções se faça por qualquer sistema que importe em pagamento pelo usuário".
28. Art. 6.º do Acordo TRIPS.
29. O art. 102 da LDA assim dispõe: "O titular cuja obra seja fraudulentamente reproduzida, divulgada ou *de qualquer forma utilizada*, poderá requerer a apreensão dos exemplares reproduzidos ou a suspensão da divulgação, sem prejuízo da indenização cabível".
30. Art. 184 § 2.º, do Código Penal (Decreto-lei 2.848/1940).
31. Art. 184, §§ 1.º e 2.º, do Código Penal do Brasil.
32. Art. 103 da LDA.

perfil, que reproduz sem autorização obras literárias protegidas, a uma pena restritiva de liberdade que pode chegar a 4 anos,[33] à uma pena de multa, ao pagamento de indenização aos titulares dos direitos infringidos, e à perda dos computadores e equipamentos utilizados para realizar a infração de direitos autorais (arts. 103, 105 e 106). O caráter desproporcional das sanções penais, aplicáveis aos crimes de violação de direitos autorais, é apreendido com o exame de um tipo penal incluído no art. 38 da Lei de Crimes Ambientais (Lei 9.605/1998), o qual pune com pena de 1 a 3 anos de detenção *ou* de multa, o ato de destruir ou danificar uma floresta considerada de preservação permanente. Isso significa que, no Brasil, o ato de reproduzir, sem autorização, uma obra protegida – inclusive um livro esgotado para fins de pesquisa científica – está sujeito a uma punição mais severa que a aplicável ao ato de destruir uma parcela da floresta Amazônica ou da Mata Atlântica.

Na área da educação, a LDA limita-se a oferecer duas exceções: a exceção de citação (art. 46, III), que, em verdade, é de adoção obrigatória pelos Estados contratantes da Convenção de Berna (10.1); e uma exceção de cópia privada, que autoriza tão somente "a reprodução, em um só exemplar, de *pequenos trechos*, para uso privado do copista, desde que feita por este, sem intuito de lucro" (art. 46, II). Em função da redação ambígua desse dispositivo, há dúvidas sobre quais atividades estão excepcionadas pela LDA, dúvidas estas que permanecem não dirimidas.

Apesar do escopo da exceção de cópia privada ser limitado, sobretudo quando comparada com a exceção oferecida pela Lei de Direitos Autorais de 1973, parece que ela ainda não foi capaz de satisfazer as demandas dos titulares de direitos autorais. Nesse sentido, é digno de nota que, entre 2007 e 2010, o Brasil figurou anualmente na Lista de Vigilância de Propriedade Intelectual do governo dos EUA (Special 301 Watch List), preparada por sua autoridade de comércio (United States Trade Representative), por não combater, "de modo apropriado", a "pirataria de livros".[34] Essa lista de vigilância é preparada anualmente a partir de denúncias realizadas por organizações representativas dos interesses dos titulares de DPIs; ela inclui parceiros comerciais dos EUA que não protegem, em âmbito doméstico, DPIs da maneira como os conglomerados empresariais norte-americanos julgam adequado. Os países incluídos estão sujeitos à aplicação de medidas retaliatórias unilaterais pelo governo dos EUA, como as aplicadas ao Brasil na década de 1980. Àquela época, o Brasil não concedia proteção patentária para produtos químicos, farmacêuticos e alimentícios. Como resultado, os Estados Unidos aplicaram aos produtos de papel e celulose, químicos e eletrônicos importados do Brasil taxas *ad valorem* de 100%.

---

33. Art. 184, § 3.º, do Código Penal do Brasil (Decreto-lei 2.848/1940).
34. Cf. Office of the United States Trade Representative 2007, 2008, 2009 e 2010.

Em sintonia com as demandas dos titulares de direitos autorais, que reivindicam o combate à"pirataria de livros", em maio de 2007, o então deputado federal Bilac Pinto apresentou, perante a Câmara dos Deputados, o Projeto de Lei 1.197/2007 que, se aprovado, proibirá"o funcionamento, nos estabelecimentos de ensino superior, de máquinas fotocopiadoras, ou qualquer outro dispositivo mecânico ou eletrônico com capacidade de reprodução, destinados à reprodução de obras literárias". Em caso de infração dessa proibição, os responsáveis legais pelas instituições de ensino estarão sujeitos a sanções civis e a uma pena de até 4 anos de prisão.[35]

Se o escopo da exceção para cópia privada já não fosse suficientemente prejudicial aos interesses de parcelas marginalizadas da sociedade brasileira, a LDA apresenta um agravante; ela pune civilmente o ato de"alterar, suprimir, modificar ou inutilizar, de qualquer maneira, dispositivos técnicos introduzidos nos exemplares das obras e produções protegidas para evitar ou restringir sua cópia" (art. 107, I), mesmo que o autor da infração tenha assim procedido para fazer uso de alguma das exceções garantidas pela nova LDA. Isso significa que as exceções oferecidas pela LDA podem ser livremente derrogadas pelos titulares de direitos autorais, assim que desenvolverem mecanismos técnicos capazes de impedir o uso não autorizado de suas obras. A sanção civil aplicável para a prática de alterar/suprimir/modificar dispositivos técnicos é tão excessiva, que desestimula qualquer indivíduo a tentar fazer uso de obras protegidas por essas medidas técnicas: o valor *mínimo* a ser pago pelo infrator corresponde ao preço de mercado do número de cópias realizadas sem autorização; quando esse número é desconhecido, caberá ao infrator o pagamento do valor correspondente a 3 mil exemplares da obra (art. 103).

Em síntese, a nova LDA criou um ambiente inóspito para a promoção dos direitos culturais de uma parcela substancial da população brasileira, a qual conta com parcos recursos para investir em sua educação e ilustração. As dificuldades geradas pela LDA são ilustradas pelas restrições geradas pela ambígua exceção de cópia privada (art. 46, II, da LDA).

7.2.1 A ambígua exceção de cópia privada do ordenamento jurídico brasileiro

Conforme já indicado, a exceção de cópia privada da nova LDA autoriza "a reprodução, em um só exemplar, de pequenos trechos, para uso privado do copista, desde que feita por este, sem intuito de lucro" (art. 46, II). Esse dispositivo fixa cinco condições cumulativas que devem ser observadas pelos beneficiários da exceção: (i) o beneficiário apenas pode reproduzir"pequenos trechos" de obras protegidas; (ii) os pequenos trechos devem ser incluídos em um único exemplar; (iii) o material reproduzido deve ser utilizado pri-

35. Cf. Bilac Pinto 2007.

vadamente; (iv) a reprodução deve ser realizada pelo próprio copista; e (v) o copista não deve ter intuito de lucro.

Na falta de um limite inequívoco do quanto de uma obra pode ser reproduzido sob o amparo dessa exceção, é difícil saber quais atividades estão amparadas pela exceção de cópia privada. A respeito do escopo dessa exceção controversa, é interessante reportar o entendimento sustentado pela Associação Brasileira de Direitos Reprográficos (ABDR ou associação) às cinco condições que devem ser cumpridas por qualquer beneficiário da exceção de cópia privada.[36] Passo agora às cinco condições para o exercício da exceção de cópia privada, interpretadas segundo a perspectiva da referida associação.

Condição I: Reprodução de pequenos trechos

A ABDR parece defender que os titulares de direitos autorais, no Brasil, usufruem o direito de controle total de suas obras,[37] podendo impedir, *inter alia*: a reprodução parcial ou total de obras esgotadas por estudantes;[38] a reprodução de uma ilustração ou algumas poucas páginas de uma obra, para fins de ensino em sala de aula;[39] a organização de "pastas de professor";[40] a reprodução de obras protegidas por estudantes carentes.[41] No mesmo sentido é o entendimento do deputado Bilac Pinto, autor projeto de lei que visa a proibir o funcionamento de máquinas fotocopiadoras em universidades. É válido reproduzir alguns trechos da justificativa para a proposição do projeto de lei, que refletem o entendimento do deputado de que a LDA atual já proíbe reprodução de qualquer trecho de uma obra protegida, na ausência de autorização dos titulares de direitos pertinentes: "A proposição que ora apresento à apreciação de meus Pares visa a dar cobro a situação encontrável na maioria dos estabelecimentos de ensino superior do país. Há, nesses locais, máquinas fotocopiadoras, à disposição dos alunos, para que copiem

36. As informações utilizadas neste trabalho pertinentes à interpretação acolhida pela ABDR foram extraídas do *site* da associação (<www.abdr.org.br>, item "perguntas e respostas"); da peça de contestação preparada pelo patrono da associação no âmbito de uma ação civil pública ajuizada pelo Instituto de Direito do Comércio Internacional e Desenvolvimento (IDCID) em face da referida associação, em junho de 2006 (Morato Filho 2007); e do parecer de autoria do Prof. Manoel J. Pereira dos Santos (Pereira dos Santos 2007), utilizado pela ABDR para subsidiar sua contestação no referido processo judicial.
37. Cf. Frasson 2010.
38. Cf. ABDR [2010?], item 21.
39. ABDR [2010?], item 22.
40. ABDR [2010?], item 16.
41. Cf. ABDR [2010?], item 18.

livros inteiros, ou trechos destes, em flagrante oposição ao disposto na Lei de Direitos Autorais".[42]

Segundo o entendimento da ABDR, o art. 46, II, da LDA autoriza a reprodução de pequenos fragmentos de uma obra, desde que *não* encerrem o núcleo da obra. Consequentemente, qualquer trecho que reflita o âmago da obra não poderia ser reproduzido sem a autorização dos titulares de direitos autorais:

> "É importante frisar que pequeno trecho é um fragmento da obra que *não contempla sua substância.*'Pequeno trecho' *não* se refere à extensão da reprodução, mas sim ao conteúdo reproduzido. Assim, qualquer intenção de se associar o'pequeno trecho' a 10% ou 15% da totalidade de uma obra integral é descabida. Isto porque é possível que em 10 ou 15% de reprodução esteja contemplada parte substancial da obra protegida" (grifos nossos).[43]

Se esse entendimento estiver correto, o responsável pela administração de um centro de serviços reprográficos apenas poderia reproduzir um determinado capítulo de uma obra protegida, a pedido de um estudante universitário, após examinar o conteúdo da obra completa e se assegurar que o capítulo não transmite conhecimentos substanciais sobre o núcleo da obra. Como um cidadão do Brasil que apenas fala o português poderia aferir se determinado capítulo de um livro, escrito em língua estrangeira, encerra a substância da obra dentro da qual se insere? Ainda que o exame substantivo prévio fosse viável, qual a relevância, para um estudante, pesquisador ou docente, de reproduzir parcelas irrelevantes de uma obra, em termos de substância?

Alternativamente, a ABDR considera igualmente razoável interpretar a expressão "pequeno trecho" como sinônimo de trecho que compreenda até 3% (três por cento) do total da obra:

> "Assim, fazendo-se uso da analogia, e visando afastar a necessidade de análise pontual do material reproduzido, pode-se adotar como critério definidor de pequeno trecho, o critério utilizado na Lei Federal n. 9.615/98 [Lei Pelé] que trata do uso da imagem de atletas profissionais e estabelece que 3% (três por cento) do tempo total do espetáculo poderá ser utilizado independentemente de qualquer autorização. Nesse sentido, pode-se conceituar pequeno trecho, por analogia, como sendo a parcela da obra que não exceda 3% (três por cento) de sua totalidade".[44]

42. Bilac Pinto 2007.
43. ABDR [2010?], item 5.
44. Cf. Morato Filho 2007, item III.2.3., par. 26.

Condição II: Reprodução em um único exemplar

O beneficiário da exceção apenas poderia solicitar uma única cópia do pequeno trecho de interesse, não tendo, pois, o direito de realizar múltiplas fotocópias e compartilhá-las com terceiros, ainda que sem o fito de lucro. Isso significa que um professor não teria o direito de realizar e distribuir fotocópias de um trecho de uma obra a seus alunos, para utilizá-la em sala de aula, ainda que a escola seja pública e atenda a uma região carente.[45]

Condição III: Uso privado das fotocópias

As fotocópias somente devem ser realizadas para uso pessoal do usuário final, não podendo ser produzidas para fins comerciais – por exemplo, para atender a demanda de terceiro –, ou distribuídas para terceiros – por exemplo, em sala de aula.[46]

Condição IV: Reprodução deve ser realizada pelo copista

A LDA não é clara sobre a identidade de quem pode realizar fotocópias. A Associação parece entender que os beneficiários da exceção têm de realizar pessoalmente suas fotocópias – i.e., o próprio beneficiário teria de manejar pessoalmente a máquina de fotocópia.[47] Esse entendimento reflete a prática corrente nas instituições de pesquisa e universitárias dos países industrializados, onde os próprios alunos e pesquisadores manejam as máquinas de fotocópia. A Associação parece considerar igualmente aceitável o entendimento de que é lícita a fotocópia executada por centros de serviços reprográficos por solicitação *direta* dos beneficiários da exceção, desde que preenchidas as outras quatro condições legais:

> "As condições modernas impedem que o usuário manuseie diretamente os equipamentos reprográficos [...]. Sensível a essas circunstâncias, o Legislador há de ter considerado que a cópia pode ser realizada a pedido do interessado. O importante é que o'copista' e o'usuário' preservem um vínculo de caráter pessoal. Assim sendo, 'copista' deve ser

45. Pereira dos Santos 2007, p. 23.

46. Cf. Morato Filho 2007, item III.2.3, par.21.

47. Idem, ibidem, item III.2.3, par. 30: "[...] as cópias de obras literárias realizadas em Centros de Cópias estabelecidos em *campi* universitários, ou em seu arredores, não são cópias privadas. As cópias efetuadas nesses Centros de Cópias não são realizadas no âmbito privado do copista, e ainda são destinadas à venda, e portanto, proporcionam uma vantagem econômica para o copista (nessa hipótese o copista é aquele que reproduz a obra, que manuseia a máquina de reprografia) [...]. [...] destaque-se que a reprodução de obras realizada por Centros de Cópias representa a cópia feita por terceiro, e assim não se beneficia da isenção legal, estando sujeita não só à prévia e expressa autorização como ao pagamento de direitos autorais"(idem, ibidem, par. 36).

entendido como a pessoa que escolheu o conteúdo que deve ser copiado, de forma a manter coerente o princípio do 'uso privado', ainda que a cópia venha a ser materialmente executada por terceiro a pedido do usuário".[48]

Condição V: Ausência de intuito de lucro

A Associação defende que tanto o usuário final da fotocópia quanto o estabelecimento que a realiza têm deveres a cumprir. Um indivíduo poderá se beneficiar da exceção de cópia privada caso utilize a fotocópia "em um ambiente privado e não tenha qualquer benefício econômico com esse uso".[49] Segundo Pereira dos Santos, no que respeita aos centros de serviços reprográficos, apenas os que agirem de "boa-fé" poderão realizar fotocópias para terceiros.[50] Agiriam fora do espaço autorizado pela exceção de cópia privada, os centros de reprografia que: armazenam fotocópias para facilitar a satisfação da demanda dos estudantes; realizam fotocópias fora dos limites fixados em lei; e os que têm como atividade econômica *primária* a reprodução de obras protegidas sob demanda:

> "Contudo, se quem possui a máquina copiadora tem ciência de que sua atividade contribui para a prática do ilícito, armazena cópias ilícitas para fornecimento ao usuário ou mantém um centro de cópia de obras intelectuais (quando sua atividade preponderante – ainda que não exclusiva – seja a reprodução de obras intelectuais), o proveito auferido será anormal porquanto a atividade ultrapassa o conceito de mera prestação de serviço para representar verdadeira prática de reprografia".[51]

Esse entendimento a respeito do escopo da exceção de cópia privada da LDA de 1998 parece ter como fundamento econômico que a "pirataria" editorial gera prejuízos da ordem de R$ 1 bilhão/ano às casas editoriais. Esse número tem por base o "consumo médio de cópias não autorizadas, realizado anualmente pelos alunos dos cursos superiores". Essa cifra parece presumir que os estudantes que adquirem fotocópias consumiriam livros, na falta da reprografia.[52] Mas possivelmente há muito estudantes, notadamente os que dispõem de uma renda familiar modesta, que, se não puderem extrair fotocópias de determinadas obras, não terão como adquirir os livros exigidos pelas universidades. A cifra indicada possivelmente também ignora que mui-

48. Cf. Pereira dos Santos 2007, p. 22 (apud Morato Filho, item III.2.3., par. 33).
49. Cf. Morato Filho item III.2.3.1, par.2.
50. Cf. Pereira dos Santos 2007, p. 20.
51. Cf. idem, ibidem, p. 20-21.
52. Cf. ABDR [2010?], item 9.

tas obras fotocopiadas estão indisponíveis no mercado brasileiro, seja porque estão esgotadas seja porque são importadas.

Ainda que essa cifra esteja correta, é preciso ter presente as subvenções anuais de centenas de milhões de reais, oferecidas pela sociedade brasileira à indústria editorial. De acordo com um estudo produzido pelo Grupo de Pesquisa em Políticas Públicas para o Acesso à Informação da Universidade de São Paulo (GPOPAI), apenas no ano de 2006 a indústria do livro deixou de recolher aos cofres públicos, em função das imunidades tributárias que a beneficiam, cerca de R$ 978 milhões, cifra que correspondeu a 34% de seu faturamento para aquele ano (R$ 2.880 bilhões).[53] O Estado brasileiro também é responsável por subsidiar intensamente a produção do conteúdo de um número substancial de obras técnico-científicas, mediante: o pagamento dos salários de docentes e pesquisadores, que atuam em regime de dedicação exclusiva em universidades e instituições públicas de pesquisa;[54] o oferecimento de vagas nos programas de pós-graduação de universidades públicas; e a concessão de bolsas de estudo por instituições de fomento à pesquisa.[55] Por fim, o Estado brasileiro contribui com a indústria editorial por meio da canalização de investimentos diretos e indiretos para a manutenção de dezenas de editoras universitárias.[56] Portanto, no contexto brasileiro, não são apenas os *royalties*, pagos pelas editoras aos autores em função da venda de obras técnico-científicas, que impulsionam a produção intelectual brasileira. Assim, ainda que a indústria editorial sofra prejuízos da ordem de R$ 1 bilhão/ano por conta da reprografia não autorizada de obras técnico-científicas, os investimentos diretos e indiretos realizados pelo Estado brasileiro na indústria editorial, em nome e em benefício de seu povo, ultrapassam essa cifra.

53. Cf. Craveiro et al. 2008, p. 21.

54. O Estudo do GPOPAI indicou que até 86% dos livros adotados pelos cursos universitários investigados foram escritos por pesquisadores e docentes que atuam em instituições públicas brasileiras em regime de dedicação exclusiva (idem, ibidem, p. 28-29).

55. Muitas das obras técnico-científicas publicadas pelas editoras brasileiras são fruto de pesquisas conduzidas no âmbito de programas de Pós-Graduação de universidades públicas e financiadas por bolsas de estudos, concedidas por agências governamentais de fomento científico. O estudo do GPOPAI calculou que, em média, um estudante de Doutorado, matriculado em uma universidade pública e financiado por uma bolsa de estudos da Fundação de Amparo à Pesquisa do Estado de São Paulo (FAPESP), custa aos cofres públicos cerca de R$ 155.344,00. Já a publicação do fruto desses investimentos (a tese) envolve, por parte de editoras, investimentos da ordem de R$ 17.100,00. Portanto, na produção de um livro técnico-científico, resultante de um doutorado, os investimentos públicos são nove vezes superiores aos realizados pelas editoras (idem, ibidem, p. 32).

56. Idem, ibidem, p. 41-42.

As dificuldades criadas, na ausência de uma exceção de cópia privada funcional, não são retóricas. No estudo já referido, o GPOPAI investigou o impacto no acesso a materiais educacionais pelos estudantes matriculados em dez cursos da USP, na hipótese de a reprografia ser banida. Com base nos custos de aquisição da bibliografia obrigatória para o primeiro ano de dez cursos de graduação e na renda dos estudantes matriculados nesses cursos, o Grupo concluiu que "em *todos* os cursos, para mais de 3/4 dos estudantes, os custos anuais para a compra de livros está muito próximo da totalidade da renda familiar mensal ou mesmo a ultrapassa".[57] E, mesmo que os estudantes desses cursos contem com recursos econômicos suficientes para adquirir todas as obras de leitura obrigatória, cerca de 30% das obras indicadas estão esgotadas.[58]

É igualmente possível que a restritiva exceção de cópia privada produza efeitos deletérios sobre os programas governamentais de democratização do acesso ao ensino superior, como o Programa de Bolsas Universidade Para Todos (ProUni)[59] e o sistema de quotas sociais. Se um número crescente de estudantes depender das obras disponíveis em bibliotecas para concluir seus cursos, é possível que novos problemas surjam, pois as bibliotecas geralmente são incapazes de satisfazer à demanda.[60]

7.2.2 A resposta da sociedade e do governo do Brasil às dificuldades criadas pela exceção de cópia privada

Em face da ambiguidade da exceção de cópia privada prevista na LDA, algumas universidades do Brasil aprovaram resoluções internas, endereçadas aos seus diretórios acadêmicos e centros de serviços reprográficos, com o fito de indicar em que medida obras protegidas poderão ser reproduzidas, independentemente da autorização dos titulares de direitos autorais. Em 2005, a Universidade de São Paulo (USP), por meio da Resolução 5.213, de 2 de junho de 2005, autorizou, no âmbito de suas bibliotecas e órgãos, a extração de cópias de "capítulos de livros e artigos de periódicos ou revistas científicas" (art. 2.º) e a extração de cópia *integral* de obras "esgotadas sem republicação há mais de 10 anos", de obras "estrangeiras indisponíveis no mercado nacional", de obras em "domínio público" e de obras "nas quais conste expressa autorização para reprodução" (art. 3.º). A Resolução da USP ainda autoriza seus docentes a reproduzir material "destinado estritamente ao ministério de disciplina constante do programa da universidade, [...] para os

57. Craveiro et al. 2008, p. 35.

58. Idem, ibidem.

59. O ProUni é um programa de bolsas de estudo para estudantes carentes, oriundos fundamentalmente do ensino público e cuja renda familiar per capita não ultrapasse um salário mínimo e meio.

60. Cf. Craveiro et al. 2008, p. 35.

alunos regularmente inscritos" (art. 4.º).[61] Ainda em 2005, a Fundação Getulio Vargas (FGV), por meio da Portaria 55/2005, adotou resolução interna que teve como paradigma a resolução da reitoria da USP.[62] Por fim, também em 2005, a Pontifícia Universidade Católica de São Paulo, após um breve período de banimento total das atividades de reprografia,[63] expediu resolução que autoriza a reprodução de até 10% de obras protegidas, independentemente do pagamento de qualquer remuneração.

Apesar da resolução da USP, possivelmente, preencher as exigências fixadas pelo teste dos três passos da Convenção de Berna (art. 9.2), ela atraiu críticas dos titulares de direitos autorais. Em 2010, a International Intellectual Property Alliance (IIPA) apresentou à autoridade de comércio dos EUA (USTR) um relatório em que recomenda que o Brasil seja mantido na Lista de Vigilância de Propriedade Intelectual do governo norte-americano (Special 301 Watch List), em virtude, *inter alia*, da Resolução 5.213 da reitoria da USP. Segundo a IIPA, a resolução da USP é prejudicial aos interesses dos titulares de direitos autorais por liberar a reprodução de obras protegidas e também por servir de modelo para outras instituições educacionais brasileiras.[64] É de se notar que o relatório da IIPA, ao expressar preocupação com o fato de obras serem reproduzidas sem o pagamento de uma remuneração, não mencionou que as editoras que operam no Brasil não adotam a prática de conceder licenças reprográficas, o que inviabiliza o funcionamento de centros reprográficos, mesmo os que estejam abertos a pagar uma remuneração aos titulares de direitos autorais.[65] Aliás, é por conta dessas licenças que estudantes e pesquisadores de diversos países industrializados podem fotocopiar os materiais técnicos que julgarem necessários, sem burocracia.

Agremiações estudantis e organizações da sociedade civil igualmente se mobilizaram para propor uma visão alternativa a respeito do escopo da exceção de cópia privada. Em fevereiro de 2006, estudantes de instituições universitárias do Rio de Janeiro e de São Paulo lançaram um manifesto intitulado "Copiar Livro é Direito!". Nesse manifesto, os signatários expressaram descontentamento com interpretações restritivas para a exceção de cópia privada da LDA, que produzem o efeito de limitar o direito de extrair cópias de obras

61. Cf. Universidade de São Paulo 2005.
62. Cf. Magrani 2006.
63. Em 2004, o então reitor da PUC-SP expediu o Ato 25/2004, o qual foi reiterado pelo Ato 02/2005, de 23 de fevereiro de 2005, por meio do qual baniu, nas dependências da universidade, a extração de cópias de obras protegidas, inclusive de pequenos trechos (Hiche et al. 2005, p. 1).
64. Cf. IIPA 2010, p. 2 (O relatório recomenda o seguinte: "Have the State of São Paulo University (USP) reverse its harmful administrative rule which allows widespread reprographic copying of portions of books by commercial, for-profit copy centers, and institute guidance for other universities that have followed in USP's footsteps").
65. Lemos et al. 2008, p. 90.

protegidas. Ademais, os signatários do manifesto defenderam a reforma da LDA, com vistas a reconciliar, de modo inequívoco, os direitos à educação e à liberdade de expressão com o direito legítimo dos titulares de direitos autorais receberem pelo uso de suas obras.[66]

Em sintonia com o movimento "Copiar Livro é Direito", em junho de 2006, o Instituto de Direito do Comércio Internacional e Desenvolvimento (IDCID ou Instituto), organização privada sem fins lucrativos, ajuizou uma Ação Civil Pública em face da ABDR, perante a Justiça Estadual de São Paulo.[67] Dentre os objetos da ACP, o mais importante era a condenação da ABDR a se abster de adotar qualquer medida, em território brasileiro, voltada a "coibir populações carentes brasileiras, que não tenham meios materiais para a aquisição de livros, artigos, jornais, revistas e obras protegidas em geral, de poderem reproduzir tais obras, integralmente, uma vez que tais populações estão fora do mercado, razão pela qual essas reproduções não afetam a exploração normal das obras pelos respectivos autores".[68]

Esse pedido inspirou-se na decisão da Suprema Corte da Holanda no caso *Dior v. Evora,* a qual reconheceu que as Cortes podem conceber e aplicar novas exceções aos direitos autorais, além daquelas expressamente previstas no texto legal, desde que elas reflitam o mesmo tipo de balanceamento de interesses conflitantes, condensado no texto das exceções explicitamente previstas.[69] Em sintonia com esse julgado, o Instituto argumentou que o regime brasileiro de direitos autorais compreende exceções *intrínsecas* e *extrínsecas* aos direitos autorais. As primeiras estão previstas explicitamente no corpo da própria Lei de Direitos Autorais, enquanto as últimas decorrem de outras normas do ordenamento jurídico brasileiro, notadamente das normas constitucionais que garantem o direito à educação[70] e o direito de acesso à informação e ao conhecimento,[71] do princípio da função social da propriedade e[72] do princípio da repressão do abuso de direito.[73] É interessante notar que

66. Cf. Manifesto Copiar Livro é Direito! 2006.

67. Processo 583.00.2006.158832, 5.ª Vara Cível da Comarca de São Paulo, Poder Judiciário do Estado de São Paulo.

68. Cf. Rodrigues Jr. e Carboni 2006, p. 48.

69. Hoge Raad, 10 de novembro de 1995, IER 1995, 41 (Hugenholtz 1996, p. 17-18).

70. Art. 205 da Constituição Federal.

71. O art. 5.°, XIV, da Constituição Federal assegura o direito de acesso à informação. No mesmo sentido, o art. 215, *caput*, também da Constituição, dispõe: "o Estado garantirá a *todos* o pleno exercício dos direitos culturais e acesso às fontes da cultura nacional, e apoiará e incentivará a valorização e a difusão das manifestações culturais".

72. Os arts. 5.°, XXIII, e 170, III, da Constituição brasileira determinam que a propriedade privada deve servir a uma função social. No mesmo sentido dispõe o art. 1.228, § 1.°, do Código Civil.

73. O art. 187 do Código Civil consagra o princípio da repressão do abuso de direito no ordenamento jurídico brasileiro: "Também comete ato ilícito o titular de um direito

o entendimento da Suprema Corte holandesa é atualmente acolhido pelo Superior Tribunal de Justiça (REsp 964404).

Com vistas a confirmar a legalidade do segundo pedido, a associação autora sustentou que o direito de extrair fotocópias integrais de obras protegidas em favor dos setores marginalizados da população brasileira não fere o teste dos três passos da Convenção de Berna (art. 9.2). Isso porque as atividades excepcionadas promovem um interesse público premente (os direitos culturais de amplas parcelas da população local) e não conflitam com a exploração normal das obras utilizadas, já que as populações carentes não integram o mercado consumidor de livros. Por conseguinte, os prejuízos econômicos impingidos aos titulares de direitos autorais são, no pior dos cenários, diminutos e, portanto, justificados em face dos benefícios sociais produzidos.

O referido processo foi encerrado sem julgamento do mérito, por conta de questões processuais (o IDCID foi considerado parte ilegítima para figurar no polo ativo da ação civil pública, pois seu estatuto não incluía como missão a defesa dos interesses dos consumidores).

Na esfera governamental, após uma década de problemas originados pela LDA de 1998, durante a gestão Lula o governo brasileiro reconheceu publicamente que essa lei está "em total desacordo para com a realidade socioeconômica e cultural brasileira e [é] considerada pelos especialistas brasileiros e estrangeiros como uma das mais restritivas do mundo".[74] Com o propósito de evitar que o acesso a obras protegidas pelos setores mais humildes do povo brasileiro se torne uma espécie de "felicidade clandestina",[75] o Governo Federal decidiu agir. O Ministério da Cultura do Brasil lançou, em 2007, o Fórum Nacional de Direito Autoral, o qual promoveu oito seminários e dezenas de reuniões em todo o Brasil, das quais participaram representantes das empresas dependentes de direitos autorais, autores e artistas, associações representativas de usuários e consumidores. O objetivo central dessas reuniões e seminários foi identificar os problemas reais criados pela LDA e angariar sugestões sobre como resolvê-los ou mitigá-los.

O principal produto resultante do processo de consultas e discussões públicas é uma proposta de projeto de lei, elaborada pelo Ministério da Cultura, publicada em 15 de junho de 2010 para consulta pública. O projeto de lei não visa apenas a "assegurar efetivo estímulo e proteção aos autores e às suas criações", mas, sobretudo, "promover o equilíbrio de direitos entre todos envolvidos; ampliar e democratizar o acesso da população aos bens e

que, ao exercê-lo, excede manifestamente os limites impostos pelo seu fim econômico ou social, pela boa-fé ou pelos bons costumes".

74. Cf. Ministério da Cultura 2010b.

75. Clarice Lispector, no conto "Felicidade Clandestina," narra as humilhações a que se submeteu, em sua infância humilde no Recife, em nome da satisfação de seu desejo de ler certa obra de Monteiro Lobato.

serviços culturais; sintonizar a legislação com os novos paradigmas estabelecidos pelo ambiente digital; e viabilizar a atuação do Estado na formulação de políticas públicas de promoção, supervisão, regulação e defesa dos interesses da sociedade e do País no âmbito interno e nos fóruns internacionais".[76] Por conta da abrangência de seus objetivos, há pressões para que o projeto seja substancialmente reformulado e passe a apresentar um viés menos favorável ao direito de acesso ao conhecimento.[77]

Nos termos do projeto de reforma originalmente preparado pelo Ministério da Cultura, dentre as alterações propostas, as que interessam ao presente estudo referem-se ao estabelecimento de novas exceções aos direitos autorais, dirigidas a fomentar acesso ao conhecimento para fins educativos. Nos termos do projeto de lei, a nova versão do art. 46 da LDA excepcionará, *inter alia*, as atividades a seguir indicadas, independentemente do pagamento de qualquer remuneração aos titulares de direitos autorais:[78]

> "IX – a reprodução, a distribuição, a comunicação e a colocação à disposição do público de obras para uso exclusivo de pessoas portadoras de deficiência, sempre que a deficiência implicar, para o gozo da obra por aquelas pessoas, necessidade de utilização mediante qualquer processo específico ou ainda de alguma adaptação da obra protegida, e desde que não haja fim comercial na reprodução ou adaptação; [...]
>
> XIII – a reprodução necessária à conservação, preservação e arquivamento de qualquer obra, sem finalidade comercial, desde que realizada por bibliotecas, arquivos, centros de documentação, museus, cinematecas e demais instituições museológicas, na medida justificada para atender aos seus fins; [...]
>
> XVII – a reprodução, sem finalidade comercial, de obra literária, fonograma ou obra audiovisual, cuja última publicação não estiver mais disponível para venda, pelo responsável por sua exploração econômica, em quantidade suficiente para atender à demanda de mercado, bem como não tenha uma publicação mais recente disponível e, tampouco, não exista estoque disponível da obra ou fonograma para venda; [...]
>
> Parágrafo único. Além dos casos previstos expressamente neste artigo, também não constitui ofensa aos direitos autorais a reprodução, distribuição e comunicação ao público de obras protegidas, dispensando-se, inclusive, a prévia e expressa autorização do titular e a necessidade de remuneração por parte de quem as utiliza, quando essa utilização for:
>
> I – para fins educacionais, didáticos, informativos, de pesquisa ou para uso como recurso criativo; e

76. Cf. Ministério da Cultura 2010a.
77. Cf. Dias e Cabral 2011.
78. Ministério da Cultura 2010b.

II – feita na medida justificada para o fim a se atingir, sem prejudicar a exploração normal da obra utilizada e nem causar prejuízo injustificado aos legítimos interesses dos autores".[79]

Sob a ótica do imperativo de ampliar o acesso a materiais educacionais, as exceções mais significativas são as insculpidas no inciso XVII e no parágrafo único. A primeira autoriza a reprodução integral de obras esgotadas. A segunda autoriza a reprodução de obras protegidas para fins educacionais – e.g.: reprodução de material de apoio por professores para distribuir em aula a seus alunos; utilização de material no âmbito de cursos de ensino à distância, inclusive *on-line*; reprodução de obras protegidas para fins de pesquisa científica. Esta última exceção incorpora o teste dos três passos da Convenção de Berna. Se os tribunais brasileiros interpretarem os termos desse dispositivo em harmonia com a interpretação proposta em *US – Section 110(5) Copyright Act*. Nessa hipótese, o rol de atividades excepcionadas será insignificante. Mas se os tribunais interpretarem os termos dessa cláusula geral de conformidade com a interpretação construída nesse estudo, haverá uma ampliação substancial do leque de atividades excepcionadas. *A priori*, não será possível prever qual linha interpretativa será adotada pelos tribunais; consequentemente, não é possível antever as atividades que estão, de fato, amparadas pela exceção proposta. De qualquer forma, a ideia de incluir uma cláusula de salvaguarda – que atuará sempre que as exceções expressas aos direitos autorais não forem aplicáveis – está em harmonia com o acordo TRIPS e com as obrigações de direitos humanos contraídas pelo Brasil.

Com relação à reprografia, a extração de fotocópias de obras protegidas em centros de reprografia *que tenham finalidade de lucro* estará sujeita ao pagamento de uma remuneração aos titulares de direitos autorais.[80] A proposta do Ministério da Cultura não deixou claro se a reprografia de obras protegidas em estabelecimentos públicos e em outras instituições sem fins lucrativos, para uso de seus estudantes, pesquisadores e docentes, estaria sujeita ao pagamento de alguma remuneração aos titulares de direitos autorais.[81] Nesse ponto, a proposta do Ministério da Cultura reafirma o direito de exclusividade dos titulares de direitos de autorais, já que os centros de reprografia apenas

79. Ministério da Cultura 2010c.

80. Cf. Ministério da Cultura 2010b.

81. O *caput* do art. 88-A proposto dispõe: "A reprodução total ou parcial, de obras literárias, artísticas e científicas, realizada por meio de fotocopiadora ou processos assemelhados com *finalidade comercial ou intuito de lucro*, deve observar as seguintes disposições". A princípio, parece que a realização de fotocópias de obras protegidas, em instituições públicas de ensino, que cobram dos seus alunos e pesquisadores uma taxa como forma de compensar os gastos com papel, tinta e manutenção da máquina reprográfica, não dependeria do pagamento de qualquer remuneração aos titulares de direitos autorais. Mas, na dúvida, também é possível adotar uma interpretação pró-titulares de direitos autorais.

estarão autorizados a extrair fotocópias das obras para as quais contam com uma "autorização prévia dos autores ou titulares das obras protegidas ou da associação de gestão coletiva que os representem". Por conseguinte, os titulares de direitos não estarão obrigados a conceder licenças reprográficas. Caso um titular de direitos autorais se recuse a conceder uma licença reprográfica voluntária em termos razoáveis a um centro de serviços reprográficos, este poderá peticionar ao Presidente da República a concessão de uma licença não voluntária.[82] Tendo como parâmetro a experiência brasileira na área de patentes, marcada pela subutilização do mecanismo de licença compulsória,[83] é pouco provável que esse mecanismo seja hábil a reprimir, com eficiência, os excessos eventualmente praticados pelos titulares de direitos autorais.

Em síntese, as emendas propostas pelo projeto do Ministério da Cultura, voltadas a tutelar o direito de acesso ao conhecimento, ainda demandam ajustes para que possam, de fato, garantir acesso mais amplo ao conhecimento.

7.3 A exceção de ensino para estudantes e pesquisadores carentes

Um número substancial de indivíduos vive em condições precárias nos países em desenvolvimento, inclusive no Brasil, mas nem por isso deixa de almejar um futuro melhor. Não há dúvida de que cabe à educação o papel de libertar essas populações do cativeiro da miséria. Mas para que isso aconteça, é preciso que os Estados promovam, entre outras coisas, políticas de amplo acesso a materiais educacionais.

Para colocar em teste a capacidade do art. 9(2) da Convenção de Berna de dar guarida a interesses públicos superiores do Brasil, propõe-se uma exceção de acesso a materiais educacionais para estudantes carentes. Essa exceção vem ao encontro da demanda antiga dos países em desenvolvimento de facilitar o acesso a obras técnico-científicas às populações desses países. O tempo passou e essa demanda permanece não atendida, com o agravante de que as populações dos países em desenvolvimento são as que mais crescem demograficamente, sem que o crescimento populacional seja acompanhado por real desenvolvimento social.

A exceção proposta autoriza a reprodução não onerosa de obras de caráter educacional (e.g., livros técnico-científicos, artigos científicos, estudos de casos, gravuras e tabelas), publicadas em qualquer meio e em qualquer idioma, desde que sem intuito de lucro. A exceção foi concebida para beneficiar exclusivamente os estudantes e pesquisadores carentes, bem como insti-

82. Art. 52-B, IV, Ministério da Cultura 2010c.

83. Desde a aprovação da Lei 9.279/1996, o Governo brasileiro concedeu apenas uma licença compulsória de patente: para a produção do medicamento Efavirenz, de titularidade da Merck.

tuições públicas e privadas que atendem a esse público, mediante a oferta de programas de educação ou capacitação, em qualquer nível. Isso implica que as cópias produzidas não poderão ser comercializadas, tampouco distribuídas para estudantes e pesquisadores que não se qualifiquem como carentes. A única obrigação que recai sobre os beneficiários da exceção é mencionar, em todas as formas de utilização, o nome do autor, se ele figurar na fonte. Sete são as atividades excepcionadas:

a) extração de cópias, por estudantes ou pesquisadores carentes, de qualquer obra literária ou artística não esgotada,[84] para fins exclusivamente privados não comerciais, inclusive educacionais. Esta alínea não autoriza a extração de cópias integrais de obras protegidas, mas tão somente de capítulos de livros, artigos e trechos de obras;
b) extração de cópia integral de obras esgotadas ou indisponíveis localmente (e.g., obras importadas) diretamente por estudantes ou por pesquisadores carentes, para fins privados não comerciais, inclusive educacionais, ou por bibliotecas que sirvam a esse público;
c) extração de cópias de capítulos de obras, artigos ou trechos de quaisquer obras por instituições educacionais, para sua posterior distribuição a seus estudantes carentes, desde que as cópias extraídas sejam empregadas como material de apoio aos cursos ministrados, e haja inscrição no material de que a sua distribuição comercial é proibida. Está amparada pela exceção a organização de antologias por instituições educacionais e sua distribuição aos alunos carentes dessas instituições, desde que a distribuição seja gratuita;
d) reprodução de obras em novos formatos por instituições de ensino e pelos próprios estudantes/pesquisadores, para o atendimento das necessidades educacionais e culturais dos portadores de alguma deficiência de natureza física, intelectual ou sensorial;[85]

84. Obra não esgotada, nos termos do art. 3(3) da Convenção de Berna, é aquela à disposição do público local em quantidade suficiente para satisfazer-lhe as necessidades.

85. Nos termos do art. 1.º da Convenção sobre os Direitos das Pessoas com Deficiência: "Pessoas com deficiência são aquelas que têm impedimentos de natureza física, intelectual ou sensorial, os quais, em interação com diversas barreiras, podem obstruir sua participação plena e efetiva na sociedade com as demais pessoas". Logo, o termo "pessoas com deficiência" inclui não apenas os deficientes visuais, mas os portadores de diversos tipos de deficiências, as quais impõem a necessidade de mudança do formato original das obras, a fim de torná-las acessíveis. Esse aspecto da exceção proposta está relacionado com o dever assumido pelo Brasil, na condição de Parte Contratante da referida Convenção, de adotar medidas dirigidas a garantir tratamento igualitário aos portadores de deficiências. Na área educacional e cultural, isso implica o dever do Estado de viabilizar o acesso a materiais educacionais em geral por esses indivíduos (ver art. 5.º da Convenção).

e) reprodução de obras protegidas, em cursos à distância por correspondência ou *on-line*, por instituições educacionais, sejam elas públicas ou privadas, desde que os cursos sejam dirigidos a estudantes carentes. A exceção ampara a reprodução tão somente de trechos ou capítulos de livros, artigos (inclusive artigos científicos) e antologias compostas por obras diversas. A exceção autoriza: a disponibilização de obras em ambiente virtual; sua transmissão em redes virtuais; sua recepção (visualização) e impressão pelos estudantes. As instituições de ensino beneficiadas apenas estariam autorizadas a exercitar a exceção na esfera da Internet, caso adotassem medidas tecnológicas eficientes, capazes de impedir ou reduzir substancialmente as chances de que as obras disponibilizadas *on-line* venham a ser disseminadas de modo descontrolado;[86]
f) tradução de obras protegidas, na medida estritamente necessária para fazer uso das prerrogativas garantidas pelas alíneas (c) (d) e (e) supra;
g) os beneficiários da exceção estão autorizados a burlar medidas tecnológicas empregadas pelos titulares de direitos autorais para restringir o acesso e a reprodução não autorizada de suas obras, na medida necessária para realizar as atividades indicadas nos itens (a) a (f) supra.[87]

Definir "estudantes e pesquisadores carentes" é a maior dificuldade para se operacionalizar a exceção proposta. A dificuldade reside na falta de um critério universal para determinar qual o conjunto de condições de vida que caracteriza o estado de pobreza. Poder-se-ia pensar no Índice de Desenvolvimento Humano da Organização das Nações Unidas (ONU), mas este não parece suficientemente preciso para refletir a realidade: e.g., o Brasil, em 2009, ocupou a 75.ª colocação no IDH. Tal posição é suficiente para caracterizá-lo como um país de alto desenvolvimento humano. Contudo, esse mesmo país alberga diversas regiões pobres, entre as quais posso mencionar o Sertão Nordestino. Não há dúvida de que essa região apresenta o

86. Elemento baseado em Xalabarder 2003, p. 166.

87. Esse elemento incorpora uma recomendação apresentada pela organização Consumers International (2010, p. 9). Embora a análise do WCT esteja fora do escopo deste trabalho, pois seus dispositivos não integram o Acordo TRIPS, não é sábio ignorá-lo, pois ele já conta com 88 Partes Contratantes (julho de 2010). O art. 11 do WCT exige que suas Partes Contratantes proporcionem proteção jurídica contra a supressão de medidas tecnológicas utilizadas pelos titulares de direitos autorais para impedir o uso de suas obras, desde que essas medidas sejam seletivas, ou seja, desde que não impeçam o exercício das exceções aos direitos autorais. Se a medida técnica impedir o exercício das exceções garantidas em lei, terceiros poderão contorná-la para fazerem valer seus direitos.

IDH dos países com o mais baixo IDH do mundo. O ideal, então, é delegar a cada Estado a competência para fixar os critérios de identificação dos beneficiários da exceção, a saber, aqueles indivíduos que, de fato, não têm os meios para adquirir obras literárias e artísticas, sem comprometer seu direito a um nível adequado de vida, o qual inclui os direitos a alimentação, vestimenta e moradia adequadas.[88]

Em países que, como o Brasil, já alcançaram certo nível de desenvolvimento socioeconômico, mas que ainda conservam regiões miseráveis, a exceção aqui proposta beneficiaria a integralidade da população dessas localidades, já que o número de pessoas prósperas nessas regiões que possam se valer injustamente da exceção é insignificante. Ou seja, nessas localidades os indivíduos e instituições educacionais teriam a liberdade de recorrer à exceção, independentemente de qualquer controle estatal da identidade e das condições socioeconômicas dos beneficiários da exceção. O exercício da exceção proposta em regiões depauperadas, contudo, nem sempre é simples, pois ainda hoje há muitas regiões nos países em desenvolvimento que não são servidas por redes de energia elétrica. Nessas circunstâncias, a exceção proposta assegura aos professores e a instituições de ensino o direito de encomendar as cópias reprográficas requisitadas a instituições ou centros de serviços reprográficos localizados em outras regiões, desde que apresentem alguma declaração formal – expedida, por exemplo, pela Secretaria de Educação da localidade – que ateste que aquele professor ou instituição atua em determinada região e que o material beneficiará exclusivamente estudantes carentes.

Para cidades mistas – i.e., aquelas que apresentam regiões prósperas e regiões miseráveis –, é indispensável a adoção de mecanismos de controle mais rigoroso. Apenas seriam beneficiados pela exceção estudantes e pesquisadores comprovadamente carentes, matriculados em programas educacionais, oficiais ou não, oferecidos por instituições públicas ou privadas. No caso das instituições privadas, apenas seriam beneficiados os estudantes e pesquisadores contemplados com bolsas de estudos. Caberia às instituições responsáveis pelos programas de ensino exigir de seus estudantes e pesquisadores a comprovação de sua situação econômica precária ou humilde, por exemplo mediante a apresentação da declaração de imposto de renda individual ou familiar.[89] Os estudantes que comprovassem sua condição de pobreza seriam contemplados com um documento, de caráter pessoal e intransferível, que os autorizaria a extrair fotocópias na instituição a que se vinculam, bem como em outros centros de serviços reprográficos. Os centros de serviços reprográ-

88. Ver art. 11(1) do PIDESC.

89. O critério de pobreza poderia ser definido seguindo o mesmo critério adotado pelo programa ProUni do Governo Federal do Brasil, o qual concede bolsas de estudo a estudantes pobres cuja renda familiar per capita mensal seja de até um salário mínimo e meio (art. 1.°, § 1.°, da Medida Provisória 213, de 10 de setembro de 2004).

ficos teriam a obrigação de fixar duas taxas diferentes para seus serviços: uma taxa a ser paga pelos não beneficiários da exceção, a qual serve para cobrir os custos da impressão e a remuneração dos titulares de direitos autorais; e uma taxa a ser paga pelos beneficiários da exceção, a qual cobre apenas os custos dos serviços de impressão.

Vale assinalar que todas essas medidas indicadas são apenas sugestões. O que realmente importa é a existência de algum controle que impeça que terceiros detentores de capacidade financeira para usufruir de obras protegidas venham a se beneficiar da exceção. Existem diversas maneiras de fazer isso; apenas indiquei algumas que poderiam ser colocadas em prática.

Conforme já indicado na introdução, defendo neste trabalho a tese de que as todas as cláusulas gerais de exceção do Acordo TRIPS são diretamente aplicáveis pelos órgãos do Judiciário e pela autoridade antitruste brasileira para solucionar litígios privados. Dito isto, é possível considerar que a exceção de ensino é uma exceção não escrita, em pleno vigor no ordenamento jurídico brasileiro, *na medida* em que instituições educacionais e centros reprográficos adotem alguma medida eficaz interna impeditiva do mau uso da exceção por terceiros de má-fé.

7.3.1 *Avaliação da legalidade da exceção para fins educacionais*

7.3.1.1 Aferição do caráter especial da exceção

A princípio, parece que a exceção de ensino investigada afeta o direito de comunicação ao público, previsto no art. 8.º do WCT, segundo o qual "los autores de obras literarias y artísticas gozarán del derecho exclusivo de autorizar cualquier comunicación al público de sus obras por medios alámbricos o inalámbricos, comprendida la puesta a disposición del público de sus obras, de tal forma que los miembros del público puedan acceder a estas obras desde el lugar y en el momento que cada uno de ellos elija". Sem embargo, o direito de comunicação ao público não é garantido pela Convenção de Berna nem pelo TRIPS nesses termos. Assim sendo, a exceção proposta afeta exclusivamente o direito exclusivo de reprodução, garantido pelo art. 9(1) da Convenção de Berna, segundo o qual "os autores de obras literárias e artísticas protegidas pela presente Convenção gozam do direito exclusivo de autorizar a reprodução destas obras, de qualquer modo ou sob qualquer forma que seja". A legalidade desta exceção é controlada exclusivamente pelo art. 9(2) da Convenção de Berna; caso ela se restringisse a autorizar terceiros a reproduzir obras literárias e artísticas para a "*ilustração* do ensino em publicações, emissões radiofônicas ou gravações sonoras ou visuais",[90] caberia ao

90. O verbo "ilustrar" é definido pelo *Compact Oxford English Dictionary* (2009) de três maneiras distintas: "provide (a book, newspaper, etc.) with pictures"; "explain or make (something) clear by using examples, charts, pictures, etc."; "serve as an example of".

artigo 10(2) da Convenção de Berna, em associação com o art. 13 do Acordo TRIPS, avaliar sua legalidade.

A exceção proposta passará pelo crivo do primeiro passo do teste do art. 9(2) se cumprir, cumulativamente, quatro condições: (1) tiver sido concebida para fomentar algum dos objetivos de natureza pública autorizados pelo art. 8.º do Acordo TRIPS; (2) ser um meio adequado para promover a realização do objetivo que motivou sua adoção; (3) ser o meio menos restritivo do direito de exclusividade cerceado, dentre os razoavelmente à disposição do Estado proponente; (4) respeitar os obrigações mínimas fixadas pelo TRIPS: a exceção não deve impedir a proteção de qualquer categoria de obras que devem ser passíveis de receber proteção legal no território dos Membros da OMC; ela deve respeitar as cláusulas de tratamento nacional e da nação mais favorecida; ela não deve afetar o termo de proteção dos direitos autorais; e, caso a exceção afete especificamente o direito de reprodução, deverá respeitar o espaço ocupado pelo sistema de licenciamento compulsório regulado pelo apêndice da Convenção de Berna. Será avaliada, a seguir, se a exceção proposta cumpre todas essas exigências.

A exceção investigada cumpre a primeira condição, pois foi projetada para promover, no maior grau possível, os direitos à educação, a participar da vida cultural e à liberdade de expressão científica e criativa de estudantes e pesquisadores de baixa renda baseados em países em desenvolvimento, inclusive dos portadores de deficiências físicas. O fim último da exceção investigada é eliminar ou, pelo menos, diminuir o abismo cultural que separa as classes mais privilegiadas das marginalizadas. A exceção examinada promove, pois, interesses públicos de importância vital para o desenvolvimento socioeconômico e tecnológico dos países da retaguarda.

A exceção de ensino apresentada também cumpre a segunda exigência, pois a redução substancial dos custos de aquisição de materiais educacionais por instituições de ensino, estudantes e pesquisadores desprivilegiados é um meio adequado para efetivar os interesses sociais e individuais perseguidos por ela, pois amplia o acesso a obras que, na ausência da exceção investigada, seriam acessíveis exclusivamente pelos setores mais prósperos dos países em desenvolvimento. Corroborando o entendimento aqui defendido sobre a adequação entre a medida proposta e os fins perseguidos, os Estados contratantes do PIDESC reconhecem que, para efetivar o direito de *todos* à educação, eles devem *melhorar continuamente as condições materiais* do corpo docente (art. 13.2). Os Estados Partes do mesmo tratado igualmente reconhecem que o pleno exercício do direito a participar da vida cultural depende da adoção de medidas "necessárias à conservação, ao desenvolvimento e à difusão da ciência e da cultura" e de medidas promotoras da "liberdade indispensável à pesquisa científica e à atividade criadora" (art. 15, parágrafos 2.º e 3.º). O PIDCP, por sua vez, sublinha que o direto à liberdade de expressão inclui "a liberdade de *procurar, receber* e difundir informações e ideias de qualquer natureza", inclusive de natureza artística, literária e científica (art. 19.2). Os dispositivos indicados confirmam que a realização dos direitos à educação, à participação na vida cultural e à liberdade de expressão passa, necessariamente, pela ampliação do acesso a materiais educacionais e de pesquisa por estudantes, pesquisadores e pelas instituições de ensino que os servem.

A exceção investigada cumpre a terceira exigência, pois é o meio menos gravoso do direito de reprodução conferido aos titulares de direitos autorais afetados, dentre as alternativas razoavelmente à disposição dos países em desenvolvimento capazes de promover, na mesma medida, os mesmos interesses individuais e sociais. A princípio, uma alternativa plausível à exceção proposta, igualmente hábil a ampliar o acesso a obras protegidas para fins educacionais e científicos, seria conferir a uma agência governamental a competência de receber solicitações de concessão de licenças compulsórias individuais e de concedê-las a estudantes carentes e às instituições que os servem. As licenças, uma vez concedidas, autorizariam o requerente a reproduzir parcelas ou a integralidade de obras protegidas, dependendo das circunstâncias, independentemente do pagamento de qualquer remuneração. Essa medida parece ser um meio mais eficaz de prevenção de fraudes, pois haveria maior controle estatal sobre quem poderá reproduzir, sem autorização, obras protegidas. Contudo, o mecanismo indicado, em verdade, não caracteriza uma alternativa à exceção de ensino proposta. Isso porque a obtenção de uma licença compulsória depende da instauração de um procedimento burocrático que pode consumir tempo demais até ser concluído, especialmente quando se tem presente que o número potencial de beneficiários da exceção é muito grande em países em desenvolvimento; sem mencionar os custos econômicos associados à condução do processo administrativo e os custos sociais da demora. No mais, sempre é possível que os requerentes que realmente preencherem as condições legais para receberem uma licença não tenham o êxito esperado, pois a decisão dependerá do entendimento subjetivo da autoridade governamental a respeito do preenchimento das condições legais, notadamente a comprovação do estado de pobreza.[91] Outra possível alternativa à exceção proposta seria o teste de *fair use*, tal como previsto na Section 107 da Lei de Direitos Autorais dos EUA; contudo, conforme visto anteriormente, o teste de *fair use* traz insegurança aos seus potenciais beneficiários, pois não é possível prever, com segurança, qual será o entendimento do tribunal competente a respeito da legalidade do uso não autorizado empreendido.[92] Considerando que estudantes, pesquisadores e instituições de ensino materialmente carentes não dispõem nem mesmo de recursos suficientes para adquirir as obras de que necessitam para suas atividades diárias, é óbvio que não disporão de recursos para financiar litígios judiciais custosos contra con-

91. Sobre os problemas associados às licenças compulsórias, cf. item 4.6.2.1.

92. Cf. item 4.6.2.2.

glomerados empresariais. Por essa razão, um teste de *fair use* levaria à subutilização de obras literárias e artísticas por indivíduos e instituições desprivilegiados. Enfim, nenhuma exceção cujo exercício dependa da intervenção prévia do Estado em uma base casuística pode ser tida como uma alternativa à exceção de ensino examinada neste capítulo.

Por fim, a exceção de ensino observa as obrigações mínimas fixadas pelo Acordo TRIPS. A exceção não produz o efeito prático de impedir a proteção de qualquer uma das categorias de obras literárias e artísticas que, nos termos dos arts. 2.º da Convenção de Berna e 10 do Acordo TRIPS, devem ser passíveis de receber proteção legal. Ela não reduz o termo de proteção mínima que deve ser assegurado aos titulares de direitos autorais. Ela igualmente cumpre os princípios do tratamento nacional e da nação mais favorecida, pois afeta tanto as obras dos nacionais do Estado proponente da exceção quanto as obras dos nacionais de outros Membros da OMC. Finalmente, a exceção de ensino respeita o espaço ocupado pelo sistema de licenciamento compulsório, disciplinado pelo anexo da Convenção de Berna (Ata de Paris), pois não autoriza terceiros a produzirem e a distribuírem exemplares de obras de terceiros ou a traduzirem obras estrangeiras, produzirem e distribuírem exemplares da tradução, com o objetivo de atender às demandas razoáveis dos estudantes e pesquisadores *em geral*. A exceção proposta apenas autoriza estudantes e pesquisadores *carentes* a extraírem cópias para satisfazer suas necessidades *individuais* (alíneas a, b, d, e); e instituições educacionais a reproduzirem obras protegidas, inclusive no ambiente virtual, para atender *exclusivamente* às necessidades dos estudantes *carentes* matriculados nessas instituições (alíneas c, d, e, f).

A exceção de ensino proposta em benefício de estudantes e pesquisadores marginalizados dos países em desenvolvimento apresenta, portanto, caráter "especial".

7.3.1.2 Avaliação da capacidade da exceção de conflitar com a exploração normal das obras afetadas

A exceção proposta não afeta a exploração normal das obras afetadas, pois seus beneficiários – estudantes e pesquisadores carentes baseados em países em desenvolvimento, inclusive os portadores de deficiências e as instituições educacionais que servem a esse público – não contam com recursos suficientes para adquirir livros e produtos culturais para atender suas necessidades sem prejudicar os direitos básicos desses indivíduos e a realização da missão institucional dessas instituições. Em outras palavras, o reconhecimento em favor desses indivíduos e instituições da faculdade de reproduzir obras protegidas não conflita com a exploração normal das obras afetadas pela exceção, simplesmente porque os beneficiários da exceção estão fora do mercado consumidor das obras por ela afetadas. Assim sendo, a exceção proposta não conduz ao que Hardin chama de"bibliocídio",[93] porquanto a aplicação da exceção investigada não afeta o volume comercializado das obras afetadas. Não é legítimo garantir aos titulares de direitos autorais a prerrogativa de receber uma remuneração e/ou de controlar a reprodução de suas obras por indivíduos e instituições despidos de recursos econômicos para adquiri-las no mercado, pois nessas circunstâncias específicas o exercício desses direitos configura um abuso de direito. Isso porque, por um lado, o exercício do direito desses direitos em relação ao referido grupo de indivíduos e instituições em nada promove os interesses econômicos legítimos dos titulares de direitos autorais, e, por outro, obstaculiza o desenvolvimento cultural e científico de setores marginalizados da sociedade, o que, por certo, impedirá, no médio e longo prazo, a criação de novas obras literárias e artísticas, a disseminação do conhecimento e a democratização da cultura.

7.3.1.3 Aferição do caráter justificável dos prejuízos produzidos pela exceção

A exceção de ensino investigada passará pelo crivo da etapa final do teste do art. 9(2) da Convenção de Berna se gerar benefícios sociais superiores aos prejuízos causados aos interesses econômicos legítimos dos titulares de direitos autorais (e.g., autores e editoras).

A exceção propugnada cataliza a realização do direito à educação, do direito a participar da vida cultural e do direito à liberdade de expressão científica e artística, mediante a facilitação do acesso a obras literárias e artísticas, úteis ao ensino e ao progresso da educação, da cultura e da ciência. A exceção investigada também amplia a capacidade das instituições educacionais que servem aos estudantes materialmente carentes de cumprirem, de modo eficiente, sua missão institucional. Esses interesses ocupam um grau de importância máximo para qualquer sociedade civilizada, tanto é que eles são tutelados pela Carta Magna de Direitos Humanos.[94]

---

93. Hardin 1977, p. 883.

94. O direito à educação é garantido pelo art. 13(1) do PIDESC, segundo o qual "os estados-partes no presente Pacto reconhecem o direito de *toda* pessoa à educação. Concordam em que a educação deverá visar ao pleno desenvolvimento da personalidade humana e do sentido de sua dignidade e a fortalecer o respeito pelos direitos humanos e liberdades fundamentais. Concordam ainda que a educação deverá capacitar *todas* as pessoas a participar efetivamente de uma sociedade livre, favorecer a compreensão, a tolerância e a amizade entre todas as nações e entre todos os grupos raciais, étnicos ou religiosos e promover as atividades das Nações Unidas em prol da manutenção da paz". O direito à liberdade de expressão é reconhecido pelo art. XIX da Declaração de Universal de Direitos Humanos e pelo art. 19(2) do PIDCP, segundo o qual "*Toda* pessoa terá o direito à liberdade de expressão; esse direito incluirá a liberdade de procurar, *receber* e difundir *informações e idéias* de qualquer natureza,

No que respeita ao peso social dos prejuízos individuais provocados pela exceção, ele é, no máximo, insignificante: a exceção não impinge qualquer prejuízo aos interesses econômicos *legítimos* dos titulares de direitos autorais, porquanto os beneficiários da exceção não integram o mercado consumidor das obras afetadas em função do contexto socioeconômico em que vivem (indivíduos) ou operam (instituições educacionais). Ainda que a exceção venha a beneficiar, por algum equívoco ou falha de controle, alguns estudantes ou pesquisadores com capacidade econômica para adquirir as obras de interesse no mercado, o número de beneficiados injustamente seria insignificante, pois a exceção foi projetada para beneficiar localidades verdadeiramente empobrecidas e instituições que servem a populações, de fato, marginalizadas. De mais a mais, quando os titulares de direitos autorais identificarem indícios de fraudes, sempre poderão recorrer ao Judiciário para reivindicar a recuperação de seus prejuízos.

Considerando que a exceção investigada promove interesses individuais e sociais de grau máximo de importância para o progresso material e cultural de qualquer sociedade e para a preservação da democracia, enquanto gera prejuízos insignificantes aos interesses econômicos dos titulares de direitos autorais, ela passa pelo crivo da terceira etapa do teste, sendo, portanto, lícita *vis-à-vis* o art. 9(2) da Convenção de Berna.

independentemente de considerações de fronteiras, verbalmente ou por escrito, *de forma impressa ou artística*, ou por qualquer meio de sua escolha".

Comentários conclusivos a respeito da segunda parte

Todas as exceções-teste passaram, com sucesso, pelo crivo das cláusulas gerais de exceção pertinentes.

No Capítulo 4, vimos que o art. 30 do Acordo TRIPS autoriza o Brasil a harmonizar os interesses econômicos dos titulares de patentes com interesses maiores da sociedade, mediante a adoção de exceções robustas. As exceções de P&D e de teste diagnóstico propostas e testadas são capazes de promover, concomitantemente, interesses socioeconômicos altamente valorizados pela sociedade brasileira, notadamente os direitos à vida, à saúde e à liberdade de expressão científica, a livre concorrência e a liberdade de iniciativa. Os principais benefícios proporcionados pelas exceções propostas são os seguintes:

- a adoção das referidas exceções aos direitos de patentes é um instrumento mais fácil – legal e politicamente – de manejar do que o controle pelas autoridades patentárias da qualidade das patentes concedidas ou a exclusão de determinadas matérias polêmicas do rol de matérias patenteáveis. Independentemente do quão amplo seja o rol de invenções patenteáveis em uma dada jurisdição, se nela estiverem vigentes as exceções propostas no Capítulo 4, ainda assim haverá um amplo espaço para a condução de pesquisas científicas e tecnológicas;
- elas reprimem práticas abusivas e anticoncorrenciais, tais como a recusa em licenciar patentes, a demanda de taxas de remuneração abusivas e a inclusão de cláusulas de longo alcance nos acordos de licenciamento;
- elas impedem a emergência de tragédias dos anticomuns e o acúmulo excessivo de *royalties*, abrindo uma estrada larga por onde inovadores podem transitar para desenvolver e lançar, no mercado, novos produtos e tecnologias, inclusive para a satisfação de demandas humanitárias;
- as exceções propostas constituem uma forma de transferência de tecnologia ativa, no sentido de que terceiros apenas poderão gozar dos aportes tecnológicos realizados por outrem se empreenderem usos transformativos dessas tecnologias. Esse é o meio mais adequado de transferir tecnologias para os países em desenvolvimento, pois envolve uma participação ativa das comunidades científica e empresarial local para adaptá-las ao contexto e às demandas locais. Ao longo do processo de adaptação, os cientistas adquirem novas habilidades inventivas e estofo intelectual para solucionar proble-

mas imprevistos e desenvolver, de maneira mais independente, novas tecnologias;

- as exceções investigadas fomentam atividades científicas e tecnológicas na esfera de instituições filantrópicas e universitárias e reduzem o processo de "perda de cérebros" (*brain drain*). As exceções propostas oferecem incentivos indiretos para que cientistas talentosos continuem a atuar em instituições públicas e universitárias, seja porque projetos de pesquisa sem fins lucrativos e com fins humanitários estariam totalmente livres do pagamento de qualquer tipo de remuneração, seja porque projetos com fins econômicos poderiam ser realizados sem o risco de que seus resultados não possam ser comercializados a preços razoáveis;
- as exceções de P&D e de teste diagnóstico atraem investimentos para o setor científico e tecnológico dos países que as adotarem – desde que contem, igualmente, com massa crítica e infraestrutura básica para a realização de investigações científicas e tecnológicas, quer dizer, à medida que os países industrializados adotam exceções de pesquisa cada vez mais insignificantes, as instituições baseadas nos países industrializados podem se sentir estimuladas a terceirizar tarefas científicas para organizações baseadas em países cujos regimes legais são mais favoráveis à inovação;
- as exceções propostas economizam recursos escassos, que deixam de ser gastos: (i) na "reinvenção da roda"; (ii) em negociações longas, cujos resultados são incertos; e (iii) em processos caros e morosos, instaurados para a obtenção de licenças compulsórias ou para a comprovação de que certo uso é lícito;
- as exceções apresentadas salvaguardam, com eficiência, interesses públicos superiores, como a saúde pública. Por exemplo, a exceção de P&D, se adotada pelo Brasil, permitirá que as instituições baseadas nesta jurisdição criem um medicamento novo para o tratamento de uma determinada doença, formado pela associação sinérgica e inovadora entre dois ou mais princípios ativos patenteados, independentemente da vontade dos titulares das patentes, bem como os distribua no comércio, desde que sejam pagas as remunerações devidas aos titulares de patentes, fixadas pela OGCP, de modo eficiente e não discriminatório;
- por fim, as exceções de P&D e de teste diagnóstico podem ser adotadas, *imediatamente*, por qualquer Membro da OMC, mesmo por aqueles que contraíram novas obrigações por meio de acordos de caráter TRIPS-plus.

No Capítulo 5, procurei demonstrar que o art. 17 do Acordo TRIPS garante ao Brasil o direito de adotar exceções aos direitos de marcas, que garantem, dentro de certos limites, a liberdade de terceiros de criar e divulgar paródias de marcas comerciais e mensagens críticas em discursos e em publicações. Em outras palavras, o teste do art. 17, se bem empregado, pode amparar a adoção de medidas protetoras da liberdade de expressão, um dos mais importantes pilares da democracia.

No Capítulo 6, procurei demonstrar que o art. 26(2) do Acordo TRIPS oferece espaço suficiente para o Brasil conceber exceções aos direitos conferidos por desenhos industriais aptas a salvaguardar a livre concorrência sadia, a liberdade de escolha dos consumidores, o direito ao trabalho de inúmeros indivíduos e, indiretamente, a preservação do meio ambiente.[1] A exceção de reparação testada, além de não pôr em risco o futuro das montadoras de automóveis, ainda fomenta o crescimento econômico do setor empresarial dos países em desenvolvimento, uma vez que, no contexto desses países, as maiores beneficiárias da exceção de reparação tendem a ser empresas locais de pequeno e médio porte. Esse efeito é essencial para alcançar desenvolvimento sustentável, porquanto, nos termos do princípio 6 da Declaração do Rio, políticas promotoras de desenvolvimento sustentável não devem se limitar a promover crescimento econômico, desenvolvimento social e conservação ambiental em um determinado país, enquanto prejudicam a economia, a sociedade e a natureza de terceiros países; elas devem ser moldadas para satisfazer, simultaneamente, as necessidades sociais, econômicas e ambientais de *todos* os países.

Por fim, no Capítulo 7, demonstrei que, apesar de a Convenção de Berna e o Acordo TRIPS supostamente terem por foco central maximizar a proteção garantida aos interesses econômicos dos titulares de direitos autorais,[2] os arts. 9(2) da Convenção de Berna e 13 do Acordo TRIPS garantem ao Brasil e aos demais Membros da OMC espaço suficiente para conceber exceções aos direitos autorais aptas a promover interesses sociais de valor único para qualquer sociedade: os direitos de todos à educação, à liberdade de expressão e a participar da vida cultural, seja como consumidores de bens culturais seja como geradores de novas produções intelectuais. O fato de a Convenção de Berna e do Acordo TRIPS serem portadores de falhas – e.g., o tempo de duração excessivamente longo dos direitos autorais – não significa, portanto, que inexiste espaço para o estabelecimento de exceções robustas aos direitos autorais, capazes de promover um real equilíbrio entre os interesses privados dos titulares de direitos autorais e a satisfação imediata das demandas dos diversos setores da sociedade.[3]

1. Em sentido contrário, Ana de Borja (2008, p. 508), ao avaliar a legalidade da exceção de reparação proposta pela União Europeia em face do art. 26(2) do Acordo TRIPS, quando interpretado à luz da jurisprudência da OMC relacionada aos arts. 13, 17 e 30 do Acordo TRIPS, chegou à conclusão de que a referida exceção, muito possivelmente, não seria considerada lícita.
2. Yu 2003, p. 12-14.
3. Em sentido contrário, Alan Story (2009, p. 3 e 12) sustenta que o regime internacional de proteção dos direitos autorais, cujo eixo central é representado pela Convenção

Assim sendo, diferentemente do que vêm defendendo diversos autores nos últimos anos, o Acordo TRIPS *não* requer reformas, para que haja um espaço legal suficientemente robusto para amparar a adoção de exceções aos DPIs, aptas a reconciliar os interesses econômicos dos titulares de DPIs com as demandas legítimas de diversos setores da sociedade brasileira, tuteladas, *inter alia*, por normas dirigidas à proteção dos direitos humanos e da livre concorrência.[4] Sem embargo, há espaço para o aprimoramento do acordo: para que o amplo conjunto de objetivos sociais, econômicos e ambientais da OMC seja mais facilmente alcançável pelos Membros dessa organização, é altamente aconselhável a complementação das cláusulas gerais de exceção do Acordo TRIPS por um conjunto de exceções mínimas que os Membros da OMC, obrigatoriamente, *devem* incorporar a seus ordenamentos jurídicos.[5] Segundo o entendimento acolhido por alguns, as cláusulas gerais de exceção do Acordo TRIPS ofereceriam apenas prerrogativas que podem ou não ser exercitadas pelos Membros da OMC. Caso elas sejam subaproveitadas, é claro que os regimes de propriedade intelectual, de fato, conservar-se-ão desequilibrados em favor das demandas – às vezes desarrazoadas – dos titulares

de Berna, é um sistema intrinsecamente desequilibrado e *incapaz de ser equilibrado*, basicamente porque, historicamente, foi arquitetado para tutelar exclusivamente os interesses econômicos dos titulares de direitos autorais, por meio da contínua ampliação do termo de proteção dos direitos autorais e do rol de direitos exclusivos conferidos. No entendimento desse autor, os interesses dos usuários de acessar amplamente obras literárias e científicas são negligenciados por Berna, seja porque não são impostas obrigações sociais aos titulares de direitos autorais, seja porque os únicos espaços em que os interesses dos usuários podem ser salvaguardados são denominados "exceções", e seu uso é apenas facultativo.

4. Em geral, as propostas de reforma das cláusulas gerais de exceção do Acordo TRIPS, com vistas a ampliar o espaço disponível aos Membros da OMC para adotarem exceções socialmente eficientes aos DPIs, se concentram na área dos direitos autorais: cf., e.g., Sun 2007, p. 302-303 (que propõe um teste com a seguinte redação para substituir o art. 13 do Acordo TRIPS: "Members may provide limitations on the exclusive rights, provided that such limitations take account of the legitimate interests of right holders and of third parties"; Okediji 2000, p. 168-171 (que propõe um "international fair use doctrine" para controlar a legalidade das exceções aos direitos autorais); Koelman 2006, p. 410 (que propõe transformar o teste do art. 13 do Acordo TRIPS em um teste de *fair use*; ou, alternativamente, propõe a substituição do texto do segundo passo do teste do art. 13 pelo texto do segundo passo do teste do art. 30); Ricketson 2008, p. 65 (que propôs a substituição dos testes dos três passos dos direitos autorais por um teste de quatro passos, que parece incorporar elementos do princípio da proporcionalidade).
5. Nesse sentido, é digno de nota o projeto de emenda do Acordo TRIPS, desenvolvido sob os auspícios do projeto "IP in Transition Research Programme", dirigido pelas Professoras Annette Kur, do Max-Planck Institut, de Munique, e Marianne Levin, da Universidade de Estocolmo (Levin e Kur 2006).

de DPIs, e, por conseguinte, muitos dos objetivos da OMC e do Acordo TRIPS permanecerão inalcançados.

Contudo, é importante frisar que a discricionariedade ofertada pelo TRIPS aos Membros da OMC (inclusive ao Brasil) para deixarem de utilizar as cláusulas gerais de exceção do Acordo TRIPS é bastante restrita: o Congresso Nacional pode até mesmo optar por não adotar exceções expressas aos DPIs e se ocupar apenas em assegurar direitos amplos aos titulares de DPIs. Contudo, o Brasil, na figura de seu Poder Judiciário e de sua autoridade antitruste, tem o *poder-dever* de aplicar diretamente as cláusulas gerais de exceção para solucionar litígios privados sempre que necessário, sob pena de, em não o fazendo, impedir que o sistema OMC e o Acordo TRIPS cumpram seus objetivos e princípios, indicados no preâmbulo do Acordo de Marrakesh e nos arts. 7 e 8 do Acordo TRIPS. E, como já mencionado, os objetivos da OMC e do Acordo TRIPS se confundem com os interesses centrais tutelados por tratados de direitos humanos e acordos multilaterais de meio ambiente ratificados pelo Brasil e pela Constituição Federal de 1988. Logo, a aplicação direta das cláusulas gerais de exceção é essencial para viabilizar a promoção dos interesses tutelados por esses instrumentos vinculantes. Sem dúvida, será impossível promover diversos dos objetivos da OMC e do Acordo TRIPS se os DPIs forem tratados como direitos absolutos, não sujeitos a limitações dirigidas a promover interesses da coletividade.

Quando se rememoram os diversos objetivos de ordem social, econômica e ambiental perseguidos pelo sistema OMC e pelo Acordo TRIPS,[6] bem como as obrigações impostas ao Brasil pelas normas internacionais de direitos humanos – notadamente pela Declaração Universal de Direitos Humanos de 1948 e pelos Pactos de Direitos Civis e Políticos e de Direitos Econômicos, Sociais e Culturais –, chega-se à conclusão de que o Brasil deixará de alcançar os referidos objetivos e observar suas obrigações de direitos humanos sempre que o Congresso Nacional deixar de consignar explicitamente, nos textos normativos domésticos, exceções robustas aos DPIs, concebidas para maximizar a realização dos referidos interesses legítimos. Para que os objetivos do sistema OMC-TRIPS e as obrigações internacionais mencionadas não se transformem em normas inócuas, o Brasil, por meio de seu Poder Judiciário e de sua autoridade antitruste (CADE), deve, sempre que necessário, aplicar *diretamente* as cláusulas gerais de exceção do Acordo TRIPS para determinar, *no caso concreto*, se determinado uso de um bem intangível protegido por um DPI, o qual, *prima facie*, não seria autorizado pela legislação interna, está excepcionado pelas cláusulas gerais de exceção do Acordo TRIPS.

A aplicação direta das cláusulas gerais de exceção do Acordo TRIPS serve ainda para explicitar, ao menos, um limite tácito absoluto aos DPIs: os titulares de DPIs não têm legitimidade para controlar as formas *anormais* de

6. Cf. itens 1.4.1 e 1.4.2.

exploração dos objetos protegidos. Esse entendimento é essencial para determinar, de modo claro, quando há o exercício abusivo dos direitos de propriedade intelectual. Tanto o CADE quanto o Judiciário gozam de liberdade para impor medidas restritivas ao exercício dos DPIs quando os titulares desses direitos praticarem uma infração à ordem econômica mediante o exercício abusivo dos DPIs (art. 36, XIX, da Lei 12.529/2011).

Caso se impeça a aplicação direta das cláusulas gerais de exceção do Acordo TRIPS, tornar-se-á bastante difícil a realização da função social dos DPIs, mediante o atendimento dos objetivos do Acordo TRIPS e do sistema OMC. Isso é especialmente verdadeiro quando as exceções aos DPIs expressamente previstas na legislação brasileira forem qualitativamente insuficientes para tutelar interesses legítimos em conflito com DPIs, como os de ordem constitucional. Ante o princípio da interpretação efetiva, que determina que o intérprete busque a interpretação das normas do Acordo TRIPS que maximize a efetividade de seus objetivos, os Membros da OMC – incluindo aí o Brasil – têm a obrigação de permitir a aplicação das cláusulas gerais de exceção do Acordo TRIPS de modo direto ou, ao menos, incluir em seu ordenamento jurídico doméstico cláusulas de salvaguarda que reflitam seu conteúdo normativo, as quais atuarão sempre que as exceções expressamente previstas nos diplomas legais forem insuficientes para tutelarem interesses legítimos da coletividade.

O Poder Judiciário e a autoridade antitruste nacionais, ao aceitarem a aplicação direta das cláusulas gerais de exceção do Acordo TRIPS, não estarão usurpando a competência do Poder Legislativo. Como já referido, a partir do momento em que o Acordo TRIPS foi internalizado no Brasil por meio do Decreto 1.355, de 30 de dezembro de 1994, passou a ter *status* de lei ordinária. Assim sendo, o Poder Legislativo já autorizou os Poderes Judiciário e Executivo (por meio do CADE) a aplicarem as cláusulas gerais de exceção para solucionar conflitos privados.

Em harmonia com esse entendimento, no Brasil, o Superior Tribunal de Justiça (REsp 964440) já confirmou que as cláusulas gerais de exceção do Acordo TRIPS são aplicáveis diretamente para solucionar litígios privados, o que produz o efeito de ampliar o acesso ao conhecimento para fins legítimos, independentemente de novas intervenções do Congresso Nacional. *Em termos concretos, isso significa que muitas das exceções-teste examinadas na segunda parte deste estudo já estão tacitamente incorporadas ao ordenamento jurídico brasileiro, independentemente de estarem previstas textualmente em qualquer diploma legal*, a saber:

- as partes 1 e 2 da exceção de Pesquisa e Desenvolvimento (Cap. 4, sobre direito das patentes). Em verdade, as partes 1 e 2 da Exceção de P&D refletem o conteúdo normativo das exceções previstas nos incisos I, II, V e VII do art. 43 da Lei 9.279/1996. As partes 3 e 4 da exceção de P&D e a exceção de teste diagnóstico, para serem incorporadas ao ordenamento brasileiro, exigem medidas legislativas adotadas pelo Congresso Nacional, pois envolvem a imposição de obrigações de fazer aos titulares de patentes e também em função de seu detalhamento;

- a exceção de paródia e crítica (Cap. 5, sobre direito de marcas);
- a exceção de reparação (Cap. 6, sobre desenhos industriais);
- a exceção de ensino para estudantes e pesquisadores carentes (Cap. 7, sobre direitos autorais).

Naturalmente, estes são apenas alguns *exemplos* de exceções não escritas já incorporadas implicitamente ao ordenamento jurídico brasileiro, independentemente de qualquer ação direta do Congresso Nacional. Mas, sem dúvida alguma, como mencionado em diversas oportunidades neste trabalho, traria maior segurança jurídica aos usuários em geral se estas e outras exceções estivessem explicitadas em textos legais, prevenindo-se, assim, aplicações desequilibradas das cláusulas gerais de exceção do Acordo TRIPS.

Mas, ainda que estas e outras exceções aos DPIS não venham a ser *explicitadas* no ordenamento jurídico pátrio pelo Congresso Nacional, o que realmente importa é que a salvaguarda de valores de hierarquia constitucional (tais como direitos fundamentais, diversidade cultural, livre concorrência, acesso às diversas formas de conhecimento) não estão reféns da falta de exceções textualmente explicitadas nos diplomas nacionais de proteção da propriedade intelectual (notadamente na Lei da Propriedade Industrial e na Lei de Direitos Autorais). Na falta de exceções explícitas aos DPIs, as cláusulas gerais de exceção do Acordo TRIPS permitem que o Poder Judiciário e a autoridade antitruste (CADE) autorizem terceiros a utilizar bens intangíveis tutelados por DPIs em circunstâncias específicas, desde que esses usos passem pelo crivo das cláusulas gerais de exceção do Acordo TRIPS. Esse entendimento é uma decorrência prática do fato de que "as normas definidoras dos direitos e garantias fundamentais têm aplicação imediata" (art. 5.º, § 1.º, da CF/1988), bem como as demais normas e princípios de ordem constitucional, tais com os princípios da livre concorrência e da função social da propriedade (art. 170 e incisos, da CF/1988). Entender de forma diversa seria tornar meramente programáticas normas de hierarquia constitucional que tutelam valores superiores, sempre que as normas infraconstitucionais não prevejam, textualmente, exceções aos DPIs hábeis a tutelar os referidos interesses da maneira mais efetiva possível.

Em síntese: a aplicação *direta* das cláusulas gerais de exceção do Acordo TRIPS pelo Poder Judiciário e pela autoridade antitruste do Brasil é essencial para tornar realidade os múltiplos objetivos sociais, econômicos e ambientais do Acordo TRIPS, e para efetivar, da maneira mais ampla possível, diversos interesses tutelados por normas internacionais de proteção dos direitos humanos e pela própria Constituição Federal brasileira. Isso porque a realização desses interesses legítimos depende da harmonização entre os interesses da coletividade e os interesses econômicos dos titulares de DPIs. A essencialidade das cláusulas gerais do Acordo TRIPS para a realização desses interesses legítimos decorre do fato de que os legisladores podem não ser capazes de estabelecer de antemão exceções explícitas hábeis para solucionar todo e qualquer conflito entre esses interesses sociais vitais e os DPIs. Isso é especialmente válido no período atual, marcado pelo rápido desenvolvimento tecnológico, econômico e social. Isto posto, o entendimento de que as cláusulas gerais de exceção do Acordo TRIPS podem ser aplicadas diretamente, em âmbito doméstico, para solucionar litígios privados, é o juridicamente mais adequado, ao maximizar a realização dos objetivos do Acordo TRIPS e do sistema OMC, bem como a observância das normas de estatura constitucional e aquelas previstas nos tratados internacionais de direitos humanos.

Sob a ótica constitucional brasileira, é uma decorrência do princípio da proporcionalidade como proibição de proteção deficiente entender que o ordenamento jurídico brasileiro é composto por um rol *não exaustivo* de exceções aos DPIs *complementado* pelas cláusulas gerais de exceção do Acordo TRIPS, as quais atuam sempre que as exceções textualmente previstas forem insuficientes para solucionar conflitos entre DPIs e interesses legítimos da coletividade.

O STF considera o princípio da proporcionalidade um corolário, em sua dimensão substancial, do princípio constitucional do devido processo legal, o qual tem por objetivo prevenir que o Estado pratique abusos ao interpretar e aplicar normas jurídicas. O princípio da proporcionalidade, por sua vez, apresenta duas dimensões: o princípio da proporcionalidade como proibição de excesso (*Übermassverbot*),[7] e o princípio da proporcionalidade como proibição de proteção deficiente (*Untermassverbot*).[8] A respeito do conteúdo do princípio da proporcionalidade como proibição de proteção deficiente, reproduzimos alguns trechos do voto do Ministro Gilmar Mendes do Supremo Tribunal Federal, no âmbito da Ação Direta de Inconstitucionalidade 3.510, a qual avaliou a constitucionalidade do art. 5.º da Lei de Biossegurança (Lei 11.105/2005):[9]

> "Como é sabido, os direitos fundamentais se caracterizam não apenas por seu aspecto subjetivo, mas também por uma feição objetiva que os tornam verdadeiros mandatos normativos direcionados ao Estado. A dimensão objetiva dos direitos fundamentais legitima a ideia de que o Estado se obriga não apenas a observar os direitos de qualquer

---

7. A respeito do conteúdo do princípio da proporcionalidade como proibição de excesso, ver item 1.5.2.1.
8. Voto do Ministro Gilmar Mendes na ADI 3510, que julgou a constitucionalidade do art. 5.º da Lei 11.105/2005, em maio de 2008, p. 12.
9. Idem, ibiem, p. 12-16.

indivíduo em face das investidas do Poder Público (*direito fundamental enquanto direito de proteção ou de defesa – Abwehrrecht*), mas também a garantir os direitos fundamentais contra agressão propiciada por terceiros (*Schutzpflicht des Staats*).

[...]

A jurisprudência da Corte Constitucional alemã acabou por consolidar entendimento no sentido de que do significado objetivo dos direitos fundamentais resulta o dever do Estado não apenas de se abster de intervir no âmbito de proteção desses direitos, mas também de proteger tais direitos contra a agressão ensejada por atos de terceiros.

Essa interpretação da Corte Constitucional empresta, sem dúvida, uma nova dimensão aos direitos fundamentais, fazendo com que o Estado evolua da posição de *'adversário'* para uma função de guardião desses direitos. É fácil ver que a ideia de um dever genérico de proteção fundado nos direitos fundamentais relativiza sobremaneira a separação entre a ordem constitucional e a ordem legal, permitindo que se reconheça uma irradiação dos efeitos desses direitos sobre toda a ordem jurídica. *Assim, ainda que não se reconheça, em todos os casos, uma pretensão subjetiva contra o Estado, tem-se, inequivocamente, a identificação de um dever deste de tomar todas as providências necessárias para a realização ou concretização dos direitos fundamentais*.

Os direitos fundamentais não podem ser considerados apenas como proibições de intervenção (*Eingriffsverbote*), expressando também um postulado de proteção (*Schutzgebote*). Utilizando-se da expressão de Canaris, pode-se dizer que os direitos fundamentais expressam não apenas uma proibição do excesso (*Übermassverbote*), mas também podem ser traduzidos como proibições de proteção insuficiente ou imperativos de tutela (*Untermassverbote*).

Nos termos da doutrina e com base na jurisprudência da Corte Constitucional alemã, pode-se estabelecer a seguinte classificação do dever de proteção:

a) dever de proibição (*Verbotspflicht*), consistente no dever de se proibir uma determinada conduta;

b) dever de segurança (*Sicherheitspflicht*), que impõe ao Estado o dever de proteger o indivíduo contra ataques de terceiros mediante a adoção de medidas diversas;

c) dever de evitar riscos (*Risikopflicht*), que autoriza o Estado a atuar com o objetivo de evitar riscos para o cidadão em geral mediante a adoção de medidas de proteção ou de prevenção especialmente em relação ao desenvolvimento técnico ou tecnológico.

Discutiu-se intensamente se haveria um direito subjetivo à observância do dever de proteção ou, em outros termos, se haveria um direito fundamental à proteção. A Corte Constitucional acabou por reconhecer esse direito, enfatizando que a não observância de um dever de proteção corresponde a uma lesão do direito fundamental previsto no art. 2, II, da Lei Fundamental.

Assim, na dogmática alemã é conhecida a diferenciação entre o princípio da proporcionalidade como *proibição de excesso* (*Übermassverbot*) e como *proibição de proteção deficiente* (*Untermassverbot*). No primeiro caso, o princípio da proporcionalidade funciona como parâmetro de aferição da constitucionalidade das intervenções nos direitos fundamentais como *proibições de intervenção*. No segundo, a consideração dos direitos fundamentais como *imperativos de tutela* (Canaris) imprime ao princípio da proporcionalidade uma estrutura diferenciada. O ato não será *adequado* quando não proteja o direito fundamental de maneira ótima; não será *necessário* na hipótese de existirem medidas alternativas que favoreçam ainda mais a realização do direito fundamental; e violará o subprincípio da *proporcionalidade em sentido estrito* se o grau de satisfação do fim legislativo é inferior ao grau em que não se realiza o direito fundamental de proteção.

Na jurisprudência do Tribunal Constitucional alemão, a utilização do princípio da proporcionalidade como proibição de proteção deficiente pode ser encontrada na segunda decisão sobre o aborto (*BverfGE 88, 203, 1993*). O *Bundesverfassungsgericht* assim se pronunciou:

'O Estado, para cumprir com seu dever de proteção, deve empregar medidas suficientes de caráter normativo e material, que levem a alcançar – atendendo à contraposição de bens jurídicos – a uma proteção adequada, e como tal, efetiva (proibição de insuficiência).

[...] *É tarefa do legislador determinar,* detalhadamente, o tipo e a extensão da proteção.

A Constituição fixa a proteção como meta, não detalhando, porém, sua configuração. No entanto, o legislador deve observar a proibição de insuficiência [...]. Considerando-se bens jurídicos contrapostos, necessária se faz uma proteção adequada. Decisivo é que a proteção seja eficiente como tal. As medidas tomadas pelo legislador devem ser suficientes para uma proteção adequada e eficiente e, além disso, basear-se em cuidadosas averiguações de fatos e avaliações racionalmente sustentáveis. [...]" (grifos nossos; notas suprimidas).

Por fim, existe mais uma razão para acolher a aplicação direta das cláusulas gerais de exceção do Acordo TRIPS pelo Judiciário e pela autoridade antitruste brasileira sempre que os textos legais de proteção da propriedade intelectual não dispuserem de exceções adequadas para solucionar algum conflito entre um DPI e um interesse legítimo dos demais setores da sociedade. Após a Emenda Constitucional 45/2004, o Supremo Tribunal Federal passou a considerar que os tratados internacionais de direitos humanos, quando não aprovados segundo o procedimento indicado no art. 5.º, § 3.º, da CF/1988, gozam de *status* supralegal, ou seja, gozam de *status* superior ao das leis ordinárias.[10] A consequência direta deste entendimento é que o Poder Judiciário, no caso concreto, tem o poder-dever de realizar, incidentalmente, o chamado *controle de convencionalidade* das leis ordinárias (inclusive da Lei de Direitos Autorais e da Lei da Propriedade Industrial). O *controle de convencionalidade* (ou de supralegalidade) consiste na avaliação da adequação das leis ordinárias com o disposto nos tratados de direitos humanos que gozam de *status* supralegal, tais como os Pactos de 1966 (PIDESC e PIDCP) e o Pacto de San José da Costa Rica. Se uma lei ordinária conflitar com um tratado de direitos humanos, a primeira será afastada naquilo que conflitar com o tratado. Assim sendo, caso haja algum conflito entre um direito humano previsto em um tratado ratificado pelo Brasil (e.g., direito à saúde) e algum DPI (e.g., direito de explorar, com exclusividade, uma invenção patenteada), e se o referido direito humano não puder ser plenamente observado em virtude da ausência de uma exceção adequada prevista em lei ordinária, a norma infraconstitucional ordinária deverá ter sua aplicação afastada no caso concreto, a fim de permitir a plena eficácia do direito humano afetado.

O caráter de supralegalidade dos tratados de direitos humanos é um corolorário do princípio da dignidade humana. Este princípio, por sua vez, impõe a observância da regra hermenêutica *da norma mais favorável ao ser humano*. A respeito do conteúdo dessa regra hermenêutica, reproduzo um trecho da ementa do Habeas Corpus 91361, julgado pelo STF (Rel. Min. Celso de Mello):

> "*Ementa: Habeas Corpus* – Prisão Civil – Depositário legal (leiloeiro oficial) – A questão da infidelidade depositária – Convenção Americana de Direitos Humanos (Art. 7.º, n. 7) – Hierarquia constitucional dos tratados internacionais de direitos humanos – Pedido deferido.
>
> [...]
>
> *Hermenêutica e Direitos Humanos: A norma mais favorável como critério que deve reger a interpretação do Poder Judiciário.*
>
> – Os magistrados e Tribunais, *no exercício* de sua atividade interpretativa, *especialmente* no âmbito dos tratados internacionais de direitos humanos, *devem observar* um princípio hermenêutico básico (*tal como* aquele proclamado *no Artigo 29* da Convenção Americana de Direitos Humanos), *consistente em atribuir primazia* à norma que se revele *mais*

10. Ver voto do Ministro Gilmar Mendes, no Recurso Extraordinário 466343/SP. No mesmo sentido, ver RE 404276 AgR/MG.

> *favorável* à pessoa humana, *em ordem* a dispensar-lhe *a mais* ampla proteção jurídica.
>
> – O *Poder Judiciário*, nesse processo hermenêutico *que prestigia* o critério da *norma mais favorável* (*que tanto pode ser aquela* prevista no tratado internacional *como a que se acha* positivada no próprio direito interno do Estado), *deverá extrair a máxima eficácia* das declarações internacionais *e* das proclamações constitucionais de direitos, *como forma de viabilizar* o acesso dos indivíduos *e* dos grupos sociais, *notadamente* os mais vulneráveis, a sistemas institucionalizados de proteção aos direitos fundamentais da pessoa humana, *sob pena* de a liberdade, a tolerância *e* o respeito à alteridade humana *tornarem-se palavras vãs* [...]" (grifos do original).

Em síntese: Em caso de colisão entre direitos humanos (sejam eles consagrados na Constituição Federal e/ou em instrumentos internacionais ratificados pelo Brasil) e leis ordinárias de proteção da propriedade intelectual, àqueles se deve dar prioridade.

Contudo, o operador do direito deve sempre se empenhar em harmonizar normas potencialmente conflitantes, a fim de garantir a coesão e harmonia do ordenamento. Com vistas a prevenir a eventual inaplicabilidade dos dispositivos de leis ordinárias de propriedade intelectual, que podem, de alguma forma, prejudicar a plena realização de direitos humanos, é menos gravoso aos titulares de DPIs entender que as exceções expressas nas leis de proteção da propriedade intelectual são *complementadas* pelas cláusulas gerais de exceção do Acordo TRIPS, e que estas devem ser aplicadas diretamente pelo Judiciário e pela autoridade antitruste nacional na solução de conflitos entre partes privadas, sempre que as exceções expressamente previstas no ordenamento nacional forem insuficientes para solucionar o conflito de interesses apresentado.

Considerações finais

A sustentabilidade de uma sociedade é medida pela capacidade da presente geração legar à próxima capitais econômico-material, natural-ecológico e humano-social, pelo menos nos mesmos níveis qualitativos e quantitativos em que os recebeu da geração anterior.[1] Para isso, não há outro caminho senão dirigir os investimentos públicos e privados em P&D e as políticas públicas em geral para, entre outras coisas, reduzir a pegada de carbono da sociedade presente, expandir as liberdades dos indivíduos e melhorar as condições do meio ambiente (nele incluído o natural, o cultural, o artificial e o do trabalho). Por mais relevante que possa ser o papel desempenhado pelos DPIs no progresso material das sociedades contemporâneas, a liberdade de acesso às diversas formas de conhecimento – e.g., obras literárias e científicas, as diversas manifestações das artes, conhecimentos científicos e tecnológicos, ferramentas de pesquisa, nomes comerciais – é condição *sine qua non* para o erguimento dos pilares de sustentação do desenvolvimento sustentável mediante a realização de muitos interesses legítimos de máxima importância: os direitos à saúde e à vida, o direito à liberdade de expressão, o direito à alimentação, o direito a um meio ambiente sadio e equilibrado, o direito ao trabalho, a proteção da livre concorrência, o direito à educação e o direito a participar da vida cultural, o qual compreende, *inter alia*, o direito de realizar contribuições à vida cultural, mediante a geração e a disseminação de novos conhecimentos técnicos e expressões culturais.[2]

Em face do contexto presente, caracterizado pela expansão substancial do rol de matérias elegíveis para proteção pelos diversos ramos do DPI e pelo relaxamento das condições de elegibilidade para proteção das produções intelectuais, as exceções aos DPIs, sejam elas talhadas pelos tribunais, por autoridades antitruste (e.g., o CADE) ou pelo Poder Legislativo, figuram como recurso eficaz de neutralização de muitos dos potenciais efeitos socialmente deletérios engendrados pelos regimes contemporâneos de propriedade intelectual. Isso porque elas são capazes de recuperar, ainda que de maneira parcial, o caráter de bem público (*public good*) dos bens intelectuais protegi-

1. Cf. Veiga 2010, p. 18.
2. Cf., e.g., Committee on Economic, Social and Cultural Rights 2009, par. 2; UNGA, Resolution A/RES/60/205, 1.º parágrafo preambular ("*Recognizing* the vital role that science and technology can play in development and in facilitating efforts to eradicate poverty, achieve food security, fight diseases, improve education, protect the environment, accelerate the pace of economic diversification and transformation and improve productivity and competitiveness").

dos, com o propósito específico de promover interesses públicos relevantes, sem com isso afetar, de modo desarrazoado, os incentivos econômicos para a realização de atividades criativas e inventivas.[3]

Ademais, considerando que, no presente, a maioria esmagadora dos titulares de DPIs se concentra nos países industrializados, a transferência de conhecimentos dos países industrializados aos em desenvolvimento, impulsionada por exceções robustas aos DPIs, é um meio de cumprir, pelo menos, dois importantes compromissos assumidos pela comunidade internacional. O primeiro está cristalizado no art. 55 da Carta da ONU, segundo o qual os membros da comunidade internacional devem ser apoiar mutuamente para alcançarem "níveis mais altos de vida, trabalho efetivo e condições de progresso e desenvolvimento econômico e social". O segundo decorre do princípio das responsabilidades comuns, mas diferenciadas, insculpido no princípio 7 da Declaração do Rio. Segundo esse princípio, embora todos os Estados devam cooperar "com o espírito de solidariedade mundial para conservar, proteger e restabelecer a saúde e a integridade do ecossistema da Terra", os países industrializados, por terem contribuído em maior medida para a deterioração do meio ambiente mundial e por controlarem maiores recursos econômicos e intelectuais, devem suportar maiores responsabilidades para a solução desses desafios que os países em desenvolvimento.[4]

Embora o Acordo TRIPS, em sua configuração atual, tenha criado dificuldades incontestes ao Brasil, ao obrigá-lo a garantir um amplo leque de direitos de exclusividade aos titulares de DPIs e ao expandir o rol de matérias elegíveis para proteção legal, ele não configura um real obstáculo ao estabelecimento de políticas promotoras do desenvolvimento sustentável, calcadas na restrição do escopo dos DPIs. As cláusulas gerais de exceção do Acordo TRIPS – os arts. 9(2) da Convenção de Berna e 13, 17, 26(2) e 30 do Acordo TRIPS –, quando interpretadas mediante a estrita observância das normas de interpretação do direito internacional público, insculpidas na Convenção de Viena, autorizam o Congresso Nacional, o Judiciário e a autoridade de defesa da concorrência a instaurarem exceções aos DPIs hábeis a efetivar os múltiplos objetivos de ordem social, econômica e ambiental perseguidos pelo sistema OMC, inclusive os interesses centrais salvaguardados pelos tratados

3. O termo "bem público" é aqui utilizado em seu sentido econômico, conforme já definido na introdução desta obra.

4. É digno de nota que o Grupo Especial, no caso *US – Shrimp*, já recorreu explicitamente ao princípio da responsabilidade comum mas diferenciada, para fundamentar uma recomendação dirigida às partes litigantes (WTO, WT/DS58/AB/RW, Report of the Panel, par. 7.2: "The Panel urges Malaysia and the United States to cooperate fully in order to conclude as soon a possible an agreement which will permit the protection and conservation of sea turtles to the satisfaction of all interests involved and taking into account the principle that States have common but differentiated responsibilities to conserve and protect the environment").

de direitos humanos e pelos acordos multilaterais de meio ambiente ratificados pelo Brasil. O fato de o Acordo TRIPS permitir a adoção de exceções tão robustas quanto as testadas na segunda parte deste estudo, inclusive pela via judicial ou administrativa, coloca em cheque o discurso amplamente disseminado de que o TRIPS cria obstáculos intransponíveis para os Membros da OMC tutelarem interesses socioambientais prementes. Não se deve, pois, confundir falta de capacidade técnica local para fazer uso das ferramentas oferecidas pelo Acordo TRIPS com falta de espaço legal para salvaguardar interesses socioambientais vitais. Quando os Membros da OMC optam por regimes de proteção da propriedade intelectual exclusivamente centrados na salvaguarda dos interesses econômicos dos titulares de DPIs, eles o fazem por ignorância ou por outras questões político-econômicas, mas não por uma exigência legal.

Aqueles que julgam que a presença de um amplo espaço legal que ampara a adoção de exceções socialmente eficientes aos DPIs é prejudicial aos interesses econômicos dos titulares de DPIs e ao progresso científico e cultural da humanidade em verdade ignoram que o referido espaço garante a própria sustentabilidade da OMC e do Acordo TRIPS.[5] Sem dúvida alguma, é insustentável, injustificável e ilegítimo um sistema promotor da prosperidade de um pequeno grupo de Estados, empresas e indivíduos à custa do bem-estar de grande parte da família humana e da saúde da Terra. Em tempo algum deve-se negligenciar que a premissa fundamental do desenvolvimento sustentável é "melhorar a qualidade de vida de *todas* as pessoas do mundo, tanto das gerações presentes quanto das gerações futuras [...]".[6] Outrossim, é forçoso recordar que os DPIs não são direitos absolutos e, portanto, estão sujeitos a diversas limitações explícitas e tácitas, impostas para impedir seu exercício abusivo. Mesmo que se considere que DPIs são direitos fundamentais em função do disposto nos incisos XXVII e XXIV do art. 5.º da Constituição Federal, isso não faz deles direitos absolutos, ilimitados.[7]

5. Cf. OHCHR 2005, p. 13.
6. Johannesburg Declaration on Health and Sustainable Development 2002, par. 2.
7. Em 2006, o Comitê sobre Direitos Econômicos, Sociais e Culturais, órgão de monitoramento da observância do PIDESC pelos Estados Contratantes, publicou o "Comentário Geral n. 17" a respeito do escopo do direito de todos os indivíduos à proteção dos interesses morais e materiais decorrentes de toda produção científica, literária ou artística de que sejam autores. Um dos aspectos centrais desse documento oficial é a resposta à pergunta sobre se DPIs são direitos humanos. O documento responde a essa pergunta em sentido negativo, uma vez que os direitos humanos e os DPIs apresentam características diferentes e inconfundíveis (Committee on Economic, Social and Cultural Rights 2006). De modo breve, pode-se afirmar que os direitos humanos são direitos públicos, ligados à pessoa humana, universais, temporalmente ilimitados, não transferíveis e não sujeitos à exploração comercial. Por outro lado, DPIs são: direitos privados que decorrem da lei; têm natureza territorial; são temporalmente

Ainda assim, eles devem ser harmonizados com outros interesses legítimos da sociedade, tutelados pela Constituição e por instrumentos internacionais ratificados pelo Brasil. Esse entendimento é clarividente quando são examinados, em conjunto, os arts. 27(2) e 29 da Declaração Universal dos Direitos Humanos (DUDH) e o art. 15 do Pacto Internacional de Direitos Econômicos, Sociais e Culturais, dispositivos estes que são o fundamento internacional dos incisos XXVII e XXIX do art. 5.° da CF/1988:

"Art. 27, DUDH

[...]

2. Todos têm direito à proteção dos interesses morais e materiais ligados a qualquer

produção científica, literária ou artística da sua autoria.

[...]".

"Art. 29, DUDH

1. O indivíduo tem deveres para com a comunidade, fora da qual não é possível o livre e pleno desenvolvimento da sua personalidade.

2. No exercício deste direito e no gozo destas liberdades ninguém está sujeito senão às limitações estabelecidas pela lei com vista exclusivamente a promover o reconhecimento e o respeito dos direitos e liberdades dos outros e a fim de satisfazer as justas exigências da moral, da ordem pública e do bem-estar numa sociedade democrática.

3. Em caso algum estes direitos e liberdades poderão ser exercidos contrariamente e aos fins e aos princípios das Nações Unidas".

"Art. 15, PIDESC

§ 1. Os Estados-partes no presente Pacto reconhecem a cada indivíduo o direito de:

1. Participar da vida cultural;

2. Desfrutar o progresso científico e suas aplicações;

3. Beneficiar-se da proteção dos interesses morais e materiais decorrentes de toda a produção científica, literária ou artística de que seja autor.

---

limitados; e são transferíveis a terceiros e sujeitos à exploração comercial. Tendo essas diferenças em mente, deve-se ter claro que os incisos XXVII e XXIX do art. 5.° da CF/1988 tutelam os direitos dos autores de produções intelectuais (pessoas físicas), e não necessariamente os titulares de DPIs, porquanto, com frequência, os titulares de DPIs são pessoas jurídicas.

§ 2. As medidas que os Estados-partes no presente Pacto deverão adotar com a finalidade de assegurar o pleno exercício desse direito incluirão aquelas necessárias à conservação, ao desenvolvimento e à difusão da ciência e da cultura.

§ 3. Os Estados-partes no presente Pacto comprometem-se a respeitar a liberdade indispensável à pesquisa científica e à atividade criadora.

[...]".

A princípio, parece que seria muito mais simples a efetivação dos objetivos de ordem socioambiental do sistema multilateral de comércio, se o Acordo TRIPS indicasse, de maneira inequívoca, um conjunto mínimo de exceções aos DPIs que todos os Membros da OMC teriam de incorporar obrigatoriamente a seus ordenamentos domésticos. Essa parece ser a abordagem que organizações da sociedade civil,[8] países em desenvolvimento[9] e acadêmicos[10] vêm advogando nos últimos anos. Contudo, há que se reconhecer que é improvável que os países industrializados venham a concordar em inserir um pacote mínimo de exceções aos DPIs no acordo TRIPS ou em qualquer outro acordo especial que vincule todos os Membros da OMC. De qualquer forma, o que de fato importa é que o Acordo TRIPS, embora afete a soberania de suas partes contratantes, ainda assim garante a cada Membro da OMC, inclusive ao Brasil, a liberdade de adotar as exceções que melhor se coadunam com suas necessidades de desenvolvimento, seja mediante a atuação de seus parlamentos, seja dos órgãos executivos ou do Poder Judiciário.

Mas os Membros da OMC – inclusive o Brasil – devem permanecer atentos para o fato de que o único meio de se preservar as prerrogativas oferecidas pelas cláusulas gerais de exceção do Acordo TRIPS é exercendo-as mediante: o acolhimento da aplicação direta desses dispositivos para a solução de litígios privados (que é o que já ocorre no Brasil), e também por meio da adoção de exceções robustas aos DPIs. Não só porque esse é o único cami-

8. Em 2005, organizações da sociedade civil divulgaram uma proposta de tratado intitulada *Treaty on access to knowledge*, cujo objetivo é ampliar o domínio público intelectual (CPTECH 2005). A proposta inclui diversas exceções aos DPIs que teriam de ser obrigatoriamente introduzidas nos ordenamentos jurídicos domésticos dos Estados contratantes do acordo.

9. Ver, e.g., proposta de tratado internacional, apresentada em 2010 pelo Grupo Africano perante o comitê permanente de direitos autorais da OMPI, que inclui uma lista de exceções mínimas aos direitos autorais, que todos os Estados Contratantes do acordo teriam de incluir em seus ordenamentos jurídicosr, a fim de desburocratizar o acesso a obras literárias e artísticas por deficientes visuais e para fins educativos (African Group 2010).

10. Cf., e.g., Hugenholtz e Okediji 2008 (que propõem, em largos traços, um tratado internacional que inclui exceções aos direitos autorais de adoção obrigatória).

nho para os regimes domésticos de proteção da propriedade intelectual realizarem os múltiplos objetivos não comerciais do sistema OMC e do Acordo TRIPS, mas também porque se os Membros da OMC apoiarem, explicita ou tacitamente, as interpretações adotadas pelo OSC em *US – Section 110(5) US Copyright Act*, em *EC – Trademarks and Geographical Indications* e em *Canada – Pharmaceutical Patents*, é possível que, no médio ou no longo prazo, percam o direito de adotar exceções eficientes aos DPIs sob a ótica socioambiental. Isso porque, nos termos do art. 31(3)(b) da CVDT, o intérprete das cláusulas gerais de exceção do Acordo TRIPS tem de levar em consideração "qualquer prática seguida posteriormente na aplicação [desses dispositivos], pela qual se estabeleça o acordo das partes relativo à sua interpretação". Se as interpretações propostas nos casos indicados se tornarem unânimes, em função de muitos Membros da OMC a seguirem, sem que os demais Membros contestem essa prática, as referidas cláusulas gerais de exceção não mais poderão ser caracterizadas como um teste de proporcionalidade *sui generis*. Isso certamente prejudicará os países da retaguarda do desenvolvimento. É, portanto, urgente que os Membros da OMC, em especial os países em desenvolvimento e os com menor desenvolvimento relativo, se empenhem em adotar, nos próximos anos, exceções eficientes aos DPIs sob a perspectiva socioambiental, cuja robustez testemunha o rechaço das interpretações socialmente desequilibradas e juridicamente equivocadas anteriormente adotadas pelo OSC em benefício exclusivo dos titulares de DPIs.

Anexo

Declaração para uma Interpretação Equilibrada do "Teste dos Três Passos" do Direito de Autor[1]

PREFÁCIO

A velocidade crescente do desenvolvimento tecnológico conduziu a uma mudança fundamental na função e na efetividade do direito de autor. A evolução de novos modelos de negócios levou a uma radical mudança de prioridades. Ameaças sem precedentes e desconhecidas surgiram tanto para os titulares de direitos de autor como para os usuários de bens protegidos por esses direitos. Tanto quanto possível, interesses potencialmente conflitantes devem ser reconciliados.

No contexto da regulação global dos direitos de autor, a harmonização busca assegurar aos titulares desses direitos a habilidade de extrair benefícios dos novos meios de exploração de suas obras e modelos de negócios. Enquanto, primariamente, a harmonização legal internacional serve aos interesses dos países exportadores de bens protegidos de estabelecerem um ambiente comercial seguro e previsível, a evidência histórica, a teoria econômica e o princípio da autodeterminação sugerem que os Estados deveriam dispor, individualmente, de flexibilidade suficiente para adotarem regimes de direitos de autor adequados às suas próprias necessidades culturais, sociais e de desenvolvimento econômico. Exceções e limitações aos direitos de autor, estabelecidas em função das necessidades domésticas, oferecem o mecanismo legal mais importante para alcançar, na esfera nacional, um equilíbrio apropriado e independente de interesses.

1. A presente versão da Declaração é uma tradução do inglês realizada por Edson Beas Rodrigues Jr. O autor agradece a Fabíola Zibetti e a Denis B. Barbosa pela revisão da tradução. Em caso de conflitos, a versão oficial em língua inglesa, entitulada *Declaration – A balanced interpretation of the "three-step test" in Copyright Law*, deve ser observada. A versão inglesa está disponível em: <www.ip.mpg.de/files/pdf2/declaration_three_step_test_final_english1.pdf>.

O Teste dos Três Passos já se firmou como um meio efetivo de prevenção da aplicação excessiva de limitações e exceções. No entanto, não existe mecanismo complementar que proíba que sua aplicação se faça de modo indevidamente limitado ou restritivo. Por essa razão, o Teste dos Três Passos deve ser interpretado com vistas a assegurar uma aplicação adequada e equilibrada das limitações e exceções. Isto é essencial para alcançar um efetivo equilíbrio de interesses.

CONSIDERAÇÕES

– O direito de autor tem como fim beneficiar o interesse público, porquanto estabelece incentivos importantes para a criação e disseminação de novas obras ao público em geral. As obras servem para a satisfação de necessidades comuns, que são satisfeitas tanto por meio da obra em si como por intermédio de sua utilização como base para a criação de novas obras. No entanto, o interesse público apenas estará verdadeiramente resguardado se o direito de autor oferecer incentivos adequados para todas as partes envolvidas. Por conseguinte, deve acomodar os interesses dos titulares originários de direitos (tais como os criadores), bem como os interesses daqueles que adquirem direitos em decorrência da comercialização e exploração comercial de uma obra (titulares subsequentes de direitos).

Criadores e titulares subsequentes de direitos, frequentemente, compartilham interesses convergentes, por exemplo, no que tange à proibição de usos não autorizados de obras protegidas. Mas, ocasionalmente, seus interesses também conflitam. Por exemplo, as limitaçõe e exceções quase sempre conflitam com o fim primário dos titulares subsequentes de direitos de maximizar os lucros de seus investimentos. Em sentido contrário, em determinadas circunstâncias, limitações e exceções favorecem os interesses dos criadores. Esta é a realidade dos regimes legais que condicionam a aplicação de limitações e exceções ao pagamento de uma compensação adequada, assegurando a participação obrigatória do criador nos resultados.

O Teste dos Três Passos não deve ser interpretado de maneira a pôr em perigo uma solução adequada para esse conflito multidimensional de interesses.

– O interesse público não estará bem servido se o direito de autor negligenciar os interesses mais gerais dos indivíduos e grupos da sociedade quando do estabelecimento de incentivos aos titulares de direitos. Quando surgem conflitos entre os interesses dos titulares de direitos de autor e o público em geral, deve-se envidar esforços para trazê-los a uma posição de equilíbrio. Tal equilíbrio de interesses é um objetivo geral da regulação da propriedade intelectual, conforme enunciado no artigo 7.° do Acordo TRIPS e no preâmbulo do Tratado da OMPI sobre Direitos Autorais, que enfatiza "a necessidade de se conservar um equilíbrio entre os direitos dos autores e os interesses do grande público, particularmente os pertinentes à educação, pesquisa e acesso à informação".

Limitações e exceções figuram como o instrumento legal mais importante para reconciliar os direitos dos autores com os interesses individuais e coletivos do público em geral. Quando utilizado para determinar o escopo de limitações e exceções, o Teste dos Três Passos não deve considerar apenas os interesses dos titulares de direitos de autor. A necessidade de tomar em conta, em igual medida, os interesses de terceiros é confirmada explicitamente no Teste dos Três Passos, quando aplicado na esfera do direito da propriedade industrial (arts. 17, art. 26(2) e art. 30 do Acordo TRIPS). O fato de não haver referência explícita a interesses de terceiras partes no Teste dos Três Passos, aplicável ao direito de autor, não diminui a necessidade de tomá-los em consideração. Pelo contrário, o silêncio indica uma omissão, que deve ser enfrentada pelo Poder Judiciário.

– Quando corretamente aplicado, o Teste dos Três Passos exige uma avaliação conjunta e abrangente de todos os seus passos, em vez de uma aplicação passo a passo, conforme sua descrição usual, mas enganosa. Nenhum passo isolado deve ser priorizado. Disso resulta que o Teste não mina o equilíbrio necessário entre interesses de classes diferentes de titulares de direitos ou entre titulares de direitos, de um lado, e o público em geral, do outro. Quaisquer resultados contraditórios decorrentes da aplicação individual dos passos do teste, em um caso particular, devem ser adaptados a partir de uma avaliação conjunta e abrangente de seus elementos. A formulação presente do Teste dos Três Passos não proíbe a observância desse entendimento. No entanto, essa abordagem tem sido frequentemente ignorada em casos concretos.[2]

– O interesse público resta particularmente claro no caso daqueles valores que dão suporte aos direitos fundamentais. A esses valores deve-se dar especial consideração quando se aplica o Teste dos Três Passos. Ademais, o interesse público estará resguardado quando a tendência inevitável do direito de autor de restringir a concorrência, por intermédio da concessão de direitos de exclusivo, não for além do necessário.

Limitações e exceções figuram como um mecanismo capaz de eliminar posições exclusivas de mercado, de natureza anticoncorrencial. A esse respeito, limitações e exceções apresentam uma vantagem em face dos remédios

2. Ver, por exemplo, a decisão da Suprema Corte da França, proferida em 28 de fevereiro de 2006 (37 IIC 760 (2006)). A mesma postura é revelada no relatório do painel WT/DS114/R, da Organização Mundial do Comércio (*Canada – Patents*), segundo o qual a falha em cumprir as exigências de um dos passos implicaria necessariamente violação ao art. 30 do Acordo TRIPS. Embora não endosse expressamente a mesma postura, o relatório de um painel subsequente (WT/DS160/R, *USA – Copyright*, de 15 de junho de 2000) não se distanciou de *Canada – Patents*, preservando assim as mesmas concepções equivocadas.

disponibilizados pelo direito concorrencial, porquanto estabelecem uma base geral para os remédios (em oposição à abordagem casuística do direito concorrencial). Logo, asseguram certeza legal, previsibilidade e ainda reduzem custos de transação. Decisões pertinentes à introdução e definição do escopo das limitações e exceções para promoção da concorrência devem ser deixadas à discricionariedade dos legisladores. O Teste dos Três Passos não deve ser aplicado de maneira a salvaguardar práticas anticoncorrenciais ou impedir o estabelecimento de um equilíbrio harmônico entre, de um lado, os interesses legítimos dos titulares de direitos de autor e, de outro, a concorrência (especialmente concorrência em mercados secundários).

– Um dos principais incentivos oferecidos pelo direito de autor aos titulares originários e subsequentes de direitos é a compensação fixada com fulcro nas práticas de mercado. Assim, preços mais altos são aceitáveis se resultarem da concorrência de mercado. Sem embargo, isto não significa que apenas os preços fixados pelo mercado possam ser considerados "adequados" e proporcionais aos interesses dos titulares de direitos. A compensação fixada em condições anticoncorrenciais é injustificável.

Por conseguinte, quando os interesses de terceiros justificarem a introdução de limitações e exceções aos direitos de exclusivo, o Teste dos Três Passos não deve obstar o pagamento de compensação em patamar abaixo daquele praticado pelo mercado. A compensação será intrinsecamente adequada quando conservar incentivos suficientes para a contínua criação e disseminação de obras. A compensação igualmente será suficiente quando a diferença entre a compensação concreta, fixada em patamar abaixo daquele praticado pelo mercado, e a compensação teórica, estabelecida segundo as práticas do mercado, justificar-se pelos interesses de terceiros.

OBJETIVOS

O Teste dos Três Passos desempenha distintas funções em diferentes esferas regulatórias e sistemas legais. Internacionalmente, controla a autonomia estatal quando da redação das exceções e limitações aos direitos de autor. Em âmbito doméstico, o Teste pode ser incorporado diretamente ou pode funcionar como um auxílio interpretativo das normas domésticas.

A presente Declaração não busca eliminar tais diferenças. Ademais, não pretende limitar a liberdade e discricionariedade dos legisladores regionais e domésticos de permitir ou proibir determinadas limitações e exceções ou minar a alocação de competências, no que respeita a legislar sobre limitações e exceções.

A regulação internacional econômica permite alcançar um equilíbrio entre interesses econômicos e sociais. O direito internacional da propriedade intelectual igualmente assinala a necessidade de equilíbrio. No campo do direito de autor, a presente Declaração propõe uma interpretação apropriadamente equilibrada do Teste dos Três Passos, de modo a permitir que as exceções e limitações ora existente nas legislações internas não sejam indevidamente restringidas, nem seja obstada a introdução de exceções e limitações adequadamente equilibradas.

DECLARAÇÃO

Os Signatários,

– Reconhecendo que os regimes internacionais, regionais e nacionais de direitos de autor se fundam, com frequência cada vez maior, no Teste dos Três Passos;

– Considerando que certas interpretações do Teste dos Três Passos, adotadas na esfera internacional, são indesejáveis;

– Notando que, ao aplicarem o Teste dos Três Passos, os juízes e legisladores nacionais vêm sendo equivocadamente influenciados por interpretações restritivas do Teste;

– Considerando desejável estabelecer a interpretação do Teste dos Três Passos a partir de uma fundamentação equilibrada,

Declaram:

1. O Teste dos Três Passos constitui um todo indivisível. Os três passos do teste devem ser considerados conjuntamente, em uma avaliação geral e abrangente
2. O Teste dos Três Passos não exige que as limitações e exceções sejam interpretadas restritivamente; estas devem ser interpretadas em consonância com seus objetivos e propósitos.
3. A exigência do Teste de que as limitações e exceções aos direitos de exclusivo se restrinjam a certos casos especiais não impede, quando possível dentro do sistema legal a que se vinculam, que:
   (a) os legisladores introduzam limitações e exceções abertas/gerais, desde que seu escopo seja razoavelmente previsível; ou
   (b) os tribunais
      – apliquem as limitações e exceções enunciadas em lei *mutatis mutandis* a circunstâncias factuais similares, ou
      – estabeleçam novas limitações ou exceções.
4. Limitações e exceções não conflitam com a exploração normal da matéria protegida, se forem fundadas em interesses concorrentes importantes ou tiverem o efeito de se contrapor a restrições não razoáveis à livre concorrência, notadamente em mercados secundários, particularmente quando uma compensação adequada for assegurada, seja por meios contratuais ou não.

5. Ao se aplicar o Teste dos Três Passos, deve-se tomar em consideração os interesses dos titulares originários de direitos, assim como os dos titulares subsequentes de direitos.
6. O Teste dos Três Passos deve ser interpretado de maneira a respeitar os interesses legítimos de terceiros, inclusive
   - interesses derivados de direitos humanos e liberdades fundamentais;
   - interesses sobre livre concorrência, notadamente em mercados secundários; e
   - outros interesses públicos, sobretudo aqueles concernentes ao progresso científico, cultural, social ou ao desenvolvimento econômico.

Iniciadores e coordenadores da Declaração:

– Christophe Geiger, Professor Associado e Diretor do Centre for International Industrial Property Studies (CEIPI), Universidade de Estrasburgo, França; Pesquisador no Instituto Max Planck para a Propriedade Intelectual (Munique, Alemanha)

– Reto M. Hilty, Diretor do Instituto Max Planck para a Propriedade Intelectual; Professor nas Universidades de Zurique e Munique

– Jonathan Griffiths, Professor (Docente Sênior) na Faculdade de Direito Queen Mary, Universidade de Londres, Reino Unido

– Uma Suthersanen, Professora (Docente) na Faculdade de Direito Queen Mary, Universidade de Londres, Reino Unido

Grupo de expertos que contribuíram para a redação da Declaração e que figuram como os primeiros signatários:

– Valérie Laure Benabou, Professora e Diretora do DANTE Research Centre for Information Technology Law, Univesidade de Versailles/Saint Quentin, França

– Lionel Bently, Professor e Diretor do Centre for Intellectual Property & Information Law, Faculdade de Direito da Universidade de Cambridge, Reino Unido

– Thomas Dreier, Professor na Universidade de Karlsruhe; Diretor da Karlsruhe Institute of Technology, Alemanha

– Séverine Dusollier, Professora e Chefe do Departamento de Direito da Propriedade Intelectual, Research Centre for Computer and Law, Universidade de Namur, Bélgica

– Gustavo Ghidini, Professor na Faculdade de Direito da Universidade de Milão; Diretor do Osservatorio di Proprietà Intellettuale, Concorrenza e Comunicazioni da LUISS Guido Carli, Universidade de Roma, Itália

– Henning Große Ruse-Khan, Pesquisador no Instituto Max Planck para a Propriedade Intelectual, Alemanha

– Bernt Hugenholtz, Professor e Diretor do Institute for Information Law, Universidade de Amsterdã, Holanda

– Dionysia Kallinikou, Professora-associada na Universidade de Atenas, Grécia

– Kamiel Koelman, da Bousie Lawyers, Amsterdã, Holanda

– Annette Kur, Professora e Pesquisadora Sênior no Instituto Max Planck para o Direito da Propriedade Intelectual, Alemanha

– Makeen Makeen, Docente na Faculdade de Direito, SOAS, Universidade de Londres, Reino Unido

– Vytautas Mizaras, Professor-associado e Chefe do Departamento de Direito e Processo Civil, Faculdade de Direito, Universidade de Vilnius, Lituânia

– Hector MacQueen, Professor de Direito Privado e Codiretor do AHRC Research Centre for Studies in Intellectual Property and Technology Law, Universidade de Edimburgo, Escócia

– Gül Okutan Nilsson, Professor-assistente no Intellectual Property Law Research Centre, Universidade Istambul Bilgi, Turquia

– Alexander Peukert, Professor-assistente e Pesquisador no Instituto Max Planck para a Propriedade Intelectual, Alemanha

– Jerome Reichman, Professor Titular da Cátedra Bunyan S. Womble, Faculdade de Direito da Universidade Duke, EUA

– Jan Rosen, Professor na Universidade de Estocolmo, Suécia

– Jens Schovsbo, Professor no Departamento de Ciência Legal, Universidade de Copenhague, Dinamarca

– Martin Senftleben, Professor de Propriedade Intelectual na VU University Amsterdam, Holanda

– Fabrice Siiriainen, Professor na Universidade de Nice Sophia Antipolis, França

– Paul L.C. Torremans, Professor na Faculdade de Direito da Universidade de Nottingham, Reino Unido

– Elzbieta Traple, Professora na Universidade de Cracóvia, Polônia

– Michel Vivant, Professor no Paris Institute for Political Studies (Science Po), França

– Rolf Weber, Professor na Universidade de Zurique, Suíça

– Guido Westkamp, Docente Sênior na Faculdade de Direito Queen Mary, Universidade de Londres, Reino Unido

– Raquel Xalabarder, Professora na Universidade Oberta de Catalunya, Barcelona, Espanha

Assistente de projeto e pesquisa:

Benjamin Bajon, Bolsista no Instituto Max Planck para a Propriedade Intelectual, Munique, Alemanha.[3]

3. Para uma lista atual dos indivíduos que apoiam a referida declaração, consultar: <http://www.ip.mpg.de/de/pub/aktuelles/declaration-threesteptest/list_of_supporters.cfm#i34948>.

Bibliografia

Abbott 2002

ABBOTT, F. M. WTO TRIPS Agreement and its implications for access to medicines in developing countries. Study Paper 2a. London: Commission on Intellectual Property Rights, 2002. 80 p. Disponível em: http://www.iprcommission.org/papers/pdfs/study_papers/sp2a_abbott_study.pdf. Acesso em: 2 jan. 2010.

ABDR [1993?]

ABDR. Estatuto da Associação Brasileira de Direitos Reprográficos. São Paulo, [1993?] Disponível em: <http://www.abdr.org.br/site/estatuto.asp>. Acesso em: 25 maio 2010.

ABDR 2008

ABDR. Revisão da Lei de Direitos Autorais: uma ameaça à educação. São Paulo, 2008. Disponível em: <http://www.linhaselaudas.com.br/site/imgmateriasmidia/Cartilha_bx.pdf.> Acesso em: 27 maio 2010.

ABDR [2010?]

ABDR. Perguntas e respostas. São Paulo, [2010?]. Disponível em: http://www.abdr.org.br/site/perguntas_respostas.asp. Acesso em: 25 maio 2010.

Abramovay 2010

ABRAMOVAY, R. Desenvolvimento sustentável: qual a estratégia para o Brasil? *Novos Estudos CEBRAP*, v. 87, p. 97-113, 2010.

Abrão 2002

ABRÃO, E.Y. Direitos de autor e direitos conexos. São Paulo: Editora do Brasil, 2002.

Adhikari 2005

ADHIKARI, R. Patents, royalty stacking and management. *World Pharmaceutical Frontiers*, n. 8, p. 25-26, 2005.

Advisory Council on Intellectual Property 2005

ADVISORY COUNCIL ON INTELLECTUAL PROPERTY – AUSTRALIAN GOVERNMENT. Patents and experimental use. October 2005.

Advocacia Geral da União 2007

ADVOCACIA GERAL DA UNIÃO – PROCURADORIA-GERAL FEDERAL/INPI. NOTA/INPI/PROC/CJCONS/N. 023/2006. Rio de Janeiro: INPI, 15 de janeiro de 2007.

Afonso da Silva 2005a

AFONSO DA SILVA, L. V. *O conteúdo essencial dos direitos fundamentais e a eficácia das normas constitucionais*. Tese apresentada para o concurso de provas e títulos para provimento do cargo de Professor Titular, junto ao Departamento de Direito do Estado – área de Direito Constitucional – na Faculdade de Direito da Universidade de São Paulo. São Paulo, USP, 2005.

Afonso da Silva 2005b

AFONSO DA SILVA, L. V. A *Constitucionalização do direito: os direitos fundamentais nas relações entre particulares*. São Paulo: Malheiros, 2005.

African Group 2010

AFRICAN GROUP. *Draft WIPO Treaty on Exceptions and Limitations for the Disabled, Educational and Research Institutions, Libraries and Archive Centers*, SCCR/20/11. Geneva, WIPO Standing Committee on Copyright and Related Rights, June 21-24, 2010.

Alexy 2009

ALEXY, R. *Teoria dos direitos fundamentais*. Tradução de Virgílio Afonso da Silva. São Paulo: Malheiros, 2009.

Amaral Jr. 2011

AMARAL JR., A. do. *Comércio internacional e a proteção do meio ambiente*. São Paulo: Atlas, 2011.

American College of Medical Genetics 1999

AMERICAN COLLEGE OF MEDICAL GENETICS. *Position statement on gene patents and accessibility of gene testing*. August 2, 1999. Disponível em: <http://www.acmg.net/StaticContent/StaticPages/Gene_Patents.pdf>. Acesso em: 20 nov. 2009.

American Intellectual Property Law Association 2004

AMERICAN INTELLECTUAL PROPERTY LAW ASSOCIATION (AIPLA). Response to the national academies report entitled "A patent system for the 21st century". Arlington, Virginia: AIPLA, 2004. Disponível em: <http://www.aipla.org/Content/ContentGroups/Issues_and_Advocacy/Comments2/Patent_and_Trademark_Office/2004/NAS092304.pdf>. Acesso em: 11 nov. 2009.

Andenas e Zleptnig 2007

ANDENAS, M.; ZLEPTNIG, S. Proportionality: WTO law in comparative perspective. Texas International Law Journal, v. 42, n. 3, p. 370-427, 2007.

ANFAPE 2008

ANFAPE. *Considerações sobre o mercado independente de autopeças brasileiro e as consequências de um possível monopólio sobre peças de reposição*. Guarulhos/SP: ANFAPE, 2008. Disponível em: <http://www.anfape.org.br/imagens/Memorial%20ProCade%2030-09-2008.pdf>. Acesso em: 11 jun. 2010.

AOKI 2009

AOKI, H. Design Protection of spare parts from a global perspective – types of protection among countries, and trends in the EU and USA. *AIPPI Journal*, Sept. 2009, p. 295-319.

Aras 2010

ARAS, A. Parecer do Procurador da República Augusto Aras MPF/CADE n. 23/2009 no âmbito da averiguação preliminar n. 08012.002673/2007-51. Brasília: CADE, 8 de março de 2010. Disponível em: http://www.anfape.org.br/imagens/Parecer_do_MPF_08-03-10.pdf. Acesso em: 11 jun. 2010.

Araújo Jr. 2006

ARAÚJO Jr., J.T. *Restrições verticais no mercado brasileiro de autopeças: impactos anticompetitivos*. Ecostrat Consultores, dez. 2006. Disponível em: <http://www.anfape.org.br/imagens/Nota%20tecnica%20Jose%20Tavares%2012--2006.pdf>. Acesso em: 5 jun. 2010.

Armstrong et al. 2010

ARMSTRONG, C; DE BEER, J; KAWOOYA, D; PRABHALA, A; SCHONWETTER, T. *Access to knowledge in Africa: the role of copyright*. Claremont: UCT Press, 2010.

Ascensão 2008

ASCENSÃO, J. O. *As "exceções e limites" ao direito de autor e direitos conexos no ambiente digital*. Fortaleza, 26-28 nov. 2008. Disponível em: http://www.cultura.gov.br/site/wp-content/uploads/2009/02/texto_mesa11_ascensao.pdf.

Association of University Technology Managers 2007

ASSOCIATION OF UNIVERSITY TECHNOLOGY MANAGERS (ATUM). *In the public interest: nine points to consider in licensing university technology*. 2007. Disponível em: <http://www.fptt-pftt.gc.ca/eng/resources/articles/2007/03/InthePublicInterest.html>. Acesso em: 10 nov. 2009.

Aust 2000

AUST, A. *Modern treaty law and practice*. Cambridge: Cambridge University Press, 2000.

Aymé et al. 2008

AYMÉ, S; MATTHIJS, G; SOINI, S. Patenting and licensing in genetic testing: recommendations of the European Society of Human Genetics. *European Journal of Human Genetics*, v. 16, p. 3-9, 2008.

Baca 2006

BACA, M. R. Barriers to innovation: intellectual property transaction costs in scientific collaboration. *Duke Law & Technology Review*, n. 4, 2006. Disponível em: <http://www.law.duke.edu/journals/dltr/articles/2006dltr0004.html>. Acesso em: 17 abr. 2009.

Bandeira de Mello 2004

BANDEIRA DE MELLO, C. A. Curso de direito administrativo. 17. ed. São Paulo: Malheiros, 2004.

Basheer 2005

BASHEER, S. Block Me not: how "essential" are patented genes? *Journal of Law, Technology & Policy*, n.1, p. 55-96, 2005.

Basheer et al. 2010

BASHEER, S.; PUROHIT, S; REDDY, P. *Patent exclusions that promote public health objectives* (SCP/15/3 – Annex IV). Geneva: WIPO, 2010.

Bauer 2005

BAUER, R. J. Why not try the experiment and stop pointing the finger? Modern university unaffected by a narrow experimental use exception. *Temple Journal of Science and Technology & Environmental Law*, v. xxxiv, n. 1, p. 121-142, 2005.

Bederman 2001

BEDERMAN, D. J. *Classical canons: rhetoric, classicism and treaty interpretation*. Aldershot: Ashgate, 2001.

Bently 2010

BENTLY, L. *Exclusions from patentability and exceptions and limitations to patentees' rig*hts (SCP/15/3/Annex I). Geneva: WIPO, 2010.

Bergström 1967

BERGSTRÖM, S. *Report on the work of main Committee I (Substantive provisions of Berne Convention: articles 1 to 20)*. Geneva: Records of the Intellectual Property Conference of Stockholm, June 11 to July 14, 1967. v. II.

BIRPI 1967a

UNITED INTERNATIONAL BUREAUX FOR THE PROTECTION OF INTELLECTUAL PROPERTY (BIRPI). *Reports on the Work of the five main Committees of the Intellectual Property Conference of Stockholm*, 1967. Geneva: BIRPI, 1967.

BIRPI 1967b

UNITED INTERNATIONAL BUREAUX FOR THE PROTECTION OF INTELLECTUAL PROPERTY (BIRPI). *General Report of the Swedish/BIRPI Study Group Established at July 1, 1964: Diplomatic Conference of Stockholm*, 1967 (DA/22/2). Geneva: BIRPI, 1967.

Borges Barbosa 1999

BORGES BARBOSA, D. *Direito autoral – apresentações gratuitas*. Rio de Janeiro, 1999. Disponível em: <http://denisbarbosa.addr.com/88.DOC>.

Borges Barbosa 2006

BORGES BARBOSA, D. *TRIPs art. 7 and 8, FTAs and Trademarks* (March 9, 2006). Disponível em: <http://ssrn.com/abstract=889107>.

Borges Barbosa 2010

BORGES BARBOSA, D. *Tratado da propriedade intelectual*. Rio de Janeiro: Lumen Juris, 2010. v. 3.

Borges Barbosa 2012a

BORGES BARBOSA, D. *Propriedade intelectual. Normas deontológicas relativas a textos de doutrina jurídica. Vedação do plágio, mediante ocultação de quem é o originador de ideias e expressões alheias*. Rio de Janeiro, 2012. Texto disponível em: <http://www.denisbarbosa.addr.com/arquivos/200/propriedade/plagio_autoral_e_academico.pdf>.

Borges Barbosa 2012b

BORGES BARBOSA, D. *Limitations to author's rights in Brazil*. Rio de Janeiro, 2012. Texto disponível em: <http://www.denisbarbosa.addr.com/arquivos/200/propriedade/limitacoes_. pdf>.

Borges Barbosa e Grau-Kuntz 2010

BORGES BARBOSA, D.; GRAU-KUNTZ, K. Exclusions from patentable subject matter and exceptions and limitations to the rights: biotechnology (SCP/15/3 – Annex III). Geneva: WIPO, 2010.

Bostyn 2004

BOSTYN, S. J. R. *Patenting DNA sequences (polynucleotides) and scope of protection in the European Union: an evaluation. Background study for the European Commission within the framework of the Expert Group on biotechnological Inventions*. Brussels: European Commission, 2004.

Botero 2009

BOTERO, C. Informe Anual de la Comisión Interamericana de Derechos Humanos 2009: Informe de la Relatoría Especial para la Libertad de Expresión (OEA/Ser.L/V/II. Doc. 51).Washington D.C.: Comisión Interamericana de Derechos Humanos, 30 diciembre 2009.

Bradley 2003

BRADLEY, W. Supertropical. NIFCA, 2003. Disponível em: <http://www.nifca.org/projects/events/2003_06_26.print>. Acesso em: 1.° jul. 2010.

Brennan 2002

BRENNAN, D. J. The three step test frenzy – why the TRIPs panel decision might be considered per incuriam. *Intellectual Property Quarterly*, n. 2, p. 212-225, 2002.

Brownlie 1998

BROWNLIE, I. *Principles of public international law*. Oxford: Clarendon Press, 1998.

Bruzzone 1993

BRUZZONE, L.C. The research exemption: a proposal. *American Intellectual Property Law Association Quarterly Journal*, v. 21, p. 52-69, 1993.

Byers 2002

BYERS, M. Abuse of rights: an old principle, a new age. *McGill Law Journal*, v. 47, p. 390-431, 2002.

Byström e Einarsson 2001

BYSTRÖM, M; EINARSSON, P. *Consequences for developing countries: implications for Swedish development cooperation. Consultancy report to the Swedish International Development Cooperation Agency*. Stockholm, 2001.

Cannizzaro 2000

CANNIZZARO, E. *Il principio della proporzionalità nell'ordinamento internazionale*. Milano: Giuffré, 2000.

Caruso 2003-2004

CARUSO, A. J. The experimental use exception: an experimentalist's view. *Albany Law Journal of Science & Technology*, v. 14, p. 215-244, 2003-2004.

Committee on Civil and Political Rights 2001

COMMITTEE ON CIVIL AND POLITICAL RIGHTS. General Comment on Article 4 (adopted at the 1950th meeting, on 24 July 2001). CCPR/C/21/Rev.1/Add.11.

Committee on Economic, Social and Cultural Rights 2006

COMMITTEE ON ECONOMIC, SOCIAL AND CULTURAL RIGHTS. General comment n. 17: the right of everyone to benefit from the protection of the moral and material interests resulting from any scientific, literary or artistic production of which he or she is the author (article 15, paragraph 1 (c), of the Covenant). E/C.12/GC/17. Geneva, 12 Jan. 2006.

Cheng 1953

CHENG, B. *General principles of law as applied by international courts and tribunals*. London: Stevens & Sons Limited, 1953.

Clark 2004

CLARK, V. Pitfalls in drafting royalty provisions in patent licences. *Bio-Science Law Review* 2004. Disponível em: <http://pharmalicensing.com/public/articles/view/1087832097_40d70021d738c> (Acesso em: 10 out. 2009).

Clift 2007

CLIFT, C. Patenting and licensing research tools. In: KRATTIGER, A.; MAHONEY, R. T.; NELSEN, L.; THOMSON, J. A.; BENNETT, A. B.; SATYANARAYANA, K.; GRAFF, G. D.; FERNANDEZ, C.; KOWALSKI, S. P. *Intellectual property management in health and agricultural innovation: a handbook of best practices*. Oxford, UK: MIHR/Davis, CA: PIPRA, 2007. v. 1, p. 79-88.

Comissão das Comunidade Europeia 2004

COMISSÃO DA COMUNIDADE EUROPEIA. *Proposta de Directiva do Parlamento Europeu e do Conselho que altera a Directiva 98/71/CE, relativa à protecção legal de desenhos e modelos*. Bruxelas, 14.9.2004. Disponível em: <http://eur-lex.europa.eu/LexUriServ/LexUriServ.do?uri=CELEX:52004PC0582:PT:HTML>. Acesso em: 10 jun. 2010.

Commission of the European Communities 2004a

COMMISSION OF THE EUROPEAN COMMUNITIES. *Proposal for a Directive of the European Parliament and of the Council amending Directive 98/71/EC on the legal protection of designs*. COM(2004) 582 final. Brussels, 14.9.2004.

Commission of the European Communities 2004b

COMMISSION OF THE EUROPEAN COMMUNITIES. *Proposal for a Directive of the European Parliament and of the Council amending Directive 98/71/EC on the legal protection of designs: extended impact assessment*. Brussels, 14.9.2004. Disponível em: http://www.europa-nu.nl/9353000/1/j4nvgs5kjg27kof_j9vvh6nf08temv0/vi7jgsymsdz3/f=/.pdf. Acesso em: 10 jun. 2010.

Commission on Human Rights 2001

COMMISSION ON HUMAN RIGHTS. *Globalization and its impact on the full enjoyment of human rights: progress report submitted by J. Oloka-Onyango and Deepika Udagama, in accordance with Sub-Commission resolution 1999/8 and Commission on Human Rights decision 2000/102*, E/CN.4/Sub.2/2001/10. Geneva, 2 August, 2001.

Commission on Intellectual Property Rights 2002

COMMISSION ON INTELLECTUAL PROPERTY RIGHTS. *Integrating intellectual property rights and development policy*. London, 2002.

Committee on Economic Social and Cultural Rights 2009

COMMITTEE ON ECONOMIC SOCIAL AND CULTURAL RIGHTS. General Comment N. 21: right of everyone to take part in cultural life (art. 15, par. 1(a), of the International Covenant on Economic, Social and Cultural rights) – E/C.12/GC/21. Geneva: Economic and Social Council, 21 December 2009.

Compact Oxford English Dictionary of Current English 2009

COMPACT OXFORD ENGLISH DICTIONARY OF CURRENT ENGLISH. 3. ed. rev. Oxford: Oxford University Press, 2009. Disponível em: <http://www.askoxford.com/dictionaries/compact_oed/?view=uk>. Acesso em: 10 fev. 2010.

Conceição et al. 2004

CONCEIÇÃO, P.; HEITOR, M.V.; SIRILLI, G; WILSON, R. The "swing of the pendulum" from public to market support for science and technology: is the U.S. leading the way? *Technological Forecasting and Social Change*, v. 71, n. 6, p. 553-578, 2004.

Conference on the Human Environment 1972

CONFERENCE ON THE HUMAN ENVIRONMENT. Declaration of the United Nations Conference on the Human Environment, 1972. Stockholm, 1972.

Consumers International 2010

CONSUMERS INTERNATIONAL. *IP Watchlist* 2010. Disponível em: <http://a2knetwork.org/sites/default/files/IPWatchList-2010-ENG.pdf>.

Cook 2006

COOK, T. *A European perspective as to the extent to which experimental use, and certain other, defences to patent infringement, apply to differing types of research*. London: Intellectual Property Institute, 2006.

Correa 2007

CORREA, C. M. *Trade related aspect of intellectual property rights: a commentary on the TRIPS Agreement*. Oxford: Oxford University Press, 2007.

Council of the European Union 2009

COUNCIL OF THE EUROPEAN UNION. *Revised proposal for a Council Regulation on the Community patent*. Brussels, 29 set. 2009. Disponível em: <http://register.consilium.europa.eu/pdf/en/09/st13/st13706.en09.pdf>. Acesso em: 30 out. 2009.

CPTECH 2005

CPTECH (Consumer Project on Technology). *Treaty on access to knowledge*. Washington D.C., May 2005. Disponível em: <http://www.cptech.org/a2k/a2k_treaty_may9.pdf>. Acesso em: 12 jul. 2010.

Craveiro et al. 2008

CRAVEIRO, G.; MACHADO, J.; ORTELLADO, P. *O mercado de livros técnicos e científicos no Brasil: subsídio público e acesso ao conhecimento*. São Paulo: Grupo de Pesquisa em Políticas Públicas para o Acesso à Informação da Universidade de São Paulo, 2008.

Creative Commons Brasil 2006

CREATIVE COMMONS BRASIL. *Coletivo dinamarquês acusa Fundação Bienal de censura*. 16 de outubro de 2006. Disponível em: <http://www.creativecommons.org.br/index.php?option=com_content&task=view&id=66&Itemid=51>. Acesso em: 1.º jul. 2010.

Crespi 2001

CRESPI, R. S. Patents on genes: can the issues be clarified? *Bio-Science Law Review*, 21 fev. 2001. 9 p.

Cypriano 2006

CYPRIANO, F. Grupo acusa Fundação Bienal de censurar obra. *Folha de S. Paulo*, São Paulo, 5 out. 2006. Disponível em: <http://www1.folha.uol.com.br/folha/ilustrada/ult90u64886.shtml>. Acesso em: 1.º jul. 2010.

D'Amato 1992

D'AMATO, A. Good faith. In: BERNHARDT, R. *Encyclopedia of public international law*. Amsterdam: Elsevier Sciences Publishers, 1992. p. 599-601.

De Borja 2008

De BORJA, A. G. Exceptions to design rights: the potential impact of Article 26(2) TRIPS. *European Intellectual Property Review*, v. 30, n. 12, p. 500-508, 2008.

De Larena 2005

De LARENA, L. R. What copyright teaches patent law about "fair use" and why universities are ignoring the lesson. *Oregon Law Review*, v. 84, p. 779--819, 2005.

De Schutter 2009

De SCHUTTER, O. *Seed policies and the right to food: enhancing agrobiodiversity, encouraging innovation*. Background document to the report (A/64/170) presented by Prof. Olivier De Schutter, Special Rapporteur on the right to food, at the 64th session of the UN General Assembly (October 2009). Geneva: OHCHR, June 2009.

DeFranco et al. 2006

DeFRANCO, D. W.; LEVY, C. M.; POGACH, M. L. The experimental use exception: looking towards a legislative alternative. *Journal of High Technology Law*, v. 6, p. 93-111, 2006.

Dennis 2003

DENNIS, C. Geneticists question fees for use of patented'junk'DNA. *Nature*, v. 423, 8 may 2003, p. 105.

Derzko 2003-2004

DERZKO, N. M. In search of a compromised solution to the problem arising from patenting biomedical research tools. *Santa Clara Computer & High Technology Law Journal*, v. 20, p. 347-409, 2003-2004.

Desmedt 2001

DESMEDT, A. Proportionality in WTO Law. *Journal of International Economic Law*, v. 4, n. 3, p. 441-480, 2001.

Dias e Cabral 2011

DIAS, T. M.; CABRAL, R. Quem tem medo da mudança? *O Estado de S. Paulo*, São Paulo, 20 mar. 2011. Disponível em: <http://blogs.estadao.com.br/link/quem-tem-medo-da-mudanca/>.

Dinwoodie e Dreyfuss 2004

DINWOODIE, G. B.; DREYFUSS, R. C. International intellectual property law and the public domain of science. *Journal of International Economic Law*, v. 7 n. 2, p. 431-448, 2004.

Dinwoodie e Dreyfuss 2007

DINWOODIE, G. B.; DREYFUSS, R. C. Diversifying without discriminating: complying with the mandates of the TRIPS Agreement. *Michigan Telecommunications and Technology Law Review*, v. 13, p. 445-456, 2007.

Doctors Without Borders 2002

DOCTORS WITHOUT BORDERS. *Why Article 30 will work. Why Article 31 will not*. Geneva, June 24, 2002. Disponível em: <http://www.accessmed-msf.org/prod/publications.asp?scntid=24920041455473&contenttype=PARA&>.

Dreier 2005

DREIER, T. Interpreting International IP Law: Some observations regarding WTO dispute resolution. In: KUR, Annette; LUGINBUHL, Stefan; WAAGE, Eskil. *"... und sie bewegt sich doch!" – Patent Law on the Move*. Köln: Carl Heymanns Verlag, 2005. p. 45-62.

Drexl et al. 2005

DREXL, J.; HILTY, R.; KUR, A. Design protection for spare parts and the Commission's proposal for a repairs clause. *International Review of Intellectual Property and Competition Law*, v. 36, p. 448-457, 2005.

Dreyfuss 2003

DREYFUSS, R. C. Varying the course in patenting genetic material: a counter-proposal to Richard Epstein's *Steady Course*. *Public Law and Legal Theory Research Paper Series* – Research Paper n. 59, New York, New York University School of Law, April 2003. 11 p.

Dreyfuss 2004

DREYFUSS, R. C. Protecting the public domain of science: has the time for an experimental use defense arrived? *Arizona Law Review*, v. 46, p. 457-472, 2004.

Dreyfuss 2005

DREYFUSS, R. C. Unique works/unique challenges at the intellectual property/competition law interface. *European Competition Law Annual 2005*. NYU, Law and Economics Research Paper n. 05-13. Disponível em: <http://ssrn.com/abstract=763688>.

ECAR 2006-2007

ECAR. *The "spare parts" issue: the position of ECAR. Brussels, 2006-2007*. Disponível em: <http://www.ecar-eu.com/documents/ECARPositionPaperonEurodesign05-2007.pdf>. Acesso em: 10 jun. 2010.

ECAR 2009

ECAR. Why a few Members States should no longer block the liberalization of the vehicle spare parts market. *ECAR – Analysis of the legal, economic and political status of the "Repairs Clause"*. Brussels, Jan. 2009.

Eisenberg 1989

EISENBERG, R. S. Patents and the progress of science: exclusive rights and experimental use. *University of Chicago Law Review*, v. 56, p. 1017-1086, 1989.

Eisenberg 2003

EISENBERG, R. S. Science and the law: patent swords and shields. *Science*, v. 299, n. 5609, p. 1018-1019, 14 Fev. 2003.

Eisenberg et al. 2002

EISENBERG, R.; MARKS, A.; ANNAS, G. Molecule vs. information: should patents protect both? Symposium on Bioinformatics and Intellectual Property Law, April 27, 2001, Boston, Massachusetts. *Boston University Journal of Science & Technology Law*, v. 8, p. 190-217, 2002.

Elkind 1976

ELKIND, J. B. Footnote to the nuclear test cases: abuse of right – a blind alley for environmentalists. *Vanderbilt Journal of Transnational Law*, v. 9, p. 57-98, 1976.

Engle 2009

ENGLE, E. *The history of the general principle of proportionality: an overview*, 2009. Disponível em: <http://ssrn.com/abstract=1431179>.

European Commission 2009

EUROPEAN COMMISSION. Communication from the Commission: executive summary of the pharmaceutical sector inquiry report. 8 July 2009. Disponível em: <http://ec.europa.eu/competition/sectors/pharmaceuticals/inquiry/communication_en.pdf>. Acesso em: 30 dez. 2009.

European Parliament 2005

EUROPEAN PARLIAMENT. *European Parliament resolution on patents for biotechnological inventions*. Strasbourg, 26 October 2005.

European Union 2004

EUROPEAN UNION. *Commission proposes enhancing competition in the market for replacement parts for cars: frequently asked questions*. MEMO/04/215. Brussels, 14th September 2004.

Farid 2010

FARID, J. 35% dos brasileiros ainda não se alimentam o suficiente. *O Estado de S. Paulo*, São Paulo, 23 jun. 2010. Disponível em: <http://economia.estadao.com.br/noticias/economia+brasil,35-dos-brasileiros-ainda-nao-se-alimentam-o-suficiente,not_24382,0.htm>. Acesso em: 23 jun. 2010.

Farina e Tormin 2007

FARINA, L. N.; TORMIN, R. S. Representação apresentada em nome da Associação Nacional dos Fabricantes de Autopeças (ANFAPE), perante a

Secretaria de Direito Econômico do Ministério da Justiça do Brasil. Brasília, 4 de abril de 2007. Disponível em: <http://www.anfape.org.br/imagens/Representação%20%20SDE-CADE%2004-04-2007.pdf>. Acesso em: 1.° jun. 2010.

Federal Trade Commission 2003

FEDERAL TRADE COMMISSION. *To promote innovation: the proper balance of competition and patent law and policy*. October 2003. Disponível em: <http://www.ftc.gov/os/2003/10/innovationrpt.pdf>. Acesso em: 24 nov. 2009.

Feldman et al. 2007

FELDMAN, M. P.; COLAIANNI, A.; LIU KANG, C. Lessons from the commercialization of the Cohen-Boyer patents: the Stanford University licensing program. In: KRATTIGER, A.; MAHONEY, R. T; NELSEN, L.; THOMSON, J. A.; BENNETT, A. B.; SATYANARAYANA, K.; GRAFF, G. D.; FERNANDEZ, C.; KOWALSKI, S. P. *Intellectual property management in health and agricultural innovation: a handbook of best practices*. Oxford, UK: MIHR/Davis, CA: PIPRA 2007. v. 2, p. 1797-1808.

Ficsor 2003

FICSOR, M. *Guide o the copyright and related rights treaties administered by WIPO and glossary of copyright and related rights terms*. Geneva: WIPO, 2003.

Fitzmaurice 1950

FITZMAURICE, G. G. The Law and procedure of the International Court of Justice: general principles and substantive law. *British Yearbook of International Law*, v. 27, p. 1-41, 1950.

Fonseca e Monteiro 2009

FONSECA, R. A.; MONTEIRO, R. S. G. Representação da ANPAPE apresentada perante o Ministério Público Federal do Rio Grande do Sul. Guarulhos-SP, 13 mar. 2009. Disponível em: <http://www.anfape.org.br/imagens/Representação-Consumidor%20MPF-RS%2013-03-2009.pdf>. Acesso em: 11 jun. 2010.

Fontes 2010

FONTES, S. MPF vai investigar ação de montadoras na área de reposição. *Valor Econômico*, São Paulo, 1.° set. 2010, p. B9.

Franck 2008

FRANCK, T. M. On proportionality of countermeasures in international law. *The American Journal of International Law*, v. 102, p. 715-767, 2008.

Frankel 2005-2006

FRANKEL, S. WTO application of "the Customary Rules of Interpretation of Public International Law". *Virginia Journal of International Law*, v. 46, n. 2, p. 365-431, 2005-2006.

Frankel 2010

FRANKEL, S. The applicability of GATT jurisprudence to the interpretation of the TRIPS Agreement. In: CORREA, C. M. (ed.). *Research Handbook on Intellectual Property Law and the WTO*. Neuchâtel: Edward Elgar Publishing, 2010. p. 3-23.

Frasson 2010

FRASSON, A. Cópia ilegal na Unicamp gera apreensão de livros: ação realizada pela DIG combate violação de direitos autorais. *Correio Popular*, 30 mar. 2010. Disponível em: <http://portaldepaulinia.com.br/201003305429/Regiao/Noticias/copia-ilegal-na-unicamp-gera-apreensao-de-livros.html>. Acesso em: 25 maio 2010.

Freeburg 2005-2006

FREEBURG, R. E. No Safe harbor and no experimental use: is it time for compulsory licensing of biotech tools? *Buffalo Law Review*, v. 53, p. 351--408, 2005-2006.

Friedmann 1963

FRIEDMANN, W. The uses of "general principles" in the development of international law. *American Journal of International Law*, v. 57, p. 279-299, 1963.

García 1960

GARCÍA A., F.V. State responsibility: fifth report on international responsibility. A/CN.4/125 and Corr. 1. *Yearbook of the International Law Commission*, v. II, p. 41-68, 1960.

Gardiner 2008

GARDINER, R. K. *Treaty interpretation*. Oxford: Oxford University Press, 2008.

Geiger 2004

GEIGER, C. Fundamental rights, a safeguard for the coherence of intellectual property law? *IIC (International Review of Industrial Property and Copyright Law)*, v. 35, p. 269-280, 2004.

Geiger 2005

GEIGER, C. Right to copy v. three-step test: the future of the private copy exception in the digital environment. *Computer Law Review International*, v. 1, p. 7-13, 2005.

Geiger 2006a

GEIGER, C. Copyright and free access to information: for a fair balance of interests in a globalised world. *E.I.P.R.*, n. 7, p. 366-373, 2006.

Geiger 2006b

GEIGER, C. The private copy exception, an area of freedom (temporarily) preserved in the digital environment. *IIC (International Review of Industrial Property and Copyright Law)*, v. 37, n. 1, p. 74-81, 2006.

Geiger 2006c

GEIGER, C. The three-step test, a threat to a balanced copyright? *IIC (International Review of Industrial Property and Copyright Law)*, v. 37 n. 6, p. 683-699, 2006.

Geiger 2007a

GEIGER, C. The role of the three-step test in the adaptation of copyright law to the information society. *UNESCO e-copyright Bulletin*, Jan.-March 2007.

Geiger 2007b

GEIGER, C. Trade marks and freedom of expression – the proportionality of criticism. *IIC (International Review of Industrial Property and Copyright Law)*, v. 38, n. 3, p. 317-327, 2007.

Geiger 2008a

GEIGER, C. Flexibilising copyright – remedies to the privatisation of information by copyright law. *IIC (International Review of Industrial Property and Copyright Law)*, v. 39 n. 2, p. 178-197, 2008.

Geiger 2008b

GEIGER, C. Rethinking copyright limitations in the information society: the Supreme Court leads the way. *IIC (International Review of Industrial Property and Copyright Law)*, v. 39, n. 8, p. 943-950, 2008.

Gervais 1998

GERVAIS, D. *The TRIPS Agreement: drafting history and analysis*. London: Sweet & Maxwell, 1998.

Gervais 2005

GERVAIS, D. Towards a new core international copyright norm: the reverse three-step test. *Marquette Intellectual Property Law Review*, v. 9, n. 1, 2005, p. 1-35.

Ghidini 2006

GHIDINI, G. *Intellectual property and competition law: the innovation nexus*. Cheltenham, UK: Edward Elgar, 2006.

Ginsburg 2001

GINSBURG, J. C. Toward supranational copyright law? The WTO Panel decision and the "three-step test" for copyright exceptions. *The Center for Law and Economic Studies Working Paper*. New York, Columbia Law School, n. 181, Jan. 2001.

Gitter 2001

GITTER, D. M. International conflicts over patenting human DNA sequences in the United States and the European Union: an argument for compulsory licensing and a fair-use exemption. *New York University Law Review*, v. 76, p. 1623-1691, 2001.

Gold e Carbone 2008

GOLD, E. R.; CARBONE, J. *Myriad genetics: in the eye of the policy storm*. Montreal: International Expert Group on Biotechnology, Innovation and Intellectual Property, 2008. 59 p.

Gold e Joly 2010

GOLD, E. R.; JOLY, Y. *The patent system and research freedom: a comparative study* (SCP/15/3 – Annex VI). Geneva: WIPO, 2010.

Gold et al. 2005

GOLD, E. R.; JOLY, Y.; CAULFIELD, T. Genetic research tools, the research exception and open science. *GenEdi*, v. III, n. 2, p. 1-11, 2005.

Goldscheider 1995-1996

GOLDSCHEIDER, R. The negotiation of royalties and other sources of income from licensing. *IDEA*, v. 36, n. 1, p. 1-17, 1995-1996.

Goldstein 2001

GOLDSTEIN, P. *International copyright: principles, law and practice*. Oxford: Oxford University Press, 2001.

Greenpeace UK 2010

GREENPEACE UK. Greenpeace rebrands BP. London, 24 maio 2010. Disponível em: <http://members.greenpeace.org/blog/greenwashing/2010/05/24/greenpeace_rebrands_bp>. Acesso em: 24 jun. 2010.

Grubb 2002

GRUBB, P. *How real are patent thickets, reach-through rights, royalty stacking and dependency, and freedom-to-operate restrictions?* Berlin Workshop. Paris: OECD, 2002. Disponível em: <http://www.oecd.org/dataoecd/16/4/1817832.pdf>. Acesso em: 12 fev. 2010.

Hagelin 2006

HAGELIN, T. The experimental use exemption to patent infringement: information on ice, competition on hold. *Florida Law Review*, v. 58, n. 3, p. 483-560, 2006.

Hamilton 2005

HAMILTON, D. P. Silent treatment: how Genentech, Novartis stifled a promising drug: biotech firm tried to pursue peanut-allergy injection, but contract got in way. *The Wall Street Journal*, New York, April 5, 2005, p. A1.

Hardin 1968

HARDIN, G. The tragedy of the commons. *Science*, v. 162, p. 1243-1248, 1968.

Hardin 1977

HARDIN, G. Will Xerox kill Gutemberg? *Science*, v. 198, n. 4320, p. 883, 1977.

Heide 1999

HEIDE, T. The Berne three-step test and the proposed copyright directive. *European Intellectual Property Review*, v. 21, n. 3, p. 105-109, 1999.

Heller e Eisenberg 1998

HELLER, M. A.; EISENBERG, R. Can patents deter innovation? The anticommons in biomedical research. *Science*, v. 280, n. 5364, p. 698-701, 1.º Maio 1998.

Hestermeyer 2007

HESTERMEYER, H. *Human rights and the WTO: the case of patents and access to medicines*. Oxford: Oxford University Press, 2007. 300 p.

Hiche et al. 2005

HICHE, B.; CONDINI, A.; JABUR, G. *Crítica ao direito de autor e a questão das copiadoras nas universidades*. São Paulo, 2005. Disponível em: <paje.fe.usp.br/~mbarbosa/cursopos/dossie>. Acesso em: 26 maio 2010.

Hilf 2001

HILF, M. Power, rules and principles – which orientation for WTO/GATT law? *Journal of International Economic Law*, p. 111-130, 2001.

Hilf e Goetz 2003

HILF, M.; GOETZ, J. G. The relation of economic and non-economic principles in international law. In: GRILLER, Stefan (ed.). *International economic governance and non-economic concerns: new challenges for the international legal order*. Wien, New York: Springer, 2003, p. 5-46.

Hilf e Puth 2002

HILF, M.; PUTH, S. The principle of proportionality on its way into WTO/GATT law. In: VON BOGDANDY; MAVROIDIS, Petros C. (ed.). *European integration and international coordination: studies in transnational economic law in honour of Claus-Dieter Ehlermann*. The Hague: Kluwer Law International, 2002. p. 199-218.

Hindle 2005

HINDLE, A. *Reach-through claims*. Edinburgh: Hindle Lowther, 2005. Disponível em: <http://www.hindlelowther.com/article_reach.htm>. Acesso em: 23 ago. 2008.

Hiraki 2000

HIRAKI, Y. Problems regarding the patentability of genomics and scope of protection of ESTs in Japan. *CASRIP Newsletter*, p. 17-26, Winter 2000.

Hoffman 2003-2004

HOFFMAN, D. C. A modest proposal: toward improved access to biotechnology research tools by implementing a broad experimental use exception. *Cornell Law Review*, v. 89, n. 993-1043, 2003-2004.

Howse 2004

HOWSE, R. Mainstreaming the right to development into international trade law and policy at the World Trade Organization – Note by the Secretariat

(E/CN.4/Sub.2/2004/17). Geneva: Commission on Human Rights – Sub--Commission on the Promotion and Protection of Human Rights, 9 June 2004.

Hu 2004

HU, J. The role of international law in the development of WTO Law. *Journal of International Economic Law*, v. 7, n. 1, p. 143-167, 2004.

Hugenholtz 1996

HUGENHOLTZ, P. B. Chronicle of The Netherlands – Dutch copyright law, 1990-1995. *Revue Internationale du Droit d'Auteur*, n. 169, p. 128-195, 1996.

Hugenholtz 1997

HUGENHOLTZ, P. B. *Fierce creatures – copyright exemptions: towards extinction?* IFLA/IMPRIMATUR Conference. 30-31 October 1997, Amsterdam, The Netherlands.

Hugenholtz 2000

HUGENHOLTZ, P. B. Copyright and freedom of expression in Europe. In: DREYFUSS, R. C.; FIRST, H.; ZIMMERMAN, D. L. (ed.). *Innovation policy in an information age*. Oxford: Oxford University Press, 2000.

Hugenholtz e Okediji 2008

HUGENHOLTZ, P. B.; OKEDIJI, R. L. Conceiving an international instrument on limitations and exceptions to copyright: final report. Amsterdam & Minnesota: Institute for Information Law University of Amsterdam & University of Minnesota, 2008.

Hughes 1997

HUGHES, J. The philosophy of intellectual property. In: MOORE, A. D. (ed.). *Intellectual property: moral, legal, and international dilemmas*. Lanham: Rowman & Littlefield Publishers, 1997. p. 107-177.

HUGO Intellectual Property Committee 2003

HUGO INTELLECTUAL PROPERTY COMMITTEE. *Statement on the scope of gene patents research exemption, and licensing of patented gene sequences for diagnostics*. December 2003. Disponível em: <http://www.hugo--international.org/img/ip_gene_2003.pdf>.

ICTSD 2010

ICTSD (INTERNATIONAL CENTRE ON TRADE AND SUSTAINABLE DEVELOPMENT). Litigating environmental protection and public health at the WTO: the Brazil-retreaded tyres case. *ICTSD information note*, n. 1, Set. 2010.

IIPA 2010

IIPA (INTERNATIONAL INTELLECTUAL PROPERTY ALLIANCE). *2010 Special 301 report on copyright protection and enforcement*. Washington, 2010.

Disponível em: <http://www.iipa.com/rbc/2010/2010SPEC301BRAZIL.pdf>.

Iluyomade 1975

ILUYOMADE, B. O. The scope and content of a complaint of abuse of right in international law. *Harvard International Law Journal*, v. 16, p. 47-92, 1975.

International Law Commission 1966

INTERNATIONAL LAW COMMISSION. Draft articles on the law of treaties with commentaries. *Yearbook of the International Law Commission*, p. 187--274, 1966, v. II.

International Law Commission 2001

INTERNATIONAL LAW COMMISSION. *Draft articles on responsibility of states for internationally wrongful acts*, adopted by the International Law Commission at its fifty-third session (2001). Disponível em: <http://www.ilsa.org/jessup/jessup06/basicmats2/DASR.pdf>.

International Law Commission 2006

INTERNATIONAL LAW COMMISSION. *Expulsion of aliens: memorandum by the Secretariat* (A/CN.4/565). International Law Commission, Fifty--eighth session, Geneva, 1 May-9 June and 3 July-11 August 2006.

International Law Commission 2008

INTERNATIONAL LAW COMMISSION. *Draft articles on responsibility of states for internationally wrongful acts, with commentaries*. New York: United Nations, 2008. 143 p. Disponível em: <http://untreaty.un.org/ilc/texts/instruments/english/commentaries/9_6_2001.pdf>.

IP Australia 2009

IP AUSTRALIA. *Australian Government. Exemptions to patent infringement: towards a stronger and more efficient IP rights system*. Consultation Paper, Março 2009.

Jalet 1962-1963

JALET, F. T. The quest for the general principles of law recognized by civilized nations – a study. *UCLA Law Review*, v. 10, p. 1041-1086, 1962-1963.

Jehoram 2005

JEHORAM, H. C. Restrictions on copyright and their abuse. *European Intellectual Property Review*, v. 27, n. 10, p. 359-364, 2005.

Jensen e Murray 2005

JENSEN, K; MURRAY, F. Intellectual property landscape of the human genome. *Science*, v. 310, 14 October 2005, p. 239-240.

Johnson 2003

JOHNSON, J. A. The Experimental use exception in Japan: a model for u.s. patent law? *Pacific Rim Law & Policy Journal*, v. 12, n. 2, p. 499-533, 2003.

Jones et al. 2007

JONES, K. J.; WHITHAM, M. E.; HANDLER, P. S. Problems with royalty rates, royalty stacking, and royalty packing issues. In: KRATTIGER, A.; MAHONEY, R. T.; NELSEN, L.; THOMSON, J. A.; BENNETT, A. B.; SATYANARAYANA, K.; GRAFF, G. D.; FERNANDEZ, C.; KOWALSKI, S. P. *Intellectual property management in health and agricultural innovation: a handbook of best practices*. Oxford, UK: MIHR/Davis, CA: PIPRA 2007. v. 2, p. 1121-1126.

Kang et al. 2009

KANG, K.; RYU, T.; LEE, Y. Effects of research tool patents on biotechnology innovation in a developing country: a case study of South Korea. *BMC Biotechnology*, v. 9, p. 9-25, 2009.

Kingsbury e Schill 2009

KINGSBURY, B.; SCHILL, S. Investor-state arbitration as governance: fair and equitable treatment, proportionality and the emerging global administrative law. *IILJ Working Paper 2009/6* (Global Administrative Law Series). New York: New York University School of Law, 2009. 53 p.

Kiss 2009

KISS, A. Abuse of rights. *Max Planck encyclopedia of public international law*. Heidelberg: Max Planck Institute for Comparative Public Law and International Law / Oxford: Oxford University Press, 2009.

Klippel e Bastos 2011

KLIPPEL, R.; BASTOS, A. A. *Manual de processo civil*. 2. ed. Rio de Janeiro: Lumen Juris, 2011.

Koelman 2006

KOELMAN, K. J. Fixing the three-step test. *European Intellectual Property Review*, v. 28 n. 8, p. 407-412, 2006.

Kolb 2006

KOLB, R. Principles as sources of international law (with special reference to good faith). *Netherlands International Law Review*, LIII, p. 1-36, 2006.

Koskenniemi 2006

KOSKENNIEMI, M. *Fragmentation of international law: difficulties arising from the diversification and expansion of international law* (A/CN.4/L.682). Report of the Study Group of the International Law Commission. Geneva: International Law Commission, 2006

Kratiger 2007

KRATIGER, A. Freedom to operate, public sector research, and product-development partnerships: strategies and risk-management options. In: KRATTIGER, A.; MAHONEY, R. T.; NELSEN, L.; THOMSON, J. A.; BENNETT, A. B.; SATYANARAYANA, K.; GRAFF, G. D.; FERNANDEZ,

C.; KOWALSKI, S. P. *Intellectual Property management in health and agricultural innovation: a handbook of best practices*. Oxford, UK: MIHR/ Davis, CA: PIPRA 2007. v. 2, p. 1317-1327.

Kur 2008

KUR, A. Of oceans, islands, and inland water – how much room for exceptions and limitations under the Tree Step-Test? *Research Paper Series*, n. 08-04. München: Max Planck Institute for Intellectual Property, Competition and Tax Law, 2008. 48 p.

Kur e Levin 2006

KUR, A.; LEVIN, M. *Agreement on Trade-related Aspects of Intellectual Property Rights: synopsis of original version and proposals for amendment – last revised at ATRIP conference*. Parma 4-6.9.2006.

Kur e Ruse-Khan 2009

KUR, A.; RUSE-KHAN, H. G. *Enough is enough: the notion of binding ceilings in international intellectual property protection*. Munich: Max Planck Institute, 2009. 69 p.

Lauterpacht 1949

LAUTERPACHT, H. Restrictive interpretation and the principle of effectiveness in the interpretation of treaties. *British Yearbook of International Law*, v. 26, p. 48-85, 1949.

Lemos et al. 2008

LEMOS, R.; MIZUKAMI, P. N.; MAGRANI, B.; SOUZA, C. A. P. Exceptions and limitations of copyright in Brazil: a call for reform. In: SHAVER, L. Access to knowledge in Brazil. New Haven: Yale Law School 2008. Disponível em: <http://www.law.yale.edu/documents/pdf/isp/a2kbrazil_bkmk.pdf>.

Lichtman 1999

LICHTMAN, D. G. Property rights in emerging platform technologies. *John M. Olin Law & Economics Working Paper*, n. 97. Chicago: University of Chicago Law School, Dez. 1999. Disponível em: <http://ssrn.com/abstract=216533 or DOI: 10.2139/ssrn.216533>.

Lipszyc 2001

LIPSZYC, D. *Derecho de autor y derechos conexos*. Buenos Aires: Ediciones Unesco/ CERLALC/Zavalia, 2001.

Lispector [1971?]

LISPECTOR, C. Felicidade clandestina. [1971?] Disponível em: <http://intervox.nce.ufrj.br/~valdenit/felicida.htm>. Acesso em: 2 set. 2010.

Maciel Neto 2009

MACIEL NETO, A. R. Parecer da PROCADE n. 853/2008 no Processo n. 08012.002673/2007-51. Brasília: CADE, 6 de janeiro de 2009. Disponível em: <http://www.anfape.org.br/imagens/Parecer%20ProCADE%2008-01-2009.pdf>. Acesso em: 11 jun. 2010.

Macmillan 1999

MACMILLAN, F. Striking the copyright balance in the digital environment. *International Company and Commercial Law Review*, v. 10, n. 12, p. 350-360, 1999.

Magrani 2006

MAGRANI, B. *Copiar livro é direito*! Entrevista com Fernando Oshima, 12 de abril de 2006. Disponível em: <http://www.culturalivre.org.br/index.php?Itemid=48&id=53&option=com_content&task=view>. Acesso em: 26 maio 2010.

Manifesto Copiar Livro é Direito! 2006

MANIFESTO COPIAR LIVRO É DIREITO! Fevereiro de 2006. Disponível em: <http://www.acervos.art.br/noticias/detalhe_noticiarte.php?id=709&cat=1&pageNum_submenu_rs=16&totalRows_submenu_rs=223>. Acesso em: 26 maio 2010.

Mara 2010

MARA, K. *WTO members to consider review of TRIPS public health amendment*. Geneva: IP Watch, 11 fev. 2010. Disponível em: <http://www.ip-watch.org/weblog/2010/02/11/wto-members-to-consider-review-of-trips-public--health-amendment/>. Acesso em: 12 fev. 2010.

Masouyé 1978

MASOUYÉ, C. *Guía del Convenio de Berna para la Protección de las Obras Literarias y Artísticas (Acta de París, 1971)*. Geneva: OMPI, 1978.

Matthijs 2004

MATTHIJS, G. Patenting genes: may slow down innovation, and delay availability of cheaper genetic tests. *BMJ*, v. 329, p. 1358-1360, 2004.

Max Planck Institute e Queen Mary, University of London 2008

MAX PLANCK INSTITUTE; QUEEN MARY, UNIVERSITY OF LONDON. *Declaration on a balanced interpretation of the "Three-Step Step" in copyright law*. München, 2008. Disponível em: <http://www.ip.mpg.de/shared/data/pdf/declaration_three_step_test_final_english.pdf>. Acesso em: 10 fev. 2010.

McGrady 2009

McGRADY, B. Necessity exceptions in WTO law: retreated tyres, regulatory purpose and cumulative regulatory measures. *Journal of International Economic Law*, v. 12, n. 1, p. 1-21, 2009.

McMullen e Halprin 1993

McMULLEN, J. A.; HALPRIN, D. A. New technique for quantifying reasonable royalty from appropriate case law. *Journal of the Patent and Trademark Office Society*, v. 75, n. 3, p. 843-847, 1993.

McNair 1961

McNAIR, L. *The law of treaties*. Oxford: Clarendon Press, 1961.

Merriam-Webster Dictionary [?]

Merriam-Webster online Dictionary. Disponível em: <http://m-w.com/>. Acesso em: 8 jul. 2010.

Merton 1977

MERTON, R. K. La estructura normativa de la ciencia. In: STORER, N. W. (ed.). *La sociología de la ciencia*. Madrid: Alianza Editorial, 1977. v. 2 – Investigaciones teóricas y empíricas p. 355-368.

Merz et al. 2002

MERZ, J. F.; KRISS, A. T.; LEONARD, D. G. B.; CHO, M. K. *Diagnostic testing fails the test: the pitfalls of patents are illustrated by the case of hemochromatosis*. University of Pennsylvania: Center for Bioethics, 2002. 11 p. Disponível: <http://repository.upenn.edu/cgi/viewcontent.cgi?article=1047&context= bioethics_papers>. Acesso em: 4 nov. 2009.

Ministério da Cultura 2010a

Ministério da Cultura. Esclarecimentos à sociedade sobre a revisão da Lei de Direito Autoral. Brasília: Ministério da Cultura do Brasil, 12 de abril de 2010a. <http://www.cultura.gov.br/site/2010/04/12/nota-a-sociedade--sobre-a-revisao-da-lei-de-direito-autoral/>. Acesso em: 27 maio 2010.

Ministério da Cultura 2010b

MINISTÉRIO DA CULTURA. Revisão da Lei de Direito Autoral (n. 9610/98). Brasília: Ministério da Cultura do Brasil, 12 de abril de 2010. Disponível em: <http://www.cultura.gov.br/site/2010/04/12/pontos-revisao-lda/>. Acesso em: 27 maio 2010.

Ministério da Cultura 2010c

MINISTÉRIO DA CULTURA. Projeto de Lei: altera e acresce dispositivos à Lei n. 9.610, de 19 de fevereiro de 1998, que altera, atualiza e consolida a legislação sobre direitos autorais e dá outras providências. Brasília: Ministério da Cultura, 2010. Disponível em: <http://www.cultura.gov.br/consultadireitoautoral/consulta/>. Acesso em: 15 jun. 2010.

Ministério da Cultura 2010d

MINISTÉRIO DA CULTURA. *De A a Z: todos ganham – consulta pública para modernização da lei de direito autoral*. Brasília: Ministério da Cultura, 2010. Disponível em: <http://www.cultura.gov.br/consultadireitoautoral/wp-content/uploads/2010/06/Cartilha.pdf>. Acesso em: 15 jun. 2010.

Mitchell 2007

MITCHELL, A. D. The legal basis for using principles in WTO disputes. *Journal of International Economic Law*, v. 10, n. 4, p. 795-835, 2007.

Morato Filho 2007

MORATO FILHO, D. S. *Contestação da Associação Brasileira de Direitos Reprográficos no âmbito da Ação Civil Pública n. 583.00.2006.158832, proposta pelo Instituto de Direito do Comércio Internacional e Desenvolvimento*. São Paulo, 27 mar. 2007.

Mueller 2001

MUELLER, J. M. No 'dilettante affair': rethinking the experimental use exception to patent infringement form biomedical research tools. *Washington Law Review*, v. 76, n. 1, p. 1-66, 2001.

Murray Neto et al. 2010

MURRAY NETO, A.; MAZIEIRO, E.; SESINA, E.; POLIDO, F. P. *Contra--notificação extrajudicial – Professora Dra. Kátia Rubio – Uso de expressão "Olímpicos" – Obra "Esporte, Educação e Valores Olímpicos"*. São Paulo, 2 de fevereiro de 2010.

National Research Council 2006

NATIONAL RESEARCH COUNCIL. *Reaping the benefits of genomic and proteomic research: intellectual property rights, innovation, and public health*. Committee on Intellectual Property Rights in Genomic and Protein Research and Innovation, National Research Council. Washington D.C.: National Academies Press, 2006. 188 p.

Neumann e Turk 2003

NEUMANN, J.; TURK, E. Necessity revisited: proportionality in World Trade Organization law After Korea-Beef, EC-Asbestos and EC-Sardines. *Journal of World Trade*, v. 37, n. 1, p. 199-233, 2003.

NIH 1998

NIH. *Report of the National Institutes of Health Working Group on Research Tools*. Presented to the Advisory Committee to the Director June 4, 1998. Disponível em: <http://www.nih.gov/news/researchtools/>. Acesso em: 1.º out. 2009.

NIH 1999

NIH. OFFICE OF TECHNOLOGY TRANSFER. *Sharing biomedical research resources: principles and guidelines for recipients of NIH research grants and contracts*. Federal Register, v. 64, n. 100, May 25, 1999, Notices, p. 28205-28209.

NIH 2005

NIH. DEPARTMENT OF HEALTH AND HUMAN SERVICES. *Best practices for the licensing of genomic inventions: final notice*. April 11, 2005. Disponível em: <http://ott.od.nih.gov/policy/lic_gen.html>. Acesso em: 26 out. 2009.

Nordemann et al. 1983

NORDEMANN, W.; VINCK, K.; HERTIN, P. W. *Droit d'auteur international et droits voisins dans les pays de langue allemande et les états membres de la Communauté Européenne*. Bruxelles: Bruylant, 1983.

Nuffield Council of Bioethics 2002

NUFFIELD COUNCIL OF BIOETHICS. *The ethics of patenting DNA: a discussion paper*. London: Nuffield Council on Bioethics, 2002.

NYU-Poly 2008

NYU-Poly. *Professor Jackson gives inaugural lecture on controversial gene patent*. New York: New York University, May 08, 2008. Disponível em: <http://archive.poly.edu/news/fullNews.php?id=1268>. Acesso em: 10 jan. 2010.

OECD 2002

OECD. *Genetic inventions, intellectual property rights and licensing practices: evidence and policies*. Paris: OECD, 2002.

OECD 2006

OECD. *Guidelines for the licensing of genetic inventions*. Paris: OECD, 2006.

Office of the Associate Minister of Commerce 2006

OFFICE OF THE ASSOCIATE MINISTER OF COMMERCE. An experimental use exception for New Zealand's patent legislation. 2006. Disponível em: <http://www.med.govt.nz/upload/36358/cab-paper-200606.pdf>. Acesso em: 24 nov. 2009.

Office of the United States Trade Representative 2007

OFFICE OF THE UNITED STATES TRADE REPRESENTATIVE. *2007 Special 301 Report*. Disponível em: <http://www.ustr.gov/sites/default/files/asset_upload_file60_11126.pdf>. Acesso em: 10 maio 2010.

Office of the United States Trade Representative 2008

OFFICE OF THE UNITED STATES TRADE REPRESENTATIVE. *2008 Special 301 Report*. Disponível em: <http://www.ustr.gov/sites/default/files/asset_upload_file193_14872.pdf>. Acesso em: 10 maio 2010.

Office of the United States Trade Representative 2009

OFFICE OF THE UNITED STATES TRADE REPRESENTATIVE. *2009 Special 301 Report*. Disponível em: <http://www.ustr.gov/sites/default/files/asset_upload_file193_14872.pdf>. Acesso em: 10 maio 2010.

Office of the United States Trade Representative 2010

OFFICE OF THE UNITED STATES TRADE REPRESENTATIVE. *2010 Special 301 Report*. April 30, 2010. Disponível em: <http://www.ustr.gov/webfm_send/1906>. Acesso em: 10 maio 2010.

OHCHR 2001

OFFICE OF THE HIGH COMMISSIONER FOR HUMAN RIGHTS. *The impact of the Agreement on Trade-Related Aspects of Intellectual Property*

Rights on human rights, UN Doc. E/CN.4/Sub.2/2001/13. Geneva, 27 June 2001.

OHCHR 2005

OFFICE OF THE HIGH COMMISSIONER FOR HUMAN RIGHTS. Human rights and World Trade Agreements: using general exception clauses to protect human rights. New York/Geneva: United Nations, 2005.

Okediji 2000

OKEDIJI, R. Towards an international fair use doctrine. *Columbia Journal of Transnational Law*, v. 39, p. 75-175, 2000.

Oliveira do Amaral 2011

OLIVEIRA DO AMARAL, L. H. *Procedimento administrativo de nulidade do Registro n. 900713690, de 10/08/2010*, Marca:"JOÃO ANDANTE" (MISTA), Classe internacional 33; Suplicante: Diageo Brands B.V.; Suplicada: Joel Lana Celestino. Rio de Janeiro, fev. 2011.

Oliveira et al. 2009

OLIVEIRA, G.; PRADO, L.; SCAZUFCA, P. Aspectos concorrenciais do mercado de peças de reposição. 9 de junho de 2009. Disponível em: <http://www.anfape.org.br/imagens/PARECER%20ECONÔMICO%2009-06-09.pdf>. Acesso em: 10 jun. 2010.

O'Rourke 2000

O'ROURKE, M. A. Toward a doctrine of fair use in patent law. *Columbia Law Review*, v. 100, n. 5, p. 1177-1249, 2000.

Ortino 2005

ORTINO, F. From 'non-discrimination' to 'reasonableness': a paradigm shift in international economic law? *Jean Monnet Working Paper*, 01/05. New York: New York University, 2005. 59 p.

Ost 1990

OST, François. *Droit et intérêt*. Bruxelles: Publications des Facultés Universitaires Saint-Louis Bruxelles, 1990. v. 2 – Entre droit et non-droit: l'intérêt.

Ostrom e Hess 2003

OSTROM, E.; HESS, C. Artifacts, facilities, and content: information as a common-pool resource. *Law & Contemporary Problems*, v. 66, n. 1-2, p. 44--79, 2003.

Ostrom e Hess 2007

OSTROM, E.; HESS, C. *Understanding knowledge as a commons: from theory to practice*. Cambridge, Massachusetts: MIT, 2007.

Palma et al. 2010

PALMA, A. J. C.; RIBAS, L.; MALARD, N. T. *Memorial da ANFAPE dirigida ao Conselheiro do CADE Carlos Emmanuel Joppert Ragazzo, no âmbito da*

Averiguação Preliminar n. 08012.002673/2007-51. São Paulo, 8 de abril de 2010. Disponível em: <http://www.anfape.org.br/imagens/Memorial-ao-Conselheiro-do-CADE-Dr.Ragazzo-08-04-2010>. Acesso em: 11 jun. 2010.

Pals 2010

PALS, F. *BP shareholders protest Canadian oil sands project (Update1)*. Bloomberg, February 8, 2010. Disponível em: <http://www.bloomberg.com/apps/news?pid=newsarchive&sid=agncUeKHmHJo>. Acesso em: 24 jun. 2010.

Paradise e Janson 2006

PARADISE, J.; JANSON, C. Decoding the research exemption. *Nature Reviews Genetics*, v. 7, p. 148-154, feb. 2006.

Parlamento Europeu 2007

PARLAMENTO EUROPEU. *Resolução legislativa do Parlamento Europeu, de 12 de Dezembro de 2007, sobre uma proposta de directiva do Parlamento Europeu e do Conselho, que altera a Directiva 98/71/CE, relativa à protecção legal de desenhos e modelos* (COM(2004)0582 – C6-0119/2004 – 2004/0203(COD)). Estrasburgo, 12 dez. 2007.

Pereira 2006

PEREIRA, C. J. *Proteção jurídica penal, Estado Democrático de Direito e bens jurídicos universais*. Tese de Doutorado em Direito Penal. São Paulo: Pontifícia Universidade Católica, 2006. Disponível em: <http://www.dominiopublico.gov.br/download/texto/cp011650.pdf>. Acesso em: 10 jan. 2011.

Pereira dos Santos 2007

PEREIRA DOS SANTOS, M. J. *Parecer: consulta realizada pela Associação Brasileira de Direitos Reprográficos a respeito da interpretação e aplicação do art. 46, II, da Lei n. 9.610, de 19 de fevereiro de 1998*. São Paulo, 20 de março de 2007.

Pinto 2007

PINTO, B. *Projeto de Lei 1197/2007, de 30 de maio de 2007*. Disponível em: <http://www.camara.gov.br/sileg/integras/464956.pdf>.

Pochmann 2007

POCHMANN, P. O país dos desiguais. *Le Monde Diplomatique Brasil*, ano 1, n. 3, p. 16-18, out. 2007.

Pontes Neto 2011

PONTES NETO, H.; ANDRADE, G. J.; PONTES; L. M.; SOUZA, S. G. *Defesa ao procedimento administrativo de nulidade*. Registro n. 9007113690; Suplicante: Diageo Brands B.V.; Suplicado: Joel Lana Celestino. Belo Horizonte, 2011.

Prinz zu Waldeck und Pyrmont 2008

PRINZ ZU WALDECK UND PYRMONT, W. Research tool patents after Integra v. Merck—Have They Reached a Safe Harbor? *Michigan Telecommunications and Technology Law Review*, v. 14, p. 367-446, 2008.

Ragazzo 2010

RAGAZZO, C. E. J. *Voto – Averiguação Preliminar n. 08012.002673/2007--51* – Representante: Associação Nacional dos Fabricantes de Autopeças; Representadas: Volkswagen do Brasil Indústria de Veículos Automotivos Ltda; Fiat Automóveis S.A. e Ford Motor Company Brasil Ltda. Brasília: Conselho Administrativo de Defesa Econômica, 15 de dezembro de 2010.

Rai e Eisenberg 2003

RAI, A. K.; EISENBERG, R. S. The public and the private in biopharmaceutical research. In: BOYLE, J. *Collected papers: conference on the public domain*. Durham: Center for the Study of the Public Domain, 2003, p. 157-175. Disponível em: <http://www.law.duke.edu/pd/papers/raieisen.pdf>. Acesso em: 11 out. 2008.

Razgaitis 2007

RAZGAITIS, R. Pricing the intellectual property of early-stage technologies: a primer of basic valuation tools and considerations. In: KRATTIGER, A.; MAHONEY, R. T.; NELSEN, L.; THOMSON, J. A.; BENNETT, A. B.; SATYANARAYANA, K.; GRAFF, G. D.; FERNANDEZ, C.; KOWALSKI, S. P. *Intellectual property management in health and agricultural innovation: a handbook of best practices*. Oxford, UK: MIHR/Davis, CA: PIPRA 2007, p. 813-860. v. 1.

Reichman 2000

REICHMAN, J. H. Of green tulips and legal kudzu: repacking rights in subpatentable innovation. *Vanderbilt Law Review*, v. 53, p. 1743-1798, 2000.

Richer 2010

RICHER, A. G. *Carta do Comitê Olímpico Brasileiro, datada de 15 de janeiro de 2010, endereçada à Profa. Kátia Rubio* – Ofício 2887/2009/AGR/tcs. Rio de Janeiro, 15 de janeiro de 2010.

Ricketson 1987

RICKETSON, S. *The Berne Convention for the protection of literary and artistic works: 1886-1986*. The Hague: Kluwer Law International, 1987. 1030 p.

Ricketson 2003

RICKETSON, S. *WIPO study on limitations and exceptions of copyright and related rights in the digital environment* (SCCR/9/7). Geneva: WIPO, April 5, 2003.

Ricketson 2008

RICKETSON, S. *WIPO Study on limitations and exceptions of copyright and related rights in the digital environment*. Geneva: WIPO, 2008. Disponível em: <http://www.wipo.int/edocs/mdocs/copyright/en/sccr_17/sccr_17_www_111472.pdf>.

Ricketson e Ginsburg 2006

RICKETSON, S.; GINSBURG, J. C. *International copyright and neighbouring rights: the Berne Convention and beyond*. Oxford: Oxford University Press, 2006. v. I.

Rivers 2002

RIVERS, L. N. *Introduction of the "Genomic Research and Diagnostic Accessibility Act of 2002" H. R. 3967 and the "Genomic Science and Technology Innovation Act of 2002" H.R. 3966*. U.S. House of Representantives, March 14, 2002. Disponível em: <http://thomas.loc.gov/cgi-bin/query/z?r107:E14MR2-0020:>. Acesso em: 2 nov. 2009).

Rodrigues Jr. e Basso 2008

RODRIGUES JR., E. B.; BASSO, M. Análise sistêmica do sistema nacional de proteção dos direitos autorais: aplicação da doutrina da interpretação consistente e do teste dos três passos para a avaliação das limitações aos direitos autorais. In: CARVALHO, P. L. *Propriedade intelectual: estudos em homenagem à professora Maristela Basso*. Curitiba: Juruá. v. 2, p. 177-201.

Rodrigues Jr. e Carboni 2006

RODRIGUES JR., E. B.; CARBONI, G. *Ação civil pública proposta pelo Instituto de Direito do Comércio Internacional e Desenvolvimento, em 1.º de junho de 2006, em face da Associação Brasileira de Direitos Reprográficos*. São Paulo, 1.º **de junho de 2006. Documento em arquivo com o autor.**

Rubio 2010

RUBIO, K. Pelo Direito Olímpico de se estudar e pesquisar estudos olímpicos no Brasil. São Paulo, 29 de janeiro de 2010. Disponível em: <http://blog.cev.org.br/novidades/2010/cob-versus-katia-rubio/>. Acesso em: 1.º fev. 2010.

Ruse-Khan 2008

RUSE-KHAN, H. G. *A comparative analysis of policy space in WTO law*. Research Paper Series n. 08-02. München: Max Planck Institute for Intellectual Property, Competition and Tax Law, 2008. 68 p.

SACGHS 2009

SACGHS (SECRETARY'S ADVISORY COMMITTEE ON GENETICS, HEALTH, AND SOCIETY). Public Consultation Draft Report on Gene Patents and Licensing Practices and Their Impact on Patient Access to Genetic Tests (SACGHS Public Consultation Draft Report for Public Comment from March 9 to May 15, 2009). 136 p.

Schmieder 2004-2005

SCHMIEDER, S. Scope of biotechnology inventions in The United States and in Europe – compulsory licensing, experimental use and arbitration:

a study of patentability of DNA-related inventions with special emphasis on the establishment of an arbitration based compulsory licensing system. *Santa Clara Computer & High Technology Law Journal*, v. 21, p. 163-234, 2004-2005.

Schreuer 1974

SCHREUER, C. H. Unjustified enrichment in international law. *American Journal of Comparative Law*, v. 22, p. 281-301, 1974.

Scotchmer 1991

SCOTCHMER, S. Standing on the shoulders of giants: cumulative research and the patent law. *Journal of Economic Perspectives*, v. 5, n. 1, p. 29-41, 1991.

SDE 2008

SDE (SECRETARIA DE DIREITO ECONÔMICO). Departamento de Proteção e Defesa Econômica. Coordenação-Geral de Assuntos Jurídicos. *Relatório da averiguação preliminar – Autos n. 08012.002673/2007--51*. Representante: Associação Nacional dos Fabricantes de Autopeças (ANFAPE); representada: Volkswagen do Brasil Indústria de Veículos Automotivos Ltda.; Fiat Automóveis S/A; Ford Motor Company Brasil Ltda. Brasília: Ministério da Justiça da República Federativa do Brasil, 10 de março de 2008. Disponível em: <http://www.anfape.org.br/imagens/Nota%20Tecnica%20Final%20-%20SDE%2010-03-2008.pdf>. Acesso em: 6 jun. 2010.

Senftleben 2004

SENFTLEBEN, M. *Copyright, limitations and the Three-Step Test: an analysis of the Three-Step Test in international and EC copyright law*. The Hague: Kluwer Law International, 2004.

Senftleben 2006

SENFTLEBEN, M. Towards a horizontal standard for limiting intellectual property rights? WTO panel reports shed light on the three step test in copyright law and related tests in patent and trade mark law. *IIC (International Review of Industrial Property and Copyright Law)*, v. 37, n. 4, p. 407-438, 2006.

Serrano e Tojal 2009

SERRANO, P. E. A. P.; TOJAL, S. B. B. *Esclarecimentos prestados pela ANFAPE ao Ministério Público Federal do Rio de Janeiro – Procedimento Administrativo MPF/RJ n. 1.30.012.000388/2009-61*. São Paulo, 10 de setembro de 2009. Acesso em: <http://www.anfape.org.br/imagens/Manifestacao%20a%20resposta%20do%20INPI%2010-09-2009.pdf>. Acesso em: 11 jun. 2010.

Shapiro 2005

SHAPIRO, R. J. AIDS drug patent uproar Brazil attacks foundations of American prosperity. *San Francisco Chronicle*, San Francisco, 14 jul. 2005.

Sheremeta 2003

SHEREMETA, L.; GOLD, E. R. Creating a patent clearinghouse in Canada: a solution to problems of equity and access. *Health Law Review*, v. 11, n. 3, p. 17-21, 2003.

Sherman 2010

SHERMAN, B. *Computer programs as excluded patentable subject matter* (SCP/15/3 – ANNEX II). Geneva: WIPO, 2010.

Sigmund 2005

SIGMUND, A. M. *Parecer do Comité Económico e Social Europeu sobre a "Proposta de directiva do Parlamento Europeu e do Conselho que altera a Directiva 98/71/CE, relativa à protecção legal de desenhos e modelos.* COM(2004) 582 final – 2004/0203 (COD)**.** Bruxelas, Comitê Econômico e Social Europeu, 8 de junho de 2005. Disponível em: <http://eur-lex.europa.eu/LexUriServ/LexUriServ.do?uri=OJ:C:2005:286:0008:01:PT:HTML>. Acesso em: 10 jun. 2010.

Silveira 2009

SILVEIRA, N. *Parecer: o abuso das montadoras face às fabricantes independentes de autopeças*. São Paulo, 04 de maio de 2009. Disponível em: <http://www.anfape.org.br/imagens/Parecer%20Jurídico%20Dr.%20Newron%20Silveira%2004-05-2009.pdf>. Acesso em: 11 jun. 2010.

Simma e Paulus 1999

SIMMA, B.; PAULUS, A. L. The responsibility of individuals for human rights abuses in internal conflicts: a positivist view. In: SLAUGHTER, A.; RATNER, S. R. Appraising methods of international law: a prospectus for readers – Symposium on Method in International Law. *American Journal of International Law*, v. 93, 1999, p. 291-423.

Simmons 2010

SIMMONS, B. *Patents and clean energy: overview and main findings*. Geneva: UNEP, EPO & ICTSD, 2010. Disponível em: <http://ictsd.org/downloads/2010/07/presentation_simmons.pdf>. Acesso em: 15 jul. 2010.

Sinclair 1984

SINCLAIR, I. TheVienna Convention on the Law ofTreaties. 2. ed. Manchester: Manchester University Press, 1984.

Soares 2001

SOARES, G. F. S. *Direito internacional do meio ambiente: emergência, obrigações e responsabilidades*. São Paulo: Atlas, 2001.

Stiglitz 1995

STIGLITZ, J. E. *The theory of international public goods and the architecture of international organizations*. New York: United Nations Department for Economic and Social Information and Policy Analysis, 1995. 11 p.

Stix 2006

STIX, G. Genoma humano: propriedade privada. *Scientific American Brasil*, edição 46, mar. 2006. Disponível em: <http://www2.uol.com.br/sciam/reportagens/genoma_humano_propriedade_privada_imprimir.html>. Acesso em: 10 jul. 2010.

Story 2009

STORY, A. The global copyright system – unbalanced and unbalanceable for educational access in the global South. South Centre Third International Symposium. Geneva, 23 October 2009. Disponível em: <http://kar.kent.ac.uk/23390/1/STORY_-_Balance_-_SOUTH_CENTRE.pdf>. Acesso em: 1.º jun. 2010.

Story et al. 2006

STORY, A.; DARCH, C.; HALBERT, D. *The copy/South Dossier: issues in the economics, politics, and ideology of copyright in the global South*. May 2006.

Strandburg 2004

STRANDBURG, K. J. What does the public get? Experimental use and the patent bargain. *Wisconsin Law Review*, p. 81-155, 2004.

Sun 2007

SUN, H. Overcoming the Achilles heel of copyright law. *Northwestern Journal of Technology and Intellectual Property*, v. 5, n. 2, p. 267-331, 2007.

Sweet e Mathews 2008

SWEET, A. S.; MATHEWS, J. Proportionality balancing and global constitucionalism. *Columbia Journal of Transnational Law*, v. 47, n. 1, p. 72--164, 2008.

Taubman 2007

TAUBMAN, A. TRIPS Jurisprudence in the balance: between the realist defense of policy space and a shared utilitarian ethic. In: LENK, C.; HOPPE, N.; ANDORNO, R. *Ethics and law of intellectual property: current problems in politics, science and technology*. Aldershot: Ashgate, 2007, p. 89-122.

Taylor 1972-1973

TAYLOR, G. D. S. The content of the rule against abuse of rights in international law. *British Yearbook of International Law*, v. 46, p. 323-352, 1972-1973.

The American Heritage Dictionary of the English Language 2004

THE AMERICAN HERITAGE DICTIONARY OF THE ENGLISH LANGUAGE. 4. ed. Houghton Mifflin Company, 2004. Disponível em: <http://www.answers.com>. Acesso em: 10 mar. 2010.

The Danish Council of Ethics 2004

THE DANISH COUNCIL OF ETHICS. *Patenting human genes and stem cells: a report*. Copenhagen, 2004. 124 p. Disponível em: <http://etiskraad.synkron.

com/graphics/03_udgivelser/engelske_publikationer/patenting_human_genes/patents04/patenting_human_genes.pdf>. Acesso em: 31 out. 2009.

The Royal Society 2003

THE ROYAL SOCIETY. *Keeping science open: the effects of intellectual property policy on the conduct of science*. London, April 2003.

Then e Tippe 2009

THEN, C.; TIPPE, R. The future of seeds and food under the growing threat of patents and market concentration. April 2009. Disponível em: <http://www.misereor.org/fileadmin/user_upload/misereor_org/englisch/2009_e_report_future_of_seed.pdf>.

Thumm [2004?]

THUMM, N. *Research and patenting in biotechnology: a survey in Switzerland*. Bern: Swiss Federal Institute of Intellectual Property, [2004?].

Thursby e Thursby 2003

THURSBY, J; THURSBY, M. University licensing and the Bayh-Dole Act. *Science*, v. 301, 22 Ago. 2003, p. 1052.

UNCTAD-ICTSD 2005

UNCTAD-ICTSD. *Resource book on TRIPS and development*. New York: Cambridge University Press, 2005. 829 p.

UNDP 1999

UNDP (UNITED NATIONS DEVELOPMENT PROGRAMME). Human Development Report 1999. New York & Oxford: Oxford University Press, 1999, p. 173. Disponível em: <http://hdr.undp.org/en/media/HDR_1999_EN.pdf>. Acesso em: 8 jul. 2010.

UNDP 2000

UNDP. *Human Development Report 2000*. New York & Oxford: Oxford University Press, 2000, p. 309. Disponível em: <http://hdr.undp.org/en/media/HDR_2000_EN.pdf>. Acesso em: 8 jul. 2010.

UNEP 2010

UNEP (UNITED NATIONS ENVIRONMENT PROGRAMME). *The Economics of ecosystems and biodiversity – TEEB for business: executive summary*. UNEP: 2010.

UNFCCC 2009

UNFCCC. Ad hoc Working Group on long-term cooperative action under the Convention. *Non-paper n. 36* – Proposed by the Co-Chairs. Resumed seventh session. Barcelona, 2-6 November 2009.

United Kingdom Intellectual Property Office 2009

UNITED KINGDOM INTELLECTUAL PROPERTY OFFICE. The patent research exception consultation: summary of responses. Newport, South

Wales, 2009. Disponível em: <http://www.ipo.gov.uk/responsepatresearch.pdf>. Acesso em: 10 out. 2009.

Universidade de São Paulo [2005?]

UNIVERSIDADE DE SÃO PAULO. *Parecer – Sugestões para a revisão do parecer normativo CJP 1158/98 – Questão da extração de cópias reprográficas para fins de estudo e pesquisa*. São Paulo: USP, 2005. Disponível em: <http://reformadireitoautoral.org/files/2010/03/parecer_xerox.pdf>. Acesso em: 27 maio 2010.

Universidade de São Paulo 2005

UNIVERSIDADE DE SÃO PAULO. *Resolução n. 5213, de 02 de junho de 2005*. Disponível em: <http://gtlivro.files.wordpress.com/2010/02/resolucao-da-usp-no-5213.pdf>. Acesso em: 26 maio 2010.

U.S. Department of Justice 2010

U.S. DEPARTMENT OF JUSTICE. *Brief for the United States as amicus curiae in support of neither party: in the United States Court of Appeals for the Federal Circuit: The Association for Molecular Pathology et al. v. United States Patent and Trademark Office, Myriad Genetics, Inc*. Washington D.C., October 29, 2010. Disponível em: <http://graphics8.nytimes.com/packages/pdf/business/genepatents-USamicusbrief.pdf>.

Van Overwalle 2006

VAN OVERWALLE, G. The Implementation of the biotechnology directive in Belgium and its after-effects. The introduction of a new research exemption and a compulsory licence for public health. *IIC (International Review of Industrial Property and Copyright Law)*, v. 37, n. 8, p. 889-920, 2006.

Van Overwalle et al. 2006

VAN OVERWALLE, G.; VAN ZIMMEREN, E.; VERBEURE, B.; MATTHIJS, G. Models for facilitating access to patents on genetic inventions. *Nature Reviews Genetics*, v. 7, p. 143-148, Feb. 2006.

Veiga 2010

VEIGA, J. E. da. *Sustentabilidade: a legitimação de um novo* valor. São Paulo: Senac, 2010.

Veríssimo e Simão 2010

VERÍSSIMO, R; SIMÃO, E. Governo corta R$ 1,28 bi da educação. *O Estado de S. Paulo*, São Paulo, 1.º jun. 2010.

Verschuuren 2003

VERSCHUUREN, J. *Principles of environmental law: the ideal of sustainable development and the role of principles of international, european and national environmental law*. Baden-Baden: Nomos Verlagsgesellschaft, 2003.

Virally 2000

VIRALLY, M. Fuentes del derecho internacional. In: SORENSEN, M. *Manual de derecho internacional público*. México, D.F., Fondo de Cultura Económica, 2000, p. 172-176.

Visser 2010

VISSER, C. *Patent exceptions and limitations in the health context* (SCP/15/3 – Annex V). Geneva: WIPO, 2011.

Von Lewinski 2008

VON LEWINSKI, S. *International copyright law and policy*. Oxford: Oxford University Press, 2008.

Waldock 1964

WALDOCK, H. Third Report on the law of treaties (A/CN.4/167 and Add.1-3). 3 March, 9 June, 12 June and 7 July 1964. *Yearbook of the International Law Commission*, 1964, v. II, p. 5-65. Disponível em: <http://untreaty.un.org/ilc/documentation/english/a_cn4_167.pdf>. Acesso em: 10 jul. 2010.

Walsh et al. 2003

WALSH, J. P; ARORA, A.; COHEN, W. M. Effects of research tool patents and licensing on biomedical innovation. In: COHEN, W. M.; MERRILL, S. A. (ed.), *Patents in the knowledge-based economy*. Washington D.C.: National Academy of Sciences, 2003. 352 p.

Weber 2004

WEBER, D. Abuse of law: European Court of Justice, 14 December 2000, Case C-110/99, *Emsland-Stärke*. *Legal Issues of Economic Integration*, v. 31, n. 1, p. 43-55, 2004.

Weschler 2004

WESCHLER, C. The informal experimental use exception: university research after Madey v. Duke University. *N.Y.U. Law Review*, v. 79, p. 1536-1569, 2004.

WHO 2008

WHO. *Global strategy and plan of action on public health, innovation and intellectual property*. WHA61.21. Geneva, 24 May 2008.

WHO 2009

WHO. *Visual impairment and blindness: Fact Sheet n. 282*. Geneva, May 2009. Disponível: <http://www.who.int/mediacentre/factsheets/fs282/en/print.html>. Acesso em: 10 jul. 2010.

WIPO 1971a

WIPO. *Records of the Intellectual Property Conference of Stockholm* (June 11 to July 14, 1967). Geneva: WIPO, 1971. v. I.

WIPO 1971b

WIPO. *Records of the Intellectual Property Conference of Stockholm* (June 11 to July 14, 1967). Geneva: WIPO, 1971. v. II.

WIPO 2007

WIPO. *The 45 adopted recommendations under the WIPO Development Agenda*. Geneva, Oct. 2007. Disponível em: <http://www.wipo.int/export/sites/www/ip-development/en/agenda/recommendations.pdf>. Acesso em: 20 nov. 2008.

WIPO SCP/14/7

WIPO. *Standing Committee on the law of patents. Proposal from Brazil* (SCP/14/7). Geneva, January 25 to 29, 2010.

WIPO 2010

WIPO. *Comité Permanente de Derecho de Autor y Derechos Conexos. Conclusiones del SCCR/21*. Geneva: OMPI, 8 a 12 de nov. 2010.

World Commission on Environment and Development 1987

WORLD COMMISSION ON ENVIRONMENT AND DEVELOPMENT. Our common future: Report of the World Commission on Environment and Development. A/42/427. New York: United Nations, 1987. 374 p.

WTO e UNEP 2009

WTO & UNEP. *Trade and climate change: A WTO-UNEP Report*. Geneva, 2009.

WTO IP/C/W/296

WTO. *Council for Trade-Related Aspects of Intellectual Property Rights. Submission by the African Group, Barbados, Bolivia, Brazil, Cuba, Dominican Republic, Ecuador, Honduras, India, Indonesia, Jamaica, Pakistan, Paraguay, Philippines, Peru, Sri Lanka, Thailand and Venezuela*. IP/C/W/296. Geneva, 29 Jun. 2001.

WTO, S/WPDR/W/27

WTO. *Working party on domestic regulation. "Necessity Tests" in the WTO: note by the Secretariat*. S/WPDR/W/27. Geneva, 2 Dez. 2003.

WTO WT/CTE/W/203

WTO. COMMITTEE ON TRADE AND ENVIRONMENT. *GATT/WTO dispute settlement practice relating to GATT article XX, paragraphs (b), (d) and (g)*. WT/CTE/W/203. Geneva, 8 March 2002.

Xalabarder 2003

XALABARDER, R. Copyright and digital distance learning education: the use of pre-existing works in distance education through the internet. *The Columbia Journal of Law & Arts*, v. 26, n. 2, 2003, p. 102-178.

Xavier 2008

XAVIER, F. C. *Justiça divina: estudos e dissertações em torno da substância religiosa de "O céu e o inferno" pelo espírito Emmanuel*. 13 ed. Rio de Janeiro: Federação Espírita Brasileira, 2008.

Xiuli 2007

XIULI, H. The application of the principle of proportionality in *Tecmed v. Mexico*. *Chinese Journal of International Law*, v. 6, n. 3, p. 635-652, 2007.

Yambrusic 1987

YAMBRUSIC, E. S. *Treaty interpretation: theory and reality*. Lanham: University Press of America, 1987.

Yu 2003

YU, P. K. The copyright divide. *Public Law & Legal Theory Working Paper Series*. Research Paper n. 10-21, 2003.

Zeitler 2005

ZEITLER, H. E.'Good faith" in the WTO jurisprudence: Necessary balancing element or an open door to judicial activism? *Journal of International Economic Law*, v. 8, n. 3, p. 721-758, 2005.

Zhang 2007

ZHANG N. Treaty interpretation of the WTO Dispute Settlement. *US-China Law Review*, p. 22-31, jan. 2007.

Zovko 2006

ZOVKO, N. M. Nanotechnology and the experimental use defense to patent infringement. *McGeorge Law Review*, v. 37, p. 129-156, 2006.

Relatórios do GATT e da OMC

GATT. *Panel report. Thailand – Restrictions on importation of and internal taxes on cigarettes*. Panel Report adopted on 7 November 1990 (DS10/R – 37S/200).

______. *Report by the Panel. United States – Section 337 of the Tariff Act of 1930*. Report adopted on 7 November 1989 (L/6439 – 36S/345).

WORLD TRADE ORGANIZATION. *Panel report. Brazil – Measures affecting imports of retreaded tyres*. WT/DS332/R. Geneva, 12 June 2007.

______. *Panel report. Canada – patent protection of pharmaceutical products*. WT/DS114/R. Geneva, 17 March 2000.

______. *Panel report. European Communities – Measures affecting asbestos and asbestos – containing products*. WT/DS135/R. Geneva, 18 September 2000.

______. *Panel report. European Communities – Protection of trademarks and geographical indications for agricultural products and agricultural products and foodstuffs*. WT/DS174/R. Geneva, 15 March 2005.

______. *Panel report. European Communities – Trade description of sardines*. WT/DS231/R. Geneva, 29 May 2002.

______. *Panel report. Korea – Measures affecting government procurement*. WT/DS163/R. Geneva, 1 May 2000.

______. *Panel report. United States — Continued Dumping and Subsidy Offset Act of 2000*. WT/DS217/R, WT/DS234/R. Geneva, 16 September 2002.

______. *Panel report. United States – Section 110(5) of US Copyright Act*. WT/DS160/R. Geneva, 15 June 2000.

______. *Panel Report. United States – Section 211 Omnibus Appropriations Act of 1998*. WT/DS176/R. Geneva, 6 August 2001.

______. *Panel report. United States – Sections 301-310 of the Trade Act of 1974*. WT/DS152/R. Geneva, 22 Dec. 1999.

______. *Panel report. United States – Standards for reformulated and conventional gasoline*. WT/DS2/R. Geneva, 29 January 1996

______. *Report of the appellate body. Brazil – Measures affecting imports of retreaded tyres*. WT/DS332/AB/R. Geneva, 3 December 2007.

______. *Report of the appellate body. Canada – Measures affecting the importation of milk and the exportation of dairy products*. WT/DS103/AB/R, WT/DS113/AB/R. Geneva, 13 October 1999.

______. *Report of the appellate body. Dominican Republic – Measures affecting importation and internal sale of cigarettes*. WT/DS302/AB/R. Geneva, 25 April 2005.

______. *Report of the appellate body. EC measures concerning meat and meat products (hormones).* WT/DS26/AB/R, WT/DS48/AB/R. Geneva, 16 January 1998.

______. *Report of the appellate body. European Communities – Customs classification of certain computer equipment.* WT/DS62/AB/R,WT/DS67/AB/R, WT/DS68/AB/R. 5. Geneva, June 1998.

______. *Report of the appellate body. European Communities – measures affecting asbestos and asbestos – containing products.* WT/DS135/AB/R. Geneva, 12 March 2001.

______. *Report of the appellate body. Japan – Taxes on alcoholic beverages.* WT/DS8/AB/R, WT/DS10/AB/R, WT/DS11/AB/R. Geneva, 4 October 1996.

______. *Report of the appellate body. Korea – Definitive safeguard measure on imports of certain dairy products.* WT/DS98/AB/R. Geneva, 14 December 1999.

______. *Report of the appellate body. Korea – Measures affecting imports of fresh, chilled and frozen beef.* WT/DS161/AB/R, WT/DS169/AB/R. Geneva, 11 December 2000

______. *Report of the appellate body. United States – Final anti-dumping measures on stainless steel from Mexico.* WT/DS344/AB/R. Geneva, 30 April 2008.

______. *Report of the appellate body. United States – Import prohibition of certain shrimp products.* WT/DS58/AB/R. Geneva, 12 October 1998.

______. *Report of the appellate body. United States – Import prohibition of certain shrimp and shrimp products – recourse to article 21.5 of the DSU by Malaysia.* WT/DS58/AB/RW. Geneva, 22 October 2001.

______. *Report of the appellate body. United States – Measure affecting imports of woven wool shirts and blouses from India.* WT/DS33/AB/R. Geneva, 25 April 1997.

______. *Report of the appellate body. United States – Measures affecting the cross--border supply of gambling and betting services.* WT/DS285/AB/R. Geneva, 7 April 2005

______. *Report of the appellate body. United States – Section 211 Omnibus Appropriations Act of 1998.* WT/DS176/AB/R. Geneva, 2 January 2002.

______. *Report of the appellate body. United States – Standards for reformulated and conventional gasoline.* WT/DS2/AB/R. Geneva, 29 April 1996.

______. *Report of the appellate body. United States – Transitional safeguard measure on combed cotton yarn from Pakistan.* WT/DS192/AB/R. Geneva, 8 October 2001.

______. *Reports of the panel. European Communities – Measures affecting the approval and marketing of biotech products.* WT/DS291/R, WT/DS292/R, WT/DS293/R. Geneva, 29 September 2006.

Decisões Judiciais Nacionais e Estrangeiras

BRASIL. Supremo Tribunal Federal. Voto do Ministro Gilmar Mendes na ADI 3510, que julgou a constitucionalidade do art. 5.º da Lei n. 11.105/2005, em maio de 2008.

______. 3.ª Turma do Superior Tribunal de Justiça do Brasil. Recurso Especial n. 964404. Recorrente: Mitra Arquidiocesana de Vitória. Recorrido: Escritório Central de Arrecadação e Distribuição – ECAD. Recurso julgado em 15 de março de 2011.

______. Tribunal Regional Federal da 2.ª Região. Apelação Cível n. 2002.51.01.015719-6 Relatora: Desembargadora Liliane Roriz. Apelante: Sociedade Brasileira de Autores Teatrais – SBAT. Apelado: Fundação Oswaldo Cruz. Apelação julgada em 24 de novembro de 2009.

CONSTITUTIONAL COURT OF SOUTH AFRICA. Laugh It Off Promotions CC v. South African Breweries International (Finance) BV t/a Sabmark International and Another (CCT42/04) [2005] ZACC 7; 2006(1) SA 144 (CC); 2005(8) BCLR 743 (CC) (27 May 2005).

COUR D'APPEL DE PARIS. 4ème chambre, section A. Esso c. Greenpeace France. Arrêt du 16 novembre 2005.

______. 4ème chambre, section A. Olivier M., Réseau Voltaire c. Compagnie Gervais Danone. Arrêt du 30 avril 2003.

______. 4ème chambre, section B. Comité National contre les Maladies Respiratoires et la Tuberculose c. Société JT International Gmbh, Société Japan Tobacco Inc. Arrêt du janvier 2005. Disponível em: <http://www.lesouffle.org/e_upload/pdf/arretcourdappel.pdf>. Acesso em: 19 de junho de 2010.

______. 4ème chambre, section B. Greenpeace France, Greenpeace New Zealand c. SPCEA Arrêt du 17 novembre 2006.

______. 14ème chambre, section A. Association Greenpeace France c. Sa Société Esso. Arrêt du 25 février 2003.

______. 14ème chambre, section A. Sa Spcea Société des participations du Commissariat à l'Énergie Atomique/Association Greenpeace, Sa société Internet Fr. Arrêt du 26 février 2003

COUR DE CASSATION. 2ème chambre civile. Demandeur(s) à la cassation: comité national contre les maladies respiratoires et la tuberculose CNMTR; défendeur(s) à la cassation: société JT International GmbH et autre. Arrêt n. 1601 du 19 octobre 2006.

______. Chambre Commerciale, Financière et Économique. La société ESSO Société Anonyme Française c. Association Greenpeace France. Audience publique du 8 avril 2008.

______. 1ère chambre civile. Greenpeace France et New-Zealand c. SPCEA. Arrêt du 8 avril 2008.

INDIA, High Court of Delhi at New Delhi. Tata Sons Limited v. Greenpeace International & Greenpeace India. Judgment pronounced on 28.01.2011 by Mr. Justice S. Ravindra Bhat.

ISRAEL SUPREME COURT Sitting as the High Court of Justice. Beit Sourik Village Council v. The Government of Israel; Commander of the IDF Forces in the West Bank. HCJ 2056/04. Decisão unânime proferida pelo Presidente da Corte: A. Barak, em 30 de junho de 2004.

SUPREME COURT OF CALIFORNIA. John Moore, Plaintiff and Appellant, v. The Regents of the University of California et al., Defendants and Repondents. July 9, 1990. 51 Cal. 3d 120; 793 P.2d 479; 271 Cal. Rptr. 146; 1990 Cal. LEXIS 2858; 16 A.L.R.5th 903; 15 U.S.P.Q.2D (BNA) 1753.

SUPREME COURT OF CANADA.CCH Canadian Ltd. *v.* Law Society of Upper Canada, [2004] 1 S.C.R. 339, 2004 SCC.

______. *Monsanto Canada Inc. v. Schmeiser*, [2004] 1 S.C.R. 902, 2004 SCC 34.

TRIBUNAL DE GRANDE INSTANCE DE PARIS. SA Societé des Participations du CEA *c.* Association Greenpeace France. Paris, 2 Août 2002.

______. Société Compagnie Gervais Danone c. Société Le Réseau Voltaire, Société Gandi,Valentin L. (exerçant sous l'enseigne"Altern B"). Ordonnance de référé du 14 mai 2001.

______. Société Esso c. Association Greenpeace France, Société Internet Fr. Ordonnance de référé du 8 juillet 2002.

______. 3ème chambre, 2ème section. Esso c. Greenpeace, Internet.fr. Jugement du 30 janvier 2004.

______. 3ème chambre, 2ème section. SPCEA / Greenpeace France, Greenpeace New Zealand, Internet Fr. Arrêt du 9 juillet 2004.

______. 3ème chambre. Sté Compagnie Gervais Danone et Sté Groupe Danone / Olivier M., SA 7 Ways, Sté ELB Multimédia, Association "Le Réseau Voltaire Pour la Liberté d'Expression" (ci-après "Réseau Voltaire"), Sté Gandi et Valentin L. (exerçant sous le nom commercial Altern B"). Jugement du 4 juillet 2001.

TRIBUNAL DE JUSTIÇA DA UNIÃO EUROPEIA. Google France SARL, Google Inc. contra Louis Vuitton Malletier SA (C236/08), e Google France SARL contra Viaticum SA, Luteciel SARL (C237/08), e Google France SARL contra Centre National de Recherche en Relations Humaines (CNRRH)

SARL, PierreAlexis Thonet, Bruno Raboin, Tiger SARL (C238/08). 23 de março de 2010.

______. The Gillette Company, Gillette Group Finland Oy contra LA--Laboratories Ltd Ou (C228/03). 17 de março de 2005.

UNITED STATES COURT OF APPEALS FOR THE FEDERAL CIRCUIT. Integra Lifesciences I, LTD. and The Burnham Institute, and Telios Pharmaceuticals, Inc., v. Merck KGaA, and The Scripps Research Institute and Dr David A. Cheresh. Voto da Juíza Newman (concurring in part, dissenting in part).

UNITED STATES COURT OF APPEALS FOR THE FOURTH CIRCUIT. Louis Vuitton Malletier S.A. (Plaintiff-Appellant) v. Haute Diggity Dog, LLC; Victoria D.N. Dauernheim; Woofies, LLC, d/b/a/ Woofie's Pet Boutique (Defendant-Appellees). Decided on November 13, 2007.

UNITED STATES COURT OF APPEALS, SECOND CIRCUIT. MCA, INC., d/b/a MCA Music, a division thereof, Plaintiff-Appellee, v. Earl WILSON, Jr., Phil Oesterman, Billy Cunningham, LMPC Music Co., LibraRecords, The Libra Company, Art D'Lugoff d/b/a The Village Gate, Defendants, Earl Wilson, Jr., Arthur D'Lugoff, Defendants-Appellants. 677 F.2d 180. 211 U.S.P.Q. 577, 1981 Copr.L.Dec. P 25,287. Argued April 29, 1981.Decided July 30, 1981.

UNITED STATES SUPREME COURT. Brulotte *v.* Thys, 379 U.S. 29 (1964).

______. Diamond v. Chakrabarty, 447 U.S. 303 (1980). Argued March 17, 1980; decided June 16, 1980.

______. Merck KGAA, Petitioner v. Integra Lifesciences I., LTD., et. al. June 13, 2005. (Decisão proferida pelo Juiz Scalia, em nome da Suprema Corte).

Decisões e Pareceres de Cortes Internacionais

CORTE INTERAMERICANA DE DERECHOS HUMANOS. Caso Perozo y otros vs. Venezuela (excepciones preliminares, fondo, reparaciones y costas). San José, sentencia de 28 de enero de 2009.

______. Herrera Ulloa vs. Costa Rica Caso Herrera Ulloa (Costa Rica) (2004), Excepciones Preliminares, Fondo, Reparaciones y Costas, Inter-Am. Cr. H.R. (Ser. C) No. 107.

______. Opinión Consultiva OC-5/85 del 13 de Noviembre de 1985. La Colegiación Obligatoria de Periodistas (arts. 13 y 29 Convención Americana sobre Derechos Humanos). Costa Rica, 13 de novembro de 1985.

EUROPEAN COURT OF HUMAN RIGHTS. Affaire Orban et autres c. France (Requête n. 20985/05). Strasbourg, 15 Janvier 2009.

______. Case "Relating to Certain Aspects of the Laws on the Use of Languages in Education in Belgium" v. Belgium (Merits). Application n. 1474/62; 1677/62; 1691/62; 1769/63; 1994/63; 2126/64. Strasbourg, 23 July 1968.

______. Case of Barthold v. Germany (Application n. 8734/79). Strasbourg, 25 March 1985.

______. Case of Golder v. The United Kingdom (Application n. 4451/70). Strasbourg, 21 February 1975.

______. Case of Hertel v. Switzerland (59/1997/843/1049). Strasbourg, 25 August 1998.

______. Case of The Sunday Times v. The United Kingdom (Application n. 6538/74). Strasbourg, 26 April 1979.

______. Separate Opinion of Judge Sir Gerald Fitzmaurice, National Union of Belgian Police v. Belgium Judgment (Application n. 4464/70). Strasbourg, 27 October 1975.

EUROPEAN COURT OF JUSTICE. AB Volvo v. Erik Veng (UK) Ltd – Case 238/87. Judgment of the Court of 5 October 1988.

______. Barcelona Traction, Light and Power Company, Limited (Belgium *v.* Spain) (New Application: 1962). Minutes of the Public hearings held at the Peace Palace, The Hague, from 25 June to 22 July 1969 and 5 February 1970, the President, M. Bustamante y Rivero, presiding (CR 1969/45).

______. Dissenting Opinion Weeramantry. Arbitral Award of 31 July 1989, Guinea-Bissau v. Senegal, Judgment. The Hague: I.C.J. Reports 1991, p. 53.

______. Internationale Handelsgesellschaft mbH v. Einfuhr- und Vorrastelle fur Getreide und Futtermittel. Reference for a preliminary ruling: Verwaltungsgericht Frankfurt am Main – Germany (Case 11-70). Judgement of the Court of 17 December 1970.

______. United Kingdom of Great Britain and Northern Ireland v. Commission of the European Communities. Case C-180/96). 5 May 1998.

INTERNATIONAL COURT OF JUSTICE. Accordance with international law of the unilateral declaration of independence in respect of Kosovo (Request for Advisory Opinion), ICJ 22 July 2010, Separate Opinion of Judge Cançado Trindade.

PERMANENT COURT OF ARBITRATION. Award of the Arbitral Tribunal in the Arbitration Regarding the Iron Rhine ("Ijzeren Rijn") Railway Between The Kingdom of Belgium and The Kingdom of the Netherland. The Hague, 24 May 2005.

Este livro foi composto
na fonte Palatino, corpo 11
e impresso em off-set.

Impresso por :

Graphium
gráfica e editora

Tel.:11 2769-9056